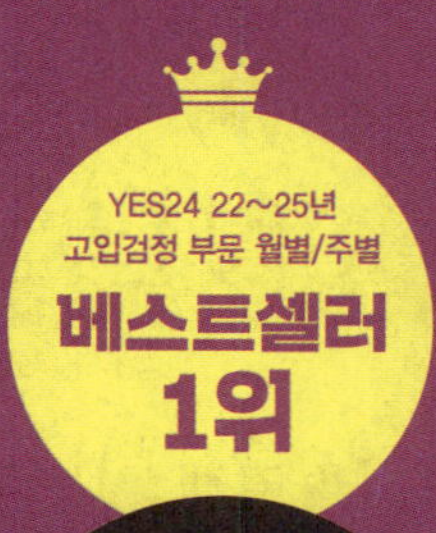

검스타트 검정고시 중졸 핵심총정리

2026 최신판

국어 · 수학 · 영어 · 사회 · 과학 · 도덕

과목별 핵심이론 + 기출 · 예상문제 + 출제경향 분석

검스타트 고득점 합격 로드맵

기출이 답이다
최신 기출문제
+ 무료 강의

연습은 실전처럼
온라인 모의고사
+ 상세 해설

빈틈 없는 마무리
시험장에서 보는
5분 정리집

빠른 결과 확인
가답안 문자 예약
+ 자동 채점

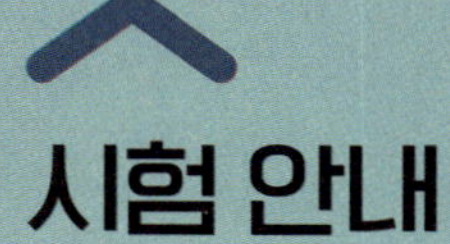

시험 안내

중졸 검정고시는 부득이한 이유로 정규 중학교 과정을 마치지 못한 사람들을 대상으로 실시하는 국가 자격 시험으로, 중졸 검정고시에 합격한 자는 중학교를 졸업한 자와 동등한 자격을 인정받습니다.

※ 자세한 사항은 각 시·도별 공고문을 참고하십시오.

① 시행 기관

- 시·도 교육청 : 시행 공고, 원서 교부 및 접수, 시험 실시, 채점, 합격자 발표
- 한국교육과정평가원(KICE) : 문제 출제, 인쇄 및 배포

② 시험 일정*

구분	공고 기간	접수 기간	시험일	합격자 발표
제1회	1월 말 ~ 2월 초	2월 초 ~ 중순	4월 초·중순	5월 초·중순
제2회	5월 말 ~ 6월 초	6월 초 ~ 중순	8월 초·중순	8월 하순

※ 상기 일정은 시·도 교육청 협의에 따라 변경될 수 있습니다. 반드시 해당 시험 공고문을 참조하세요.

③ 시험 과목 및 시간표

구분	1교시	2교시	3교시	4교시	중식	5교시	6교시
시간	09:00~ 09:40 40분	10:00~ 10:40 40분	11:00~ 11:40 40분	12:00~ 12:30 30분	12:30~ 13:30	13:40~ 14:10 30분	14:30~ 15:00 30분
시험 과목	국어	수학	영어	사회		과학	선택 과목

※ 필수 과목 : 국어, 수학, 영어, 사회, 과학(이상 5과목)

※ 6교시 선택 과목은 '도덕, 기술·가정, 체육, 음악, 미술, 정보' 중 1과목(총 6과목 응시)

※ 유의 사항 : 1교시 응시자는 시험 당일 08:40분까지, 2~6교시 응시자는 해당 과목 시험 시간 10분 전까지 지정 시험실에 입실하여야 합니다.

④ 출제 형식 및 배점

- 문항 형식 : 객관식 4지 택 1형
- 출제 문항 수 및 배점

구분	문항 수	배점
중졸	각 과목별 25문항(단, 수학은 20문항)	각 과목별 1문항당 4점(단, 수학은 1문항당 5점)

5 **합격자 결정 및 취소**

- 전과목 합격 ➡ 100점 만점 기준으로 결시 없이 평균 60점 이상 취득한 자(과락제 폐지)
- 과목 합격 ➡ 과목당 60점 이상 취득 과목
- 합격 취소 ➡ 응시 자격에 결격이 있는 자, 제출 서류를 위조 또는 변조한 자, 부정행위자

6 **응시 자격 및 제한**

◆ 응시자격 및 응시과목

응시자격	응시과목
초등학교 졸업자 및 이와 동등 이상의 학력이 있는 자	• 국어, 수학, 영어, 사회, 과학 【필수 : 5과목】 • 도덕, 기술·가정, 체육, 음악, 미술, 정보 【선택 : 1과목】
초등학교 졸업학력 검정고시 합격자	
초·중등교육법 시행령 제29조의 규정에 의하여 학적이 정원외로 관리되는 자	
보호소년 등의 처우에 관한 법률 시행령 제69조 제2호에 해당하는 자	
3년제 고등공민학교 및 중학교에 준하는 각종학교의 졸업자 또는 졸업예정자	국어, 수학, 영어 【총 3과목】
'92.9.3 이전 사회교육법 시행령 제7조 제1항의 규정에 의한 중학교 교육과정에 상응하는 사회교육 과정을 이수한 자	
만 18세 이후에 평생교육법 제23조 제2항에 따라 평가 인정한 학습과정 중 고시과목에 관련된 과정을 교육부장관이 정하는 바에 따라 과목당 90시간 이상 이수한 자	국어, 수학, 영어 【3과목】 + 미이수 과목

◆ 응시 자격 제한

- 중학교 또는 초·중등교육법 시행령 제97조 제1항 제2호의 학교를 졸업한 자 또는 재학 중인 자 (휴학 중인 자 포함)
- 공고일 이후 초등학교 졸업자
- 공고일 이후 '제1호'의 학교에 재학 중 학적이 정원외로 관리되는 자
- 고시에 관하여 부정행위를 한 자로서 2년이 경과되지 아니한 자

7 **제출 서류**

- 검정고시 응시원서(소정서식) 1부
- 사진(최근 3개월 이내 촬영한 탈모 상반신 3.5㎝×4.5㎝) 2매
- 최종학력증명서 1부(아래에 해당서류 중 한 가지)
  - 초졸 검정고시 합격자 : 초졸 검정고시 합격증서 사본(원본 지참)
  - 중학교 정원외 관리자 : 중학교 정원외 관리증명서(유예증명서 아님)
  - 중학교 면제자 : 중학교 면제증명서
  - 중학교 제적자(의무교육이전) : 중학교 제적증명서
  - 초등학교 졸업 후 상급학교 미진학자 : 검정고시용 초등학교 졸업증명서, 미진학사실확인서
    ※ 졸업증명서는 반드시 검정고시용으로 제출하여야 함
  - 귀국자 : 귀국자 학력 인정 및 제출서류 내용에 따름
- 과목 면제자 : 과목합격증명서, 평생학습이력증명서(해당자에 한함)
- 장애인등록증 사본 또는 복지카드 사본(원본 제시) 1부(장애인으로 등록되어 있는 자에 한함)

8 출제 수준, 세부 출제 기준 및 방향

◆ 출제 수준
- 중학교 졸업 정도의 지식과 그 응용 능력을 측정할 수 있는 수준

◆ 세부 출제 기준 및 방향
- 2015 개정 교육과정에서 출제
- 각 교과의 검정(또는 인정) 교과서를 출제 범위에 활용
  - 가급적 최소 3종 이상의 교과서에서 공통으로 다루고 있는 내용으로 출제
    (단, 국어와 영어의 경우 교과서 외의 지문 활용 가능)
- 문제은행(기출문항 포함) 출제 방식을 학교 급별로 차등 적용
  - 초졸 : 50% 내외, 중졸 : 30% 내외, 고졸 : 적용하지 않음.
  - 출제 비율은 과목에 따라서 달라질 수 있음.
- 출제 난이도 : 최근 5년간 평균 합격률을 고려하여 적정 난이도 유지
- 중졸 검정고시의 '사회' 과목에 역사(한국사만 출제, 세계사 제외)를 포함하여 출제

9 응시자 시험 당일 준비물

◆ 중졸 및 고졸

> **(필수) 수험표, 신분증, 컴퓨터용 수성사인펜**
> (선택) 아날로그 손목시계, 수정 테이프, 도시락

※ 수험표 분실자는 응시원서에 부착한 동일한 사진 1매를 지참하고 시험 당일 08시 20분까지 해당 고사장 시험 본부에서 수험표를 재교부 받을 수 있다.

※ 시험 당일 고사장에는 차량을 주차할 수 없으므로 대중교통을 이용해야 한다.

검정고시 온라인 원서 접수, 이렇게 해요!

1. <u>온라인 접수 기간에</u> 시·도 교육청의 검정고시 서비스 사이트에 접속

2. 검정고시 전체 서비스 메인 화면에서, 화면 왼쪽의 `검정고시 온라인 접수` 클릭

3. 왼편의 검정고시 온라인 접수에서 해당하는 '시·도 교육청'을 선택하여 이동

4. 상단의 〈온라인 원서 접수〉 메뉴에서 본인이 희망하는 자격의 검정고시 선택
   ☞ 해당 자격의 `원서 접수하기` 버튼을 클릭하면 '온라인 원서 접수 페이지'로 이동

5. 성명과 주민등록번호(또는 외국인등록번호)를 입력하고, 원서 접수 허위 사실 기재에 관한 안내 및 서약서와 개인식별번호 처리 동의에 체크(✓)한 뒤, `인증서 로그인`을 클릭한 후 본인의 공동 인증서를 통해 로그인

6. 응시자 정보 ➡ 학력 과목 정보 ➡ 고사장 선택 ➡ 접수 완료 순으로 작성

   (1) 응시자 정보에서 본인의 기본 신상 정보와 검정고시 응시 기본 정보를 입력한 후 `저장` 버튼을 클릭하여 저장 (*표시는 필수 입력 항목으로, 미입력 시 다음 순서로 진행되지 않음) ➡ `다음` 버튼 클릭
   • 사진 파일은 100kb 크기 미만의 jpg와 gif 파일만 저장 가능

   (2) 학력 과목 정보에서 응시자 본인의 학력 정보와 과목 응시 정보를 등록, 관련된 서류를 첨부한 후 `저장` 버튼을 클릭하여 저장 ➡ `다음` 버튼 클릭

   (3) 고사장 선택에서 금회차의 고사장이 조회되며, 고사장별 수용 인원이 도달할 때까지 응시자가 신청할 수 있음 ➡ `다음` 버튼 클릭
   ※ 고사장을 변경할 시에는 상단의 〈원서 조회〉 메뉴에서 '3. 고사장 선택 입력 단계 화면'에서 수정

   (4) 접수 완료에서 이전 단계에서 등록했던 주요 항목을 다시 한번 확인한 후, `제출` 버튼을 클릭하여, 최종적으로 원서 제출
   ※ 입력을 완료하였으나 제출을 하지 않을 경우 오프라인으로 재접수를 해야만 응시 가능
   ※ 제출 완료한 응시원서에 수정이 필요한 경우, 〈수정후제출〉 버튼을 클릭하여 수정

7. 상단의 〈원서 조회〉 메뉴를 통해 본인이 응시한 검정고시 원서 조회 가능(공동인증서로 로그인)

8. 상단의 〈수험표 출력〉 메뉴에서 수험표 출력 가능(해당 자격의 `수험표 출력하기` 버튼 클릭)
   ※ 식별이 가능하도록 가급적 컬러프린터로 출력하여 시험 당일 소지할 것

이 책의 구성과 특징

1 구성 및 출제경향 분석

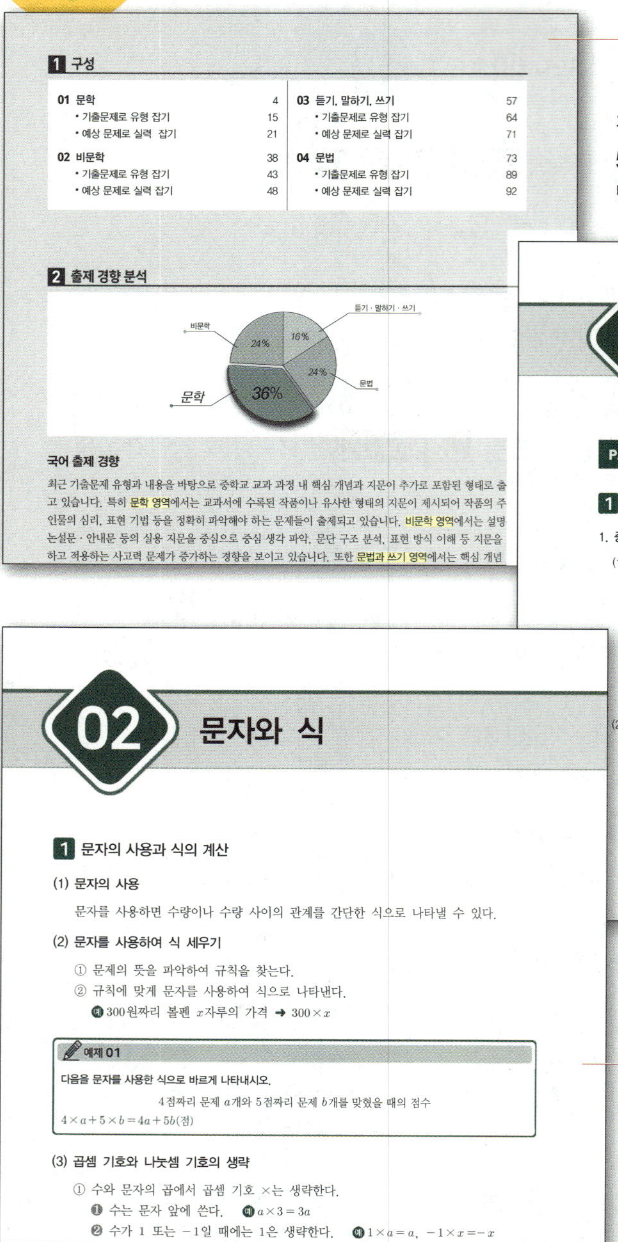

각 과목별 구성을 한눈에 보여주고, 최근 5개년 출제 경향을 면밀하게 분석하여 명확한 학습 방향을 제시하였습니다.

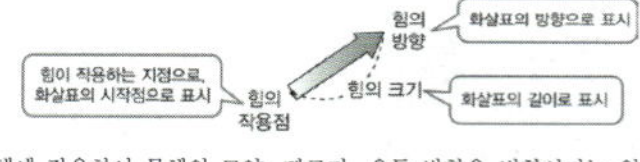

01 물리

PART 1 | 여러 가지 힘

1 중력과 탄성력

1. 중력

(1) 과학에서의 힘

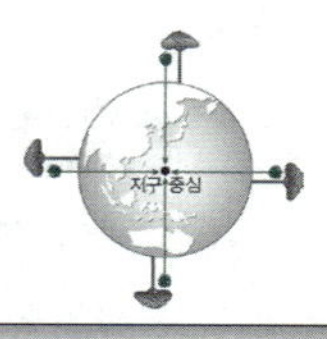

① 힘 : 물체에 작용하여 물체의 모양, 빠르기, 운동 방향을 변화시키는 원인
② 힘의 단위 : N(뉴턴)
③ 힘의 종류 : 중력, 탄성력, 마찰력, 부력, 자기력, 전기력

(2) 중력
① 중력
　㉠ 지구가 물체를 당기는 힘
　㉡ 질량이 클수록, 지구 중심에 가까울수록 중력이 커짐
　㉢ 지구 중심 방향(연직 아래 방향)으로 작용
② 중력에 의한 현상
　㉠ 비가 아래로 떨어진다.
　㉡ 고드름이 아래로 자란다.
　㉢ 폭포수가 아래로 떨어진다.
　㉣ 인공위성이 지구 주위를 돈다.

02 문자와 식

1 문자의 사용과 식의 계산

(1) 문자의 사용

문자를 사용하면 수량이나 수량 사이의 관계를 간단한 식으로 나타낼 수 있다.

(2) 문자를 사용하여 식 세우기

① 문제의 뜻을 파악하여 규칙을 찾는다.
② 규칙에 맞게 문자를 사용하여 식으로 나타낸다.
　④ 300원짜리 볼펜 x자루의 가격 ➡ $300 \times x$

✎ 예제 01

다음을 문자를 사용한 식으로 바르게 나타내시오.
　　4점짜리 문제 a개와 5점짜리 문제 b개를 맞혔을 때의 점수
$4 \times a + 5 \times b = 4a + 5b$(점)

(3) 곱셈 기호와 나눗셈 기호의 생략

① 수와 문자의 곱에서 곱셈 기호 $\times$는 생략한다.
　❶ 수는 문자 앞에 쓴다.　　④ $a \times 3 = 3a$
　❷ 수가 1 또는 -1일 때에는 1은 생략한다.　④ $1 \times a = a$, $-1 \times x = -x$

2 알찬 핵심개념 정리

국어, 수학, 영어, 사회, 과학, 도덕 총 6과목의 기본서에서 시험에 꼭 나오는 핵심개념만을 엄선하여 수록하였습니다.

기출문제 + 예상문제

02 기출문제로 유형 잡기

1 포괄(포함)

01 다음을 모두 포함할 수 있는 가장 알맞은 단어는?

| spring summer fall winter |

① animal
② family
③ season
④ number

해석 ① 동물 ② 가족 ③ 계절 ④ 숫자
어휘 spring *n.* 봄 summer *n.* 여름 fall *n.* 가을 winter *n.* 겨울
해설 제시된 단어들은 모두 계절의 범주에 속하기 때문에 답은 '③ season'이 된다.

02 다음 단어들을 모두 포괄할 수 있는 것은?

| pants skirts blouses T-shirts |

① sports
② family
③ clothes
④ countries

해석 바지 치마 블라우스 티셔츠
① 운동 ② 가족 ③ 옷 ④ 국가
해설 '어휘' 유형 문제로 제시된 단어들의 상위개념을 묻고 있다.
바지, 치마, 블라우스, 티셔츠로 도두 옷에 해당하므로 ③이 적절하다.

- 출제 유형을 명확하게 알 수 있도록 지금까지 출제된 기출문제 중에서 대표 출제 유형을 엄선하였습니다.
- 기출 유형에 맞춘 다양한 예상 문제를 통해 문제 해결 능력과 실전에 대한 자신감을 키울 수 있습니다.

04 예상 문제로 실력 잡기

1 주제 찾기

주제

01 다음 글의 주제로 가장 알맞은 것은?

> How important are friends? We can enjoy life with them. Good friends make you happy. Therefore, we should understand and care each other.

① 환경의 중요성
② 친구의 중요성
③ 가족의 중요성
④ 애완동물의 중요성

해석 친구들은 얼마나 중요한가요? 우리는 인생을 그들과 함께 즐길 수 있습니다. 좋은 친구들은 당신을 행복하게 만들어줍니다. 그러므로 우리는 서로 서로 이해하고 돌봐야 합니다.
어휘 enjoy *v.* 즐기다   care *v.* 돌보다, 살피다
each other 서로 서로
해설 '주제' 유형으로 제시된 글의 주제를 추론하는 문제이다.
친구의 중요성에 대한 물음을 제기하며 답과 방법을 제시하고 있다.

친절하고 상세한 해설

사회 정답 및 해설

01 사회 1

예상 문제로 실력 잡기

01 ②	02 ①	03 ④	04 ④	05 ③
06 ④	07 ②	08 ④	09 ②	10 ①
11 ①	12 ④	13 ②	14 ②	15 ②
16 ①	17 ②	18 ④	19 ①	20 ①
21 ④	22 ③	23 ③	24 ④	25 ②
26 ③	27 ③	28 ③	29 ④	30 ①
31 ②	32 ①	33 ③	34 ①	35 ①
36 ④	37 ③	38 ①	39 ④	40 ③
41 ④	42 ④	43 ①	44 ①	45 ④

01 정답 ②
유선도는 사람이나 물자의 이동을 표현하는 데 적합하다.
오답 피하기
① 점묘도는 사람이나 동물 등의 분포를 나타내는 데 적합하다.

04 정답 ④
남반구와 북반구는 계절이 반대이기 때문에 농작물의 수확 시기가 달라 무역이 활발하게 이루어지며, 북반구가 겨울일 때 남반구로 여행가는 관광객 수가 증가한다.
북반구가 12월 겨울일 때 남반구는 여름이다.

05 정답 ③
입지 선정, 도시 계획, 시설물 관리, 환경 관리 등 다양한 분야에서 활용한다.
오답 피하기
① 인공위성이나 항공기 등을 이용하여 접근하기 어려운 곳의 정보를 수집한다.
② 지도를 보이거나 지름길을 찾아 주어 자동차 운전을 도와주는 장치나 프로그램이다.
④ 인공위성을 이용하여 자신의 위치를 정확하게 알아낼 수 있는 시스템이다.

정답이 왜 정답인지, 오답이 왜 오답인지를 정확하게 알 수 있도록 명쾌한 해설을 수록하였습니다.

검스타트 합격 스토리!
다음 합격 스토리의 주인공은 바로 당신!

k*****

선생님들의 좋은 강의와 교재로 열심히 공부한 결과
고득점(평균 98.86점)을 받았습니다.

검스타트는 검정고시 관련 정보를 다양하게 제공하고 있어
시험 준비에 많은 도움을 받았습니다.
특히 다양한 학습자료가 정말 맘에 들었습니다.

수험생들의 학습을 위해 많은 배려를 하고 있다는 느낌을
받았고, 저렴한 수강료도 좋았지만
수험생의 합격을 위한 진실함이 있다고 느꼈습니다.

이 모든 것들이 검스타트를 선택한 배경이었습니다.

동*

전체에서 한 문제 틀렸습니다.
과학에서 아쉽게 틀려서 만점을 못 받았습니다.

첫 관문을 잘 넘었으니 이제 대학 진학이라는 더 큰 목표를
위해 더 열심히 공부하려고 합니다.

강의해 주신 선생님들 정말 감사합니다.
핵심을 잘 정리해 주시고 이해하기 쉽도록
강의를 잘 해주신 덕분에 높은 점수를 받았습니다.

검스타트 최고 !!!

합***

인강 선택을 위해 제 아들과 상의하고 합격수기가 많은
검스타트를 선택했습니다.

공부한 지 오래되어 기초실력이 없기에
제일 처음 기초강의부터 반복해서 들었습니다.
이어서 이론공부를 시작했습니다.

강의와 교재를 반복해서 공부하다 보니 어느새 틀이
잡혀지고 자신감이 생겼습니다.

이론을 마치고 문제풀이, 기출풀이를 공부하니 검정고시가
그다지 어렵지 않게 느껴졌습니다.

시험을 마치고 채점을 해보니 총점은 합격점수를
충분히 넘었습니다.

t***

50대 중반 주부입니다.
38년 만에 처음으로 도전해 보았는데 혼자 공부하는 거라
처음엔 막막하고 지루하고 어려웠습니다.

검스타트 상담선생님께서 말씀해 주신 대로 쉬운 과목부터
완벽하게 준비해 나갔습니다.
기본강의, 예상문제, 모의고사, 기출문제 순서로 공부했고
무엇보다도 문제를 많이 풀어보았습니다.

특히 핵심총정리가 많은 도움이 되었습니다.
향후 사이버 대학에 도전해보려 합니다.

열심히 강의해 주신 선생님들께 감사드립니다.

심****

검스타트와 인연을 맺은 지 1년.

훌륭하신 선생님들의 헌신적인 강의에 힘입어
70 가까운 나이에 중학교 과정과 고등학교 과정을 잘 마쳤고
특히 고등학교 과정은 7과목 중 4과목을
만점을 받을 정도의 성적으로 무사히 마쳤습니다.

이 모두가 검스타트 임직원 여러분과 각 과목 선생님들의
땀과 아낌 없는 희생 덕분이라 생각합니다.

고맙습니다.
이제부터는 대입 준비 열심히 하여 대입에 도전해 보려
합니다.

목차

본 교재(핵심 총정리)는 말 그대로 과목별 핵심 개념을 모두 모아놓은 책입니다. 과목별 개념서(기본서), 기출문제집, 실전모의고사 문제집과 더불어 중졸 검정고시 시리즈의 한 축을 담당하고 있습니다.

1 전체 공부 순서[우선순위]

본 교재를 어떤 순서로 공부하는 것이 좋을까요? 두 가지 유형을 소개합니다.

◆ Type 1 : 실제 시험 보는 순서대로 공부하기 [권장]

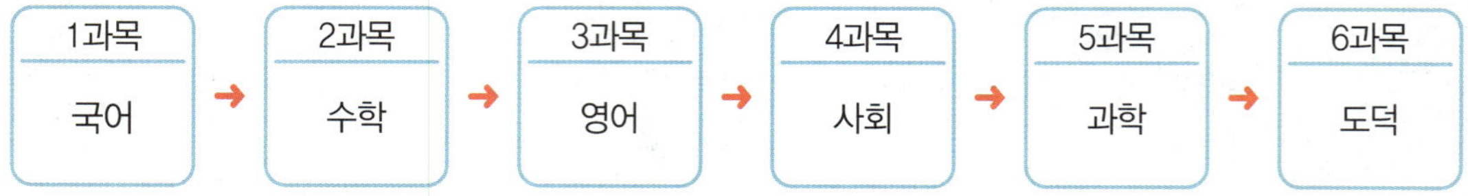

≫ 실제 시험 보는 순서대로 공부하는 방식으로, 실제 시험 현장에 적응하기에 가장 적합한 유형입니다. 본 교재 역시 이와 같은 순서로 구성되어 있습니다. 가장 자연스러운 공부 순서로, 본 교재에서 권장하는 순서이기도 합니다.

◆ Type 2 : 취약한 과목부터 공부하기

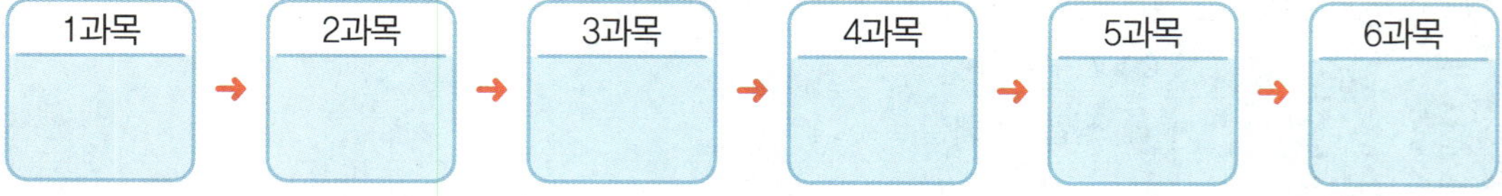

≫ 수험생 여러분의 가장 취약한 과목부터 순서대로 공부하는 방식입니다. 시험에 대비해 공부하는 일반적인 방식을 그대로 적용한 방식이기도 합니다. 취약 과목을 먼저 공부(취약한 과목 순서대로 공부)하고 상대적으로 강한 전략 과목을 뒤에 공부하는 방식이 효율적이라는 점은 널리 알려진 사실입니다(시험 직전 취약 과목을 포함해 복습해야 함). 만약 이 순서대로 공부하겠다면 빈칸에 해당 과목을 여러분이 직접 적어 보세요.

◆ 시리즈 전체 공부 순서

Type 1 ① 과목별 개념서 ➜ ② 핵심 총정리(개념서 학습 정리용으로 활용) ➜ ③ 기출문제집 ➜ ④ 실전모의고사 ➜ ⑤ 과목별 개념서 혹은 핵심 총정리로 최종 정리 [권장]

Type 2 ① 핵심 총정리(예습용으로 활용) ➜ ② 과목별 개념서 ➜ ③ 기출문제집 ➜ ④ 실전모의고사 ➜ ⑤ 과목별 개념서 혹은 핵심 총정리로 최종 정리 [하위권 수험생]

Type 3 ① 기출문제집 ➜ ② 과목별 개념서 ➜ ③ 핵심 총정리 ➜ ④ 실전모의고사 ➜ ⑤ 과목별 개념서 혹은 핵심 총정리로 최종 정리 [상위권 수험생]

개별 과목은 강[챕터]들로 되어 있고[01, 02, 03, …] 개별 한 강은 다음과 같이 구성되어 있습니다.

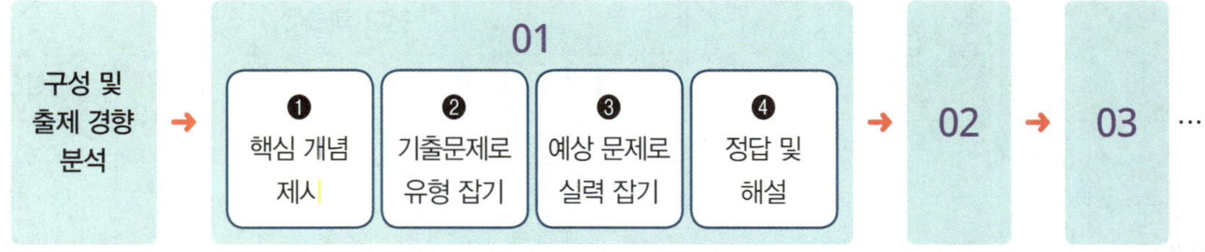

≫ 개별 과목 내에서 개별 장들을 공부하는 순서 역시 다양할 수 있지만, 특별한 이유가 없다면 가급적 본 교재에서 주어진 순서대로 학습할 것을 권합니다. 물론 이는 처음 공부할 때, 즉 1회독 시이고, 2회독 이후부터는 과목별 개념서에 제시된 '(5회독) 진도 체크(✓) 요령'을 참고해 주시기 바랍니다. 또 본격 학습 전 '출제 경향 분석'을 꼭 읽어보도록 합니다.

*❶ : 과목별 개념서에 수록된 개념들 중에서 출제 빈도가 높은 가장 핵심적인 개념들만을 가려 뽑아 제시한 것이니 만큼 반드시 정독을 하시기 바랍니다. 예습 및 최종 정리용으로 사용합니다.

*❷ : 대표 기출문제를 통해 어떤 유형의 문제가 실제 시험에서 출제되었는지를 알 수 있습니다. 정답 및 해설을 보조단에 실어놓았으므로 문제를 푼 다음 바로 확인하세요.

*❸ : 기출문제 분석을 통해 제작된 예상 문제를 통해 문제 해결 능력(실력)을 키울 수 있습니다. 틀리거나 정확하게 알지 못하고 정답을 맞힌 문제는 표시한 후 시험 직전에 다시 살펴봅니다.

*❹ : 예상 문제에 대한 올바른 정답과 해설을 제시한 부분입니다. 정답만 확인하고 넘어갈 것이 아니라 정답이 왜 정답인지, 오답이 왜 오답인지까지를 명확하게 확인해야 실력이 향상됩니다.

◎ 합격! 목표 3단계 로드맵 작성하기

본 교재를 마스터할 3단계 직접 로드맵을 작성해 보세요.

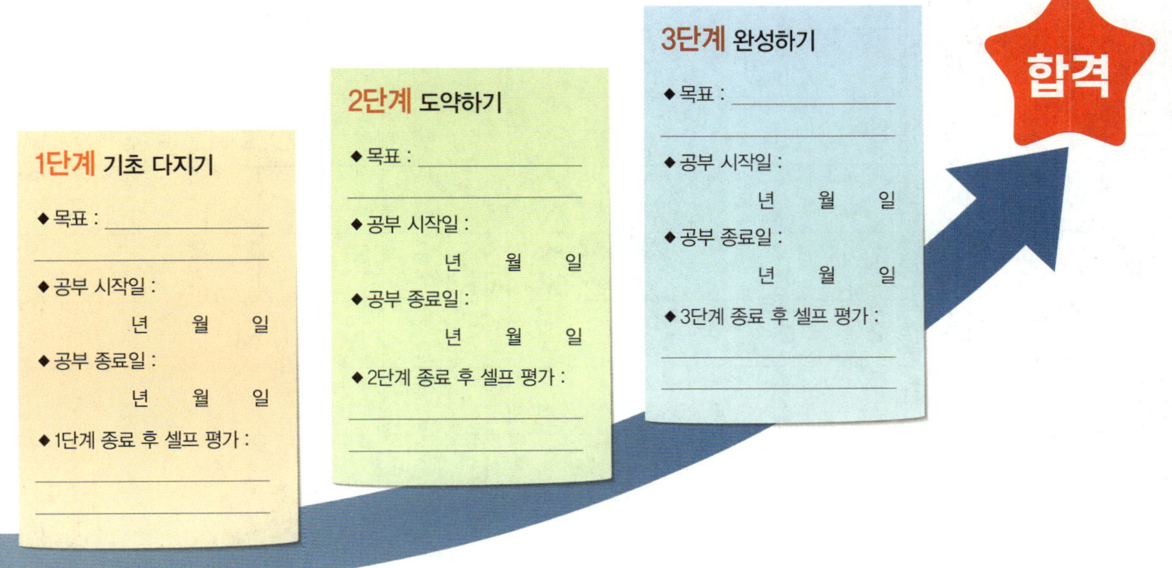

◆ 『중졸 검정고시 핵심 총정리』 학습 진도표

구분		진도 체크(✓)*				
		1회	2회	3회	4회	5회
1과목 국어	01 문학					
	02 비문학					
	03 듣기, 말하기, 쓰기					
	04 문법					
2과목 수학	01 수와 연산					
	02 문자와 식					
	03 방정식과 부등식					
	04 함수					
	05 기하 I					
	06 기하 II					
	07 기하 III					
	08 확률과 통계					
3과목 영어	01 문법					
	02 어휘					
	03 생활영어					
	04 독해					
4과목 사회	01 사회 1					
	02 사회 2					
	03 역사					

구분	진도 체크(✓)*				
	1회	2회	3회	4회	5회
5과목 과학 · 01 물리					
5과목 과학 · 02 화학					
5과목 과학 · 03 생명과학					
5과목 과학 · 04 지구과학					
6과목 도덕 · 01 자신과의 관계					
6과목 도덕 · 02 타인과의 관계 (1)					
6과목 도덕 · 03 사회 · 공동체와의 관계 (1)					
6과목 도덕 · 04 타인과의 관계 (2)					
6과목 도덕 · 05 사회 · 공동체와의 관계 (2)					
6과목 도덕 · 06 자연 · 초월과의 관계					

*학습 완료한 날짜를 적으셔도 좋습니다.

중졸 검정고시

핵심 총정리

중졸 검정고시

한권으로 합격하기!

핵심 총정리
국어

1 구성

2 출제 경향 분석

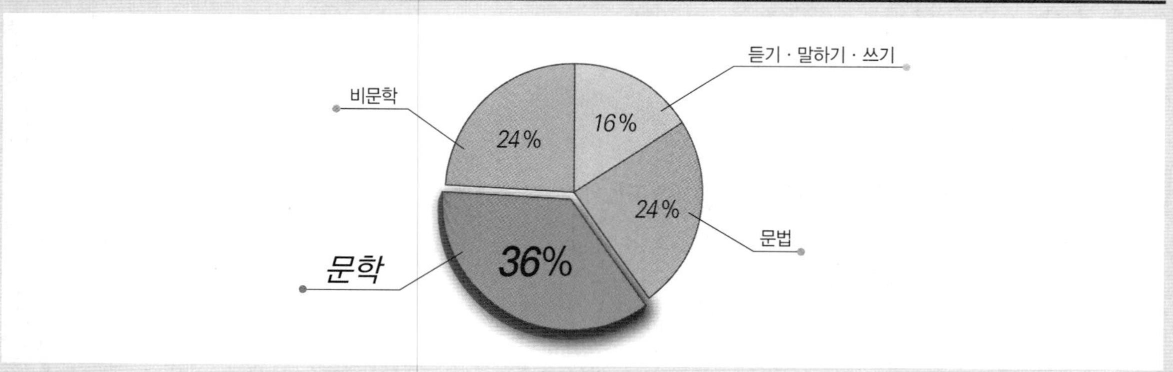

국어 출제 경향

최근 기출문제 유형과 내용을 바탕으로 중학교 교과 과정 내 핵심 개념과 지문이 추가로 포함된 형태로 출제되고 있습니다. 특히 문학 영역에서는 교과서에 수록된 작품이나 유사한 형태의 지문이 제시되어 작품의 주제나 인물의 심리, 표현 기법 등을 정확히 파악해야 하는 문제들이 출제되고 있습니다. 비문학 영역에서는 설명문 · 논설문 · 안내문 등의 실용 지문을 중심으로 중심 생각 파악, 문단 구조 분석, 표현 방식 이해 등 지문을 해석하고 적용하는 사고력 문제가 증가하는 경향을 보이고 있습니다. 또한 문법과 쓰기 영역에서는 핵심 개념 정리와 정확한 개념 이해를 바탕으로, 실제 문장에 적용해 보는 능력을 요구하는 문항이 포함되고 있습니다.

❶ 문학

문학은 전체 문항 비중의 36%로 가장 높은 문항 수를 차지하고 있습니다. 현대 소설, 현대시, 고전 소설이 출제되는데 현대 소설은 해학, 요약적 제시 등의 핵심 이론을 포함한 기출 유형과 이론은 꼭 정확히 학습해야 합니다. 현대시는 표현법 문제, 시어의 함축적 의미, 화자의 태도를 묻는 문제가 자주 출제됩니다. 이는 주요 빈출 유형이므로 공부하는 것이 필요합니다. 고전 소설은 세부 내용 포함하여 작품에 드러난 사회적 모습, 뒤에 이어질 내용을 추론하는 문제 등이 나왔습니다. 소설을 공부하실 때는 세부 내용 파악 후 그 작품만의 특징은 꼭 학습하는 것이 필요합니다.

❷ 설명하는 글

읽기는 문제 해결 과정이기도 하므로 이 부분과 관련하여 문제 상황을 맞이했을 때 해결 방법을 묻는 문제, 설명 방법, 빈칸 넣기 문제 등이 출제되었습니다. 설명 방법은 계속 출제되고 있으므로 내용 정리를 명확히 한 뒤 응용 문제풀이를 해야 합니다. 빈칸 넣기 문제는 중심 내용과 글의 흐름을 이해할 수 있으면 풀 수 있는 형태이므로, 설명하는 글을 공부할 때 문단별 중심 내용을 찾고 흐름을 이해하며 읽어내는 연습을 해야 합니다.

❸ 주장하는 글

서술상의 특징, 글쓴이의 주장, 세부 내용, 어휘의 의미를 묻는 문제 등이 출제되었습니다. 따라서 주장하는 글을 읽고 학습할 때에는 어떤 표현(사례, 자료, 속담, 전문가의 의견 인용)을 사용하였는지 확인하며 읽어야 하고, 글쓴이의 주장을 정확히 파악하고, 모르는 어휘는 꼭 뜻을 확인하는 학습 습관이 필요합니다.

❹ 듣기ㆍ말하기

말하기 불안과 면담 등이 출제되었습니다. 말하기 불안과 면담의 특성을 명확히 알고 문제에 주어진 예시를 잘 읽고 파악해 답을 찾는 것이 중요합니다. 이외에도 감사, 설득, 위로, 칭찬의 말하기, 공감하며 대화하기 등 교과 과정에서 기출된 영역도 함께 학습해 두는 것이 좋습니다.

❺ 쓰기

개요를 작성하고 들어갈 세부 내용을 묻는 문제와 고쳐쓰기 문제 등이 출제되었습니다. 고쳐쓰기는 계속해서 출제되고 있는 문제 유형으로 문장의 호응과 통일성에서 벗어난 내용 찾기, 조사의 쓰임과 잘못된 피동 표현까지 문법과 연관지어 학습 범위를 넓게 보고 학습하여야 합니다. 또한 개요표에 적절한 세부 내용 찾기는 개요표의 내용과 선지의 세부 내용을 잘 연결할 수 있어야 풀 수 있으므로, 평소에 문단별 중심 내용을 구분하여 학습하는 태도가 필요합니다.

❻ 문법

문법은 표준 발음법, 품사, 문장 성분, 한글 맞춤법, 훈민정음, 단어의 기본형 알기, 고유어 찾기 등이 출제되었습니다. 언어의 특성 대신 고유어, 한자어, 외래어를 구분하는 문제가 출제되었는데 문법은 비중이 작지 않은 영역이므로 언어의 특성부터 어휘의 종류, 훈민정음까지 주요 개념을 정확히 하고, 문제에 적용하여 기본기와 응용 능력을 높이는 것이 중요합니다.

01 문학

1 운문 문학

1. 시란

마음속에 떠오르는 생각이나 느낌을 운율이 있는 언어로 압축하여 표현한 문학 양식이다.

2. 시의 종류(형식상)

(1) 자유시 : 운율이 일정하지 않고 자유로운 형식의 시

(2) 정형시 : 운율이 일정하게 고정된 시

(3) 산문시 : 행의 구분이 없이 산문처럼 쓴 시

3. 시의 3요소

(1) 주제(의미적 요소) : 시를 통해 전달하고자 하는 시인의 사상과 정서

(2) 운율(음악적 요소) : 시의 언어에서 느껴지는 말의 가락

(3) 심상(회화적 요소) : 시를 읽을 때 마음속에 떠오르는 느낌이나 모습

4. 운율

(1) 개념 : 시를 읽을 때 느껴지는 말의 가락으로 규칙적인 말의 반복을 통해 형성된다.

(2) 운율의 종류
① 외형률 : 시의 겉으로 드러나는 운율로 정형시에서 나타난다.
② 내재율 : 말의 내부에서 생기는 운율로 자유시에서 나타난다.

(3) 운율을 형성하는 요소 : 시어, 시구, 글자 수, 음보, 문장 구조 등의 반복을 통해 운율을 형성할 수 있다.

5. 심상

시각적 심상	바람에 흔들리는 나뭇잎
청각적 심상	시끄러운 물새 소리
미각적 심상	매콤하고 달콤한 떡볶이
후각적 심상	비릿한 바다 냄새
촉각적 심상	부드러운 고양이의 털, 서느런 옷자락
공감각적 심상	푸른 종소리, 반짝반짝 들리는 별들의 속삭임

6. 다양한 표현 방법

비유하기	직유법	'~처럼, ~인 듯, ~같이' 등의 말을 사용하여 원관념과 보조 관념을 직접 연결하여 빗대는 방법 예 사과 같은 내 얼굴
	은유법	'A는 B이다'의 형식으로 원관념을 보조 관념에 숨겨 빗대는 방법 예 내 마음은 호수요
	의인법	사람이 아닌 대상을 사람처럼 표현하는 방법 예 돌담에 속삭이는 햇발
	활유법	무생물을 생물인 것처럼 빗대어 표현하는 방법 예 훨훨훨 깃을 치는 청산
강조하기	과장법	표현하고자 하는 대상보다 훨씬 크거나 작게 표현하는 방법 예 배가 남산만큼 커졌다.
	반복법	같은 구절을 반복하는 방법 예 산에는 꽃이 피네. 꽃이 피네.
	점층법	표현하고자 하는 대상의 범위를 점점 확대시키는 방법 예 나를 다스리고, 가정을 다스리고, 나라를 다스려야 한다.
	점강법	표현하고자 하는 대상의 범위를 점점 축소시키는 방법 예 세계에서 나라에서 학교에서 가정에서 제 할 일을 다 해야 한다.
변화주기	반어법	표현하고자 하는 의미의 반대로 표현하는 방법 예 (0점인 시험지를 보고) 잘 했다~
	역설법	문장은 모순이지만 그 속에 진리가 담겨 있는 표현 예 먹어서 죽는다 / 소리 없는 아우성
	설의법	평서문으로 끝날 내용을 의문형으로 변화시킨 표현 예 가난하다고 해서 사랑을 모르겠는가.
	대구법	비슷한 문장 구조를 반복하는 방법 예 돌담에 속삭이는 햇발같이 풀 아래 웃음 짓는 샘물같이

7. 시조

(1) 개념 : 고려 중기부터 현재에 이르기까지 창작되고 있는 우리 전통의 정형시

(2) 특징
  ① 형식 : 3장 6구 45자 내외, 종장의 첫 음보는 3글자
  ② 운율 : 3·4(4·4)조 음수율, 4음보
  ③ 내용 : 유교적 충의(忠義) 사상, 자연 속 풍류, 남녀 간의 애정, 서민들의 생활 감정 등
  ④ 갈래 : 평시조, 엇시조, 사설시조, 연시조

예시 작품 〈청포도〉, 이육사

내 고장 칠월은

청포도가 익어가는 시절.
평화로움, 풍요로운 삶, 광복에 대한 희망

이 마을 전설이 주저리주저리 열리고

먼 데 하늘이 꿈꾸며 알알이 들어와 박혀,

하늘 밑 푸른 바다가 가슴을 열고,
↕ 푸른색과 흰색의 색채 대비

흰 돛단배가 곱게 밀려서 오면,

내가 바라는 손님은 고달픈 몸으로
화자가 기다리는 대상, 조국 광복

청포를 입고 찾아 온다고 했으니.

내 그를 맞아 이 포도를 따 먹으면

두 손을 함뿍 적셔도 좋으련.

아이야, 우리 식탁엔 은쟁반에
손님을 위한 정성

하이얀 모시 수건을 마련해 두렴.
손님을 위한 정성, 시각적 심상

푸른색		흰색
청포도, 하늘, 푸른 바다	↔	흰 돛단배, 은쟁반, 하이얀 모시 수건
희망, 풍요로움		정성, 순수

[갈래] 자유시, 서정시, 상징시
[운율] 내재율
[성격] 감각적, 상징적
[제재] 청포도
[주제] 풍요롭고 평화로운 삶의 소망, 독립에 대한 염원

 **예시 작품** 〈오우가〉, 윤선도

내 벗이 몇이냐 하니 <u>수석</u>과 <u>송죽</u>이라.
물, 돌 소나무, 대나무

동산에 달 오르니 그 더욱 반갑구나.

두어라 이 다섯 밖에 <u>또 더하여 무엇하리</u>.
설의법

<u>구름</u> 빛이 좋다 하나 검기를 자주 한다.

<u>바람</u> 소리 맑다 하나 그칠 적이 많노매라.
구름, 바람 – 가변적

좋고도 그칠 일 없기는 물뿐인가 하노라.
불변적

꽃은 무슨 일로 피면서 쉬이 지고

풀은 어이하여 푸르는 듯 누르나니
꽃, 풀 – 순간적

아마도 변치 아닐 손 <u>바위</u>뿐인가 하노라.
영원함

더우면 꽃 피고 추우면 잎 지거늘

솔아 너는 어찌 눈서리를 모르느냐.
지조, 절개

구천의 뿌리 곧은 줄을 그로 하여 아노라.

나무도 아닌 것이 풀도 아닌 것이

곧기는 뉘 시기며 속은 어이 비었느냐.

저렇게 <u>사시에 푸르니</u> 그를 좋아하노라.
대나무의 지조, 절개 – 선비의 덕목

작은 것이 높이 떠서 만물을 다 비추니

밤중의 광명이 <u>너만한</u> 이 또 있느냐.
달 – 의인법

<u>보고도 말</u> 아니하니 내 벗인가 하노라.
달의 과묵함 – 선비의 덕목

긍정적 소재		부정적 소재
• 물(불변적) • 바위(영원함) • 소나무(눈서리를 이겨 냄.)	↔	• 구름, 바람(가변적) • 꽃, 풀(순간적) • 일반적인 자연물 (더우면 꽃이 피고, 추우면 잎이 짐.)

[갈래] 고시조, 평시조, 연시조
[운율] 외형률
[성격] 예찬적, 자연 친화적
[제재] 수, 석, 송, 죽, 월
[주제] 변함이 없는 다섯 가지 자연물의 덕을 예찬함.

2 산문 문학

1. 소설의 정의

현실 세계에서 있음직한 일을 상상하여 꾸며 쓴 산문 문학이다.

2. 소설의 특징

허구성	작가가 상상을 통하여 꾸며 낸 이야기
서사성	일정한 시간의 흐름에 따라 전개되는 이야기의 형식을 지님.
진실성	삶의 진실을 추구하고 바람직한 인간상을 찾고자 함.
모방성	배경이 되는 현실 세계를 모방하고 반영함.

3. 소설의 갈등

(1) 소설에서 한 인물 내부의 혼란이나 인물과 그를 둘러싼 외적인 요소의 대립을 의미한다.

(2) 갈등의 유형

내적 갈등	한 인물의 마음 속에서 반대되는 마음이 생겨 일어나는 갈등	
외적 갈등	인물과 인물을 둘러싼 외부 요소 사이에서 일어나는 갈등	
	인물 – 인물	인물들 사이의 성격, 가치관 차이로 인한 갈등
	인물 – 사회	인물과 사회의 윤리나 제도의 차이에서 오는 갈등
	인물 – 운명	인물이 타고난 운명 때문에 겪는 갈등
	인물 – 자연	인물이 자연에 맞서 싸우면서 겪게 되는 갈등

4. 소설의 3요소

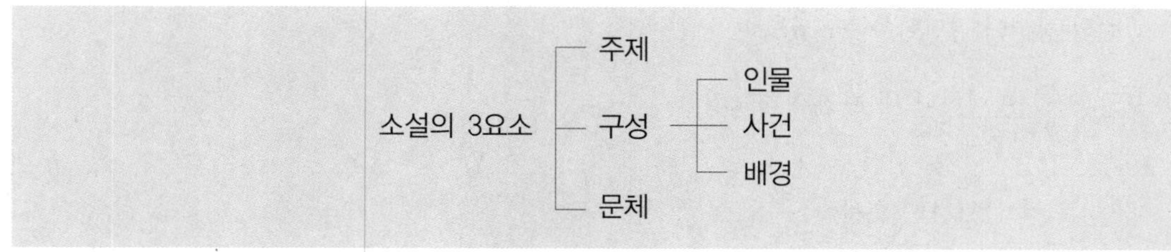

5. 소설의 구성 단계

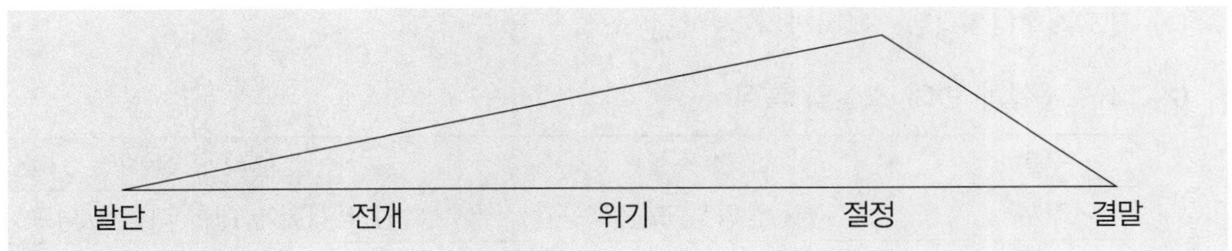

(1) 발단 : 인물 소개, 배경과 사건의 실마리가 제시된다.

(2) 전개 : 사건이 본격화되는 부분, 갈등이 나타나고 사건이 복잡화된다.

(3) 위기 : 갈등의 심화, 긴장감의 고조

(4) 절정 : 갈등의 최고조, 사건 해결의 실마리가 보이며 주제가 드러난다.

(5) 결말 : 갈등의 해소와 사건의 마무리, 주인공의 운명이 결정된다.

6. 소설의 시점

1인칭	주인공 시점	• 작품 속 주인공인 '나'가 자신의 이야기를 전달함. • 나 = 주인공 = 서술자
	관찰자 시점	• 주인공이 아닌 다른 등장인물인 '나'가 주인공의 이야기를 전달함. • 나 = 서술자 ≠ 주인공
3인칭	작가 관찰자 시점	서술자가 객관적인 위치에서 대상을 보이는 대로 관찰하여 서술함.
	전지적 작가 시점	작가가 전지전능한 신적인 입장에서 인물의 내면 심리까지 서술함.

7. 고전 소설

(1) 갑오개혁(1894년) 이전까지 지어진 소설을 말한다.

(2) 고전 소설과 현대 소설의 특징

구분	고전 소설	현대 소설
주제	권선징악적, 교훈적	인간 사회에 대한 다양한 탐구
내용	비현실적인 내용	현실에 있음 직한 내용
결말	행복한 결말	다양한 결말
인물	전형적·평면적 인물	개성적·입체적 인물
구성	평면적·일대기적 구성	입체적·역순행적 구성
시점	전지적 작가 시점	다양한 시점
사건	우연적, 비현실적	필연적, 현실적
배경	비현실적, 막연한 배경	현실적, 구체적 배경

8. 수필

(1) 글쓴이가 생활 속에서 얻은 생각과 느낌을 일정한 형식 없이 자유롭게 적은 글로 일기, 기행문, 수기, 자서전 등이 이에 속한다.

(2) 수필의 특징
　① 개성적인 글 : 글쓴이의 개성이 드러난다.
　② 형식이 자유로운 글 : 특별히 정해진 형식 없이 자유롭게 쓸 수 있다.
　③ 비전문적인 글 : 남녀노소 누구나 쉽게 쓸 수 있는 글이다.
　④ 고백적인 글 : 글쓴이의 생각을 솔직하게 표현한다.
　⑤ 신변잡기적인 글 : 주변의 무엇이든 글감이 될 수 있다.

(3) 수필과 소설의 차이점

구분	수필	소설
글 속의 나	글쓴이 자신	허구의 인물
형식	자유로운 형식	일정한 형식이 있음.
주제	주제나 글쓴이의 생각을 직접적으로 드러냄.	주제나 글쓴이의 생각을 인물과 사건을 통해 간접적으로 드러냄.
성격	사실적, 체험적	허구적

9. 고전 수필 – 설(說)

(1) 구체적인 사건이나 사물의 이치를 해석하고 자신의 의견이나 주장을 덧붙인 글이다.

(2) 고전 수필 – 설(說)의 특징
  ① 한문 문학이다.
  ② 문학의 갈래상 수필에 속한다.
  ③ '예화(사실)＋의견(견해, 주장)'의 2단 구성을 취한다.
  ④ 비유나 우의적인 표현 방법을 많이 사용한다.

예시 작품

〈원미동 사람들〉, 양귀자

줄거리 보기

발단 : 쌀과 연탄만을 취급하던 '김포 쌀 상회'가 '김포 슈퍼'로 확장함.
전개 : 형제 슈퍼와 김포 슈퍼가 가격 경쟁을 하자, 처음에는 마을 사람들이 난처해 하다가 자신의 이익을 챙기게 됨.
위기 : 싱싱 청과물이 개업하자 형제 슈퍼와 김포 슈퍼가 애를 태우게 됨.
절정 : 형제 슈퍼와 김포 슈퍼가 손을 잡고 싱싱 청과물의 문을 닫게 함.
결말 : 먹고 살기 위해 고민하는 원미동 사람들의 모습, 전파상을 하는 시내 엄마는 다른 전파상이 생기자 고민하게 됨.

갈래 현대 소설, 단편 소설, 세태 소설
성격 사실적, 일상적, 비판적
시점 전지적 작가 시점
주제 가난한 동네의 이웃 간에 벌어지는 갈등과 이해, 공존의 원리

핵심만 보기

1 갈등 양상

김포 슈퍼 ↔ 형제 슈퍼(외적 갈등)
김포 슈퍼, 형제 슈퍼 ↔ 싱싱 청과물(외적 갈등)

2 등장인물의 성격

김 반장	억척스러움, 인정이 없음.
경호 아버지	대범하지 못하고 몸을 사림.
싱싱 청과물 사내	성질이 급함, 침착하지 못하고 성급하게 일을 벌임.
고흥댁	눈치가 없음.
시내 엄마	동점심이 많음.

3 시대적 배경

1980년대(유선 방송, 안테나, 쌀 상회, 복덕방, 연탄, 전파상, 180원 하는 과자 등의 소재로 시대상을 알 수 있음.)

4 작가의 창작 의도

이웃 간에 벌어지는 갈등과 화해의 모습을 통해 인간들이 지켜야 할 공존의 원리를 보여주고자 함.

예시 작품 〈말아톤〉, 정윤철 · 송예진 · 윤진호

줄거리 보기

발단 : 자폐아 초원의 어머니 경숙은 초원을 남들과 다를 바 없이 키우기 위해 꾸준히 달리기를 훈련시킴.

전개 : 경숙은 사회 봉사를 하러 온 전직 마라토너 정욱에게 초원의 마라톤 훈련을 부탁하고, 처음에는 시간을 보내기 위해 훈련을 하던 정욱도 점점 초원에게 마음을 열기 시작함.

절정 : 정욱의 훈련 방식이 못마땅했던 경숙이 직접 초원에게 마라톤 훈련을 시키다가 초원이 병원에 입원하게 되고, 경숙은 자신의 행동이 초원에게 강압적이었다는 생각에 괴로워하며 초원에게 마라톤을 그만두게 하려 함.

하강 : 초원은 마라톤 대회에 출전하기 위해 몰래 집을 나서 대회에 참가함.

대단원 : 초원은 마침내 서브스리를 달성하고, 경숙은 초원이 마라톤에 대한 자신의 의지를 보여주려 했다는 것을 알게 됨.

갈래	시나리오	성격	감동적, 우의적
제재	초원의 마라톤 완주	주제	자폐아의 장애 극복 의지와 가족의 사랑

핵심만 보기

1 등장인물의 성격

초원	• 자폐증이 있음.	• 달리기에 재능이 있음.
경숙	• 초원을 사랑함.	• 마라톤에 대한 초원의 재능을 발견함.
정욱	자유분방	

2 갈등 양상

외적 갈등 (인물 – 인물)	• 초원이의 마라톤 훈련을 포기하려 하는 경숙과 초원이의 마라톤 훈련을 계속하길 원하는 정욱 • 초원이가 마라톤을 그만두길 바라는 경숙과 마라톤 대회에 참가하고 싶어 하는 초원

예시 작품 〈홍길동전〉, 허균

줄거리 보기

발단 : 홍 판서와 하인 춘섬 사이에서 서자로 태어난 길동은 호부호형을 하지 못하고 입신양명을 할 수 없음을 원통해하며, 자신의 능력을 시기하는 사람들이 자신을 해치려 하는 것을 알고 출가를 함.

전개 : 집을 나와 도적의 무리를 만나 우두머리가 되어 활빈당을 조직하고 수령들이 부당하게 모은 재물을 빼앗아 가난한 사람들에게 나누어 줌.

위기 : 활빈당의 활약에 위기를 느낀 조정에서는 길동을 잡으려 하지만, 도술을 쓰는 길동을 잡지 못함.

절정 : 조정에서는 길동이 원하는 대로 그를 병조판서로 임명하고, 뜻을 이룬 길동은 조선을 떠나 율도국을 발견하여 왕이 됨.

결말 : 길동은 율도국으로 들어가 이상국을 건설하고, 뜻을 모두 이룬 길동은 신선이 되어 율도국을 떠남.

갈래 고전 소설, 한글 소설, 영웅 소설, 사회 소설
성격 사회 비판적, 현실적, 의지적, 우연적
시점 전지적 작가 시점
주제 적서 차별 제도의 타파와 입신양명에 대한 의지

핵심만 보기

1 작품 속에 드러나는 당시 사회상

① 축첩 제도가 존재함.
② 신분 차별, 적서 차별이 존재함.
③ 무관보다 문관이 대접을 받음.
④ 공맹을 본받고자 하며 입신양명을 중요하게 여김.

2 인물의 현실 대응 태도

홍 판서	현실순응적
춘섬	현실순응적
홍길동	현실비판적

3 주된 갈등 양상(인물과 사회와의 갈등)

입신양명을 꿈꾸는 홍길동과 서자에게 문관의 길을 내어주지 않는 사회 제도와의 외적 갈등

글의 구성

기 : '개'의 죽음을 아파하는 손(客)의 이야기
승 : '이'의 죽음도 마음이 아프다는 나의 대답
전 : '개'는 육중한 짐승이나 '이'는 미물이라는 손의 반응
결 : '개'와 '이'는 모두 소중한 생명이며, 죽음은 모두 마음이 아픈 것이라는 나의 설명

갈래　고전 수필, 설(說)
성격　비판적, 교훈적, 풍자적, 비유적
주제　편견과 선입관 없이 사물이나 생명의 본질을 올바로 파악하자.

핵심만 보기

1 대조적인 소재

큰 것		작은 것
개, 엄지손가락, 소, 말, 돼지, 양, 소뿔, 대붕	↔	이, 나머지 손가락, 곤충, 개미, 달팽이의 뿔, 메추리

2 죽음에 대한 생각

나	'이'와 '개'의 죽음은 다르지 않다. 모든 생명은 다 소중하다.
어떤 사람	'이'와 '개'의 죽음은 다르다. '개'는 크고 육중한 짐승이지만, '이'는 작고 하찮은 동물이다.

3 슬견설의 주제

① 편견을 버리자.
② 모든 생명체는 소중하다.
③ 사물의 본질을 올바로 파악하자.

기출문제로 유형 잡기

[01~02] 다음 글을 읽고 물음에 답하시오.

한 무리의 등장인물들이 '오아시스 세탁소 사건 진상 규명하라!'라는 팻말을 들고 나온다. 자신의 몸을 붕대로 감고, 두르고, 목발을 짚는 등 각양각색의 모습으로 세탁소 앞에 죽 나와 선다. 그들 앞에 서는 두 사람, 세탁소의 주인 강태국과 그의 부인 장민숙이다.

장민숙: (남편이 말하기를 기다리다 못해) 애들 아버지예요. 이 오아시스 세탁소 사, (사장이라기 뭐해서) 주인이에요.

강태국: 으흠, 저······.

장민숙: (답답하여) 어디 일 저지를 사람으로 보여요?

강태국: (괜한 기침) 어험.

장민숙: (또 기다리다가) 보시면 알겠지만, 법 없이도 살 사람이에요.

강태국: (뭔가 말하려) 함······.

장민숙: (어쩔 수 없다는 듯) 저 오아시스 세탁소만 저 자리에서 30년이에요. 그것도 아버님 대를 이어서 하니까 아버님 대까지 치면 반백 년인데 그게 인간성이 나쁘면 안 되는 거거든요. (가속이 붙어서) 아니, 동네 사람 길을 막고 물어봐도 다 안다니까요, 이 동네에서 이 사람 신세 안 지고 산 사람 없고······.

강태국: (자기도 말하게 하라고 헛기침) 컹컹.

장민숙: (강태국의 이야기를 들은 척 만 척) 평생 딴눈 한번 안 주고 죽으나 사나 딴 자리로 어디 왼짝 발끝도 한번 안 움직였어요. 어찌나 세탁 일에 일구월심(日久月深)인지 빨래로 박사 준다면 이 사람이 빨래 박사예요. 진짜 빨래 귀신이 따로 없는 게 그냥 옷만 보고도 그 사람을 다 알아 버린다니까요. 정말로 그럴 사람이 진짜 아닌데 그날은 그랬어요. 정말 딴 사람인 줄 알았다니까요, 미친 줄 알았어요. (관객에게) 미쳐서 한 일도 책임을 져야 하나요?

— 김정숙, 「오아시스 세탁소 습격 사건」 —

01 위와 같은 희곡의 특성으로 알맞지 <u>않은</u> 것은?

① 영화를 만들기 위하여 쓴 대본이다.
② 대사와 지시문으로 사건이 전개된다.
③ 무대에서 공연하는 것을 목적으로 한다.
④ 시간과 공간, 등장인물의 수에 제한을 받는다.

02 '장민숙'의 심리 상태로 적절한 것은?

① 남편의 건강이 좋지 않아 걱정한다.
② 사람들의 집단행동에 대해 공감한다.
③ 사람들이 남편을 오해해서 답답해한다.
④ 자신의 잘못이 밝혀지는 것을 두려워한다.

03 서구화된 식생활을 바라보는 글쓴이의 태도로 적절한 것은?

요즈음 우리네 식탁엔 점차 국물이 사라지고 있다. 걸어가면서 아침을 먹고, 차에 흔들리면서 점심을 먹어야 하는 바쁜 사람들이 많이 생겨서인가? 아니면 개척 시대 미국 이주민의 생활이 부러워 그것을 흉내내고 싶어서인가? 즉석요리, 즉석식품이 판을 치고 있는 세상이다.

내 아이들도 예외는 아니다. 생선은 굽고, 닭고기는 튀겨야 맛이 있다고 성화인 것만 보아도 그렇다. 나는 그 반대 입장에 서서 국물이 있는 것으로 입맛을 챙기려 하니, 아내는 늘 지혜롭게 식탁을 꾸려 갈 수밖에 없다. 기다릴 줄을 모르고, 자기 욕심과 자기주장이 통할 때까지 고집을 피워대는 내 아이들의 모습을 보면서, 혹시 그런 성격이 서구화된 식탁 문화에서 빚어진 것이 아닌가 하는 걱정도 커진다.

– 문형동, 「국물 이야기」 –

① 긍정적   ② 비판적
③ 수용적   ④ 예찬적

04 이 글에 대한 설명으로 적절하지 <u>않은</u> 것은?

> 인형은 길을 재촉하여 열흘 만에 경상 감영에 부임하였다. 고을마다 방을 붙이고 인형은 오직 길동이 나타나기만을 기다렸다. 며칠 후 한 소년이 감영 앞까지 나귀를 타고 와 감사 뵙기를 청한다고 하였다. 인형이 이상히 여겨 들여보내라 하니, 소년이 마루에 올라 인사를 올렸다.
>
> "제가 여기 온 것도 아버님과 형님을 위태로운 지경에서 구하고자 함입니다. 하오나 당초에 아버지를 아버지라 하고 형을 형이라 부를 수 있었던들 어찌 이 지경에 이르렀겠습니까? 이제 와서 지난 일을 말해 무엇하오리까? 이제 저를 묶어 한양으로 보내소서."
>
> 그런 다음 입을 꾹 다물더니 묻는 말에 더 이상 대답하지 않았다. 경상 감사 인형은 이윽고 제 아우 길동의 목에 칼을 씌우고 발에 차꼬[1]를 채웠다. 그리고 길동을 잡았다는 장계를 적어 서둘러 한양으로 보냈다.
>
> 〈중략〉
>
> "내가 여기까지 순순히 잡혀 오고 전하께서도 내가 끌려오는 것을 이미 알고 계시므로 너희가 큰 벌을 받지는 않으리라."
>
> 그런 다음 길동이 몸을 흔드니 쇠사슬이 썩은 동아줄처럼 툭툭 끊어지고 함거[2]가 우지끈 부서졌다. 그리고 순식간에 공중으로 훌쩍 몸을 솟구쳐서 궁수들이 미처 손을 쓸 틈이 없었다. 궁수들은 그저 길동이 공중에서 까마득하게 멀어질 때까지 하늘만 멍하니 바라볼 뿐이었다.
>
> — 허균, 『홍길동전』 —
>
> 1) 차꼬 : 죄수를 가두어 둘 때 쓰던 기구
> 2) 함거 : 예전에, 죄인을 실어 나르던 수레

① 과거 시제로 서술되고 있다.
② 당대 사회의 모습을 반영하고 있다.
③ 역사적 사실을 객관적으로 전달하고 있다.
④ 시간의 흐름에 따라 사건이 전개되고 있다.

<정답잡기> 이 글은 갑오개혁 이전에 지어진 고전 소설로, 전형적이고 평면적인 인물이 등장하며 우연적이고 비현실적인 사건이 일어나는 특징을 지니고 있다.
③ 조선 시대 모습을 반영하고 있으나, 있음 직한 일을 꾸며 쓰는 소설이기에 역사적 사실을 객관적으로 전달하고 있는 것은 아니다.

<오답잡기>
① 작품을 살펴보면 과거 시제로 서술되고 있다.
② 신분제가 있던 조선 시대의 모습을 반영하고 있다.
④ 소설은 시간의 흐름에 따라 사건을 전개하는 서사성을 지닌다.

정답 04 ③

05 다음 글에 대한 설명으로 적절하지 <u>않은</u> 것은?

S# 13 식당(밤)

옥림이와 아빠, 식당에서 밥을 먹고 있다.

옥림 : (흥분하며) 아니, 그깟 반칙 정도는 할 수 있는 거 아냐? 그래서 우리가 직접 항의하려고, 체육 선생님한테.

아빠 : 그래도 안 되지, 반칙은.

옥림 : 아니, 이게 무슨 월드컵도 아니고 올림픽도 아니고 그냥 학교 반 대항인데 뭘 그렇게 깐깐하게 하냐고!

아빠 : (멈칫하며 옥림이를 쳐다본다.)

옥림 : 안 그래? 치, 양심? 양심이 뭐 밥 먹여줘? 욱이 봐, 양심 선언 한 번 했다가 결국 경기도 지고, 몇 년 동안 놀림받고.

아빠 : (가만히 보는……. 말하는 거 보니 큰일 났다 싶다.)

옥림 : 우리만 깨끗하면 뭐해? 사람들이 그걸 인정을 안 해주는데. 세상이 원래 그런 걸 뭐. 안 그래? (일어서며) 아줌마, 화장실 어디예요?

옥림이가 화장실에 가고 난 뒤 가만히 앉아 있는 아빠, 안주머니에서 지갑을 꺼내 본다. 80만 원이 그대로 있는 지갑. 아직 갖다 주지 않았지만 무언가 결심한 표정

S# 14 파출소 앞 거리(밤)

옥림이의 팔을 붙잡고 어디론가 끌고 가는 아빠의 모습

옥림 : (어리둥절해 하며) 왜 이래, 아빠 어디 가는 건데?

아빠, 파출소 앞에 탁 멈춰 선다.

아빠 : (지갑을 꺼내 보이며) 이거, 그때 네가 주운 지갑이야. 솔직히 아빠도 이거 갖다 줄까 말까 갈등했는데, 네 얘기 들으니까 안 되겠어. 왜 그런지 알아?

옥림 : (뚱해서 본다.)

아빠 : 너 몇 살이야? 열다섯 살밖에 안 됐지? 그런 애가 만날 세상 탓하고. 다른 사람들이 다 도둑질하면 너도 도둑 될래?

〈중략〉

씩씩하게 파출소로 들어가서 경찰관에게 의기양양 턱 지갑을 내미는 아빠의 모습을 바라보는 옥림이

– 홍자람, 「챔피언」 –

① 시간적 배경은 밤이다.
② 영화나 드라마의 대본이다.
③ 막과 장으로 구성된 글이다.
④ 인물의 갈등이 드러나 있다.

06 ㉠과 같은 표현 방법이 사용된 예로 적절한 것은?

> 돌담에 속삭이는 햇발같이
> 풀 아래 웃음 짓는 샘물같이
> 내 마음 고요히 고운 봄 길 위에
> 오늘 하루 하늘을 우러르고 싶다.
>
> ㉠ 새악시 볼에 떠오르는 부끄럼같이
> 시의 가슴에 살포시 젖는 물결같이
> 보드레한 에메랄드 얇게 흐르는
> 실비단 하늘을 바라보고 싶다.
>
> — 김영랑, 「돌담에 속삭이는 햇발」 —

① 밥먹자, 서준아.
② 산은 높고 물은 깊다.
③ 너는 별처럼 반짝인다.
④ 봄이 왔네, 봄이 왔어.

정답잡기 ㉠은 직유법이 사용되었다.
오답잡기
① 도치법
② 대구법
④ 반복법

정답 06 ③

07 다음 글의 특징으로 가장 적절한 것은?

우리 집은 골목 안에서 중앙이 아니라 구석 쪽이었지만 내가 앉아 있는 계단 앞이 친구들의 놀이 무대였다. 놀이에 참여하지 못해도 나는 전혀 소외감이나 박탈감을 느끼지 않았다. 아니, 지금 생각하면 내가 소외감을 느낄까 봐 친구들이 배려를 해 준 것이었다.

그 골목길에서의 일이다. 초등학교 1학년 때였던 것 같다. 하루는 우리 반이 좀 일찍 끝나서 나는 혼자 집 앞에 앉아 있었다. 그런데 그때 마침 깨엿 장수가 골목길을 지나고 있었다. 그 아저씨는 가위만 쩔렁이며 내 앞을 지나더니 다시 돌아와 내게 깨엿 두 개를 내밀었다. 순간 그 아저씨와 내 눈이 마주쳤다. 아저씨는 아무 말도 하지 않고 아주 잠깐 미소를 지어 보이며 말했다.

"괜찮아."

무엇이 괜찮다는 것인지는 몰랐다. 돈 없이 깨엿을 공짜로 받아도 괜찮다는 것인지, 아니면 목발을 짚고 살아도 괜찮다는 것인지……. 하지만 그건 중요하지 않다. 중요한 건 내가 그날 마음을 정했다는 것이다. 이 세상은 그런대로 살 만한 곳이라고. 좋은 사람들이 있고, 선의와 사랑이 있고, '괜찮아'라는 말처럼 용서와 너그러움이 있는 곳이라고 믿기 시작했다는 것이다.

– 장영희, 「괜찮아」 –

① 여행 중에 보고 들은 내용을 전달하고 있다.
② 문학 작품에 대한 감상과 비평을 서술하고 있다.
③ 체험을 통해 얻은 감동을 자유롭게 표현하고 있다.
④ 객관적인 설명을 중심으로 정보를 제공하고 있다.

정답 07 ③

예상 문제로 실력 잡기

01 다음 중 이 시에 해당하는 내용이 <u>아닌</u> 것은?

그립다
말을 할까
하니 그리워.

그냥 갈까
그래도
다시 더 한 번…….

저 산에도 까마귀, 들에 까마귀
서산에는 해 진다고
지저귑니다.

앞 강물, 뒷 강물
흐르는 물은
어서 따라오라고 따라가자고
흘러도 연달아 흐릅디다려.

– 김소월, 「가는 길」 –

① 이별에 대한 아쉬움의 정서가 드러난다.
② 화자의 정서를 강조하기 위한 대상물이
   사용되었다.
③ 이별을 부정하고 떠난 임을 원망하는 화
   자의 목소리가 드러난다.
④ 떠나가는 임을 그리워하는 애상적인 분
   위기가 드러난다.

[02~03] 다음 글을 읽고 물음에 답하시오.

길이 끝나는 곳에서도
길이 있다.
㉠ 길이 끝나는 곳에서도
길이 되는 사람이 있다.
㉡ 스스로 봄 길이 되어
끝없이 걸어가는 사람이 있다.
강물은 흐르다가 멈추고
새들은 날아가 돌아오지 않고
㉢ 하늘과 땅 사이의 모든 꽃잎은 흩어져도
보라
사랑이 끝난 곳에서도
사랑으로 남아 있는 사람이 있다.
㉣ 스스로 사랑이 되어
한없이 봄길을 걸어가는 사람이 있다.

– 정호승, 「봄 길」 –

02 다음 중 의미하는 바가 <u>다른</u> 하나는?

① ㉠   ② ㉡

③ ㉢   ④ ㉣

03 ㉠에 사용된 표현 방법은?

① 역설법   ② 대구법

③ 설의법   ④ 반어법

[04~05] 다음 글을 읽고 물음에 답하시오.

> 열무 삼십 단을 이고
> 시장에 간 우리 엄마
> 안 오시네. 해는 시든 지 오래
> ㉠ 나는 찬밥처럼 방에 담겨
> 아무리 천천히 숙제를 해도
> 엄마 안 오시네, 배춧잎 같은 발소리 타박타박
> 안 들리네, 어둡고 무서워
> 금 간 창 틈으로 고요한 빗소리
> 빈 방에 혼자 엎드려 훌쩍거리던
>
> 아주 먼 옛날
> 지금도 내 눈시울을 뜨겁게 하는
> 그 시절, 내 유년의 윗목
>
> — 기형도, 「엄마 걱정」 —

04 ㉠에 사용된 심상은?

① 시각적 심상 　② 촉각적 심상
③ 후각적 심상 　④ 미각적 심상

05 이 시의 시적 화자가 처한 상황은?

① 엄마를 기다리며 슬퍼하는 어린아이
② 어려운 상황을 극복하고 있는 어른
③ 유년 시절을 회상하고 있는 어른
④ 외로웠던 과거를 떠올리며 부모님을 원망
　 하는 어린아이

[06~07] 다음 글을 읽고 물음에 답하시오.

> 가시리 가시리잇고 나는
> 버리고 가시리잇고 나는
> 위 증즐가 대평성대
>
> 날러는 엇디 살라 하고
> 버리고 가시리잇고 나는
> 위 증즐가 대평성대
>
> 잡사와 두어리마나는
> 선하면 아니 올셰라
> 위 증즐가 대평성대
>
> 설온 님 보내옵나니 나는
> 가시는 듯 돌아오소서 나는
> 위 증즐가 대평성대
>
> — 작자 미상, 「가시리」 —

06 이 시의 화자에 대한 설명으로 바르지 <u>않은</u> 것은?

① 임이 돌아오기를 기다리고 있다.
② 이별을 받아들이며 체념하고 있다.
③ 임이 다시 돌아오지 않을까 염려하여 임
　 을 떠나보내고 있다.
④ 떠나간 임을 그리워하는 남자의 목소리이다.

07 이 시의 특징에 대한 설명으로 알맞지 <u>않은</u> 것은?

① 4음보의 운율이 드러난다.
② 의미 없는 후렴구의 반복이 드러난다.
③ 분연체의 형식을 지닌다.
④ 악기 소리를 흉내낸 말이 사용되었다.

08 다음 시에 쓰인 심상과 시구가 바르게 연결되지 <u>않은</u> 것은?

> 꽃가루와 같이 부드러운 고양이의 털에
> 고운 봄의 향기가 어리우도다.
> 금방울과 같이 호동그란 고양이의 눈에
> 미친 봄의 불길이 흐르도다.
>
> 고요히 다물은 고양이의 입술에
> 포근한 봄의 졸음이 떠돌아라.
>
> 날카롭게 쭉 뻗은 고양이의 수염에
> 푸른 봄의 생기가 뛰놀아라.
>
> — 이장희, 「봄은 고양이로다」 —

① 고운 봄의 향기 – 후각적 심상

② 고요히 다물은 고양이의 입술 – 촉각적 심상

③ 꽃가루와 같이 부드러운 – 촉각적 심상

④ 푸른 봄의 생기 – 시각적 심상

[09~10] 다음 글을 읽고 물음에 답하시오.

> 벗꽃 지는 걸 보니
> 푸른 솔이 좋아.
> 푸른 솔 좋아하다 보니
> 벗꽃마저 좋아.
>
> — 김지하, 「새봄」 —

09 이 시에 주로 사용된 심상은?

① 촉각적 심상　　② 시각적 심상

③ 공감각적 심상　　④ 후각적 심상

10 이 시의 운율을 형성하는 요소로 올바른 것은?

① 동일한 글자 수 반복

② 동일한 문장 구조 반복

③ 시의 첫 부분과 끝부분 반복

④ 주제의 반복

> 배추에게도 마음이 있나 보다.
> 씨앗 뿌리고 농약 없이 키우려니
> 하도 자라지 않아
> 가을이 되어도 헛일일 것 같더니
> 여름내 밭둑 지나며 잊지 않았던 말
> – 나는 너희로 하여 기쁠 것 같아.
> – 잘 자라 기쁠 것 같아.
> 늦가을 배추 포기 묶어 주며 보니
> 그래도 튼실하게 자라 속이 꽤 찼다.
> – 혹시 배추벌레 한 마리
> 이 속에 갇혀 나오지 못하면 어떡하지?
> 꼭 동여매지도 못하는 사람 마음이나
> 배추벌레에게 반 넘어 먹히고도
> 속은 점점 순결한 잎으로 차오르는
> 배추의 마음이 뭐가 다를까.
> 배추 풀물이 사람 소매에도 들었나 보다.
>
> – 나희덕, 「배추의 마음」 –

11 이 시의 주제가 드러난 행으로 가장 적절한 것은?

① 배추에게도 마음이 있나 보다.
② 나는 너희로 하여 기쁠 것 같아.
③ 잘 자라 기쁠 것 같아.
④ 배추 풀물이 사람 소매에도 들었나 보다.

12 이와 같은 글의 특징으로 바르지 <u>않은</u> 것은?

① 상징성 ② 음악성
③ 함축성 ④ 사실성

13 다음 시에 사용된 표현 방법이 바르게 연결되지 <u>않은</u> 것은?

> 돌담에 속삭이는 햇살같이
> 풀 아래 웃음 짓는 샘물같이
> 내 마음 고요히 고운 봄 길 위에
> 오늘 하루 하늘을 우러르고 싶다.
>
> 새악시 볼에 떠오는 부끄럼같이
> 시의 가슴에 살포시 젖는 물결같이
> 보드레한 에메랄드 얇게 흐르는
> 실비단 하늘을 바라보고 싶다.
>
> – 김영랑, 「돌담에 속삭이는 햇발」 –

① 새악시 볼에 떠오는 부끄럼같이 – 직유법
② 시의 가슴 – 은유법
③ 1연과 2연의 구조 반복 – 대구법
④ 돌담에 속삭이는 햇발 – 풍유법

[14~16] 다음 글을 읽고 물음에 답하시오.

> ⓐ 봄은
> <u>남해에서도 북녘에서도</u>
> <u>오지 않는다.</u>
>
> 너그럽고
> 빛나는
> 봄의 그 눈짓은,
> 제주에서 두만까지
> 우리가 디딘
> 아름다운 논밭에서 움튼다.
>
> 겨울은
> 바다와 대륙 밖에서

그 매서운 눈보라 몰고 왔지만
이제 올
너그러운 봄은
삼천리 마을마다
우리들 가슴 속에서
움트리라.

움터서,
강산을 덮은 그 미움의 쇠붙이들
눈 녹이듯 흐물흐물
녹여 버리겠지.

– 신동엽, 「봄은」 –

14 ⓐ에 대한 설명으로 바르지 <u>않은</u> 것은?

① 확신에 찬 어조이다.
② 통일에 대한 의지를 보여주는 어조이다.
③ 단정적이고 단호한 어조를 사용하고 있다.
④ 불확실한 미래에 대한 불안감을 나타낸다.

15 다음 중 '한반도'를 뜻하는 시어가 <u>아닌</u> 것은?

① 봄의 눈짓
② 제주에서 두만까지
③ 삼천리 마을
④ 강산

16 이 시의 화자가 궁극적으로 말하고자 하는 것은?

① 독립에 대한 간절한 염원
② 자주적, 평화적 통일에 대한 염원
③ 전쟁의 승리를 염원
④ 약육강식에 의한 세상 비판

17 다음 시에 대한 설명으로 올바른 것은?

해야 솟아라. 해야 솟아라. 말갛게 씻은 얼굴 고운 해야 솟아라. 산 넘어 산 넘어서 밤새도록 어둠을 살라 먹고 산 넘어서 밤새도록 어둠을 살라 먹고, 이글이글 애띤 얼굴 고운 해야 솟아라.

달밤이 싫여, 달밤이 싫여, 눈물 같은 골짜기에 달밤이 싫여, 아무도 없는 뜰에 달밤이 나는 싫여…….

해야, 고운 해야, 늬가 오면, 늬가사 오면, 나는 나는 청산이 좋아라. 훨훨훨 깃을 치는 청산이 좋아라. 청산이 있으면 홀로라도 좋아라.

사슴을 따라 사슴을 따라, 양지로 양지로 사슴을 따라, 사슴을 만나면 사슴과 놀고,

칡범을 따라 칡범을 따라, 칡범을 만나면 칡범과 놀고…….

해야, 고운 해야. 해야 솟아라. 꿈이 아니래도 너를 만나면, 꽃도 새도 짐승도 한자리 앉아, 워어이 워어이 모두 불러 한자리 앉아, 앳되고 고운 날을 누려 보리라.

– 박두진, 「해」 –

① 외형률을 느낄 수 있다.
② 개화기 이전에 창작된 시이다.
③ 행의 구분이 없는 시이다.
④ 임금에 대한 충성을 노래한 시이다.

> 나는 나룻배
> 당신은 행인
>
> 당신은 흙발로 나를 짓밟습니다.
> 나는 당신을 안고 물을 건너갑니다.
> 나는 당신을 안으면 깊으나 옅으나 급한 여울이
> 나 건너갑니다.
>
> 만일 당신이 아니 오시면 나는 바람을 쐬고 눈비를
> 맞으며 밤에서 낮까지 당신을 기다리고 있습니다.
> 당신은 물만 건너면 나를 돌아보지도 않고 가십
> 니다그려.
> 그러나 당신이 언제든지 오실 줄만은 알아요.
> 나는 당신을 기다리면서 날마다 날마다 낡아갑니다.
>
> 나는 나룻배
> 당신은 행인
>
> — 한용운, 「나룻배와 행인」 —

18 이와 같은 글에 대한 설명으로 올바른 것은?

① 등장인물 간의 갈등이 잘 드러난다.
② 시간의 흐름에 따라 서술한다.
③ 시어나 시구의 반복을 통해 운율을 형성한다.
④ 주장에 대한 근거가 제시된다.

19 이 시의 '당신'에 대한 의미로 올바르지 <u>않은</u> 것은?

① 시인이 독립운동가일 때 – 조국
② 시인이 스님일 때 – 부처
③ 여성적 어조의 시적 화자일 때 – 사랑하는 임
④ 시인이 스님일 때 – 어머니

20 '당신'에 대한 '나'의 태도가 <u>아닌</u> 것은?

① 나는 당신을 안고 물을 건너갑니다.
② 당신은 흙발로 나를 짓밟습니다.
③ 그러나 당신이 언제든지 오실 줄만은 알아요.
④ 나는 바람을 쐬고 눈비를 맞으며 밤에서 낮까지 당신을 기다리고 있습니다.

21 이 시의 화자가 추구하는 삶의 태도는?

> 죽는 날까지 하늘을 우러러
> 한 점 부끄럼이 없기를,
> 잎새에 이는 바람에도
> 나는 괴로워했다.
> 별을 노래하는 마음으로
> 모든 죽어 가는 것을 사랑해야지.
> 그리고 나한테 주어진 길을 걸어가야겠다.
>
> 오늘 밤에도 별이 바람에 스치운다.
>
> — 윤동주, 「서시」 —

① 비판적
② 절망적
③ 긍정적
④ 희생적

[22~23] 다음 글을 읽고 물음에 답하시오.

> 그러나 우리 어린애들은 전혀 달랐다. 어른들 마음과는 아무 상관없이 누나와 나는 피란민들을 마냥 부러워하고 있었다. 세상의 저쪽 끝에서 와서 다른 저쪽 끝까지 가려는 사람들 같았다. 무거운 짐을 들고 불편한 몸을 이끌며 길을 떠나는 그들의 모습이 오히려 우리들 눈에는 새의 깃털만큼이나 가벼워 보였다. 그들처럼 마음 내키는 대로 세상을 여기저기 떠돌아다니지 않고 우리는 왜 마을에 붙박여 살아야 하는지 도무지 이해할 수가 없었다. 그래서 우리도 피란을 떠나자고 아버지한테 조르기로 작정했다.
>
> 〈중략〉
>
> 이런 곡절 끝에 명선이는 우리 집에서 살게 되었다. 마지막으로 마을에 남게 된 유일한 피란민이었다. 인민군한테 발뒤꿈치를 밟혀 가며 피란을 내려왔던 명선네 친척들은 역시 인민군보다 한 걸음 앞서 부랴사랴 우리 마을을 떠나면서 명선이를 버리고 갔다. 그래서 명선이는 피란민 일가가 묵다가 떠난 자리에서 동네 사람들에 의해 하나의 골치 아픈 뒤퉁거리로 발견되었다. 누나하고 내가 할머니를 따라 피란을 떠나던 바로 그 날 아침의 일이었다.
>
> 〈중략〉
>
> "꽃 이름이 뭔지 아니?"
> 난생처음 보는 듯한, 해바라기를 축소해 놓은 모양의 동전만 한 들꽃이었다.
> "쥐바라숭꽃……."
> 나는 간신히 대답했다. 시골에서 볼 수 있는 거라면 명선이는 내가 뭐든지 다 알고 있다고 믿는 눈치였다. 쥐바라숭이란 이 세상엔 없는 꽃 이름이었다. 엉겁결에 어떻게 그런 이름을 지어낼 수 있었는지 나 자신도 어리벙벙할 지경이었다.
> "쥐바라숭꽃……, 이름처럼 정말 이쁜 꽃이구나. 참 앙증맞게두 생겼다."
> 또 한바탕 위험한 곡예 끝에 그 애는 기어코 그 쥐바라숭꽃을 꺾어 올려 손에 들고는 냄새를

> 맡아 보다가 손바닥 사이에 넣어 대궁을 비벼서 양산처럼 팽글팽글 돌리다가 끝내는 머리에 꽂는 것이었다. 다시 이쪽으로 건너오려는데, 이때 바람이 휙 불어 명선이의 치맛자락이 훌렁 들리면서 머리에서 꽃이 떨어졌다. 나는 해바라기 모양의 그 작고 노란 쥐바라숭꽃 한 송이가 바람에 날려, 싯누런 흙탕물이 도도히 흐르는 강심을 향해 바람개비처럼 맴돌며 떨어져 내리는 모양을 아찔한 현기증을 느끼며 지켜보고 있었다.
>
> — 윤흥길, 「기억 속의 들꽃」 —

22 이 글의 '쥐바라숭꽃'이 의미하는 바가 <u>아닌</u> 것은?

① 이 글의 주인공
② 전쟁 중에 살아남은 명선이의 생명력
③ 머리에서 떨어진 쥐바라숭꽃은 명선이의 죽음을 암시
④ 이 글의 서술자

23 이 글에 대한 내용으로 관련이 <u>없는</u> 것은?

① 어린아이의 시선에서 이야기가 전개되고 있다.
② 6·25 전쟁이 시대적 배경이다.
③ 배경이 되는 사회적·역사적 상황을 고려하여 감상해야 한다.
④ 역사적 사실을 있는 그대로 기록한 글이다.

> 개울물은 날로 여물어 갔다.
>
> 소년은 갈림길에서 아래쪽으로 가보았다.
>
> 갈밭머리에서 바라보는 서당골 마을은 쪽빛 하늘 아래 한결 가까워 보였다. 어른들의 말이, 내일 소녀네가 양평읍으로 이사 간다는 것이었다. 거기 가서는 조그마한 가겟방을 보게 되리라는 것이었다.
>
> 소년은 저도 모르게 주머니 속 호두알을 만지작거리며, 한 손으로는 수없이 갈꽃을 휘어 꺾고 있었다.
>
> 그 날 밤, 소년은 자리에 누워서도 같은 생각뿐이었다. 내일 소녀네가 이사하는 걸 가보나 어쩌나. 가면 소녀를 보게 될까 어떨까.
>
> 그러다가 까무룩 잠이 들었는가 하는데, "허, 참 세상일도……."
>
> 마을 갔던 아버지가 언제 돌아왔는지, ㉠"윤 초시 댁도 말이 아니야. 그 많던 전답을 다 팔아버리고, 대대로 살아오던 집마저 남의 손에 넘기더니, 또 악상까지 당하는 걸 보면……."
>
> 남폿불 밑에서 바느질감을 안고 있던 어머니가 "증손(曾孫)이라곤 계집애 그 애 하나뿐이었지요?"
>
> "그렇지, 사내 애 둘 있던 건 어려서 잃어버리고……."
>
> "어쩌면 그렇게 자식 복이 없을까."
>
> "글쎄 말이지. 이번 애는 꽤 여러 날 앓는 걸 약도 변변히 못써 봤다더군. 지금 같아선 윤 초시네도 대가 끊긴 셈이지 ……. 그런데 참, 이번 계집앤 어린 것이 여간 잔망스럽지가 않아. 글쎄, 죽기 전에 이런 말을 했다지 않아? ㉡자기가 죽거든 자기 입던 옷을 꼭 그대로 입혀서 묻어달라고……."
>
> — 황순원, 「소나기」 —

24 윗글에 대한 설명으로 알맞은 것은?

① 향토적 소재가 사용되었다.

② 인물과의 외적 갈등이 두드러진다.

③ 소년이 자신의 이야기를 하고 있다.

④ 실제 있었던 경험을 쓴 것이다.

25 ㉠의 상황과 관련 있는 속담은?

① 엎친 데 덮친 격

② 소 잃고 외양간 고친다.

③ 낮말은 새가 듣고 밤말은 쥐가 듣는다.

④ 발 없는 말이 천 리 간다.

26 이 글에서 소녀가 ㉡처럼 말한 이유로 가장 알맞은 것은?

① 소녀가 좋아하는 보라색 옷이기 때문에

② 소년과의 추억이 담긴 옷이기 때문에

③ 소녀에게 다른 옷이 없기 때문에

④ 자신의 죽음을 알리기 싫었기 때문에

27 이 글에서 제목인 '소나기'의 역할로 알맞지 <u>않</u>은 것은?

① 소년과 소녀의 짧은 사랑
② 소녀가 병으로 죽게 된 원인
③ 소년과 소녀가 가까워지게 된 계기
④ 소년과 소녀가 놀러 가게 된 원인

28 이 글의 결말에 대한 설명으로 알맞지 <u>않</u>은 것은?

① 생략을 통해 독자의 상상력을 자극하고, 애틋함을 남긴다.
② 소년의 감정 표현을 자제하여 여운과 감동을 남긴다.
③ 비극적인 결말로 소년과 소녀의 순수한 사랑이 안타깝게 느껴진다.
④ 열린 결말로 소년에게 다시 사랑이 찾아올 것임을 알 수 있다.

[29~30] 다음 글을 읽고 물음에 답하시오.

딱히 놀이기구가 없던 그때, 친구들은 대부분 술래잡기, 사방치기, 공기놀이, 말타기, 고무줄놀이 등을 하고 놀았지만 나는 공기놀이 외에는 어떤 놀이에도 참여할 수 없었다. 하지만 골목 안 친구들은 나를 위해 꼭 뭔가 역할을 만들어 주었다. 고무줄놀이나 달리기를 하면 내게 심판을 시키거나 신발주머니와 책가방을 맡겼다. 그뿐인가, 술래잡기를 할 때는 한곳에 앉아 있어야 하는 내가 답답해할까 봐 어디에 숨을지 미리 말해 주고 숨는 친구도 있었다.

우리 집은 골목에서 중앙이 아니라 모퉁이 쪽이었는데 내가 앉아 있는 계단 앞이 친구들의 놀이무대였다. 놀이에 참여하지 못해도 난 전혀 소외감이나 박탈감을 느끼지 않았다. 아니, 지금 생각하면 아마도 내가 소외감을 느낄까 봐 친구들이 배려해 준 것이었다.

그 골목길에서의 일이다. 초등학교 1학년 때였던 것 같다. 하루는 우리 반이 좀 일찍 끝나서 혼자 집 앞에 앉아 있었다. 그런데 그때 마침 골목을 지나던 깨엿장수가 있었다. 그 아저씨는 가위만 쩔렁이며, 목발을 옆에 두고 대문 앞에 앉아 있는 나를 흘낏 보고는 그냥 지나쳐 갔다. 그러더니 리어카를 두고 다시 돌아와 내게 깨엿 두 개를 내밀었다. 순간 아저씨와 내 눈이 마주쳤다. 아저씨는 아무 말도 하지 않고 아주 잠깐 미소를 지어 보이며 말했다.

"괜찮아."

무엇이 괜찮다는 건지 모른다. 돈 없이 깨엿을 공짜로 받아도 괜찮다는 것인지, 아니면 목발을 짚고 살아도 괜찮다는 말인지…… . 하지만 그건 중요하지 않다. 중요한 건 내가 그날 마음을 정했다는 것이다. 이 세상은 그런대로 살 만한 곳이라고, 좋은 사람이 있고, 선의와 사랑이 있고, '괜찮아'라는 말처럼 용서와 너그러움이 있는 곳이라고 믿기 시작했다는 것이다.

– 장영희, 「괜찮아」 –

29 글쓴이의 처지를 알려주는 단어는?

① 목발   ② 심판

③ 깨엿장수   ④ 깨엿

30 '괜찮아'라는 말에 담긴 의미가 <u>아닌</u> 것은?

① 체념   ② 너그러움

③ 위로   ④ 격려

[31~34] 다음 글을 읽고 물음에 답하시오.

(가)   "이놈아! 너 왜 남의 닭을 때려 죽이니?"

"그럼 어때?" 하고, 일어나다가,

"뭐 이 자식아! 누 집 닭인데?" 하고, 복장을 떼미는 바람에 다시 벌렁 자빠졌다. 그리고 나서 가만히 생각을 하니 분하기도 하고 무안도 스럽고, 또 한편 일을 저질렀으니, 인젠 땅이 떨어지고 집도 내쫓기고 해야 되는지 모른다. 나는 비슬비슬 일어나며 소맷자락으로 눈을 가리고는 얼김에 엉, 하고 울음을 놓았다. 그러나 점순이가 앞으로 다가와서,

"그럼. 너 이담부턴 안 그럴 테냐?" 하고 물을 때에야 비로소 살 길을 찾은 듯싶었다. 나는 눈물을 우선 씻고 뭘 안 그러는지 명색도 모르건만,

"그래!"하고 무턱대고 대답하였다.

"요담부터 또 그래 봐라, 내 자꾸 못 살게 굴 테니."

"그래 그래, 인젠 안 그럴 테야."

"닭 죽은 건 염려마라. 내 안 이를 테니."

                     – 김유정, 「동백꽃」 –

(나)   "어쩌려고 저러는지? 200원짜리 초콜릿을 김 반장은 150원에 팔더라니깐요. 떼 온 값도 안 되게 막 팔아 넘긴대요. 이판사판이래요."

그러면 고흥댁은 정말 헷갈리기 시작하는 것이다. 아까까지만 해도 김포에서 적어도 30원은 싸게 샀다고 자부한 판인데 잠깐 사이에 형제에서는 50원이나 싸게 팔고 있다니, 어느 쪽으로 가야 이익일지 계산하기가 썩 어렵잖은가 말이다. 그러잖아도 지난번에 형제 슈퍼에서 산 비누를 물리고 그 즉시로 김포 슈퍼에서 싼 값으로 비누를 샀다고 해서 동네 여자들 구설수에 올라 있는 고흥댁이었다.

                〈중략〉

"아이구, 아줌마도……. 손해는 무슨 손해요? 김포에서 받은 것도 200원어치 곱절은 됐을 텐데, 안 그래요?"

말을 듣고 보니 맞는 소리였다. 눈치를 잘 보아서 김 반장한테로 갔으면 더 이익은 봤을망정 손해는 아니었으니까…….

"그나저나 고래 싸움에 새우 등 터진다는 옛말은 다 틀린 말여. 고래들이 싸우는 통에 우리 같은 새우들이 먹잘 게 좀 많은가 말여."

                – 양귀자, 「원미동 사람들」 –

31 (가)에서 '나'가 점순이에게 함부로 할 수 <u>없는</u> 궁극적인 이유는?

① 내가 점순이보다 힘이 약하기 때문에

② 점순이가 나보다 나이가 많기 때문에

③ 점순이의 성격이 매우 포악하기 때문에

④ 마름과 소작인이라는 신분의 차이 때문에

32 (나)의 주제는?

① 이웃과의 경쟁에서 살아남기 위한 노력
② 물질 만능주의의 병폐
③ 이웃 간에 벌어지는 갈등과 공존의 원리
④ 삶의 고달픔

33 (나)에서 시대적 상황을 나타내는 소재는?

① 200원짜리 초콜릿
② 슈퍼
③ 비누
④ 김 반장

34 (가)의 시점에 대한 설명으로 올바른 것은?

① 주인공인 '나'가 자신의 이야기를 하고 있다.
② 등장인물인 '나'가 주인공을 관찰하며 서술하고 있다.
③ 서술자가 작품 밖에서 등장인물의 심리까지 모두 묘사하고 있다.
④ 서술자는 등장인물의 행동을 객관적으로 관찰하고 있다.

[35~37] 다음 글을 읽고 물음에 답하시오.

(가) "아아, 쌍권총을 든 사나이, 아아, 오늘 밤의 활동사진은 쌍권총을 든 사나이, 많이 구경 오이소! 많이많이 구경 오이소!"
그리고 메가폰을 입에서 뗀 그 희한한 사람의 시선이 동길이의 시선과 마주쳤다.
순간 동길이의 가슴이 철렁 내려앉고 말았다. 뒤통수를 야물게 한 대 얻어맞은 것 같았다. 그리고 눈물이 핑 돌았다. 어처구니가 없었다.
그 희한한 사람이 바로 아버지였던 것이다. 아버지는 동길이와 눈이 마주치자 약간 멋쩍은 듯했다. 그러고는 얼른 시선을 돌려버리는 것이었다. 동길이는 코끝이 매워 오며 뿌옇게 눈앞이 흐려져 갔다. 아이들은 더욱 신명이 나서 떠들어댄다.
"아아, 오늘 밤에는 쌍권총입니다."
"아아, 쌍권총을 든 사나이 재미가 있습니다."
이런 소리에 섞여 분명히,
"동길아! 느그 아부지다. 느그 아부지 참 멋쟁이다."하는 소리가 동길이의 귓전을 때렸다.

– 하근찬, 「흰 종이 수염」 –

(나) 그때 마침, 공이 또한 달빛을 구경하다가, 길동이 서성거리는 것을 보고 즉시 불러 물었다.
"너는 무슨 흥이 있어서 밤이 깊도록 잠을 자지 않느냐?"
길동이 공경하는 자세로 대답하였다.
"소인이 마침 달빛을 즐기는 중입니다. 그런데, ㉠ 만물이 생겨날 때부터 오직 사람이 귀한 존재인 줄 아옵니다. 그러나 소인에게는 귀함이 없사오니 어찌 사람이라 하겠습니까?"
공은 그 말의 뜻을 짐작은 했지만, 일부러 책망하며 말하였다.
"너 그게 무슨말이냐?"
길동이 절하고 말씀드리기를
"소인이 평생 서러워하는 바는, 소인이 대감의 정기를 받아 당당한 남자로 태어났고, 또 낳아서 길러 주신 어버이의 은혜를 입었음에도 불구하고 아버지를 '아버지'라 못하옵고 형을 '형'이라 못 하오니, 어찌 사람이라 하겠습니까?" 하고, 눈물을 흘리며 적삼을 적셨다.

공이 이 말을 다 듣고 비록 불쌍하다는 생각은 들었으나 그 마음을 위로하면 방자해질까 염려되어 크게 꾸짖어 말했다.

"재상 집안에 천한 종의 몸에서 태어난 자식이 너뿐이 아닌데, 네가 어찌 이다지도 방자하냐? 앞으로 이런 말을 하면 내 눈앞에 나타나지도 못하게 하겠다."

이렇게 꾸짖으니, 길동은 감히 한 마디도 더 하지 못하고 다만 땅에 엎드려 눈물을 흘릴 뿐이었다. 공이 물러가라고 하자, 그제서야 길동은 침소로 돌아와 슬퍼해 마지않았다. 길동이 본래 재주가 뛰어나고 도량이 크고 넓은지라 마음을 가라앉히지 못해 밤이면 잠을 이루지 못하곤 하였다.

– 허균, 『홍길동전』 –

35 (가)의 제목인 '흰 종이 수염'에 대한 설명으로 가장 적절한 것은?

① 징용에 나가기 전 아버지의 꿈을 드러내는 소재이다.
② 전쟁으로 인해 상처받은 사람들의 비극적인 삶의 모습을 드러내는 소재이다.
③ 비참하고 가난한 삶을 극복하지 못하는 모습을 보여준다.
④ 동길이와 아버지의 갈등 원인이다.

36 ㉠에서 알 수 있는 작가의 사상은?

① 인과응보　　　② 권선징악
③ 만민평등　　　④ 입신양명

37 (나)에 대한 설명으로 바르지 않은 것은?

① 영웅이 등장하는 영웅 소설이다.
② 그 시대의 현실을 반영한 사회 소설이다.
③ 능력보다 신분이 우선시 되는 사회에 대한 비판적인 시각이 드러난다.
④ 한문으로 쓰여진 소설이다.

[38~40] 다음 글 읽고 물음에 답하시오.

'부귀영화를 누리게 해 준다는 별주부의 말에 속아 가족과 고향을 버리고 이렇게 왔으니, 어찌 이런 재앙이 없을쏘냐? 이제는 날개가 있어도 능히 하늘로 날아가지 못할 것이요, ㉠ 축지법을 쓸지라도 여기서 능히 벗어나지 못하리니 어찌하리오?'

토끼는 절망감에 빠져들었다. 그러다가 다시 생각하되, '옛말에 이르기를 (ⓐ)고 하였으니, 어찌 죽기만 생각하고 살아날 방책을 헤아리지 아니하리오?'하더니 문득 한 묘한 꾀를 생각해 냈다.

〈중략〉

그때, 한 신하가 문득 앞으로 나와 아뢰었다. "신이 듣사오니 토끼는 본디 간사한 짐승이라 하옵니다. 바라옵건대 토끼의 간사한 말을 곧이듣지 마시고 바삐 간을 내어 ㉡ 옥체를 보중하옵소서." 모두 바라보니, ㉢ 간언을 잘하는 자가사리였다. 하지만 토끼의 말을 곧이듣게 된 용왕은 기꺼워하지 않으며 말하였다. "토 선생은 산중의 점잖은 선비인데, 어찌 거짓말로 과인을 속이겠는가? 경은 부질없는 말을 내지 말고 물러가 있으라."

결국 자가사리가 분함을 못 이기고 ㉣ 하릴없이 물러났다.

– 작자 미상, 「토끼전」 –

38 윗글에 대한 설명으로 알맞지 <u>않은</u> 것은?

① 동물을 의인화한 우화 소설이다.

② 설화를 바탕으로 만들어졌다.

③ 시간의 흐름에 따라 사건이 전개된다.

④ 사건이 일어나는 시간과 장소가 현실적이다.

39 ㉠~㉣의 낱말 뜻으로 알맞지 <u>않은</u> 것은?

① ㉠ 축지법 : 지맥을 축소하여 먼 거리를 가깝게 하는 술법

② ㉡ 옥체 : 임금의 몸

③ ㉢ 간언 : 간사한 말

④ ㉣ 하릴없이 : 어떻게 할 도리가 없이

40 ⓐ에 들어갈 속담으로 알맞은 것은?

① 소 잃고 외양간 고친다.

② 벼는 익을수록 고개를 숙인다.

③ 아니 땐 굴뚝에 연기 나랴.

④ 호랑이 굴에 들어가도 정신만 차리면 산다.

[41~43] 다음 글을 읽고 물음에 답하시오.

(가) 형 : 처음엔 실습이라고 했지. 그러나 실습이 아니었어……. 그런데 지금은 동생을 죽이고 싶어! 벽 너머에서 마구 총까지 쏘아 대는 동생이 미워서……. 하지만, 동생을 죽인다고 내 마음이 편해질까? 아냐, 더 괴로울 거야. (총구를 자신의 머리에 겨눈다.) 차라리 내가 죽는 게 낫겠어!

아우 : 이젠 늦었어. 너무 늦은 거야! 벽이 생겼던 바로 그때, 내가 형님께 잘못했다고 말해야 했어. 하지만, 인제 형님은 내 말이라면 믿지 않을 테고, 나 역시 형님 말을 믿지 못해. (고개를 숙이고 흐느껴 운다.) 이래서는 안 돼, 안 되는데 하면서도……. 어쩔 수가 없어.

형 : 들판에는 아직도 민들레꽃이 피어 있군! (총을 내려놓고 허리를 숙여 발밑의 민들레꽃을 바라본다.) 우리가 언제나 다정히 지내기로 맹세했던 이 꽃…….

아우 : 형님과 내가 믿을 수 있는 건 무엇일까? 그것이 단 하나라도 남아 있다면 좋을 텐데……. 그렇구나, 민들레꽃이 남아 있어! (총을 내던지고, 민들레꽃을 꺾어 든다.) 이 꽃을 보니까 그 시절이 그립다. 형님과 함께 행복하게 지냈던 시절이 그리워…….

형 : 벽 너머 저쪽에도 민들레꽃은 피어 있겠지…….

아우 : 형님이 보고 싶어!

형 : 동생 얼굴이 보고 싶구나!

형과 아우, 그들 사이를 가로막은 벽을 안타까운 표정으로 바라본다. 비가 그치면서 구름 사이로 한 줄기 햇빛이 비친다.

형 : 하지만, 내 마음을 어떻게 저 벽 너머로 전하지?

아우 : 비가 그치고, 산들바람이 부는군.

형 : 저 벽을 자유롭게 넘어갈 수만 있다면……. 가만있어 봐. 민들레꽃은 씨를 맺으면 어떻게 되지? 바람을 타고 멀리 멀리 날아가잖아?

아우 : 햇빛이 비치니까 샛노란 민들레꽃이 더 예쁘게 보여.

– 이강백,「들판에서」–

(나) ㉠ S# 61 운동장(낮)

정욱, 초원과 마주 보고 트랙에 서 있다.

정욱 : 너, 나 좋아, 안 좋아?

초원 : 좋아요.

정욱 : 그래? 나도 너 좋아. ㉡ (초원이 다리를 툭 치며) 초원이 다리는?

초원 : 백만 불짜리 다리

정욱 : 또 뭐냐? 아, 몸매는?

초원 : ㉢ 끝내줘요.

정욱 : 좋아. 오늘은 특수 훈련을 하겠다. 먼저 준비 운동 시작!

㉣ 제멋대로 준비 운동을 하는 정욱과 이를 그대로 따라 하는 초원. 정욱, 재밌는지 쿵푸와 태권도 기본 동작을 막 한다. 열심히 따라 하는 초원.

– 정윤철·송예진·윤진호,「말아톤」–

41 ㉠~㉣ 중 이 글이 시나리오임을 알 수 있게 하는 것은?

① ㉠
② ㉡
③ ㉢
④ ㉣

42 (가)에 나타난 소재들과 그 상징적인 의미가 바르게 연결되지 <u>않은</u> 것은?

① 들판 – 우리 국토

② 형과 아우 – 남과 북

③ 벽 – 형제의 화합

④ 민들레꽃 – 형제의 우애, 갈등을 해소하는 실마리

43 (나)에 대한 설명으로 올바르지 <u>않은</u> 것은?

① 대사와 행동으로 사건이 전개된다.

② 영화나 드라마 상영을 위한 대본이다.

③ 등장인물 수에 제약이 심하다.

④ 촬영을 위한 특수 용어가 사용된다.

[44~45] 다음 글을 읽고 물음에 답하시오.

"당신이 내 말을 믿지 못하겠으면 당신의 열 손가락을 깨물어 보십시오. ㉠ 엄지손가락만이 아프고 그 나머지는 아프지 않습니까? 한 몸에 붙어 있는 큰 지절과 작은 부분이 골고루 피와 고기가 있으니, 그 아픔은 같은 것이 아니겠습니까? 하물며, 각기 기운과 숨을 받은 자로서 어찌 저 놈은 죽음을 싫어하고 이놈은 좋아할 턱이 있겠습니까? 당신은 물러가서 눈 감고 고요히 생각해 보십시오, 그리하여 달팽이의 뿔을 쇠뿔과 같이 보고, 메추리를 대붕과 동일시하도록 해보십시오. 연후에 나는 당신과 함께 도를 이야기하겠습니다."

– 이규보,「슬견설」–

44 이 글에 대한 설명으로 바르지 <u>않은</u> 것은?

① 풍자적이고 교훈적인 성격이다.
② 고전 수필에 해당한다.
③ 사실(예화)＋주장(의견)의 2단 구성이다.
④ 작가의 상상력으로 꾸며 쓴 글이다.

45 이 글의 ㉠과 같은 의미로 사용된 소재가 <u>아닌</u> 것은?

① 대붕　　　　② 개
③ 메추리　　　④ 쇠뿔

46 다음 글에서 ㉠의 이유로 가장 적절한 것은?

　"나라끼리 통상 조약을 체결한 후 그 나라 임금을 시해하라는 법이 어디 있더냐? 이놈아, 너희는 어찌하여 우리 국모를 시해하였느냐? 내가 죽으면 귀신이 되어서, 살면 몸으로, 네 임금을 죽이고 일본인을 씨도 없이 다 죽여 국가의 치욕(恥辱)을 씻으리라!"
　통렬히 꾸짖는 서슬에 겁이 났던지 와타나베는 대청 뒤쪽으로 도망하여 숨고 말았다. 법정 안의 공기가 긴장되기 시작하였다. 누군가 김윤정에게 와서 말했다.
　"사건이 중대하니 감리 영감께 말씀드려 직접 신문하시도록 해야겠습니다."
　잠시 후 감리사 이재정이 들어와 윗자리에 앉았다. 법정 안에서 참관하던 관리와 근무자들이 위로부터 아무 분부가 없었는데도 찻물을 가져다 마시게 해 주었다. 나는 법정 맨 윗자리에 앉은 이재정에게 질문하였다.
　"나는 일개 시골의 천민이지만 신하 된 백성의 의리로 국가가 수치를 당하고, 푸른 하늘 밝은 해 아래 내 그림자가 부끄러워서 왜인 한 명을 죽였소. 그러나 나는 아직 우리 동포가 왜인들의 왕을 죽여 복수하였단 말을 듣지 못하였소. 어찌 한갓 부귀영화와 국록(國祿)을 도적질하는 더러운 마음으로 임금을 섬기시오?"
　이재정, 김윤정을 비롯한 수십 명의 참석 관리들이 내 말을 듣는 광경을 보니, ㉠제각기 얼굴이 달아올라 홍당무빛을 띠고 있었다. 이재정이 마치 하소연하듯 내게 말했다.
　"창수가 지금 하는 말을 들으니, 그 충의(忠義)와 용기(勇氣)를 흠모하는 반면 내 당황스럽고 부끄러운 마음도 비할 데 없소이다. 그러나 상부의 명령(命令)대로 신문하여 위에 보고하려는 것인즉, 사실이나 상세히 말씀하여 주시오."

　　　　　　　　　　　　－ 김구, 「백범일지」 －

① 밖에서 오래 서 있었기 때문에

② 김구의 말을 듣고 자신들의 행동이 부끄러워져서

③ 모두 일본인이기 때문에

④ 김구의 목소리가 너무 커 부끄러웠기 때문에

47 다음 글의 ㉠에 담긴 의미로 알맞지 <u>않은</u> 것은?

> 그 아저씨는 가위만 쩔렁이며, 목발을 옆에 두고 대문 앞에 앉아 있는 나를 흘낏 보고는 그냥 지나쳐 갔다. 그러더니 리어카를 두고 다시 돌아와 내게 깨엿 두 개를 내밀었다. 순간 아저씨와 내 눈이 마주쳤다. 아저씨는 아무 말도 하지 않고 아주 잠깐 미소를 지어 보이며 말했다.
> ㉠ "괜찮아."
> 무엇이 괜찮다는 건지 모른다. 돈 없이 깨엿을 공짜로 받아도 괜찮다는 것인지, 아니면 목발을 짚고 살아도 괜찮다는 말인지……. 하지만 그건 중요하지 않다. 중요한 건 내가 그날 마음을 정했다는 것이다. 이 세상은 그런대로 살 만한 곳이라고, 좋은 사람이 있고, 선의와 사랑이 있고, '괜찮아'라는 말처럼 용서와 너그러움이 있는 곳이라고 믿기 시작했다는 것이다.
>
> — 장영희, 「괜찮아」 —

① 선의와 사랑　　② 위로

③ 체념　　④ 이해

> 개천 둑에 이르렀다. 외나무다리가 놓여 있는 그 시냇물이다.
>
> 〈중략〉
>
> 진수는 지팡이와 고등어를 각각 한 손에 쥐고, 아버지의 등어리로 가서 슬그머니 업혔다. 만도는 팔뚝을 뒤로 돌려서 아들의 하나뿐인 다리를 꼭 안았다. 그리고,
> "팔로 내 목을 감아야 될 끼다." 했다. 진수는 무척 황송한 듯 한쪽 눈을 찍 감으면서 고등어와 지팡이를 든 두 팔로 아버지의 굵은 목줄기를 부둥켜안았다. 만도는 아랫배에 힘을 주며 끙! 하고 일어났다. 아랫도리가 약간 후들거렸으나 걸어갈 만은 했다. 외나무다리 위로 조심조심 발을 내디디며 만도는 속으로, '이제 새파랗게 젊은 놈이 벌써 이게 무슨 꼴이고. 세상을 잘못 만나서 진수 니 신세도 참 똥이다. 똥.' 이런 소리를 주워섬겼고, 아버지의 등에 업힌 진수는 곧장 미안스러운 얼굴을 하며, '나꺼정 이렇게 되다니 아부지도 참 복도 더럽게 없지. 차라리 내가 죽어 버렸더라면 나았을 낀데…….'하고 중얼거렸다. 만도는 아직 술기가 약간 있었으나, 용케 몸을 가누며, 아들을 업고 외나무다리를 조심조심 건너가는 것이었다. 눈앞에 우뚝 솟은 용머리재가 이 광경을 가만히 내려다보고 있었다.
>
> — 하근찬, 「수난이대」 —

48 이 글의 시점에 대한 설명으로 올바른 것은?

① 주인공인 '나'가 자신의 이야기를 전달한다.

② 주인공이 아닌 다른 등장인물인 '나'가 주인공의 이야기를 전달한다.

③ 서술자가 객관적인 위치에서 대상을 보이는 대로 관찰하여 서술한다.

④ 서술자가 전지전능한 신적인 입장에서 인물의 내면심리까지 서술한다.

49 이 글의 시대적 배경으로 올바른 것은?

① 6·25 전쟁으로 우리 민족은 힘든 삶을 살았다.

② 산업화된 사회에 적응하지 못한 사람이 많았다.

③ 일제의 수탈로 인해 고향을 등지고 떠난 사람이 많았다.

④ 돈을 벌기 위해 자발적으로 노무자가 된 사람이 많았다.

[50~51] 다음 글을 읽고 물음에 답하시오.

> ㉠S# 93 병원 병실 / 밤
>
> **경숙** : 아무것도 모르는 애를 멋대로 굴려 가면서……. 하지만 그만둘 수가 없었어. 그럼 난 살 수가 없을 거 같았거든. (눈물을 떨구며) 애가 기억하더라고. 옛날에 동물원에서 잃어버렸던 걸……. 기억나지, 당신도? 사실은 말야, 그때 내가 초원이를 버렸던 거야. 사람들 틈에서 손을 놓았지. 도저히 키울 자신이 없었거든……. 그러니까 저 살자고 애를 버렸던 엄마가 이제 또 제가 살려고 애를 그렇게 한평생 못살게 군 거야.
>
> **희근** : 당신 그때 스물일곱이었어.
>
> **경숙** : 지금은 아니야. 담임 선생님이 그랬어. 애가 힘들어도 힘들단 소리를 안 한대. 내가 늘 그랬거든. 초원이 힘들어, 안 힘들어? 안 힘들지? 힘들지 않지? 좋지? 좋아하지? 십오 년을 그렇게 애를 다그쳤어. 그래서 이젠 힘들다, 하기 싫단 말을 아예 못해. 어떡하지? 우리 초원이 불쌍해서…….

> 어쩜 초원이는 엄마가 자길 또 내버릴까 봐 그렇게 열심히, 힘들단 소리도 못하고 지금껏 산 거 아닐까, 여보? 어떡하지? 그럼 나 정말 지옥 갈 거야, 그렇지?
>
> – 정윤철·송예진·윤진호, 「말아톤」 –

50 이 글과 희곡의 공통점은?

① 막과 장으로 구성된다.

② 대사와 행동으로 사건이 전개된다.

③ 촬영과 편집을 위한 용어가 사용된다.

④ 무대 상연을 목적으로 한다.

51 ㉠에 대한 설명으로 바른 것은?

① 특정 부분을 확대하여 보여준다.

② 장소와 시간을 알려 주는 장면 표시이다.

③ 효과음을 제시하는 부분이다.

④ 따로 촬영한 여러 장면을 적절히 떼어 붙여서 새로운 장면을 만든다.

02 비문학

1 설명문

1. 설명문의 정의

어떤 대상에 대한 지식이나 정보를 독자들이 이해할 수 있도록 알기 쉽게 풀어서 쓴 글이다.

2. 설명문의 특징

(1) 평이성 : 쉽고 간결하게 설명한다.

(2) 체계성 : 일정한 순서를 정해 체계적으로 설명한다.

(3) 사실성 : 정확한 지식이나 정보를 사실에 근거하여 전달한다.

(4) 객관성 : 글쓴이의 주관적 의견 없이 사실을 객관적인 입장에서 쓴다.

(5) 명료성 : 문장의 뜻이 분명하게 드러나도록 쓴다.

(6) 실용성 : 어떤 사물·사실에 대한 지식이나 정보를 전달한다.

3. 설명문의 내용 전개 방법

(1) 인과 : 어떤 일에 대한 원인과 그에 따른 결과를 중심으로 전개하는 방법
  예 온실 효과로 인해 지구의 기온이 상승하면 남극과 북극의 빙하가 녹게 되어 해수면
  이 상승한다. 이러한 해수면의 상승이 기후 변화의 원인이 된다.

(2) 정의 : 'A는 B이다'와 같이 사물의 의미를 밝히는 방법
  예 시란 인간의 사상과 감정을 운율이 있는 언어로 압축해서 표현한 문학이다.

(3) 예시 : 예를 들어 설명하는 방법
  예 봄에 피는 꽃으로는 민들레, 진달래, 개나리 등이 있다.

(4) 대조 : 두 가지 대상의 차이점을 들어 설명하는 방법
  예 한국 사람은 쌀을 주식으로 하지만, 미국 사람은 밀을 주식으로 한다.

(5) 비교 : 두 가지 대상의 공통점을 들어 설명하는 방법
　　예 텔레비전과 라디오는 둘 다 대중매체로서, 사람들에게 지식과 정보를 제공한다.

(6) 분류 : 일정한 기준에 따라 사물을 종류별로 나누는 방법
　　예 신문에는 일간지, 주간지, 계간지, 월간지 등이 있다.

(7) 분석 : 하나의 대상을 부분으로 쪼개 그 구성 요소를 설명하는 것
　　예 시계는 시침, 분침, 초침, 태엽 장치 등으로 이루어진다.

(8) 묘사 : 대상의 형태, 색채, 감촉, 향기, 소리 등을 눈으로 보듯 생생하게 그려 내는 방법
　　예 사십에 가까운 노처녀인 그녀는, 주근깨 투성이 얼굴이 처녀다운 맛이란 약에 쓰려도 찾을 수 없을 뿐 아니라, 시들고 거칠고 마르고 누렇게 뜬 품이 굴비를 생각나게 한다.

2 논설문

1. 논설문의 정의

독자를 설득하거나 이해시키기 위하여 자신의 주장을 이론적 체계를 세워 논리적으로 쓴 글이다.

2. 논설문의 특징

(1) 독창성 : 글쓴이의 주장이 독창적이어야 한다.

(2) 타당성 : 주장에 대한 의견이나 근거, 이유가 타당해야 한다.

(3) 명확성 : 문장이 간결하고 명료하며 표현이 명확해야 한다.

(4) 주관적 : 글쓴이의 생각과 주장이 뚜렷하게 드러나 있어야 한다.

(5) 논리성 : 논지 전개가 이치에 맞게 체계적이고 통일성이 있어야 한다.

3. 논설문의 3단 구성

서론	주장할 문제를 내세우고, 글을 쓰게 된 목적이나 동기를 밝힘.
본론	주장을 내세우고 타당한 근거를 들어 주장을 뒷받침하며, 필요한 경우에는 문제에 대한 해결 방안을 제시함.
결론	앞에서 주장한 내용을 요약하고 강조하며, 경우에 따라 앞으로의 전망, 독자에 대한 당부의 말을 덧붙임.

4. 논설문과 설명문의 비교

구분	논설문	설명문
정의	특정 문제에 대해 주장이나 의견을 논리적으로 펼치는 글	지식이나 정보를 전달하여 독자를 이해시키는 글
목적	설득	정보 전달
구성	서론 – 본론 – 결론	처음 – 중간 – 끝
성격	주관적, 의견 중심	객관적, 사실 중심

예시 작품

〈천 년을 가는 한지의 비밀〉, 김형자

'한지'는 한국 고유의 종이를 이르는 말이다. 조하(종이), 조선 종이, 창호지, 문종이, 참종이, 종이 등으로 불렸던 우리 종이가 한지로 불리기 시작한 것은 20세기 초·중반 서양 종이인 '양지'가 들어와 널리 알려지기 시작하면서부터였다.

천 년 세월을 숨 쉬며 살아온 한지는 알고 보면 이 땅에 자라는 질 좋은 닥나무가 있었기에 가능한 것이었다. 한지는 질기고 수명이 오래간다는 것 외에도 보온성과 통풍성이 뛰어나다. 이런 한지의 우수성은 양지와 비교해 보면 금방 알 수 있다. 한지는 빛과 바람, 그리고 습기와 같은 자연 현상에 대한 친화력이 강해 창호지로 많이 쓰인다. 한지를 창호지로 쓰면 문을 닫아도 바람이 잘 통하고 습기를 잘 흡수해서 습도 조절의 역할까지 한다. 「흔히 한지를 '살아 있는 종이'라고 하는 이유도 여기에 있다. 반면, 양지는 바람이 잘 통하지 않고 습기에 대한 친화력도 한지에 비해 약하다. 한지가 살아 숨쉬는 종이라면, 양지는 뻣뻣하게 굳어 있는 종이라고 할 것이다.」

「한지는 주로 닥나무 껍질에서 뽑아낸 섬유를 원료로 하여 사람의 손으로 직접 만든다. 양지는 나무 껍질에서 목질부(물과 양분의 이동 통로로 식물체를 지탱해 주는 부분)를 가공해 만든 펄프를 원료로 하여 기계로 대량 생산한다.」 한지의 주원료인 닥나무는 섬유의 길이가 양지의 원료인 침엽수나 활엽수보다 훨씬 길기 때문에 질긴 종이를 만들 수 있다.

한지가 천 년의 수명을 가질 수 있는 또 다른 이유는 화학 반응에 잘 견디는 중성지라는 점이다. 신문지나 오래된 교과서가 누렇게 색깔이 변하는 이유는 종이의 원료가 산성이기 때문이다. 양지는 산성지로서 고작 50~100년 정도만 지나도 누렇게 변하여 삭아 버린다. 그러나 한지는 중성지로서 세월이 가면 갈수록 결이 고와지고 수명이 오래간다.

임진왜란을 겪으며 한지 제작이 쇠퇴하기 시작했고, 근대에 들어 펄프를 원료로 한 종이가 대량으로 들어오면서 한지는 일상 생활에서 점차 자취를 감추었다. 그러나 최근에는 펄프 종이와 비교할 수 없을 정도로 우수한 한지의 특질이 알려지면서 다시금 한지에 대한 관심이 높아지고 있다. 특히 잘 상하지 않고 질기며 오래 보존할 수 있어서 여러 분야에서 첨단 소재로 널리 이용될 가능성도 열려 있다.

[갈래] 설명문
[성격] 객관적, 분석적, 대조적
[제재] 한지
[주제] 한지의 특성을 통해 알아본 한지의 우수성

🎯 핵심만 보기

1 사용된 설명 방식

① 정의 : 한지의 개념
② 대조 : 한지와 양지의 차이점에 대해 설명

2 한지와 양지의 차이점

한지	양지
• 닥나무 껍질에서 원료 추출 • 손으로 직접 만듦. • 화학 반응에 잘 견딤. • 중성지 • 바람이 잘 통함. • 습기를 잘 흡수함. • 습도 조절의 역할을 함.	• 펄프가 원료임. • 기계로 대량 생산 • 화학 반응에 견디지 못함. • 산성지 • 바람이 잘 통하지 않음. • 습기에 약함.

　언론에 있어 '진실'이란, 첫째, 사물을 부분만 보지 말고 전체를 보아야 한다는 것을 뜻한다. '진실'이 알려지는 것을 두려워하는 사람들은 신문이 사건이나 문제의 전모를 밝히는 것을 저지하기 위해 자기들에게 유리한 부분만을 과장하여 선전하기도 하고, 불리한 면은 은폐하여 알리지 않으려고 한다.

　둘째, 언론에 있어 '진실한 보도와 논평'을 하기 위해서는 사물을 역사적으로 관찰할 줄 아는 안목이 있어야 한다. 어떠한 사물을 옳게 보도하거나 논평할 수 있으려면, 그 사물의 의미 또는 가치를 올바르게 평가할 수 있어야 한다. 사물의 가치는 역사의 발전에 따라 달라진다. 오늘에 인정받았던 가치가 내일에 부정되기도 하고, 오늘에 부정된 가치가 내일에는 새롭게 평가받기도 한다.

　셋째, 사물을 볼 때에는 어느 면이 더 중요하고 어느 면이 덜 중요한지를 똑똑히 식별할 줄 알아야 한다. 존재는 다원적이라고 했다. 그런데 이러한 준칙을 강조하는 것은 기자들의 기사 작성 기술이 미숙하기 때문이 아니라, 이해관계에 따라 특정 보도의 내용이 달라지기 때문이다. 자신들에게 유리하도록 기사가 보도되게 하려는 외부 세력이 있으므로 진실 보도는 일반적으로 수난의 길을 걷게 마련이다. 양심적이고자 하는 언론인이 때로 형극의 길과 고독의 길을 걸어야 하는 이유가 여기에 있다.

　신문은 스스로 자신들의 임무가 '사실 보도'라고 말한다. 그 임무를 다하기 위해 신문은 자신들의 이해관계에 따라 진실을 왜곡하려는 권력과 이익 집단, 그 구속과 억압의 논리로부터 자유로워야 한다.

갈래 　논설문
성격 　설득적, 논리적
제재 　신문의 진실 보도
주제 　진실한 보도를 위한 언론인의 자세

핵심만 보기

1 진실을 보도하기 위한 조건

　① 사물을 전체적으로 보아야 한다.
　② 사물을 역사적으로 관찰할 줄 아는 안목이 있어야 한다.
　③ 사물의 중요한 점과 덜 중요한 점을 식별할 줄 알아야 한다.

2 진실 보도가 어려운 이유

　자신들에게 유리하도록 보도하려는 외부 세력이 있기 때문에

3 진실 보도를 위해 필요한 언론인의 자세

　진실을 왜곡하려는 권력과 이익 집단, 그 구속과 억압의 논리로부터 자유로워야 한다.

기출문제로 유형 잡기

[01~02] 다음 글을 읽고 물음에 답하시오.

　읽기는 '글쓴이와 읽는 이의 생각과 느낌의 만남'이라고 한다. 이 말 속에서 우리는 '어떻게 읽을 것인가'에 대한 대답을 찾아볼 수 있다. 그 답은 바로 글쓴이의 생각을 파악하고 동시에 읽는 이의 생각과 느낌을 적극적으로 활용하는 것이다. 이 말을 좀 더 쉽게 풀어서 설명해 보자.

　첫째로, 글을 잘 읽기 위해서는 글쓴이의 생각을 제대로 파악해야 한다. 이를 위해서 우선 글 내용을 정확히 파악해야 한다. 글 속에 담긴 중심 내용과 세부 내용을 구분하고, 이런 내용들이 어떻게 조직되어 있는지를 파악해야 하는 것이다. 다음으로, 글쓴이의 글쓰기 의도나 목적도 파악해야 한다.

　ⓐ 몇 가지 예를 살펴보자. 의학이나 법률, 또는 과학 서적과 같이 정보성이 강한 글은 글 속에 제시된 정보를 정확히 파악하고 해석하면서 읽는 것이 좋다. 설득적 성격이 강한 광고문이나 주장하는 글은 그 속에 담긴 정보와 의도를 파악하고, 이를 비판적으로 받아들여야 한다. 그리고 정서적인 글은 그 안에 담긴 가치와 감동을 느끼며 읽으려고 노력해야 한다.

　둘째로, 글을 잘 읽기 위해서는 읽는 이 스스로 자기의 지식과 경험을 되돌아보고, 이를 능동적이고 적극적으로 활용해야 한다. 읽는 이는 글쓴이가 언급하지 않고 남겨 둔 내용까지 추리하고 상상하며 읽어야 한다. 경우에 따라서는 자기 생각으로 글쓴이의 생각을 비판하고 대안도 제시할 수 있어야 한다.

– 최영환, 「읽기란 무엇인가」 –

01 윗글의 내용과 일치하지 <u>않는</u> 것은?

① 읽는 이의 지식과 경험을 활용하면 글을 잘 읽을 수 있다.
② 글을 잘 읽기 위해서는 글의 내용을 정확하게 파악해야 한다.
③ 정서 표현의 글은 가치와 감동을 느끼며 읽으려고 노력한다.
④ 글쓴이가 언급하지 않고 남겨 둔 내용은 추측하거나 상상하지 않는다.

02 ⓐ에 사용된 주된 내용 전개 방법은?

① 묘사   ② 예시
③ 인과   ④ 정의

[03~05] 다음 글을 읽고 물음에 답하시오.

> 신문이 진실을 보도해야 한다는 것은 새삼스러운 설명이 필요 없는 당연한 이야기이다. 정확한 보도를 하기 위해서는 문제를 전체적으로 보아야 하고, 역사적으로 새로운 가치의 편에서 봐야 하며, 무엇이 근거이고, 무엇이 조건인가를 명확히 해야 한다고 했다. 그런데 이러한 ㉠준칙을 강조하는 것은 기자들의 기사 작성 기술이 미숙하기 때문이 아니라, 이해관계에 따라 특정 보도의 내용이 달라지기 때문이다. 자신들에게 ㉡유리하도록 기사가 보도되게 하려는 외부 세력이 있으므로 진실 보도는 일반적으로 수난의 길을 걷게 마련이다. 양심적이고자 하는 언론인이 때로 형극[1]의 길과 ㉢고독의 길을 걸어야 하는 이유가 여기에 있다. 신문은 스스로 자신들의 임무가 '사실 보도'라고 말한다. 그 임무를 다하기 위해 신문은 자신들의 이해관계에 따라 진실을 ㉣왜곡하려는 권력과 이익 집단, 그 구속과 억압의 논리로부터 자유로워야 한다.
>
> — 송건호, 「신문과 진실」 —
>
> 1) 형극(荊棘) : 나무의 온갖 가시. 고난이나 장애 등을 비유하여 이르는 말

03 위와 같은 글을 읽는 방법으로 가장 적절한 것은?

① 등장인물의 심리 변화를 파악한다.
② 글쓴이의 의견을 비판 없이 수용한다.
③ 주장에 대한 근거가 타당한지 파악한다.
④ 일어난 사건 중심으로 줄거리를 요약한다.

04 윗글에서 글쓴이가 궁극적으로 말하고자 하는 것은?

① 양심적인 언론인은 기사 작성 기술이 뛰어나야 한다.
② 신문은 이해관계에서 벗어나 진실을 보도해야 한다.
③ 역사적으로 새로운 가치의 편에서 문제를 봐야 한다.
④ 정확한 보도를 위해 근거와 조건을 명확히 해야 한다.

정답잡기 이 글은 논설문이다. 논설문은 주장에 대한 근거가 드러난 글이므로 주장과 근거의 타당성을 파악하며 읽어야 한다.
오답잡기
① 소설, 수필, 시나리오 등 문학 작품을 읽는 방법이다.
② 무비판적인 수용은 옳지 않은 글 읽기 방법이다.
④ 소설이나 전기문 등 줄거리가 있는 글을 읽는 방법이다.

정답잡기 '궁극적으로 말하고자 하는 것'은 주제를 말한다. 글의 마지막 부분에 주제가 제시되어 있다.

정답 03 ③ 04 ②

05 ㉠~㉢의 뜻풀이로 옳지 <u>않은</u> 것은?

① ㉠ 준칙 : 실제로 있는 일

② ㉡ 유리 : 이익이 있음.

③ ㉢ 고독 : 매우 외롭고 쓸쓸함.

④ ㉣ 왜곡 : 사실과 다르게 해석하거나 그릇되게 함.

[06~07] 다음 글을 읽고 물음에 답하시오.

(가)　음성 언어는 소리의 속성 때문에 말하는 이와 듣는 이가 대면한 상태에서 사용한다. 말하는 이는 듣는 이를 마주 보고 있기 때문에 손짓이나 억양, 몸짓, 표정, 어조 등 부수적인 표현 방법을 활용하기도 한다. 이에 비해 문자 언어는 상대방이 없는 상태에서 충분한 시간을 가지고 사용하게 된다. 문자 언어는 사전에 계획이 가능하며, 다 적은 후에도 계속 수정이 가능하다. 또, 음성 언어를 사용할 때보다 복잡한 내용을 논리적으로 전달할 수 있는 특성이 있다.

– 김용석, 「음성 언어와 문자 언어」 –

(나)　표준어도 여러 방언 중에서 대표로 정해진 것이다. 따라서, 방언이 없으면 표준어의 제정이 무의미하다. 예를 들면, '무'는 '무수, 무시, 무우, 무'와 같은 방언 중에서 표준어 규정에 따라서 표준어가 된 것이다.

– 성낙수, 「표준어와 방언」 –

06 (가), (나)의 공통점으로 적절한 것은?

① 실제 겪은 경험을 소개한다.

② 전해 오는 이야기를 서술한다.

③ 주장에 대한 근거가 제시된 글이다.

④ 대상에 대한 정보를 전달한다.

07 (가)에서 설명하고 있는 '문자 언어'의 특성은?

① 소리의 속성 때문에 대면한 상태에서 사용한다.

② 억양, 몸짓 등 부수적인 표현 방법을 사용한다.

③ 음성 언어보다 내용을 논리적으로 전달하기 어렵다.

④ 사전 계획을 할 수 있고, 적은 후에도 수정이 가능하다.

정답잡기 본문 속에 제시된 문자 언어의 특성은 다음과 같다.
- 상대방이 없는 상태에서 충분한 시간을 가지고 사용하게 된다.
- 사전에 계획이 가능하다.
- 수정이 가능하다.
- 음성 언어보다 복잡한 내용을 논리적으로 전달할 수 있다.

오답잡기
① 음성 언어의 특성이다.
② 음성 언어의 특성이다.
③ 문자 언어는 음성 언어보다 논리적으로 내용을 전달하기에 적합하다.

08 ㉠과 같은 의미로 쓰인 예가 아닌 것은?

> 훈민정음*은 그 이름 자체가 '백성을 가르치는 바른 소리'라는 뜻으로서 문자를 몰라 고통을 받던 사람들을 위하여 만든 것이다. 훈민정음에는 백성을 위하는 애민 정신이 깃들어 있는 것이다.
>
> 훈민정음은 우리 사회가 발전하는 데 큰 도움이 되었다. 글자를 모르던 일반 백성들도 문자 생활을 하게 되어 사회 구성원들 간에 더 넓은 의사소통의 길이 열렸다. 또 질병의 치료법이나 생활 예절 등 다양한 정보를 글을 통해 널리 알릴 수 있게 되어 백성들이 더 나은 삶을 ㉠누리는 데 도움이 되었다.
>
> 현대에 이르러서도 한글 덕분에 많은 지식과 정보의 전달이 쉽고 빠르게 이루어질 수 있었다. 그 결과 교육, 언론, 산업 등 각 분야에서 우리 사회는 큰 발전을 이루게 되었다.
>
> 특히 오늘날 우리 사회는 간단하면서도 체계적인 한글 덕분에 컴퓨터 등 정보화 분야에서 크게 발전하였다. 한글은 우리 사회의 발전에 그 무엇보다도 크나큰 공헌을 하였다.
>
> * 훈민정음 : 1443년에 세종이 창제한 우리나라 글자를 이르는 말

① 이제는 자유를 누리고 싶다.

② 이 고기는 누린 냄새가 난다.

③ 그녀는 행복을 누릴 자격이 있다.

④ 그 가수는 정상의 인기를 누리고 있다.

정답잡기 ㉠은 '생활 속에서 마음껏 즐기거나 맛보다.'라는 의미이다.
② 짐승의 고기에서 나는 기름기 냄새

정답 07 ④ 08 ②

[01~02] 다음 글을 읽고 물음에 답하시오.

(가) 400만 년이라는 장구한 세월 동안 지구를 지배해 온 인류가 불과 50여 년 동안에 텔레비전 없이는 생활하기가 어렵게 되어 버린 상황은 참으로 놀라운 일이다. 외계인이 이 지구를 관찰한다면, 밤마다 60억의 인간이 사는 이 지구에서 벌어지는 똑같은 광경 ― 10억 이상의 인간이 ㉠똑같이 생긴 상자 앞에 앉아 넋을 잃고 바라보고 있는 괴상한 광경 ― 을 보고, 그것은 근래에 와서 나타난 괴이한 일이라고 생각할 것이다.

  문제는 외계인이 어떻게 생각하느냐가 아니라, 우리 자신이 이러한 변화를 별다른 비판 없이 자연스럽게 받아들이고 점점 그 속에 깊이 빠져 들어간다는 데 있다. 특히, 텔레비전 시대에 태어난 이른바 텔레비전 세대인 새 인류는, 텔레비전이라는 ㉡눈으로 씹는 껌을 버리지 못하며, 전파를 통해 들어오는 마약을 주는 대로 받아먹게 되어, 급기야는 ㉢텔레비전이 이끄는 대로 따라다니는 ㉣불쌍한 포로의 신세가 되기도 한다.

  – 김규, 「눈으로 씹는 껌, 텔레비전」 –

(나) 그러나 과학의 가치 중립성이 이런 결정을 내리는 데에 과학이 전혀 무관함을 의미하는 것은 아니다. 과학의 지식이 이런 결정을 내리는 일을 돕기 때문이다. 따라서, 현대 사회의 지식인들이 현대 사회의 여러 문제들에 대처해 나가려면 과학 지식의 습득이 절대적으로 필요해졌다. 물론, 이에는 어려움이 따르지만, 일반 지식인에게 요구되는 것은 과학을 직접 연구해서 지식을 얻어 내는 것이 아니라, 일단 얻은 지식을 이해하는 것이며, 이것

은 과학의 고도(高度)의 전문화에도 불구하고 어느 정도 가능하다. 중요한 것은 과학의 위상이 더할 나위 없이 높아진 현대 사회를 사는 지식인들이 그러한 과학을 어렵다고 무턱대고 싫어하거나 피하려고 하는 무책임한 태도를 버리고 이를 이해하려고 노력해야 한다는 점이다.

  – 김영식, 「현대 사회와 과학」 –

01 이 글의 ㉠~㉣ 중, 의미하는 것이 <u>다른</u> 것은?

① ㉠ 　　　　② ㉡

③ ㉢ 　　　　④ ㉣

02 이 글에서 글쓴이가 텔레비전을 바라보는 시각으로 알맞은 것은?

① 예찬적 　　　　② 긍정적

③ 부정적 　　　　④ 신뢰함

[03~05] 다음 글을 읽고 물음에 답하시오.

(가)　외계인이 이 지구를 관찰한다면, 밤마다 60억의 인간이 사는 이 지구에서 벌어지는 똑같은 광경 — 10억 이상의 인간이 똑같이 생긴 상자 앞에 앉아 넋을 잃고 바라보고 있는 괴상한 광경 — 을 보고, 그것은 근래에 와서 나타난 괴이한 일이라고 생각할 것이다.

　문제는 외계인이 어떻게 생각하느냐가 아니라, 우리 자신이 이러한 변화를 별다른 비판 없이 자연스럽게 받아들이고 점점 그 속에 깊이 빠져 들어간다는 데 있다. 특히, 텔레비전 시대에 태어난 이른바 텔레비전 세대인 새 인류는, 텔레비전이라는 눈으로 씹는 껌을 버리지 못하며, 전파를 통해 들어오는 마약을 주는 대로 받아먹게 되어, 급기야는 텔레비전이 이끄는 대로 따라다니는 불쌍한 포로의 신세가 되기도 한다.

〈중략〉

　선진국에서는 전자 시대에 들어서면서 컴퓨터 증후군이니, 비디오 증후군이니 하여 예전에 없던 여러 가지 병적 증상이 나타나고 있는데, 그 중에서도 텔레비전 증후군이 가장 심각하다고 한다. 이 병을 극복하기 위해서는 방송국의 통제나 외부의 타율 규제보다 보는 사람 스스로의 자율 규제가 가장 효과적이며, 또 그럴 수밖에 없는 상황이 온 것이다.

　　　　－ 김규, 「눈으로 씹는 껌, 텔레비전」 －

(나)　먼저, 텔레비전은 강력한 교육적 기능을 가지고 있다. 현대 사회에서 텔레비전은 가장 영향력 있는 사회 교육 교사로서의 역할을 한다. 텔레비전을 통해 제공되는 수많은 유용한 내용의 메시지들은 시청자에게 올바른 삶을 살아가는 지표 역할을 할 수 있다. 바람직한 생활의 가치 규범을 가르쳐 줄 뿐 아니라, 언어, 의상, 관습 등 모든 면에서 사회화의 기능을 담당하는 중요한 학습 수단으로 활용될 수 있다.

〈중략〉

　텔레비전은 직접 경험하기 어려운 다양한 사회적 관계를 경험하게 해 주고 일깨워 주는 좋은 인간관계의 장이다. 현대 사회는 다양한 사람들과 관계들이 얽혀 돌아가는 복잡성 때문에, 이에 대한 적절한 대비나 교육 없이는 올바른 사회생활을 기대할 수 없다. 그런데 텔레비전에 등장하는 여러 가지 인간형과 인간관계를 통해서 시청자는 올바른 사회관계의 방향과 실천 과제를 익힐 수 있다.

　텔레비전은 올바른 정치적 판단을 할 수 있도록 도와주는 역할을 할 수도 있기 때문에 올바른 민주 시민으로서의 자질과 안목을 기르는 데 도움을 주기도 한다. 전자 민주주의라는 말이 나올 만큼 오늘날의 정치는 텔레비전을 비롯한 각종 대중매체를 이용하여 이루어진다. 따라서 방송, 특히 텔레비전을 잘 활용할 경우에 참다운 민주주의를 실현할 수 있게 된다. 각종 선거 때마다 방송을 통해 입후보자의 면면을 미리 알려 준다든지 갖가지 정치적 화제들에 대한 정보와 국회의원들의 활동 상황을 제공하기도 한다.

　　　　－ 김기태, 「우리의 친구, 텔레비전」 －

03 (가), (나)에 대한 설명으로 올바른 것은?

① 등장인물의 갈등이 주된 요소이다.

② 주장에 대한 근거가 제시된 글이다.

③ 글에서 느껴지는 리듬감을 느끼며 읽어야 한다.

④ 영화를 만들기 위한 대본이다.

04 (가)의 글쓴이가 텔레비전의 역기능을 해소할 수 있는 방법으로 제시한 것은?

① 집안에 모든 텔레비전을 없앤다.
② 보는 사람 스스로 자율 규제가 필요하다.
③ 제2의 종교를 갖는다.
④ 텔레비전을 항상 켜놓고 생활한다.

05 (나)의 글쓴이의 관점과 같은 것은?

① 텔레비전을 적게 보는 아이들의 지능이 더 높다.
② 텔레비전 시청을 중단할 때 많은 사람들이 금단 현상을 겪었다.
③ 텔레비전은 창조력과 파괴력을 동시에 지니고 있다.
④ 텔레비전은 올바른 정치적 판단을 할 수 있도록 도와준다.

[06~12] 다음 글을 읽고 물음에 답하시오.

(가)　언어 활동은 기본적으로 말하고 듣고 읽고 쓰는 네 가지로 분류된다. 이 중에서 말하기와 듣기는 '음성 언어'를 사용하는 언어 활동이고, 읽기와 쓰기는 '문자 언어'를 사용하는 언어 활동이다. 음성 언어와 문자 언어는 모두 언어로서 일정한 기능을 담당하지만, 소리와 문자라는 특성 때문에 여러 측면에서 차이를 보인다. ㉠음성 언어와 문자 언어가 어떤 특성을 지니는지 알아보자.

　　　　　　　　　　　－ 김용석, 「음성 언어와 문자 언어」 －

(나)　우리나라에서는 '표준어는 교양 있는 사람들이 두루 쓰는 현대 서울말로 정함을 원칙으로 한다.'라고 규정하고 있다. 여기에서 '교양 있는 사람들'이라는 말은 계급적 조건을 나타내는 것으로서, '교양 없는 사람들'의 말은 표준어가 될 수 없음을 의미한다. '현대'라는 말은 (㉡) 조건을 나타낸다. ㉢언어는 생명이 있어서 '생성, 발전, 소멸'의 단계를 거치는데, 이미 쓰이지 않게 된 말은 표준어가 될 수 없으며, 우리가 살고 있는 시대에 쓰이고 있는 말이 표준어가 된다. ㉣예를 들어, '머귀나무, 오동나무' 중에서 현대에는 '머귀나무'는 쓰이지 않으므로 '오동나무'가 표준어이다. '서울'은 지역적 조건을 나타내는데, 우리나라의 수도인 이곳은 문화, 경제, 정치, 교통의 중심지이기 때문에 여기에서 쓰이는 말이 전국 방언의 대표가 될 만하다고 인정한 것이다.

〈중략〉

　표준어도 여러 방언 중에서 대표로 정해진 것이다. 따라서, 방언이 없으면 표준어의 제정이 무의미하다. 예를 들면, '무'는 '무수, 무시, 무우, 무'와 같은 방언 중에서 표준어 규정에 따라서 표준어가 된 것이다.

　　　　　　　　　　　－ 성낙수, 「표준어와 방언」 －

06 (가)에서 알 수 있는 것이 <u>아닌</u> 것은?

① 음성 언어와 문자 언어의 공통점
② 음성 언어와 문자 언어의 차이점
③ 언어 활동의 종류
④ 언어의 중요성

07 (가), (나)와 같은 글을 읽는 방법으로 알맞지 <u>않은</u> 것은?

① 글의 짜임을 파악하며 읽는다.
② 글에 사용된 설명 방식을 파악하며 읽는다.
③ 각 문단의 중심 내용을 요약하며 읽는다.
④ 등장인물의 심정에 공감하며 읽는다.

08 ㉠의 역할로 올바른 것은?

① 글의 전체 내용을 요약한다.
② 앞으로 설명할 대상을 제시한다.
③ 글쓴이의 주장을 드러내는 역할을 한다.
④ 글이 몇 개의 문단으로 나뉠 것인지 알려 준다.

09 ㉡에 들어갈 말로 올바른 것은?

① 지역적　　　② 시대적
③ 계급적　　　④ 직접적

10 (나)에서 표준어의 조건과 관련이 <u>없는</u> 것은?

① 서울　　　② 교양
③ 현대　　　④ 나이

11 ㉢에 해당하는 언어의 특성은?

① 사회성　　　② 자의성
③ 역사성　　　④ 규칙성

12 ㉣에 사용된 설명 방법은?

① 정의　　　② 예시
③ 비교　　　④ 분류

> 절차는 간단하다. 먼저 항목들을 종류별로 구분하여 두세 묶음으로 나눈다. 양이 적다면 한 번에 해도 좋다. 중요한 것은 한 번에 너무 많은 양을 하지 말아야 한다는 점이다. 한 번에 많은 양을 하는 것보다는 차라리 조금씩 여러 번 나누어 하는 것이 낫다. 이 점은 얼핏 보기에 별로 중요한 것 같지 않으나, 일이 복잡하게 되면 그 이유를 알게 된다. 한 번의 실수로 대가를 크게 치러야 할 수도 있기 때문이다.
>
> ──────────────────────────
>
> 이 글에 나오는 낱말이나 문장은 결코 어렵지 않다. 그러나 이 글을 읽은 대부분의 사람들은 이 글이 무엇을 말하는지 알지 못하였을 것이다. 이제 '세탁기'를 떠올리면서 위의 글을 다시 읽어 보자. ⓐ <u>이번에는 의외로 글이 쉽게 이해될 것이다.</u> 그리고 이 글에 나오는 '항목'이 '빨랫감'을 뜻하고, '일'이 '세탁'을 뜻한다는 것도 쉽게 알게 될 것이다.
>
> 그렇다면 '세탁기'라는 말을 듣고 나서야 비로소 위의 글을 쉽게 이해할 수 있었던 이유는 무엇일까? 그 까닭은 '세탁기'에 관한 우리의 배경지식을 적극적으로 활용했기 때문이다. 즉, 아는 지식으로 모호한 표현들을 해석해 가며 읽었기 때문이다.
>
> — 최영환, 「읽기란 무엇인가」 —

13 ⓐ의 이유로 가장 적절한 것은?

① 세탁기라는 배경 지식을 활용했기 때문이다.
② 글을 짧게 줄였기 때문이다.
③ 단어의 사전적 의미를 모두 찾아 해석했기 때문이다.
④ 글에 대한 해설이 제시된 글을 읽었기 때문이다.

14 이 글을 읽는 방법으로 적절하지 <u>않은</u> 것은?

① 지식이나 정보를 파악하며 읽는다.
② 새롭게 알게 된 사실을 메모하며 읽는다.
③ 지식의 사실성을 파악하며 읽는다.
④ 주장과 근거의 타당성을 파악하며 읽는다.

> 신문이 진실을 보도해야 한다는 것은 새삼스러운 설명이 필요 없는 당연한 이야기이다. 정확한 보도를 하기 위해서는 문제를 전체적으로 보아야 하고, 역사적으로 새로운 가치의 편에서 봐야 하며, 무엇이 근거이고, 무엇이 조건인가를 명확히 해야 한다고 했다. 그런데 이러한 준칙을 강조하는 것은 기자들의 기사 작성 기술이 미숙하기 때문이 아니라, 이해관계에 따라 특정 보도의 내용이 달라지기 때문이다. 자신들에게 유리하도록 기사가 보도되게 하려는 외부 세력이 있으므로 진실 보도는 일반적으로 수난의 길을 걷게 마련이다. 양심적이고자 하는 언론인이 때로 형극의 길과 고독의 길을 걸어야 하는 이유가 여기에 있다.
>
> 신문은 스스로 자신들의 임무가 '사실 보도'라고 말한다. 그 임무를 다하기 위해 신문은 자신들의 이해관계에 따라 진실을 왜곡하려는 권력과 이익 집단, 그 구속과 억압의 논리로부터 자유로워야 한다.
>
> — 송건호, 「신문과 진실」 —

15 이 글의 내용과 관련이 <u>없는</u> 것은?

① 정확한 보도를 하기 위해서는 문제를 전체적으로 보아야 한다.

② 자신들에게 유리하도록 기사가 보도되게 하려는 외부 세력들이 존재한다.

③ 기자들의 기사 작성 기술이 미숙하기 때문에 정확한 보도를 위한 준칙이 필요하다.

④ 신문은 진실을 왜곡하려는 외부 세력으로부터 자유로워야 한다.

16 진실을 보도하기 위한 조건이 <u>아닌</u> 것은?

① 사물을 전체적으로 보아야 한다.

② 사물을 역사적으로 새로운 가치의 면에서 봐야 한다.

③ 사물의 조건과 근거를 명확히 식별할 줄 알아야 한다.

④ 사물에 대한 기사 작성 기술을 키워야 한다.

[17~18] 다음 글을 읽고 물음에 답하시오.

저는 어린아이일 뿐이고, 해결책을 가지고 있지 않습니다. 그렇지만 저는 여러분들에게 해결책이 있는지 묻고 싶습니다. 여러분은 오존층의 구멍을 어떻게 수리할 것인지 모릅니다. 여러분은 연어를 죽은 강으로 다시 돌아오게 할 방법을 모릅니다. 여러분은 사라져 버린 동물을 되살려 놓는 방법을 모릅니다. 그리고 여러분은 지금은 사막이 된 곳에 숲을 푸르게 되살려 놓을 수도

없습니다. 여러분이 고칠 방법을 모른다면, 제발 그만 망가뜨리기 바랍니다! 여러분은 각 나라의 정부 대표로, 기업가로서, 조직가로서, 기자나 정치가로서 여기에 와 계신지 모릅니다. 그렇지만 여러분은 그 이전에 어머니와 아버지, 형제와 자매, 아주머니와 아저씨들이며, 그리고 여러분은 모두 누군가의 자녀입니다.

〈중략〉

여러분, 어른들은 우리를 사랑한다고 말합니다. 저는 여러분에게 호소합니다.
제발 여러분의 행동과 여러분의 말이 일치하도록 해 주십시오. 들어주셔서 고맙습니다.

– 세번 컬리스 스즈키, 「세상의 모든 어버이들께」 –

17 이 글의 특성과 관련이 <u>없는</u> 것은?

① 문제 상황과 요구 사항이 제시된 글이다.

② 집단이나 개인에게 어떤 문제에 대해 개선하거나 해결할 것을 요구하는 글이다.

③ 독자가 누구인가에 따라 설득 전략이 달라진다.

④ 어떤 정보나 지식을 자세하게 알리는 글이다.

18 건의문의 특성으로 알맞지 <u>않은</u> 것은?

① 건의하는 대상, 즉 독자가 정해져 있다.

② 문제 상황과 요구 사항이 분명하게 드러난다.

③ 어려운 표현을 많이 사용한다.

④ 독자가 누구인지에 따라 설득 전략을 달리한다.

우리가 먹는 대부분의 음식뿐만 아니라, 사람의 몸속에도 소금이 들어 있다. 꼭 필요한 사람이 되라는 의미로 쓰이는 "소금 같은 사람이 되어라."라는 말이 있을 정도로 소금은 우리의 건강이나 식생활과 밀접한 관련을 맺고 있다. <u>㉠이제부터, 조그마한 흰 알갱이에 불과한 소금이 우리의 몸과 생활에 어떤 영향을 미치는지 자세히 알아보도록 하자.</u>

〈중략〉

소금은 생명을 유지하게 해 준다는 사실 이외에도 거부할 수 없는 매력을 지니고 있다. 만약 살기 위한 목적으로만 소금을 먹는 것이라면 한 사람당 1년에 1킬로그램의 소금이면 충분하다. 하지만 사람들은 실제로 그것의 몇 배가 넘는 소금을 소비한다. 이렇게 많은 소금을 사용하는 까닭은 소금이 지닌 짠맛의 매력 때문이다.

소금은 음식 본래의 맛과 어울려 맛을 향상시키는 작용을 한다. 소금은 고기뿐만 아니라 곡식, 채소 등 다양한 재료와 어울리며 우리의 입맛을 돋운다. 그냥 먹으면 너무 짜고 쓰기까지 하지만 다른 맛과 적절히 어울리면 기가 막힌 맛을 내는 것이 바로 소금이다. 실제로 우리가 먹는 음식 가운데 차, 커피, 과일과 같은 몇몇 기호 식품을 빼고는 거의 모든 음식에 소금을 넣는다.

〈중략〉

이뿐만 아니라 소금은 그 불순물까지도 요긴하게 사용된다. 정제 과정을 거치지 않은 소금 중에 천일염은 바닷물을 햇볕과 바람에 증발시켜 만든 소금으로, 그 안에 마그네슘, 칼륨, 칼슘과 같은 미네랄이 많이 포함되어 있다. 이처럼 정제되지 않은 소금은 오히려 우리 몸에 미네랄을 공급해 줄 수 있기 때문에, 최근에는 천일염에 대한 관심이 매우 높아지고 있다.

– 장인용, 「소금 없인 못 살아」 –

19 ㉠이 글 전체에서 하는 역할로 알맞은 것은?

① 글의 주요 내용을 요약·정리하는 역할을 한다.
② 글에서 설명할 대상을 소개한다.
③ 글쓴이의 주장을 정리해준다.
④ 여러 가지 설명 방법을 활용하여 대상을 자세하게 설명한다.

20 이 글에 제시된 소금의 역할이 <u>아닌</u> 것은?

① 소금은 생명을 유지하게 해 준다.
② 음식 본래의 맛을 향상시킨다.
③ 소금의 불순물도 요긴하게 사용된다.
④ 설탕의 사용을 줄일 수 있게 한다.

[21~22] 다음 글을 읽고 물음에 답하시오.

콜탄을 정련하면 나오는 금속 분말 '탄탈룸(Tantalum)'은 고온에 잘 견디는 성질이 있다. 이 성질 때문에 탄탈룸이 핸드폰과 노트북, 제트 엔진 등의 원료로 널리 쓰이게 되면서 콜탄은 귀하신 몸이 되었다. 전 세계 첨단 제품 시장에서 탄탈룸의 수요가 갑자기 늘어나자, 불과 몇 달 만에 1kg당 2만 5,000원이던 콜탄 가격이 50만 원으로 폭등(暴騰)하는 일이 벌어지기도 했다.

〈중략〉

그런데 이로 인해 여러 가지 부작용이 생겨나고 있다. 우선 콜탄 광산에서 일하는 인부들이 혹사(酷使)당하고 있다. 이들에게 주어지는 장비는 삽 한 자루뿐이다. 그밖에 사고를 예방할 아무런 장비도 갖추어져 있지 않다. 2001년에 갱도 붕괴 사고로 인부 100여 명이 사망했다. 그런데도 콜탄 값이 수십 배나 뛰는 것을 목격한 농부들은 농사짓던 땅을 버리고 돈벌이를 하기 위해 광산으로 모여들고 있다. 그러나 아무리 뼈 빠지게 일해도 그들에게 돌아가는 몫은 쥐꼬리만한 일당뿐이다. 힘 있는 중개상들이 막대한 이윤을 고스란히 가로채고 있기 때문이다.

〈중략〉

해발 2,000~2,500미터에 살고 있던 고릴라의 수도 점점 줄어들었다. 1996년에 28마리 정도가 살고 있었는데, 2001년에는 절반밖에 남지 않았다. 그나마 얼마 남지 않은 고릴라들은 사람을 피해 이리저리 도망 다니는 처량한 신세가 되었다. 돈을 버는 데만 기를 쓰고 달려드는 탐욕스러운 사람들은 콜탄 광산의 광부들이 어떤 대접을 받고 있고, 국립 공원이 얼마나 파괴되었으며, 고릴라들이 어떻게 죽어가고 있는지에 대해서는 아무런 관심도 기울이지 않고 있다.

〈중략〉

카메라 기능과 MP3 기능이 욕심나서 우리가 최신형 핸드폰을 기웃거리는 동안, 아프리카에서는 고릴라가 보금자리를 잃고 멸종되고 있다. 그리고 순박한 원주민들은 혹사당하며 살고 있다.

우리가 핸드폰을 오랫동안 소중하게 쓰는 일은, 단지 통신비를 아끼고 물자를 절약하는 차원에서 그치는 것이 아니다. 지구 반대편의 소중한 생명들을 보호하는 거룩한 일이다. 나아가 지구촌에 진정한 평화가 찾아오게 만드는 위대한 일이기도 하다.

－ 박경화, 「아프리카 고릴라는 핸드폰을 미워해」 －

21 이 글에서 궁극적으로 주장하는 내용은?

① 핸드폰을 사용하지 말자.
② 혹사 당하는 인부들의 인권을 보호하자.
③ 핸드폰을 오랫동안 사용하여 환경을 보호하자.
④ 숲을 소중히 여기고 가꾸자.

22 이 글에 제시된 콜탄 생산국의 문제점이 <u>아닌</u> 것은?

① 많은 사람들이 모여 들어 혼잡해지고 있다.
② 콜탄 광산에서 일하는 인부들이 혹사당하고 있다.
③ 콜탄이 있는 공원의 숲이 황폐해지고 있다.
④ 그곳에 살고 있는 고릴라의 수가 줄어들고 있다.

"유일하게 지워지지 않는 서명은 사람의 지문이다."

미국의 소설가 마크 트웨인이 한 말이다. 나이가 들면서 얼굴은 변해도 지문은 한번 생겨나면 바뀌지 않는다는 의미이다. 이 글에서는 이렇게 사람마다 고유하게 나타나는 지문의 특성은 무엇이고, 지문은 어떤 역할을 하는지에 대해 알아보자.

〈중략〉

사람의 손가락과 손바닥, 발바닥 등에는 작은 산과 계곡 모양의 선들로 이루어진 무늬가 있다. ㉠이러한 피부의 무늬는 무늬가 있는 위치에 따라 손가락에 있는 지문(指紋), 손바닥에 있는 장문(掌紋), 발바닥에 있는 족문(足紋) 등으로 나뉜다. 이 중 지문은 손가락 안쪽 끝에 있는 피부의 무늬나 그것이 남긴 흔적을 말한다.

〈중략〉

그러면 지문은 어떤 역할을 할까? 지문이 있는 동물들의 특성을 생각해 보면 이에 대한 단서를 얻을 수 있다. 대부분의 동물은 지문이 없지만 영장류는 지문을 가지고 있다. 대표적인 영장류인 침팬지, 오랑우탄, 고릴라 등은 지문이 있다. 영장류 외에 유대류에 속하는 코알라도 지문이 있다. ㉡영장류와 코알라의 공통점은 사람처럼 손을 이용해 나무 등을 잡는다는 것이다. 그렇다면 지문이 손가락과 물체 표면의 마찰력을 높여 미끄럼을 방지함으로써 무언가를 더 단단히 붙잡도록 하는 역할을 하고 있다는 말이 된다. 예를 들어, 컵과 같은 표면이 미끄러운 물체를 잡을 때 지문이 물체를 놓치지 않도록 도와주는 것이다.

– 김형자, 「지문이 촉각을 위해 존재한다고?」 –

23 ㉠에 사용된 설명 방법은?

① 분석 ② 분류
③ 예시 ④ 비교

24 ㉡과 같은 설명 방법이 활용된 것은?

① 봄에 피는 꽃으로는 민들레, 진달래, 개나리 등이 있다.
② 텔레비전과 라디오는 지식과 정보를 제공하는 대중매체이다.
③ 시계는 시침, 분침, 초침, 태엽으로 이루어져 있다.
④ 자전거는 바퀴 수에 따라 외발 자전거, 두발 자전거, 세발 자전거 등으로 나눌 수 있다.

03 듣기, 말하기, 쓰기

1 듣기, 말하기

1. 듣기

다른 사람의 말을 정리하여 자신의 것으로 정리하여 이해하는 활동

2. 말하기

자신의 생각을 정리하여 말로 표현하는 활동

2 듣기, 말하기의 다양한 활동

1. 건의하기

(1) 개념

공공의 목적을 위하여 개인이나 단체가 의견을 내놓고 설득하는 말하기

(2) 건의할 때 고려할 점

① 듣는 이의 나이, 성별, 관심사, 직업, 상황 등을 고려하여 말한다.
② 격식과 예의를 갖춰 말한다.
③ 건의 대상에 따라 설득 전략을 달리하여 말한다.

2. 조언하기

(1) 개념

말로 거들거나 깨우쳐 주어서 도움을 주는 말하기

(2) 조언이 필요한 상황

① 친구 사이의 문제, 진로 문제, 이성 친구 문제 등 일상생활 속 갈등이 생길 때
② 무엇인가를 선택해야 하거나 결정을 내려야 하는 상황

3. 보조 자료 활용하여 말하기

(1) 보조 자료
약도나 지도, 사진이나 그림, 녹음 자료, 녹화 자료 등 말하고자 하는 내용에 도움이 될 수 있는 자료

(2) 유의 사항
① 보조 자료는 말하고자 하는 주제와 관련 있는 내용이어야 한다.
② 말하기의 상황을 고려하여 적합한 보조 자료를 선택해야 한다.
③ 보조 자료를 사용하기 전에 미리 계획을 해야 한다.

4. 토론과 토의

(1) 토론
찬성이나 반대의 입장에서 자기주장을 논리적으로 펼치는 말하기
예 자율 학습 폐지 여부, 학생들의 두발 자율화 여부

(2) 토의
협력하여 의사를 결정하며 문제를 풀어 가는 말하기
예 봉사활동의 활성화 방법, 음식물 쓰레기를 줄이는 방법

5. 협상하기

(1) 협상의 개념
개인이나 집단 간에 존재하는 의견 차이나 갈등을 해소하기 위해 집단의 대표나 당사자가 의견의 차이를 조정하고 만족스러운 대안을 찾는 의사 결정 과정

(2) 협상의 목적
양보와 설득을 통해 실현 가능한 타협안을 찾는 것

3 공감적 대화하기

1. 공감적 대화

(1) 공감적 대화의 개념
상대방의 감정을 깊이 있게 이해하고 상대방의 관점에서 문제를 바라보며 협력적으로 소통하기 위한 대화

(2) 공감적 대화의 효과

원만한 인간관계를 형성하고 유지할 수 있다. 대화 상대방과의 신뢰감과 유대감을 형성할 수 있다.

(3) 공감하며 대화하기의 방법

관심 표현하기	• 상대방의 말에 집중하는 반응을 한다. • 상대방의 말에 맞장구를 친다. • 상대방이 이야기를 많이 할 수 있도록 격려한다.
재진술하기	• 상대방의 감정과 생각을 파악하고 자신의 말로 재진술한다.
자신의 경험 공유하기	• 공감을 형성할 수 있는 자신의 경험을 공유한다.

2. 적절한 대화의 방법

(1) 언어 예절을 지켜 말한다.

(2) 비속어나 차별적인 표현을 하지 않는다.

(3) 대화 상황이나 목적에 따라 말하기의 방식을 달리한다.

(4) 상대(연령, 친밀도, 사회적 지위 등)를 고려하여 말한다.

(5) 공적인 상황에서는 높임말을 사용한다.

(6) 상대방의 말하기 방식이 나와 다를 수 있음을 이해하며 대화한다.

3. 대화의 표현 방법

(1) 언어적 표현

언어로 생각을 표현하는 것, 음성

(2) 반언어적 표현

언어적 표현과 함께 이루어지는 음성적 효과

예 말의 속도, 억양, 목소리 크기 등

(3) 비언어적 표현

음성 이외의 동작 언어

예 몸짓, 표정, 손짓 등

4 의사소통의 맥락

1. 상황 맥락

개념	• 담화가 이루어지는 구체적인 상황
구성 요소	• 청자와 화자 : 청자와 화자의 나이, 성별, 직업, 친밀도, 화제에 대한 관심의 정도, 배경 지식 등 • 시간과 공간 : 담화가 이루어지는 시간대와 지속되는 시간, 담화가 이루어지는 구체적인 장소, 공간의 크기 등 • 의도와 목적 : 정보 전달, 설득, 친교, 정서 표현 등

2. 사회·문화적 맥락

개념		• 담화가 이루어지는 사회·문화적 배경과 관련된 맥락으로 공동체의 가치나 신념, 사고방식 등 역사적인 상황이나 사회적인 상황을 포함한다.
구성 요소	지역	• 표준어 : 한 나라의 표준이 되는 말로 서울말에 해당 • 지역 방언 : 특정 지역에서 사용하는 말
	세대	• 어른 세대 : 공손하고 정중한 표현, 한자어를 많이 사용 • 젊은 세대 : 친근한 표현, 유행어, 외래어, 인터넷 용어를 많이 사용
	문화	• 문화 : 각 나라의 문화가 다르기 때문에 그 문화를 반영하는 속담이나 관용적 표현을 외국인은 이해하기 어려움.

5 글쓰기의 방법

1. 글쓰기의 개념
구체적인 상황과 맥락 안에서 주체, 목적, 독자 등을 고려하면서 이루어지는 목표 지향적인 문제 해결 과정을 말한다.

2. 글을 정확하게 쓰기 위해 고려해야 할 사항
글의 예상 독자, 글의 목적, 글의 형식 등

3. 글쓰기의 단계

계획하기	• 글을 쓰는 목적을 구체화한다. • 독자의 나이, 성별, 관심사 등을 분석한다.

↓

내용 생성하기	• 쓸 내용과 주제를 구체화한다. • 전문가에게 질문하거나 토론하는 등의 방법을 활용한다. • 소리 내며 생각을 말하거나, 조사나 관찰을 통해 자료를 수집한다.

↓

내용 조직하기	• 관련 있는 것끼리 묶어서 조직하여 개요표를 작성한다. • 불필요한 내용은 삭제하고 필요한 내용은 추가한다.

↓

표현하기	• 표현이 어색하거나 내용이 구체적이지 않더라도 생각나는 대로 써내려 간다. • 활용한 출처가 있으면 출처를 반드시 밝힌다.

↓

고쳐쓰기	글을 다시 읽어 가면서 부적절하거나 부족한 부분을 고쳐 쓴다. '글 전체 → 문단 → 문장 → 단어' 순으로 고쳐 쓴다.

6 통일성과 응집성

1. 통일성과 응집성의 개념

(1) 통일성

글의 주제가 하나일 때 그것에 초점을 두고 모든 내용이 조직되어야 한다는 원리로 글의 의미가 내용상 일관된 흐름으로 연결되는 관계를 가리킨다.

(2) 응집성

글의 내용이 조직될 때 내용 사이의 관계가 주제를 뒷받침하기 위해 긴밀하게 연결되어 있어야 한다는 원리로 글의 형식상 유기적으로 연결되는 관계를 가리킨다.

2. 통일성과 응집성을 높이는 방법

(1) 통일성을 높이는 방법

세부 내용이 전체의 중심 내용과 부합하는지 고려한다. 문단별로 하나의 중심 생각만 드러나도록 구성한다.

(2) 응집성을 높이는 방법

문장 사이, 문단 사이에 적절한 접속어나 지시어를 활용한다.

3. 응집성을 높이는 지시어와 접속어

(1) 접속어의 뜻

낱말이나 구절, 문장을 이어 주는 역할을 하는 말로 '그리고, 그러나, 그렇지만, 게다가, 왜냐하면' 등이 있다.

(2) 지시어의 뜻

앞에 제시된 사물이나 사실을 대신 가리키는 말로 '이, 이렇게, 그것, 거기, 저렇게, 저기' 등이 있다.

7 다양한 글쓰기

1. 다양한 종류의 글쓰기

설명문	어떤 대상에 대해 글쓴이가 알고 있는 지식이나 정보를 전달하여 이해시키는 글
기사문	육하원칙에 의해 보고 들은 사실이나 정보를 객관적으로 전달하는 글
보고문	어떤 주제에 대하여 조사하거나 연구한 결과를 정리하여 정보를 보고할 목적으로 쓴 글
논설문	설득을 목적으로 하는 글로, 주장과 근거가 드러나는 글
자서전	글쓴이 자신의 삶의 과정을 성찰하여 기록한 글

2. 글쓰기 윤리

(1) 활용한 자료가 있을 때는 출처를 반드시 밝힌다.

(2) 다른 사람이 생산한 자료나 정보는 올바르게 인용한다.

(3) 연구 결과는 과장, 왜곡하지 않는다.

(4) 인터넷 등에 허위 내용이나 악성 댓글을 쓰지 않는다.

8 글쓰기 매체

1. 매체의 개념과 필요성

(1) 매체

책, 신문, 컴퓨터, 인터넷, TV 등 생각이나 느낌을 전달하고 공유하는 수단을 말한다.

(2) 매체의 필요성

많은 사람들에게 정보를 신속하게 전달할 수 있다.

2. 매체별 특성

문자 메시지	• 의사소통이 신속하게 이루어짐. • 상대방을 배려하여 간결하게 작성해야 함.
온라인 대화	• 여러 사람이 모여 다양한 주제로 동시에 대화할 수 있음. • 의견 교환이 신속하게 이루어짐. • 올바른 표현을 사용해야 함.
전자 우편	• 글의 길이에 제한이 없음. • 한번에 같은 내용을 여러 사람에게 보낼 수 있음. • 받은 내용을 다른 사람에게 쉽게 전달할 수 있음. • 상대방의 전자 우편 주소를 정확하게 입력해야 함. • 사진, 동영상, 음악 등을 첨부할 수 있음.
블로그	• 자신의 관심사에 따라 자유롭게 일기, 기사 등을 올리는 웹사이트 • 개인적인 공간이며 공개된 공간임. • 글이 빠르게 퍼지기 때문에 충분히 검토하여 글을 올려야 함. • 게시물의 저작권이 글쓴이에게 있음. • 게시물을 옮길 때는 글쓴이의 허락을 구해야 함.
인터넷 게시판 댓글	• 인터넷에 게시된 글에 대해 짧게 답하는 글 • 하나의 글에 여러 사람이 댓글을 달 수 있음. • 글쓴이와 댓글을 쓴 사람들과 의견을 공유하며 소통 가능함. • 은어나 비속어를 사용하지 않아야 함.
누리 소통망(SNS)	• 멀리 떨어져 있는 사람들과 실시간으로 소통할 수 있음. • 자신의 신상 정보와 사생활이 노출될 수 있음.

정답 잡기 말하는 이, 듣는 이, 시간과 장소, 의도와 목적 등의 상황 맥락은 담화의 의미에 큰 영향을 미치기 때문에 이를 고려하여 담화의 의미를 파악해야 한다. 영수와 지민이의 대화 상황을 볼 때, 영수의 발화는 의문의 형식을 띠고 있지만, 의도를 고려할 때 지민이에게 창문을 닫아 달라는 요청을 하고 있음을 알 수 있다.

정답 잡기 토론에서 사회자는 공정하게 토론을 진행하여야 하며, 논제 제시, 토론 순서 안내, 토론자들의 발언을 요약하거나 발언 내용이 충분하지 않은 경우 보충 질문을 통해 내용을 정리하는 등의 역할을 한다.

오답 잡기
② 토론에 참여하여 자신의 주장을 내세우는 것은 토론자의 역할이다.

정답 잡기 어떤 글이든 글을 쓸 때에는 쓰기의 윤리를 지켜야 한다. 보고서를 작성할 때도 인용한 자료의 출처를 밝혀 다른 사람이 쓴 보고서를 자기 것처럼 표절하지 않아야 하고 관찰, 조사, 실험, 연구의 결과를 왜곡하거나 과장하지 않아야 한다. 보고서는 정확성과 객관성을 생명으로 하므로 보고 윤리가 지켜지지 않으면 보고서로서의 가치가 없어진다. 거짓된 자료나 왜곡된 결과로 쓴 보고서는 의사 결정을 잘못되게 하고 사회에 좋지 않은 영향을 끼친다.

정답 01 ③ 02 ② 03 ①

---

01 영수가 지민에게 말하는 의도로 적절한 것은?

> 영수 : 지민아, 창문 좀 닫아 주겠니?
> 지민 : 응, 알았어.

① 감사　　　　　② 설명
③ 요청　　　　　④ 위로

02 토론에서 사회자의 역할로 적절하지 <u>않은</u> 것은?

① 토론을 공정하고 원만하게 진행한다.
② 토론에 참여하여 자신의 주장을 내세운다.
③ 토론의 논제를 제시하고 토론 순서를 안내한다.
④ 토론자들의 발언을 요약하거나 보충 질문을 한다.

03 보고서를 작성할 때 지켜야 할 쓰기 윤리로 가장 적절한 것은?

① 인용한 자료는 반드시 출처를 밝힌다.
② 조사 결과는 필요에 따라 과장할 수 있다.
③ 확인되지 않은 사실은 주관적으로 평가한다.
④ 다른 사람의 연구 결과를 수정해서 사용한다.

04 다음 두 대화에 나타난 공통된 화제는?

① 옷 　　　　② 날씨
③ 우산 　　　④ 친구

05 ㉠에 해당하는 글의 종류로 가장 적절한 것은?

① 자서전 　　　② 안내서
③ 공고문 　　　④ 계약서

정답잡기 '실내 온도를 올리지 말
고, 옷 지퍼를 올리세요.'는 실내
온도를 올리지 않음으로써 에너
지를 절약하자는 주제를 '올리다'
라는 단어의 반복과, 지퍼를 올리
라는 명령형 문장으로 강조하고
있다.
오답잡기
① 이 광고 문구는 '공공예절'과
  관련된 것이고, 의문형 문장
  으로 표현했으므로 〈조건〉에
  맞지 않다.
② 교통수단의 활용 대신 걷기의
  생활화를 통해 에너지를 아끼
  자는 주제를 드러내고 있다.
  그러나 단어의 반복과 명령형
  의 문장이 드러나지 않았으므
  로 〈조건〉에 맞지 않다.
④ 지구 온난화로 인한 경각심을
  통한 에너지 절약을 강조하고
  있다. 그러나 반복적인 표현이
  없는 평서형 문장이므로 〈조
  건〉에 맞지 않다.

정답잡기 인사, 안부 등을 주고받
는 대화는 서로 친밀한 관계를 맺
기 위한 것을 목적으로 하는 '친
교'를 위한 의사소통이다.

06 〈조건〉을 모두 고려하여 만든 광고 문구로 가장 적절한 것은?

| 조건 |

- "에너지를 아껴 쓰자."라는 주제를 드러낼 것
- 단어를 반복하고 명령형으로 표현할 것

① 당신의 공공예절은 몇 살입니까?
② 걷는 당신, 지구 사랑의 선구자입니다.
③ 실내 온도를 올리지 말고 옷 지퍼를 올리세요.
④ 오늘도 북극곰은 먹이를 찾아 헤매고 있습니다.

07 다음 상황에 나타난 의사소통의 목적으로 가장 적절한 것은?

① 명령
② 위로
③ 초대
④ 친교

08 다음은 텔레비전 광고의 대본이다. 이에 대한 이해로 적절하지 <u>않은</u> 것은?

장면 1	회사 안에서
남자	어제 야근했어? 쉬어 가면서 해.
내레이션	피곤한 후배에게 커피 갖다 주는 시간 21초
장면 2	엘리베이터 앞에서
여자	잠깐만요.
내레이션	유모차를 위해 엘리베이터 기다려 주는 시간 9초
장면 3	버스 안에서
여자	잠시만요.
내레이션	만원 버스 하차 벨 대신 눌러 주는 시간 3초
내레이션	1분도 안 되는 시간이 많은 사람들의 하루를 행복하게 했습니다. 세상을 아름답게 하는 시간, 1분이면 충분합니다.

---

① 특정 상품을 판매하기 위해 제작되었다.

② 타인을 배려하는 마음을 갖자는 내용이다.

③ 유사한 상황의 반복으로 의미를 강조했다.

④ 주변에서 일어날 수 있는 일을 소재로 삼았다.

09 다음 '진달래의 블로그'에서 ㉠에 들어갈 제목으로 가장 적절한 것은?

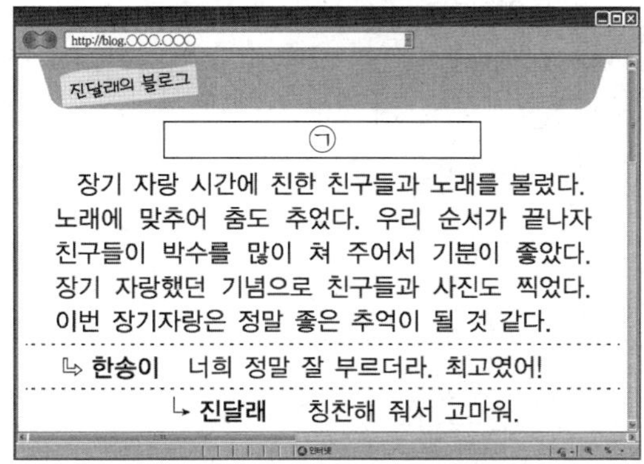

① 나의 첫 독창회

② 노래를 잘 부르는 방법

③ 가족사진을 찍은 이유

④ 추억으로 남을 장기 자랑

정답찾기 이 광고는 일상생활에서 할 수 있는 타인을 위한 구체적인 행동을 다양하게 반복적으로 보여 줌으로써, 누구나 타인을 위한 배려를 할 수 있다는 내용을 전달하는 '공익 광고'이다.

오답잡기
특정 상품을 판매하기 위해 제작되는 광고는 '상업 광고'이다.

정답찾기 블로그 글의 제목은 내용이 한눈에 잘 드러나도록 해야 한다. 이 글은 장기 자랑에서 있었던 일과 즐거웠던 감정을 정리한 것이므로 '추억으로 남을 장기 자랑'이라는 제목이 가장 적절하다.

정답 08 ① 09 ④

10 다음은 글을 쓰기 위해 작성한 개요표이다. ㉠~㉣ 중 적절하지 <u>않은</u> 것은?

제목	대중과 함께하는 팬클럽 문화
처음	㉠ 팬클럽 문화의 발생과 걸어온 길
중간	• 오늘날 팬 클럽 문화의 부정적인 모습 – ㉡ 세대 간의 공통적인 대중문화 공유 – 경쟁 연예인에게 악성 댓글을 다는 문화 발생 • ㉢ 오늘날 팬클럽 문화의 긍정적인 모습 – 사람들에게 다양한 대중문화 소개 – 연예인과 함께하는 기부 문화의 확산
끝	㉣ 대중문화로서 팬클럽 문화가 나아가야 할 길

① ㉠   ② ㉡

③ ㉢   ④ ㉣

11 협상의 목적으로 가장 적절한 것은?

① 어떤 행동의 선악을 판단하여 책임을 묻기 위해

② 특정 주제의 강연을 듣고 자유롭게 질문하기 위해

③ 개인적인 대화를 나누며 친분 관계를 형성하기 위해

④ 사안에 대한 참여자들의 이익 관계를 조정하기 위해

[12~13] 다음 글을 읽고 물음에 답하시오.

> ### 칭찬 댓글 달기 캠페인을 제안합니다.　　작성자 은영
>
> 좋아요 · 댓글 달기 · 공유하기　　　　　　　　　　📑 공유 169개
>
> 　　요즘 인터넷에서는 상대방을 비난하거나 비하하는 악성 댓글이 문제가 되고 있습니다. 그래서 ㉠우리 모임에서는 악성 댓글을 줄이기 위해 칭찬 댓글을 작성하는 캠페인을 진행하려고 합니다. ㉡서로의 좋은 점을 찾아주는 칭찬이 많아지면 악성 댓글도 사라지지 않을까요? ㉢그렇지만 너무 많은 칭찬은 자제해야 합니다. ㉣우리 모임의 게시판에 서로를 칭찬하는 댓글을 남겨 주세요.
>
> > 💬 **댓글 4개**
> >
> > **유정**　길거리의 쓰레기를 스스로 줍는 은석님을 칭찬합니다.
> >
> > **승진**　넌 뭐니? 잘난 척하지 말고 너나 잘해.
> >
> > **순남**　저는 일주일에 한 시간씩 홀로 사는 어르신을 위해 봉사하는 정란님을 칭찬합니다.
> >
> > **정란**　칭찬 감사합니다. 저는 이 캠페인을 제안하신 은영님이 훌륭하다고 생각합니다.

12 ㉠~㉣ 중, 글 전체의 내용을 고려할 때 삭제해야 할 부분으로 가장 적절한 것은?

① ㉠　　　　　　　　② ㉡

③ ㉢　　　　　　　　④ ㉣

정답잡기 이 글은 칭찬 댓글 달기 캠페인을 제안하는 글로서 참여를 권장하고 있다. 그러나 ㉢ '너무 많은 칭찬은 자제해야 합니다.'라는 문장은 이 글의 주제에서 벗어나는 것이므로 글의 통일성을 고려할 때 삭제하는 것이 바람직하다.

13 윗글에서 캠페인의 취지에 어울리지 <u>않는</u> 댓글을 작성한 사람은?

① 유정　　　　　　　② 승진

③ 순남　　　　　　　④ 정란

정답잡기 이 글은 칭찬 댓글 달기를 실천하자는 취지의 글로서 유정, 순남, 정란은 모두 다른 사람을 칭찬하는 댓글을 남기고 있다. 그러나 '승진'은 다른 사람을 근거 없이 비방하고 있으므로 이 글의 취지에서 벗어나는 댓글을 작성했다고 할 수 있다.

정답 12 ③　13 ②

14 다음은 독도를 소재로 글을 쓰기 위해 작성한 메모이다. 조사 내용을 찾기 위한 자료로 적절하지 <u>않은</u> 것은?

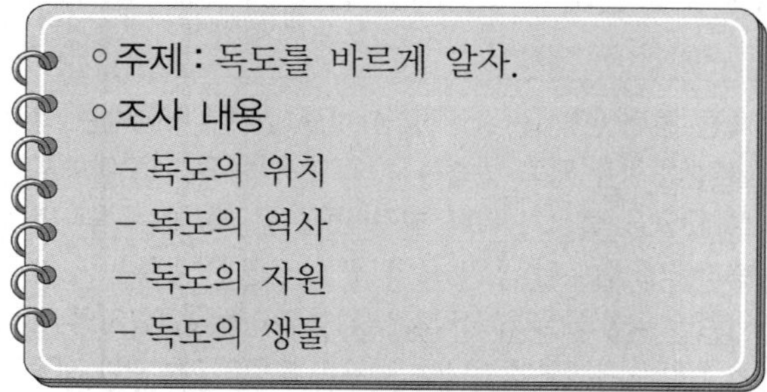

① 독도 자원 조사 보고서
② 독도의 지리와 관련된 서적
③ 독도 방문객 수 월별 그래프
④ 독도에서 관찰된 동식물 사진

정답 14 ③

예상 문제로 실력 잡기

01 다음에 해당하는 말하기의 유형은?

> 어떤 문제에 대해 찬반의 의견이 분명한 사람들이 타당한 근거를 바탕으로 주장을 논리적으로 펼치는 말하기이다.

① 소개하기   ② 강연하기
③ 토론하기   ④ 토의하기

02 ㉠~㉣ 중 글의 통일성을 깨뜨리는 문장은?

> 물은 여러 가지로 이용된다. ㉠물은 요리, 목욕, 빨래 등 일상생활의 용수로 쓰인다. ㉡일상생활 하수는 수질 오염의 주된 원인이 되고 있다. ㉢저수지에 가둬 두었던 물은 농사를 짓는 데 이용된다. ㉣그리고 물은 높은 곳에서 떨어지는 힘으로 전기를 일으켜 우리 생활에 이용되기도 한다.

① ㉠   ② ㉡
③ ㉢   ④ ㉣

03 건의를 할 때 고려할 점이 아닌 것은?

① 말하는 이의 성별이나 관심사를 고려하여 말한다.
② 격식과 예의를 갖춘다.
③ 건의 대상에 따라 설득 전략을 달리한다.
④ 건의할 내용을 정확하게 표현한다.

04 다음 중 반언어적인 표현이 아닌 것은?

① 목소리의 억양   ② 옷차림
③ 어조   ④ 목소리의 크기

05 지원이가 명수에게 말하는 의도로 가장 적절한 것은?

> 지원 : 명수야, 교실 문 좀 닫아주겠니?
> 명수 : 그래, 알았어.

① 요청   ② 설명
③ 소개   ④ 감사

06 다음 글에서 통일성을 고려해 삭제해야 할 문장은?

> 텔레비전은 활용만 잘하면 인간 생활에 매우 유용한 매체이다. ㉠텔레비전은 대화 상대가 필요한 현대인에게 좋은 친구가 될 수 있다. ㉡텔레비전은 복잡한 일상 속에서 지친 현대인이 휴식을 취할 수 있도록 도와주는 오락 수단이 되기도 한다. ㉢텔레비전이라는 유사 환경에 중독되어 실제와 가상 현실을 식별하는 능력을 잃을 수도 있다. ㉣텔레비전은 세상을 살아가는 데 필요한 정보를 얻는 창구이기도 하다. 이와 같이 텔레비전은 인간에게 좋은 친구도 될 수 있고, 휴식을 취할 수 있게 해주며, 필요한 정보를 얻는 데 도움을 준다.

① ㉠   ② ㉡
③ ㉢   ④ ㉣

07 다음은 '대중문화를 이끌 팬클럽 문화'에 대해 작성한 개요표이다. 주제와 관련하여 삭제해야 할 부분은?

제목	대중문화를 이끌 팬클럽 문화
처음	팬클럽 문화가 생겨난 원인
중간	• 팬클럽 문화의 부정적인 모습 – ㉠ 건전한 비판을 거부하고 경쟁 연예인에게 악성 댓글로 피해를 줌. – ㉡ 기획사들이 팬클럽을 상업적으로 이용함. • 팬클럽 문화의 긍정적인 모습 – ㉢ 세대 간에 갈등을 일으킴. – ㉣ 사람들에게 다양한 대중문화를 소개함. – 연예인과 함께 봉사 활동, 기부 문화를 확산함.
끝	팬클럽 문화가 나아갈 길

① ㉠
② ㉡
③ ㉢
④ ㉣

08 보조 자료를 활용하여 말할 때의 주의점으로 알맞지 <u>않은</u> 것은?

① 말하기 상황과 적합한 보조 자료를 선택해야 한다.
② 보조 자료는 사용하기 전에 계획을 해야 한다.
③ 주제와 관련 있는 내용으로 보조 자료를 수집한다.
④ 보조 자료는 무조건 많을수록 좋다.

09 상대방과 공감하며 대화하기 방법으로 적절하지 <u>않은</u> 것은?

① 상대방의 말에 집중하는 반응을 하며 관심을 표현한다.
② 상대의 감정을 파악하여 자신의 말로 재진술한다.
③ 상대가 느끼는 생각 중 잘못된 생각에 대해 내 의견을 밝히고 조언한다.
④ 상대와 공감을 형성할 수 있는 자신의 경험을 공유한다.

10 글쓰기의 각 단계에서 해야 할 일 중 바르게 연결되지 <u>않은</u> 것은?

① 계획하기 – 글의 주제와 독자의 나이, 성별, 관심사 등을 분석한다.
② 내용 생성하기 – 조사나 관찰을 통해 자료를 수집하되, 주제와 무관하더라도 최대한 많은 자료를 모은다.
③ 내용 조직하기 – 관련 있는 것끼리 묶어서 조직하여 개요표를 작성한다.
④ 고쳐쓰기 – 글 전체부터 문단, 문장, 단어 순으로 고쳐쓴다.

04 문법

1 사동 표현과 피동 표현

1. 주동 표현과 사동 표현

(1) 주동 표현 : 주어가 어떤 동작이나 행위를 직접 하는 것
　　예 아이가 옷을 입는다.

(2) 사동 표현
　　① 주어가 남에게 어떤 동작이나 행위를 하도록 시키는 표현
　　　예 어머니가 아이에게 옷을 입힌다.
　　② 사동 표현을 만드는 방법
　　　㉠ 용언에 '-이-', '-히-', '-리-', '-기-', '-우-', '-구-', '-추-'를 붙여서 만든다.
　　　　예 읽다 ➜ 읽히다, 날다 ➜ 날리다, 낮다 ➜ 낮추다
　　　㉡ 용언에 '-게 하다'를 붙여서 만든다.
　　　　예 오다 ➜ 오게 하다, 넓다 ➜ 넓게 하다
　　　㉢ 일부 단어 뒤에 사동의 뜻을 더하는 '-시키다'를 붙여서 만든다.
　　　　예 거짓말하다 ➜ 거짓말시키다

2. 능동 표현과 피동 표현

(1) 능동 표현 : 주어가 어떤 동작이나 행위를 제 힘으로 하는 표현
　　예 고양이가 쥐를 쫓는다.

(2) 피동 표현
　　① 주어가 남에게 어떤 동작이나 행위를 당하는 표현
　　　예 쥐가 고양이에게 쫓긴다.
　　② 피동 표현을 만드는 방법
　　　㉠ 용언에 '-이-', '-히-', '-리-', '-기-'를 붙여서 만든다.
　　　　예 섞다 ➜ 섞이다, 막다 ➜ 막히다, 끊다 ➜ 끊기다
　　　㉡ 용언에 '-어지다'를 붙여서 만든다.
　　　　예 나누다 ➜ 나누어지다, 이루다 ➜ 이루어지다

ⓒ 일부 단어 뒤에 피동의 뜻을 더하는 '-되다'를 붙여서 만든다.
　例 형성하다 ➜ 형성되다, 사용하다 ➜ 사용되다

2 높임 표현과 시제

1. 높임 표현의 종류

(1) 주체 높임
　① 서술의 주체를 높이는 방법
　② 말하는 이보다 서술의 주체가 나이나 지위 등에서 상위자일 때 사용

(2) 상대 높임
　① 말하는 이가 듣는 이에 대하여 높이거나 낮추는 방법
　② 종결 어미로 실현

(3) 객체 높임
　서술어의 객체(목적어나 부사어가 지시하는 대상)를 높이는 방법

2. 시간 표현

(1) 발화시와 사건시
　① 시제 : 말하는 시간을 기준으로 사건이나 사실이 일어난 시간상 위치를 나타내는 시간 표현
　② 발화시와 사건시
　　㉠ 발화시 : 화자가 말을 하는 시점
　　㉡ 사건시 : 문장이 나타내는 사건이 일어나는 시점

(2) 시제 표현 방법
　① 과거 시제 : 사건시가 발화시보다 앞선 시점
　　例 나는 어제 공원에 갔다.
　② 현재 시제 : 사건시와 발화시가 같은 시점
　　例 나는 지금 공원에 간다.
　③ 미래 시제 : 발화시가 사건시보다 앞선 시점
　　例 나는 내일 공원에 갈 것이다.

3 음절부터 문장까지

1. 음절

(1) 발음할 때 한 번에 낼 수 있는 소리의 단위

(2) 음절의 구성 방식

모음	아, 어, 이
자음＋모음	기, 보
모음＋자음	양, 옹, 악
자음＋모음＋자음	감, 봄, 잠

2. 음운

(1) 말의 뜻을 구별해 주는 소리의 최소 단위

(2) 종류 : 모음, 자음, 소리의 길이

분절 음운	모음(21개)	●공기의 흐름이 막히거나 장애를 받지 않고 만들어지는 소리 ●홀로 소리 날 수 있기 때문에 '홀소리'라고도 함.
	자음(19개)	●목청을 통과한 공기의 흐름이 혀로 막히거나 통로가 좁아지는 장애를 받으며 만들어지는 소리 ●홀로 소리 날 수 없고 꼭 모음에 닿아서 소리 나기 때문에 '닿소리'라고도 함.
비분절 음운	소리의 길이	소리의 길이에 따라서 뜻이 구별되기도 함.

(3) 자음의 분류표

소리 내는 방법 ＼ 소리 내는 위치		입술소리	잇몸소리	센입천장소리	여린입천장소리	목청소리
안울림소리	예사소리	ㅂ	ㄷ, ㅅ	ㅈ	ㄱ	ㅎ
	된소리	ㅃ	ㄸ, ㅆ	ㅉ	ㄲ	
	거센소리	ㅍ	ㅌ	ㅊ	ㅋ	
울림소리	콧소리	ㅁ	ㄴ		ㅇ	
	흐름소리		ㄹ			

(4) 단모음의 분류표

구분	전설 모음		후설 모음	
	평순 모음	원순 모음	평순 모음	원순 모음
고모음	ㅣ	ㅟ	ㅡ	ㅜ
중모음	ㅔ	ㅚ	ㅓ	ㅗ
저모음	ㅐ		ㅏ	

3. 음운의 변동

(1) 음운의 변동
  ① 음운과 음운이 만나 소리가 변하는 현상
  ② 변동의 이유 : 발음을 좀 더 쉽고 편하게 하기 위해

(2) 음절의 끝소리 규칙
  ① 음운이 발음될 때 'ㄱ, ㄴ, ㄷ, ㄹ, ㅁ, ㅂ, ㅇ'의 일곱 자음으로만 발음되는 현상
  ② 음절의 끝소리 규칙 – 홑받침의 발음

발음	받침(끝소리)	예
ㄱ	ㄱ, ㄲ, ㅋ	박[박], 밖[박], 부엌[부억]
ㄴ	ㄴ	난[난]
ㄷ	ㄷ, ㅌ, ㅅ, ㅆ, ㅈ, ㅊ, ㅎ	낟, 낱, 낫, 났, 낮, 낯, 낳[낟]
ㄹ	ㄹ	물[물]
ㅁ	ㅁ	몸[몸]
ㅂ	ㅂ, ㅍ	입, 잎[입]
ㅇ	ㅇ	상[상]

  ③ 음절의 끝소리 규칙 – 겹받침의 발음(뒤의 자음이 발음되는 경우)

받침	예
ㄺ	흙[흑], 맑지[막찌]
ㄻ	삶[삼], 앎[암]
ㄿ	읊다[읍따]

④ 음절의 끝소리 규칙 – 겹받침의 발음(앞의 자음이 발음되는 경우)

받침	예
ㄳ	넋[넉], 몫[목], 샀[삭]
ㄵ, ㄶ	앉고[안꼬], 않다[안따]
ㄼ, ㄾ, ㅀ	외곬[외골], 핥고[할꼬], 닳다[달타]
ㅄ	값[갑]
ㄼ	넓다[널따], 여덟[여덜]

⑤ 음절의 끝소리 규칙 – 겹받침의 발음(예외적인 발음)

받침	예
ㄼ	• 넓죽하다[넙쭈카다] • 넓둥글다[넙뚱글다] • 넓적하다[넙쩌카다] • 밟다[밥따]
ㄺ	읽고[일꼬], 맑고[말꼬]

(3) 자음 동화

자음과 자음이 만나 서로 같거나 비슷한 소리로 변하는 현상

동화 방향에 따른 분류	칼날[칼랄]	순행 동화
	신라[실라]	역행 동화
	급류[금뉴]	상호 동화
동화 정도에 따른 분류	밥물[밤물]	완전 동화
	십리[심니]	불완전 동화

(4) 구개음화

자음 'ㄷ, ㅌ'이 'ㅣ' 모음의 영향으로 각각 'ㅈ, ㅊ'으로 변하는 현상

ㄷ + ㅣ	굳이[구지], 미닫이[미다지]
ㅌ + ㅣ	같이[가치], 피붙이[피부치]

(5) 음운의 축약

① **자음 축약** : 자음 'ㄱ, ㄷ, ㅂ, ㅈ'이 'ㅎ'의 영향으로 각각 'ㅋ, ㅌ, ㅍ, ㅊ'으로 변하는 현상

ㅂ + ㅎ	잡히다[자피다]
ㄷ + ㅎ	좋다[조타]
ㄱ + ㅎ	축하[추카]
ㅈ + ㅎ	좋지[조치]

② 모음 축약

ㅡ + ㅣ → ㅢ	뜨이다 → 띄다
ㅗ + ㅣ, ㅏ → ㅚ, ㅘ	보이다 → 뵈다 / 보아 → 봐
ㅜ + ㅣ, ㅓ → ㅟ, ㅝ	누이다 → 뉘다 / 두었다 → 뒀다
ㅚ + ㅓ → ㅙ	되어 → 돼
ㅣ + ㅓ, ㅐ → ㅕ, ㅒ	가지어 → 가져 / 이애 → 얘

(6) 음운의 탈락

　　① 두 음운이 만나면서 하나의 음운이 사라져 소리 나지 않는 현상

　　② 자음 탈락

동음 탈락	가난(간+난) → 'ㄴ' 탈락 / 모과(목+과) → 'ㄱ' 탈락
ㄹ 탈락	아드님(아들+님) / 마소(말+소) → 'ㄹ' 탈락
ㅅ 탈락	그어(긋다+-어) → 'ㅅ' 탈락

　　③ 모음 탈락

동음 탈락	가(가다+-아) → 'ㅏ' 탈락
ㅡ 탈락	담가(담그다+-아)
ㅜ 탈락	퍼(푸다+-어)

4. 단어와 형태소

(1) 언어의 짜임

　　① 문장 : 생각이나 감정을 완결된 내용으로 표현하는 기본 단위

　　② 어절 : 문장을 끊어 읽거나 띄어 쓰는 단위

　　③ 단어 : 문장에서 홀로 쓰일 수 있는 가장 작은 말의 단위. 조사는 홀로 쓰일 수 없지
　　　만 쉽게 분리되는 성질이 있기 때문에 단어로 인정한다.

　　④ 형태소 : 일정한 뜻을 가진 가장 작은 말의 단위
　　　⑩ 풋사과가 매우 시다

문장	풋사과가 매우 시다. (1문장)
어절	풋사과가 / 매우 / 시다 (3어절)
단어	풋사과 / 가 / 매우 / 시다 (4단어)
형태소	풋– / 사과 / 가 / 매우 / 시– / –다 (6형태소)

(2) 형태소의 종류
　① 실질 의미 유무에 따른 분류

실질 형태소	실질적인 의미를 가진 형태소 예 나는 책을 읽는다. ➜ 나, 책, 읽–
형식 형태소	형식적인 의미를 가진 형태소 예 나는 책을 읽는다. ➜ 는, 을, –는–, –다

　② 자립성 유무에 따른 분류

자립 형태소	혼자서도 사용할 수 있는 형태소 예 나는 책을 읽는다. ➜ 나, 책
의존 형태소	혼자서 사용할 수 없는 형태소 예 나는 책을 읽는다. ➜ 는, 을, 읽–, –는–, –다

(3) 낱말 형성법
　① 어근과 접사

어근	단어를 형성할 때 실질적인 의미를 나타내는 부분 예 ‘덧신’의 ‘신’
접사	단어를 형성할 때 어근에 붙어 그 뜻을 제한하는 부분 예 ‘덧신’의 ‘덧–’, ‘톱질’의 ‘–질’

　② 다양한 접사

접두사	햇–	그 해에 새로 난	햇곡식
	군–	쓸데없는	군말, 군침
	덧–	거듭, 겹쳐	덧니, 덧버선
	치–	위로 향하게	치솟다, 치닫다
	풋–	덜 익은, 미숙한	풋사랑, 풋고추
	헛–	보람 없는, 이유 없는	헛걸음, 헛고생
	개–	야생 상태의, 헛된	개꿈, 개살구
	설–	충분하지 못하게	설익다, 설깨다
	날–	익히지 않은	날고기
	맨–	다른 것이 없는	맨몸, 맨주먹
접미사	–개	사람 또는 간단한 도구	오줌싸개, 덮개, 지우개
	–꾼	어떤 일을 전문적, 습관적으로 하는 사람	낚시꾼, 잔소리꾼

	−이	명사를 만드는 접미사	높이, 길이, 넓이
접미사	−쟁이	그것이 나타내는 속성을 가진 사람	부끄럼쟁이
	−장이	그것과 관련된 기술을 가진 사람	땜장이, 대장장이
	−꾸러기	그것이 심하거나 많은 사람	잠꾸러기, 욕심꾸러기
	−질	도구를 가지고 하는 일	망치질, 바느질, 가위질

③ 단어가 만들어지는 방식

단일어		하나의 실질 형태소로 이루어진 단어 예 수박, 아버지
복합어	합성어	어근끼리 결합하여 이루어진 단어 예 책가방, 오가다
	파생어	어근과 접사가 결합하여 이루어진 단어 예 덧신, 풋사과

(4) 품사
　① 문법적 성질이 비슷한 것끼리 분류해 놓은 단어의 무리
　② 단어의 분류 기준
　　㉠ 의미 : 어떤 의미를 가지는가
　　㉡ 기능 : 문장에서 어떤 역할을 하는가
　　㉢ 형태 : 문장에서 사용될 때, 그 형태가 변하는가 변하지 않는가
　③ 품사 분류

형태	기능	의미
불변어	체언	명사
		대명사
		수사
	수식언	관형사
		부사
	독립언	감탄사
	관계언	조사
가변어	용언	동사
		형용사

명사	어떤 대상이나 개념의 이름을 나타내는 단어 예 자동차, 사랑, 평화, 창문
대명사	사람, 사물, 장소의 이름을 대신하여 가리키는 단어 예 나, 우리, 이것, 여기, 언제
수사	사물의 수량을 나타내거나 순서를 가리키는 단어 예 하나, 둘, 첫째, 둘째
조사	문장에서 다른 말과의 문법적 관계를 나타내는 말 예 이/가, 께서, 을/를, 와/과, 부터 등
관형사	'어떤'의 의미를 가지고 뒤에 오는 체언을 꾸미는 말 예 이, 그, 저, 새, 헌

부사	'어떻게'의 의미를 가지고 뒤에 오는 용언이나, 부사, 문장 전체를 꾸미는 말 예 펑펑, 잘, 참, 매우
동사	사람이나 사물의 움직임을 나타내는 단어 예 가다, 달리다
형용사	사물의 상태나 성질을 나타내는 단어 예 예쁘다, 시원하다

5. 문장의 성분 – 주성분, 부속 성분, 독립 성분

(1) 주성분 : 문장을 이루는 데 꼭 필요한 성분(주어, 목적어, 서술어, 보어)

(2) 부속 성분 : 문장에서 주성분을 꾸며 주는 성분(관형어, 부사어)

(3) 독립 성분 : 다른 성분들과 직접적인 관계를 맺지 않고 독립적으로 쓰이는 성분(독립어)

6. 문장의 확장

(1) 홑문장과 겹문장
　　① 홑문장 : '주어＋서술어'의 관계가 한 번만 이루어진 문장
　　　예 장미꽃이 피었다.
　　　　어제 동생은 도서관에서 책을 읽었다.
　　② 겹문장 : 두 개 이상의 홑문장이 합쳐져서 이루어진 문장
　　　➔ 주어와 서술어의 관계가 두 번 이상 나타난다.
　　　예 나는 학교에 갔고, 동생은 도서관에 갔다.
　　　　나는 동생이 건강하기를 바란다.

(2) 문장의 종류
　　① 문장의 종류

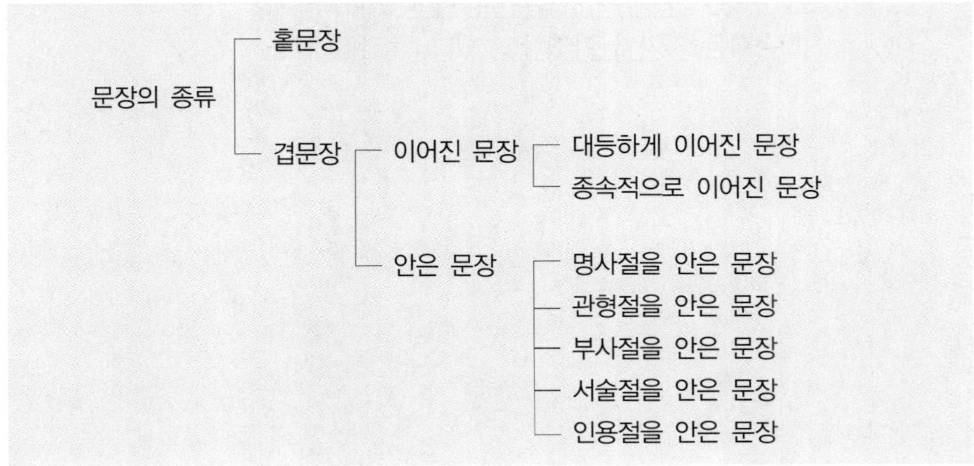

② 이어진 문장

  ㉠ 대등하게 이어진 문장 : 앞절과 뒷절이 '나열, 대조, 선택' 등의 의미 관계를 가진다.

    ⑩ 낮말은 새가 듣고, 밤말은 쥐가 듣는다.

      몸은 비록 늙었지만 마음은 젊다.

  ㉡ 종속적으로 이어진 문장 : 앞절과 뒷절의 의미가 독립적이지 못하고 종속적인 관계(이유, 조건, 의도, 결과 등)를 가진다.

    ⑩ 거북선이 있어서 우리가 이겼다.

      비가 많이 오면 풍년이 든다.

③ 안은 문장과 안긴 문장

  ㉠ 명사절 : 주어와 목적어, 보어 등 명사의 기능을 하는 절(명사형 어미 '(으)ㅁ, -기' 사용)

    ⑩ 나는 <u>비가 오기를</u> 기다리고 있어. - 목적어 역할

      <u>내가 그를 놀렸음이</u> 밝혀졌다. - 주어 역할

  ㉡ 관형절 : 관형어의 기능을 하는 절(관형사형 어미 '-(으)ㄴ, -는' 사용)

    ⑩ 나는 <u>영우가 간</u> 사실을 몰랐어.

      <u>예쁜</u> 장미 한 송이가 피었다.

  ㉢ 부사절 : 부사어의 기능을 하는 절(부사형 어미 '-이, -게' 사용)

    ⑩ 위험은 <u>경고도 없이</u> 일어난다.

      친구는 발에 <u>땀이 나게</u> 뛰었다.

  ㉣ 서술절 : 서술어의 기능을 하는 절

    ⑩ 토끼는 <u>앞발이 짧다</u>.

      철수는 <u>키가 크다</u>.

  ㉤ 인용절 : 다른 사람의 말을 인용한 것이 절의 형식으로 안긴 절

    ⑩ 순희는 <u>"제가 가겠습니다."</u>라고 했다. - 직접 인용

      순희는 <u>자기가 가겠다고</u> 했다. - 간접 인용

4 동음이의어와 다의어

1. 동음이의어

(1) 단의어
  하나의 소리에 하나의 의미만이 결합되어 있는 단어
  예 땅, 칠판, 사과, 책 등

(2) 동음이의어
  소리는 같으나 의미가 서로 다른 경우를 동음이의 관계라고 하고, 동음이의 관계에 있는 낱말을 동음이의어라고 한다.

(3) 동음이의어의 예
  〈 배 〉
  • 밥을 못 먹어 <u>배</u>가 홀쭉하다. (신체의 한 부분)
  • 섬에 갈 때는 <u>배</u>를 타고 가야 한다. (선박)
  • 과일 가게에서 산 <u>배</u>가 참 맛있다. (배나무의 과실)

2. 다의어

(1) 다의어
  하나의 낱말이 두 가지 이상의 관련된 의미로 쓰이는 낱말을 다의어라고 하며, 중심 의미와 주변 의미로 나뉜다.

중심 의미	단어가 가진 여러 의미 중에서 기본적이고 핵심적인 의미
주변 의미	중심 의미에서 문맥에 따라 확장되어 달라진 의미

(2) 다의어의 예
  〈 손 〉
  • 화장실에 들어가 <u>손</u>을 씻고 오너라. (사람의 팔목 아랫부분) – 중심 의미
  • 수확철엔 <u>손</u>이 모자란다. (노동력, 일꾼) – 주변 의미
  • 그 책이 내 <u>손</u>에 들어왔다. (소유) – 주변 의미

(3) 동음이의어와 다의어의 비교
  ① **공통점** : 하나의 소리에 여러 의미가 결합되어 있어서, 문맥이나 상황을 고려하여 의미를 파악해야 한다.
  ② **차이점** : 동음이의어는 의미상 서로 관계가 없기 때문에 사전에서 각기 다른 낱말로 처리하지만, 다의어는 의미상 관계가 있기 때문에 하나의 낱말로 처리한다.

5 다양한 표현들

1. 중의적 표현

(1) 중의적 표현
하나의 문장이 두 가지 이상의 의미로 해석되는 표현

(2) 종류
① 어휘에 의한 중의적 표현 예 손이 크다. / 배가 크다.
② 문장 구조에 의한 중의적 표현
예 선생님이 보고 싶은 학생이 많다. / 영희의 사진 / 손님이 다 오지 않았다. / 나는 수미와 너를 기다린다. / 눈이 큰 동생의 친구 / 선생님은 호랑이시다.

2. 모호한 표현

(1) 모호한 표현
의미하는 바가 명료하지 않아서 문장의 의미가 분명하지 않은 표현

(2) 모호한 표현의 원인

의미가 분명하지 않아서	적당량의 설탕을 넣고 버무린다.
생각을 정확하게 드러내고 싶지 않을 때	그 책 어때? 글쎄, 그럭저럭…….
단어의 생략	그녀는 이상하다.

(3) 모호한 표현을 피하는 방법
① 수나 양에 관계된 표현은 정확하게 표현한다.
예 소금은 적당히 넣고 ➡ 소금은 1큰술 넣고
② 방향이나 위치는 구체적으로 나타낸다.
예 왼쪽으로 잠깐 가시면 ➡ 왼쪽으로 10m 가시면
③ 감정이나 색깔 등은 자세하게 표현한다.
예 밝은 색이 좋아. ➡ 노란색이나 파란색이 좋아.

3. 반언어적 표현과 비언어적 표현

(1) 반언어적 표현
언어와 관련이 있는 표현으로 언어에 부수적으로 동반되는 발음, 어조, 목소리, 속도, 고저, 장단 등을 말한다.

(2) 비언어적 표현
언어는 아니지만 언어를 표현하는 데 중요한 영향을 끼치는 표현으로 얼굴 표정이나 몸 동작, 말하는 자세 등을 말한다.

4. 유행어, 은어, 전문어

(1) 유행어

   ① 비교적 짧은 어느 한 시기에 여러 사람의 입에 오르내리며 널리 쓰이는 말

   ② 특징

      ㉠ 일정 기간 동안 쓰이다가 사라진다.

      ㉡ 당시의 사회상을 반영하는 경우가 많아 '시대의 거울'이라고도 한다.

      ㉢ 대부분 일정 기간 동안 쓰이다 사라지지만, 오랫동안 쓰이다가 일상적인 단어로 자리 잡기도 한다.

   ③ 효과

      ㉠ 대화의 분위기를 부드럽고 재미있게 만들어 사람들과 친근한 관계를 유지할 수 있다.

      ㉡ 독특하고 신선한 느낌을 준다.

      ㉢ 현실을 반영하며, 해학성과 풍자성을 띤다.

   ④ 예 : 레알, 명퇴, 엄친아, 짐승남, 얼짱, 몸짱

(2) 은어

   ① 특정 계층이나 부류의 사람들이 다른 사람들은 잘 알아듣지 못하도록 자기네 구성원들끼리만 빈번하게 사용하는 말

   ② 특징

      ㉠ 암호의 성격을 지니고 있다.

      ㉡ 외부에 알려지면 은어의 성격을 잃게 된다.

      ㉢ 은어가 외부에 알려져 유행어가 되기도 한다.

   ③ 예 : 꼰대, 고미, 장끼, 현질, 지지, 득템

(3) 전문어

   ① 특정 분야에서 전문적인 개념을 표현하기 위해 쓰이는 말

   ② 특징

      ㉠ 의미가 정밀하다.

      ㉡ 다의성이 적다.

      ㉢ 외래어나, 한자어, 외국어로 이루어진 말이 많다.

      ㉣ 특정 의미로 해당 분야에서 오랫동안 공식적으로 쓰인다.

      ㉤ 어떤 사실을 숨길 목적으로 전문어를 사용할 때는 은어의 성격을 지닌다.

   ③ 예 : 어레스트, 관상동맥, 심전도, 엘이디(LED), 제곱근, 장치 드라이버

6 한글 맞춤법과 표준어 규정

1. 한글 맞춤법

(1) 맞춤법

말을 글자로 적을 때 지켜야 할 약속이다.

(2) 한글 맞춤법의 원칙

[제1항] 한글 맞춤법은 표준어를 소리대로 적되, 어법에 맞도록 함을 원칙으로 한다.

① 소리대로 적는다 : 표준어의 발음 형태대로 적는다.

　　예 짐군(×) ➡ 짐꾼(○)

② 어법에 맞게 적는다 : 뜻을 파악하기 쉽게 형태소의 본래의 모양을 밝혀 적는다.

　　예 뜨거우니 시켜라.(×) ➡ 뜨거우니 식혀라.(○)

2. 표준어 규정

(1) 표준어 사정 원칙

[제1항] 표준어는 '교양 있는 사람들이 두루 쓰는 현대 서울말로 정함'을 원칙으로 한다.

(2) 표준어 규정의 예

① '수컷'을 이르는 접두사에 대한 표기

수-	수컷을 이르는 접두사는 '수-'로 통일	수놈, 수개미, 수소 등
	'수-' 다음에 거센소리가 나타나면 거센소리를 밝혀 씀.	수캉아지, 수캐, 수컷, 수탉, 수탕나귀, 수퇘지, 수평아리 등
숫-	발음상 사이시옷과 비슷한 소리가 있다고 판단되는 경우	숫양, 숫염소, 숫쥐 등

② '위'를 나타내는 말

윗-	위를 나타낼 때	윗사람, 윗니, 윗마을, 윗집
위-	거센소리나 된소리와 결합할 때	위쪽, 위층
웃-	아래 위의 대립이 없는 몇몇 명사 앞에서	웃어른, 웃돈, 웃옷[겉옷]

7 한글의 창제 원리

1. 한글 창제의 정신

창제 정신	창제 동기
자주 정신	우리나라 말이 중국과 달라서 한자와 통하지 않아 새로 글자를 만듦.
애민 정신	백성들이 자신의 뜻을 자유롭게 표현하지 못함을 불쌍하게 여겨 글자를 만듦.
실용 정신	모든 사람들이 쉽게 익혀서 날마다 편하게 쓰기를 바라는 마음에서 글자를 만듦.

2. 한글의 창제자와 창제 시기

(1) 창제자 : 세종대왕

(2) 창제 시기 : 1443년

(3) 반포 시기 : 1446년

3. 한글 제자 원리

(1) 자음자 제자 원리

만들어진 원리	기본자	가획자	이체자
혀뿌리가 목구멍을 막는 모양 (어금닛소리)	ㄱ	ㅋ	ㆁ
혀끝이 윗잇몸에 닿는 모양 (혓소리)	ㄴ	ㄷ, ㅌ	ㄹ
입의 모양 (입술소리)	ㅁ	ㅂ, ㅍ	
이의 모양 (잇소리)	ㅅ	ㅈ, ㅊ	ㅿ
목구멍의 둥글게 생긴 모양 (목구멍소리)	ㅇ	ㆆ, ㅎ	

(2) 모음자 제자 원리

만들어진 원리	기본자	초출자	재출자
하늘의 둥근 모습(天)	·	ㅗ	ㅛ
땅의 평평한 모습(地)	—	ㅏ	ㅑ
사람이 바로 선 모습(人)	ㅣ	ㅜ	ㅠ
		ㅓ	ㅕ

(3) 한글의 우수성

① **독창성** : 한글은 발음 기관과 하늘·땅·사람의 모양을 본떠 만든 독창적인 글자이다.

② **과학성**

　㉠ 말소리를 각각 자음과 모음으로 분석하여 과학적으로 만들었다.

　㉡ 적은 수의 글자로 수많은 말소리를 나타낼 수 있다.

③ **체계성** : 같은 부류의 소리를 나타내는 글자들이 모양상으로 닮았다.

기출문제로 유형 잡기

01 다음 설명에 해당하는 단어는?

> 실질적인 뜻을 지닌 하나의 형태소로 이루어진 단어를 단일어라고 한다.

① 구름

② 논밭

③ 구경꾼

④ 풋사과

02 밑줄 친 단어와 품사가 같은 것은?

> 친구가 책을 <u>읽었다</u>.

① 바닷물이 <u>파랗다</u>.

② 아기의 손이 <u>작다</u>.

③ 조카가 매우 <u>예쁘다</u>.

④ 동생이 밥을 <u>먹는다</u>.

03 밑줄 친 부분의 예로 적절하지 <u>않은</u> 것은?

> 관용어란 둘 이상의 낱말이 결합하여 특별한 의미로 사용되는 관습적인 말로, 우리말 중에는 <u>신체와 관련된 관용어</u>가 많다.

① 네가 오기를 <u>목이 빠지게</u> 기다렸다.
② 동생은 올해부터 오락실에 <u>발을 끊었다.</u>
③ 나는 흙장난으로 더러워진 <u>손을 씻었다.</u>
④ 영어를 공부한 지 1년 만에 <u>귀가 뚫렸다.</u>

04 밑줄 친 부분과 문장 성분이 같은 것은?

> <u>누나가</u> 노래를 부른다.

① 영희의 <u>눈이</u> 정말 예쁘다.
② 나는 <u>친구에게</u> 꽃을 보냈다.
③ 거북이는 토끼보다 <u>훨씬</u> 느리다.
④ 철수가 드디어 <u>고등학생이</u> 되었다.

05 다음 ㉠~㉣ 중 높임 표현이 바르지 <u>않은</u> 것은?

> 영호 : ㉠ 선생님께서 너 지금 상담실로 오시래.
> 민지 : 응? ㉡ 선생님께서 이리로 오신다고?
> 영호 : 그게 아니고, ㉢ 상담실에서 널 기다리고 계셔.
> 민지 : 아, ㉣ 지금 바로 가겠다고 말씀드려.

① ㉠   ② ㉡
③ ㉢   ④ ㉣

06 다음 설명에 해당하는 단어는?

> '밤나무'는 '밤＋나무', '밤송이'는 '밤＋송이'로 구성되었다. 이처럼 '어근＋어근'으로 구성된 단어를 '합성어'라고 한다.

① 개살구 ② 봄바람
③ 풋사랑 ④ 헛소문

정답잡기 '봄바람'은 '봄(어근)＋바람(어근)'으로 구성된 합성어이다.
① 개-(접사)＋살구(어근) : 파생어
③ 풋-(접사)＋사랑(어근) : 파생어
④ 헛-(접사)＋소문(어근) : 파생어

07 자음 동화가 나타나는 단어가 <u>아닌</u> 것은?

① 국물 ② 국화
③ 먹는 ④ 닫는

정답잡기 자음과 자음이 만나 비슷하거나 같은 자음으로 발음되는 현상을 자음 동화라 한다.
② 국화[구콰] : 음운 축약
오답잡기
① 국물[궁물] : 자음 동화
③ 먹는[멍는] : 자음 동화
④ 닫는[단는] : 자음 동화

08 〈보기〉에서 밑줄 친 단어들의 공통된 특징으로 적절한 것은?

> ┤ 보기 ├
> * <u>그</u> 둘은 비슷하다.
> * <u>헌</u> 운동화를 깨끗이 빨았다.
> * 꽃밭에 <u>온갖</u> 꽃들이 피어 있다.

① 체언을 꾸며주는 역할을 한다.
② 용언을 꾸며주는 역할을 한다.
③ 사람이나 사물의 움직임을 나타낸다.
④ 사람이나 사물의 이름을 대신하여 나타낸다.

정답잡기 '그', '헌', '온갖'은 모두 체언을 꾸며주는 의미의 관형사로서, 수식언에 속하며 형태가 변하지 않는 불변어이다.
오답잡기
② 용언을 꾸며주는 역할을 하는 것 : 부사
⟨예⟩ 꽃밭에 꽃들이 활짝 피었다.
③ 사람이나 사물의 움직임을 나타내는 것 : 동사
⟨예⟩ 헌 운동화를 깨끗이 빨았다.
④ 사람이나 사물의 이름을 대신하여 나타내는 것 : 대명사
⟨예⟩ 그는 나와 3년 전 만난 적이 있다.

정답 06 ② 07 ② 08 ①

예상 문제로 실력 잡기

01 다음 중 구개음화가 일어나지 <u>않는</u> 것은?

① 굳이   ② 밭이

③ 해돋이   ④ 꽃이

02 다음 단어에서 공통적으로 나타난 음운의 변동은?

> 잡히다, 좋다, 축하

① 구개음화   ② 자음 동화

③ 음운 축약   ④ 음운 탈락

03 다음 중 자음의 분류가 바르게 연결되지 <u>않은</u> 것은?

① 비음 – ㄴ, ㄹ, ㅁ, ㅇ

② 입술소리 – ㅁ, ㅂ, ㅍ, ㅃ

③ 여린입천장소리 – ㄱ, ㄲ, ㅇ

④ 센입천장소리 – ㅈ, ㅉ, ㅊ

04 다음 문장에서 보어가 사용되지 <u>않은</u> 것은?

① 그가 바라던 대로 선생님이 되었다.

② 하루 종일 비가 내린다.

③ 형은 끊임없이 노력하여 성악가가 되었다.

④ 그것을 만든 것은 내가 아니다.

05 다음 낱말의 발음이 <u>잘못</u> 표기된 것은?

① 흙[흑]   ② 앉고[안꼬]

③ 넋[넉]   ④ 읽고[익꼬]

06 다음 문장 중 '누가(무엇이)＋어떠하다'의 형태인 것은?

① 동생이 걸어간다.

② 옷이 예쁘다.

③ 그는 학생이다.

④ 내가 먹었다.

07 다음 중 형태가 변하지 <u>않는</u> 단어는?

① 잡다 　　　　② 예쁘다
③ 드디어 　　　④ 먹다

08 밑줄 친 부분의 문장 성분은?

> • 그가 <u>선생님이</u> 되었다.
> • 그녀가 <u>경찰이</u> 되었다니, 정말 기쁘구나.

① 주어 　　　　② 목적어
③ 부사어 　　　④ 보어

09 다음 중 밑줄 친 단어가 대명사가 <u>아닌</u> 것은?

① <u>그</u>는 봄을 좋아한다.
② <u>그</u> 사람이 주인이다.
③ <u>여기</u>에서 기다리세요.
④ <u>나</u>와 함께 기다리자.

10 낱말 형성법이 다음과 같은 것은?

> 책가방, 사과나무, 손수건

① 개살구 　　　② 풋사과
③ 덧니 　　　　④ 손수레

11 다음 단어들의 분류 기준은?

> 사과, 펑펑, 너, 어머나 / 먹다, 예쁘다

① 움직임을 나타내는 말과 상태를 나타내는 말
② 형태가 변하지 않는 말과 형태가 변하는 말
③ 단어가 아닌 말과 단어인 말
④ 자립 형태소와 의존 형태소

12 다음 중 파생어가 <u>아닌</u> 것은?

① 넓이 　　　　② 개기름
③ 욕심쟁이 　　④ 춘추

13 다음 중 '은어'에 대한 설명은?

① 전문 분야에서 작업을 효율적으로 하기 위해 사용하는 말

② 특정 집단의 이익을 위해 자기들끼리만 쓰는 말

③ 어느 한 시기에 많은 사람들이 널리 사용하는 말

④ 상대방의 기분을 불쾌하게 만드는 저속한 말

14 다음 중 '언어의 역사성'에 대한 설명으로 옳은 것은?

① 언어에는 일정한 법칙이 있다.

② 언어는 시간의 흐름에 따라 생성·성장·소멸한다.

③ 언어는 사람들 사이의 약속이다.

④ 언어는 새로운 의미를 만들어 낸다.

15 다음 〈보기〉에서 설명하는 것과 관련이 있는 언어의 특성은?

┤ 보기 ├

'어리다'가 과거에는 '어리석다'의 의미였으나, 지금은 '나이가 어리다'라는 뜻이다.

① 언어의 역사성 ② 언어의 사회성

③ 언어의 창조성 ④ 언어의 자의성

16 남북한의 언어의 차이가 생기는 원인으로 알맞지 <u>않은</u> 것은?

① 남북한의 언어 정책의 차이

② 남북한 사이의 교류 중단

③ 남북한의 방언의 차이

④ 남북한의 민족성의 차이

17 남북한 언어 차이를 극복하는 방안으로 적절하지 <u>않은</u> 것은?

① 남북한의 문화 교류를 활발하게 한다.

② 남한의 외래어를 고유어로 모두 바꾼다.

③ 남북한의 공동 사전을 편찬한다.

④ 서로 언어의 차이가 있음을 이해한다.

18 다음 중 피동 표현이 쓰인 것은?

① 쥐가 고양이에게 잡히다.

② 누나가 동생을 울리다.

③ 내가 엄마를 웃기다.

④ 형이 동생을 앉히다.

19 다음 중 높임 종류가 <u>다른</u> 것은?

① 선생님께서 책을 읽으신다.
② 아버지께서 주무신다.
③ 동생이 선생님께 책을 드렸다.
④ 할아버지께서 내게 용돈을 주셨다.

20 다음 중 주체 높임이 <u>아닌</u> 것은?

① 아버지께서 주무신다.
② 나는 선생님께 책을 드렸다.
③ 선생님께서 책을 주셨다.
④ 할아버지께서 진지를 드신다.

21 다음 중 혀가 앞쪽에 위치하여 소리 나는 모음이 <u>아닌</u> 것은?

① ㅣ   ② ㅔ
③ ㅗ   ④ ㅟ

22 다음 중 음운의 탈락이 일어나지 <u>않은</u> 낱말은?

① 아드님   ② 모과
③ 풋사과   ④ 담가

23 다음 중 표준어가 <u>아닌</u> 것은?

① 윗사람   ② 웃어른
③ 수개미   ④ 수강아지

24 다음 한글의 자음자 중 제자 원리가 <u>다른</u> 것은?

① ㄱ   ② ㅁ
③ ㅇ   ④ ㅊ

25 다음의 음운 변동 현상이 나타나는 낱말이 <u>아닌</u> 것은?

> 두 음운이 만나 비슷하거나 같은 음운으로 변하는 현상

① 칼날   ② 급류
③ 십리   ④ 마소

26 다음 단어들의 공통점으로 적절한 것은?

> 착하다　　예쁘다　　부드럽다

① 수량이나 순서를 나타낸다.
② 대상의 상태나 성질을 나타낸다.
③ 주로 체언을 수식한다.
④ 사람이나 사물의 이름을 대신 나타낸다.

27 밑줄 친 부분의 시제가 <u>다른</u> 것은?

① 작년에 여름은 무척 <u>더웠다</u>.
② 지난달에 할머니 댁에 <u>다녀왔다</u>.
③ 그 가게 커피는 향이 <u>좋았었다</u>.
④ 그가 나를 보며 <u>웃는다</u>.

28 밑줄 친 부분이 관용어로 쓰이지 <u>않은</u> 것은?

① 난 불법적인 일에서 <u>손을 씻었다</u>.
② 잠깐 봤던 그 아이들이 <u>눈에 밟히네</u>.
③ 동생 발보다 내 <u>발이 크다</u>.
④ 섬에 배가 끊겨서 <u>발이 묶였다</u>.

29 다음 설명에 해당하는 문장은?

> 주어와 서술어의 관계가 두 번 이상 나타나는 문장

① 나는 고기를 매우 좋아한다.
② 눈이 많이 내렸다.
③ 우리는 그가 오기를 기다렸다.
④ 나는 방바닥을 솔로 박박 문질렀다.

30 다음 설명에 해당하는 단어는?

> 실질적인 뜻을 지닌 하나의 형태소로 이루어진 단어를 단일어라 한다.

① 손발　　　　　　② 사냥꾼
③ 오가다　　　　　④ 아버지

memo

01 문학

예상 문제로 실력 잡기

01 ③	02 ③	03 ①	04 ②	05 ③
06 ④	07 ①	08 ②	09 ②	10 ②
11 ④	12 ④	13 ④	14 ④	15 ①
16 ②	17 ③	18 ③	19 ④	20 ②
21 ④	22 ④	23 ④	24 ①	25 ①
26 ②	27 ④	28 ④	29 ①	30 ①
31 ④	32 ③	33 ①	34 ①	35 ②
36 ③	37 ④	38 ④	39 ③	40 ④
41 ①	42 ③	43 ③	44 ④	45 ③
46 ②	47 ③	48 ④	49 ①	50 ②
51 ②				

01 정답 ③

이 시의 화자는 '까마귀'와 '강물'이라는 객관적 상관물을 이용하여 임에 대한 그리움과 가는 길에서 망설이고 있는 자신의 정서를 드러내고 있다. 이별에 대한 부정이나 임을 원망하는 목소리는 드러나지 않는다.

02 정답 ③

㉠·㉡·㉣ '절망적인 상황에서도 희망을 잃지 않는 사람'을 의미한다.

03 정답 ①

겉으로는 뜻이 모순되고 이치에 맞지 않는 것 같지만, 그 속에 진리를 담은 표현인 역설법을 사용하였다.

04 정답 ②

㉠에는 촉각적 심상이 사용되었다.

05 정답 ③

이 시의 화자는 성인으로 어릴 적 외롭고 쓸쓸하게 엄마를 기다리고 있던 자신의 유년 시절을 떠올리고 있다.

06 정답 ④

이 시에는 이별을 받아들이고 체념하면서도 임이 돌아오기를 기다리는 순종적인 여성의 목소리가 드러난다.

07 정답 ①

고려 가요의 특징은 3음보의 율격, 후렴구와 조흥구의 반복, 분연체(분절체), 악기 소리를 나타낸 말의 사용 등이 있다.

08 정답 ②

'고요히 다물은 고양이의 입술'은 시각적 심상이다.

09 정답 ②

이 시는 주로 시각적 심상이 사용되었다.

10 정답 ②

'~보니 ~ 좋아'라는 문장 구조를 반복하여 운율을 형성하고 있다.

11 정답 ④

마지막 행이 자연 친화적인 내용의 주제가 담긴 행이다.

12 정답 ④

이 글은 시이다. ④는 설명문, 기사문의 특징이다.

13 정답 ④

④ 의인법이 사용된 표현이다.

14 정답 ④

ⓐ는 통일의 주체가 우리 민족이라는 것을 확신하는 표현이다.

15 정답 ①

'봄의 눈짓'은 통일의 기운을 상징하는 시어이다.

16 정답 ②
이 시의 화자는 우리 스스로 평화적 통일을 이루기를 바라고 있다.

17 정답 ③
③ 이 시는 행의 구분이 없는 산문시이다.

오답 피하기
① 외형률은 정형시의 운율이다.
② 개화기 이전에 창작된 시는 고전 시가이다.
④ 이 시는 화합과 평화로운 세상에 대한 소망을 노래하고 있다.

18 정답 ③
이 글은 시로, 운율이 있는 압축된 형식의 운문 문학이다.

오답 피하기
①·② 소설
④ 논설문

19 정답 ④
④ 화자가 스님일 때 '당신'은 종교적 절대자 혹은 부처이다.

20 정답 ②
② 나에 대한 당신의 태도이다.

21 정답 ④
일제 강점기 상황에서 조국을 위한 희생적인 모습을 보이고 있다.

22 정답 ④
'쥐바라숭꽃'은 이 글의 주인공인 명선이를 뜻하는 소재이다. 명선이와 쥐바라숭꽃은 어려운 환경 속에서 살아남았다는 공통점을 지니고 있으며, 명선이가 머리에 꽂은 쥐바라숭꽃이 강심으로 떨어져가는 부분은 명선이의 죽음을 암시한다. 이 글의 서술자는 명선이가 아닌 '나'이다.

23 정답 ④
이 글은 6·25 전쟁을 배경으로 허구적인 사건을 만들어 낸 소설이다.

24 정답 ①
이 작품은 향토적인 농촌을 배경으로 한 소설로 소년과 소녀의 순수한 사랑 이야기를 보여주고 있다. '개울물, 갈꽃' 등 향토적 정감을 느끼게 하는 단어가 사용되었다.

오답 피하기
② 소년의 내적 갈등이 나타나있다.
③ 3인칭 관찰자 시점으로 작가가 서술하고 있다.
④ 이 글은 작가가 상상하여 쓴 소설이다.

25 정답 ①
① 어렵거나 나쁜 일이 겹쳐 일어나다.

오답 피하기
② 일이 잘못된 뒤에는 손을 써도 소용이 없거나 너무 늦는다.
③ 아무도 안 듣는 데서라도 말을 조심해야 한다.
④ 말은 비록 발이 없지만 천 리 밖까지도 순식간에 퍼진다.

26 정답 ②
소녀는 소년과의 추억을 간직하고 싶어 한다.

27 정답 ④
'소나기'는 소년과 소녀의 짧은 사랑, 소녀의 죽음의 원인, 소년과 소녀가 가까워지게 된 계기를 나타내는 소재이다.

28 정답 ④
열린 결말로 인해 소년의 감정이 절제되어 나타나고 독자에게 여운과 감동을 남긴다.

29 정답 ①
글쓴이는 몸이 불편하여 목발을 사용하고 있다.

30 정답 ①

'괜찮아'는 위로, 격려, 너그러움, 사랑 등의 의미가 담긴 말이다.

31 정답 ④

'나'는 소작농의 아들, 점순이는 마름집의 딸로 신분의 차이가 있어 '나'는 점순이를 함부로 대하지 못한다.

32 정답 ③

원미동 사람들 사이에서 일어나는 갈등을 통해 이웃 간의 공존의 원리에 대해 말하고 있다.

33 정답 ①

'200원짜리 초콜릿' 외에도, '유선 방송, 안테나, 연탄, 복덕방, 180원 하는 과자' 등의 소재들을 통해 이 작품이 1980년대를 배경으로 하고 있음을 알 수 있다.

34 정답 ①

(가) 작품은 1인칭 주인공 시점이다.

오답 피하기

② 1인칭 관찰자 시점

③ 3인칭 전지적 작가 시점

④ 3인칭 작가 관찰자 시점

35 정답 ②

'흰 종이 수염'은 아버지를 우스꽝스럽게 만들어 전쟁으로 비참해진 사람들의 모습을 더 극대화시키는 소재이다.

36 정답 ③

'홍길동전'의 작가 허균은 '모든 인간은 평등하다'라는 생각을 가지고 있었으며, 그것을 작품 속에 드러냈다.

37 정답 ④

'홍길동전'은 갑오개혁 이전에 창작된 고전 소설로, 내용상 영웅이 등장하는 영웅 소설이다. 또한, 신분의 차별로 인해 능력을 펼치지 못하는 서자에 대한 안타까움과 부조리한 사회 현실에 대한 비판적인 시선이 담긴 사회 소설이며, 한글 소설이다.

38 정답 ④

사건이 일어나는 시간과 장소가 구체적이고 현실적인 것은 현대 소설의 특징이다. 고전 소설은 시간과 공간적 배경이 막연하고 비현실적이다.

39 정답 ③

'간언'은 웃어른이나 임금에게 옳지 못하거나 잘못한 일을 고치도록 하는 말이다.

40 정답 ④

④ 아무리 위급한 상황이라도 정신만 똑바로 차리면 위기를 벗어날 수 있다는 것을 이르는 말

오답 피하기

① 일이 이미 잘못된 뒤에는 손을 써도 소용이 없음을 비꼬는 말

② 교양이 있고 수양을 쌓은 사람일수록 겸손하고 남 앞에서 자기를 내세우려 하지 않는다는 것을 비유적으로 이르는 말

③ 원인이 없으면 결과가 없다는 말을 비유적으로 이르는 말

41 정답 ①

S#을 통해 시나리오임을 알 수 있다.

42 정답 ③

'벽'은 형제의 단절, 갈등의 심화를 보여주는 소재이며 남북의 분단을 상징하기도 한다.

43 정답 ③

(나)는 시나리오이다. 영화나 드라마 상영을 위한 대본으로, 촬영을 위한 특수 용어가 사용되고, 배경이나 등장인물 수에 제약이 없는 편이다.

44 정답 ④

이 글은 고전 수필로, '예화+의견'의 2단 구성으로 이루어져 있으며, 풍자적이고 교훈적인 내용을 우의적으로 표현한 글이다.

④ 소설에 관한 설명이다.

45 정답 ③
엄지손가락은 큰 것을 의미하고, 메추리는 작은 것을 의미한다.

46 정답 ②
자신들의 행동을 부끄러워하는 태도가 드러난다.

47 정답 ③
"괜찮아"라는 말에는 '체념'이 담겨 있지 않다.

48 정답 ④
이 작품은 3인칭 전지적 작가 시점이다.
오답 피하기
① 1인칭 주인공 시점
② 1인칭 관찰자 시점
③ 3인칭 작가 관찰자 시점

49 정답 ①
이 소설의 시대적 배경은 6·25 전쟁 직후이다.

50 정답 ②
이 글은 시나리오이다.
② 희곡과 시나리오의 공통점이다.
오답 피하기
①·④ 희곡의 특징이다.
③ 시나리오의 특징이다.

51 정답 ②
S#은 '장면 표시'로 장소와 시간을 알려 주는 역할을 한다.
오답 피하기
① C.U
③ E.
④ Mon.

02 　비문학

예상 문제로 실력 잡기

01 ④	02 ③	03 ②	04 ②	05 ④
06 ④	07 ④	08 ②	09 ②	10 ④
11 ③	12 ②	13 ①	14 ④	15 ③
16 ④	17 ④	18 ③	19 ②	20 ④
21 ③	22 ①	23 ②	24 ②	

01 정답 ④
ㄹ 텔레비전에 중독된 시청자를 비유한 표현이다.
오답 피하기
ㄱ·ㄴ·ㄷ 텔레비전을 의미한다.

02 정답 ③
텔레비전을 '눈으로 씹는 껌'이라고 표현하는 것으로 보아 글쓴이는 텔레비전을 부정적으로 보고 있다는 것을 알 수 있다.

03 정답 ②
이 글은 주장에 대한 근거가 제시되는 논설문이다.
오답 피하기
① 소설에 관한 내용이다.
③ 시에 관한 내용이다.
④ 시나리오에 관한 내용이다.

04 정답 ②
글의 마지막 부분에 '보는 사람 스스로의 자율 규제가 필요하다'라고 제시되어 있다.

05 정답 ④
(나)의 글쓴이는 텔레비전의 긍정적인 기능에 대해 주장하고 있다.
오답 피하기
①·②·③ 텔레비전에 대한 부정적인 관점이다.

06 정답 ④

언어의 중요성에 대한 내용은 제시되지 않았다.

오답 피하기

① 음성 언어와 문자 언어의 공통점 – 언어로서 일정한 기능을 담당한다.

② 음성 언어와 문자 언어의 차이점 – 음성 언어는 소리라는 특성을 가지고, 문자 언어는 문자라는 특성을 가진다.

③ 언어 활동의 종류 – 말하기, 듣기, 읽기, 쓰기

07 정답 ④

(가), (나)는 어떠한 정보를 이해하기 쉽게 풀어 쓴 설명문이다. 설명문은 문단의 중심 내용과 사용된 설명 방식, 글의 짜임, 중요한 정보들을 메모하며 읽어야 한다.

④ 문학 작품을 읽을 때의 방법이다.

08 정답 ②

㉠은 글의 첫 부분으로 앞으로 설명할 대상에 대해 제시한다.

09 정답 ②

'현대'는 시대적 조건에 해당하는 말이다.

10 정답 ④

표준어는 '교양 있는 사람들이 두루 쓰는 현대 서울말로 정함을 원칙으로 한다.'라고 규정하고 있다.

11 정답 ③

언어의 역사성에 대한 설명이다.

오답 피하기

① 사회성 – 언어는 그 언어를 사용하는 사람들 사이의 약속이므로 함부로 바꾸어 사용할 수 없다.

② 자의성 – 언어를 구성하는 기호와 의미 사이에는 필연적인 관계가 없다.

④ 규칙성 – 언어에는 일정한 규칙이 있다.

12 정답 ②

'이미 쓰이지 않게 된 말은 표준어가 될 수 없으며, 우리가 살고 있는 시대에 쓰이고 있는 말이 표준어가 되는 것'에 대한 예를 들고 있다.

13 정답 ①

세탁기라는 배경 지식을 활용할 때 글의 내용을 이해하기 쉬워진다.

14 정답 ④

이 글은 설명문이다. ④는 논설문을 읽는 방법이다.

15 정답 ③

정확한 보도를 위해 준칙이 필요한 것은 기자들의 기사 작성 기술이 미숙하기 때문이 아니라 이해관계에 따라 특정 보도의 내용이 달라지기 때문이다.

16 정답 ④

진실 보도의 조건으로 '정확한 보도를 하기 위해서는 문제를 전체적으로 보아야 하고, 역사적으로 새로운 가치의 편에서 봐야 하며, 무엇이 근거이고, 무엇이 조건인지를 명확히 해야 한다.'라고 본문에 제시되어 있다.

17 정답 ④

이 글은 건의문으로 집단이나 개인에게 어떤 문제에 대해 개선하거나 해결할 것을 요구하는 글이다. 독자가 정해져 있으며 문제 상황과 요구 사항이 분명한 글로, 문제 해결이라는 목적이 있는 글이다.

④ 설명문에 대한 내용이다.

18 정답 ③

건의문이나 설명문은 글을 읽는 사람이 내용을 쉽게 파악할 수 있도록 쉬운 표현을 사용하는 것이 효과적이다.

19 정답 ②

㉠은 설명문의 처음에 제시되는 부분으로 설명할 대상에 대해 소개한다.

오답 피하기

① 글의 주요 내용을 요약·정리하는 역할은 글의 끝부분에 제시된다.

③ 주장이 제시되는 글은 논설문이며, 이 글은 정보를 제공하는 설명문이다.

④ 설명 방법을 활용하여 설명하는 부분은 글의 본문에 제시되는 내용이다.

20 정답 ④

글에 제시된 소금의 역할은 크게 '생명 유지, 맛 향상, 불순물의 활용'의 세 가지이다.

21 정답 ③

이 글은 핸드폰에 들어가는 탄탈룸의 수요가 늘어나자 가격이 올라가고 이를 채취하는 과정에서 여러 가지 부작용이 생겨나고 있기에, 그것을 막기 위해서는 핸드폰을 오랫동안 사용하여 환경을 보호해야 한다는 주장을 펼치고 있다.

22 정답 ①

콜탄 생산국의 문제점으로는 인부들의 인권 문제, 공원의 숲 파괴, 고릴라의 멸종 등이 있다.

23 정답 ②

㉠은 피부의 무늬를 위치에 따라 종류별로 나눈 '분류'의 설명 방법을 사용하고 있다.

24 정답 ②

㉡은 영장류와 코알라의 공통점을 설명하는 '비교'의 설명 방법을 활용하고 있다.

오답 피하기

① 예시, ③ 분석, ④ 분류

03 듣기, 말하기, 쓰기

예상 문제로 실력 잡기

| 01 ③ | 02 ② | 03 ① | 04 ② | 05 ① |
| 06 ③ | 07 ③ | 08 ④ | 09 ③ | 10 ② |

01 정답 ③

어떤 문제에 대해 찬반의 의견으로 나뉘어 주장과 근거를 펼치는 말하기는 토론하기이다.

02 정답 ②

이 글의 주제는 '물의 용도, 쓰임'이다. ㉡은 생활 하수가 수질 오염의 원인이라는 부정적인 측면에 대해 이야기하고 있으므로 주제에 벗어나 통일성을 깨뜨린다.

03 정답 ①

건의를 할 때는 듣는 이의 성별, 관심사, 직업 등을 고려해야 한다.

04 정답 ②

옷차림은 비언어적 표현이다.

05 정답 ①

지원이의 발화는 의문문이지만, 교실문을 닫아달라는 요청의 의미를 지니고 있다.

06 정답 ③

주제 문장은 "텔레비전은 활용만 잘하면 인간 생활에 매우 유용한 매체이다."이다. ㉠, ㉡, ㉣은 텔레비전의 긍정적인 기능을 제시했고, ㉢은 텔레비전의 부정적인 기능을 제시하고 있다. 따라서 ㉢은 글의 통일성을 깨뜨리는 문장이다.

07 정답 ③

㉢은 "팬클럽 문화의 긍정적인 모습"이라는 소제목의 내용과 무관한 부정적인 내용이므로 삭제하는 것이 좋다.

08 정답 ④

보조 자료는 무조건 많은 양을 수집하는 것보다, 말하고자 하는 주제와 관련된 내용을 수집해야 한다. 주제와 무관한 내용은 보조 자료로 활용될 수 없다.

09 정답 ③

공감하며 대화하기란 상대의 감정을 깊이 있게 이해하고 상대의 관점에서 문제를 해결하기 위한 대화의 방법이다. 상대의 생각을 지적하고 조언하는 것은 공감하며 대화하기라 볼 수 없다.

10 정답 ②

글의 소재가 될 내용은 주제와 관련된 내용이어야 한다. 아무리 좋은 자료라고 해도 글의 주제에서 벗어나면 글에 사용될 수 없다.

04 문법

예상 문제로 실력 잡기

01 ④	02 ③	03 ①	04 ②	05 ④
06 ②	07 ③	08 ④	09 ②	10 ④
11 ②	12 ④	13 ②	14 ②	15 ①
16 ④	17 ②	18 ①	19 ③	20 ②
21 ③	22 ③	23 ④	24 ④	25 ④
26 ②	27 ④	28 ③	29 ③	30 ④

01 정답 ④

④ 꽃이[꼬치] – 연음

오답 피하기

① 굳이[구지] – 구개음화
② 밭이[바치] – 구개음화
③ 해돋이[해도지] – 구개음화

02 정답 ③

잡히다[자피다], 좋다[조타], 축하[추카]는 음운 축약이 일어난 단어들이다.

03 정답 ①

비음은 ㄴ, ㅁ, ㅇ이다. ㄹ은 유음이다.

04 정답 ②

보어는 '되다, 아니다' 앞에서 의미를 보충해 주는 문장 성분이다.

오답 피하기

① '선생님이'가 보어이다.
③ '성악가가'가 보어이다.
④ '내가'가 보어이다.

05 정답 ④

'읽고'는 음절의 끝소리 규칙에 따라 [일꼬]로 발음된다.

06 정답 ②

'누가(무엇이) + 어떠하다'의 형태는 '누가(무엇이) + 형용사'의 표현을 찾으면 된다.

오답 피하기

① · ④ 누가(무엇이) + 어찌하다
③ 누가(무엇이) + 무엇이다.

07 정답 ③

형태가 변하는 단어는 동사와 형용사, 그리고 예외적으로 서술격 조사 '~이다'뿐이다.
③ 드디어 – 부사

오답 피하기

① 잡다 – 동사
② 예쁘다 – 형용사
④ 먹다 – 동사

08 정답 ④

'되다, 아니다' 앞에서 문장의 내용을 보충하는 것은 '보어'이다.

09 정답 ②
'그 사람'에서 '그'는 '사람'을 수식하는 관형사이다.
오답 피하기
①·③·④ 대명사

10 정답 ④
'어근＋어근'의 결합으로 이루어진 합성어들이다.
④ 손(어근)＋수레(어근)
오답 피하기
① 개-(접사)＋살구(어근)
② 풋-(접사)＋사과(어근)
③ 덧-(접사)＋니(어근)

11 정답 ②
'사과'는 명사, '펑펑'은 부사, '너'는 대명사, '어머나'
는 감탄사로 이들의 공통점은 형태가 변하지 않는 불변
어라는 것이다. / '먹다'는 동사, '예쁘다'는 형용사로
이들의 공통점은 형태가 변하는 가변어라는 것이다.

12 정답 ④
④ 춘(어근) ＋ 추(어근)
오답 피하기
① 넓-(어근)＋-이(접사)
② 개-(접사)＋기름(어근)
③ 욕심(어근)＋-쟁이(접사)

13 정답 ②
오답 피하기
① 전문어, ③ 유행어, ④ 비속어

14 정답 ②
언어는 시간의 흐름에 따라 생성·성장·소멸한다는
것이 언어의 역사성이다.

15 정답 ①
시간의 흐름에 따라 언어의 표기나 의미가 변하는 '언
어의 역사성'에 대한 설명이다.

16 정답 ④
민족성의 차이는 남북한 언어 차이의 원인이 아니다.

17 정답 ②
모든 외래어를 고유어로 바꾸는 것은 현실상 불가능
하다.

18 정답 ①
오답 피하기
②·③·④ 사동 표현

19 정답 ③
객체인 '선생님'을 높였으므로 객체 높임에 해당한다.
오답 피하기
①·②·④ 주체 높임

20 정답 ②
주체 높임은 서술의 주체를 높이는 방법이다. ②는 서술어
의 부사어인 '선생님'을 높이는 객체 높임에 해당한다.

21 정답 ③
혀가 앞쪽에 위치하여 소리나는 모음은 '전설 모음'이
다. 'ㅗ'는 혀가 뒤쪽에 위치하여 소리 나는 모음인
'후설 모음'에 해당한다.

22 정답 ③
'풋사과'는 '풋-(접사)＋사과(어근)'의 형태로 파생어
이다. 음운의 탈락은 일어나지 않았다.
오답 피하기
① 아드님 : 아들＋님(ㄹ 탈락)
② 모과 : 목＋과(ㄱ 탈락)
④ 담가 : 담그다＋-아(ㅡ 탈락)

23 정답 ④
수컷을 이르는 접두사는 '수-'로 통일하지만, '수-'
다음에 거센소리가 나타나면 거센소리를 밝혀 쓰므로
'수캉아지'로 표기한다.

24 정답 ④

'ㄱ, ㅁ, ㅇ'은 발음 기관의 모양을 본떠 만든 기본자이고, 'ㅊ'은 기본 자음자에 획을 더하여 소리의 거셈을 나타낸 가획자이다.

25 정답 ④

제시된 음운 변동 현상은 자음 동화이다.

④ 마소 : 말+소 – 'ㄹ' 탈락

① 칼날[칼랄] – 자음 동화
② 급류[금뉴] – 자음 동화
③ 십리[심니] – 자음 동화

26 정답 ②

② 형용사

① 수사, ③ 관형사, ④ 대명사

27 정답 ④

① · ② · ③ 과거형, ④ 현재형이다.

28 정답 ③

① 부정적인 일에 대하여 관계를 청산하다.
② 잊히지 않고 자꾸 눈에 떠오르다.
④ 돈이 떨어지거나 교통수단이 두절되어 몸을 움직이지 못할 형편이 되다.

29 정답 ③

주어와 서술어의 관계가 두 번 이상 나타나는 문장을 겹문장이라 한다.

③ '우리는 [그가 오기]를 기다렸다.' 형태의 겹문장이다.

① · ② · ④ 주어와 서술어가 한 번만 나타나는 홑문장이다.

30 정답 ④

④ 단일어

① · ③ 합성어, ② 파생어

중졸 검정고시

한권으로 합격하기!

핵심 총정리
수학

구성 및 출제 경향 분석

1 구성

2 출제 경향 분석

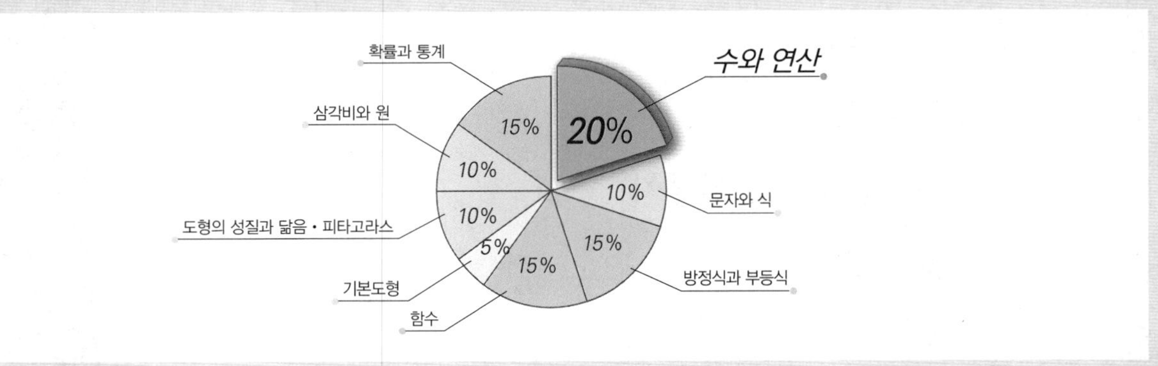

수학 출제 경향

최근 중졸 검정고시 수학은 이전 기출문제의 출제 경향과는 다소 다른 흐름을 보이고 있습니다. 기존에 자주 출제되던 빈출 유형 외의 개념들이 포함되고, 문항의 형태 또한 변형된 사례들이 등장하면서 난이도가 확연히 높아지고 있습니다.

전반적으로 문제를 단순히 풀어내는 것을 넘어 사고력과 문제해결력까지 요구하는 구성이며, 기출문제의 반복만으로는 대응하기 어려운 복합적 사고를 요하는 문항이 다수 출제되고 있습니다. 전반적으로 기초 개념에 대한 정확한 이해와 함께 다양한 유형에 대한 응용력을 갖추는 것이 고득점의 핵심이라는 점을 지속적으로 보여주고 있습니다.

❶ 수와 연산

매회 3~4문제씩 반드시 출제되는 단원으로, 매회 같은 유형으로 숫자만 변형하여 출제되고 있다. 응용문제로 제곱근을 이용하여 선분의 길이나, 도형의 넓이를 구하는 문제도 가끔 출제되고 있다.

❷ 문자와 식

매회 2~3문제씩 출제되고 문자를 사용하여 식을 표현하는 문제, 단항식의 계산, 곱셈공식 또는 인수분해 문제가 주로 출제되고 있다. 특히, 문자와 식, 단항식의 계산은 다른 단원의 학습에 기초가 되는 단원이므로 꼼꼼히 학습하도록 한다.

❸ 방정식과 부등식

매회 3~4문제씩 출제되고 있다. 모든 범위에서 고르게 1문항씩 출제되고 있다. 주로 일차 · 이차방정식은 해를 구하는 문제가 출제된다. 일차부등식의 경우는 수직선을 이용하여 해를 구하거나 나타내는 문제, 이차방정식의 경우는 간단한 인수분해만으로 해결할 수 있는 문제가 주로 출제되고 있다.

❹ 함수

매회 3문항씩 출제되고 있다. 순서쌍과 좌표, 그래프의 해석, 일차함수, 이차함수 각 1문항씩 출제되고 일차함수 · 이차함수의 경우는 주로 그래프와 함께 출제된다. 특히 이차함수의 경우 학습에 어려움을 느낄 수 있으나, 이차함수에서 반드시 알고 있어야 하는 개념만 정확히 학습한다면 해결할 수 있는 문항이 출제되고 있다.

❺ 기본 도형

매회 1~2문항 정도 나오는 단원이지만 출제 범위가 가장 광범위한 단원이다. 주로 평행선에서 동위각과 엇각의 크기를 구하는 문제, 삼각형의 내 · 외각의 크기를 구하는 문제, 또는 부채꼴에 대한 문제가 주로 출제되지만, 그 외에도 다른 모든 부분에서 가끔씩 1문항씩 출제되고 있다. 범위는 가장 광범위하지만 대부분 기본적인 개념만 알면 쉽게 해결할 수 있는 문제가 출제되고 있으므로 전체적인 기본 내용을 이해하도록 한다.

❻ 도형의 성질과 닮음

매회 2문항씩 출제되고 있고, 닮음의 경우 매회 반드시 1문항씩 출제가 되고 있다. 도형의 성질은 이등변삼각형, 닮음은 주로 닮음비를 이용하여 변의 길이를 구하거나, 넓이를 구하는 문제가 출제되고 있다.

❼ 피타고라스 정리와 삼각비

매회 2문제 정도가 출제되었지만 교육과정의 변화로 출제비율이 줄어들고 있는 단원이다. 피타고라스 정리의 경우는 공식을 적용하여 삼각형의 변의 길이를 구하는 문제가 주로 출제되고 있고, 삼각비의 경우는 기본적인 개념만 알면 쉽게 풀 수 있는 문제들이 출제되니 삼각비의 개념을 정확히 암기하도록 한다.

❽ 원의 성질

매회 항상 마지막 문항으로 1문제가 출제되고 있다. 원주각과 중심각의 관계를 이용하여 각의 크기를 구하는 문제나 원의 현, 접선의 성질 등 단순한 원의 성질을 묻는 문제들이 출제되고 있다. 단원의 개념은 조금 어렵지만, 출제되는 개념이 한정적이므로 기본 개념과 성질들을 익힌 후 기출문제 위주로 반복해서 학습하도록 한다.

❾ 확률과 통계

매 시험 3문제 정도 출제되고 있다. 통계는 줄기와 잎 그림, 도수분포표와 히스토그램의 개념을 익히고 자료를 읽는 연습만으로 풀 수 있는 문제들이 출제되고, 확률은 일상생활과 연관지어 생각하면 쉽게 해결할 수 있는 문제들이 출제되고 있다. 대푯값은 중앙값과 최빈값에서 주로 출제되고 있으니 정확히 개념을 익히고 학습하도록 한다. 또한 산점도와 상관관계에 대해서도 가끔 출제되므로 간단히 학습해 두어야 한다.

01 수와 연산

1 자연수의 성질

(1) 약수와 배수

① 약수 : 어떤 수를 나눌 때 나누어떨어지게 하는 수를 어떤 수의 약수라 한다.

  예 $3 = 1 \times 3$이므로 3의 약수는 1, 3

  예 $8 = 1 \times 8,\ 8 = 2 \times 4$이므로 8의 약수는 1, 2, 4, 8

② 배수 : 어떤 수를 1배, 2배, … 한 수를 그 수의 배수라 한다.

  예 3을 1배, 2배, … 한 3, 6, 9, 12, … 는 3의 배수

(2) 소수와 합성수

① 소수 : 1보다 큰 자연수 중에서 1과 자기 자신만을 약수로 갖는 수를 소수라고 한다.

② 합성수 : 1보다 큰 자연수 중에서 소수가 아닌 수를 합성수라고 한다.

  ※ 1은 소수도 아니고 합성수도 아니다.

  ※ 2는 유일하게 짝수인 소수이고, 가장 작은 소수이다.

✏️ 예제 01

❶ 1부터 20까지의 소수를 모두 구하시오.

$$(\ 2,\ 3,\ 5,\ 7,\ 11,\ 13,\ 17,\ 19 \ )$$

❷ 다음 중 알맞은 표현을 모두 고르시오.

ㄱ. 소수가 아닌 자연수는 모두 합성수이다.　　　(×)

ㄴ. 소수도 합성수도 아닌 자연수는 1뿐이다.　　　(○)

ㄷ. 짝수인 소수도 있다.　　　(○)　　　∴ ㄴ과 ㄷ

---

(3) 거듭제곱

같은 수나 문자를 여러 번 곱한 것을 간단히 나타낸 것을 거듭제곱이라고 한다.

① 2^2, 2^3, 2^4, … 을 모두 2의 거듭제곱이라고 한다.

② 2^2, 2^3, 2^4, $\cdots$ 에서 곱하는 수 2를 거듭제곱의 밑이라 하고, 곱한 횟수 2, 3, 4 $\cdots$ 를 지수라고 한다.

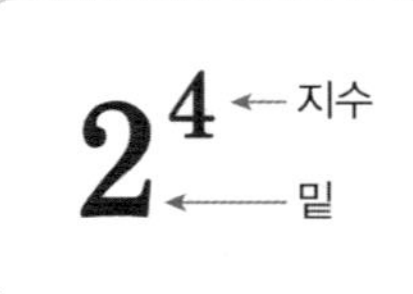

예제 02

다음을 거듭제곱을 이용하여 나타내시오.

❶ $3 \times 3 \times 3 \times 3$ (3^4) ❷ $2 \times 2 \times 5 \times 5 \times 5$ ($2^2 \times 5^3$)

(4) 인수와 소인수

자연수 a, b, c에 대하여 $a = b \times c$일 때, a의 약수 b, c를 a의 인수라고 한다.
자연수의 약수 중에서 소수인 수를 소인수라 한다.

예 24의 약수(인수)는 1, 2, 3, 4, 6, 8, 12, 24이고, 이 중 소수는 2와 3이다.
즉, 24의 소인수는 2와 3뿐이다.

(5) 소인수분해

1보다 큰 자연수를 소인수만의 곱으로 나타내는 것을 소인수분해한다고 한다.

※ 소인수분해하는 방법

❶ 나누어떨어지는 소수로 차례대로 나눈다.
❷ 몫이 소수가 나오면 멈춘다.
❸ 나온 소수들과 몫을 모두 곱셈 부호로 연결한다.
❹ 거듭제곱을 사용하여 나타낸다.
(크기가 작은 소인수부터 차례로 쓰고, 같은 소인수의 곱은 거듭제곱으로 나타낸다.)

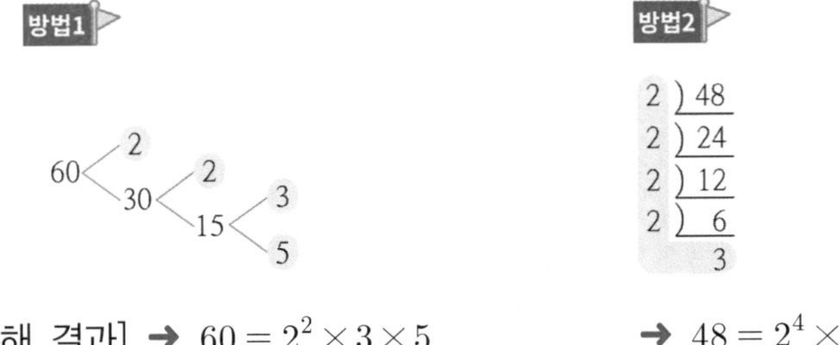

✏ 예제 03

다음을 소인수분해하시오.

❶ 24 $(2^3 \times 3)$

❷ 54 (2×3^3)

(6) 공약수와 최대공약수

① 공약수 : 두 개 이상의 자연수의 공통인 약수를 공약수라 한다.
② 최대공약수 : 공약수 중에서 가장 큰 수를 최대공약수라 한다.
③ 서로소 : 최대공약수가 1인 두 자연수를 서로소라 한다.

(7) 최대공약수 구하기

방법1 소인수분해 이용하기
① 주어진 수를 각각 소인수분해한다.
② 공통인 소인수를 모두 곱한다.
이때, 소인수의 지수가 같으면 그대로, 다르면 작은 것을 택하여 곱한다.

$$30 = 2 \times 3 \qquad \times 5 = 2 \times 3 \times 5$$
$$45 = \qquad 3 \times 3 \times 5 = \qquad 3^2 \times 5$$
$$\text{(최대공약수)} = \qquad 3 \qquad \times 5 = \qquad 3 \times 5 = 15$$

방법2 나눗셈 이용하기
① 몫이 서로소가 될 때까지 1이 아닌 공약수로 계속 나눈다.
② 나눈 공약수를 모두 곱한다.

$$\begin{array}{r|ll} 3 & 30 & 45 \\ 5 & 10 & 15 \\ \hline & 2 & 3 \end{array}$$

$$3 \times 5 = 15$$

→ 30과 45의 최대공약수는 15이고, 공약수는 15의 약수인 1, 3, 5, 15이다.

(8) 공배수와 최소공배수

① **공배수** : 두 개 이상의 자연수의 공통인 배수를 공배수라 한다.

② **최소공배수** : 공배수 중에서 가장 작은 수를 최소공배수라 한다.

③ **서로소인 두 수의 최소공배수** : 서로소인 두 자연수의 최소공배수는 두 수의 곱이다.

    예 3과 5는 서로소이므로 3과 5의 최소공배수는 $3 \times 5 = 15$이다.

(9) 최소공배수 구하기

방법1 소인수분해 이용하기

① 주어진 수를 각각 소인수분해한다.

② 공통인 소인수와 공통이 아닌 소인수를 모두 곱한다.

이때, 소인수의 지수가 같으면 그대로, 다르면 큰 것을 택하여 곱한다.

$$30 = 2 \times 3 \qquad \times 5 = 2 \times 3 \times 5$$
$$45 = \qquad 3 \times 3 \times 5 = \qquad 3^2 \times 5$$
$$\text{(최소공배수)} = 2 \times 3 \times 3 \times 5 = 2 \times 3^2 \times 5 = 90$$

방법2 나눗셈 이용하기

① 1이 아닌 공약수로 계속 나눈다.

② 나눈 공약수와 마지막 몫을 모두 곱한다.

$$\begin{array}{r|ll} 3 & 30 & 45 \\ 5 & 10 & 15 \\ \hline & 2 & 3 \end{array}$$

$$3 \times 5 \times 2 \times 3 = 90$$

→ 30과 45의 최소공배수는 90이고, 공배수는 90의 배수인 90, 180, … 이다.

2 정수와 유리수

(1) 양수와 음수

① 부호를 가진 수 : 서로 반대되는 성질의 두 수량을 나타낼 때, 어떤 기준을 중심으로 한쪽 수량에는 +부호를, 다른 쪽 수량에는 −부호를 넣어 나타낸다.

[+ : 양의 부호, − : 음의 부호]

⑩ 영상 3℃를 +3℃로 나타내면, 영하 1℃는 −1℃로 나타낸다.

② 양수와 음수

❶ 양수 : 0보다 큰 수로 양의 부호 +가 붙은 수

❷ 음수 : 0보다 작은 수로 음의 부호 −가 붙은 수

(2) 정수

$$정수 \begin{cases} 양의\ 정수\ :\ 자연수에\ 양의\ 부호를\ 붙인\ 수 \\ 0 \\ 음의\ 정수\ :\ 자연수에\ 음의\ 부호를\ 붙인\ 수 \end{cases}$$

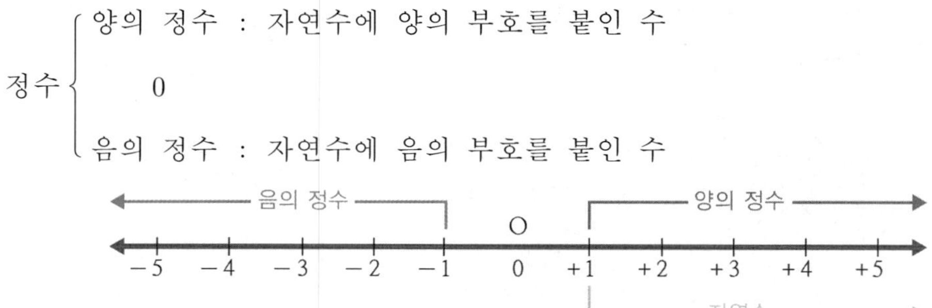

(3) 유리수

분자와 분모가 모두 정수인 분수로 나타낼 수 있는 수를 유리수라 한다.
(단, 분모는 0이 아니다.)

$$유리수 \begin{cases} 정수 \begin{cases} 양의\ 정수(자연수)\ :\ 1,\ 2,\ 3,\ \cdots \\ 0 \\ 음의\ 정수\ \qquad\ :\ -1,\ -2,\ -3,\ \cdots \end{cases} \\ 정수가\ 아닌\ 유리수\ \qquad :\ -\dfrac{1}{2},\ \dfrac{1}{3},\ -0.1,\ 2.7,\ \cdots \end{cases}$$

📝 예제 04

아래의 수 중에서 다음에 해당하는 수를 모두 찾으시오.

$$+2.5, \quad -\frac{1}{2}, \quad 0, \quad -1, \quad 7, \quad \frac{3}{4}, \quad -0.1$$

❶ 양수 $(7, \frac{3}{4}, +2.5)$

❷ 정수 $(0, -1, 7)$

❸ 음의 유리수 $(-\frac{1}{2}, -1, -0.1)$

(4) 절댓값

수직선 위에서 원점과 어떤 수(x)에 대응하는 점 사이의 거리를 그 수(x)의 절댓값이라 하고, 기호로 $|x|$로 나타낸다.

📌 $+5$와 -5의 절댓값은 둘 다 $|+5| = 5$, $|-5| = 5$이다.

※ 절댓값의 성질

   ❶ 양수와 음수에서 부호 $+$, $-$를 떼어낸 수와 같다.

   ❷ 0의 절댓값은 항상 0이다.

   ❸ 0을 제외한 수의 절댓값은 거리를 뜻하므로 항상 양수이다.

📝 예제 05

아래 수들의 절댓값을 구하시오.

❶ -4 $(|-4| = 4)$

❷ $+2$ $(|+2| = 2)$

❸ $-\frac{1}{2}$ $\left(\left|-\frac{1}{2}\right| = \frac{1}{2}\right)$

(5) 정수와 유리수의 대소 관계

수직선 위에서 수는 오른쪽으로 갈수록 커지고, 왼쪽으로 갈수록 작아진다.

① 양수는 0보다 크고, 음수는 0보다 작다.

   ➔ 음수 $< 0 <$ 양수

② 두 양수는 절댓값이 클수록 크다. 📌 $+2 < +5$

③ 두 음수는 절댓값이 클수록 작다. 📌 $-2 > -7$

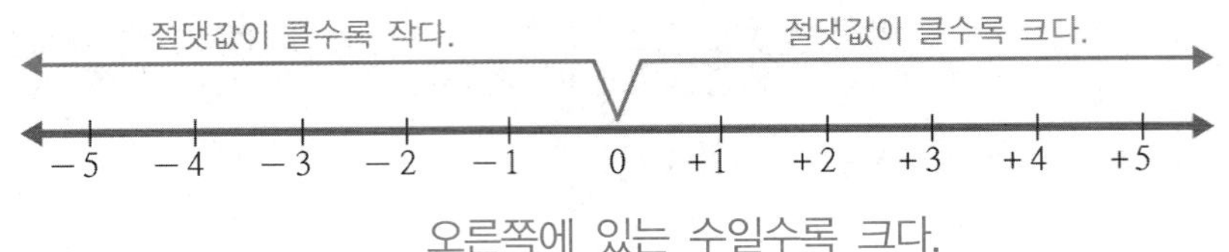

오른쪽에 있는 수일수록 크다.

> **✎ 예제 06**
>
> 다음 ( ) 안에 부등호 $<$, $>$ 중에서 알맞은 것을 쓰시오.
>
> ❶ -3 ($<$) 2 ❷ $-\dfrac{3}{5}$ ($<$) 0
>
> ❸ -3 ($>$) -4 ❹ $\dfrac{2}{3}$ ($>$) -1.4

(6) 정수와 유리수의 사칙연산

① 유리수의 덧셈

❶ 같은 부호의 두 수의 합 : 각 절댓값의 합에 공통인 부호를 붙인다.

❷ 다른 부호의 두 수의 합 : 각 절댓값의 차에 절댓값이 큰 수의 부호를 붙인다.

② 유리수의 뺄셈 : 뺄셈은 빼는 수의 부호를 바꾸어 덧셈으로 고쳐서 계산한다.

③ 유리수의 곱셈

❶ 부호가 같은 두 수의 곱셈

두 수의 절댓값의 곱에 양의 부호 $+$를 붙인다.

예 $(-2) \times (-3) = +(2 \times 3) = +6$

❷ 부호가 다른 두 수의 곱셈

두 수의 절댓값의 곱에 음의 부호 $-$를 붙인다.

예 $(+2) \times (-4) = -(2 \times 4) = -8$

❸ 어떤 수와 0과의 곱은 항상 0이다.

④ 유리수의 나눗셈 : 나누는 수를 역수로 바꾸어 곱셈으로 고친 후에 계산한다.

예 $(3) \div \left(-\dfrac{3}{4}\right) = (3) \times \left(-\dfrac{4}{3}\right) = -\left(3 \times \dfrac{4}{3}\right) = -4$

예제 07

다음을 계산하시오.

❶ $(-4)+7$　　$(-4)+7=+(7-4)=+3=3$

❷ $(+3)-(+5)$　　$(+3)-(+5)=(+3)+(-5)=-(5-3)=-(2)=-2$

❸ $(+2)\times(-3)$　　$(+2)\times(-3)=-(2\times3)=-6$

❹ $(-2)\times(-3)$　　$(-2)\times(-3)=+(2\times3)=+6=6$

---

3 유리수와 순환소수

(1) 소수의 분류

① 유한소수 : 소수점 아래에 0이 아닌 숫자가 유한개인 소수

예를 들어 $\dfrac{3}{5}=3\div5=0.6$, 0.34, 1.56 같은 소수는 유한소수

② 무한소수 : 소수점 아래에 0이 아닌 숫자가 무한개인 소수

예를 들어 $\dfrac{3}{7}=3\div7=0.428571\cdots$, $0.424242\cdots$ 같은 소수는 무한소수

(2) 유한소수로 나타낼 수 있는 분수

정수가 아닌 유리수를 기약분수로 나타내었을 때, 분모의 소인수가 2 또는 5뿐이면 유한소수로 나타낼 수 있다.

◉ 예　$\dfrac{3}{2}=\dfrac{3\times5}{2\times5}=\dfrac{15}{10}=1.5$이므로 유한소수로 나타낼 수 있다.

$\dfrac{17}{15}=\dfrac{17}{3\times5}$ 분모의 소인수가 $3,5$이므로 무한소수이다.

(3) 유리수와 순환소수

① 순환소수 : 소수점 아래 어떤 자리에서부터 일정한 숫자의 배열이 한없이 되풀이되는 무한소수를 말한다.

② 순환마디 : 순환소수의 소수점 아래에서 일정한 숫자의 배열이 한없이 되풀이되는 한 부분을 말한다.

③ 순환소수의 표현 : 순환마디는 한 번만 쓰고, 양 끝의 숫자 위에 점 • 을 찍어 나타낸다.

> **예** $2.134134134\cdots$의 134가 반복되고 있으므로 양 끝의 숫자 1, 4 위에 점을 찍어서 표현한다. ➡ $2.134134134\cdots = 2.\dot{1}3\dot{4}$

✏️ 예제 08

다음 순환소수의 순환마디를 말하시오.

❶ $0.121212\cdots$　　(12)

❷ $0.307307307\cdots$　　(307)

심화 과정

(4) 순환소수를 분수로 바꾸는 방법

① 방법 1

$x =$ (순환소수)로 놓고, 양변에 적당한 10의 거듭제곱을 곱하여 소수 부분이 같도록 만들고 두 식을 연립하여 x를 구한다.

② 방법 2

분모 : 순환마디를 이루는 숫자의 개수만큼 9를 쓰고, 그 뒤에 순환하지 않는 소수 부분의 숫자의 개수만큼 0을 쓴다.

분자 : 전체의 수를 쓰고 순환하지 않는 수를 뺀다.

 **예제 09**

❶ 순환소수 $0.\dot{7}$을 분수로 나타내시오.

방법1 $0.\dot{7}$을 x라고 하면 $x = 0.7777\cdots$ ➜ ㉠

㉠의 양변에 10을 곱하면 $10 \times x = 10 \times 0.7777\cdots$

$10x = 7.7777\cdots$ ➜ ㉡

㉡에서 ㉠을 변끼리 빼면 $9x = 7$ 그러므로 $x = \dfrac{7}{9}$이다.

$$\therefore \ 0.\dot{7} = \frac{7}{9}$$

$$\begin{array}{r} 10x = 7.\,7777\cdots \\ -) \quad x = 0.\,7777\cdots \\ \hline 9x = 7 \end{array}$$

❷ 순환소수 $0.2\dot{3}\dot{9}$를 분수로 나타내시오.

방법2 $0.2\dot{3}\dot{9}$의 순환마디는 39이다.

$$0.2\dot{3}\dot{9} = \frac{\text{전체의 수} - \text{순환하지 않는 부분}}{\text{순환마디 9, 순환하지 않는 자리만큼 0을 쓴다.}}$$

$$= \frac{(239 - 2)}{990} = \frac{237}{990} = \frac{79}{330}$$

4 제곱근과 실수

(1) 제곱근의 뜻

어떤 수 x를 제곱하여 a가 될 때, x를 a의 제곱근이라고 한다.

➜ $x^2 = a$일 때, x는 a의 제곱근이다. (단, $a \geq 0$)

예 4의 제곱근은 2와 -2이다.

$$\begin{array}{ccc} 2 & \xrightarrow{\ \text{제곱}\ } & \\ & \xleftarrow{\ \text{제곱근}\ } & 4 \\ -2 & & \end{array}$$

① 양수($a > 0$)이면 제곱근이 양수와 음수 두 개가 있고, 그 절댓값은 같다.
② 0의 제곱근은 0 하나뿐이다.
③ 음수의 제곱근은 없다.

(2) 제곱근의 표현

양수 a의 두 제곱근 중에서
① 양수인 것을 양의 제곱근이라 하고, $\sqrt{a}$로 나타낸다.
② 음수인 것을 음의 제곱근이라 하고, $-\sqrt{a}$로 나타낸다.
　➡ $x^2 = a$일 때, $x = \pm\sqrt{a}$이다. (a는 양수)

(3) 제곱근의 성질

$a > 0$일 때
① $(\sqrt{a})^2 = a$, $(-\sqrt{a})^2 = a$
② $\sqrt{a^2} = a$, $\sqrt{(-a)^2} = a$

예 $(\sqrt{10})^2 = 10$, $(-\sqrt{10})^2 = 10$, $\sqrt{\left(\dfrac{1}{7}\right)^2} = \dfrac{1}{7}$, $\sqrt{\left(-\dfrac{1}{7}\right)^2} = \dfrac{1}{7}$

(4) 제곱근의 대소 관계

$a > 0$, $b > 0$일 때, ① $a < b$이면 $\sqrt{a} < \sqrt{b}$이다.
　　　　　　　　　　② $\sqrt{a} < \sqrt{b}$이면 $a < b$이다.

(5) 무리수와 실수

① 무리수 : 순환하지 않는 무한소수로 나타내어지는 수 ➡ 유리수가 아닌 수
② 실수 : 유리수와 무리수를 통틀어 실수라 한다.

$$\text{실수}\begin{cases}\text{유리수}\begin{cases}\text{정수}\begin{cases}\text{양의 정수(자연수)}: 1,\ 2,\ 3,\ \cdots \\ 0 \\ \text{음의 정수}: -1,\ -2,\ -3,\ \cdots\end{cases} \\ \text{정수가 아닌 유리수}: \dfrac{1}{2},\ -0.1,\ -\dfrac{1}{3},\ \cdots\end{cases} \\ \text{무리수}: \sqrt{2},\ \sqrt{3},\ \sqrt{5},\ \sqrt{7}\cdots\end{cases}$$

(6) 근호를 포함한 식의 계산

① 제곱근의 곱셈 ➜ $a > 0$, $b > 0$일 때, $\sqrt{a} \times \sqrt{b} = \sqrt{ab}$

② 제곱근의 나눗셈 ➜ $a > 0$, $b > 0$일 때, $\dfrac{\sqrt{a}}{\sqrt{b}} = \sqrt{\dfrac{a}{b}}$

③ 근호 간단히 하기 ➜ $a > 0$, $b > 0$일 때, $\sqrt{a^2 \times b} = a\sqrt{b}$

$\qquad\qquad\qquad\quad a > 0$, $b > 0$일 때, $\sqrt{\dfrac{b}{a^2}} = \dfrac{\sqrt{b}}{a}$

④ 분모의 유리화 : 분수의 분모가 근호를 포함한 무리수일 때, 분모, 분자에 0이 아닌 같은 수를 곱하여 분모를 유리수로 고치는 것을 분모의 유리화라 한다.

$$\frac{b}{\sqrt{a}} = \frac{b \times \sqrt{a}}{\sqrt{a} \times \sqrt{a}} = \frac{b\sqrt{a}}{\sqrt{a^2}} = \frac{b\sqrt{a}}{a} \ (a > 0)$$

$$\frac{\sqrt{b}}{\sqrt{a}} = \frac{\sqrt{b} \times \sqrt{a}}{\sqrt{a} \times \sqrt{a}} = \frac{\sqrt{ab}}{\sqrt{a^2}} = \frac{\sqrt{ab}}{a} \ (a > 0, \ b > 0)$$

✏️ 예제 10

❶ $\sqrt{12}$를 간단히 하시오.

$\sqrt{12} = \sqrt{2^2 \times 3} = \sqrt{2^2}\,\sqrt{3} = 2\sqrt{3}$

❷ $-3\sqrt{5}$를 $\sqrt{a}$ 또는 $-\sqrt{a}$ 꼴로 나타내시오.

$-3\sqrt{5} = -\sqrt{3^2}\,\sqrt{5} = -\sqrt{3^2 \times 5} = -\sqrt{45}$

---

(7) 제곱근의 덧셈과 뺄셈

$a > 0$, m, n이 유리수일 때, $m\sqrt{a} + n\sqrt{a} = (m + n)\sqrt{a}$

$a > 0$, m, n이 유리수일 때, $m\sqrt{a} - n\sqrt{a} = (m - n)\sqrt{a}$

✏️ 예제 11

$5\sqrt{3} + 2\sqrt{3}$과 $5\sqrt{3} - 2\sqrt{3}$을 계산하시오.

$5\sqrt{3} + 2\sqrt{3} = (5 + 2)\sqrt{3} = 7\sqrt{3}$

$5\sqrt{3} - 2\sqrt{3} = (5 - 2)\sqrt{3} = 3\sqrt{3}$

---

01 다음은 72를 소인수분해하는 과정을 나타낸 것이다. 72를 소인수분해한 것은?

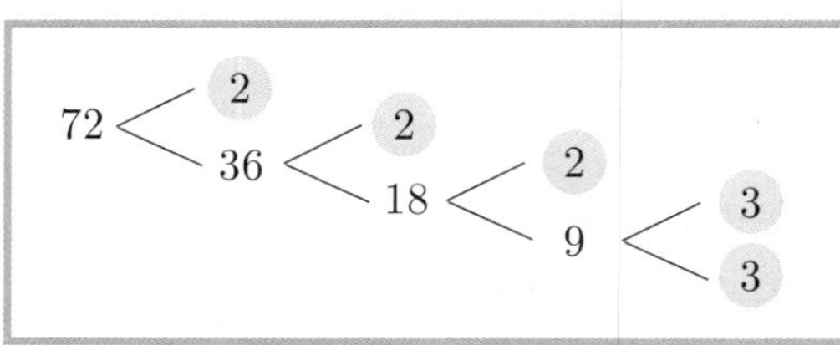

① $2^2 \times 3^2$ ② $2^3 \times 3$
③ 2×3^3 ④ $2^3 \times 3^2$

02 다음은 54를 소인수분해하는 과정을 나타낸 것이다. 54를 소인수분해한 것은?

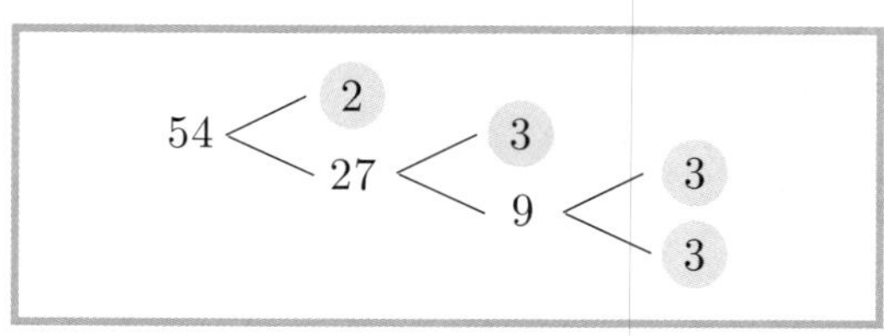

① $2^2 \times 3^2$ ② 2×3^3
③ 2×3^2 ④ $2^2 \times 3^3$

03 다음은 60을 소인수분해하는 과정을 나타낸 것이다. 60을 소인수분해한 것은?

```
2 | 60
  |  30
  |  15
     5
```

① 2×30
② $2 \times 5 \times 6$
③ $2 \times 2 \times 15$
④ $2^2 \times 3 \times 5$

04 다음은 48을 소인수분해하는 과정을 나타낸 것이다. 48을 소인수분해한 것은?

```
2 ) 48
2 ) 24
2 ) 12
2 )  6
     3
```

① 2×3^3 ② $2^2 \times 3^3$
③ $2^4 \times 3$ ④ $2^3 \times 3$

05 24를 소인수분해하면 $2^a \times 3$이다. 이때, a의 값은?

① 1 ② 2
③ 3 ④ 4

06 84를 소인수분해하면?

① $2 \times 3 \times 7$
② $2^2 \times 3 \times 7$
③ $2 \times 3^2 \times 7$
④ $2^2 \times 7$

07 다음 수 중에서 음의 정수의 개수는?

$$-1 \quad 0 \quad 5 \quad -\frac{1}{2} \quad 12 \quad -2$$

① 1개
② 2개
③ 3개
④ 4개

08 다음 중 정수가 <u>아닌</u> 유리수는?

① -1
② 0
③ $\dfrac{1}{3}$
④ $+7$

09 다음 중 절댓값이 가장 큰 수는?

① -5
② -2
③ 0
④ 3

10 〈보기〉에서 가장 큰 수와 가장 작은 수의 합은?

┤ 보기 ├
$$-7, \ 4, \ 2, \ 0, \ -2$$

① -3
② -1
③ 0
④ 3

11 다음 수를 작은 수부터 순서대로 나열할 때, 두 번째 수는?

$$-1, \ 1, \ -3, \ 6, \ 2$$

① -3
② 1
③ 6
④ -1

12 〈보기〉에서 가장 큰 수와 가장 작은 수의 곱은?

┤ 보기 ├
$$-3, \ 0, \ 2, \ 3, \ -2$$

① -9
② 6
③ 9
④ 0

13 다음 중 대소 관계가 옳은 것은?

① $-3 > 1$ 　　② $-2 > -5$

③ $3 > 4$ 　　④ $0 > |-2|$

14 다음 분수 중 유한소수로 나타낼 수 있는 것은?

① $\dfrac{1}{9}$ 　　② $\dfrac{1}{5}$

③ $\dfrac{1}{6}$ 　　④ $\dfrac{1}{3}$

15 다음 분수 중 유한소수로 나타낼 수 <u>없는</u> 것은?

① $\dfrac{1}{2}$ 　　② $\dfrac{1}{4}$

③ $\dfrac{1}{5}$ 　　④ $\dfrac{1}{7}$

16 다음 분수는 유한소수로 나타낼 수 있다고 할 때, a에 들어갈 수 있는 수는?

$$\frac{a}{2 \times 3 \times 5}$$

① 2 　　② 3

③ 4 　　④ 5

17 분수 $\dfrac{213}{999}$ 을 순환소수로 나타내면 다음과 같다. 이 순환소수의 순환마디는?

$$\frac{213}{999} = 0.213213213\cdots$$

① 2 　　② 21

③ 213 　　④ 2132

18 다음 중 순환소수의 표현으로 옳은 것은?

① $0.34444\cdots = 0.3\dot{4}$

② $0.252525\cdots = 0.\dot{2}\dot{5}$

③ $0.038383838\cdots = 0.\dot{3}\dot{8}$

④ $1.351351351\cdots = 1.\dot{3}\dot{5}$

19 다음 중 제곱하여 15가 되는 수는?

① $\pm\sqrt{3}$ 　　② ± 7

③ ± 10 　　④ $\pm\sqrt{15}$

20 그림과 같은 두 직사각형의 넓이의 합은?

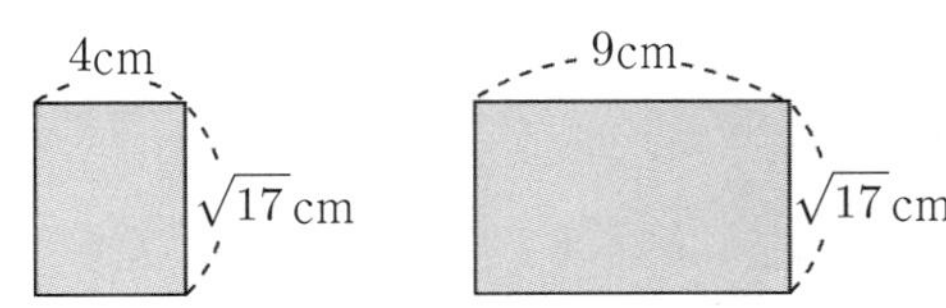

① $13\sqrt{17}\,\text{cm}^2$ ② $20\sqrt{17}\,\text{cm}^2$

③ $30\sqrt{10}\,\text{cm}^2$ ④ $36\sqrt{17}\,\text{cm}^2$

21 가로의 길이가 $4\,\text{cm}$, 세로의 길이가 $5\,\text{cm}$인 직사각형이 있다. 이 직사각형과 넓이가 같은 정사각형의 한 변의 길이는?

① $3\,\text{cm}$ ② $\sqrt{10}\,\text{cm}$

③ $\sqrt{20}\,\text{cm}$ ④ $20\,\text{cm}$

22 $\sqrt{(-2)^2} + \sqrt{9}$ 의 값을 구하면?

① 5 ② 6

③ 7 ④ 8

23 다음 중 바르게 계산한 것은?

① $\sqrt{2} + \sqrt{3} = \sqrt{5}$

② $5\sqrt{3} - 2\sqrt{3} = 3$

③ $3\sqrt{2} + 2\sqrt{3} = 5\sqrt{5}$

④ $5\sqrt{2} - \sqrt{2} = 4\sqrt{2}$

24 다음 중 옳지 <u>않은</u> 것은?

① $\sqrt{16} = 8\sqrt{2}$ ② $4\sqrt{3} = \sqrt{48}$

③ $2\sqrt{3} = \sqrt{12}$ ④ $3\sqrt{2} = \sqrt{18}$

25 $\sqrt{28} = k\sqrt{7}$ 일 때, k의 값은?

① 4 ② 3

③ 2 ④ 1

문자와 식

1 문자의 사용과 식의 계산

(1) 문자의 사용

문자를 사용하면 수량이나 수량 사이의 관계를 간단한 식으로 나타낼 수 있다.

(2) 문자를 사용하여 식 세우기

① 문제의 뜻을 파악하여 규칙을 찾는다.
② 규칙에 맞게 문자를 사용하여 식으로 나타낸다.
　예 300원짜리 볼펜 x자루의 가격 ➔ $300 \times x$

 **예제 01**

다음을 문자를 사용한 식으로 바르게 나타내시오.

$$4점짜리\ 문제\ a개와\ 5점짜리\ 문제\ b개를\ 맞혔을\ 때의\ 점수$$

$4 \times a + 5 \times b = 4a + 5b$(점)

(3) 곱셈 기호와 나눗셈 기호의 생략

① 수와 문자의 곱에서 곱셈 기호 ×는 생략한다.
　❶ 수는 문자 앞에 쓴다.　예 $a \times 3 = 3a$
　❷ 수가 1 또는 −1일 때에는 1은 생략한다.　예 $1 \times a = a$, $-1 \times x = -x$
② 문자와 문자의 곱에서 곱셈 기호 ×는 생략한다.
　❶ 문자는 보통 알파벳 순서로 쓴다.　예 $b \times a = ab$
　❷ 같은 문자의 곱은 거듭제곱의 꼴로 나타낸다.　예 $a \times a = a^2$
③ 괄호가 있는 식과 수의 곱에서 수는 괄호 앞에 쓰고 곱셈 기호 ×는 생략한다.
　예 $(x+1) \times 3 = 3(x+1)$
④ 문자를 사용한 식에서 나눗셈 기호 ÷는 쓰지 않고 분수의 꼴로 나타낸다.
　예 $a \div 2 = \dfrac{a}{2}$

(4) 식의 값

① 대입 : 문자를 사용한 식에서 문자 대신 수를 넣는 것을 문자에 수를 대입한다고 한다.

② 식의 값 : 문자를 사용한 식에서 문자에 수를 대입하여 계산한 결과를 그 식의 값이라고 한다.

❶ 생략된 곱셈 기호가 있는 식의 경우 곱셈 기호를 다시 쓴다.

❷ 문자에 주어진 수를 대입하여 계산한다.

❸ 음수를 대입할 때에는 괄호를 사용한다.

✏️ 예제 02

$a = 3$일 때, 다음 식의 값을 구하시오.

❶ $-2a + 4$ $-2 \times (3) + 4 = -6 + 4 = -2$

❷ $3a - 5$ $3 \times (3) - 5 = 9 - 5 = 4$

---

2 일차식과 그 계산

(1) 다항식

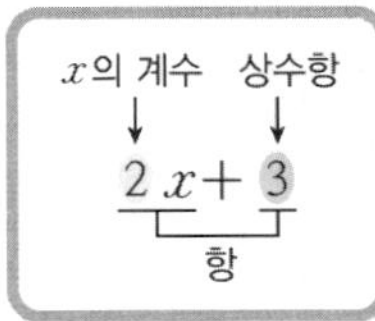

① 항 : 수 또는 문자의 곱으로 이루어진 식

② 상수항 : 문자 없이 수만으로 이루어진 항

③ 계수 : 항에서 문자에 곱한 수

④ 다항식 : 한 개 또는 두 개 이상의 항의 합으로 이루어진 식

⑤ 단항식 : 항이 한 개뿐인 다항식

✏️ 예제 03

다항식 $4x - 3y + 5$에서 항, 상수항, x의 계수, y의 계수를 구하시오.

항은 $4x$, $-3y$, 5이고 상수항은 5이다. x의 계수는 4이고 y의 계수는 -3이다.

(2) 일차식의 계산

① (수)×(일차식) : 분배법칙을 이용하여 일차식의 각 항에 수를 곱한다.

$$예\quad 3(5x+2) = 3 \times 5x + 3 \times 2$$
$$= 15x + 6$$

② 동류항 : 문자와 차수가 같은 항을 동류항이라고 한다.

③ 동류항의 덧셈과 뺄셈 : 분배법칙을 이용하여 동류항의 계수끼리 더하거나 뺀 후 문자 앞에 쓴다.

$$예\quad 3x + 5x = 3 \times x + 5 \times x = (3+5) \times x = 8x$$

3 지수법칙

지수법칙 : m, n이 자연수이고, $a \neq 0$, $b \neq 0$일 때

① 지수끼리의 합

$$a^2 \times a^3 = a^{2+3} = a^5 \quad\rightarrow\quad a^m \times a^n = a^{m+n} \,(a \neq 0)$$

② 지수끼리의 곱

$$(a^4)^2 = a^{4\times2} = a^8 \quad\rightarrow\quad (a^m)^n = a^{mn} \,(a \neq 0)$$

③

$$(ab)^2 = a^2 b^2$$
$$\left(\frac{a}{b}\right)^2 = \frac{a^2}{b^2} \quad\rightarrow\quad (ab)^m = a^m b^m, \quad \left(\frac{a}{b}\right)^m = \frac{a^m}{b^m}$$

④ 지수의 차

$$a^5 \div a^3 = a^{5-3} = a^2$$
$$a^3 \div a^5 = \frac{1}{a^{5-3}} = \frac{1}{a^2}$$

지수의 차

$$m > n\text{이면 } a^m \div a^n = a^{m-n}$$
$$m = n\text{이면 } a^m \div a^n = 1$$
$$m < n\text{이면 } a^m \div a^n = \frac{1}{a^{n-m}}$$

 예제 04

다음을 간단히 나타내시오.

❶ $(ab)^3$ $(ab)^3 = ab \times ab \times ab = a \times a \times a \times b \times b \times b = a^3b^3$

❷ $\left(\dfrac{b}{a}\right)^3$ $\left(\dfrac{b}{a}\right)^3 = \dfrac{b}{a} \times \dfrac{b}{a} \times \dfrac{b}{a} = \dfrac{b \times b \times b}{a \times a \times a} = \dfrac{b^3}{a^3}$

❸ $x^5 \div x^3$ $x^5 \div x^3 = x^{5-3} = x^2$

❹ $a^5 \times a^4$ $a^5 \times a^4 = a^{5+4} = a^9$

❺ $(a^5)^3$ $(a^5)^3 = a^{5 \times 3} = a^{15}$

4 단항식의 계산

(1) 단항식의 곱셈과 나눗셈

① 계수는 계수끼리, 문자는 문자끼리 곱하며, 같은 문자끼리의 곱셈은 지수법칙을 이용한다.

② 나눗셈은 분수 꼴로 바꾸어 역수를 이용한다.

 예제 05

다음을 간단히 하시오.

❶ $5a \times (-3b)$ $5a \times (-3b) = 5 \times a \times (-3) \times b = 5 \times (-3) \times a \times b = -15ab$

❷ $3a \times 2a$ $3a \times 2a = 3 \times 2 \times a \times a = 6 \times a^2 = 6a^2$

5 곱셈 공식

(1) 다항식의 곱셈

분배법칙을 이용하여 전개하고 동류항이 있으면 간단히 한다.

$$(a+b)(c+d) = \underset{①}{ac} + \underset{②}{ad} + \underset{③}{bc} + \underset{④}{bd}$$

✎ 예제 06

❶ $(a+5)(b-2)$를 전개하시오.

방법1 ▷ $(a+5)(b-2) = a \times b + a \times (-2) + 5 \times b + 5 \times (-2)$
$= ab - 2a + 5b - 10$

방법2 ▷ $(a+5)(b-2) = ab - 2a + 5b - 10$

❷ $(a+1)(b+2)$를 전개하시오.

$ab + 2a + b + 2$

$$(a+1)(b+2) = \underset{①}{ab} + \underset{②}{2a} + \underset{③}{b} + \underset{④}{2}$$

---

(2) 곱셈 공식

① $(a+b)^2 = (a+b)(a+b) = a^2 + ab + ab + b^2 = a^2 + 2ab + b^2$

$$(a+b)(a+b) \quad \leftarrow \quad (a+b)^2 = a^2 + 2ab + b^2$$

② $(a-b)^2 = (a-b)(a-b) = a^2 - ab - ab + b^2 = a^2 - 2ab + b^2$

$$(a-b)(a-b) \quad \leftarrow \quad (a-b)^2 = a^2 - 2ab + b^2$$

③ $(a+b)(a-b) = a^2 - ab + ab - b^2 = a^2 - b^2 \quad \rightarrow \quad (a+b)(a-b) = a^2 - b^2$

④ $(x+a)(x+b) = x^2 + bx + ax + ab = x^2 + (a+b)x + ab$

$$(x+a)(x+b) = x^2 + \underline{(a+b)}x + \underline{a \times b}$$
$$\qquad\qquad\qquad\quad \text{합} \qquad\quad \text{곱}$$

$$\uparrow \ (x+a)(x+b) = x^2 + (a+b)x + ab$$

⑤ $(ax+b)(cx+d) = ax \times cx + ax \times d + b \times cx + b \times d$

$$= acx^2 + adx + bcx + bd = acx^2 + (ad+bc)x + bd$$

$(ax+b)(cx+d)$ ← $(ax+b)(cx+d) = acx^2 + (ad+bc)x + bd$

6 인수분해

(1) 인수와 인수분해

① 인수 : 하나의 다항식을 두 개 이상의 다항식의 곱으로 나타낼 때, 각각의 식을 처음 식의 인수라고 한다.

예 $x^2 + 3x + 2 = (x+1)(x+2)$ ➔ 인수 : $1, \ x+1, \ x+2, \ (x+1)(x+2)$

② 인수분해 : 하나의 다항식을 두 개 이상의 곱으로 나타내는 것을 그 다항식을 인수분해 한다고 한다.

$$x^2 + 5x + 6 \ \underset{\text{전개}}{\overset{\text{인수분해}}{\longleftrightarrow}} \ (x+2)(x+3)$$
$$\text{인수}$$

③ 공통인수 : 다항식의 각 항에 공통으로 들어 있는 인수를 공통인수라 한다.

예 $ma + mb = m(a+b)$ ➔ 공통인수 m

$$ma + mb = m(a+b)$$

✏️ 예제 07

다음 식을 인수분해하시오.

❶ $ax + bx + cx \quad ax + bx + cx = x(a+b+c)$

❷ $2a^2 + a \quad 2a^2 + a = a(2a+1)$

(2) 인수와 인수분해

① $a^2 + 2ab + b^2 = (a+b)^2,\quad a^2 - 2ab + b^2 = (a-b)^2$ *완전제곱식

② $a^2 - b^2 = (a+b)(a-b)$

③ $x^2 + (a+b)x + ab = (x+a)(x+b)$

   예 $x^2 - 4x + 3 = (x-1)(x-3)$

곱이 3인 수	두 정수의 합
1, 3	4
$-1,\ -3$	-4

곱이 3인 두 정수 중에서 합이 -4인 두 정수는 -1과 -3이므로

$$x^2 - 4x + 3 = x^2 + (-1-3)x + (-1)\times(-3)$$
$$= (x-1)(x-3)$$

④ $acx^2 + (ad+bc)x + bd = (ax+b)(cx+d)$

$$acx^2 + (ad+bc)x + bd \;\Rightarrow\;
\begin{array}{l}
a \qquad b \longrightarrow bc \\
c \qquad d \longrightarrow ad \\
\hline
\qquad\qquad ad+bc
\end{array}
\;\Rightarrow\; (ax+b)(cx+d)$$

예
$$
\begin{array}{l}
2x^2 - 5x - 3 \\
1 \qquad -3 \longrightarrow -6 \cdots x-3 \\
2 \qquad\ 1 \longrightarrow \ \ 1 \cdots 2x+1 \\
\hline
\qquad\qquad\qquad -5
\end{array}
\quad\longleftarrow\; 2x^2 - 5x - 3 = (x-3)(2x+1)
$$

✏️ 예제 08

다음을 인수분해하시오.

❶ $a^2 + 6a + 9$ $a^2 + 6a + 9 = a^2 + 2\times a\times 3 + 3^2 = (a+3)^2$

❷ $a^2 - 9$ $a^2 - 9 = a^2 - 3^2 = (a+3)(a-3)$

❸ $x^2 + 3x + 2$ 아래 표에서 곱이 2인 두 정수 중에서 합이 3인 수는 1과 2이므로

곱이 2인 수	두 정수의 합
1, 2	3
$-1,\ -2$	-3

$$\Rightarrow\; x^2 + 3x + 2 = (x+1)(x+2)$$

01 다음을 문자를 사용한 식으로 바르게 나타낸 것은?

> 한 송이에 a원인 카네이션 3송이의 가격

① $2 \times a$원
② $3 \times a$원
③ $4 \times a$원
④ $5 \times a$원

02 가로의 길이가 10, 세로의 길이가 a인 직사각형 모양의 그림이 있다. 이 그림의 둘레의 길이를 a를 사용한 식으로 나타낸 것은?

① $a + 10$
② $2a + 10$
③ $a + 20$
④ $2a + 20$

03 올해 엄마의 나이는 딸의 나이의 2배이다. 올해 딸의 나이를 a라 할 때, 3년 후 엄마의 나이를 a를 이용하여 나타낸 것은?

① $2a$
② $2a - 3$
③ $2a + 3$
④ $2a + 6$

04 $x = 3$일 때, $3x + 1$의 값은?

① 10
② 11
③ 12
④ 13

05 $x = -2$일 때, $-3x + 4$의 값은?

① 8
② 9
③ 10
④ 11

06 $x=-3$일 때, $5x-1$의 값은?

① 14 ② 3

③ -14 ④ -16

07 $2^2 \times 2^{\square} = 32$에서 □ 안에 알맞은 수를 구하면?

① 1 ② 2

③ 3 ④ 4

08 $a^2 \times b^2 \times a^3 \times b^4$을 간단히 한 것은?

① $a^5 b^6$ ② $a^6 b^6$

③ $a^5 b^8$ ④ $a^6 b^8$

09 $3x^4 \times (-x^5)$을 간단히 한 것은?

① $3x^9$ ② $-3x^9$

③ $3x^{20}$ ④ $-3x^{20}$

10 다음 중 〈보기〉에서 옳은 것을 모두 고른 것은?

| 보기 |

ㄱ. $x^2 \times x^3 = x^6$ ㄴ. $x^5 \div x^2 = x^3$

ㄷ. $(x^2)^4 = x^6$ ㄹ. $(x^2 y^3)^2 = x^4 y^6$

ㅁ. $x^3 \div x^6 = \dfrac{1}{x^2}$

① ㄱ, ㄴ, ㄷ, ㄹ, ㅁ

② ㄴ, ㄹ

③ ㄴ, ㄹ, ㅁ

④ ㄴ, ㄷ, ㄹ, ㅁ

11 다음 중 지수법칙을 <u>잘못</u> 사용한 것은?

① $x^2 \times x^5 = x^7$ ② $5^3 \times 5^2 \div 5^4 = 5$

③ $(x^2)^3 = x^6$ ④ $x^3 \div x^5 = x^2$

12 다음 중 계산이 <u>틀린</u> 것은?

① $-2x^3 \times 3x^2 = -6x^5$

② $3^2 \times 3^4 = 3^8$

③ $2x^3 \times 3x^2 = 6x^5$

④ $x^5 \div x^2 = x^3$

13 $(3a+4)+(-2a-1)$을 계산하면?

① $a+3$　　　　② $a+5$

③ $-6a-4$　　　④ $4a$

14 다음 이차식 $2a^2+a-3$에 대한 설명 중 옳지 <u>않은</u> 것은?

① 항은 3개이다.

② a의 계수는 1이다.

③ 상수항은 3이다.

④ 다항식이다.

15 아래 그림에서 색칠한 부분의 넓이를 나타내는 식은?

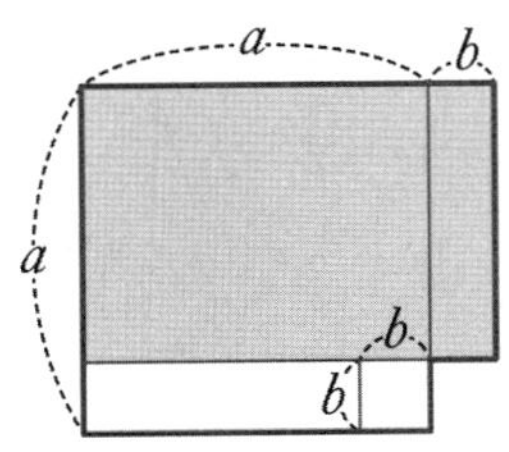

① $(a+b)^2$　　　　② $(a+b)(a-b)$

③ a^2-ab　　　　④ $(a+b)^2-b^2$

16 $(x-2)(x+2)=x^2+\mathrm{A}x+\mathrm{B}$에서 $\mathrm{A}+\mathrm{B}$의 값은?

① -4　　　　② 0

③ 4　　　　　④ 8

17 다음 식 중 바르게 전개한 것은?

① $(x+2)^2=x^2+2x+4$

② $(x-y)^2=x^2-2xy-y^2$

③ $(x-2)(x+3)=x^2+x-6$

④ $(2x+1)(3x-1)=6x^2-x-1$

18 $x+y=4$, $xy=3$일 때, x^2+y^2의 값은?

① 10　　　　② 15

③ 20　　　　④ 25

19 $a^2+6a+\boxed{}$이 완전제곱식이 되도록 빈칸에 알맞은 수를 구하면?

① 3　　　　② 6

③ 9　　　　④ 16

20 x^2+4x+4를 인수분해하면?

① $(x+2)^2$　　　　② $x(x+4)+4$

③ $(x+1)(x+4)$　　④ $(x+2)(x-2)$

21 $x^2 - 16$을 인수분해하면?

① $(x+4)^2$　　　　② $(x-4)^2$

③ $(x+2)(x+8)$　　④ $(x+4)(x-4)$

22 이차식 $x^2 + 7x + 10$을 인수분해하면?

① $(x+1)(x+10)$　② $(x+2)(x+5)$

③ $(x+3)(x+4)$　④ $(x+1)(x+10)$

23 넓이가 $x^2 + 4x + 3$인 직사각형 모양의 그림이 있다. 가로의 길이가 $x+3$일 때, 세로의 길이는?

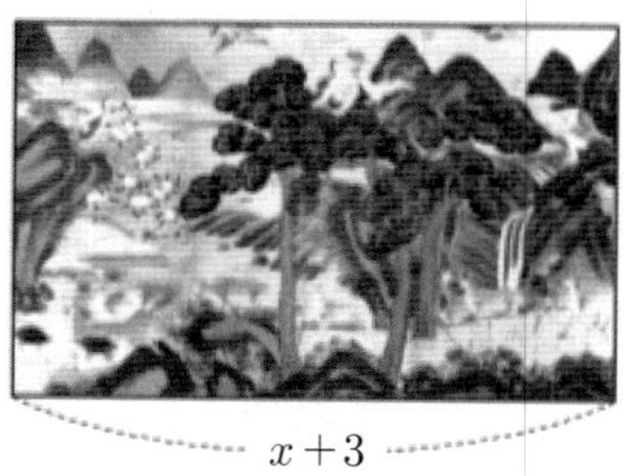

① $x+1$　　　　② $x+2$

③ $x+3$　　　　④ $x+4$

24 직사각형 모양의 사진이 있다. 이 사진의 넓이는 $x^2 + 5x + 6$이고 세로의 길이는 $x+2$일 때, 가로의 길이는?

① $x+1$　　　　② $x+2$

③ $x+3$　　　　④ $x+4$

25 다음 중 인수분해한 것이 옳지 <u>않은</u> 것은?

① $x^2 - 4x + 5 = (x+1)(x-5)$

② $a^2 + 6a + 9 = (a+3)^2$

③ $x^2 - 1 = (x+1)(x-1)$

④ $x^2 + 2x - 3 = (x-1)(x+3)$

방정식과 부등식

1 일차방정식

(1) 방정식과 그 해

① 등식 : 등호 '='를 사용하여 나타낸 식

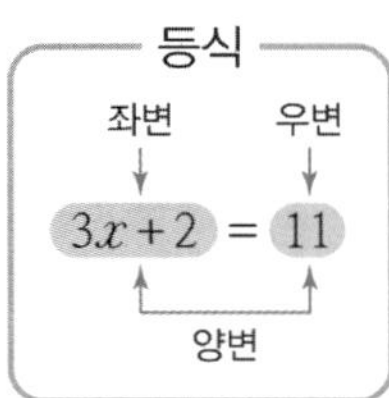

② 방정식 : 미지수의 값에 따라 참이 되기도 하고, 거짓이 되기도 하는 등식

③ 미지수 x : 위의 ②에 해당하는 문자 x를 미지수라고 한다.

④ 방정식의 해(근) : 방정식을 참이 되게 하는 x의 값

⑤ 항등식 : 미지수에 관계없이 항상 참이 되는 등식

  예 $x + x = 2x$는 x에 어떤 값을 대입하여도 항상 참이므로 항등식이다.

(2) 등식의 성질

① 등식의 양변에 같은 수를 더하여도 등식은 성립한다.

  ➜ $a = b$이면 $a + c = b + c$

② 등식의 양변에서 같은 수를 빼도 등식은 성립한다.

  ➜ $a = b$이면 $a - c = b - c$

③ 등식의 양변에 같은 수를 곱하여도 등식은 성립한다.

  ➜ $a = b$이면 $a \times c = b \times c$

④ 등식의 양변을 0이 아닌 같은 수로 나누어도 등식은 성립한다.

→ $a = b$이면 $\dfrac{a}{c} = \dfrac{b}{c}$ $(c \neq 0)$

(3) 일차방정식의 풀이

① 등식의 모든 항을 좌변으로 이항하여 정리한 식이 (일차식)= 0의 꼴로 나타낼 수 있는 방정식을 일차방정식이라 한다.

② 이항 : 등식의 성질을 이용하여 등식의 한 변에 있는 항을 부호를 바꾸어 다른 변으로 옮기는 것을 이항한다고 한다.

$$x + 4 = 8$$
$$\text{이항}$$
$$x = 8 - 4$$

③ 일차방정식의 풀이

$$(\text{일차식}) = 0 \xrightarrow[\text{등식의 성질}]{\text{이항}} x = (\text{수})$$

❶ 괄호가 있으면 괄호를 먼저 푼다.(분배법칙을 이용)

❷ 계수가 분수나 소수이면 양변에 적당한 수를 곱하여 정수로 고친다.

❸ 일차항은 좌변, 상수항은 우변으로 각각 이항하여 정리한다.

❹ 등식의 양변을 간단히 하여 $ax = b$ $(a \neq 0)$의 꼴로 만든다.

❺ 등식의 양변을 x의 계수 a로 나눈다.

　예 $2x - 6 = 0$을 풀면 $2x - 6 = 0 \xrightarrow{\text{이항}} 2x = 6 \xrightarrow{\text{등식의 성질}} x = 3$

 예제 01

일차방정식 $2x + 8 = -7x - 10$을 푸시오.

주어진 식에서 8을 우변, $-7x$를 좌변으로

각각 이항하면 $2x + 7x = -10 - 8$

이 식을 정리하면 $9x = -18$

양변을 9로 나누면 $\dfrac{9x}{9} = \dfrac{-18}{9}$ → $x = -2$

∴ $x = -2$

---

(4) 일차방정식의 활용

① 미지수 정하기 : 문제의 뜻을 이해하고, 구하려는 것을 미지수 x로 놓는다.

② 방정식 세우기 : 문제의 뜻에 맞게 x에 대한 일차방정식을 세운다.

③ 방정식 풀기 : 일차방정식을 푼다.

④ 확인하기 : 구한 해가 문제의 뜻에 맞는지 확인한다.

2 일차부등식

(1) 부등식

부등호 $<$, $>$, $\leq$, $\geq$를 사용하여 수 또는 식의 대소 관계를 나타낸 것을 부등식이라고 한다.

예 $7 > 6$, $x < 2$, $4x - 3 \leq 5$는 모두 부등식이다.

✏️ 예제 02

다음을 부등식으로 나타내시오.

❶ a에서 5를 뺀 값은 a의 2배보다 작다. $a - 5 < 2a$

❷ 한 권에 6000원인 책 b권의 값과 배송비 2500원을 합한 금액이 20000원보다 적다.

$6000b + 2500 < 20000$

---

(2) 부등식의 성질

① 양변에 같은 수를 더하거나 빼어도 부등호의 방향은 바뀌지 않는다.

$$a < b \ \rightarrow\ a + c < b + c,\ a - c < b - c$$

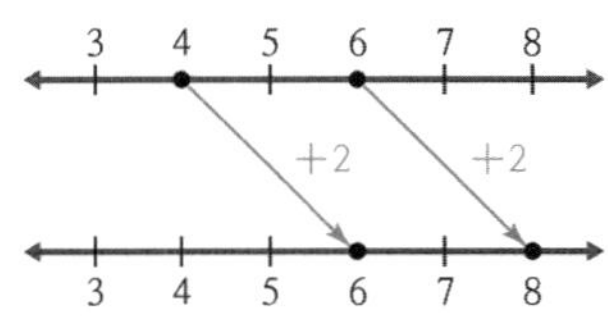
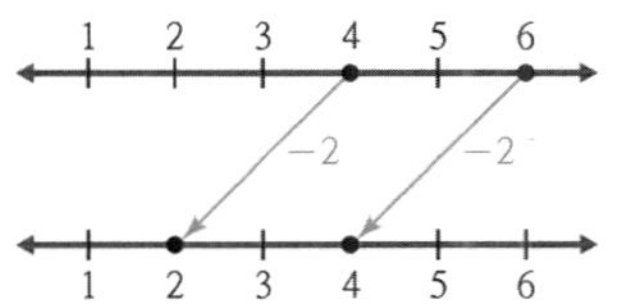

② 양변에 같은 양수를 곱하거나 나누어도 부등호의 방향은 바뀌지 않는다.

$$a < b \ (c > 0) \ \Rightarrow \ ac < bc, \ \frac{a}{c} < \frac{b}{c}$$

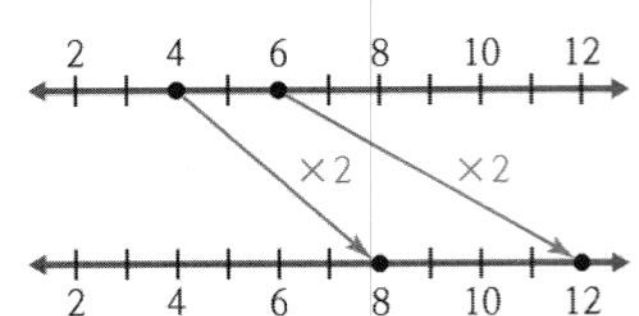 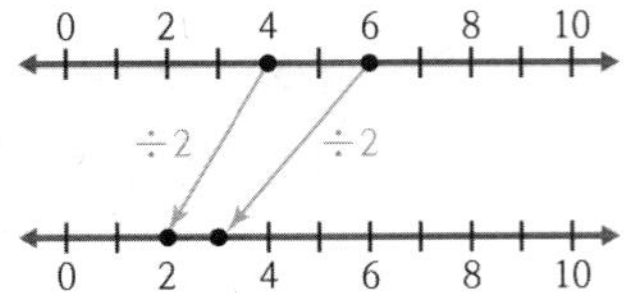

③ 양변에 같은 음수를 곱하거나 나누면 부등호의 방향이 바뀐다.

$$a < b \ (c < 0) \ \Rightarrow \ ac > bc, \ \frac{a}{c} > \frac{b}{c}$$

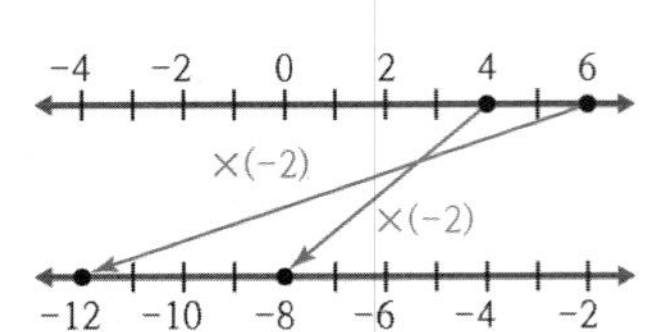 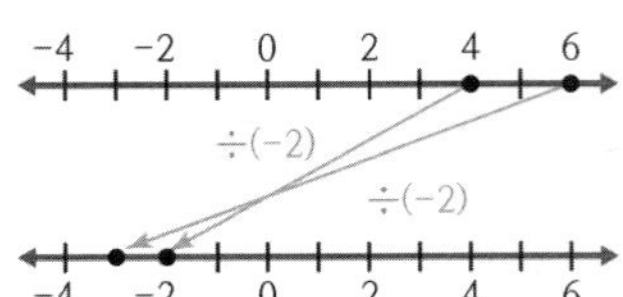

(3) 일차부등식의 풀이

① 일차부등식 : 부등식의 모든 항을 좌변으로 이항하여 정리한 식이
(일차식) > 0, (일차식) < 0, (일차식) ≥ 0, (일차식) ≤ 0 중의 한 가지 꼴로 나타나는
부등식을 일차부등식이라고 한다.

② 일차부등식의 풀이
❶ x를 포함한 항은 좌변으로, 상수항은 우변으로 이항한다.
❷ 양변을 간단히 하여 $ax > b$, $ax < b$, $ax \geq b$, $ax \leq b$ $(a \neq 0)$의 꼴로 만든다.
❸ x의 계수 a로 양변을 나눈다. (단, $a < 0$이면 부등호의 방향을 바꾼다.)

③ 일차부등식의 해와 수직선 : 부등식의 해를 수직선 위에 나타낼 수 있다.
예 $x < 5$, $x > 5$, $x \leq 5$, $x \geq 5$를 수직선 위에 나타내면 각각 다음 그림과 같다.

❶ $x < 5$

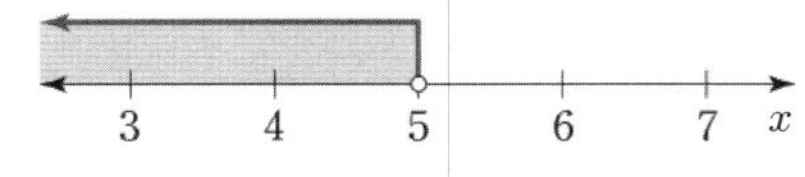

❷ $x > 5$

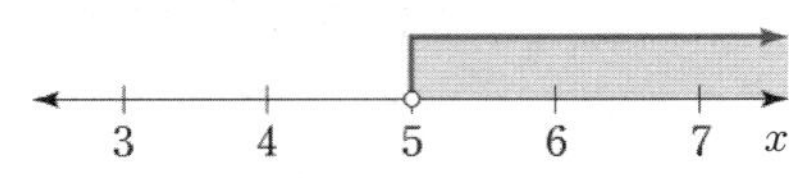

❸ $x \leq 5$

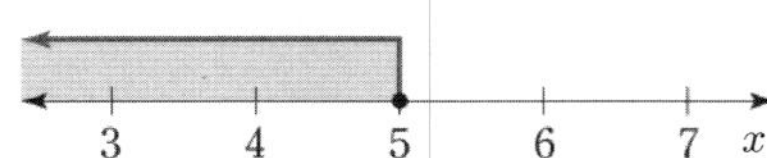

❹ $x \geq 5$

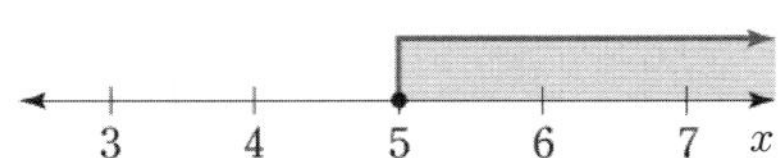

> **✏️ 예제 03**
>
> 일차부등식 $3x - 1 \geq x - 3$을 풀고, 그 해를 수직선 위에 나타내시오.
>
> x와 -1을 각각 이항하면 $\quad 3x - x \geq -3 + 1$
>
> 양변을 정리하면 $\quad\rightarrow\quad 2x \geq -2$
>
> 양변을 2로 나누면 $\quad\rightarrow\quad x \geq -1$
>
> 이 해를 수직선 위에 나타내면 오른쪽 그림과 같다.
>
> $\therefore x \geq -1$

3 연립방정식

(1) 미지수가 2개인 일차방정식

미지수가 2개이고, 차수가 모두 1인 방정식을 <u>미지수가 2개인 일차방정식</u>이라고 한다.
미지수가 2개인 일차방정식은 다음과 같이 나타낸다.

$$ax + by + c = 0 \ (단, \ a, \ b, \ c는 \ 상수, \ a \neq 0, \ b \neq 0)$$

(2) 미지수가 2개인 연립일차방정식

미지수가 2개인 두 일차방정식을 한 쌍으로 묶어 나타낸 것을 미지수가 2개인 연립일차
방정식 또는 간단히 연립방정식이라고 한다.

예 $\begin{cases} x + y = 4 \\ 2x - y = 2 \end{cases}$

(3) 연립방정식의 해

① 두 일차방정식을 동시에 만족시키는 x, y의 값 또는 그 순서쌍 (x, y)
② 연립방정식에서 <u>각각의 방정식의 공통인 해</u>를 그 연립방정식의 해라 하고, 연립방정
식의 해를 구하는 것을 '연립방정식을 푼다'고 한다.

(4) 연립방정식의 풀이

① 연립방정식의 풀이 1 (대입법)
한 미지수를 없애기 위하여 한 방정식(더 간단한 식을 선택)을 어떤 미지수에 대하여
정리한 식을 다른 방정식의 그 미지수에 대입하여 연립방정식을 푸는 방법을 대입법
이라고 한다.

$$\text{예}\quad \begin{cases} x = 2y & \cdots\cdots \ \textcircled{\scriptsize ㄱ} \\ 2x + y = 7500 & \cdots\cdots \ \textcircled{\scriptsize ㄴ} \end{cases}$$

이 식에서 미지수 x를 없애기 위하여 $\textcircled{\scriptsize ㄱ}$을 $\textcircled{\scriptsize ㄴ}$에 대입하면

$2 \times 2y + y = 7500$이므로,

$5y = 7500$과 같이 미지수가 1개인 방정식을 얻는다.

이 방정식을 풀면 $y = 1500$이고, 이것을 $\textcircled{\scriptsize ㄱ}$에 대입하면 $x = 3000$이다.

따라서 이 연립방정식의 해는 $x = 3000$, $y = 1500$이다.

② 연립방정식의 풀이 2 (가감법)

연립방정식의 두 일차방정식을 변끼리 더하거나 빼서 한 미지수를 없앤 후 연립방정식의 해를 구할 수 있다.

$$\text{예}\quad \begin{cases} 2x + y = 7 & \cdots\cdots \ \textcircled{\scriptsize ㄱ} \\ 3x - y = 3 & \cdots\cdots \ \textcircled{\scriptsize ㄴ} \end{cases}$$

y를 없애기 위하여 $\textcircled{\scriptsize ㄱ}$, $\textcircled{\scriptsize ㄴ}$을 변끼리 더하면

$5x = 10 \ \rightarrow \ x = 2$이고,

$x = 2$를 $\textcircled{\scriptsize ㄱ}$에 대입하면

$2 \times 2 + y = 7 \ \rightarrow \ y = 3$

따라서 주어진 연립방정식의 해는 $x = 2$, $y = 3$이다.

✎ 예제 04

$\begin{cases} 4x + y = 6 \\ 2x + y = 4 \end{cases}$ 의 해를 구하시오.

방법1 ▷ 위의 연립방정식의 $4x + y = 6$에서 $2x + y = 4$를 변끼리 빼면

$4x - 2x = 6 - 4 \ \rightarrow \ 2x = 2 \ \rightarrow \ x = 1$이고,

$x = 1$을 $4x + y = 6$에 대입하여 정리하면

$4 + y = 6 \ \rightarrow \ y = 6 - 4 \ \rightarrow \ y = 2$

따라서 이 연립방정식의 해는 $x = 1$, $y = 2$이다.

방법2 ▷ y를 없애기 위하여 두 식을 변끼리 빼면

$$\begin{array}{r} 4x + y = 6 \\ -\ )\ 2x + y = 4 \\ \hline 2x \quad\ \ = 2 \end{array}$$

$\rightarrow \ x = 1$이고, $x = 1$을 대입하여 정리하면 위와 같이 $y = 2$이다.

(5) 연립방정식의 활용

여러 가지 수량과 관련된 문제 중에는 연립방정식을 활용하여 해결할 수 있는 경우가 많다.
① 문제의 뜻을 파악하고, 미지수를 결정한다.
② 문제의 뜻에 따라 연립방정식을 세운다.
③ 연립방정식을 푼다.
④ 구한 해가 문제의 뜻에 맞는지 확인한다.

4 이차방정식

(1) 이차방정식

방정식의 모든 항을 좌변으로 이항하여 정리한 식이
(x에 대한 이차식)$=0$의 꼴로 나타나는 방정식을 x에 대한 이차방정식이라고 한다.

$$ax^2 + bx + c = 0 \ (a \neq 0, \ a, \ b, \ c \text{는 상수})$$

(2) 이차방정식의 해

이차방정식 $ax^2 + bx + c = 0$ 을 참이 되게 하는 미지수 x의 값을 이차방정식의 해 또는 근이라 한다.

⑩ 이차방정식 $x^2 + 2x - 3 = 0$에서 $x = -3$은 이차방정식의 해인가?
　이차방정식의 해는 식을 참이 되게 하는 값이므로 식에 대입하여 확인한다.
　$(-3)^2 + 2 \times (-3) - 3 = 9 - 6 - 3 = 0$이므로 $x = -3$은 이차방정식의 해이다.

(3) 이차방정식의 풀이 1 (인수분해)

$AB = 0$이면 $A = 0$ 또는 $B = 0$의 성질을 이용하여 이차방정식을 풀 수 있다.
① 주어진 이차방정식을 $ax^2 + bx + c = 0$ 으로 고친다.
② 좌변을 인수분해한다.
③ $AB = 0$이면 $A = 0$ 또는 $B = 0$임을 이용하여 해를 구한다.

$$AB = 0 \ \Rightarrow \ A = 0 \ \text{또는} \ B = 0$$

예제 05

❶ 이차방정식 $(x+2)(x-3)=0$의 해를 구하시오.

$(x+2)(x-3)=0$에서 $x+2=0$ 또는 $x-3=0$이므로

이차방정식의 해는 $x=-2$ 또는 $x=3$이다.

❷ 이차방정식 $x^2-7x+10=0$의 해를 구하시오.

주어진 이차방정식의 좌변을 인수분해하면 $(x-2)(x-5)=0$이 된다.

$x-2=0$ 또는 $x-5=0$이므로

$x^2-7x+10=0$의 해는 $x=2$ 또는 $x=5$이다.

(4) 이차방정식의 풀이 2 (제곱근)

① 이차방정식 $x^2=q\,(q\geq 0)$의 해 : $x=\sqrt{q}$ 또는 $x=-\sqrt{q}$

② 이차방정식 $(x+p)^2=k\,(k\geq 0)$의 해 : $x=-p+\sqrt{k}$ 또는 $x=-p-\sqrt{k}$

$$(x+p)^2=q$$

$$\downarrow$$

$$x+p=\pm\sqrt{q}$$

$$\downarrow$$

$$x=-p\pm\sqrt{q}$$

예제 06

이차방정식 $x^2=5$의 해를 구하시오.

$x^2=5$이므로 x는 5의 제곱근이다.

따라서 해는 $x=\sqrt{5}$ 또는 $x=-\sqrt{5}$

(5) 이차방정식의 풀이 3 (근의 공식)

x에 관한 이차방정식 $ax^2 + bx + c = 0 \; (a \neq 0)$의 해는

$$x = \frac{-b \pm \sqrt{b^2 - 4ac}}{2a} \quad (단, \; b^2 - 4ac \geq 0)$$

01 다음 중 등식의 성질을 바르게 사용한 것은?

① $x + 3 = 2x \rightarrow x - 2x = 3$

② $2x = 6 \rightarrow x = 6 - 2$

③ $3x - 4 = x + 2 \rightarrow 3x + x = 2 - 4$

④ $x + 3 = 2 \rightarrow x = 2 - 3$

02 다음 중 x의 값에 관계없이 항상 참이 되는 등식은?

① $x = 0$

② $2x + x = 3$

③ $x + 3 = x + 3$

④ $x + 2 = 2x$

03 다음 중 [ ] 안의 수가 주어진 일차방정식의 해인 것은?

① $3x + 7 = 5 - x$ $[-1]$

② $5 + 3x = -2x + 6$ $[0]$

③ $2x - 5 = -2$ $[1]$

④ $2(x - 1) + 3 = 3x - 2$ $[3]$

04 일차방정식 $3x - 4 = 8$을 풀면 $x = a$이다. a의 값은?

① 1

② 2

③ 3

④ 4

05 일차방정식 $2x + 5 = x - 2$의 해는?

① -3

② -7

③ 7

④ 3

06 일차방정식 $3x - 1 = x + 1$의 해는?

① 1

② 2

③ 3

④ 4

07 한 개에 1000원인 음료수 2개와 한 개에 500원인 과자 몇 개를 구입한 금액이 3500원이었다. 구입한 과자의 개수는?

① 1개 　　　　② 2개
③ 3개 　　　　④ 4개

08 한 권에 500원인 공책 2권과 한 자루에 200원인 볼펜 몇 개를 구입한 금액이 2000원이었다. 구입한 볼펜의 개수는?

① 1개 　　　　② 2개
③ 4개 　　　　④ 5개

09 $a > b$일 때, 다음 중 옳지 <u>않은</u> 것은?

① $a + 3 > b + 3$ 　　② $2 - a < 2 - b$
③ $-\dfrac{2}{3}a > -\dfrac{2}{3}b$ 　　④ $\dfrac{a}{2} + 1 > \dfrac{b}{2} + 1$

10 다음 문장을 부등식으로 나타낸 것은?

> 한 개에 x원인 과자 5개의 가격은 2000원 이하이다.

① $5x \geq 2000$ 　　② $5x > 2000$
③ $5x \leq 2000$ 　　④ $5x < 2000$

11 다음 문장을 부등식으로 나타낸 것은?

> 한 명의 입장료가 1200원인 동물원에 x명이 입장을 하면 총 입장료는 7000원을 초과한다.

① $1200x < 7000$ 　　② $1200x \leq 7000$
③ $1200x > 7000$ 　　④ $1200x \geq 7000$

12 수직선 위에 나타낸 x의 값의 범위를 부등식으로 표현하면?

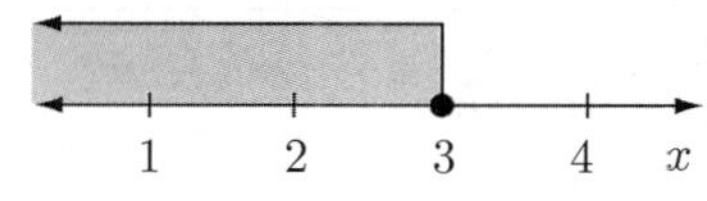

① $x > 3$ 　　　　② $x < 3$
③ $x \geq 3$ 　　　　④ $x \leq 3$

13 수직선 위에 나타낸 x의 값의 범위를 부등식으로 표현하면?

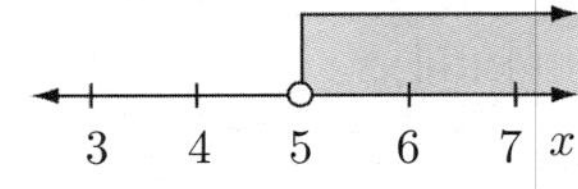

① $x < 5$ ② $x > 5$

③ $x \leq 5$ ④ $x \geq 5$

14 일차부등식 $-2x + 5 < 2x - 3$의 해를 수직선 위에 나타낸 것은?

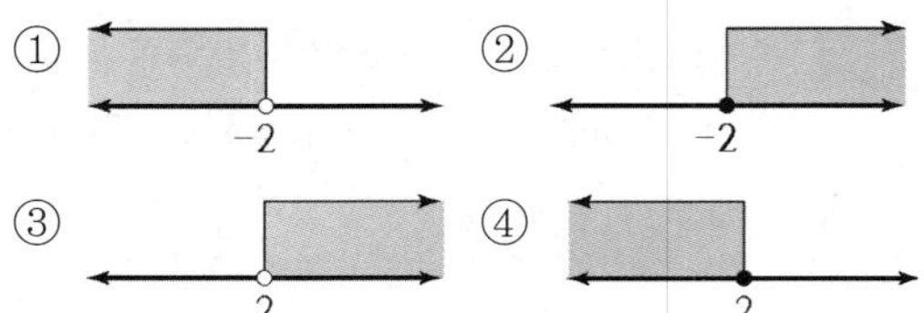

15 일차부등식 $2x + 1 > -x + 10$의 해를 수직선 위에 나타낸 것은?

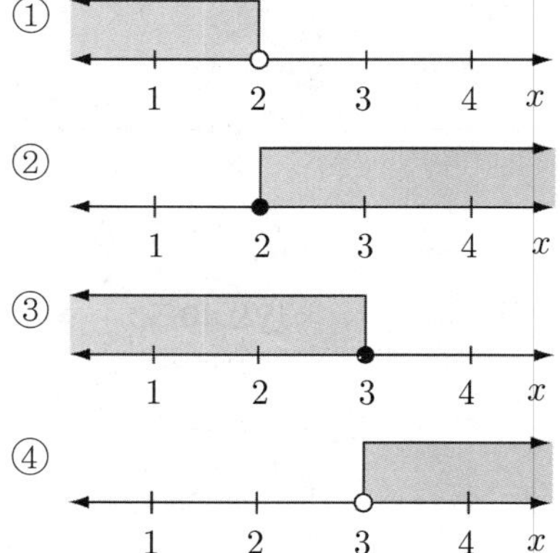

16 연립방정식 $\begin{cases} x - 3y = -1 \\ 6x + 3y = 15 \end{cases}$ 의 해는?

① $x = 1,\ y = 1$ ② $x = 2,\ y = 1$

③ $x = 2,\ y = 2$ ④ $x = 3,\ y = 3$

17 연립방정식 $\begin{cases} y = x - 1 \\ 2x - 3y = 1 \end{cases}$ 의 해는?

① $x = 1,\ y = 1$ ② $x = 2,\ y = 1$

③ $x = 1,\ y = 2$ ④ $x = 2,\ y = 2$

18 어느 지하철의 어른 요금이 청소년 요금의 2배라고 한다. 어른 2명과 청소년 1명의 요금의 합이 5000원일 때, 청소년 1명의 요금은?

① 500원   ② 1000원

③ 1500원   ④ 2000원

19 케이크 1개의 가격이 커피 1잔의 가격의 3배인 가게가 있다. 케이크 1개와 커피 2잔을 구입하고 25000원을 냈다고 할 때, 케이크 1개의 가격은?

① 10000원 ② 15000원
③ 20000원 ④ 25000원

20 이차방정식 $(x-1)(x+3)=0$의 한 근이 1일 때, 다른 한 근은?

① -3 ② -1
③ 3 ④ 4

21 이차방정식 $(x-2)(x+4)=0$의 두 근의 합은?

① -3 ② -2
③ 2 ④ 3

22 이차방정식 $x^2-3x-4=0$의 두 근을 a, b라 할 때, ab의 값은?

① -4 ② -3
③ 3 ④ 4

23 이차방정식 $x^2+5x+6=0$의 해가 되는 것은?

① $x=2$ ② $x=-1$
③ $x=-5$ ④ $x=-2$

24 이차방정식 $x^2=2x+8$의 한 근이 $x=-2$일 때, 다른 한 근은?

① 1 ② 2
③ 3 ④ 4

25 이차방정식 $x^2+2x+a=0$의 한 근이 1일 때 a의 값은?

① -5 ② -3
③ 3 ④ 5

함수

1 순서쌍과 좌표

(1) 수직선 위의 점의 좌표

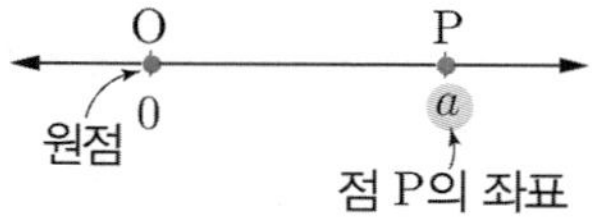

수직선 위의 점이 나타내는 수를 그 점의 좌표라 하고, 점 P의 좌표가 a일 때 이것을 기호로 $P(a)$와 같이 나타낸다. 특히 좌표가 0인 점을 원점이라 하고 O로 나타낸다.

(2) 좌표평면

두 수직선이 점 O에서 서로 수직으로 만날 때 가로의 수직선을 x축, 세로의 수직선을 y축이라 하고, 이 두 축을 통틀어 좌표축이라 한다.
또 두 좌표축의 교점 O를 원점이라 하고, 좌표축이 정해져 있는 평면을 좌표평면이라 한다.

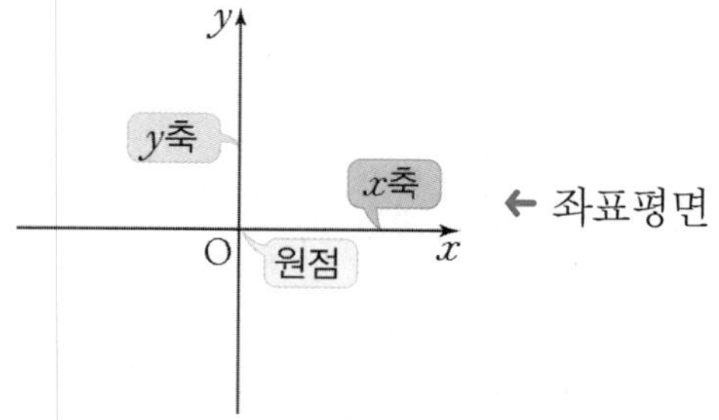

(3) 좌표평면 위의 점의 좌표

좌표평면 위의 한 점 P에서 x축, y축에 각각 수선을 긋고 이 수선이 x축, y축과 만나는 점에 대응하는 수를 각각 a, b라고 할 때, 순서쌍 (a, b)를 점 P의 좌표라 하고, 이것을 기호로 $P(a, b)$와 같이 나타낸다.
이때, a를 점 P의 x좌표, b를 점 P의 y좌표라 한다.

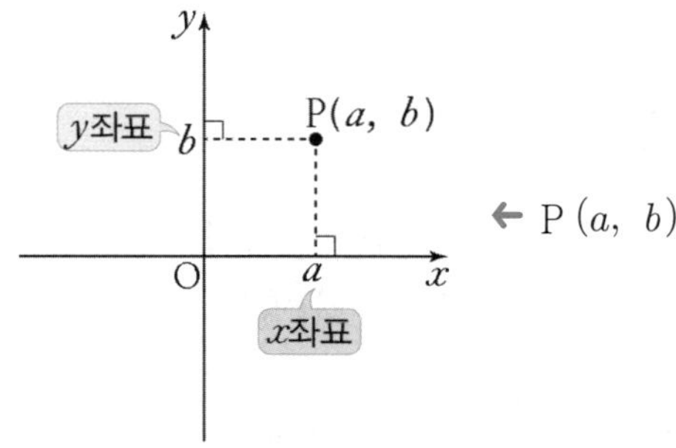

(4) 좌표평면의 사분면

① 좌표평면은 아래 그림과 같이 좌표축에 의하여 네 부분으로 나누어진다.
　 그 각각을 제1사분면, 제2사분면, 제3사분면, 제4사분면이라고 한다.

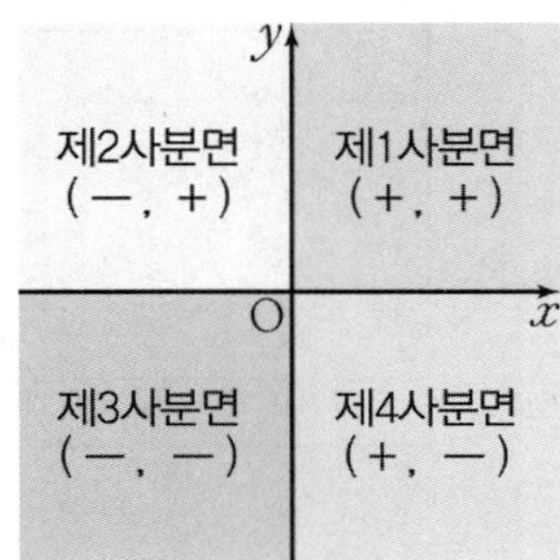

② 사분면 위에 있는 점의 x좌표와 y좌표의 부호

구분	제1사분면	제2사분면	제3사분면	제4사분면
x좌표의 부호	+	−	−	+
y좌표의 부호	+	+	−	−

 예제 01

다음의 각 점은 제 몇 사분면 위에 있는지 쓰시오.

❶ A$(-2, -3)$　제3사분면

❷ B$(3, 4)$　제1사분면

❸ C$(1, -2)$　제4사분면

❹ D$(-4, 1)$　제2사분면

2 그래프와 그 해석

(1) 그래프

① 변수 : x, y와 같이 여러 가지로 변하는 값을 나타내는 문자를 변수라고 한다.

② 그래프 : 두 변수의 순서쌍 (x, y)를 좌표평면 위에 나타낸 점이나 직선, 곡선을 그래프라고 한다.

예 집으로부터 거리가 30km 떨어진 목적지까지 자전거를 타고 가는데, 집에서 출발하여 60분 만에 도착했다고 하자.

출발한 지 x분 동안 달렸을 때의 이동한 거리를 y km라고 하고, 일정한 속도로 달렸다고 할 때, 시간이 지남에 따라 거리가 일정하게 증가하므로 두 변수 x와 y 사이의 관계를 그래프로 나타내면 다음과 같다.

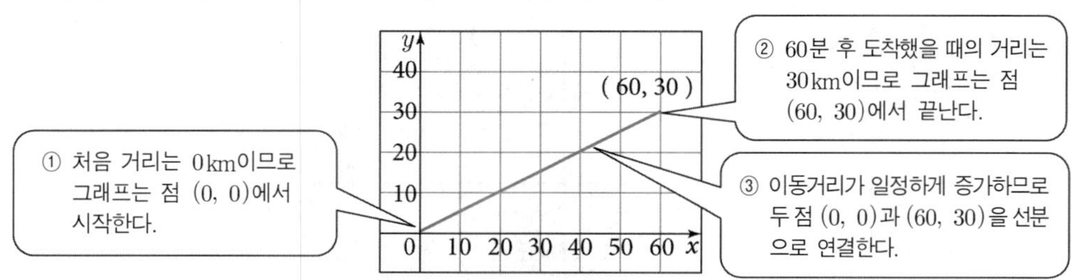

3 정비례와 반비례

(1) 정비례

다음과 같이 x의 값이 2배, 3배, 4배, …로 변함에 따라 y의 값도 2배, 3배, 4배, …로 변할 때, y는 x에 정비례한다고 한다.

x (시간)	1	2	3	4	…
y (km/h)	4	8	12	16	…

또한 $\dfrac{y}{x} = \dfrac{4}{1} = \dfrac{8}{2} = \dfrac{12}{3} = \cdots = 4$ (일정)

y의 값은 항상 x의 값의 4배임을 알 수 있다. 즉, 두 변수 x와 y 사이에는 $y = 4x$의 관계가 성립한다.

일반적으로 y가 x에 정비례할 때, 두 변수 x와 y 사이의 관계는 $y = ax$ (단, $a \neq 0$)와 같은 식으로 나타낼 수 있다.

 예제 02

x와 y가 정비례하고, $x = 4$일 때 $y = 12$이다. x와 y 사이의 관계를 식으로 나타내시오.

y의 값이 x의 값의 3배이므로, $y = 3x$의 관계가 성립한다.

(2) 정비례 관계의 그래프의 성질

① $y = ax$ $(a \neq 0)$의 그래프는 원점을 지나는 직선이다.

② $a > 0$일 때

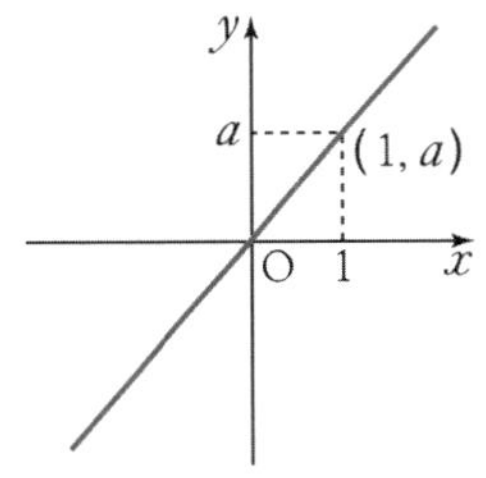

→ 제1사분면과 제3사분면을 지난다.
오른쪽 위로 향하는 직선이다.
x의 값이 커지면 y의 값도 커진다.

③ $a < 0$일 때

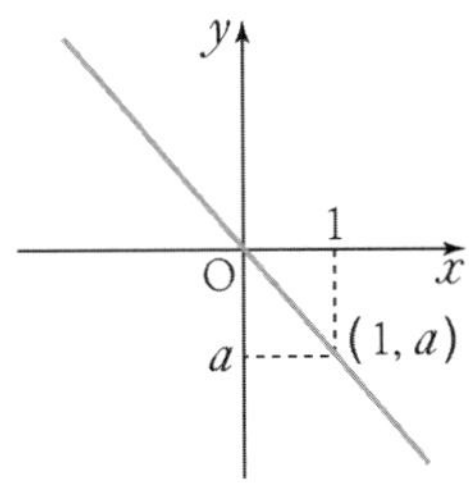

→ 제2사분면과 제4사분면을 지난다.
오른쪽 아래로 향하는 직선이다.
x의 값이 커지면 y의 값은 작아진다.

(3) 반비례

다음과 같이 x의 값이 2배, 3배, 4배, …로 변함에 따라 y의 값이 $\frac{1}{2}$배, $\frac{1}{3}$배, $\frac{1}{4}$배, …로 변할 때, y는 x에 반비례한다고 한다.

x(km/h)	1	2	3	4	…
y(시간)	24	12	8	6	…

또한 위의 표에서 xy의 곱이 $1 \times 24 = 2 \times 12 = 3 \times 8 = 4 \times 6 = 24$로 일정함을 알 수 있다. 즉, 두 변수 x와 y 사이에는 $xy = 24$, 즉 $y = \dfrac{24}{x}$의 관계가 성립한다.

일반적으로 y가 x에 반비례할 때, 두 변수 x와 y 사이의 관계는 $y = \dfrac{a}{x}$ (단, $a \neq 0$)와 같은 식으로 나타낼 수 있다.

✏️ 예제 03

x와 y가 반비례하고, $x = 4$일 때 $y = 2$이다. x와 y 사이의 관계를 식으로 나타내시오.

x와 y의 곱이 8, $xy = 8$이므로, $y = \dfrac{8}{x}$의 관계가 성립한다.

---

(4) 반비례 그래프의 성질

① $y = \dfrac{a}{x}\,(a \neq 0)$의 그래프는 원점에 대칭인 쌍곡선이다.

② $a > 0$일 때

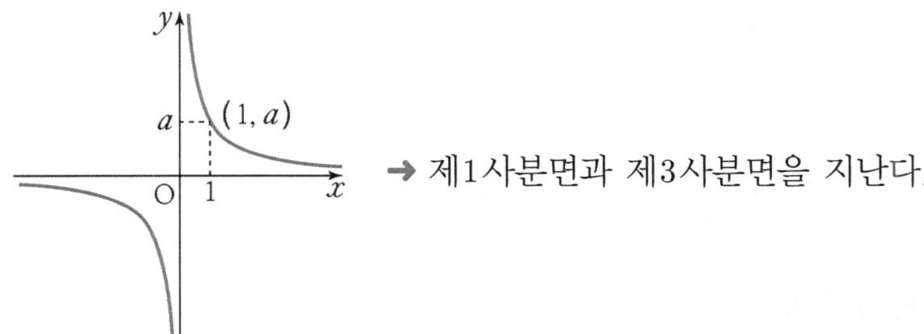

→ 제1사분면과 제3사분면을 지난다.

③ $a < 0$일 때

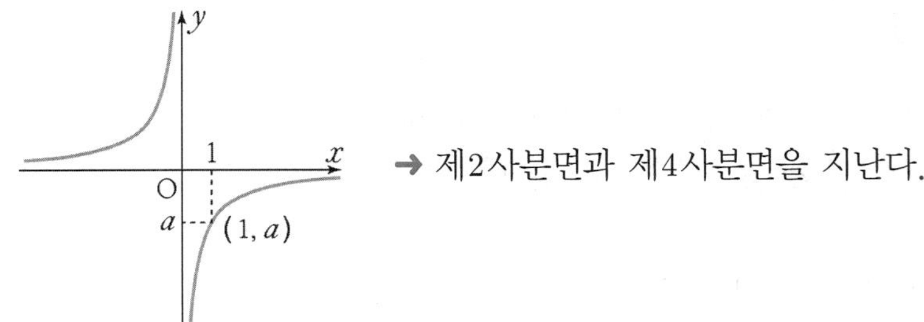

→ 제2사분면과 제4사분면을 지난다.

4 일차함수와 그 그래프

(1) 함수의 뜻

한 병에 700원인 음료수를 x병 살 때 지불해야 하는 금액을 y원이라 하고, x와 y 사이의 관계를 표로 나타내면 다음과 같다.

x	1	2	3	4	5	⋯
y	700	1400	2100	2800	3500	⋯

위의 표에서 x의 값이 1, 2, 3, ⋯으로 변함에 따라 y의 값은 700, 1400, 2100, ⋯으로 하나씩 정해지고, y를 x의 식으로 나타내면 $y = 700x$이다.

이와 같이 두 변수 x, y에 대하여 x의 값이 변함에 따라 y의 값이 하나씩 정해지는 두 양 사이의 대응 관계가 있을 때, y를 x에 대한 함수라 하고 이것을 기호로 $y = f(x)$와 같이 나타낸다.

(2) 함숫값

함수 $y = f(x)$에서 x의 값에 따라 하나씩 정해지는 y의 값 $f(x)$를 x에 대한 함숫값이라고 한다.

예 y가 x의 함수이고 $y = 2x$인 관계가 있을 때, 이 함수를 $f(x) = 2x$로 나타낸다.

이때, 함수 $y = 2x$에서 x의 값이 1, 2일 때, x에 대한 함숫값 $f(x)$는 다음과 같다.

$$x = 1일 \ 때, \ f(1) = 2 \times 1 = 2$$
$$x = 2일 \ 때, \ f(2) = 2 \times 2 = 4$$

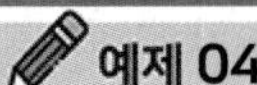

예제 04

$f(x) = 2x + 1$일 때, $f(3)$의 값을 구하시오.

$f(3)$은 식의 x 대신 3을 대입하면 되므로 $f(3) = 2 \times 3 + 1 = 6 + 1 = 7$

(3) 일차함수의 뜻

$y = f(x)$에서 y가 x에 관한 일차식 $y = ax + b \ (a \neq 0, \ a, \ b$는 상수)로 나타내어질 때, 이 함수를 x에 대한 일차함수라고 한다.

(4) $y = ax + b \ (a \neq 0)$의 그래프

① 평행이동 : 한 도형(직선, 곡선)을 일정한 방향으로 일정한 거리만큼 옮기는 것
② $y = ax + b$의 그래프는 $y = ax$의 그래프를 y축 방향으로 b만큼 평행이동한 직선이다.
③ $b > 0$일 때, b만큼 y축의 양의 방향으로 평행이동한다.
　　$b < 0$일 때, $|b|$만큼 y축의 음의 방향으로 평행이동한다.

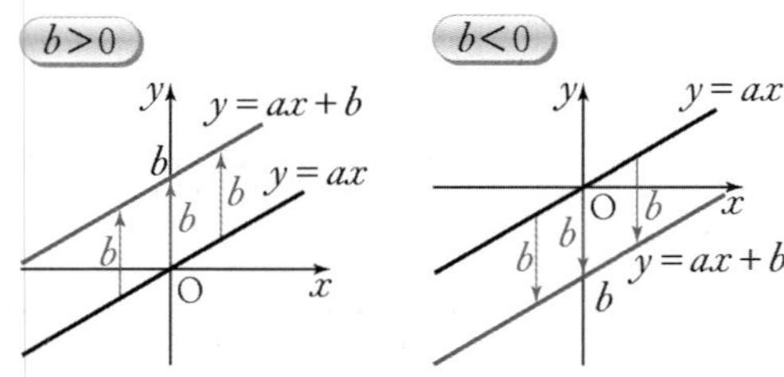

(5) 일차함수 $y = ax + b \ (a \neq 0)$의 x절편, y절편

① x절편 : 일차함수의 그래프와 x축이 만나는 점의 x좌표이다.
　　➜ $y = 0$일 때, x의 값
② y절편 : 일차함수의 그래프와 y축이 만나는 점의 y좌표이다.
　　➜ $x = 0$일 때, y의 값

③ 일차함수 $y = ax + b$ $(a \neq 0)$에서 x절편 : $-\dfrac{b}{a}$, y절편 : b이다.

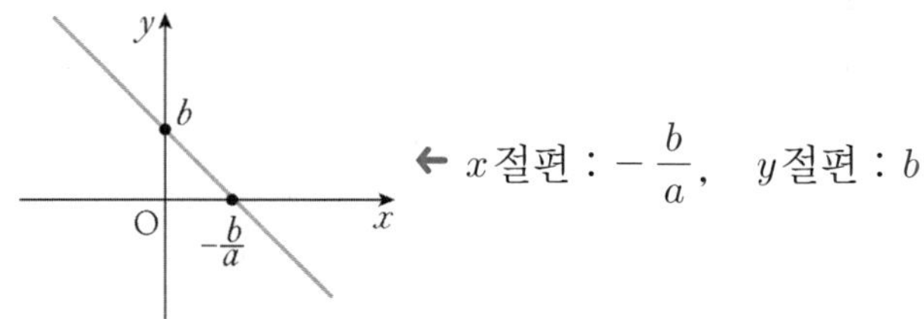

(6) 일차함수의 기울기

① $y = ax + b$ 에서 x의 값의 증가량에 대한 y의 값의 증가량의 비율을 기울기라고 한다.

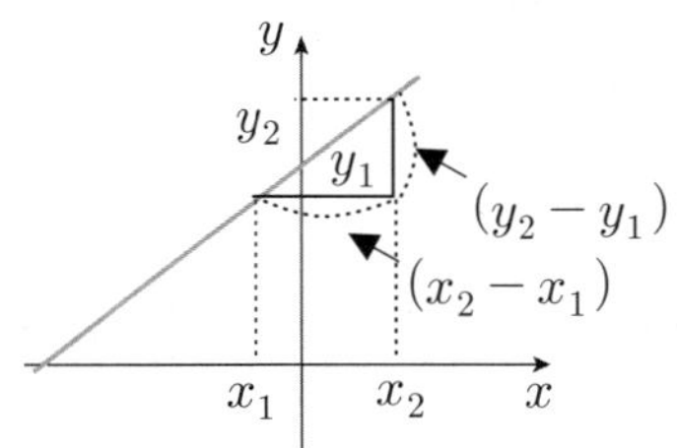

② 기울기 $a = \dfrac{(y의\ 값의\ 증가량)}{(x의\ 값의\ 증가량)} = \dfrac{y_2 - y_1}{x_2 - x_1}$

✏️ **예제 05**

다음 일차함수의 기울기를 구하시오.

❶ $y = -2x + 5$ 기울기 : -2

❷ $y = \dfrac{1}{2}x + 3$ 기울기 : $\dfrac{1}{2}$

❸ 일차함수 $y = ax - 5$에서 x의 값이 3만큼 증가할 때, y의 값은 12만큼 감소한다. 이때 a의 값을 구하면? 기울기 $a = \dfrac{(y의\ 값의\ 증가량)}{(x의\ 값의\ 증가량)} = \dfrac{-12}{3} = -4$ $\therefore a = -4$

(7) 기울기와 일차함수 $y = ax + b$ 의 관계

① $a > 0$ (증가함수)

오른쪽 위로 향하는 직선($\nearrow$)이고 x의 값이 증가하면 y의 값도 증가한다.

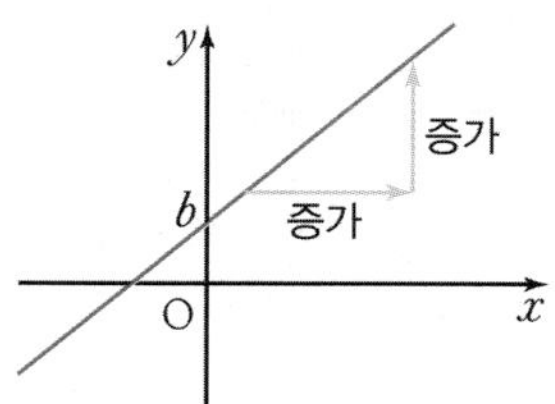

② $a < 0$ (감소함수)

오른쪽 아래로 향하는 직선($\searrow$)이고 x의 값이 증가하면 y의 값은 감소한다.

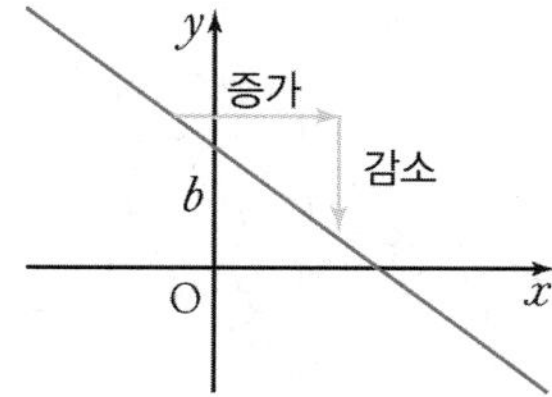

(8) 일차함수의 그래프의 평행과 일치

① 기울기가 같은 두 일차함수의 그래프는 서로 평행하거나 일치한다.
② 서로 평행한 두 일차함수의 그래프의 기울기는 같다.

$$y = \boxed{a}\, x + b$$

기울기

✏️ 예제 06

다음 일차함수에서 그 그래프가 서로 평행한 것끼리 짝 지으시오.

❶ $y = 2x + 3$ ❷ $y = -3x - 7$

❸ $y = -\dfrac{1}{3}x + 3$ ❹ $y = 2x - 7$

❶, ❹ 기울기가 2로 같으므로 평행하다.

(9) 일차함수의 식 구하기 1 – [기울기와 y절편이 주어질 때]

기울기가 a, y절편이 b인 직선을 그래프로 하는 일차함수의 식은 $y = ax + b$이다.

$$y = \boxed{a}\, x + \boxed{b}$$
$$\uparrow \qquad \uparrow$$
$$\text{기울기} \quad y\text{절편}$$

(10) 일차함수의 식 구하기 2 – [기울기와 한 점이 주어질 때]

① $y = ax + b$로 놓는다.

② ①의 식에 주어진 점을 대입하여 b의 값을 구한다.

　예 기울기가 2이고 점 $(-1, 3)$을 지나는 직선을 그래프로 하는 일차함수의 식 구하기

　　❶ 구하는 일차함수의 식을 $y = ax + b$라고 하면 기울기가 2이므로

　　$y = 2x + b$로 나타낼 수 있다.

　　❷ 이 그래프가 점 $(-1, 3)$을 지나므로 ❶에 $x = -1$, $y = 3$을 대입하면

　　$3 = 2 \times (-1) + b, \qquad b = 5$

　　따라서 구하는 일차함수의 식은 $y = 2x + 5$이다.

5　일차함수와 일차방정식

(1) 축에 평행한 방정식

① 점 (a, b)를 지나고 x축에 평행한 직선의 방정식 ➡ $y = b$

② 점 (a, b)를 지나고 y축에 평행한 직선의 방정식 ➡ $x = a$

(2) 연립방정식의 해와 함수의 그래프

연립방정식의 해는 함수의 그래프의 교점의 좌표와 같다.

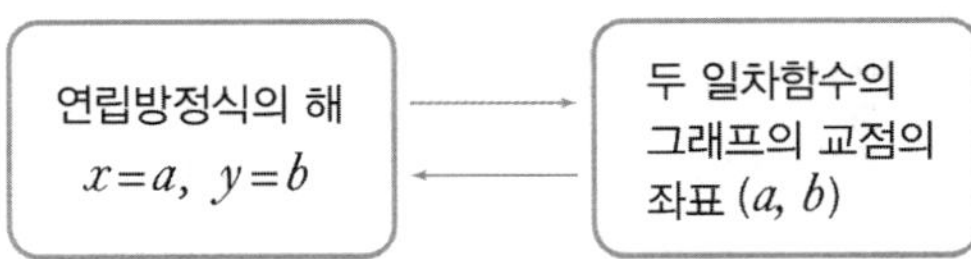

연립방정식 $\begin{cases} x - y = -1 \\ 2x + y = 4 \end{cases}$ 의 해를 그래프를 이용하여 구하시오.

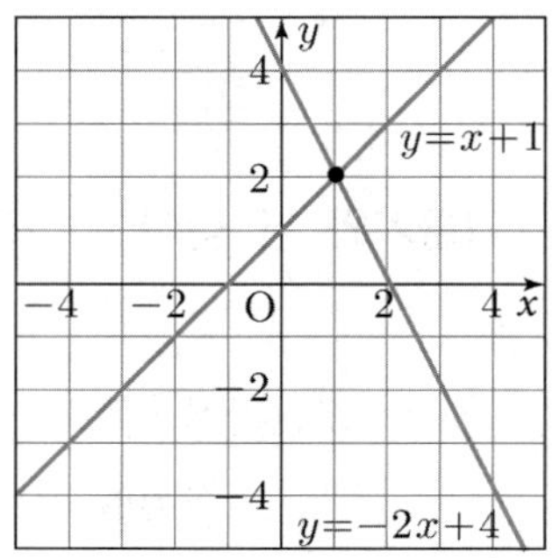

이 연립방정식의 두 일차방정식 $x - y = -1$, $2x + y = 4$의 그래프는
각각 두 일차함수 $y = x + 1$, $y = -2x + 4$의 그래프와 같고,
두 그래프는 위의 그림과 같이 점 $(1, 2)$에서 만난다.
이때 교점의 좌표 $(1, 2)$, 즉 $x = 1$, $y = 2$는 연립방정식의 해와 같음을 알 수 있다.

6 이차함수

(1) 이차함수

함수 $y = f(x)$에서 y가 x에 관한 이차식 $y = ax^2 + bx + c$ $(a \neq 0,\ a,\ b,\ c$는 상수)로 나타내어질 때, 이 함수를 x에 관한 이차함수라 한다.

(2) 이차함수 $y = x^2$의 그래프

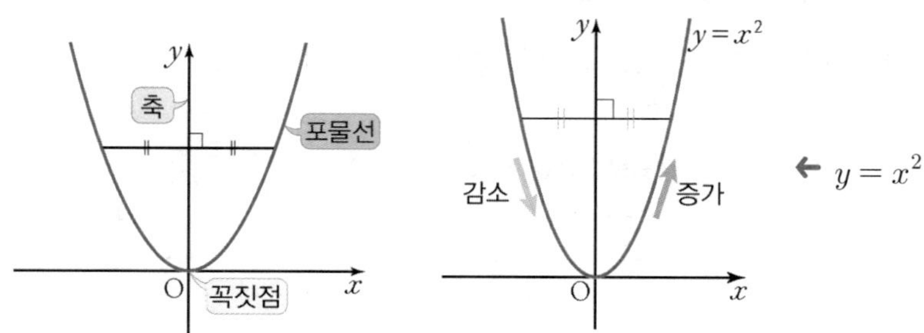

이차함수 $y = x^2$의 그래프는
① 원점을 지나고 아래로 볼록한 곡선이다.
② y축에 대하여 대칭이다.

③ $x < 0$일 때, x의 값이 증가하면 y의 값은 감소한다.

　$x > 0$일 때, x의 값이 증가하면 y의 값도 증가한다.

④ 원점 $(0, 0)$을 꼭짓점으로 하는 포물선이다.

(3) $y = ax^2$의 그래프

① 원점 $(0, 0)$을 꼭짓점으로 하는 포물선이다.

② y축에 대칭이다. → 축의 방정식 : $x = 0$ $(y$축$)$

③ $a > 0$일 때는 아래로 볼록하고, $a < 0$일 때는 위로 볼록하다.

④ a의 절댓값이 클수록 폭이 좁아진다.

⑤ $y = -ax^2$의 그래프와 x축에 대하여 대칭이다.

✏️ 예제 08

이차함수 $y = ax^2$의 그래프에 대한 설명으로 옳은 것을 모두 고르시오.

① 원점을 꼭짓점으로 하고 x축을 축으로 하는 포물선이다.

② a의 절댓값이 클수록 그래프의 폭이 좁아진다.

③ $a < 0$일 때 위로 볼록하다.

④ 이차함수 $y = -ax^2$의 그래프와 y축에 대하여 대칭이다.

②, ③이 옳은 설명이다.

① 대칭축은 (x축이 아니라) y축이다.

④ 이차함수 $y = -ax^2$의 그래프와 (y축이 아니라) x축에 대하여 대칭이다.

---

(4) 이차함수 $y = ax^2 + q$의 그래프

① $y = ax^2$의 그래프를 y축의 방향으로 q만큼 평행이동한 것이다.

② 점 $(0, q)$를 꼭짓점, $x = 0$ $(y$축$)$을 대칭축으로 하는 그래프이다.

(5) 이차함수 $y = a(x - p)^2$의 그래프

① $y = ax^2$의 그래프를 x축의 방향으로 p만큼 평행이동한 것이다.

② 점 $(p, 0)$를 꼭짓점, $x = p$를 대칭축으로 하는 그래프이다.

다음은 이차함수 $y = 2(x-1)^2$의 그래프에 대한 설명이다. ☐ 안에 알맞은 것을 써넣으시오.

❶ 이차함수 $y = 2x^2$의 그래프를 x축의 방향으로 ☐만큼 평행이동한 것이다.   1

❷ 직선 ☐을 축으로 한다. $x = 1$

❸ 꼭짓점의 좌표는 ☐이다. $(1,\ 0)$

❹ 점 $(3,\ $☐$)$을 지나는 포물선이다.   8 $[x = 3$을 대입하면 $y = 2(3-1)^2 = 2 \times 4 = 8$이다.$]$

(6) 이차함수 $y = a(x-p)^2 + q$의 그래프

① $y = ax^2$의 그래프를 x축의 방향으로 p만큼, y축의 방향으로 q만큼 평행이동한 것이다.

② 직선 $x = p$를 축으로 하고 점 $(p,\ q)$를 꼭짓점으로 하는 포물선이다.

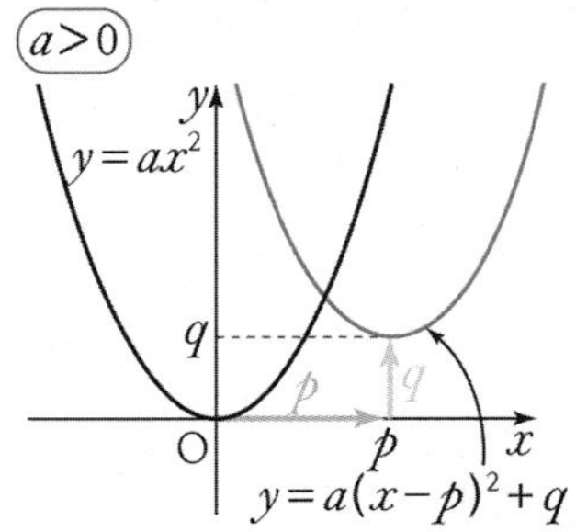

● 예 $y = (x-2)^2 + 3$의 그래프는 $y = x^2$의 그래프를 $x \to 2$, $y \to 3$만큼 평행이동한 것이다.

$$y = x^2$$

x축의 방향으로
2만큼 평행이동

$$y = (x-2)^2$$ ← $y = x^2$에서 $y = (x-2)^2 + 3$

y축의 방향으로
3만큼 평행이동

$$y = (x-2)^2 + 3$$

✏️ 예제 10

이차함수 $y = 3x^2$의 그래프를 x축의 방향으로 -3만큼, y축의 방향으로 4만큼 평행이동한 그래프의 꼭짓점의 좌표를 구하시오.

$y = 3x^2$을 x축의 방향으로 -3만큼 이동하면 $y = 3(x+3)^2$

$y = 3(x+3)^2$을 y축으로 4만큼 이동하면 $y = 3(x+3)^2 + 4$이다.

그러므로 꼭짓점의 좌표는 $(-3, 4)$

---

(7) $y = ax^2 + bx + c$의 그래프 심화 과정

이차함수 $y = ax^2 + bx + c$의 그래프는

① $y = a(x-p)^2 + q$의 꼴로 고쳐서 그릴 수 있다.

② $a > 0$이면 아래로 볼록하고 $a < 0$이면 위로 볼록하다.

③ y축과 점 $(0, c)$에서 만난다. 즉, y절편은 c이다.

01 다음 중 아래 좌표평면 위의 점의 좌표를 나타낸 것으로 옳지 <u>않은</u> 것은?

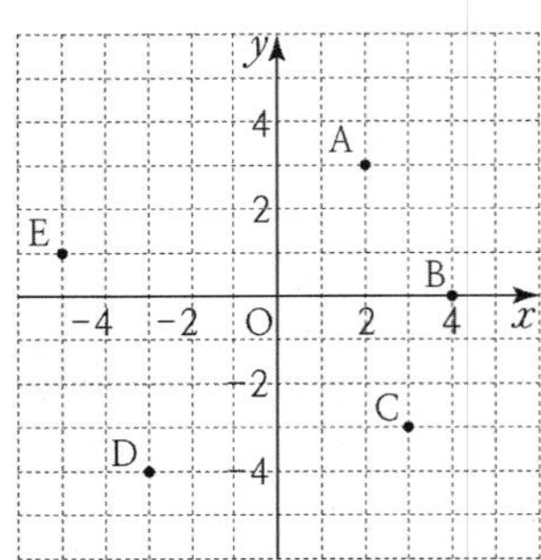

① A$(2, 3)$
② B$(0, 4)$
③ C$(3, -3)$
④ D$(-3, -4)$

02 순서쌍 $(-2, 1)$을 좌표평면 위에 나타낸 점은?

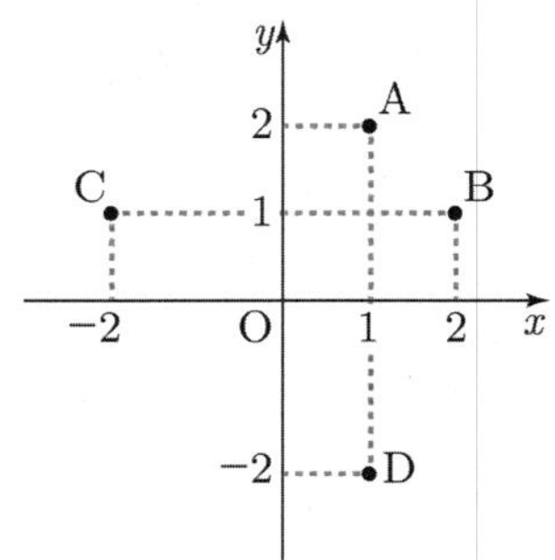

① A
② B
③ C
④ D

03 좌표평면에서 제3사분면 위에 있는 점의 좌표는?

① $(-3, -2)$
② $(-1, 3)$
③ $(1, -2)$
④ $(3, 2)$

04 다음 중 제2사분면 위에 있지 <u>않은</u> 점의 좌표는?

① $(-2, 1)$
② $(-1, 3)$
③ $(-3, 0)$
④ $(-7, 8)$

05 다음은 우현이가 자전거를 타고 이동하는 데 걸린 시간과 출발 장소로부터의 거리 사이의 관계를 나타낸 그래프이다. 우현이가 출발한 지 60분 동안 이동한 거리는 얼마인가?

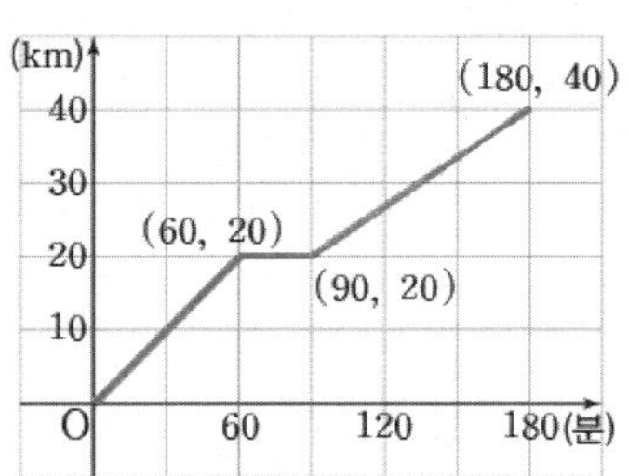

① 10km
② 15km
③ 20km
④ 40km

06 다음 그래프의 가장 알맞은 설명은?

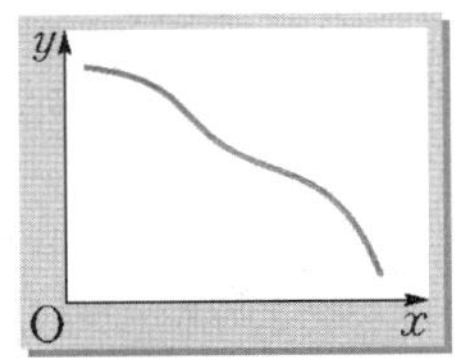

① 자동차를 타고 이동하는 시간 x에 따른 출발 장소로부터의 거리 y

② 휴대 전화를 사용한 시간 x에 따른 남은 배터리의 양 y

③ 물통에 물을 따르는 시간 x에 따른 물통에 담기는 물의 양 y

④ 휴대 전화를 사용한 시간 x에 따른 통신 요금 y

07 하루에 2개씩 알을 낳는 닭이 있다. x일 동안 낳은 알의 총 개수를 y개라고 할 때, x와 y 사이의 관계식은?

x(일)	1	2	3	4	…
y(개)	2	4	6	8	…

① $y = x$　　　② $y = 2x$

③ $y = 3x$　　　④ $y = 4x$

08 y가 x에 정비례한다고 할 때, a에 알맞은 수는?

x	1	2	3	4	…
y	3	6	a	12	…

① 7　　　② 8

③ 9　　　④ 10

09 다음 중에서 y가 x에 정비례하는 것은?

① $y = \dfrac{3}{x}$　　　② $xy = 7$

③ $y = x + 2$　　　④ $y = \dfrac{1}{3}x$

10 다음 중 함수 $y = ax$ $(a \neq 0)$의 그래프에 대한 설명으로 옳은 것은?

① 점 $(a, 1)$을 지난다.

② a의 값에 관계없이 항상 원점을 지난다.

③ $a < 0$일 때, 제3사분면을 지난다.

④ a의 절댓값이 클수록 x축에 가까워진다.

11 x의 값이 2배, 3배, 4배, …가 될 때 y의 값도 2배, 3배, 4배, …가 되고, $x=-2$일 때 $y=6$이다. $y=3$일 때 x의 값은?

① -1 ② 0

③ 1 ④ 2

12 길이가 24cm인 리본을 x개의 조각으로 똑같이 나눌 때, 한 조각의 길이는 $y$cm 이다. 이때, x와 y의 관계식은?

x	1	2	3	4	…
y	24	12	8	6	…

① $y=12x$ ② $y=24x$

③ $y=\dfrac{12}{x}$ ④ $y=\dfrac{24}{x}$

13 다음 중 함수 $y=\dfrac{a}{x}$ $(a \neq 0)$의 그래프에 대한 설명으로 옳지 <u>않은</u> 것은?

① 점 $(a,\ 1)$을 지난다.

② $a<0$일 때, 제2, 4사분면을 지난다.

③ 반비례 그래프이다.

④ a의 절댓값이 클수록 x축에 가까워진다.

14 함수 $f(x)=-\dfrac{3}{x}$에서 $f(3)$의 값은?

① -2 ② -1

③ 0 ④ 1

15 함수 $f(x)=3x$에서 $f(2)$의 값은?

① 6 ② 4

③ 2 ④ 0

16 그림은 일차함수 $y=ax+4$의 그래프이다. 상수 a의 값은?

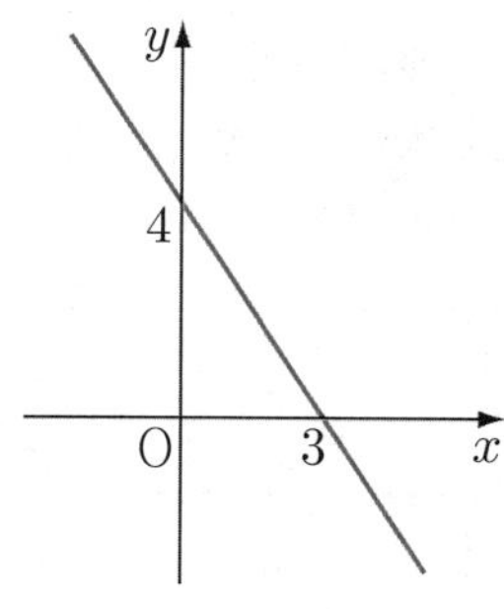

① -4 ② $-\dfrac{4}{3}$

③ $\dfrac{4}{3}$ ④ 4

17 그림은 일차함수 $y = -x + a$의 그래프이다. a의 값은?

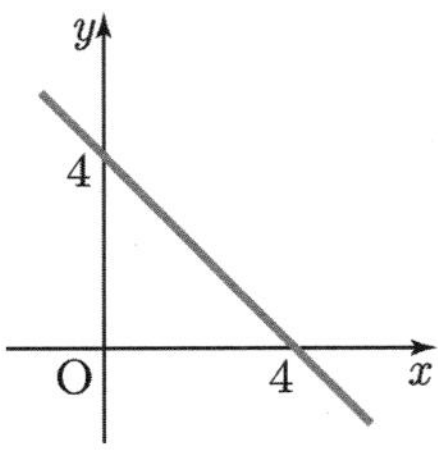

① 2 ② 3

③ 4 ④ 5

18 그림은 일차함수 $y = 3x + a$의 그래프이다. a의 값은?

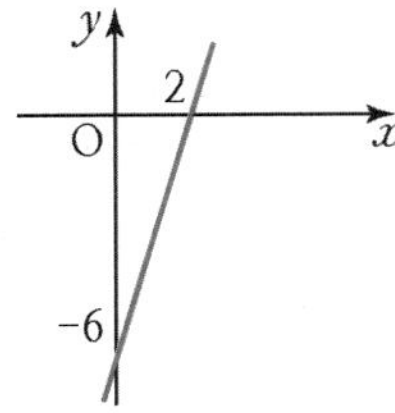

① -6 ② -3

③ -2 ④ 2

19 일차함수 $y = x + 3$이 점 $(2, a)$를 지난다. 이때, a의 값은?

① 3 ② 4

③ 5 ④ 6

20 일차함수 $y = 3x$의 그래프를 y축의 방향으로 -5만큼 평행이동한 그래프는?

① $y = 5x - 5$ ② $y = -5x$

③ $y = 3x + 5$ ④ $y = 3x - 5$

21 다음은 아래 일차함수의 그래프에 대한 설명이다. 옳지 <u>않은</u> 것은?

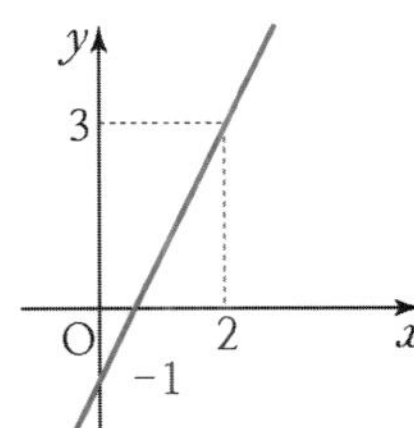

① 제1, 2, 3사분면을 지난다.

② 기울기는 2이다.

③ y절편은 -1이다.

④ 점 $(2, 3)$을 지난다.

22 기울기가 5이고, y절편이 -2인 일차함수의 식은?

① $y = -2x + 5$ ② $y = -5x + 2$

③ $y = 5x - 2$ ④ $y = 2x - 5$

23 일차함수 $y = -2x + 3$의 그래프에서 y절편은?

① 1   ② 2

③ 3   ④ 4

24 다음 일차함수의 그래프 중 일차함수 $y = 2x + 3$의 그래프와 서로 평행한 것은?

① $y = 3x + 2$ ② $y = -2x + 3$

③ $y = \dfrac{1}{2}x + 2$ ④ $y = 2x + 4$

25 다음 일차함수에서 그 그래프가 서로 평행한 것끼리 짝지은 것은?

┤ 보기 ├

(1) $y = 2x + 3$ (2) $y = -\dfrac{1}{3}x - 7$

(3) $y = -\dfrac{1}{3}x + 3$ (4) $y = -2x - 7$

① (1), (2)   ② (1), (3)

③ (3), (4)   ④ (2), (3)

26 그림은 연립방정식 $\begin{cases} x + y = -3 \\ x - y = -1 \end{cases}$ 의 해를 구하기 위하여 두 방정식의 그래프를 각각 나타낸 것이다. 이 연립방정식의 해는?

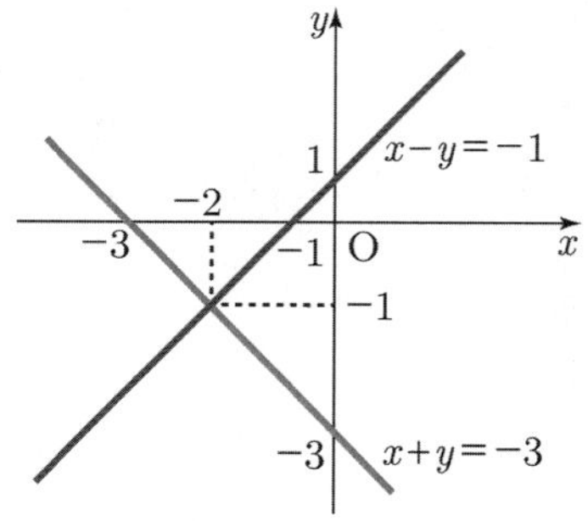

① $x = -3,\ y = -2$

② $x = -2,\ y = -1$

③ $x = 1,\ y = 0$

④ $x = 3,\ y = 1$

27 다음 중 이차함수 $y = 2(x+1)^2$의 그래프로 옳은 것은?

① 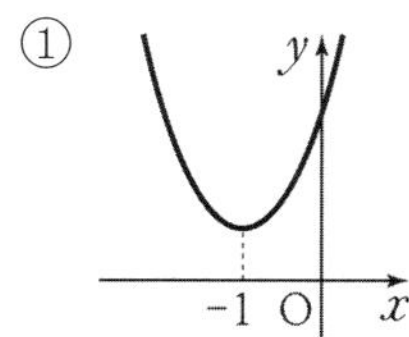

② 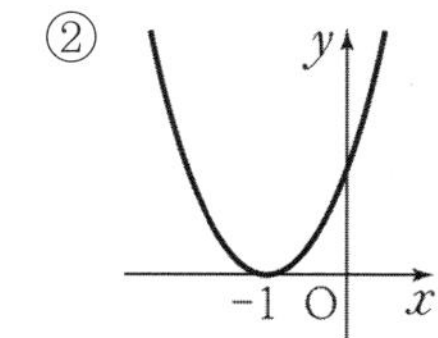

③ 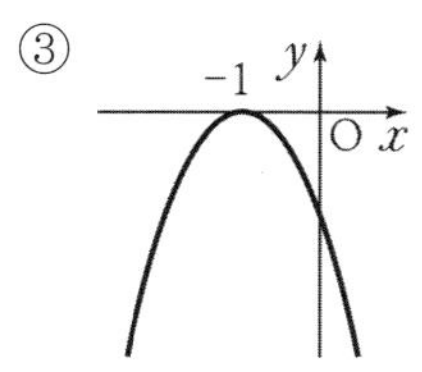

④ 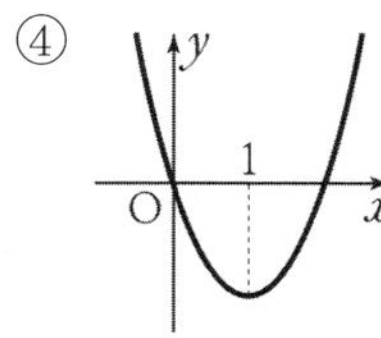

28 다음 중 이차함수 $y = 2(x-1)^2 + 4$의 그래프에 대한 설명으로 옳은 것은?

① 제1사분면과 제3사분면을 지난다.

② 위로 볼록한 포물선이다.

③ 꼭짓점의 좌표는 $(-1, 4)$이다.

④ 점 $(2, 6)$을 지난다.

29 다음 〈보기〉 중 이차함수 $y = 2x^2$의 그래프에 대한 설명으로 옳은 것을 모두 고른 것은?

┤ 보기 ├

ㄱ. y축에 대칭이다.

ㄴ. 점 $(-1, -2)$를 지난다.

ㄷ. 위로 볼록한 그래프이다.

ㄹ. $x < 0$일 때, x의 값이 증가하면 y의 값은 감소한다.

① ㄱ, ㄴ　　　　　② ㄱ, ㄷ

③ ㄱ, ㄹ　　　　　④ ㄱ, ㄴ, ㄹ

30 다음 중 이차함수 $y = -2(x-1)^2 + 3$의 그래프에 대한 설명으로 옳은 것은?

① 아래로 볼록한 포물선이다.

② 꼭짓점의 좌표는 $(1, 3)$이다.

③ 점 $(0, 3)$을 지난다.

④ 제1, 3, 4사분면을 지난다.

05 기하 I

1 기본 도형

(1) 교점과 교선

① 교점 : 선과 선 또는 선과 면이 만나는 점
② 교선 : 면과 면이 만나는 선

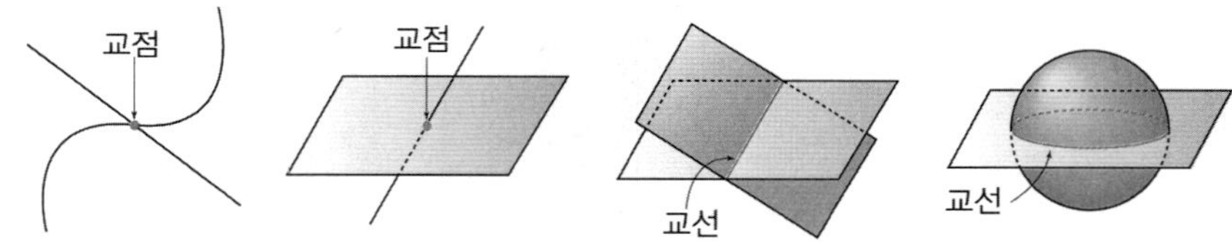

(2) 선분과 반직선, 직선

① 직선 : 서로 다른 두 점 A, B를 지나는 직선은 오직 하나뿐이다. 이 직선 AB를 기호로 $\overleftrightarrow{AB}$와 같이 나타낸다. 이때, $\overleftrightarrow{AB} = \overleftrightarrow{BA}$이다.

② 반직선 : 점 A에서 점 B 쪽으로 끝없이 곧게 연장한 반직선 AB를 기호로 $\overrightarrow{AB}$와 같이 나타낸다. 이때, $\overrightarrow{AB}$와 $\overrightarrow{BA}$는 서로 다른 반직선이다.

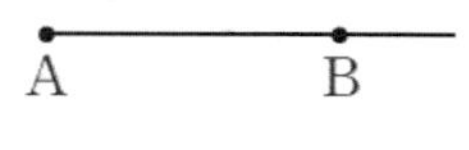

③ 선분 : 직선 AB 위의 점 A에서 점 B까지의 부분인 선분 AB를 기호로 $\overline{AB}$와 같이 나타낸다. 이때, $\overline{AB} = \overline{BA}$이다.

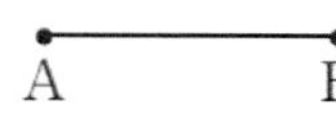

(3) 각

① **각** : 점 O에서 시작되는 두 반직선 OA, OB로 이루어진 도형을 각 AOB라 하며 이것을 기호로 ∠AOB 또는 ∠BOA와 같이 나타낸다.

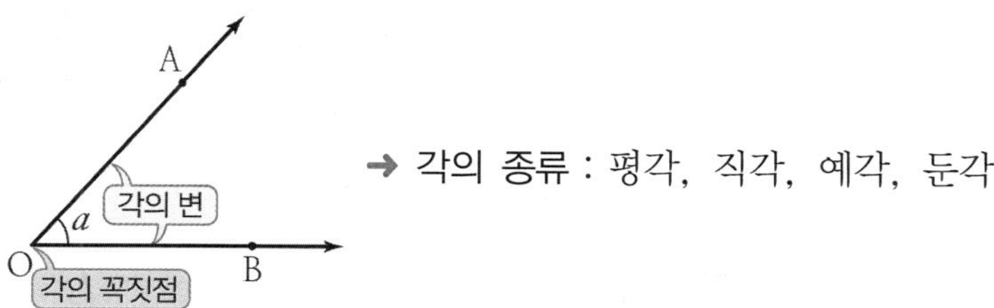

② **맞꼭지각** : ∠a와 ∠c, ∠b와 ∠d와 같이 두 직선이 한점에서 만나 생기는 4개의 각 중 서로 마주 보는 각을 맞꼭지각이라 한다. ※ 맞꼭지각의 크기는 서로 같다.

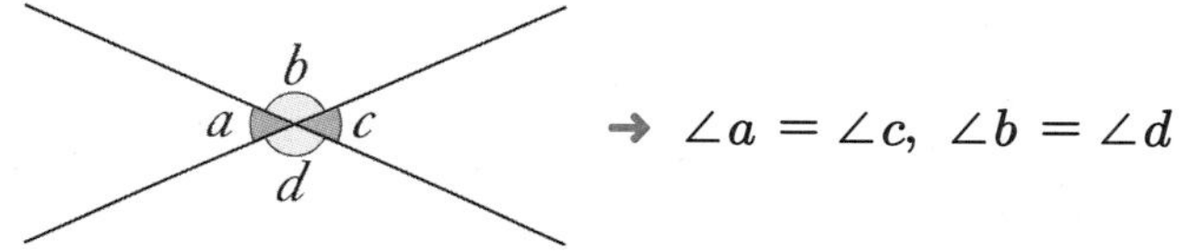

(4) 직교와 수선

① **직교와 수선** : 두 직선 AB, CD의 교각이 직각일 때, 이들 두 직선은 직교한다고 하고 이것을 기호로 $\overleftrightarrow{AB} \perp \overleftrightarrow{CD}$와 같이 나타낸다.
이때, 두 직선 AB와 CD는 서로 수직이고, 한 직선을 다른 직선의 수선이라고 한다.

② **수직이등분선** : 오른쪽 그림과 같이 선분 AB의 중점 M을 지나고 이 선분에 수직인 직선 l을 선분 AB의 수직이등분선이라고 한다. 이때, $\overline{AB} \perp l$, $\overline{AM} = \overline{BM}$이다.

③ **수선의 발** : 오른쪽 그림과 같이 직선 l 위에 있지 않은 점 P에서 직선 l에 그은 수선과 직선 l이 만나서 생기는 교점을 H라고 할 때, 이 점 H를 점 P에서 직선 l에 내린 수선의 발이라고 한다.

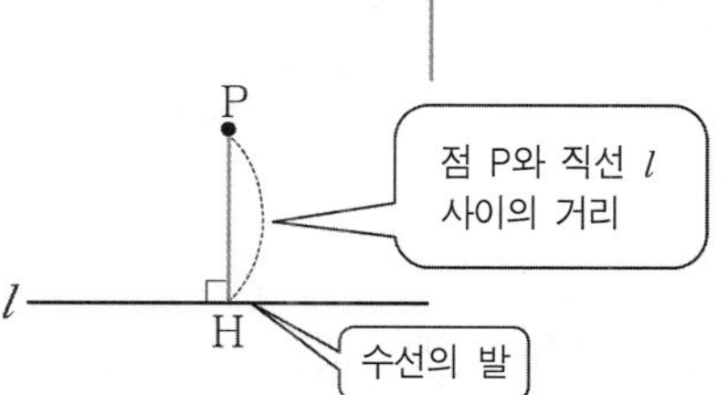

④ **점과 직선 사이의 거리** : ③의 그림에서 선분 PH는 점 P와 직선 l 위의 점을 잇는 선분 중 길이가 가장 짧다. 이 선분 PH의 길이를 점 P와 직선 l 사이의 거리라고 한다.

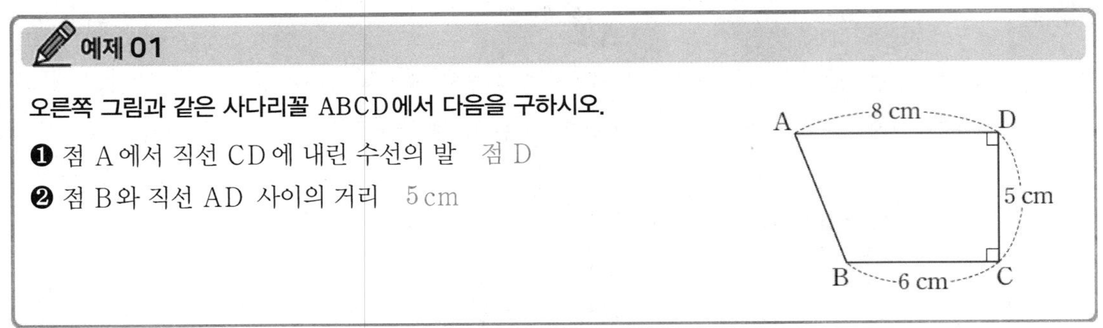

(5) 점, 직선, 평면의 위치 관계

① 두 직선의 위치 관계 – 평면

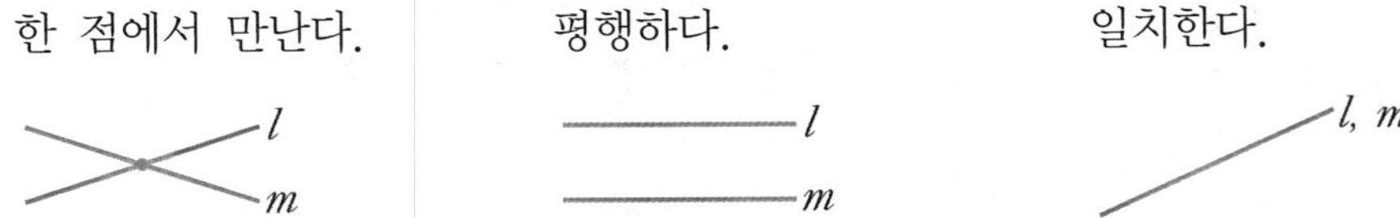

② 두 직선의 위치 관계 – 공간

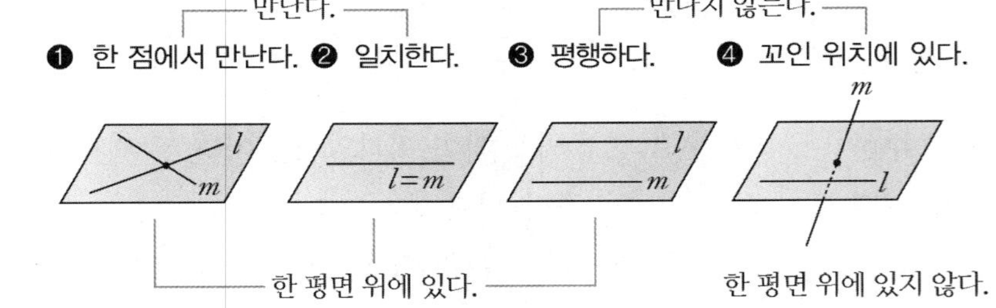

③ 직선과 평면의 위치 관계

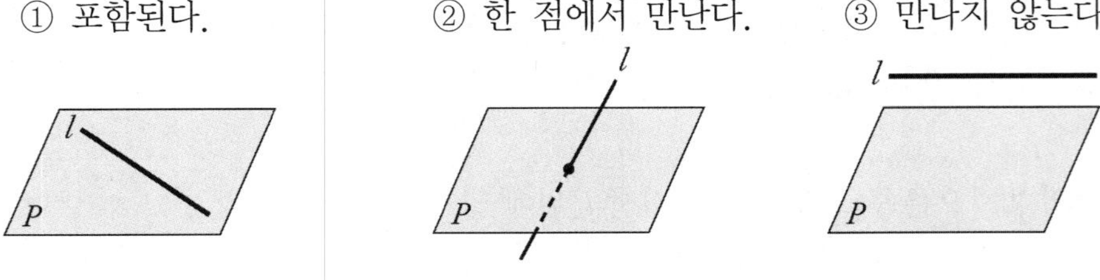

(6) 평행선의 성질

다음 그림과 같이 한 평면 위에서 두 직선 l, m이 다른 한 직선 n과 만나면 8개의 각이 생긴다.

① 동위각 : $\angle a$와 $\angle e$, $\angle b$와 $\angle f$, $\angle c$와 $\angle g$, $\angle d$와 $\angle h$와 같이 같은 위치에 있는 각을 동위각이라 한다.
이때, 두 직선이 평행하면 동위각의 크기는 같고, 동위각의 크기가 같으면 두 직선은 평행하다.

② 엇각 : $\angle c$와 $\angle e$, $\angle d$와 $\angle f$와 같이 엇갈린 위치에 있는 각을 엇각이라고 한다. 두 직선이 평행하면 엇각의 크기는 같고, 엇각의 크기가 같으면 두 직선은 평행하다.

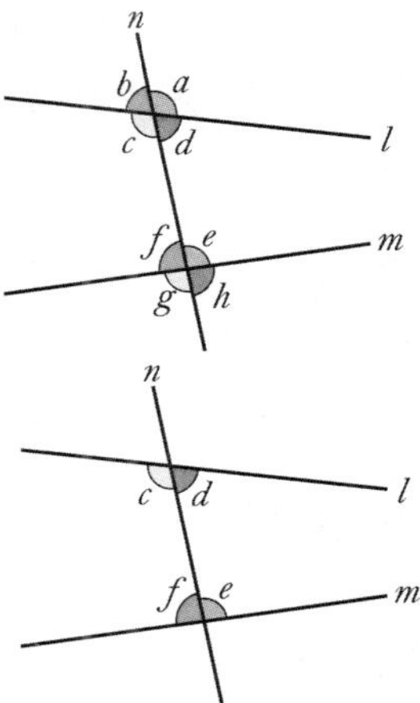

✎ 예제 02

오른쪽의 그림에서 다음을 구하시오.

❶ $\angle a$의 동위각 $\angle e$

❷ $\angle c$의 엇각 $\angle e$

❸ $\angle f$의 맞꼭지각 $\angle h$

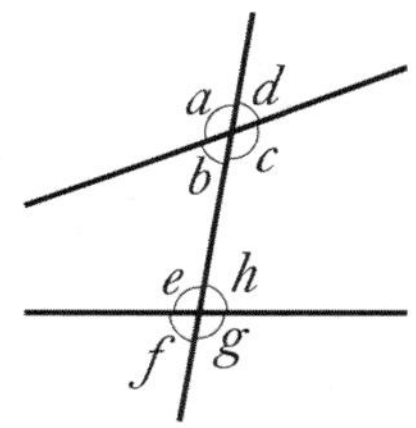

---

2 작도와 합동

(1) 작도

다음 각 경우에 삼각형을 하나로 작도할 수 있다.
① 세 변의 길이가 주어질 때
② 두 변의 길이와 그 끼인각의 크기가 주어질 때
③ 한 변의 길이와 그 양 끝각의 크기가 주어질 때

(2) 합동

겹치어 포개어지는 도형을 합동이라 하며, 삼각형 ABC와 DEF가 서로 합동일 때, 이것을 기호로 $\triangle ABC \equiv \triangle DEF$로 나타낸다.

※ 두 삼각형은 다음 중 어느 하나의 조건을 만족시키면 서로 합동이다.

① 세 대응변의 길이가 각각 같을 때 (SSS합동)

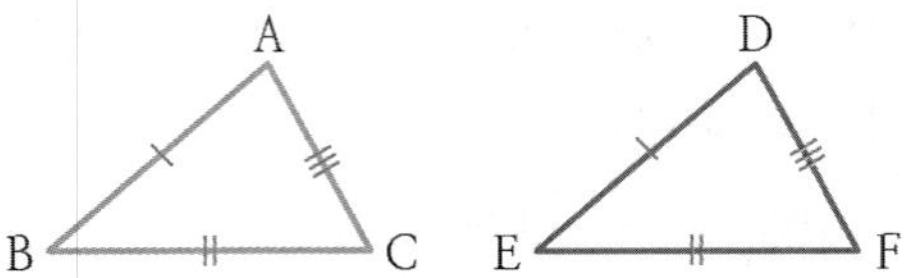

② 두 대응변의 길이가 각각 같고, 그 끼인각의 크기가 같을 때 (SAS합동)

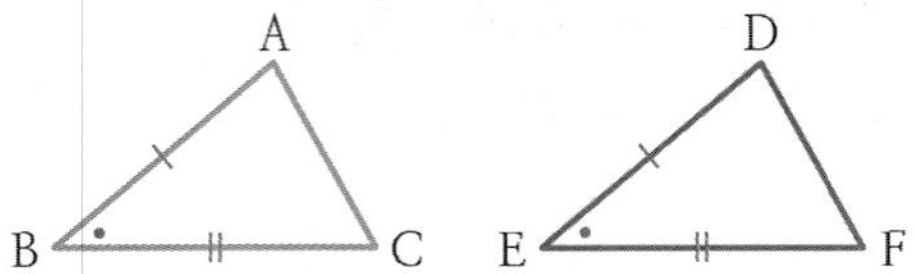

③ 한 대응변의 길이가 같고, 그 양 끝각의 크기가 같을 때 (ASA합동)

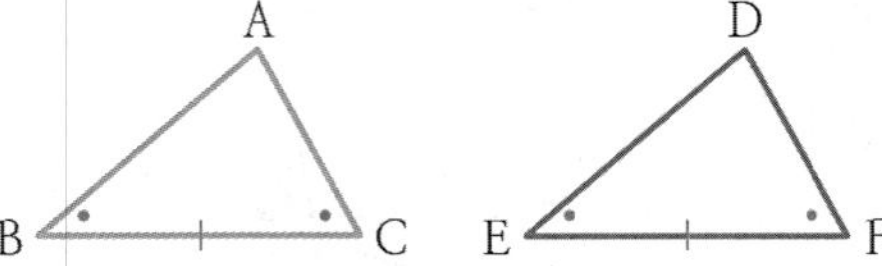

※ 삼각형의 결정 조건 : 가장 긴 변의 길이가 나머지 두 변의 길이의 합보다 짧다.

3 다각형

(1) 다각형

세 개 이상의 선분으로 둘러싸인 평면도형을 다각형이라 하고, 선분의 개수가 3개, 4개, …, n개인 다각형을 삼각형, 사각형, …, n각형이라고 한다.

① 내각 : 다각형에서 이웃하는 두 변으로 이루어지는 각 중에서 안쪽의 각

② 외각 : 각 꼭짓점에 이웃하는 두 변 중 한 변과 다른 한 변의 연장선이 이루는 각

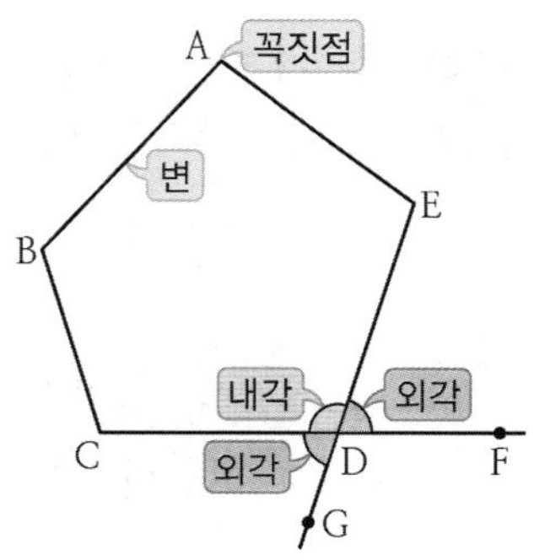

(2) 정다각형

모든 변의 길이가 같고, 모든 내각의 크기가 같은 다각형을 정다각형이라고 한다.
→ 정삼각형, 정사각형, 정오각형, …

(3) 다각형의 대각선의 개수

① 대각선 : 다각형에서 서로 이웃하지 않는 두 꼭짓점을 이은 선분
② 대각선의 개수 : n각형의 한 꼭짓점에서 그을 수 있는 대각선의 개수는 $(n-3)$개이고
n각형의 대각선의 개수는 $\dfrac{n(n-3)}{2}$ 개이다.

(4) 삼각형의 내각과 외각

① 삼각형에서 세 내각의 크기의 합은 $180°$이다.
② 삼각형에서 한 외각의 크기는 그와 이웃하지 않는 두 내각의 크기의 합과 같다.

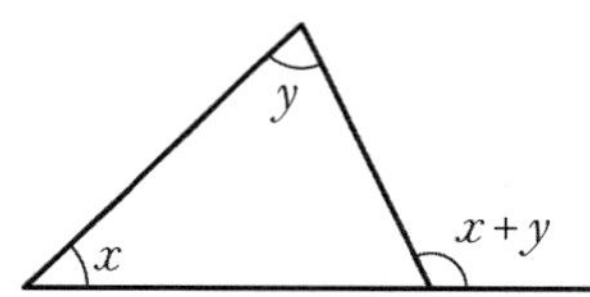

✎ 예제 03

다음 그림에서 $\angle x$의 크기를 구하시오.

❶ 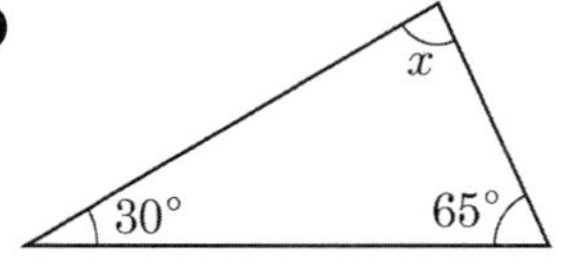

삼각형의 세 내각의 합은 $180°$이므로,
$\angle x + 30° + 65° = 180°$
∴ $\angle x = 85°$

❷ 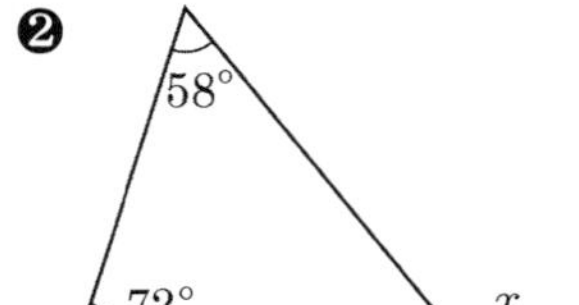

삼각형의 외각의 성질에 의해
$\angle x = 58° + 72° = 130°$
∴ $\angle x = 130°$

---

(5) 다각형의 내각과 외각

① n각형에서 내각의 크기의 합 → $180° \times (n-2)$

→ 정n각형에서 한 내각의 크기는 → $\dfrac{180° \times (n-2)}{n}$ 이다.

② n각형에서 외각의 크기의 합은 항상 $360°$

→ 정n각형에서 한 외각의 크기는 → $\dfrac{360°}{n}$ 이다.

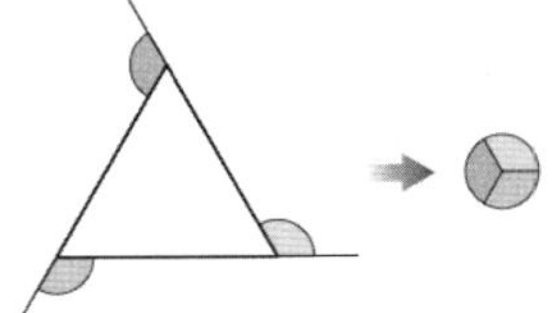 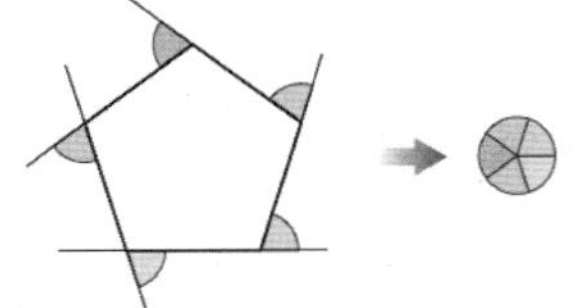

4 원과 부채꼴

(1) 원과 부채꼴

① 원 : 평면 위의 한 점 O로부터 일정한 거리에 있는 모든 점으로 이루어진 도형을 원이라 한다.

② 호 : 원 O 위에 두 점 A, B를 잡으면 원은 두 부분으로 나누어 지는데 이 두 부분을 각각 호라고 한다. 양 끝점이 A, B인 호를 호 AB라 하고, 이것을 기호로 $\overset{\frown}{AB}$와 같이 나타낸다.

③ 현 : 원 O 위의 두 점을 이은 선분을 현이라 하고, 양 끝점이 A, B인 현을 현 AB라고 한다.

④ 할선 : 원 O 위의 두 점을 지나는 직선을 할선이라 한다.

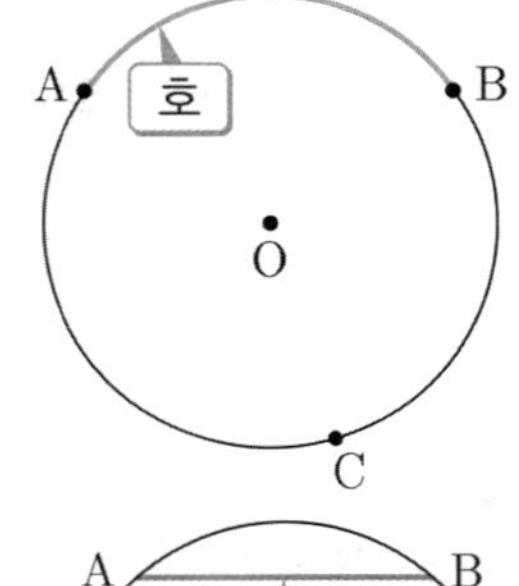

⑤ 부채꼴 : 원 O에서 두 반지름 OA, OB와 호 AB로 이루어진 도형을 부채꼴이라 하고, 이것을 부채꼴 AOB라고 한다.

⑥ 중심각 : 이때 부채꼴 AOB에서 두 반지름 OA, OB가 이루는 ∠AOB를 부채꼴 AOB의 중심각 또는 호 AB에 대한 중심각 이라고 한다.

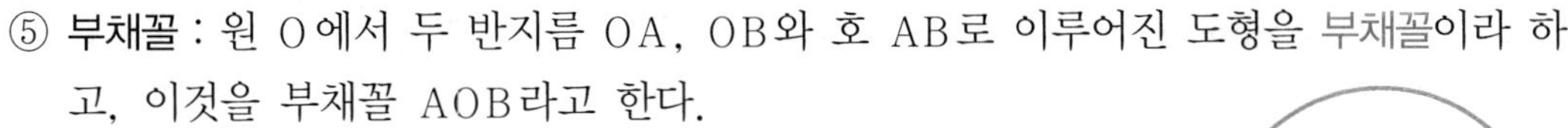

⑦ 활꼴 : 원 O에서 현 CD와 호 CD로 이루어진 도형을 활꼴이라고 한다.

(2) 부채꼴의 성질

한 원 또는 합동인 두 원에서

① 중심각의 크기가 같은 두 부채꼴의 호의 길이와 넓이는 각각 같다.

② 부채꼴의 호의 길이와 넓이는 각각 중심각의 크기에 정비례한다.

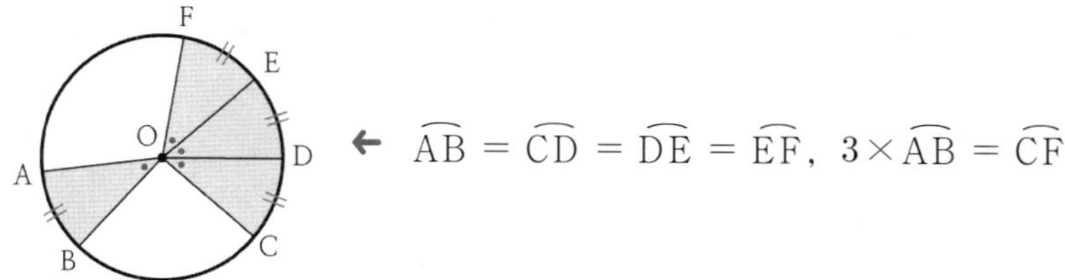

$$\overset{\frown}{AB} = \overset{\frown}{CD} = \overset{\frown}{DE} = \overset{\frown}{EF}, \quad 3 \times \overset{\frown}{AB} = \overset{\frown}{CF}$$

✏️ 예제 04

다음 그림에서 x의 값을 구하시오.

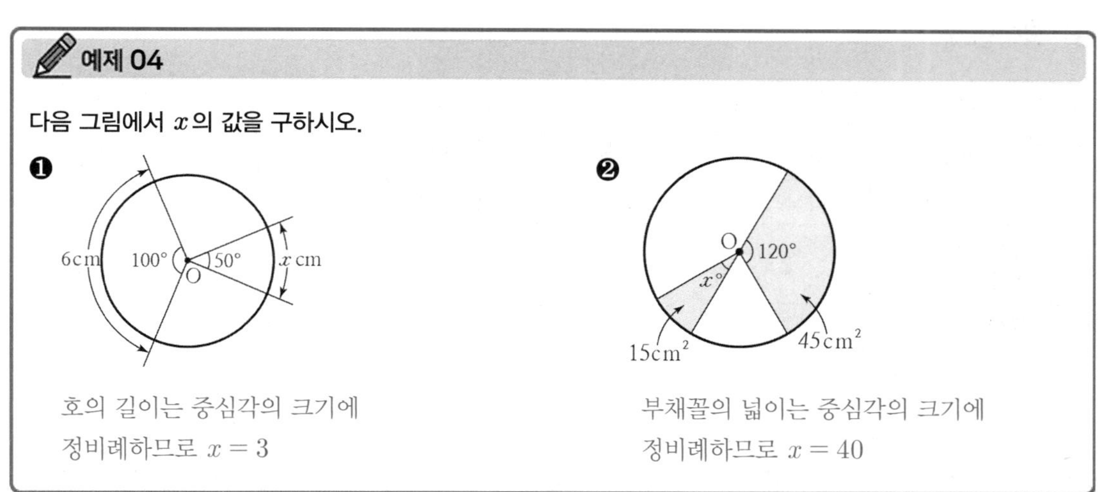

❶ 호의 길이는 중심각의 크기에 정비례하므로 $x = 3$

❷ 부채꼴의 넓이는 중심각의 크기에 정비례하므로 $x = 40$

---

(3) 원과 부채꼴의 호의 길이와 넓이

① 원주율 : 원의 지름의 길이에 대한 원의 둘레의 길이의 비의 값을 원주율이라고 한다. 원주율은 기호로 π와 같이 나타내고, 파이라고 읽는다.

② 원의 둘레와 길이, 넓이

반지름의 길이가 r인 원에서 원주와 원의 넓이를 π를 사용하여 나타내면

$$(\text{원주}) = 2\pi r, \quad (\text{원의 넓이}) = \pi r^2$$

③ 부채꼴의 호의 길이와 넓이

반지름의 길이가 r, 중심각의 크기가 $x°$인 부채꼴의 호의 길이를 l, 넓이를 S라고 하면,

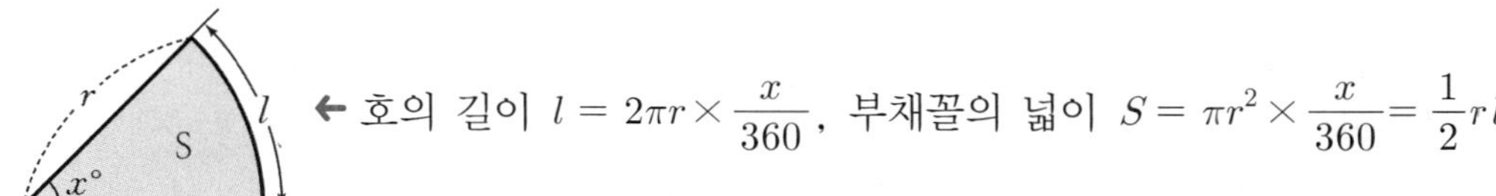

호의 길이 $l = 2\pi r \times \dfrac{x}{360}$, 부채꼴의 넓이 $S = \pi r^2 \times \dfrac{x}{360} = \dfrac{1}{2} r l$

5 다면체와 회전체

(1) 다면체

다각형인 면으로만 둘러싸인 입체도형을 다면체라고 한다.
→ 사면체, 오면체, 육면체, … (면의 개수에 따라 이름이 다르다.)

(2) 다면체의 종류

각기둥, 각뿔, 각뿔대

(3) 정다면체

모든 면이 합동이고, 각 꼭짓점에 모인 면의 개수가 같은 다면체를 정다면체라고 한다.

종류	정사면체	정육면체	정팔면체	정십이면체	정이십면체
면의 모양	정삼각형	정사각형	정삼각형	정오각형	정삼각형
한 꼭짓점에 모인 면의 개수	3	3	4	3	5
꼭짓점의 개수	4	8	6	20	12
모서리의 개수	6	12	12	30	30
면의 개수	4	6	8	12	20
겨냥도					

(4) 회전체

① 회전체 : 평면도형을 한 직선을 축으로 하여 1회전할 때, 생기는 입체도형을 회전체라 한다.
② 회전축 : 회전할 때 축이 되는 직선
③ 모선 : 회전체에서 옆면을 만드는 선분
④ 원뿔대 : 원뿔을 밑면에 평행한 평면으로 잘라서 생기는 두 입체도형 중 원뿔이 아닌 쪽의 도형
⑤ 회전체의 종류 : 원기둥, 원뿔, 원뿔대, 구 등이 있다.

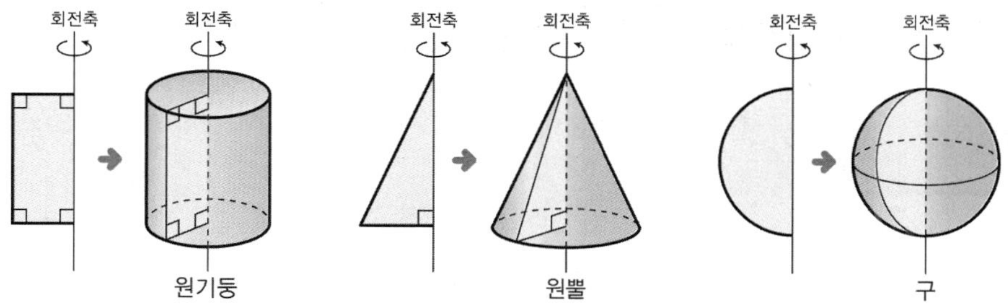

(5) 회전체의 성질

① 회전체를 회전축에 수직인 평면으로 자르면 그 단면의 경계는 항상 원이 된다.
② 회전체를 회전축을 포함하는 평면으로 자르면 그 단면은 모두 합동이고 회전축을 대
  칭축으로 하는 선대칭도형이 된다.

6 입체도형의 겉넓이와 부피

입체도형의 겉넓이는 전개도를 이용하여 구한다.

(1) 기둥의 겉넓이와 부피

① 각기둥의 겉넓이 : (기둥의 겉넓이) = (밑넓이)×2 + (옆넓이)
② 원기둥의 겉넓이 : (기둥의 겉넓이) = (밑넓이)×2 + (옆넓이)
③ 각기둥의 부피 : (기둥의 부피) = (밑넓이)×(높이)
④ 원기둥의 부피 : (기둥의 부피) = (밑넓이)×(높이)

(2) 뿔의 겉넓이와 부피

① 각뿔의 겉넓이 : (뿔의 겉넓이) = (밑넓이) + (옆넓이)
② 원뿔의 겉넓이 : (뿔의 겉넓이) = (밑넓이) + (옆넓이)
③ 각뿔의 부피 : (뿔의 부피) = $\dfrac{1}{3}$×(밑넓이)×(높이)
④ 원뿔의 부피 : (뿔의 부피) = $\dfrac{1}{3}$×(밑넓이)×(높이)

(3) 구의 겉넓이와 부피

① 구의 겉넓이 : $4\pi r^2$
② 구의 부피 : $\dfrac{4}{3}\pi r^3$

01 그림과 같이 두 직선 l과 m이 한 직선 n과 서로 다른 점에서 만날 때, $\angle x$의 엇각은?

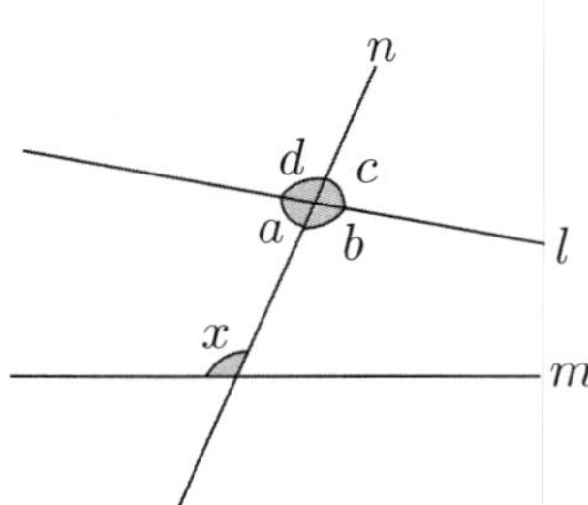

① $\angle a$　　② $\angle b$

③ $\angle c$　　④ $\angle d$

02 그림과 같이 두 직선이 한 직선과 서로 다른 점에서 만날 때, $\angle a$의 동위각과 그 크기는?

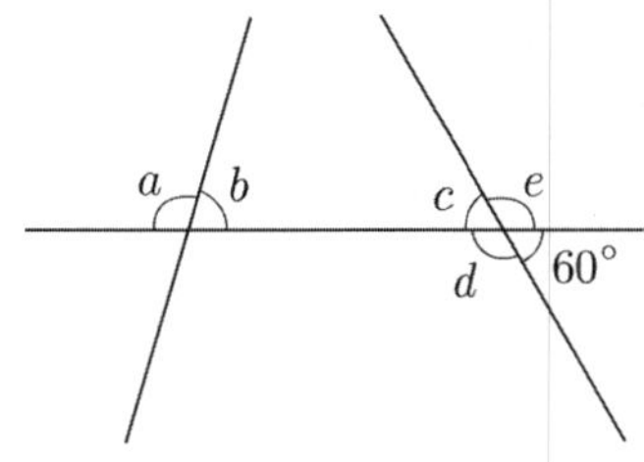

① $\angle e = 120°$　　② $\angle b = 60°$

③ $\angle c = 60°$　　④ $\angle d = 120°$

03 다음 그림에서 두 직선 l, m이 평행할 때, $\angle a$, $\angle b$의 크기는?

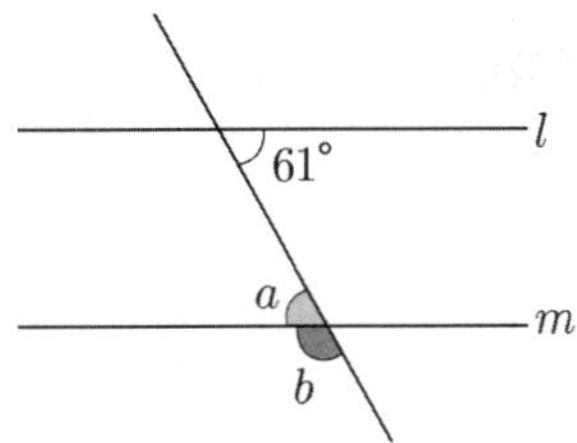

① $\angle a = 60°$, $\angle b = 120°$

② $\angle a = 61°$, $\angle b = 120°$

③ $\angle a = 61°$, $\angle b = 119°$

④ $\angle a = 60°$, $\angle b = 119°$

04 다음 그림에서 두 직선 l, m이 평행할 때, $\angle x$의 크기는?

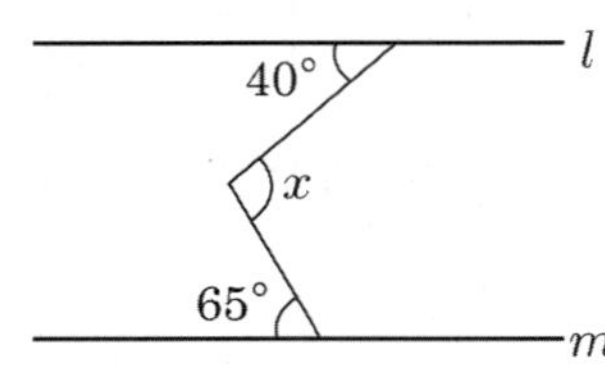

① $100°$　　② $105°$

③ $110°$　　④ $115°$

05 그림과 같은 삼각기둥에서 모서리 AC와 평행한 모서리는?

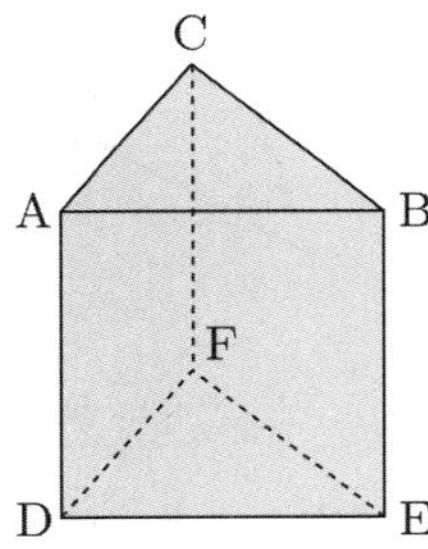

① 모서리 EF ② 모서리 BE

③ 모서리 DE ④ 모서리 DF

06 그림과 같은 직육면체에서 모서리 AB와 만나지 않는 모서리는?

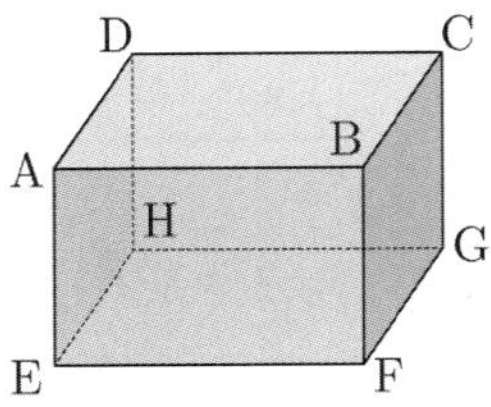

① 모서리 AD ② 모서리 BF

③ 모서리 BC ④ 모서리 DH

07 다음 삼각형과 합동인 삼각형은?

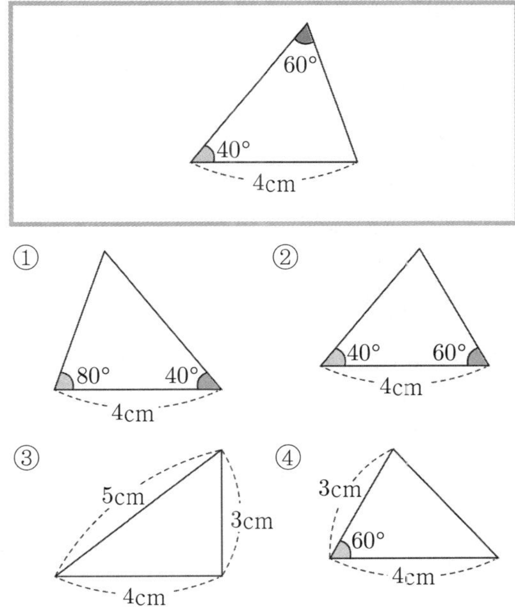

08 그림의 삼각형 ABC에서 $\angle A = 65°$, $\angle B = 40°$이다. 이때, $\angle x$의 크기는?

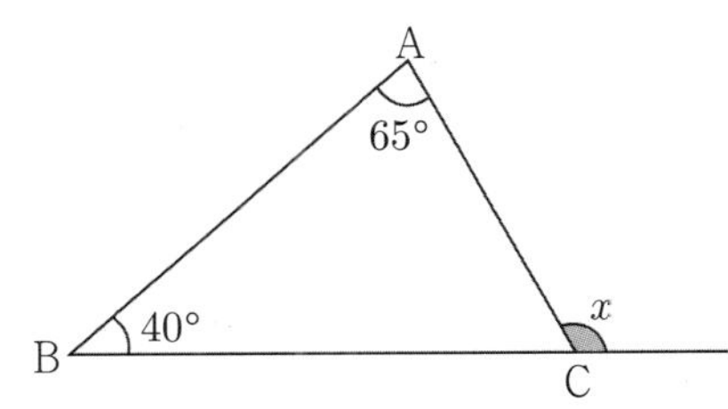

① 80° ② 105°

③ 120° ④ 125°

09 그림의 삼각형 $\angle A = 70°$, $\angle B = 40°$이다. 이때, $\angle x$의 크기는?

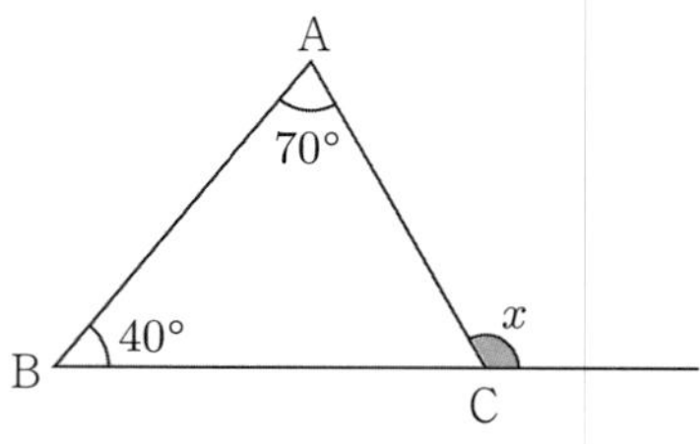

① $90°$ ② $100°$

③ $110°$ ④ $120°$

10 다음 그림에서 각 $\angle x$의 크기는?

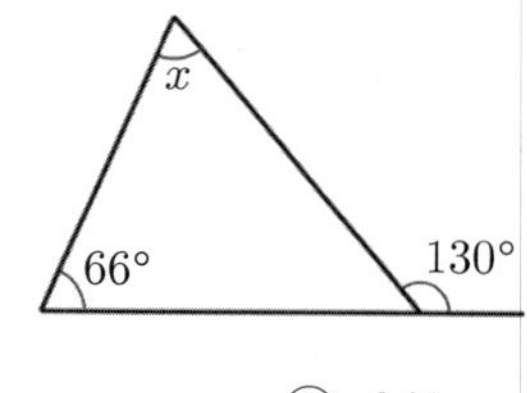

① $60°$ ② $64°$

③ $70°$ ④ $74°$

11 아래 그림에서 $\angle x$와 $\angle y$의 크기는?

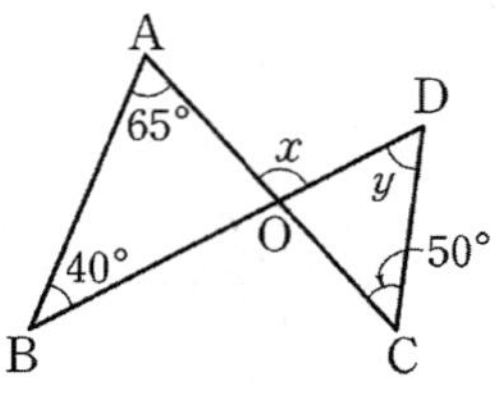

① $\angle x = 75°$, $\angle y = 50°$

② $\angle x = 75°$, $\angle y = 55°$

③ $\angle x = 105°$, $\angle y = 50°$

④ $\angle x = 105°$, $\angle y = 55°$

12 아래 그림에서 $\angle x$의 크기는?

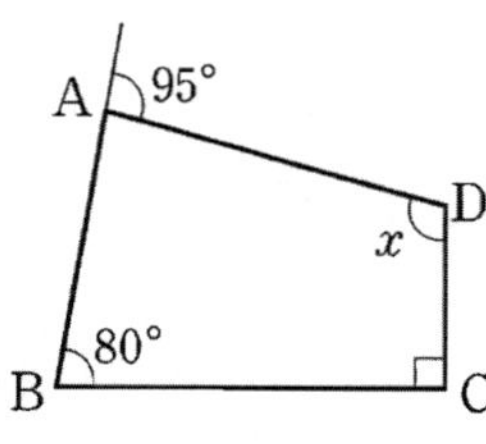

① $100°$ ② $105°$

③ $110°$ ④ $115°$

13 그림과 같이 사각형 ABCD에서 $\angle A = 120°$, $\angle B = 70°$, $\angle D = 90°$일 때, $\angle x$의 크기는?

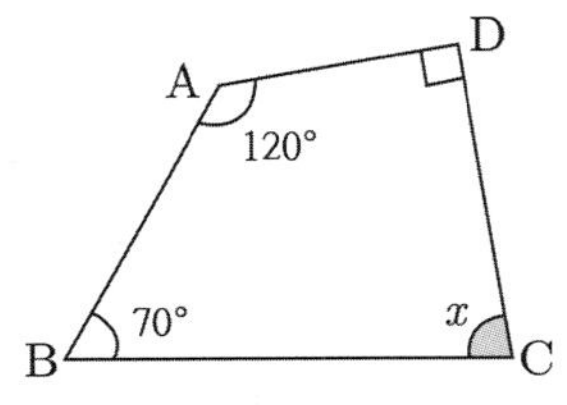

① 50° 　② 60°

③ 70° 　④ 80°

14 다음 그림에서 $\angle x$의 크기는?

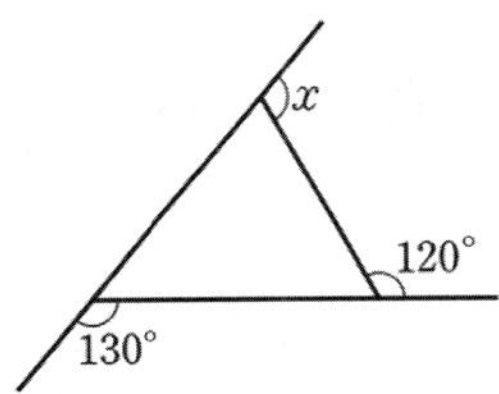

① 100° 　② 110°

③ 120° 　④ 130°

15 원 O에서 $\angle AOB = 20°$, $\angle COD = 80°$, $\overset{\frown}{AB} = 4\text{cm}$이다. x의 값은?

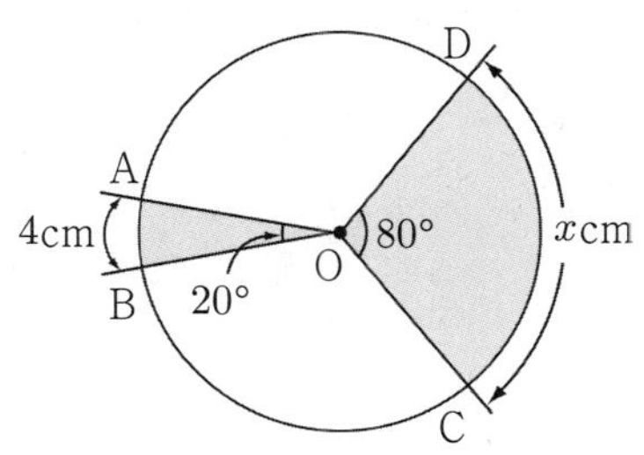

① 10 　② 14

③ 16 　④ 20

16 원 O에서 $\angle AOB = 30°$, $\overset{\frown}{AB} = 6\text{cm}$, $\overset{\frown}{CD} = 24\text{cm}$일 때, $\angle x$의 크기는?

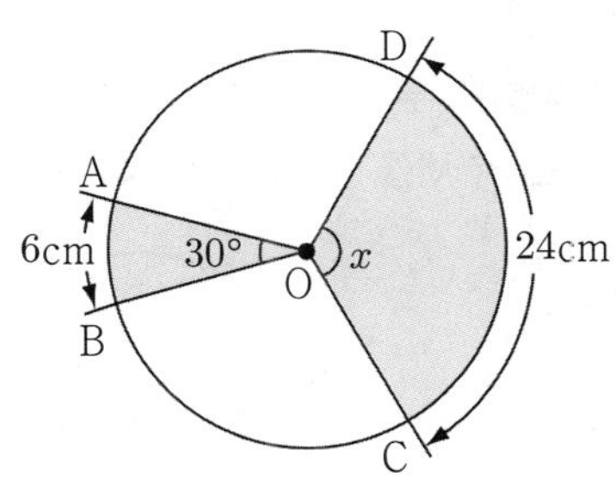

① 120° 　② 130°

③ 140° 　④ 150°

17 원 O 에서 $\angle AOB = 30°$, $\angle COD = 150°$이고, 색칠한 부채꼴 AOB의 넓이가 $4cm^2$일 때, 색칠한 부채꼴 COD의 넓이는?

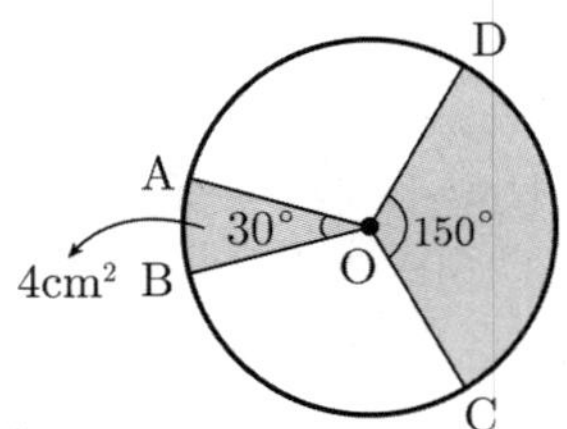

① $12cm^2$ ② $16cm^2$

③ $20cm^2$ ④ $24cm^2$

18 원 O 에서 $\angle AOB = 20°$, $\angle COD = 120°$이고, 색칠한 부채꼴 AOB의 넓이가 $4cm^2$일 때, 색칠한 부채꼴 COD의 넓이는?

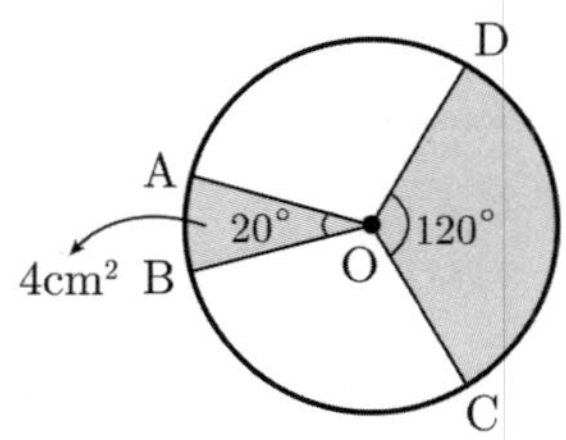

① $12cm^2$ ② $16cm^2$

③ $20cm^2$ ④ $24cm^2$

19 그림과 같이 직사각형을 직선 l을 축으로 하여 1회전시킬 때 생기는 입체도형은?

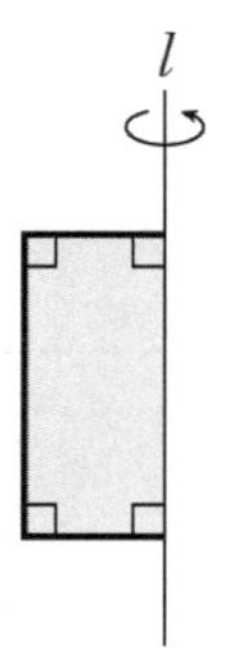

① 원뿔   ② 원기둥

③ 삼각뿔   ④ 사각기둥

20 그림의 원뿔을 회전축에 수직인 평면으로 자를 때 생기는 단면의 모양을 고르면?

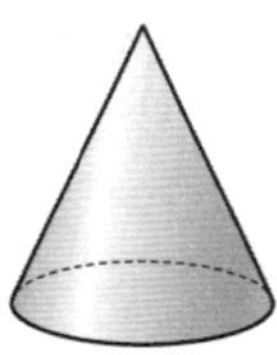

① 삼각형   ② 타원

③ 원   ④ 직사각형

06 기하 II

1 삼각형의 성질

(1) 이등변삼각형

두 변의 길이가 같은 삼각형을 이등변삼각형이라 한다.

① 이등변삼각형의 두 밑각의 크기는 서로 같다.

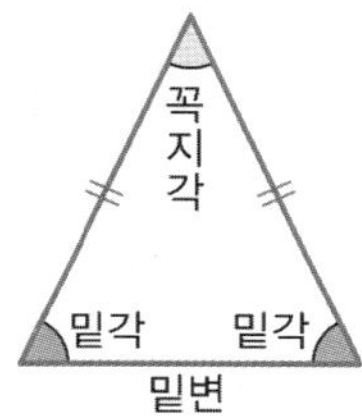

② 이등변삼각형의 꼭지각의 이등분선은 밑변을 수직이등분한다.

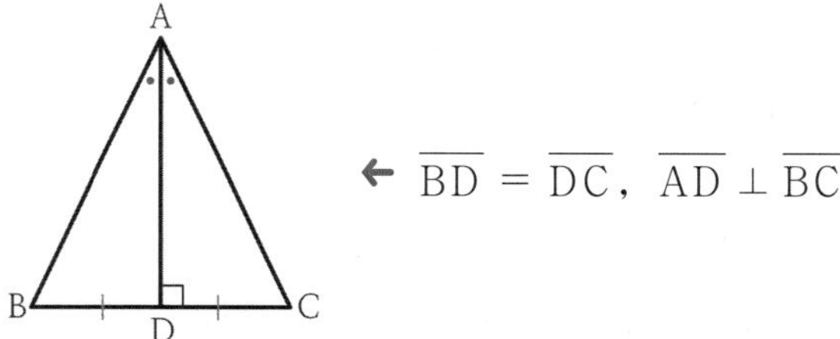

$$\overline{BD} = \overline{DC}, \quad \overline{AD} \perp \overline{BC}$$

(2) 삼각형의 외심

① 정의 : 삼각형의 세 변의 수직이등분선은 한 점에서 만나고 이 점을 외심이라 한다.

② 외심의 성질 : 외심에서 삼각형의 세 꼭짓점에 이르는 거리는 같다.

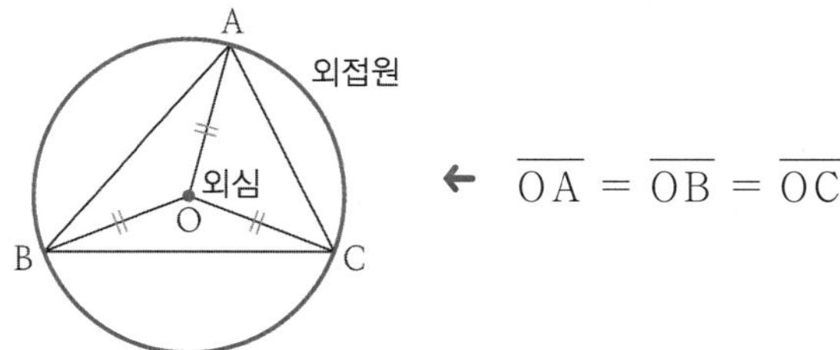

$$\overline{OA} = \overline{OB} = \overline{OC}$$

③ 외심의 응용 : 점 O가 △ABC의 외심일 때

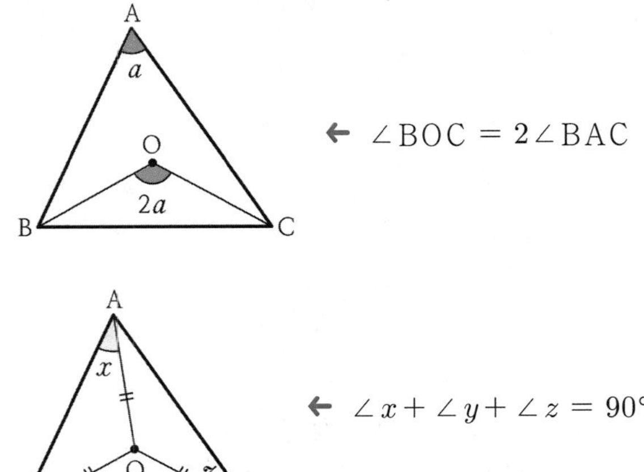

$\leftarrow$ $\angle BOC = 2\angle BAC$

$\leftarrow$ $\angle x + \angle y + \angle z = 90°$

④ 외심의 위치 ➡ 예각△ : △의 내부, 직각△ : 빗변의 중점, 둔각△ : △의 외부

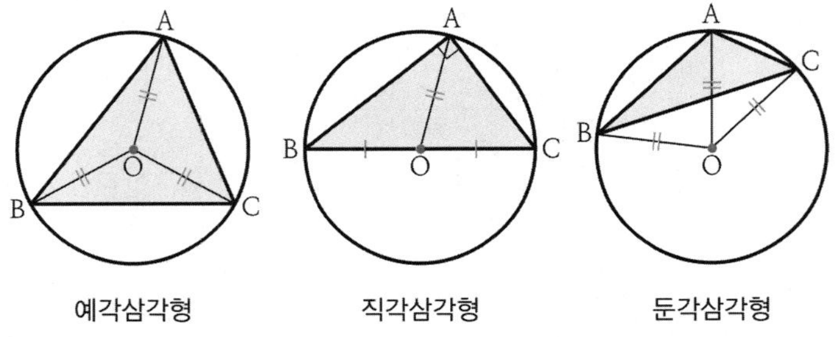

예각삼각형   직각삼각형   둔각삼각형

(3) 삼각형의 내심

① 정의 : 삼각형의 세 내각의 이등분선은 한 점에서 만나고 이 점을 내심이라 한다.

② 내심의 성질 : 내심에서 삼각형의 세 변에 이르는 거리는 같다.

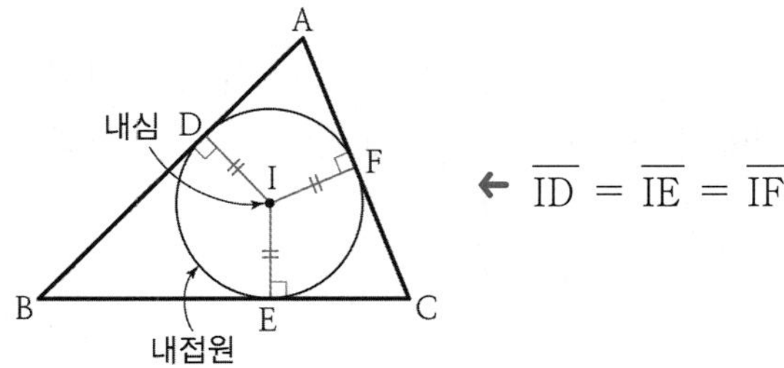

$\leftarrow$ $\overline{ID} = \overline{IE} = \overline{IF}$

③ 내심의 활용 : 점 I가 △ABC의 내심일 때

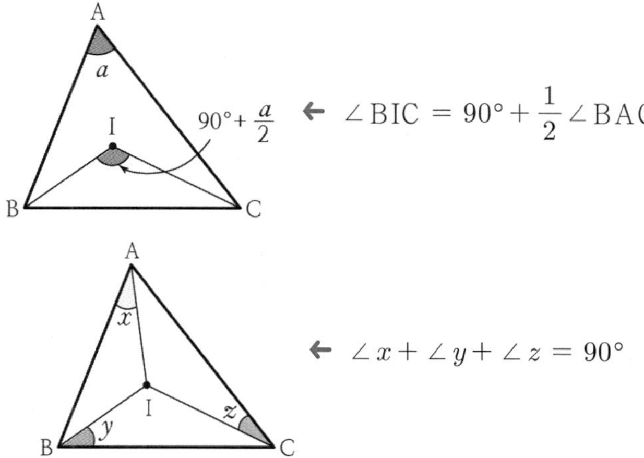

④ 내심의 위치는 예각, 직각, 둔각삼각형 모두 삼각형의 내부에 있다.

2 사각형의 성질

(1) 평행사변형

① 평행사변형 : 마주 보는 두 쌍의 대변이 각각 평행한 사각형을 평행사변형이라 한다.
② 평행사변형의 성질

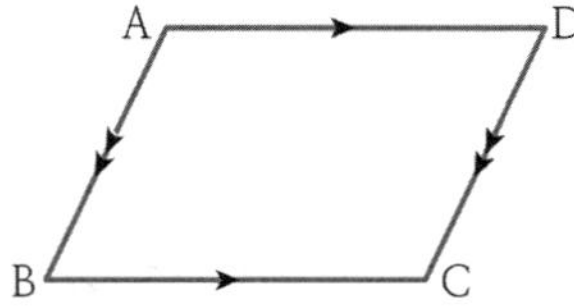

❶ 두 쌍의 대변의 길이가 각각 같다. ➡ $\overline{AD} = \overline{BC}$, $\overline{AB} = \overline{DC}$
❷ 두 쌍의 대각의 크기가 각각 같다. ➡ $\angle A = \angle C$, $\angle B = \angle D$
❸ 두 대각선은 서로 다른 것을 이등분한다.
③ 평행사변형이 되는 조건
   ❶ 두 쌍의 대변이 각각 평행하다.
   ❷ 두 쌍의 대변의 길이가 각각 같다.
   ❸ 두 쌍의 대각의 크기가 각각 같다.
   ❹ 두 대각선이 서로 다른 것을 이등분한다.
   ❺ 한 쌍의 대변이 평행하고 그 길이가 같다.

그림과 같은 평행사변형 $ABCD$에서 x, y, z의 값을 각각 구하시오.

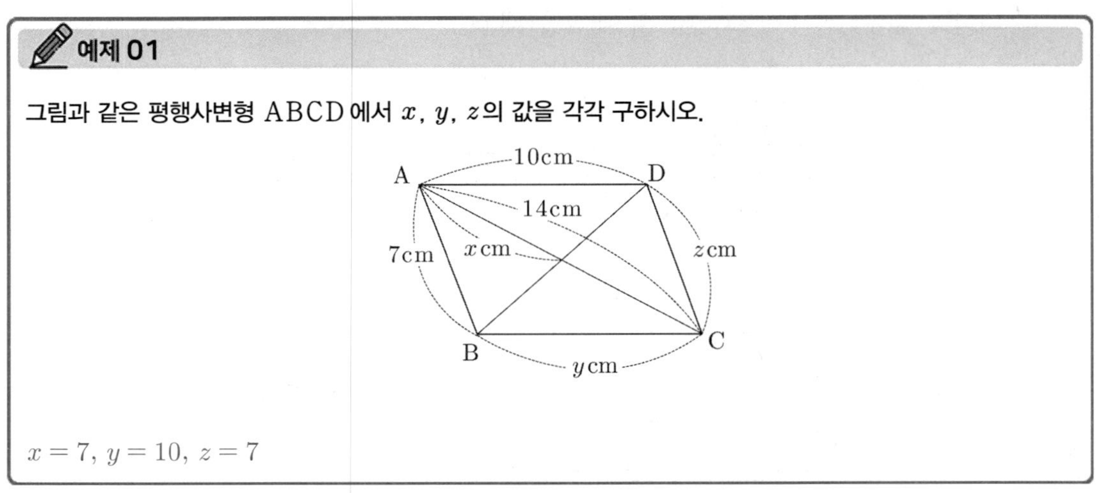

$x = 7$, $y = 10$, $z = 7$

(2) 여러 가지 사각형

① 직사각형 : 네 각의 크기가 모두 같은 사각형

대각선의 성질 : 두 대각선의 길이가 같고 서로 다른 것을 이등분한다.

② 마름모 : 네 변의 길이가 모두 같은 사각형

대각선의 성질 : 두 대각선이 서로 다른 것을 수직이등분한다.

③ 정사각형 : 네 변의 길이와 네 각의 크기가 모두 같은 사각형

대각선의 성질 : 두 대각선의 길이가 서로 같고 서로 다른 것을 수직이등분한다.

④ 여러 가지 사각형의 관계

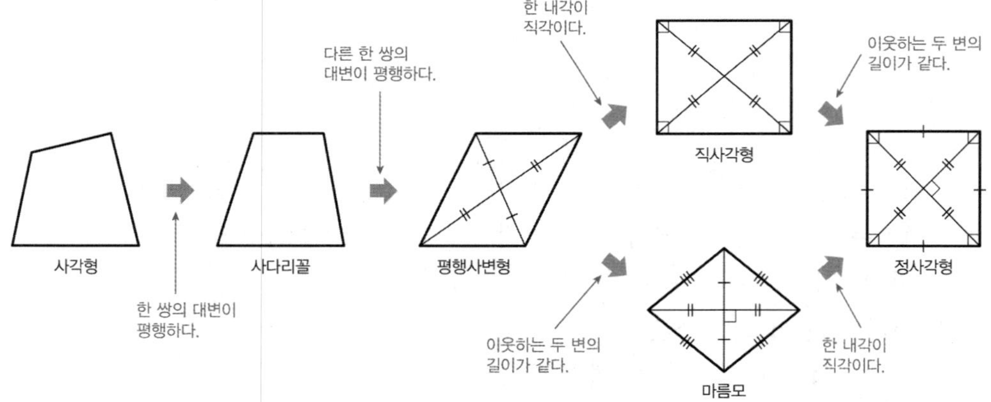

3 도형의 닮음과 피타고라스의 정리

(1) 도형의 닮음

① 닮음 : 한 도형을 일정한 비율로 확대 또는 축소한 도형이 다른 도형과 합동일 때, 이 두 도형은 서로 닮음인 관계에 있다고 한다.
또 닮음인 관계가 있는 두 도형을 닮은 도형이라 한다.

② 닮음의 기호 (∽) : △ABC와 △DEF가 서로 닮은 도형일 때, 기호 ∽를 사용하여 △ABC ∽ △DEF라고 표현한다. (이때, 두 도형의 꼭짓점은 대응하는 순서대로 쓴다.)

③ 평면도형에서 닮음의 성질 : 대응하는 변의 길이의 비는 일정하고, 대응하는 각의 크기는 각각 같다. 이때, 일정한 길이의 비를 닮음비라 한다.

④ 입체도형에서 닮음의 성질 : 대응하는 모서리의 길이의 비는 일정하고, 대응하는 면은 닮은 도형이다. 이때, 일정한 길이의 비를 닮음비라 한다.

(2) 삼각형의 닮음조건

① 대응하는 세 쌍의 변의 길이의 비가 같을 때 (SSS 닮음)

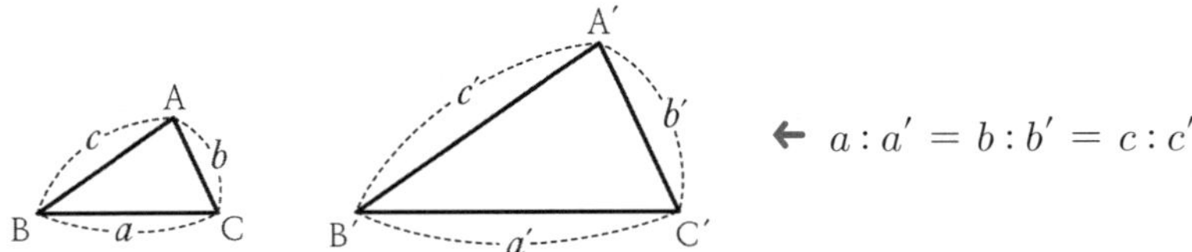

$$\leftarrow a : a' = b : b' = c : c'$$

② 대응하는 두 쌍의 변의 길이의 비가 같고, 그 끼인각의 크기가 같을 때 (SAS 닮음)

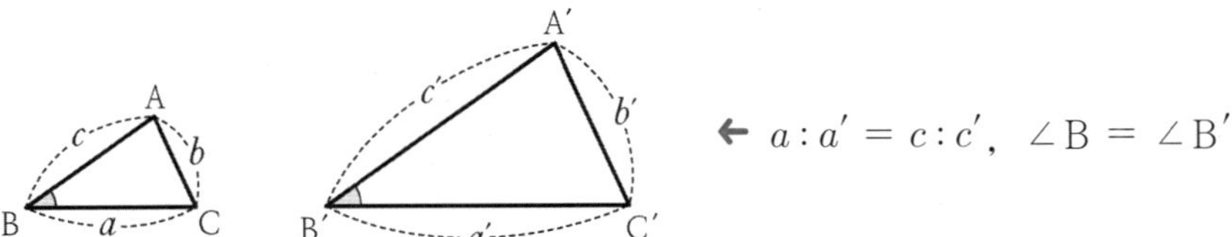

$$\leftarrow a : a' = c : c', \ \angle B = \angle B'$$

③ 대응하는 두 쌍의 각의 크기가 각각 같을 때 (AA 닮음)

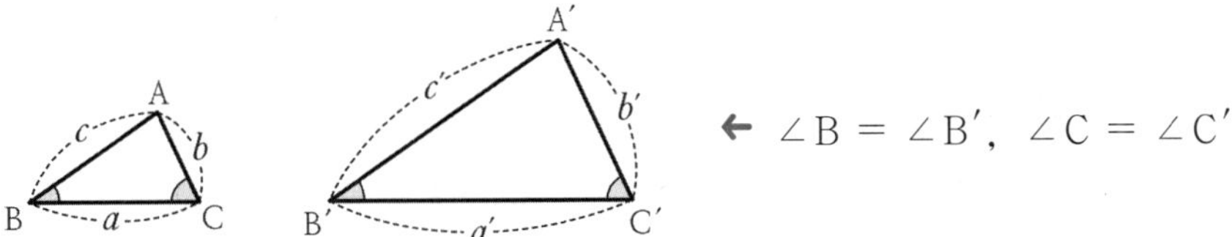

$$\leftarrow \angle B = \angle B', \ \angle C = \angle C'$$

(3) 닮은 도형의 넓이와 부피의 비

① 닮은 도형의 넓이의 비는 닮음비의 제곱과 같다.
→ 닮음비가 $m : n$이면 넓이의 비는 $m^2 : n^2$이다.

② 닮은 도형의 부피의 비는 닮음비의 세제곱과 같다.

→ 닮음비가 $m : n$이면 부피의 비는 $m^3 : n^3$이다.

(4) 평행선과 선분의 길이의 비

$\triangle ABC$에서 두 변 AB, AC 또는 그 연장선 위에 각각 점 D, E가 있을 때,

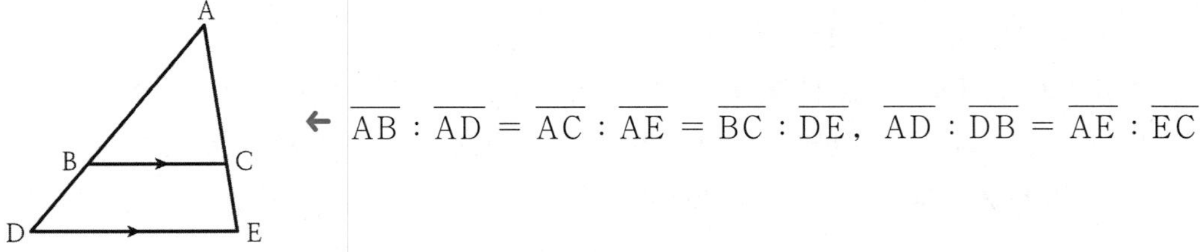

← $\overline{AB} : \overline{AD} = \overline{AC} : \overline{AE} = \overline{BC} : \overline{DE}, \ \overline{AD} : \overline{DB} = \overline{AE} : \overline{EC}$

(5) 삼각형의 중점 연결 정리

삼각형의 두 변의 중점을 연결한 선분은 나머지 한 변과 평행하고,

그 길이는 나머지 한 변의 길이의 $\dfrac{1}{2}$과 같다.

← $\overline{MN} \parallel \overline{BC}, \ \overline{MN} = \dfrac{1}{2}\overline{BC}$

(6) 삼각형의 무게중심

삼각형의 세 중선이 만나는 점을 삼각형의 무게중심이라 한다.

① 무게중심은 세 중선의 길이를 꼭짓점으로부터 각각 2 : 1로 나눈다.

② 나눠진 6개의 삼각형의 넓이는 모두 같다.

→ $\triangle GAF = \triangle GFB = \triangle GBD = \triangle GDC = \triangle GCE = \triangle GEA = \dfrac{1}{6}\triangle ABC$

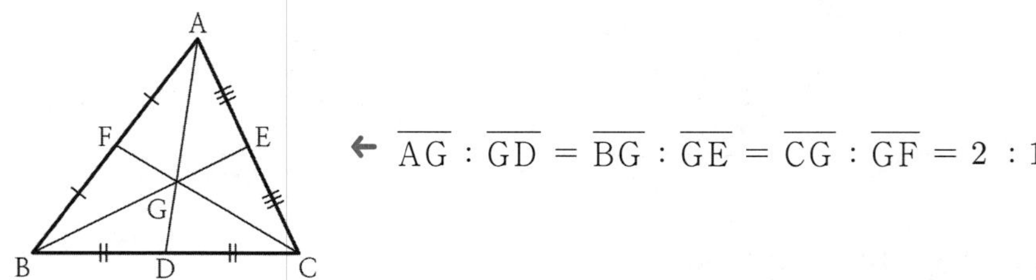

← $\overline{AG} : \overline{GD} = \overline{BG} : \overline{GE} = \overline{CG} : \overline{GF} = 2 : 1$

(7) 피타고라스의 정리

① 피타고라스의 정리 : 직각삼각형 ABC에서 직각을 낀 두 변의 길이를 각각 a, b라 하고, 빗변의 길이를 c라 하면 $a^2 + b^2 = c^2$이 성립한다.

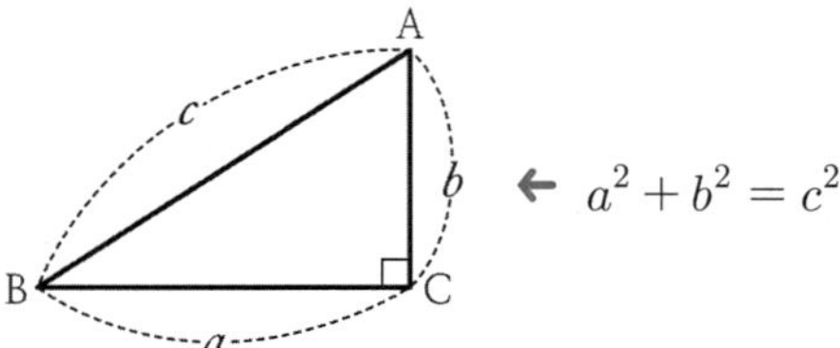

② 직각삼각형이 되는 조건 : 세 변의 길이가 각각 a, b, c인 $\triangle ABC$에서 $a^2 + b^2 = c^2$이면 이 삼각형은 빗변의 길이가 c인 직각삼각형이다.

 **예제 02**

다음 도형에서 x의 값을 구하시오.

❶

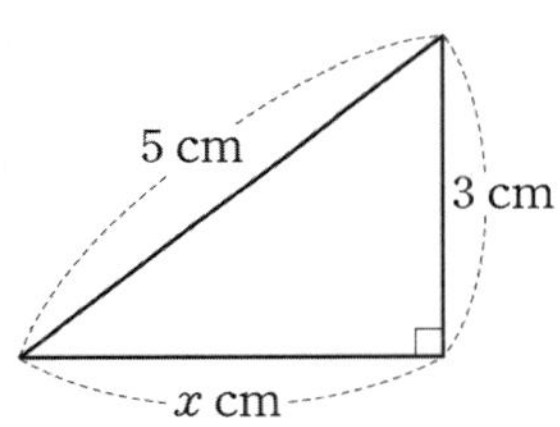

피타고라스 정리에 의하여 $5^2 = x^2 + 3^2$이므로
$x^2 = 5^2 - 3^2 = 16$ ➜ $x^2 = 16$
제곱근의 성질에 의해 $x = 4$ $(x > 0)$

❷

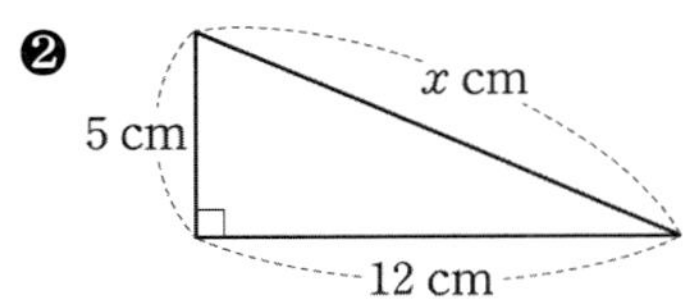

피타고라스 정리에 의하여 $x^2 = 5^2 + 12^2$이므로
$x^2 = 25 + 144 = 169$ ➜ $x^2 = 169$
제곱근의 성질에 의해 $x = 13$ $(x > 0)$

예상 문제로 실력 잡기

01 아래 그림과 같이 $\overline{AB} = \overline{AC}$인 △ABC에서 꼭지각 A의 이등분선과 밑변의 교점을 M이라 할 때, 다음 중 옳지 <u>않은</u> 것은?

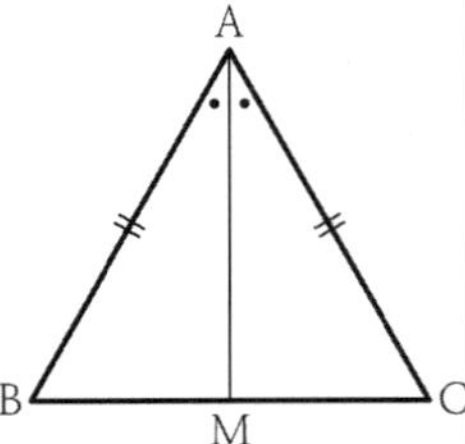

① $\angle C = 60°$ ② $\angle AMB = 90°$

③ $\overline{BM} = \overline{MC}$ ④ $\angle B = \angle C$

02 아래 그림과 같은 이등변삼각형 ABC에서 꼭지각 A의 이등분선과 선분 BC의 교점을 D, $\angle BAD = 35°$일 때, $\angle B$의 크기는?

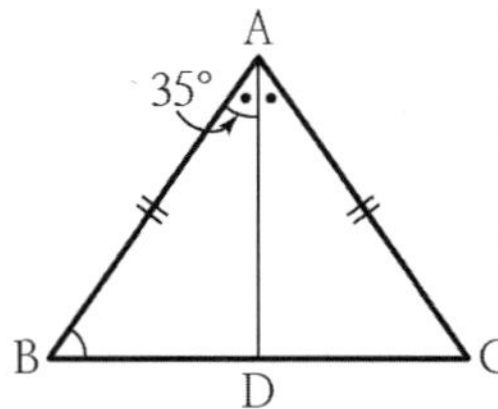

① $50°$ ② $55°$

③ $60°$ ④ $65°$

03 아래 그림의 △ABC에서 $\overline{AB} = \overline{AC}$일 때, $\angle x$의 크기를 구하면?

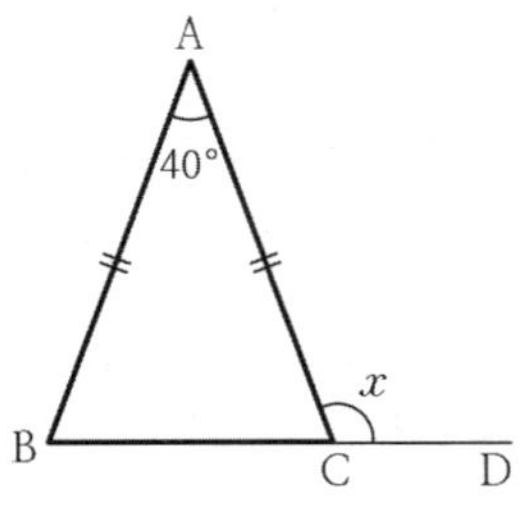

① $100°$ ② $110°$

③ $120°$ ④ $130°$

04 아래 이등변삼각형에서 $\overline{AB} = \overline{AC} = \overline{CD}$, $\angle ABC = 40°$일 때, $\angle x$의 크기는?

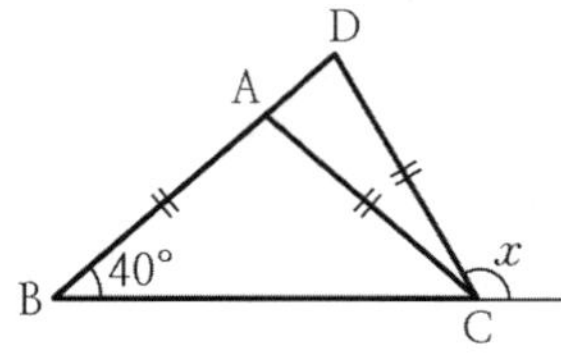

① $100°$ ② $110°$

③ $120°$ ④ $130°$

05 다음 중 삼각형의 외심에 대한 설명으로 옳지 <u>않은</u> 것은?

① 삼각형에 외접하는 원의 중심이다.

② 외심에서 삼각형의 세 꼭짓점까지의 거리는 같다.

③ 두 변의 수직이등분선을 그리면 찾을 수 있다.

④ 삼각형의 세 변에 이르는 거리는 모두 같다.

06 점 O는 △ABC의 외심이다. $\overline{OB} = 3$일 때, $\overline{OA}$의 길이는?

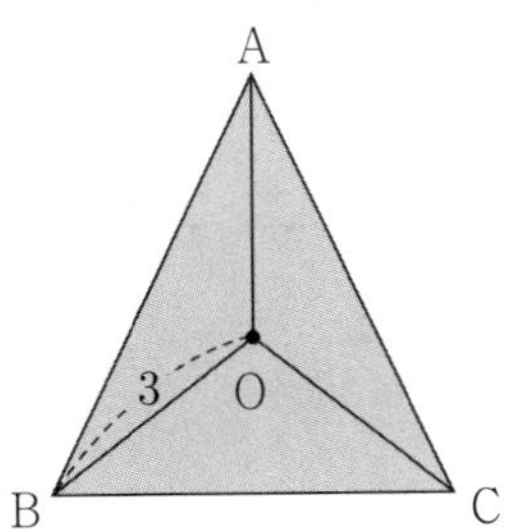

① 2

② 3

③ 4

④ 5

07 아래 그림의 △ABC에서 $\overline{BD} = \overline{CD} = \overline{AD}$ 인 점 D를 변 BC 위에 잡을 때, ∠B = 50° 이다. ∠C의 크기는?

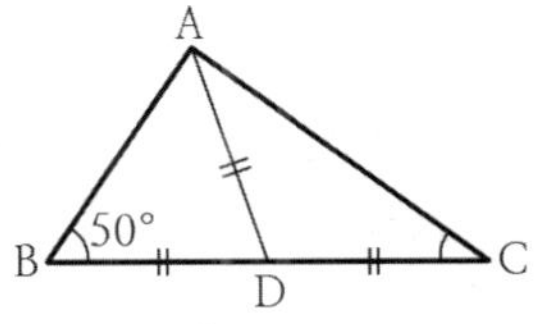

① 40°

② 50°

③ 60°

④ 70°

08 아래 평행사변형 ABCD에서 ∠A = 73°일 때, ∠B의 크기는?

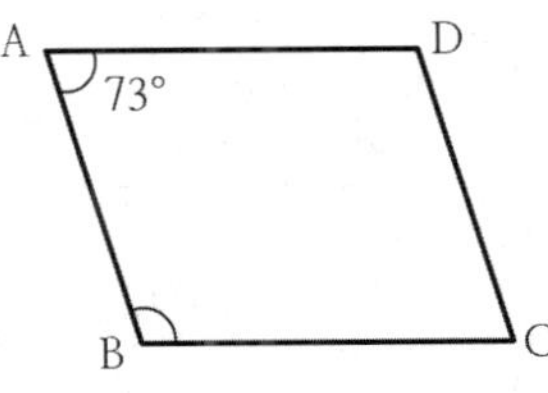

① 105°

② 107°

③ 109°

④ 111°

09 아래 그림의 평행사변형 ABCD에서
$\angle B = 75°$, $\overline{AB} = \overline{DC} = 6\,cm$,
$\overline{BC} = 8\,cm$일 때, $x + y$의 값은?

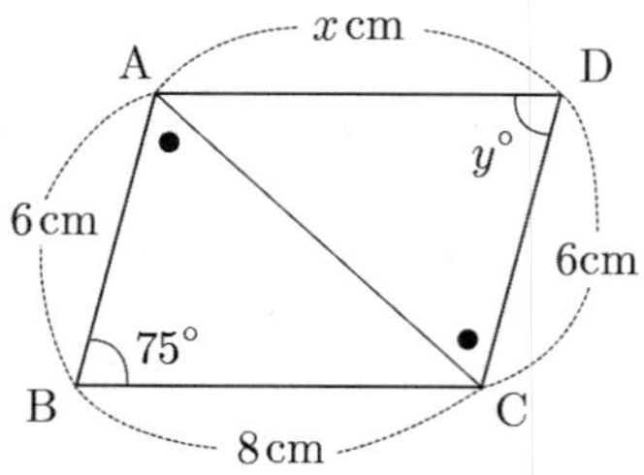

① 80   ② 81

③ 82   ④ 83

10 아래 그림의 평행사변형 ABCD에서 $x + y$의 값은?

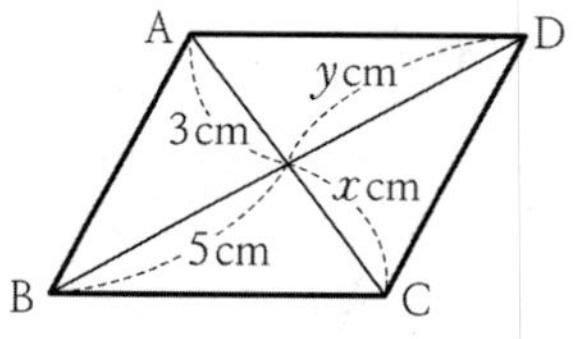

① 2   ② 4

③ 6   ④ 8

11 다음 중 평행사변형이 되기 위한 조건이 <u>아닌</u> 것은?

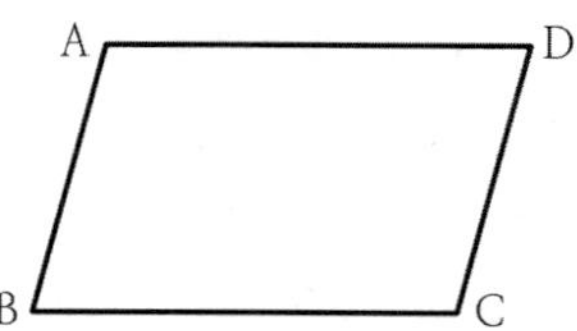

① $\overline{AB} /\!/ \overline{CD}$, $\overline{AD} /\!/ \overline{BC}$

② $\overline{AB} = \overline{CD}$, $\overline{AD} = \overline{BC}$

③ $\angle A = \angle C$, $\angle B = \angle D$

④ $\overline{AC} = \overline{BD}$, $\overline{AC} \perp \overline{BD}$

12 평행사변형이 <u>아닌</u> 것은?

① 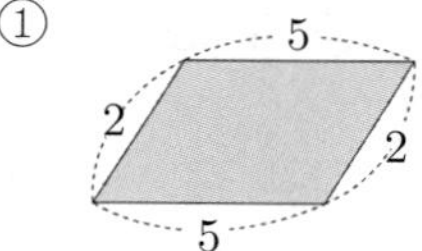

② 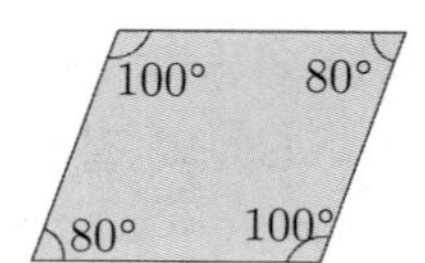

③ 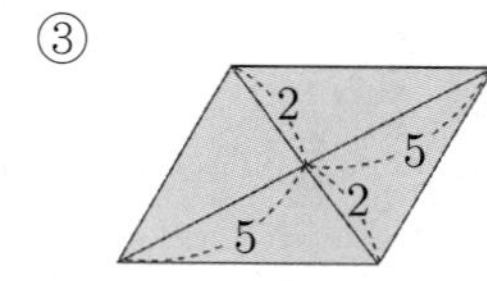

④ 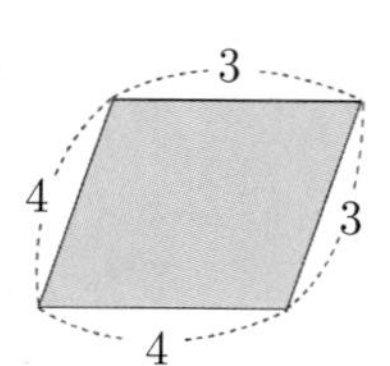

13 직사각형 ABCD에 대하여, $x+y$의 값은?

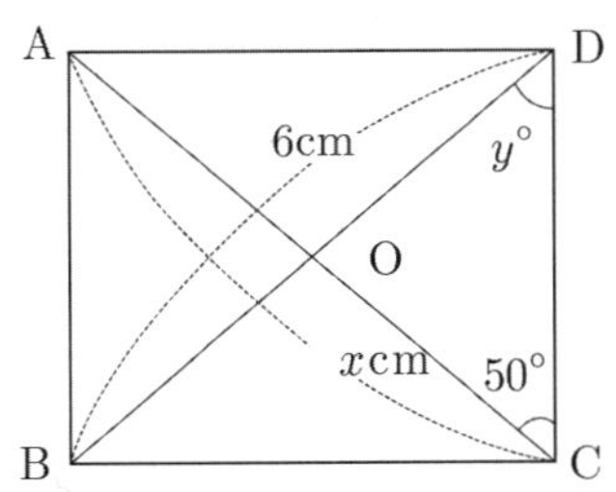

① 36   ② 46

③ 56   ④ 66

14 그림과 같은 마름모 ABCD에서 두 대각선 AC와 BD의 교점을 O라고 하자. $\overline{AO} = 3\,cm$, $\angle ABD = 50°$일 때, $\angle OAB$의 크기는?

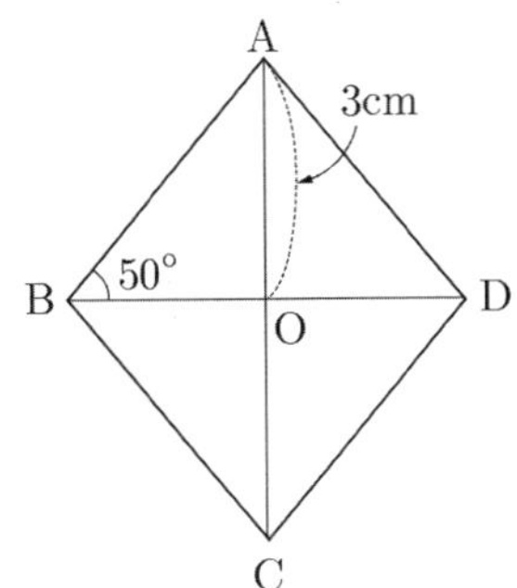

① 40°   ② 50°

③ 30°   ④ 20°

15 그림과 같은 정사각형 ABCD에서 두 대각선 AC와 BD의 교점을 O라고 하자. $\overline{AO} = 5\,cm$일 때, x, y의 값을 각각 구하면?

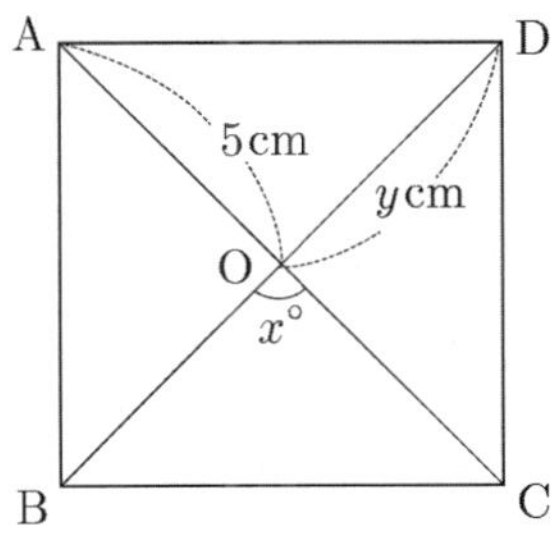

① $x = 80$, $y = 5$ ② $x = 80$, $y = 6$

③ $x = 90$, $y = 5$ ④ $x = 90$, $y = 6$

16 다음 그림에서 □ABCD ∽ □EFGH일 때, 옳지 <u>않은</u> 것은?

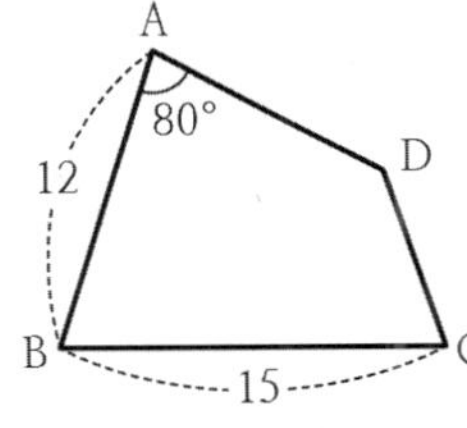
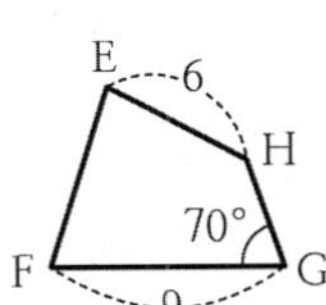

① $\angle E = 80°$

② $\angle C = 70°$

③ 닮음비는 $5 : 3$이다.

④ $\overline{EF} = 7$

17 그림에서 □ABCD ∽ □EFGH 이고 $\overline{BC} = 2\text{cm}$, $\overline{FG} = 3\text{cm}$ 이다. $\overline{AD} = 4\text{cm}$ 일 때, $\overline{EH}$ 의 길이는?

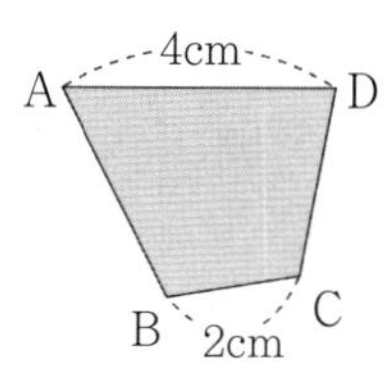
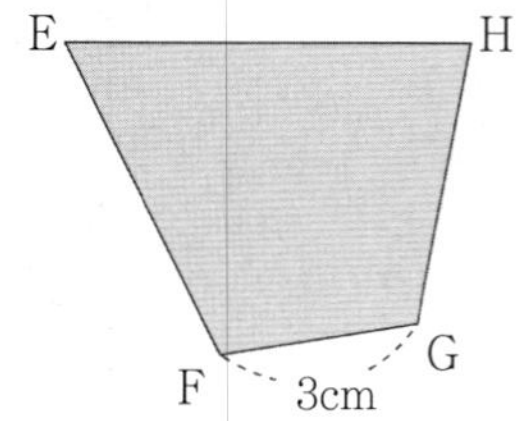

① 3cm
② 4cm
③ 5cm
④ 6cm

18 그림에서 두 직육면체 A, B는 서로 닮은 도형이다. 두 도형의 닮음비가 $1:3$일 때, x의 값은?

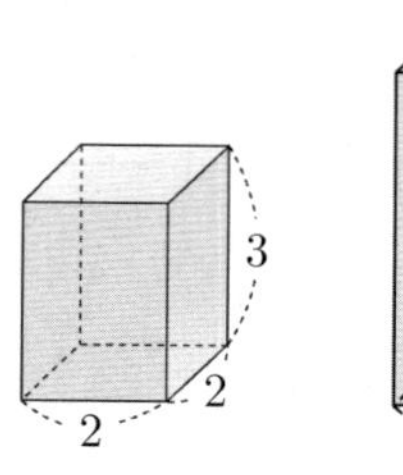
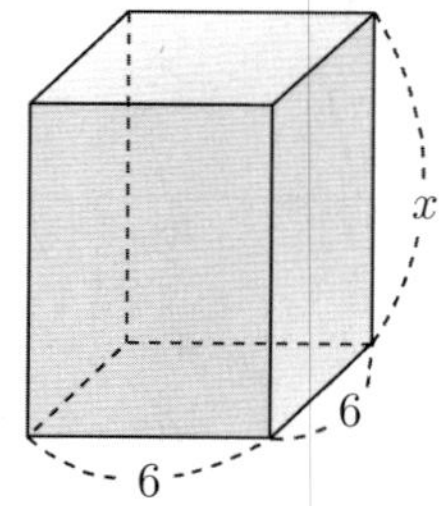

① 9
② 8
③ 7
④ 6

19 다음 그림에서 두 사면체는 서로 닮은 도형이다. △BCD와 △FGH가 대응하는 면일 때, $x+y$의 값은?

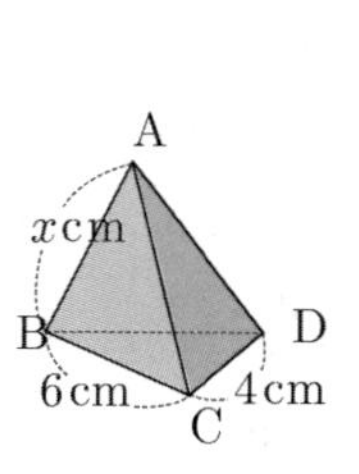
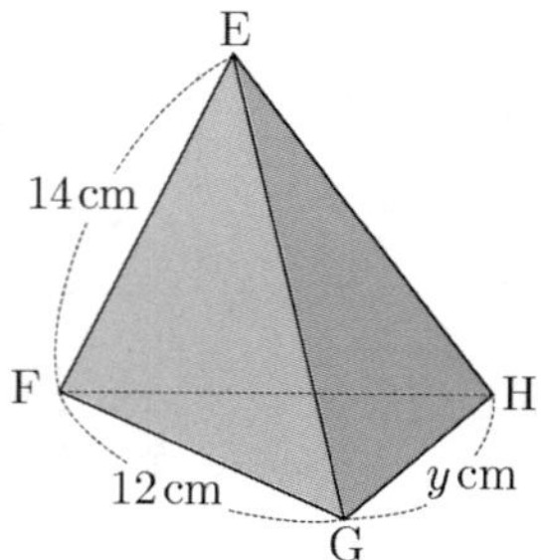

① 13
② 15
③ 17
④ 19

20 삼각형 ABC에서 두 변 AB, AC의 중점을 각각 M, N이라 하자. $\overline{MN} = 6\text{cm}$일 때, 변 BC의 길이는?

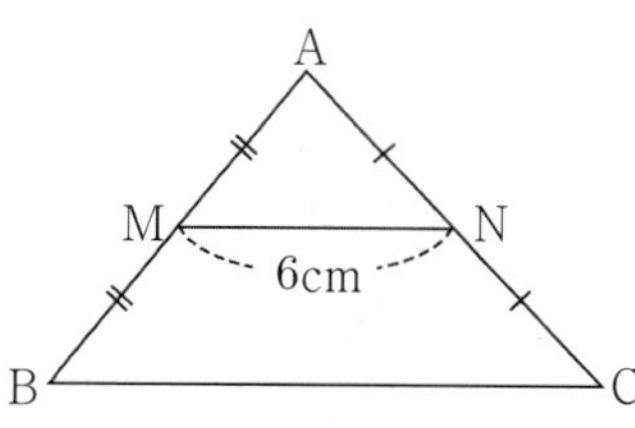

① 8 cm
② 10 cm
③ 12 cm
④ 14 cm

21 아래 그림에서 점 D, E는 각각 $\overline{AB}$, $\overline{AC}$의 중점이고, $\overline{DE} = 4\text{cm}$이다. 이때, $\overline{BC}$의 길이는?

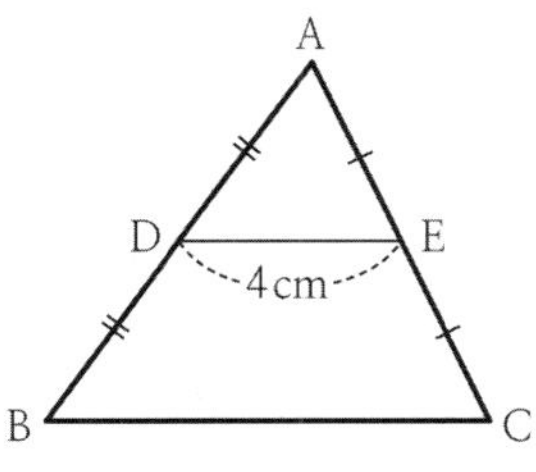

① 2cm ② 4cm

③ 6cm ④ 8cm

22 다음 그림에서 점 G가 △ABC의 무게중심일 때, $x+y$의 값은?

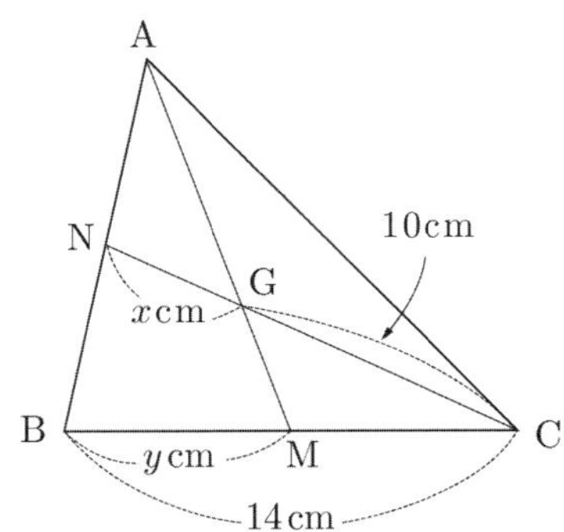

① 10 ② 11

③ 12 ④ 13

23 그림과 같이 큰 정사각형의 각 변을 3등분하여 작은 정사각형 9개를 만들었다. 색칠한 두 정사각형의 넓이의 비가 9:1일 때, 닮음비는?

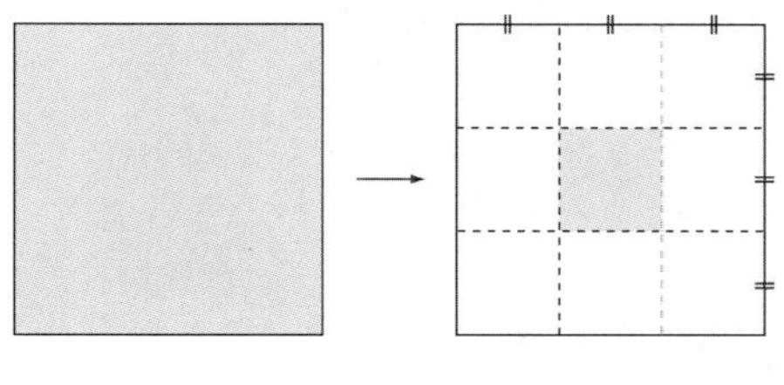

① 3 : 1 ② 6 : 1

③ 8 : 1 ④ 9 : 1

24 그림에서 두 원기둥은 서로 닮은 도형이고 큰 원기둥의 부피가 $500\pi\text{cm}^3$일 때, 작은 원기둥의 부피는?

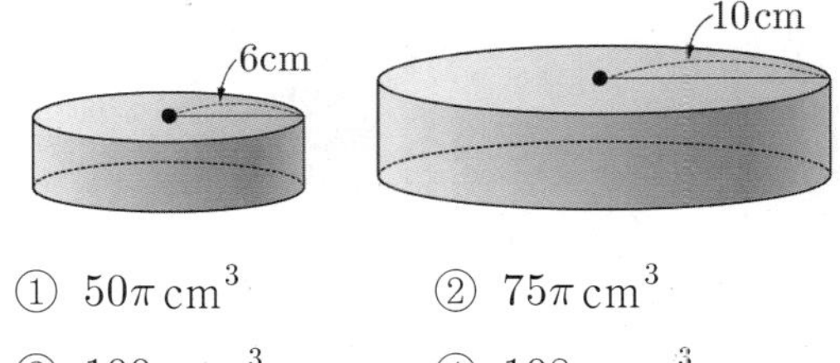

① $50\pi\,\text{cm}^3$ ② $75\pi\,\text{cm}^3$

③ $100\pi\,\text{cm}^3$ ④ $108\pi\,\text{cm}^3$

25 서로 닮음인 두 삼각뿔 A, B의 닮음비가 1 : 2 이다. 삼각뿔 A의 부피가 $4cm^3$일 때, 삼각뿔 B의 부피는?

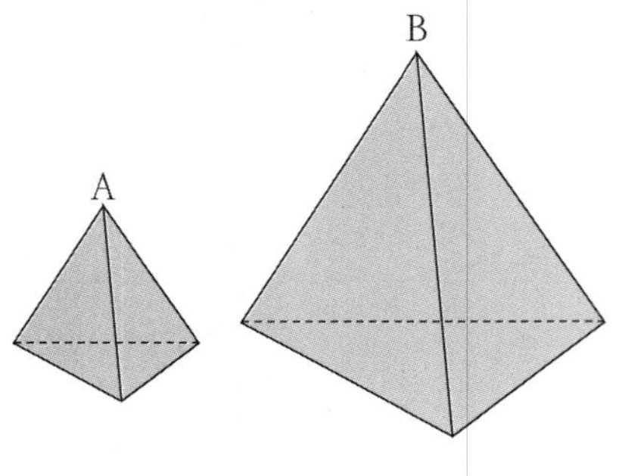

① $8cm^3$

② $16cm^3$

③ $32cm^3$

④ $64cm^3$

26 그림과 같이 가로의 길이가 4cm, 세로의 길이가 3cm인 직사각형이 있다. 이 직사각형의 대각선의 길이는?

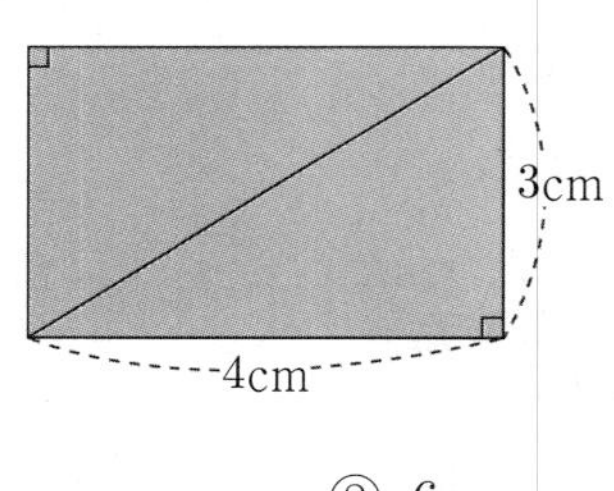

① 5cm

② 6cm

③ 7cm

④ 8cm

27 세 변의 길이가 각각 다음과 같은 삼각형 중에서 직각삼각형인 것은?

① 2cm, 5cm, 6cm

② 3cm, 4cm, 6cm

③ 8cm, 12cm, 14cm

④ 12cm, 16cm, 20cm

28 그림은 $\angle B = 90°$인 직각삼각형 ABC의 세 변을 각각 한 변으로 하는 정사각형을 그린 것이다. □ADEB의 넓이는 18이고 □BFGC의 넓이가 8일 때, □ACHI의 넓이는?

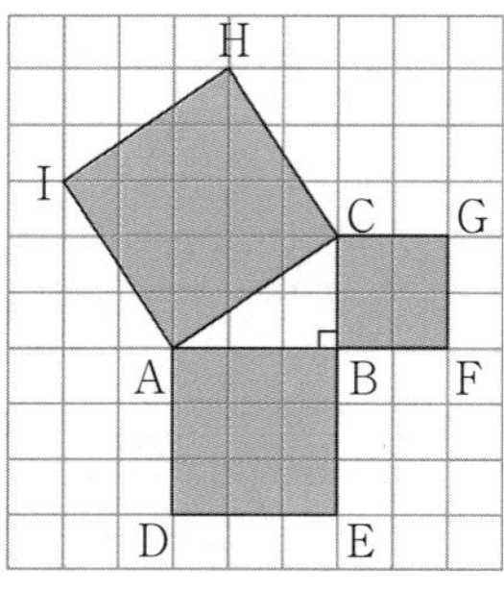

① 26

② 20

③ 16

④ 10

29 그림은 $\angle B = 90°$인 직각삼각형 ABC의 세 변을 각각 한 변으로 하는 세 개의 정사각형을 그린 것이다. □ADEB의 넓이는 25cm^2이고 □BFGC의 넓이가 16cm^2일 때, □ACHI의 넓이는?

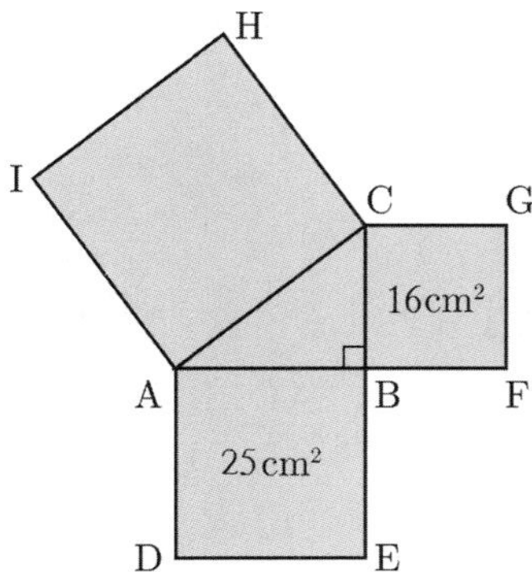

① 9cm^2
② 26cm^2
③ 35cm^2
④ 41cm^2

30 그림은 높이가 8cm, 모선의 길이가 10cm, 반지름의 길이가 $x\text{cm}$인 원뿔이다. x의 값은?

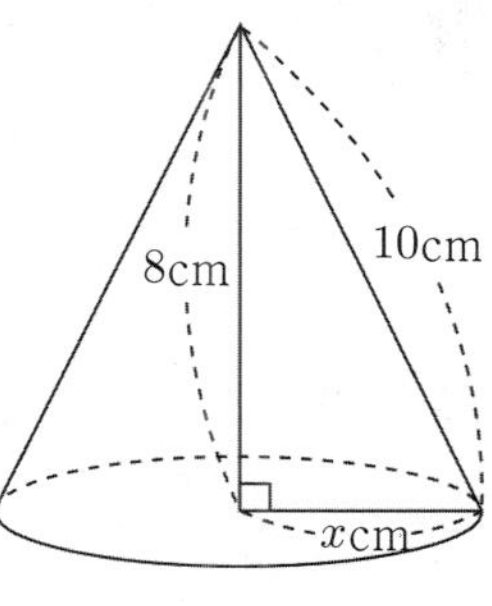

① 4
② 5
③ 6
④ 7

1 삼각비

(1) 삼각비의 뜻

$\angle C = 90°$인 직각삼각형 ABC에서 $\angle A$, $\angle B$, $\angle C$의 대변의 길이를 각각 a, b, c라 하자. 이때, $\angle B$의 크기가 정해지면 직각삼각형의 크기에 관계없이 $\dfrac{\overline{AC}}{\overline{AB}}$, $\dfrac{\overline{BC}}{\overline{AB}}$, $\dfrac{\overline{AC}}{\overline{BC}}$의 값은 항상 일정하다.

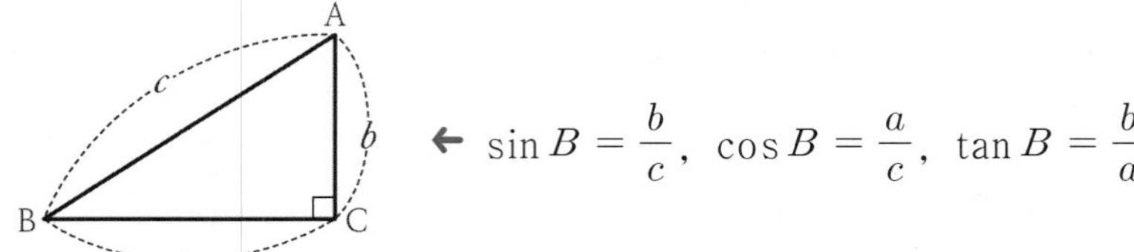

$$\leftarrow \sin B = \frac{b}{c},\ \cos B = \frac{a}{c},\ \tan B = \frac{b}{a}$$

이때, $\dfrac{\overline{AC}}{\overline{AB}} = \dfrac{(높이)}{(빗변의\ 길이)}$를 $\angle B$의 사인이라 하고, 기호로 $\sin B$

$\dfrac{\overline{BC}}{\overline{AB}} = \dfrac{(밑변의\ 길이)}{(빗변의\ 길이)}$를 $\angle B$의 코사인이라 하고, 기호로 $\cos B$

$\dfrac{\overline{AC}}{\overline{BC}} = \dfrac{(높이)}{(밑변의\ 길이)}$를 $\angle B$의 탄젠트라 하고, 기호로 $\tan B$로 나타낸다.

$\sin B$, $\cos B$, $\tan B$를 통틀어 $\angle B$의 삼각비라 한다.

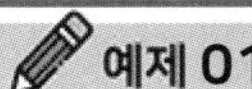 **예제 01**

아래 그림의 직각삼각형 ABC에서 $\angle A$와 $\angle B$의 삼각비의 값을 모두 구하시오.

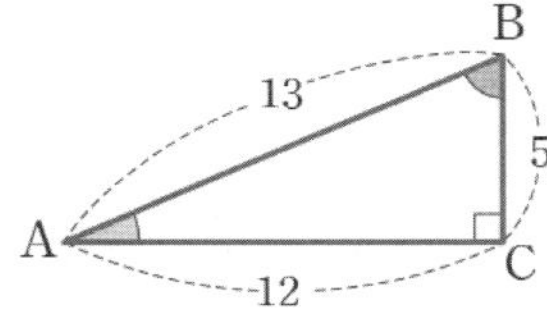

$$\sin A = \frac{5}{13}, \ \cos A = \frac{12}{13}, \ \tan A = \frac{5}{12}$$

$$\sin B = \frac{12}{13}, \ \cos B = \frac{5}{13}, \ \tan B = \frac{12}{5}$$

(2) $30°$, $45°$, $60°$의 삼각비의 값

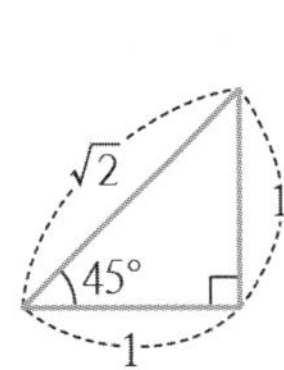 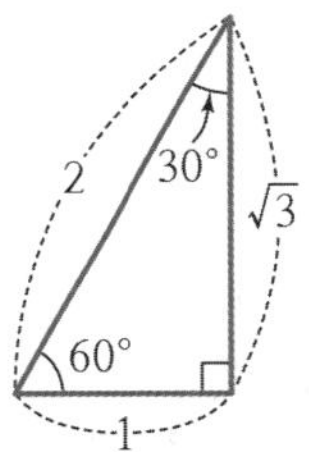

삼각비 \ A	$30°$	$45°$	$60°$
$\sin A$	$\dfrac{1}{2}$	$\dfrac{\sqrt{2}}{2}$	$\dfrac{\sqrt{3}}{2}$
$\cos A$	$\dfrac{\sqrt{3}}{2}$	$\dfrac{\sqrt{2}}{2}$	$\dfrac{1}{2}$
$\tan A$	$\dfrac{\sqrt{3}}{3}$	1	$\sqrt{3}$

| 참고 | $0°$, $90°$의 삼각비의 값

① $\sin 0° = \tan 0° = 0$, $\cos 0° = 1$

② $\sin 90° = 1$, $\cos 90° = 0$, $\tan 90°$의 값은 정할 수 없다.

2 원과 직선

(1) 원의 현

① 중심각의 크기와 현의 길이

한 원 또는 합동인 두 원에서

❶ 크기가 같은 두 중심각에 대한 현의 길이는 같다.

❷ 중심각에 대하여 현의 길이는 정비례하지 않는다.

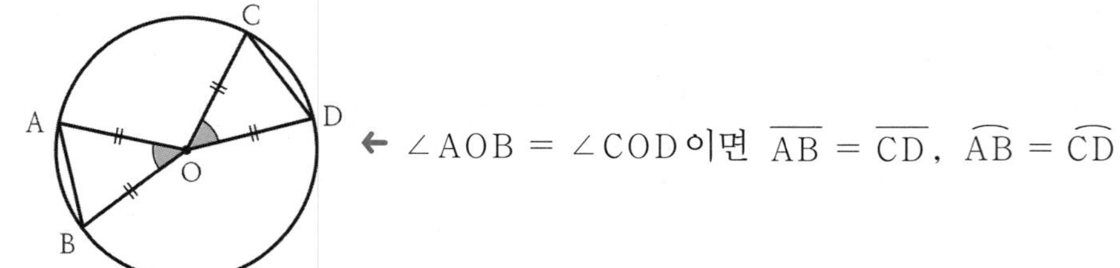

← $\angle AOB = \angle COD$이면 $\overline{AB} = \overline{CD}$, $\overparen{AB} = \overparen{CD}$

② 현의 수직이등분선

❶ 원의 중심에서 현에 내린 수선은 그 현을 수직이등분한다.

❷ 원에서 현의 수직이등분선은 그 원의 중심을 지난다.

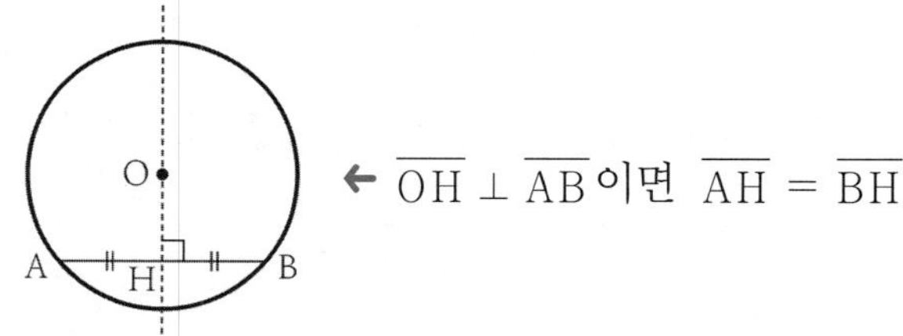

← $\overline{OH} \perp \overline{AB}$이면 $\overline{AH} = \overline{BH}$

③ 현의 길이

❶ 한 원에서 원의 중심으로부터 같은 거리에 있는 두 현의 길이는 같다.

→ $\overline{OM} = \overline{ON}$이면 $\overline{AB} = \overline{CD}$

❷ 한 원에서 길이가 같은 두 현은 원의 중심으로부터 같은 거리에 있다.

→ $\overline{AB} = \overline{CD}$이면 $\overline{OM} = \overline{ON}$

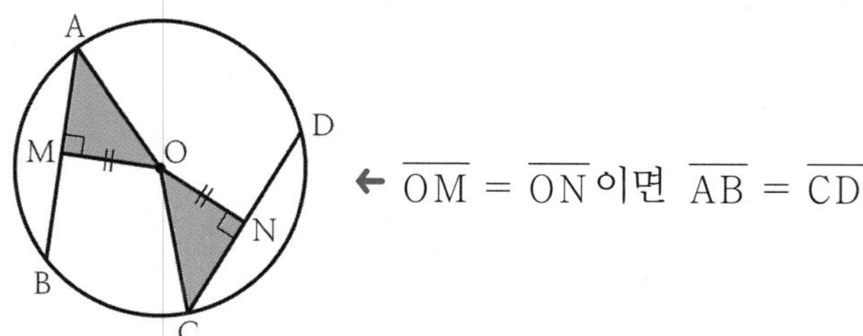

← $\overline{OM} = \overline{ON}$이면 $\overline{AB} = \overline{CD}$

(2) 원의 접선

① 원의 접선의 성질

원의 접선은 그 접점을 지나는 반지름에 수직이다.

② 원의 접선의 길이

원 밖의 한 점에서 그 원에 그은 두 접선의 접점을 각각 A, B라 할 때, 두 접점까지의 거리는 같다.

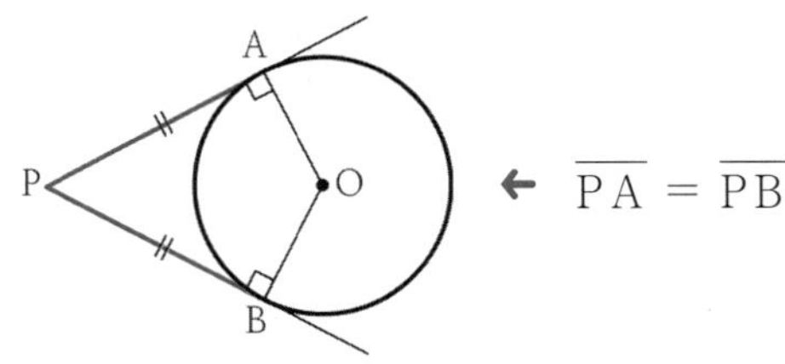

$$\overline{PA} = \overline{PB}$$

3 원주각

(1) 원주각

① 원주각

원 O에서 $\overarc{AB}$ 위에 있지 않은 원 위의 점 P에 대하여 $\angle APB$를 $\overarc{AB}$에 대한 원주각이라 하고, $\overarc{AB}$를 원주각 $\angle APB$에 대한 호라 한다.

② 원주각과 중심각의 크기

원에서 한 호에 대한 원주각의 크기는 모두 같고, 그 호에 대한 중심각의 크기의 $\frac{1}{2}$이다.

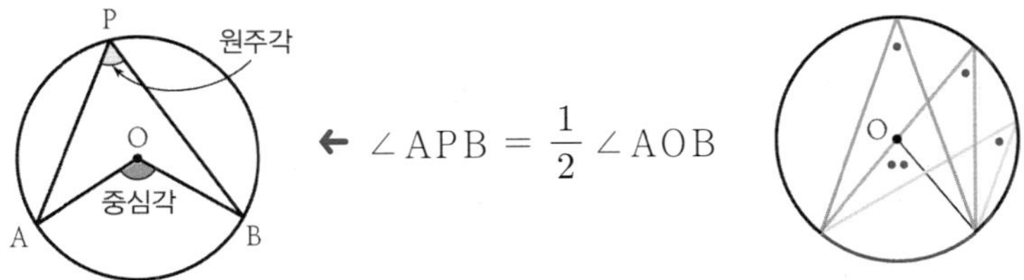

$$\angle APB = \frac{1}{2} \angle AOB$$

③ 원주각의 크기와 호의 길이

한 원 또는 합동인 두 원에서

❶ 길이가 같은 호에 대한 원주각의 크기는 같다.

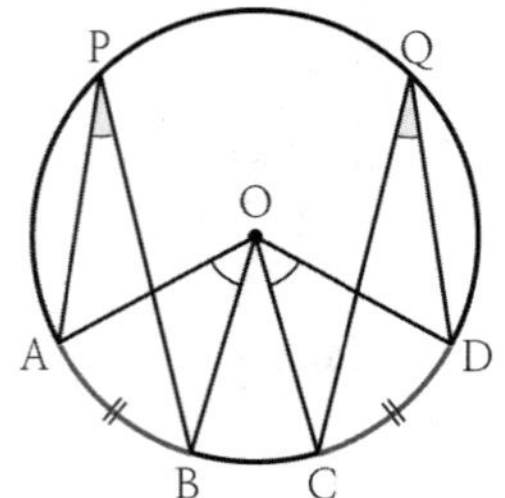

❷ 크기가 같은 원주각에 대한 호의 길이는 같다.

❸ 반원에 대한 원주각의 크기는 90°이다.

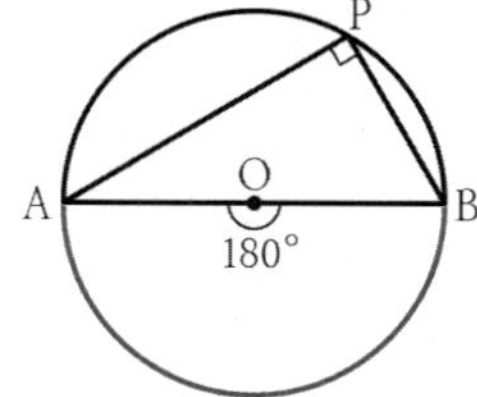

01 그림과 같이 $\angle C = 90°$인 직각삼각형 ABC 에서 $\overline{AB} = 2$, $\overline{BC} = 1$, $\overline{AC} = \sqrt{3}$일 때, $\sin B$의 값은?

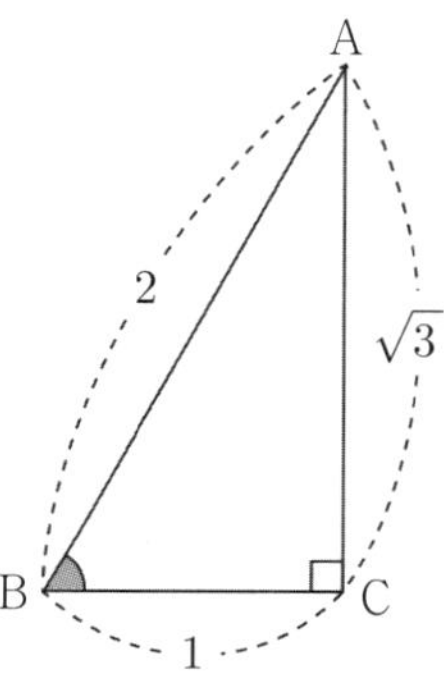

① $\dfrac{1}{3}$

② $\dfrac{1}{2}$

③ $\dfrac{\sqrt{3}}{3}$

④ $\dfrac{\sqrt{3}}{2}$

02 그림과 같이 $\angle C = 90°$인 직각삼각형 ABC 에서 $\cos B$의 값은?

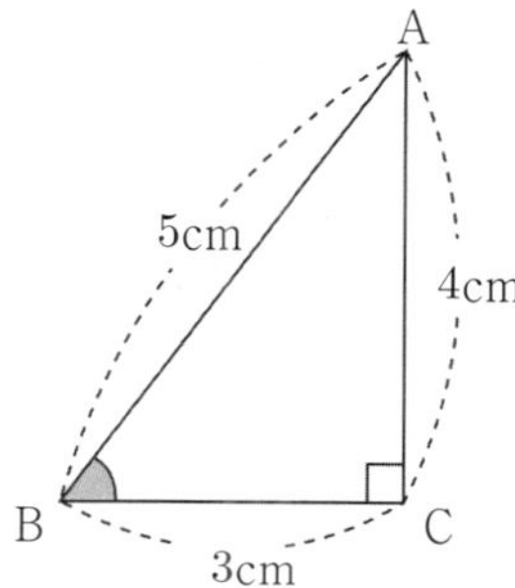

① $\dfrac{3}{5}$

② $\dfrac{3}{4}$

③ $\dfrac{4}{5}$

④ $\dfrac{4}{3}$

03 그림과 같이 $\angle C = 90°$인 직각삼각형 ABC에서 $\overline{AB} = 4$, $\overline{AC} = \overline{BC} = 2\sqrt{2}$일 때, $\tan B$의 값은?

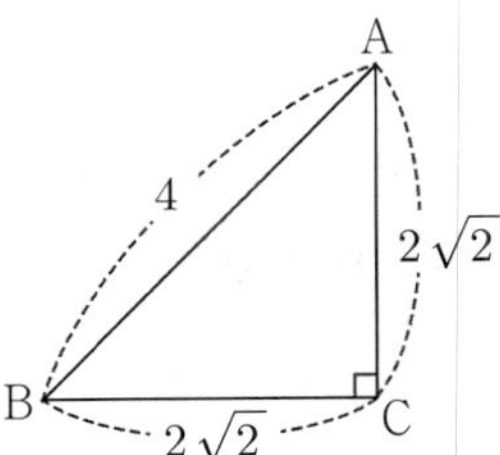

① $\dfrac{1}{4}$

② $\dfrac{1}{2}$

③ $\dfrac{\sqrt{2}}{2}$

④ 1

04 그림과 같이 $\angle B = 90°$인 직각삼각형 ABC에서 $\sin A$의 값은?

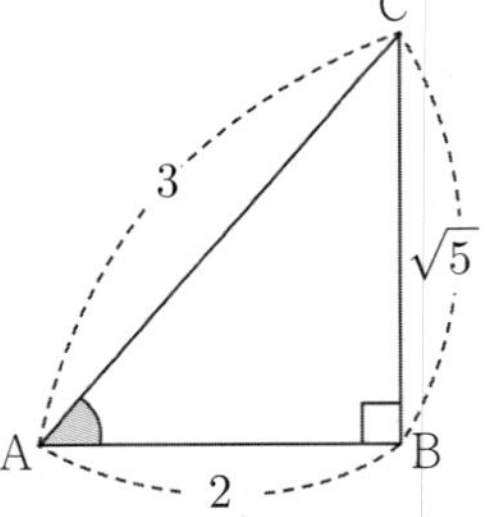

① $\dfrac{2}{3}$

② $\dfrac{\sqrt{5}}{3}$

③ 1

④ $\dfrac{\sqrt{5}}{2}$

05 아래 그림과 같은 직각삼각형에서 삼각비의 값이 옳은 것을 고르면?

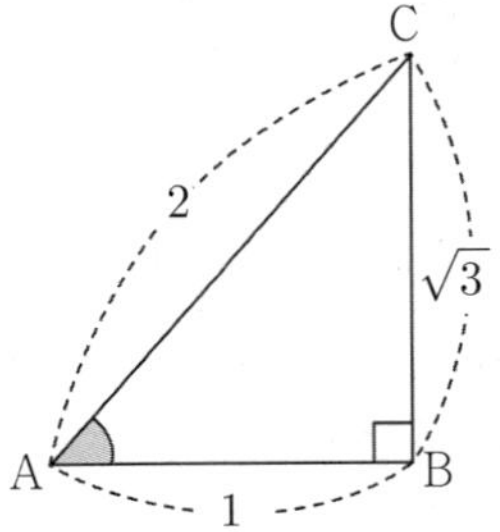

① $\sin A = \dfrac{1}{2}$

② $\sin C = \sqrt{3}$

③ $\tan A = \dfrac{1}{\sqrt{3}}$

④ $\cos C = \dfrac{\sqrt{3}}{2}$

06 다음 직각삼각형 ABC에 대하여 $\sin B$의 값은?

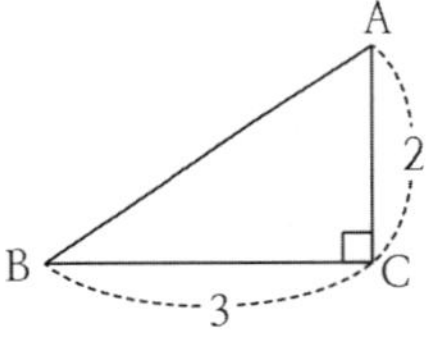

① $\dfrac{2}{\sqrt{13}}$

② $\dfrac{2}{3}$

③ $\dfrac{3}{2}$

④ $\dfrac{3}{\sqrt{13}}$

07 다음 직각삼각형 ABC에 대하여 $\overline{AB} = 4\text{cm}$, $\overline{BC} = 2\text{cm}$, $\overline{AC} = 2\sqrt{3}\,\text{cm}$일 때, $\angle B$의 크기는?

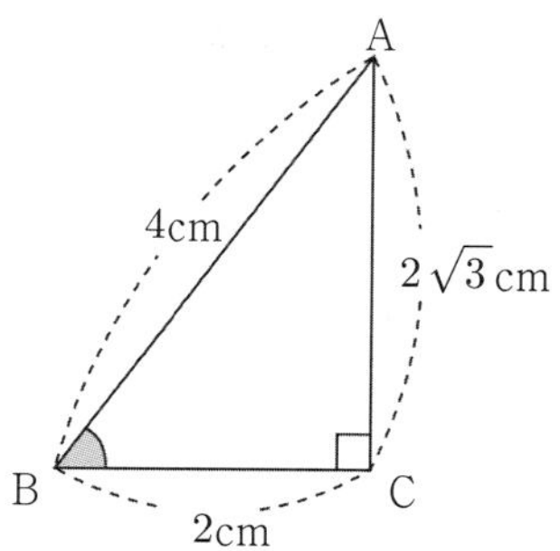

① 30° ② 45°

③ 60° ④ 75°

08 아래 그림의 직각삼각형에서 x, y의 값을 각각 구하면?

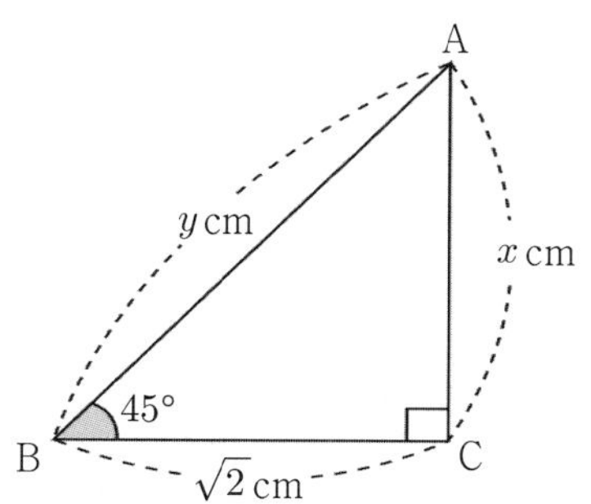

① $x = \sqrt{2}$, $y = \sqrt{2}$

② $x = 2$, $y = \sqrt{2}$

③ $x = \sqrt{2}$, $y = 2$

④ $x = 2$, $y = 2$

09 아래 그림과 같이 원 O에서 두 현 AB, AC에 내린 수선의 발을 각각 M, N이라 할 때, $\overline{OM} = \overline{ON}$, $\angle A = 50°$이다. $\angle B$의 크기는?

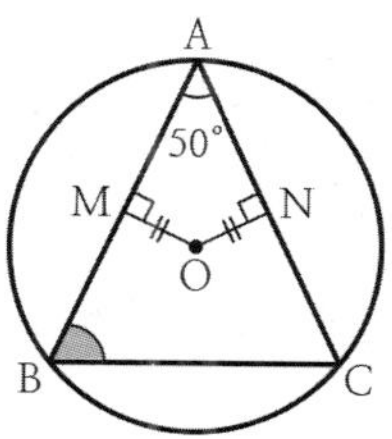

① 60° ② 65°

③ 70° ④ 75°

10 아래 그림에서 x의 값을 구하면?

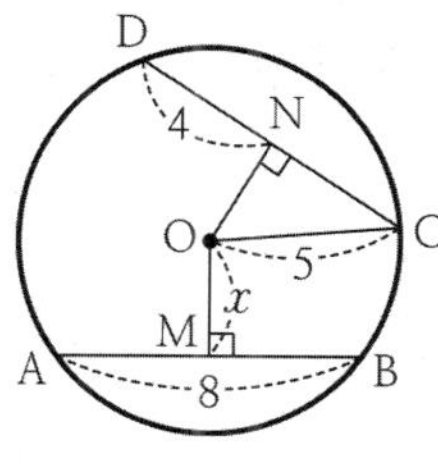

① 1 ② 2

③ 3 ④ 4

11 그림에서 두 점 A, B는 점 P에서 원 O에 그은 두 접선의 접점이다. $\overline{PA} = 10\text{cm}$일 때, $\overline{PB}$의 길이는?

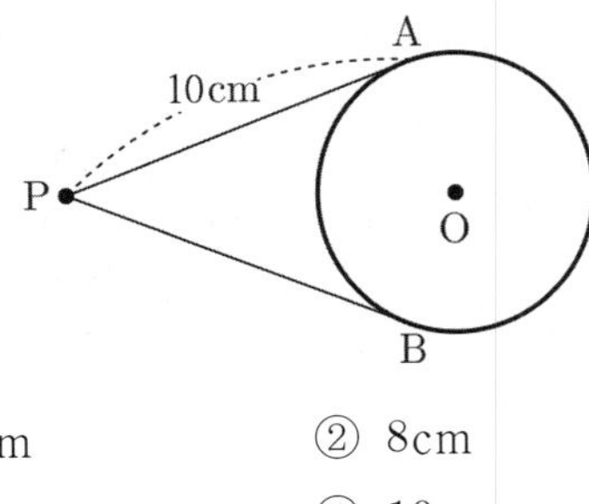

① 7cm 　　② 8cm

③ 9cm 　　④ 10cm

12 다음 그림에서 원 O는 △ABC의 내접원이고 $\overline{AD} = 4$, $\overline{BD} = 5$ $\overline{BC} = 7$일 때, $\overline{FC}$의 길이는? (단, 점 D, E, F는 접점이다.)

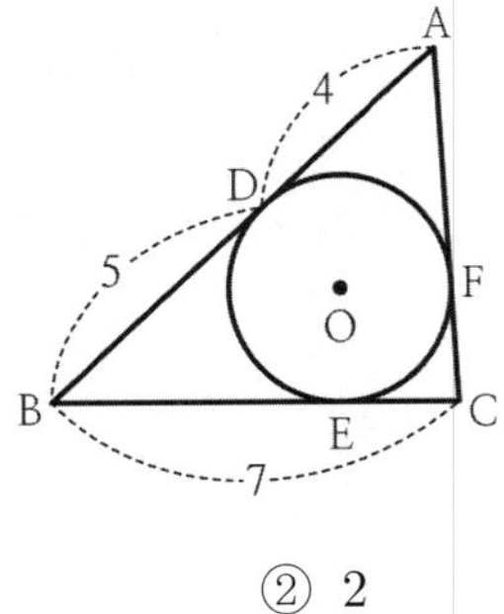

① 1 　　② 2

③ 3 　　④ 4

13 그림과 같이 원 O에서 호 AB에 대한 중심각 ∠AOB의 크기가 110°일 때, 원주각 ∠APB의 크기는?

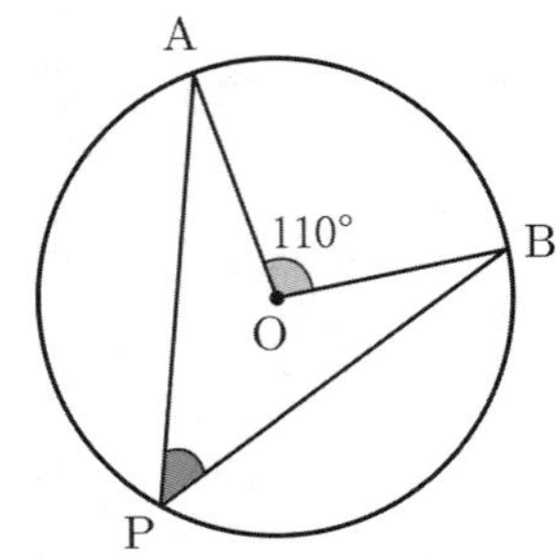

① 50° 　　② 55°

③ 60° 　　④ 65°

14 그림과 같이 원 O에서 호 AB에 대한 중심각 ∠AOB의 크기가 130°일 때, 원주각 ∠APB의 크기는?

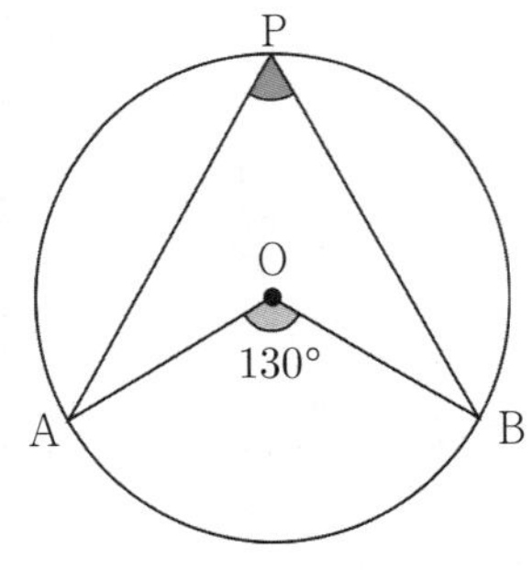

① 50° 　　② 55°

③ 60° 　　④ 65°

15 그림과 같이 $\overline{AP}$ 가 지름인 원 O 에서
$\angle AOB = 60°$일 때, $\angle x$의 크기는?

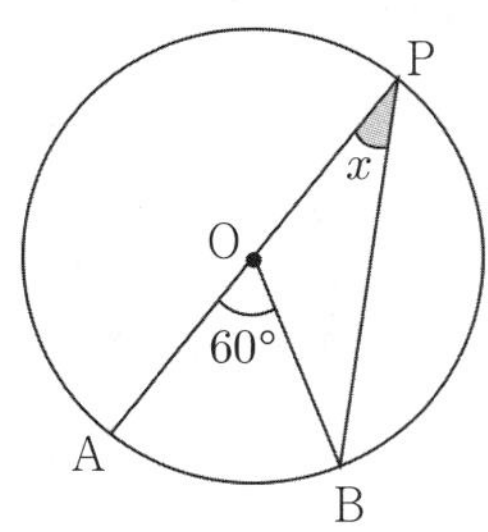

① 30°　　　　② 40°

③ 50°　　　　④ 60°

16 그림과 같이 현 AC 는 원 O 의 지름이다. 호
AC에 대한 원주각 $\angle ABC$의 크기는?

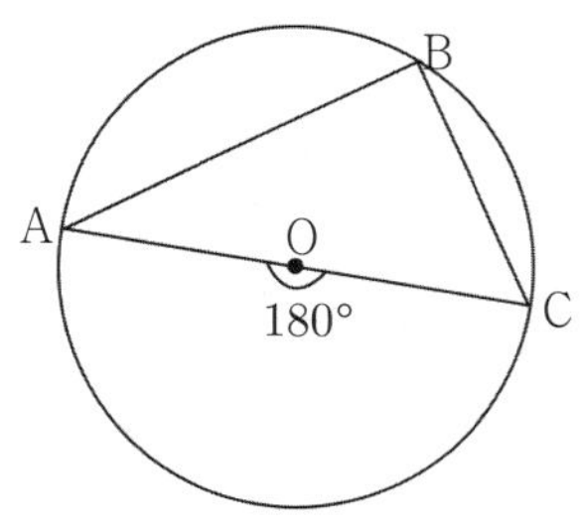

① 80°　　　　② 90°

③ 100°　　　　④ 110°

17 그림과 같이 원 O 에서 $\angle APB$는 호 AB 에
대한 원주각이고, 선분 AB 는 지름이다. $\angle x$
의 크기는?

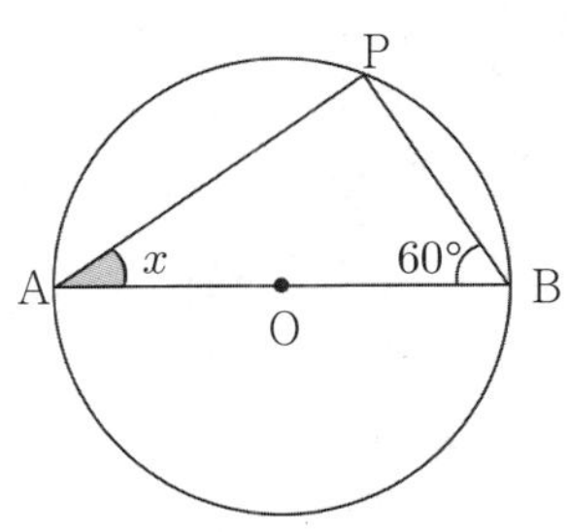

① 20°　　　　② 25°

③ 30°　　　　④ 35°

18 원 O 에서 $\angle APB$와 $\angle AQB$는 호 AB 에 대
한 원주각이다. $\angle APB = 40°$일 때, $\angle x$의
크기는?

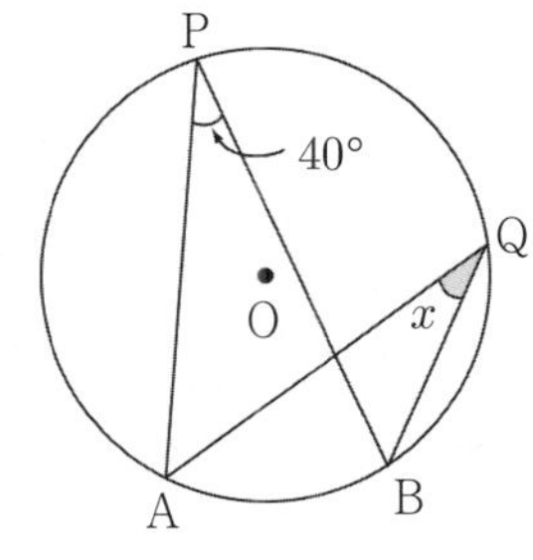

① 30°　　　　② 40°

③ 50°　　　　④ 60°

19 그림의 원 O에서 ∠APB는 호 AB에 대한 원주각이고, ∠CQD는 호 CD에 대한 원주각이다. $\widehat{AB} = \widehat{CD} = 6\text{cm}$이고, ∠APB = 50°일 때, ∠CQD의 크기는?

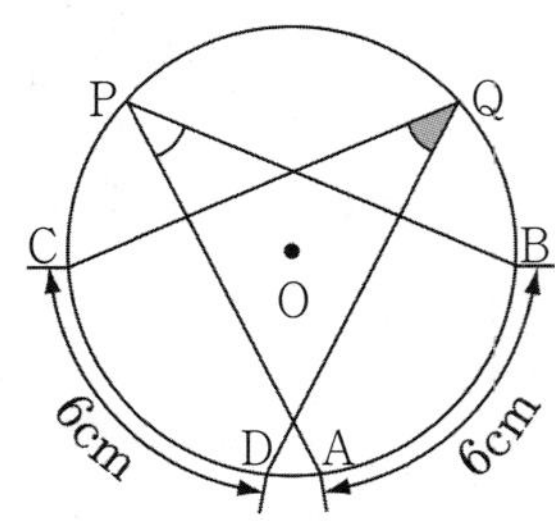

① 30° ② 40°

③ 50° ④ 60°

20 그림과 같이 원 O에서 호 AB에 대한 원주각 ∠APB의 크기가 20°일 때, 그 호에 대한 중심각 ∠AOB의 크기는?

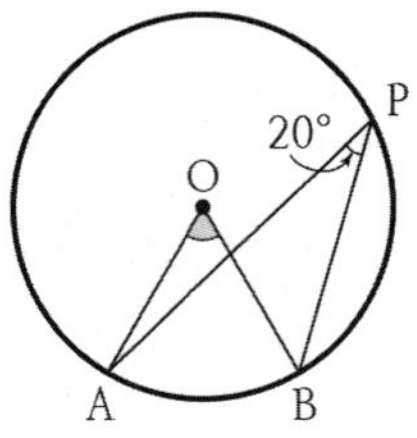

① 40° ② 50°

③ 60° ④ 70°

08 확률과 통계

1 자료의 정리와 해석

(1) 줄기와 잎 그림

① 변량 : 자료를 수량으로 나타낸 것을 변량이라고 한다.

② 줄기와 잎 그림 : 줄기와 잎을 이용하여 자료를 나타낸 그림이다.

  줄기와 잎 그림을 이용하면 원래의 변량을 정확히 알 수 있을 뿐만 아니라, 자료의 전체적인 분포 상태도 쉽게 파악할 수 있다.

③ 그리는 방법

  ❶ 자료의 각 변량을 이용하여 줄기와 잎으로 구분한다.

  ❷ 줄기를 크기가 작은 값부터 차례대로 세로로 쓴다.

  ❸ 줄기의 오른쪽에 잎을 크기가 작은 값부터 차례대로 가로로 쓴다. 이때 중복된 자료의 값은 중복된 횟수만큼 쓴다.

  ❹ 줄기 a와 잎 b를 그림 위에 $a\,|\,b$로 나타내고 그 뜻을 설명한다.

✏️ 예제 01

다음은 예서네 모둠 학생들이 딸기 체험 농장에서 딴 딸기의 무게를 조사하여 나타낸 것이다. 이를 줄기와 잎 그림으로 그리시오.

딸기의 무게 (단위 : g)

93	103	80	92
85	101	103	98

〈그림〉 (0 | 87은 87 g)

줄기	잎

〈그림〉 (0 | 87은 87 g)

줄기	잎
0	80　85　92　93　98
1	01　03　03

(2) 도수분포표

각 계급의 도수를 조사하여 자료의 분포 상태를 나타낸 표를 도수분포표라 한다.

① 계급 : 변량을 일정한 간격으로 나눈 구간을 계급이라고 한다.

② 계급의 크기 : 구간의 크기

③ 도수 : 각 계급에 속하는 자료의 개수

(3) 히스토그램과 도수분포 다각형

① 히스토그램 : 가로축에 계급을, 세로축에 도수를 표시하여 직사각형 모양으로 나타낸 그래프를 히스토그램이라 한다.

② 히스토그램의 특징

❶ 자료의 전체적인 분포 상태를 한눈에 쉽게 알아볼 수 있다.

❷ 각 직사각형의 넓이는 각 계급의 도수에 정비례한다.

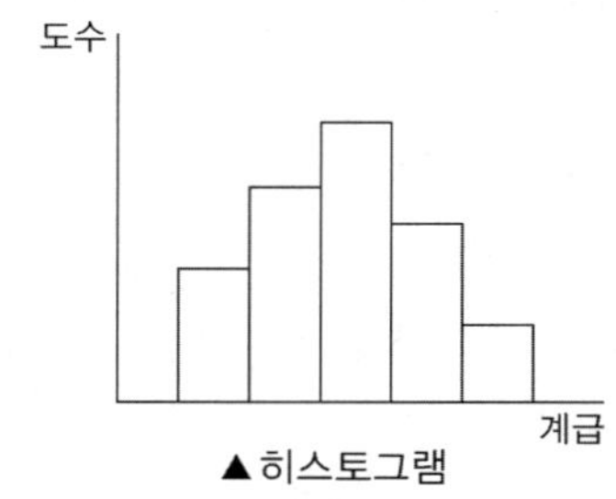

▲ 히스토그램

③ 도수분포다각형 : 히스토그램의 각 직사각형의 윗변의 중점을 차례로 선분으로 연결하여 그린 그래프를 도수분포다각형이라고 한다.

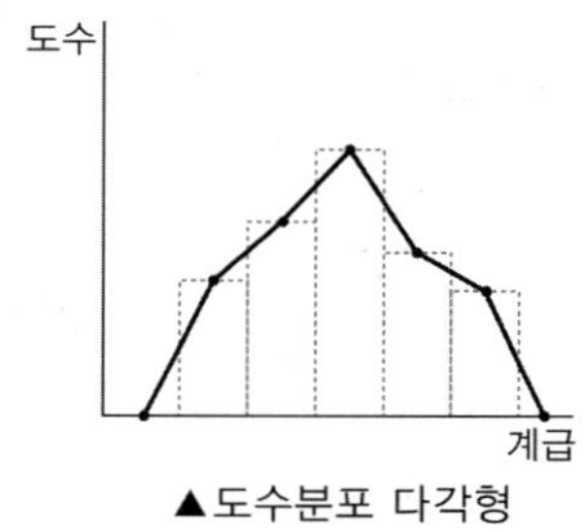

▲ 도수분포 다각형

(4) 상대도수

도수의 합계에 대한 각 계급의 도수의 비율을 상대도수라고 한다.

$$(어떤\ 계급의\ 상대도수) = \frac{(그\ 계급의\ 도수)}{(전체\ 도수)}$$

※ 상대도수의 특징

❶ 도수의 총합이 다른 두 집단의 분포 상태를 비교할 때 편리하다.

❷ 상대도수의 총합은 항상 1이고, 상대도수는 0 이상 1 이하인 수이다.

❸ 각 계급의 상대도수는 그 계급의 도수에 정비례한다.

2 확률

(1) 경우의 수

① 사건 : 동일한 조건에서 반복할 수 있는 실험이나 관찰에 의하여 나타나는 결과

② 경우의 수 : 어떤 사건이 일어나는 모든 가짓수를 경우의 수라고 한다.

　⑩ 주사위 한 개를 던질 때 '짝수의 눈이 나온다.'는 사건이고, 이 사건이 일어나는 경우의 수는 3이다.

③ 사건 A, B가 일어나는 경우의 수가 각각 m, n이라 하면

❶ 사건 A 또는 B가 일어나는 경우의 수　[합의 법칙]

　　: 사건 A와 사건 B가 동시에 일어나지 않을 때,

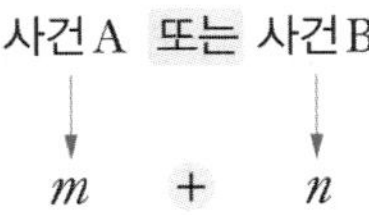

 **예제 02**

주머니에 1에서 5까지의 숫자가 각각 적힌 5개의 공이 있다.

이 중에서 한 개의 공을 꺼낼 때, 2의 배수 또는 3의 배수가 적힌 공이 나올 경우의 수를 구하시오.

2의 배수가 적힌 공은 2, 4의 2가지이고, 3의 배수가 적힌 공은 3의 1가지이다. 동시에 일어나지 않는 경우이므로 2+1＝3의 3가지이다.

---

❷ 사건 A, B가 동시에 일어나는 경우의 수　[곱의 법칙]

　　: 사건 A와 사건 B가 동시에 일어날 때,

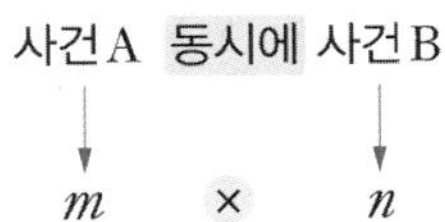

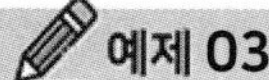

어떤 아이스크림 가게에서 컵이나 콘에, 딸기, 바닐라, 초코 중 한 종류의 아이스크림을 담아 판매한다고 한다.
이때 아이스크림을 주문하는 방법의 수를 구하시오.

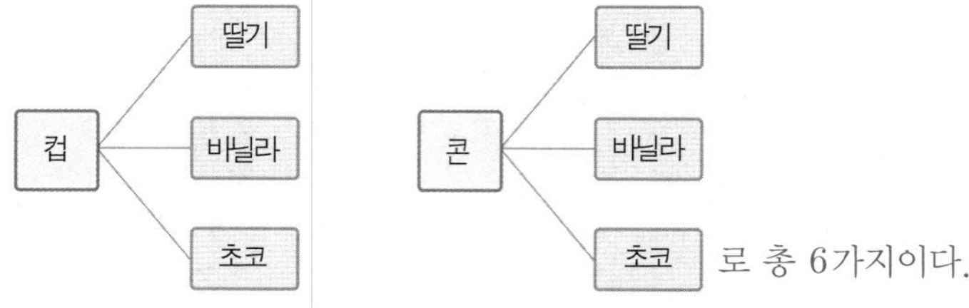

로 총 6가지이다.

(2) 확률

① 확률 : 같은 조건에서 실험이나 관찰을 여러 번 반복할 때, 어떤 사건이 일어나는 상대도수가 일정한 값에 가까워지면 이 일정한 값을 그 사건이 일어날 확률이라 한다.

② 확률 구하는 방법 : 사건 A가 일어날 확률을 p라고 하면

$$p = \frac{(\text{사건 } A\text{가 일어날 경우의 수})}{(\text{일어날 수 있는 모든 경우의 수})}$$

예 동전 1개를 던질 때, 앞면이 나올 확률은 동전 1개를 던질 때 일어날 수 있는 모든 경우의 수가 2가지이고, 앞면이 나오는 경우의 수는 1가지이므로 $\frac{1}{2}$이다.

③ 확률의 성질
❶ 어떤 사건이 일어날 확률을 p라고 하면 $0 \leq p \leq 1$이다
❷ 반드시 일어나는 사건의 확률은 1이다.
❸ 절대로 일어날 수 없는 사건의 확률은 0이다.

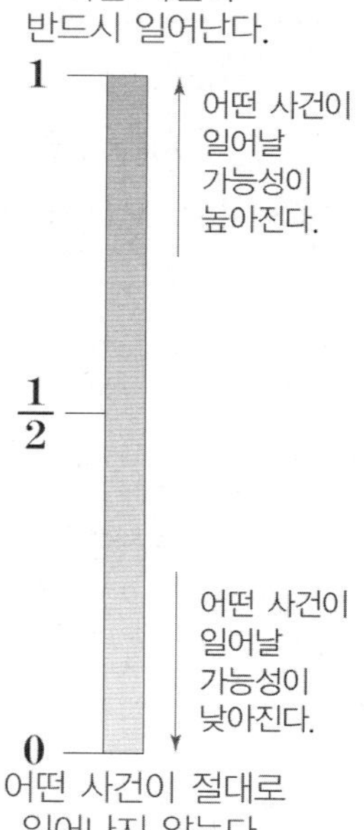

④ 사건 A가 일어나지 않을 확률 : 사건 A가 일어날 확률이 p라고 하면
(사건 A가 일어나지 않을 확률) $= 1 - p$이다.

예 안타를 칠 확률이 $\dfrac{2}{5}$라면, 안타를 치지 않을 확률은 $1 - \dfrac{2}{5} = \dfrac{3}{5}$이다.

⑤ 여러 가지 확률의 계산
사건 A가 일어날 확률을 p, 사건 B가 일어날 확률을 q라고 할 때,

❶ 사건 A가 일어날 확률과 일어나지 않을 확률의 합은 1이다.

❷ 사건 A 또는 B가 일어나는 확률 ➜ $p + q$

❸ 사건 A, B가 동시에 일어나는 확률 ➜ $p \times q$

⑥ 도형에서의 확률의 계산 : 모든 경우의 수는 도형의 전체 넓이로 생각하고, 어떤 사건이
일어나는 경우의 수는 도형에서 해당하는 부분의 넓이로 생각한다.

$$(\text{도형에서의 확률}) = \dfrac{(\text{사건에 해당하는 부분의 넓이})}{(\text{도형의 전체 넓이})}$$

3 대푯값과 산포도

(1) 대푯값

① 대푯값 : 자료 전체의 특징을 하나의 수로 나타낸 값을 대푯값이라고 한다.
대푯값은 자료의 중심 경향을 나타내어 전체 자료를 대표하는 값이다.

② 대푯값의 종류

❶ 평균 : 자료의 값의 총합을 자료의 개수로 나눈 값을 평균이라 한다.

❷ 중앙값 : 자료를 크기순으로 나열하였을 때 가운데 위치한 값을 중앙값이라 한다.

➜ 자료의 개수가 홀수이면 가운데 위치한 값이 중앙값이다.

➜ 자료의 개수가 짝수이면 가운데 위치한 두 값의 평균이 중앙값이다.

❸ 최빈값 : 자료의 값 중에서 가장 많이 나타난 값을 최빈값이라 한다.

➜ 자료의 값의 도수가 모두 같을 때, 최빈값은 없다.

➜ 자료의 값의 도수가 모두 같지 않을 때, 도수가 가장 큰 값이 한 개 이상 있으
면 그 값이 모두 최빈값이다.

예제 04

다음 자료의 값의 평균, 중앙값, 최빈값을 구하시오.

$$1, \ 1, \ 2, \ 2, \ 3, \ 4, \ 4, \ 4, \ 6$$

$$\text{평균} = \frac{1+1+2+2+3+4+4+4+6}{9} = \frac{27}{9} = 3, \quad \text{중앙값} = 3, \quad \text{최빈값} = 4$$

(2) 산포도

① 산포도 : 자료가 흩어져 있는 정도를 하나의 수로 나타낸 값을 산포도라 한다. 자료의 값들이 대푯값에 모일수록 산포도는 작아진다.

② 편차 : 각 자료의 값에서 평균을 뺀 값

$$(\text{편차}) = (\text{변량}) - (\text{평균})$$

③ 분산 : 편차의 제곱의 평균을 분산이라 한다.

④ 표준편차 : 분산의 양의 제곱근을 표준편차라 한다.

$$(\text{분산}) = \frac{\{(\text{편차})^2\text{의 총합}\}}{(\text{변량의 개수})}, \quad (\text{표준편차}) = \sqrt{(\text{분산})}$$

4 산점도와 상관관계

① 산점도 : 두 변량 x, y의 순서쌍 $(x, \ y)$를 좌표평면 위에 점으로 나타낸 그림을 산점도라고 한다.

② 상관관계 : 두 변량 중 한쪽이 증가할 때, 다른 한쪽이 증가 또는 감소하는 경향을 나타내는 두 변량 사이의 관계를 상관관계라고 한다.

❶ 양의 상관관계 : 산점도에서 x의 값이 커짐에 따라 y의 값도 대체로 커지는 관계가 있을 때, 두 변량 x와 y 사이에는 양의 상관관계가 있다고 한다.

❷ 음의 상관관계 : 산점도에서 x의 값이 커짐에 따라 y의 값이 대체로 작아지는 관계가 있을 때, 두 변량 x와 y 사이에는 음의 상관관계가 있다고 한다.

❸ 강한 상관관계 : 양 또는 음의 상관관계가 있는 산점도에서 점들이 한 직선에 가까이 모여 있을수록 상관관계가 강하고, 흩어져 있을수록 상관관계가 약하다고 한다.

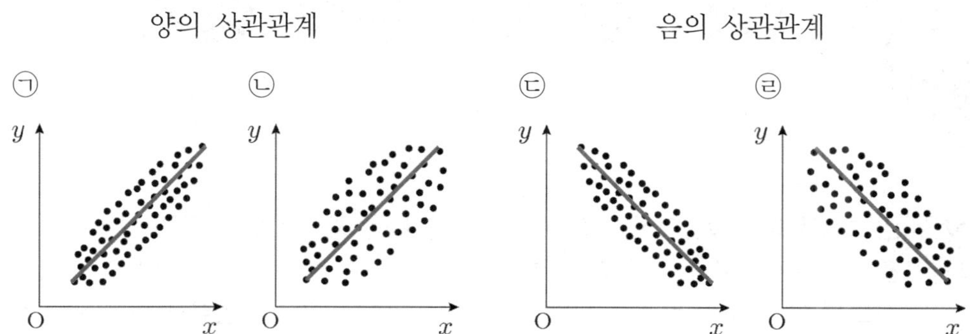

➔ ㉠은 ㉡보다, ㉢은 ㉣보다 강한 상관관계가 있음을 나타낸다.

❹ 상관관계가 없다 : x의 값이 커짐에 따라 y의 값이 커지는지 작아지는지 그 관계가 분명하지 않을 때, x와 y 사이에는 상관관계가 없다고 한다.

상관관계가 없다

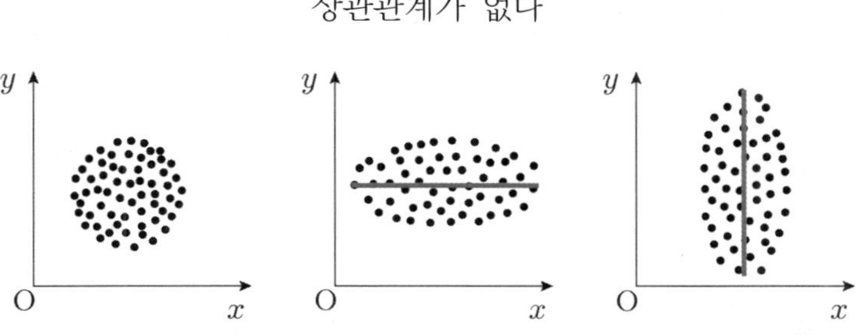

예상 문제로 실력 잡기

01 다음 줄기와 잎 그림은 어느 학급의 학생들에게 50개의 상표를 1시간 동안 보게 한 후 몇 개를 기억하는지를 조사하여 나타낸 것이다. 기억하는 상표가 26개 이상인 학생 수는?

기억하는 상표의 수   (0 | 5는 5개)

줄기	잎
0	5 7 8
1	0 2 4 7
2	1 2 3 3 6 6 7
3	0 0 3 5 8
4	1 3 4

① 10명   ② 11명
③ 12명   ④ 13명

02 어느 상점에서는 12종류의 음료수를 판매하고 있다. 다음 표는 일주일 동안의 종류별 음료수의 판매 개수를 조사하여 나타낸 줄기와 잎 그림이다. 잎이 가장 많은 줄기는?

음료수의 판매 개수   (0 | 1은 1개)

줄기	잎
0	1 2 4 5 8
1	1 3 4 7
2	5 9
3	2

① 0   ② 1
③ 2   ④ 3

03 다음 줄기와 잎 그림은 승용이네 반 학생들의 줄넘기 횟수를 조사하여 나타낸 것이다. 줄넘기 횟수가 많은 사람부터 차례대로 등수를 정할 때, 5등을 한 학생의 줄넘기 횟수는?

줄넘기 횟수   (2 | 4는 24회)

줄기	잎
2	4 5 7
3	2 2 3 6 8
4	0 0 3 4 5 7 7
5	1 6 8
6	0 3

① 32개   ② 47개
③ 51개   ④ 56개

[04~05] 아래 히스토그램은 예서네 반 학생들의 영어 말하기 대회 점수를 조사하여 나타낸 것이다.

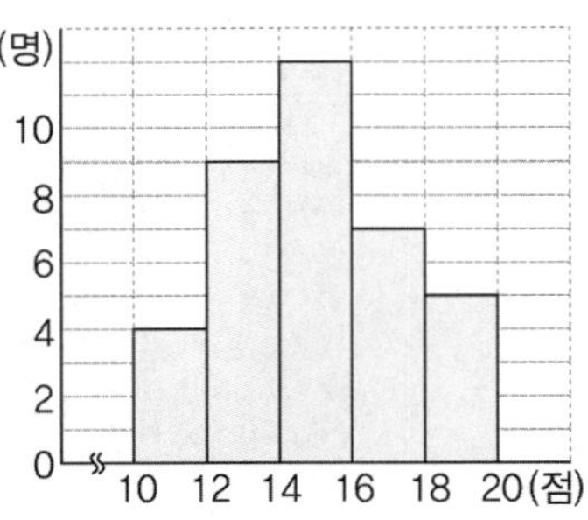

04 계급의 크기와 개수를 각각 구하면?

① 1점, 2개   ② 2점, 5개
③ 2점, 4개   ④ 3점, 5개

05 말하기 대회 점수가 16점 이상인 학생의 수는?

① 10명　　② 11명
③ 12명　　④ 13명

06 다음 도수분포표는 우현이가 운영하는 블로그에 하루 동안 방문한 사람 수를 20일 동안 조사하여 나타낸 것이다. 방문자 수가 20명 이상 25명 미만인 일수는 며칠인가?

방문자 수(명)	일수(일)
$10^{이상}$ ~ $15^{미만}$	2
15 ~ 20	5
20 ~ 25	A
25 ~ 30	8
30 ~ 35	1
합계	20

① 4일　　② 8일
③ 12일　　④ 13일

07 다음은 어느 지역의 9월 한 달 동안의 일교차를 조사하여 나타낸 도수분포표이다. 일교차가 12℃ 이상인 날수는 며칠인가?

한 달 동안의 일교차

일교차(℃)	날수(일)
$4^{이상}$ ~ $6^{미만}$	2
6 ~ 8	4
8 ~ 10	3
10 ~ 12	10
12 ~ 14	9
14 ~ 16	2
합계	30

① 2일　　② 9일
③ 10일　　④ 11일

08 표는 어느 반 학생 20명이 1학기 동안 실시한 봉사 활동 시간을 조사하여 나타낸 도수분포표이다. 봉사 활동 시간이 5시간인 학생이 속하는 계급의 도수는?

봉사 활동(시간)	도수(명)
$0^{이상}$ ~ $3^{미만}$	2
3 ~ 6	7
6 ~ 9	6
9 ~ 12	5
합계	20

① 2　　② 5
③ 6　　④ 7

09 표는 어느 반 학생 20명이 일주일에 TV를 시청하는 시간을 조사하여 나타낸 도수분포표이다. TV 시청 시간이 7시간인 학생이 속하는 계급의 도수는?

TV 시청(시간)	도수(명)
$0^{이상} \sim 3^{미만}$	4
$3 \sim 6$	8
$6 \sim 9$	A
$9 \sim 12$	2
합계	20

① 2　　　　② 5
③ 6　　　　④ 7

10 1부터 10까지의 숫자가 각각 적힌 카드 10장이 있다. 한 장의 카드를 뽑았을 때, 그것이 3의 배수인 경우의 수는?

① 2　　　　② 3
③ 4　　　　④ 5

11 서로 다른 종류의 볼펜 4자루와 연필 3자루가 있다. 이때, 이 중 한 개를 선택하는 경우의 수는?

① 7　　　　② 10
③ 12　　　　④ 15

12 서로 다른 두 개의 주사위를 동시에 던질 때, 나오는 눈의 수의 합이 4 또는 7인 경우의 수는?

① 6　　　　② 7
③ 8　　　　④ 9

13 4종류의 빵과 음료수 3개가 있다. 이때, 빵 1개와 음료수 1개를 먹는 경우의 수는?

① 7　　　　② 10
③ 12　　　　④ 15

14 A, B 두 사람이 가위바위보를 할 때, A가 이길 확률은?

① $\dfrac{1}{9}$　　　　② $\dfrac{1}{6}$
③ $\dfrac{1}{3}$　　　　④ $\dfrac{1}{2}$

15 다음 날 비가 올 확률이 0.3이라고 할 때, 다음 날 비가 오지 않을 확률은?

① 0.1 ② 0.3

③ 0.5 ④ 0.7

16 상자 안에 1에서 9까지의 자연수가 각각 적힌 아홉 개의 크기가 같은 구슬이 들어 있다. 이 중에서 임의로 한 개의 구슬을 꺼낼 때, 5의 배수가 나올 확률은?

① $\dfrac{1}{9}$ ② $\dfrac{2}{9}$

③ $\dfrac{4}{9}$ ④ $\dfrac{5}{9}$

17 상자 속에 1에서 20까지의 자연수가 각각 적힌 모양과 크기가 같은 카드 20장이 들어 있다. 이 상자에서 한 장의 카드를 임의로 꺼낼 때, 20의 약수가 적힌 카드가 나올 확률은?

① $\dfrac{3}{10}$ ② $\dfrac{4}{10}$

③ $\dfrac{5}{10}$ ④ $\dfrac{6}{10}$

18 〈보기〉는 10명의 수학 성적을 조사한 자료이다. 최빈값은?

| 보기 |
| 60 80 50 95 80 |
| 70 65 70 100 80 |

① 65 ② 70

③ 80 ④ 95

19 다음 자료는 다트게임을 10회 던진 점수를 나타낸 것이다. 이 자료의 중앙값은?

8, 7, 7, 9, 7, 8, 8, 10, 9, 8

① 7 ② 8

③ 9 ④ 10

20 다음은 7명의 제기차기 기록을 작은 값부터 순서대로 나열한 자료이다. 이 자료의 중앙값은?

14, 16, 17, 21, 31, 37, 40

① 16 ② 17

③ 21 ④ 40

[21~22] 다음은 혜준이가 여름 방학에 도서관 봉사 활동을 15일 동안 참여한 시간을 조사하여 나타낸 줄기와 잎 그림이다. 다음 물음에 답하시오.

도서관 봉사에 참여한 시간　　　(3 | 0은 30분)

줄기	잎
3	0 2 3 5
4	0 1
5	0 2 2 3
6	2 2 2 4 5

21 이 자료의 중앙값은?

① 41분　　　　② 52분

③ 53분　　　　④ 62분

22 이 자료의 최빈값은?

① 41분　　　　② 52분

③ 53분　　　　④ 62분

23 〈보기〉에서 두 변량에 대한 산점도가 대체로 아래 그림과 같이 나타나는 것을 고르면 몇 개인가?

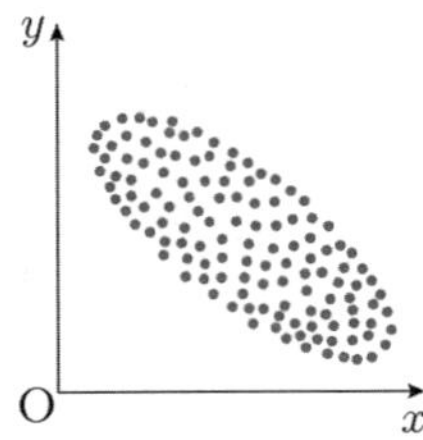

┤ 보기 ├

ㄱ. 키와 몸무게

ㄴ. 눈의 크기와 시력

ㄷ. 근로 시간과 여가 시간

ㄹ. 도시의 인구수와 교통량

ㅁ. 그해 생산된 농산물의 양과 가격

ㅂ. 산의 높이와 산꼭대기에서의 기온

① 1개　　　　② 2개

③ 3개　　　　④ 4개

24 다음에서 두 변량 사이에 상관관계가 대체로 아래 그림과 같이 나타나는 것은?

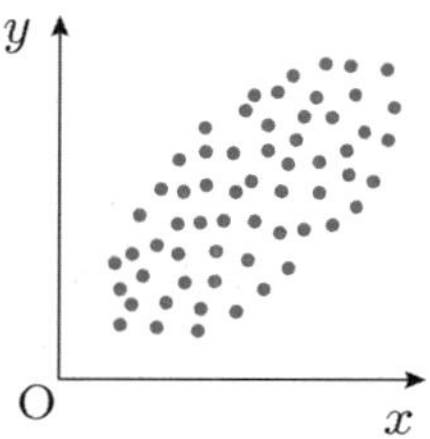

① 멀리뛰기 기록과 영어 성적
② 자동차의 속력과 목적지까지 걸리는 시간
③ 겨울철 일평균 기온과 도시가스 사용량
④ 도시의 인구수와 학교 수

25 다음은 어느 회사 직원들의 월급과 월 저축액을 조사하여 나타낸 산점도이다. 다음 중 옳지 <u>않은</u> 것은?

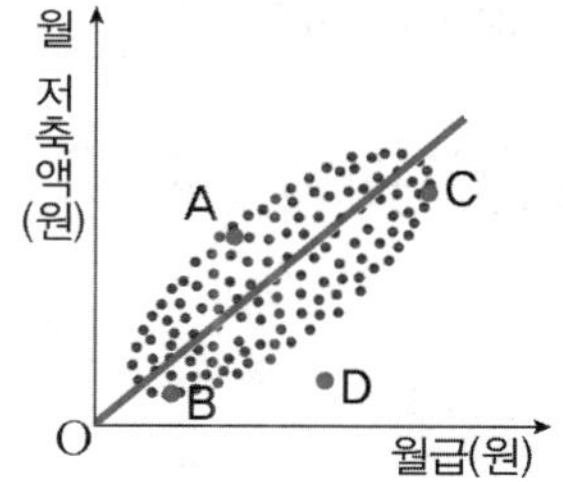

① 월급이 많은 사람이 대체로 월 저축액도 많은 편이다.
② A는 C보다 월급이 적다.
③ A, B, C, D 네 직원 중 월 저축액이 가장 적은 직원은 B이다.
④ A, B, C, D 네 직원 중 월급과 월 저축액의 차가 가장 큰 직원은 C이다.

01   수와 연산

예상 문제로 실력 잡기

01 ④	02 ②	03 ④	04 ③	05 ③
06 ②	07 ②	08 ③	09 ①	10 ①
11 ④	12 ①	13 ②	14 ②	15 ④
16 ②	17 ③	18 ②	19 ④	20 ①
21 ③	22 ①	23 ④	24 ①	25 ③

01 정답 ④

| 풀이 |

72를 계속 나누었을 때 더 이상 나누어떨어지지 않는 소수들을 나열하면 $2 \times 2 \times 2 \times 3 \times 3$이다.

이것을, 거듭제곱을 이용하여 나타내면 $2^3 \times 3^2$이다. 따라서 정답은 ④이다.

02 정답 ②

| 풀이 |

54를 계속 나누었을 때 더이상 나누어떨어지지 않는 소수들을 나열하면 $2 \times 3 \times 3 \times 3$이다.

이것을, 거듭제곱을 이용하여 나타내면 2×3^3이다. 따라서 정답은 ②이다.

03 정답 ④

| 풀이 |

60을 계속 나누었을 때 더이상 나누어떨어지지 않는 소수들을 나열하면 $2 \times 2 \times 3 \times 5$이다.

이것을, 거듭제곱을 이용하여 나타내면 $2^2 \times 3 \times 5$이다. 따라서 정답은 ④이다.

04 정답 ③

| 풀이 |

48을 계속 나누었을 때 더이상 나누어떨어지지 않는 소수들을 나열하면 $2 \times 2 \times 2 \times 2 \times 3$이다.

이것을 거듭제곱을 이용하여 나타내면 $2^4 \times 3$이다. 따라서 정답은 ③이다.

05 정답 ③

| 풀이 |

$$\begin{array}{c|c} 2 & 24 \\ \hline 2 & 12 \\ \hline 2 & 6 \\ \hline & 3 \end{array}$$

$\therefore 24 = 2^3 \times 3$이므로 $a = 3$이다. 따라서 정답은 ③이다.

06 정답 ②

| 풀이 |

$$\begin{array}{c|c} 2 & 84 \\ \hline 2 & 42 \\ \hline 3 & 21 \\ \hline & 7 \end{array}$$

$\therefore 84 = 2 \times 2 \times 3 \times 7 = 2^2 \times 3 \times 7$이다. 따라서 정답은 ②이다.

07 정답 ②

| 풀이 |

음의 정수는 자연수에 음의 부호 $(-)$를 붙인 수이므로 -1과 -2, 2개이다.

$-\dfrac{1}{2}$은 음수이지만 정수가 아니며, 음의 유리수이다.

따라서 정답은 ②이다.

08 정답 ③

I 풀이 I

정수는 유리수 중 나누는 수, 즉 분모가 1인 수이다.

-1, 0, $+7$은 모두 $\dfrac{-1}{1}$, $\dfrac{0}{1}$, $\dfrac{+7}{1}$로서 분모가 1이

다. 그런데 ③ $\dfrac{1}{3}$의 경우 분모가 3이므로 정수가 아니

고, 분수로 표현되므로 유리수이다.

따라서 정수가 아닌 유리수는 ③이다.

09 정답 ①

I 풀이 I

수직선 위에서 원점으로부터 어떤 수에 대응하는 점까지의 거리를 그 수의 절댓값이라 하고, 이것을 기호 $|\ \ |$를 사용하여 나타낸다.

$$+2 \qquad\qquad -2$$
$$\longmapsto\ \text{절댓값은 } 2\ \longleftarrow$$

① $-5 \ \rightarrow \ |-5| = 5$

② $-2 \ \rightarrow \ |-2| = 2$

③ $0 \ \rightarrow \ |0| = 0$

④ $3 \ \rightarrow \ |3| = 3$

그러므로 절댓값이 가장 큰 수는 ① '-5'이다.

따라서 정답은 ①이다.

10 정답 ①

I 풀이 I

가장 작은 수부터 나열하면

-7, -2, 0, 2, 4이므로 가장 작은 수는 -7, 가장 큰 수는 4이다.

그러므로 가장 큰 수와 가장 작은 수의 합은

$4+(-7) = -(7-4) = -3$이다.

따라서 정답은 ①이다.

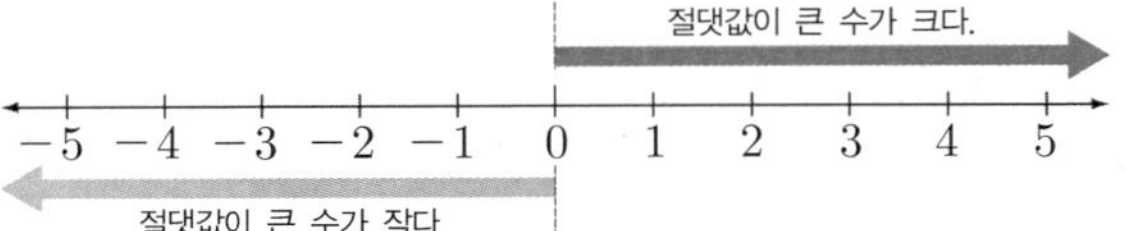

I 참고 I

〈수의 대소 관계〉

❶ 양수는 0보다 크고, 음수는 0보다 작다. 즉, 양수는 음수보다 크다.

❷ 두 양수에서는 절댓값이 큰 수가 크다.

❸ 두 음수에서는 절댓값이 큰 수가 작다.

11 정답 ④

I 풀이 I

가장 작은 수부터 나열하면,

-3, -1, 1, 2, 6이므로 가장 작은 수는 -3, 가장 큰 수는 6이고 두 번째 수는 -1이다.

따라서 정답은 ④이다.

12 정답 ①

I 풀이 I

음수는 절댓값이 클수록 작은 수이고, 양수는 절댓값이 클수록 큰 수이다. 또한 항상 (음수) $<$ 0 $<$ (양수)이다.

따라서 크기순으로 나열하면 -3, -2, 0, 2, 3이므로 가장 큰 수와 가장 작은 수의 곱은

$(-3) \times (3) = -(3 \times 3) = -9$이다.

따라서 정답은 ①이다.

13 정답 ②

I 풀이 I

음수는 절댓값이 클수록 작은 수이고, 양수는 절댓값이 클수록 큰 수이다.

① 음수 $<$ 양수이므로 $-3 < 1$이다.

② 음수는 절댓값이 클수록 작은 수이므로 $-2 > -5$이다.

③ 양수는 절댓값이 클수록 큰 수이므로 $3 < 4$이다.

④ $|-2| = 2$이므로 $0 < 2$이다.

따라서 정답은 ②이다.

14 정답 ②

| 풀이 |

정수가 아닌 유리수를 기약분수로 나타내었을 때, 분모의 소인수가 2나 5뿐이면 그 분수는 유한소수로 나타낼 수 있다.

분모가 5인 $\frac{1}{5}$이 유한소수로 나타낼 수 있다.

따라서 정답은 ②이다.

오답 피하기

① $\frac{1}{9}$ ➡ 분모의 소인수가 3 $(3 \times 3 = 3^2 = 9)$

③ $\frac{1}{6}$ ➡ 분모의 소인수가 2, 3 $(2 \times 3 = 6)$

④ $\frac{1}{3}$ ➡ 분모의 소인수가 3

15 정답 ④

| 풀이 |

정수가 아닌 유리수를 기약분수로 나타내었을 때, 분모의 소인수가 2나 5뿐이면 그 분수는 유한소수로 나타낼 수 있고, 그 이외의 소인수가 있으면 유한소수로 나타낼 수 없다.

따라서 정답은 ④이다.

오답 피하기

① $\frac{1}{2}$ ➡ 분모의 소인수가 2

② $\frac{1}{4}$ ➡ 분모의 소인수가 2 $(4 = 2 \times 2 = 2^2)$

③ $\frac{1}{5}$ ➡ 분모의 소인수가 5

16 정답 ②

| 풀이 |

정수가 아닌 유리수를 기약분수로 나타내었을 때, 분모의 소인수가 2나 5뿐이면 그 분수는 유한 소수로 나타낼 수 있고, 그 이외의 소인수가 있으면 유한소수로 나타낼 수 없다. 그러므로 $\frac{a}{2 \times 3 \times 5}$를 유한소수로 나타내려면 분모의 3이 약분되어야 한다.

$\therefore$ a에 들어갈 수 있는 수는 3의 배수이다.

따라서 정답은 ②이다.

17 정답 ③

| 풀이 |

순환소수에서 계속하여 반복되는 수를 순환마디라고 한다.

$\frac{213}{999} = 0.213213213\cdots$을 간단히 나타내면 $0.\dot{2}1\dot{3}$이며 이때, 순환마디는 213이다.

따라서 정답은 ③이다.

18 정답 ②

| 풀이 |

순환소수를 표현할 때는 순환마디 양 끝의 숫자 위에 점 ·을 찍어 표현한다.

① 순환소수 $0.34444\cdots$의 순환마디는 4이므로

   ➡ $0.3\dot{4}$

② 순환소수 $0.252525\cdots$의 순환마디는 25이므로

   ➡ $0.\dot{2}\dot{5}$

③ 순환소수 $0.038383838\cdots$의 순환마디는 38이므로

   ➡ $0.0\dot{3}\dot{8}$

④ 순환소수 $1.351351351\cdots$의 순환마디는 351이므로

   ➡ $1.\dot{3}5\dot{1}$

따라서 정답은 ②이다.

19 정답 ④

| 풀이 |

제곱하여 15가 되는 수는 15의 제곱근이다. 그러므로 15의 제곱근은 $\pm\sqrt{15}$

따라서 정답은 ④이다.

20 정답 ①

| 풀이 |

왼쪽 직사각형의 넓이는 $4 \times \sqrt{17} = 4\sqrt{17}\,(\text{cm}^2)$,

오른쪽 직사각형의 넓이는

$9 \times \sqrt{17} = 9\sqrt{17}\,(\mathrm{cm}^2)$

$\therefore 4\sqrt{17} + 9\sqrt{17} = (4+9)\sqrt{17} = 13\sqrt{17}\,(\mathrm{cm}^2)$

정답은 ①이다.

21 정답 ③

| 풀이 |

가로의 길이가 $4\,\mathrm{cm}$, 세로의 길이가 $5\,\mathrm{cm}$인 직사각형의 넓이는 $4 \times 5 = 20\,(\mathrm{cm}^2)$이다.

이 직사각형과 넓이가 같은 정사각형의 한 변의 길이를 x라 하면, 정사각형의 넓이는 $x \times x = x^2\,(\mathrm{cm}^2)$이다.

두 사각형의 넓이가 같으므로 $x^2 = 20$

$\therefore x = \sqrt{20}\,(\mathrm{cm})$

따라서 정답은 ③이다.

22 정답 ①

| 풀이 |

$\sqrt{(-2)^2} = \sqrt{(-2) \times (-2)} = \sqrt{4} = \sqrt{2^2} = 2$,

$\sqrt{9} = \sqrt{3^2} = 3$이므로

$\sqrt{(-2)^2} + \sqrt{9} = 2 + 3 = 5$

따라서 정답은 ①이다.

23 정답 ④

| 풀이 |

무리수의 덧셈과 뺄셈은 근호 안의 수를 같게 하였을 때, 계산할 수 있다.

① $\sqrt{2} + \sqrt{3}$ ➡ 근호 안의 수가 다르므로 계산할 수 없다.

② $5\sqrt{3} - 2\sqrt{3}$ ➡ 분배법칙을 이용하여
$5\sqrt{3} - 2\sqrt{3} = (5-2)\sqrt{3} = 3\sqrt{3}$이다.

③ $3\sqrt{2} + 2\sqrt{3}$ ➡ 근호 안의 수가 다르므로 계산할 수 없다.

④ $5\sqrt{2} - \sqrt{2}$ ➡ 분배법칙을 이용하여
$5\sqrt{2} - \sqrt{2} = (5-1)\sqrt{2} = 4\sqrt{2}$이다.

따라서 정답은 ④이다.

24 정답 ①

| 풀이 |

① $\sqrt{16} = \sqrt{4^2} = 4$

② $4\sqrt{3} = \sqrt{4^2 \times 3} = \sqrt{16 \times 3} = \sqrt{48}$

③ $2\sqrt{3} = \sqrt{2^2 \times 3} = \sqrt{4 \times 3} = \sqrt{12}$

④ $3\sqrt{2} = \sqrt{3^2 \times 2} = \sqrt{18}$

따라서 정답은 ①이다.

25 정답 ③

| 풀이 |

$28 = 2^2 \times 7$이므로

$\sqrt{28} = \sqrt{2^2 \times 7} = \sqrt{2^2} \times \sqrt{7} = 2\sqrt{7}$이다.

따라서 정답은 ③이다.

| 참고 |

$a > 0$, $b > 0$일 때,

$\sqrt{a^2 \times b} = a\sqrt{b}$

예상 문제로 실력 잡기

01 ②	02 ④	03 ③	04 ①	05 ③
06 ④	07 ③	08 ①	09 ②	10 ②
11 ④	12 ②	13 ①	14 ③	15 ②
16 ①	17 ③	18 ①	19 ③	20 ①
21 ④	22 ②	23 ①	24 ③	25 ①

01 정답 ②

| 풀이 |

카네이션을 1송이, 2송이, 3송이 구입할 때 가격은 각각

1송이 구입할 때 가격 ➜ 1송이 $\times a$원 $= 1 \times a$원

2송이 구입할 때 가격 ➜ 2송이 $\times a$원 $= 2 \times a$원

3송이 구입할 때 가격 ➜ 3송이 $\times a$원 $= 3 \times a$원

즉, 카네이션을 구입할 때 가격은

(카네이션의 송이 수) $\times a$원이다.

∴ 카네이션 3송이의 가격은 $3 \times a$원이다.

따라서 정답은 ②이다.

| 참고 |

위와 같이 문자를 사용하면 여러 가지로 변하는 수량
이나 수량 사이의 관계를 간단히 나타낼 수 있다.

02 정답 ④

| 풀이 |

직사각형의 둘레의 길이는 $2 \times$ (가로의 길이+세로의
길이)이다.

그러므로 둘레의 길이 $= 2 \times (a+10) = 2a+20$

따라서 정답은 ④이다.

03 정답 ③

| 풀이 |

올해 딸의 나이 : a(살)이고, 올해 엄마의 나이는 딸의
나이의 2배이므로

올해 엄마의 나이 : $2a$(살)이다. 3년 후에는 올해보다
3살이 더 많아지므로

3년 후 엄마의 나이는 $2a+3$(살)이 된다.

따라서 정답은 ③이다.

04 정답 ①

| 풀이 |

$x = 3$을 $3x+1$에 대입하면 $3 \times (3) + 1 = 9 + 1 = 10$

이므로 정답은 ①이다.

05 정답 ③

| 풀이 |

$x = -2$를 $-3x+4$에 대입하면,

$-3 \times (-2) + 4 = 6 + 4 = 10$이므로 정답은 ③이다.

06 정답 ④

| 풀이 |

$x = -3$을 $5x-1$에 대입하면,

$5 \times (-3) - 1 = -15 - 1 = -16$이므로 답은 ④이다.

07 정답 ③

| 풀이 |

$32 = 2 \times 2 \times 2 \times 2 \times 2 = 2^5$이므로 지수법칙

$a^m \times a^n = a^{m+n}$에 의해

$2^2 \times 2^3 = 2^5$임을 알 수 있다.

따라서 빈칸에 알맞은 수는 3이다. 정답은 ③이다.

08 정답 ①

| 풀이 |

지수법칙을 이용하여 같은 문자끼리 곱한다.

$a^2 \times b^2 \times a^3 \times b^4 = (a^2 \times a^3) \times (b^2 \times b^4) = a^5 b^6$

따라서 정답은 ①이다.

09 정답 ②

| 풀이 |

단항식의 곱셈은 계수는 계수끼리, 문자는 문자끼리
계산한다.

$3x^4 \times (-x^5) = 3 \times (-1) \times (x^4 \times x^5) = -3 \times x^9 = -3x^9$

이므로 정답은 ②이다.

10 정답 ②

| 풀이 |

ㄱ. $x^2 \times x^3 = x^{2+3} = x^5$ 따라서 x^6은 거짓

ㄴ. $x^5 \div x^2 = x^{5-2} = x^3$ (참)

ㄷ. $(x^2)^4 = x^{2\times4} = x^8$ 따라서 x^6은 거짓

ㄹ. $(x^2 y^3)^2 = x^{2\times2} y^{3\times2} = x^4 y^6$ (참)

ㅁ. $x^3 \div x^6 = \dfrac{1}{x^{6-3}} = \dfrac{1}{x^3}$ 따라서 $\dfrac{1}{x^2}$은 거짓

옳은 것은 ㄴ, ㄹ이므로 정답은 ②이다.

11 정답 ④

| 풀이 |

① $x^2 \times x^5 = x^{2+5} = x^7$ (참)

② $5^3 \times 5^2 \div 5^4 = 5^{3+2} \div 5^4 = 5^5 \div 5^4 = 5^{5-4} = 5$ (참)

③ $(x^2)^3 = x^{2\times3} = x^6$ (참)

④ $x^3 \div x^5 = \dfrac{1}{x^{5-3}} = \dfrac{1}{x^2}$ 따라서 x^2은 거짓

따라서 정답은 ④이다.

12 정답 ②

| 풀이 |

단항식의 곱셈은 계수는 계수끼리, 문자는 문자끼리 계산한다.

지수법칙을 이용하면 바르게 계산할 수 있다.

② $3^2 \times 3^4 = 3^{2+4} = 3^6$이다.

따라서 3^8은 거짓이므로 정답은 ②이다.

13 정답 ①

| 풀이 |

다항식의 덧셈과 뺄셈은 동류항끼리 계산한다.

$3a+4+(-2a-1) = (3a-2a)+(4-1) = a+3$이므로 정답은 ①이다.

14 정답 ③

| 풀이 |

상수항은 문자 없이 수로만 이루어진 항을 말하며, 부호도 함께 말해야 하므로 -3이다.

따라서 정답은 ③이다.

15 정답 ②

| 풀이 |

그림의 직사각형의 가로의 길이는 $a+b$이고, 세로의 길이는 $a-b$이다.

직사각형의 넓이 $= (a+b) \times (a-b)$이므로 정답은 ②이다.

16 정답 ①

| 풀이 |

$(x-2)(x+2) = x^2 + 2x - 2x - 4 = x^2 - 4$

$x^2 - 4 = x^2 + \mathrm{A}x + \mathrm{B}$에서

좌변의 x항이 없으므로 x의 계수는 0이다. 그러므로 $\mathrm{A} = 0$이고, $\mathrm{B} = -4$

$\therefore \mathrm{A} + \mathrm{B} = -4$

따라서 정답은 ①이다.

17 정답 ③

| 풀이 |

주어진 〈보기〉의 식들을 각각 전개해 보면

① $(x+2)^2 = x^2 + 4x + 4$

② $(x-y)^2 = x^2 - 2xy + y^2$

③ $(x-2)(x+3) = x^2 + x - 6$ (참)

④ $(2x+1)(3x-1) = 6x^2 + x - 1$이므로 정답은 ③이다.

18 정답 ①

| 풀이 |

곱셈 공식 $(x+y)^2 = x^2 + 2xy + y^2$이므로

$x+y = 4$, $xy = 3$을 각각 대입하면,

$4^2 = x^2 + 6 + y^2$이므로, $x^2 + y^2 = 16 - 6 = 10$이다.

따라서 정답은 ①이다.

19 정답 ③

| 풀이 |

인수분해 공식 $a^2+2ab+b^2=(a+b)^2$을 이용하여

$a^2+6a+\square=(a)^2+2\times(3a)+\square$로 바꾸어 보면,

$a^2+6a+\square=(a+3)^2$으로 인수분해된다.

따라서 $\square=9$, 정답은 ③이다.

20 정답 ①

| 풀이 |

인수분해 공식 $a^2+2ab+b^2=(a+b)^2$을 이용하여 인수분해한다.

$x^2+4x+4=(x)^2+2\times(2\times x)+(2)^2=(x+2)^2$이므로 정답은 ①이다.

21 정답 ④

| 풀이 |

인수분해 공식 $a^2-b^2=(a+b)(a-b)$를 이용하여 인수분해 한다.

$x^2-16=(x)^2-(4)^2=(x+4)(x-4)$이므로 정답은 ④이다.

22 정답 ②

| 풀이 |

곱해서 10, 더해서 7이 되는 수는 2와 5이므로 $x^2+7x+10$를 인수분해하면

$$
\begin{array}{ccll}
x & & 2 & \longrightarrow & 2x \\
x & & 5 & \longrightarrow & 5x \quad (\,+\,) \\
\hline
 & & & & 7x
\end{array}
$$

즉, $x^2+7x+10=(x+2)(x+5)$로 인수분해된다.

$\therefore\ (x+2)(x+5)$

따라서 정답은 ②이다.

23 정답 ①

| 풀이 |

이차방정식의 이차항의 계수가 1이므로 세로의 길이를 $x+a$라 하면, 직사각형의 넓이 = (가로×세로)이므로

$x^2+4x+3=(x+3)(x+a)$이다.

$(x+3)(x+a)=x^2+3x+ax+3a$이므로

$x^2+(3+a)x+3a=x^2+4x+3$이다.

$3+a=4\quad\therefore\ a=1$

그러므로 직사각형의 세로의 길이는 $x+1$이다.

따라서 정답은 ①이다.

24 정답 ③

| 풀이 |

이차방정식의 이차항의 계수가 1이므로 가로의 길이를 $x+a$라 하면, 직사각형의 넓이 = (가로 ×세로)이므로

$x^2+5x+6=(x+2)(x+a)$이다.

$(x+2)(x+a)=x^2+ax+2x+2a$이므로

$x^2+(2+a)x+2a=x^2+5x+6$이다.

$2+a=5\quad\therefore\ a=3$

그러므로 직사각형의 가로의 길이는 $x+3$이다.

따라서 정답은 ③이다.

25 정답 ①

| 풀이 |

보기 ①의 우변 $(x+1)(x-5)$를 전개하면,

$(x+1)(x-5)=x^2-4x-5$이므로 인수분해가 바르지 않음을 알 수 있다.

따라서 정답은 ①이다.

03　방정식과 부등식

예상 문제로 실력 잡기

01 ④	02 ③	03 ④	04 ④	05 ②
06 ①	07 ③	08 ④	09 ③	10 ③
11 ③	12 ④	13 ②	14 ③	15 ④
16 ②	17 ②	18 ②	19 ②	20 ①
21 ②	22 ①	23 ④	24 ④	25 ②

01 정답 ④

| 풀이 |

① $x+3=2x$에서 $2x$를 좌변으로, 3을 우변으로 각각
　이항하면 ➡ $x-2x=-3$ 따라서 $x-2x=3$은 거짓

② $2x=6$에서 x의 계수 2로 양변을 나눈다.
　　➡ $x=6\div2$ 따라서 $x=6-2$는 거짓

③ $3x-4=x+2$에서 x를 좌변으로, -4를 우변으로
　각각 이항하면 ➡ $3x-x=2+4$
　따라서 $3x+x=2-4$는 거짓

④ $x+3=2$에서 $+3$을 우변으로 이항하면
　　➡ $x=2-3$ (참)

따라서 등식의 성질을 바르게 사용한 것은 ④이다.

02 정답 ③

| 풀이 |

x의 값에 관계없이 항상 참이 되는 등식을 x에 대한
항등식이라고 한다.
그러므로 (좌변) = (우변)을 찾으면 된다.
따라서 ③이 정답이다.

| 참고 |

①·②·④는 방정식이다.

03 정답 ④

| 풀이 |

방정식의 해는 식을 참이 되게 하는 x의 값이므로
[ ] 안의 수를 주어진 방정식의 x의 값에 각각 대입
하여 찾을 수 있다.

① (좌변)$=3\times(-1)+7=4$, (우변)$=5-(-1)=6$
　➡ (좌변) $\neq$ (우변)

② (좌변)$=5+3\times0=5$, (우변)$=-2\times0+6=6$
　➡ (좌변) $\neq$ (우변)

③ (좌변)$=2\times1-5=-3$, (우변)$=-2$
　➡ (좌변) $\neq$ (우변)

④ (좌변)$=2\times(3-1)+3=7$, (우변)$=3\times3-2=7$
　➡ (좌변) = (우변)

따라서 정답은 ④이다.

04 정답 ④

| 풀이 |

일차방정식 $3x-4=8$의 양변에 $+4$를 더하면
$3x-4+4=8+4$ ➡ $3x=12$
양변을 3으로 나누면 $x=12\div3=4$이므로 a는 4
따라서 정답은 ④이다.

05 정답 ②

| 풀이 |

일차방정식 $2x+5=x-2$의 우변의 x를 좌변으로, 좌
변의 5를 우변으로 이항하면
$2x-x=-2-5$　　∴ $x=-7$
따라서 정답은 ②이다.

06 정답 ①

| 풀이 |

일차방정식 $3x-1=x+1$의 우변의 x를 좌변으로, 좌
변의 -1을 우변으로 이항하면
$3x-x=1+1$　　∴ $2x=2$
$2x=2$의 양변을 2로 나누면 $x=2\div2=1$이다.
따라서 정답은 ①이다.

07 정답 ③

| 풀이 |

구입한 과자의 개수를 x라 하면, 구입한 금액은 음료
수와 과자의 금액의 합이므로
$1000\times2+500\times x=3500$

$$2000 + 500x = 3500 \quad \leftarrow \text{양변을 } 100\text{으로 나누면}$$
$$20 + 5x = 35 \quad \leftarrow 20\text{을 우변으로 이항}$$
$$5x = 35 - 20$$
$$5x = 15 \quad \leftarrow \text{양변을 } 5\text{로 나누면}$$
$$\therefore x = 3$$

그러므로 구입한 과자의 개수는 3개이다.

따라서 정답은 ③이다.

08 정답 ④

| 풀이 |

구입한 볼펜의 개수를 x개라 하면, 구입한 금액은 공책과 볼펜의 금액의 합이므로

$$500 \times 2 + 200 \times x = 2000$$
$$1000 + 200x = 2000 \quad \leftarrow 1000\text{을 우변으로 이항}$$
$$200x = 1000 \quad \leftarrow \text{양변을 } 200\text{으로 나누면}$$
$$\therefore x = 5$$

그러므로 구입한 볼펜의 개수는 5개이다.

따라서 정답은 ④이다.

09 정답 ③

| 풀이 |

부등식의 성질에서 $a > b$의 양변에 $-\dfrac{2}{3}$(음수)를 곱하면 부등호의 방향은 바뀌므로 $-\dfrac{2}{3}a < -\dfrac{2}{3}b$

따라서 정답은 ③이다.

10 정답 ③

| 풀이 |

한 개에 x원인 과자 5개의 가격은 $5 \times x$원이고, 과자의 가격이 2000원 이하인 것을 부등식으로 나타내면 $5 \times x \leq 2000$이 된다.

이를 간단히 하면 $5x \leq 2000$이므로, 정답은 ③이다.

11 정답 ③

| 풀이 |

한 명의 입장료가 1200원인 동물원에 x명이 입장을 하면 총 입장료는 $1200 \times x$원이고, 총 입장료가 7000원을 초과하는 것을 부등식으로 나타내면 $1200 \times x > 7000$이 된다.

이를 간단히 하면 $1200x > 7000$이므로 정답은 ③이다.

12 정답 ④

| 풀이 |

주어진 수직선의 방향은 왼쪽을 향하고 있다. 이것은 x의 값이 3보다 작음을 뜻한다. 그런데 3에 대응하는 점이 색칠되어 있으므로 주어진 x의 값의 범위에 3이 포함된다.

따라서 x의 값의 범위는 3보다 작거나 같은 수를 뜻하므로 부등식으로 나타내면 $x \leq 3$이고 정답은 ④이다.

13 정답 ②

| 풀이 |

주어진 수직선의 방향은 오른쪽을 향하고 있다. 이것은 x의 값이 5보다 큼을 뜻한다. 그런데 5에 대응하는 점이 색칠되어 있지 않으므로 주어진 x의 값의 범위에 5가 포함되지 않는다.

따라서 x의 값의 범위는 5보다 큰 수를 뜻하므로 부등식으로 나타내면 $x > 5$이고 정답은 ②이다.

14 정답 ③

| 풀이 |

$$-2x + 5 < 2x - 3 \;\rightarrow\; -2x - 2x < -3 - 5 \;\rightarrow\; -4x < -8$$
$$\rightarrow\; x > 2$$

$x > 2$를 수직선 위에 나타내면

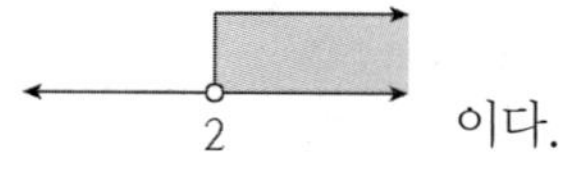
이다.

따라서 정답은 ③이다.

15 정답 ④

| 풀이 |

$2x+1>-x+10$의 좌변의 1을 우변으로, 우변의 $-x$
를 좌변으로 이항하면

$2x+x>10-1$

$\qquad 3x>9 \qquad\qquad$ ← 양변을 3으로 나누면

$\qquad \therefore\ x>3$

이것을 수직선 위에 나타내면 다음과 같다.

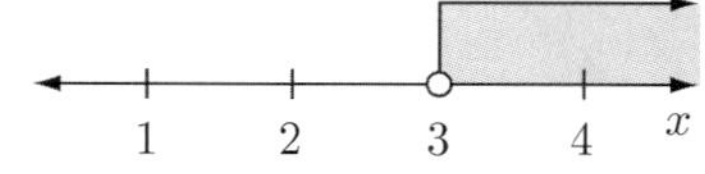

(3이 포함 → ●, 3이 포함 안 되면 → ○)
따라서 정답은 ④이다.

16 정답 ②

| 풀이 |

$\begin{cases} x-3y=-1 & \cdots\cdots \ \bigcirc \\ 6x+3y=15 & \cdots\cdots \ \bigcirc \end{cases}$ 이라 하자.

y를 소거하기 위해, $\bigcirc+\bigcirc$을 하면 $7x=14$ → $x=2$

$x=2$를 $\bigcirc$에 대입하여 정리하면 $2-3y=-1$

→ $-3y=-1-2$ → $-3y=-3$ → $y=1$

$\therefore\ x=2,\ y=1$

따라서 정답은 ②이다.

17 정답 ②

| 풀이 |

$\begin{cases} y=x-1 & \cdots\cdots \ \bigcirc \\ 2x-3y=1 & \cdots\cdots \ \bigcirc \end{cases}$ 이라 하자.

y를 소거하기 위해, $\bigcirc$을 $\bigcirc$에 대입하여 정리하면

$2x-3(x-1)=1$ → $2x-3x+3=1$ → $-x+3=1$

→ $-x=1-3$ → $-x=-2$ $\quad \therefore\ x=2$

$x=2$를 $\bigcirc$에 대입하여 정리하면 $y=2-1$ $\quad \therefore\ y=1$

$\therefore\ x=2,\ y=1$

따라서 정답은 ②이다.

18 정답 ②

| 풀이 |

청소년 1명의 요금을 x원, 어른 1명의 요금을 y원이
라 할 때 어른 요금이 청소년 요금의 2배라 했으므로
$y=2x$가 성립한다. 또 어른 2명과 청소년 1명의 요금
의 합이 5000원이므로 이를 식으로 나타내면,

$2y+x=5000$이다.

이때, 앞에서 구한 식 $y=2x$를 대입하면

$2(2x)+x=5000$

$5x=5000$

$\therefore\ x=1000$

따라서 청소년 1명의 요금은 1000원이고 정답은 ②이다.

19 정답 ②

| 풀이 |

케이크 1개의 가격을 x원, 커피 1잔의 가격을 y원이
라 할 때 케이크 1개의 가격이 커피 1잔의 가격의 3배
라 했으므로 $x=3y$가 성립한다. 또 케이크 1개의 가
격과 커피 2잔의 가격의 합이 25000원이므로 이를 식
으로 나타내면, $x+2y=25000$이다.

이때, 앞에서 구한 식 $x=3y$에 대입하면

$(3y)+2y=25000$

$5y=25000$

$\therefore\ y=5000$ 이것을 $x=3y$에 대입하면 $x=15000$

따라서 케이크 1개의 가격은 15000원이고, 정답은 ②
이다.

20 정답 ①

| 풀이 |

이차방정식 $(x-1)(x+3)=0$의 근은
$AB=0$이면 $A=0$ 또는 $B=0$을 이용하면,
$x-1=0$ 또는 $x+3=0$ $\quad \therefore\ x=1$ 또는 $x=-3$이다.
따라서 다른 한 근은 $x=-3$이고, 정답은 ①이다.

21 정답 ②

| 풀이 |

이차방정식 $(x-2)(x+4)=0$의 근은
$AB=0$이면 $A=0$ 또는 $B=0$을 이용하면,
$x-2=0$ 또는 $x+4=0$ ∴ $x=2$ 또는 $x=-4$이다.
따라서 두 근의 합은 $2+(-4)=-2$이고, 정답은 ②
이다.

22 정답 ①

| 풀이 |

$x^2-3x-4=(x+1)(x-4)$로 인수분해되므로,
$(x+1)(x-4)=0$
$x+1=0$ 또는 $x-4=0$ ∴ $x=-1$ 또는 $x=4$이다.
그러므로 두 근을 a, b라 하면, $a=-1, b=4$ 또는
$a=4, b=-1$
∴ $ab=-4$이다. 따라서 정답은 ①이다.

23 정답 ④

| 풀이 |

$x^2+5x+6=(x+2)(x+3)$으로 인수분해되므로,
$(x+2)(x+3)=0$
$x+2=0$ 또는 $x+3=0$ ∴ $x=-2$ 또는 $x=-3$이다.
따라서 $x^2+5x+6=0$의 해가 되는 것은 ④ $x=-2$이다.

24 정답 ④

| 풀이 |

우변에 있는 모든 항을 좌변으로 이항하면
$x^2-2x-8=0$이다.
$x^2-2x-8=0$을 인수분해하면 $(x+2)(x-4)=0$이므로,
$x+2=0$ 또는 $x-4=0$
∴ $x=-2$ 또는 $x=4$ 따라서 정답은 ④이다.

25 정답 ②

| 풀이 |

이차방정식의 근은 방정식을 참이 되게 하는 x의 값이다. 그
러므로 주어진 이차방정식 $x^2+2x+a=0$에 $x=1$을
대입하면,
$1^2+2\times1+a=0$ ➡ $1+2+a=0$ ➡ $3+a=0$
∴ $a=-3$
따라서 정답은 ②이다.

---

04 함수

01 ②	02 ③	03 ①	04 ③	05 ③
06 ②	07 ②	08 ③	09 ④	10 ②
11 ①	12 ④	13 ④	14 ②	15 ①
16 ②	17 ③	18 ①	19 ③	20 ④
21 ①	22 ③	23 ③	24 ④	25 ④
26 ②	27 ②	28 ④	29 ③	30 ②

01 정답 ②

| 풀이 |

B는 $x=4, y=0$이므로 B$(4, 0)$이다. B$(0, 4)$는 옳지
않다. 따라서 정답은 ②이다.

02 정답 ③

| 풀이 |

좌표평면 위의 점 P에서 x축, y축에 각각 수선을 내려
x축, y축과 만나는 점을 나타내는 수를 각각 a, b라
하자.
이때, 순서쌍 (a, b)를 점 P의 좌표라 하고, 이것을
기호로 P(a, b)와 같이 나타낸다.
여기서 a를 점 P의 x좌표, b를 점 P의 y좌표라 한다.
순서쌍 $(-2, 1)$은 x좌표는 -2, y좌표는 1이므로 좌
표평면 위의 점은 C이다.
따라서 정답은 ③이다.

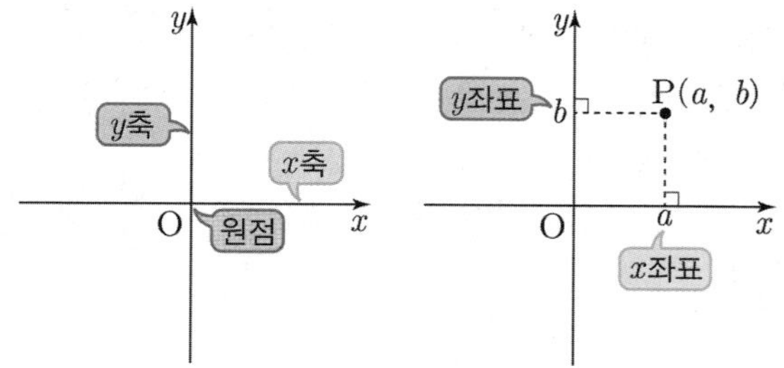

03 정답 ①

| 풀이 |

좌표평면 위의 점에서 x축, y축에 각각 수선을 내려 x축, y축과 만나는 점을 나타내는 수를 각각 a, b라고 하자. 이때, 순서쌍 (a, b)를 점의 좌표, 기호로 (a, b)와 같이 나타내고 a를 점의 x좌표, b를 점의 y좌표라 고 한다.

또 좌표평면은 아래 그림과 같이 좌표축에 의하여 네 부분으로 나누어진다. 그 각각을 제1사분면, 제2사분면, 제3사분면, 제4사분면이라고 한다.

각 사분면 위에 있는 점의 x좌표와 y좌표의 부호는

구분	제1사분면	제2사분면	제3사분면	제4사분면
x좌표의 부호	+	−	−	+
y좌표의 부호	+	+	−	−

제3사분면 위에 있는 점의 좌표는 보기 중 x좌표가 음수, y좌표도 음수인 점의 좌표이다.

따라서 정답은 ①이다.

04 정답 ③

| 풀이 |

제2사분면 위에 있는 점의 좌표는 보기 중 x좌표가 음수, y좌표가 양수인 점의 좌표이다.

$\therefore$ ①, ②, ④ 모두 제2사분면 위의 점이다. 그러나 $(-3, 0)$은 x축 위의 점으로 어느 사분면에도 속하지 않는다.

따라서 정답은 ③이다.

05 정답 ③

| 풀이 |

x축은 시간(분), y축은 이동거리(km)를 뜻하므로 이동시간과 거리를 순서쌍으로 표현하면 (시간, 거리)이다. 우현이가 출발한 지 60분 동안 이동한 거리를 a라 하면 $(60, a)$이고, 그래프에서 $x = 60$인 점을 찾으면 $(60, 20)$을 지남을 알 수 있다. $\therefore a = 20$

따라서 정답은 ③ $20 \, \mathrm{km}$이다.

06 정답 ②

| 풀이 |

주어진 그래프는 x가 커짐에 따라 y의 값이 줄어드는 그래프이다.

①·③·④의 설명은 x가 커짐에 따라 y도 커지는 그래프에 적합하고, ②는 x가 커짐에 따라 y는 작아지는 설명이므로 정답은 ②이다.

07 정답 ②

| 풀이 |

x의 값이 2배, 3배, 4배, …로 변함에 따라 y의 값도 2배, 3배, 4배, …로 변할 때, y는 x에 정비례한다고 하며, $y = ax$ 꼴로 나타낼 수 있다.

이때, y는 x의 2배로 항상 일정하므로, $y = 2x$

따라서 정답은 ②이다.

08 정답 ③

| 풀이 |

y가 x에 정비례하므로 $y = ax$ 꼴로 나타낼 수 있다. 이때, y는 x의 항상 3배로 일정하므로, $y = 3x$, $x = 3$일 때, $y = a$이므로, $a = 3 \times 3 = 9$

따라서 정답은 ③이다.

09 정답 ④

| 풀이 |

y가 x에 정비례하므로 $y=ax$ 꼴을 찾으면 된다.

따라서 $y=\dfrac{1}{3}x$, 정답은 ④이다.

10 정답 ②

| 풀이 |

① 점 $(1, a)$를 지난다. (거짓)

② a의 값에 관계없이 항상 원점을 지난다. (참)

③ $a<0$일 때, 제2, 4사분면을 지난다. (거짓)

④ a의 절댓값이 클수록 y축에 가까워진다. (거짓)

따라서 정답은 ②이다.

11 정답 ①

| 풀이 |

y가 x에 정비례하므로 $y=ax$ (단, $a \neq 0$)라고 하면
$6=-2a$, $a=-3$

따라서 $y=-3x$이므로 $y=3$을 대입하면
$3=-3x$, $x=-1$ 따라서 정답은 ①이다.

12 정답 ④

| 풀이 |

x의 값이 2배, 3배, 4배, …로 변함에 따라 y의 값이
$\dfrac{1}{2}$배, $\dfrac{1}{3}$배, $\dfrac{1}{4}$배, …로 변할 때, y는 x에 반비례한다

고 한다. 따라서 $y=\dfrac{a}{x}$ 꼴로 나타낼 수 있다.

그런데 xy의 곱이 $xy=24$로 일정하므로 $y=\dfrac{24}{x}$ 이다.

정답은 ④이다.

13 정답 ④

| 풀이 |

$y=\dfrac{a}{x}$의 그래프는 원점에 대칭인 쌍곡선으로 a의 값
에 관계없이 그래프는 x축에 한없이 가까워진다.

따라서 ④가 틀린 설명이다.

14 정답 ②

| 풀이 |

$f(3)=\dfrac{-3}{3}=-1$이므로 $f(3)=-1$이다.

따라서 정답은 ②이다.

15 정답 ①

| 풀이 |

$f(2)=3 \times 2=6$이므로 $f(2)=6$이다.

따라서 정답은 ①이다.

16 정답 ②

| 풀이 |

일차함수 $y=ax+b$는 기울기는 a, x절편은 $-\dfrac{b}{a}$,

y절편은 b이다.

일차함수 $y=ax+4$에서 a는 기울기이고, 그래프가
두 점 $(3, 0)$, $(0, 4)$를 지나고 있다.

$$(\text{기울기})=\dfrac{(y\text{의 값의 증가량})}{(x\text{의 값의 증가량})}=\dfrac{4-0}{0-3}=\dfrac{4}{-3}$$

$$=-\dfrac{4}{3}$$

$\therefore a=-\dfrac{4}{3}$ 따라서 정답은 ②이다.

17 정답 ③

| 풀이 |

좌표평면 위에서 함수의 그래프가 x축과 만나는 점의
x좌표를 그 그래프의 x절편이라 하고, y축과 만나는
점의 y좌표를 그 그래프의 y절편이라고 한다.

제시된 그래프에서 x절편이 4, y절편이 4이므로 둘
중 하나의 좌표를 식에 대입하여 a의 값을 구할 수
있다.

점 $(4, 0)$을 지나므로 $y=-x+a$에 $(4, 0)$을 대입하
면, $0=-4+a$ $\therefore a=4$

따라서 정답은 ③이다.

18 정답 ①

| 풀이 |

일차함수 $y=3x+a$에서 a는 y절편을 뜻하므로, 그래프에서 y절편을 찾으면 -6이다.

따라서 정답은 ①이다.

19 정답 ③

| 풀이 |

그래프가 점 $(2, a)$를 지나므로, $y=x+3$에 대입하면, $a=2+3=5$

따라서 정답은 ③이다.

20 정답 ④

| 풀이 |

일차함수 $y=3x$의 그래프를 y축의 방향으로 -5만큼 평행이동한 그래프는 기울기가 같고, y축의 방향으로 -5만큼 평행이동하므로, $y=3x-5$이다.

따라서 정답은 ④이다.

21 정답 ①

| 풀이 |

① 제1, 3, 4사분면을 지난다. (거짓)

② 두 점 $(0, -1)$, $(2, 3)$을 지나므로
$$(기울기)=\frac{(y의\ 값의\ 증가량)}{(x의\ 값의\ 증가량)}=\frac{4}{2}=2이다.\ (참)$$

③ y절편은 y축과의 교점의 y좌표이므로 -1이다. (참)

④ $y=2x-1$에 $x=2$, $y=3$을 대입하면 등호가 성립하므로 점 $(2, 3)$을 지난다. (참)

따라서 정답은 ①이다.

22 정답 ③

| 풀이 |

$y=ax+b$에서 a는 기울기를, b는 y절편을 뜻하므로 기울기가 5이고, y절편이 -2인 일차함수의 식은 $y=5x-2$이다.

따라서 정답은 ③이다.

23 정답 ③

| 풀이 |

$x=0$일 때, y의 값이 y절편이므로 $x=0$을 대입하면 $y=-2\times0+3=0+3=3$

따라서 y절편은 3이다. 정답은 ③이다.

24 정답 ④

| 풀이 |

두 직선의 기울기가 같으면 두 직선은 평행하다.

일차함수 $y=2x+3$에서 기울기가 2이므로 보기에서 기울기가 2인 일차함수를 찾으면

① $y=3x+2$ ➡ 기울기 : 3

② $y=-2x+3$ ➡ 기울기 : -2

③ $y=\frac{1}{2}x+2$ ➡ 기울기 : $\frac{1}{2}$

④ $y=2x+4$ ➡ 기울기 : 2

이므로 일차함수 $y=2x+3$은 기울기가 2인 직선 ④ $y=2x+4$와 평행하다.

따라서 정답은 ④이다.

25 정답 ④

| 풀이 |

$y=ax+b$에서 기울기는 a이다. 이때, 기울기가 같은 그래프는 서로 평행하므로

(2)와 (3)의 그래프의 기울기가 $-\frac{1}{3}$로 같고, 평행하다.

따라서 정답은 ④이다.

26 정답 ②

| 풀이 |

미지수가 2개인 두 일차방정식을 한 쌍으로 묶어 놓은 것을 미지수가 2개인 연립일차방정식 또는 간단히 연립방정식이라고 한다.

또, 두 일차방정식을 동시에 만족시키는 x, y의 값 또는 그 순서쌍 (x, y)를 연립방정식의 해라고 한다.

제시된 그래프에서 $x+y=-3$, $x-y=-1$을 동시에 만족시키는 x, y의 값은 두 그래프의 교점인 $(-2, -1)$이다.

그러므로 연립방정식 $\begin{cases} x+y=-3 \\ x-y=-1 \end{cases}$ 의 해는 $x=-2$, $y=-1$이다.

따라서 정답은 ②이다.

27 정답 ②

| 풀이 |

$y=2(x+1)^2$의 그래프는 아래로 볼록한 포물선이고, 꼭짓점의 좌표가 $(-1, 0)$이므로 알맞은 그래프는 ②이다.

28 정답 ④

| 풀이 |

$y=2(x-1)^2+4$

① 제1, 2사분면을 지나는 그래프이다. (거짓)

② $y=a(x-p)^2+q$에서 $a>0$이므로 아래로 볼록한 포물선이다. (거짓)

③ $y=a(x-p)^2+q$에서 꼭짓점의 좌표는 (p, q)이므로 꼭짓점의 좌표는 $(1, 4)$이다. (거짓)

④ $x=2$일 때, $y=2\times(2-1)^2+4=2+4=6$이므로 점 $(2, 6)$을 지난다. (참)

따라서 정답은 ④이다.

29 정답 ③

| 풀이 |

ㄱ. 꼭짓점의 좌표가 $(0, 0)$이므로 축의 방정식은 $x=0$ (y축)이다. (참)

ㄴ. 이차함수 $y=2x^2$에서 $x=-1$을 대입하면 $y=2\times(-1)^2=2$이므로 점 $(-1, -2)$를 지나지 않는다. (거짓)

ㄷ. 이차항의 계수가 양수이므로 아래로 볼록한 그래프이다. (거짓)

ㄹ. $x<0$일 때, x의 값이 증가할 때 y의 값은 감소하고, $x>0$일 때, x의 값이 증가할 때 y의 값도 증가한다. (참)

그러므로 옳은 것은 ㄱ, ㄹ이다.

따라서 정답은 ③이다.

30 정답 ②

| 풀이 |

① $y=a(x-p)^2+q$에서 $a<0$이므로 위로 볼록한 포물선이다.

② $y=a(x-p)^2+q$에서 꼭짓점의 좌표는 (p, q)이므로 꼭짓점의 좌표는 $(1, 3)$이다.

③ $x=0$일 때, $y=-2\times(-1)^2+3=-2+3=1$이므로, 점 $(0, 1)$을 지난다.

④ 제1, 2, 3, 4사분면을 모두 지나는 그래프이다.

따라서 정답은 ②이다.

05 기하 l

예상 문제로 실력 잡기

01 ②	02 ③	03 ③	04 ②	05 ④
06 ④	07 ①	08 ②	09 ③	10 ②
11 ④	12 ②	13 ④	14 ②	15 ③
16 ①	17 ③	18 ④	19 ②	20 ③

01 정답 ②

l 풀이 l

두 직선이 한 직선과 서로 다른 점에서 만나 이루는 각 중 엇갈린 위치의 각을 엇각이라 한다. 그러므로 $\angle x$의 엇각은 $\angle b$이다.

따라서 정답은 ②이다.

02 정답 ③

l 풀이 l

두 직선이 한 직선과 서로 다른 점에서 만나 이루는 각 중 같은 위치의 각을 동위각이라 한다. 그러므로 $\angle a$의 동위각은 $\angle c$이고, $\angle c = 60°$(맞꼭지각의 크기가 같으므로)

따라서 정답은 ③이다.

03 정답 ③

l 풀이 l

두 직선이 평행하면 엇각의 크기가 같으므로, 61°의 엇각인 $\angle a$는 서로 크기가 같다.

$\therefore \angle a = 61°$

$\angle a + \angle b = 180°$이므로

$\angle b = 180° - \angle a = 180° - 61° = 119°$

$\therefore \angle a = 61°, \ \angle b = 119°$

따라서 정답은 ③이다.

04 정답 ②

l 풀이 l

l, m과 평행하며, $\angle x$를 나누는 보조선을 그리면 다음 그림과 같다.

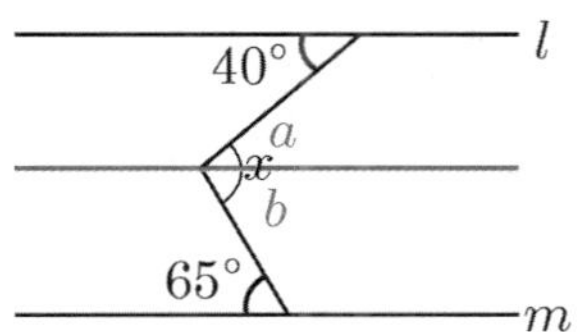

보조선으로 나눠진 $\angle x$의 윗부분을 $\angle a$라 하면 $\angle a$는 40°와 엇각이고, 아랫부분을 $\angle b$라 하면 $\angle b$는 65°와 엇각임을 알 수 있다.

그러므로 $\angle x = \angle a + \angle b = 40° + 65° = 105°$

$\therefore \angle x = 105°$

따라서 정답은 ②이다.

05 정답 ④

l 풀이 l

평면 위의 두 직선 l, m이 서로 만나지 않을 때, 두 직선 l, m은 평행하다고 하고, 이것을 기호로 $l \parallel m$으로 나타낸다.

주어진 문제의 면 ADFC에서 모서리 AC와 만나지 않는 모서리는 모서리 DF이다.

그러므로 모서리 AC와 평행한 것은 모서리 DF이다.

따라서 정답은 ④이다.

06 정답 ④

l 풀이 l

모서리 DH는 모서리 AB와 만나지 않고, 평행하지도 않는다.

공간에서 만나지도, 평행하지도 않는 두 직선을 꼬인 위치에 있다고 한다.

따라서 정답은 ④이다.

07 정답 ①

| 풀이 |

한 도형을 모양과 크기를 바꾸지 않고 다른 도형에 완전히 포갤 수 있을 때, 이 두 도형을 서로 합동이라고 한다.

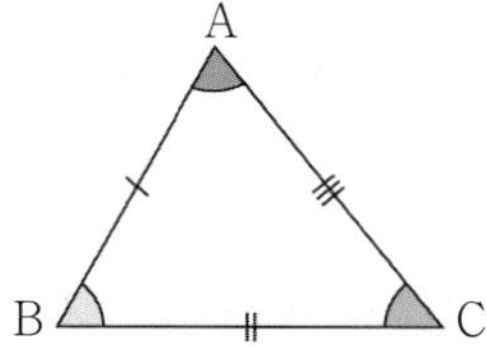 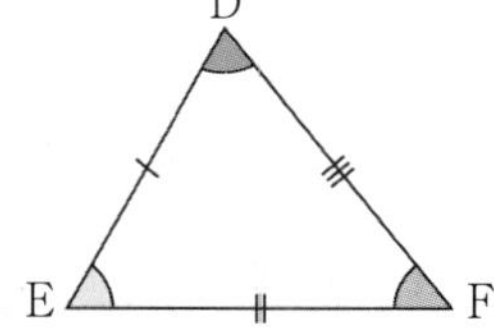

$\triangle ABC \equiv \triangle DEF$

삼각형의 세 내각의 합은 $180°$이므로 삼각형의 나머지 각을 구하면 $60° + 40° + \square = 180°$ ➡ $100° + \square = 180°$

➡ $\square = 180° - 100° = 80°$이고, 모든 각의 크기가 같은 삼각형은 ①, ②이며, 그중 대응하는 한 변과 길이가 같고, 양 끝각의 크기가 같은 삼각형은 ①이다.

| 참고 |

〈삼각형의 합동조건〉

두 삼각형은 다음의 각 경우에 서로 합동이다.

❶ 대응하는 세 변의 길이가 각각 같을 때

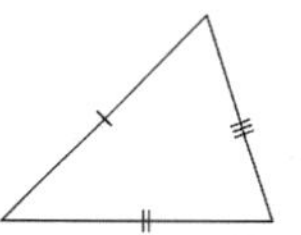 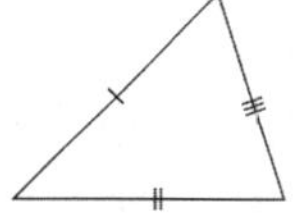

❷ 대응하는 두 변의 길이가 각각 같고, 그 끼인각의 크기가 같을 때

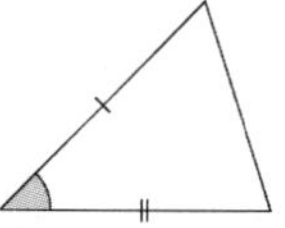 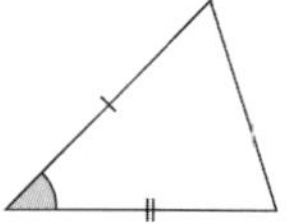

❸ 대응하는 한 변의 길이가 같고, 그 양 끝각의 크기가 각각 같을 때

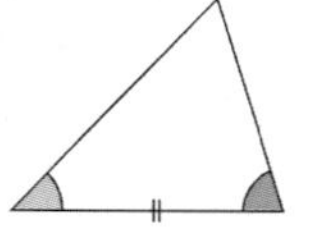 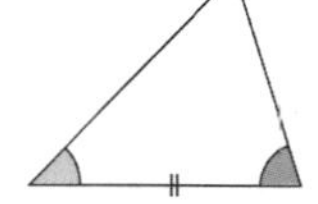

08 정답 ②

| 풀이 |

삼각형의 두 내각의 합은 다른 한 각의 외각의 크기와 같다.

$40° + 65° = \angle x$ ➡ $\angle x = 105°$

정답은 ②이다.

09 정답 ③

| 풀이 |

삼각형의 두 내각의 합은 다른 한 각의 외각의 크기와 같다.

$40° + 70° = \angle x$ ➡ $\angle x = 110°$

따라서 정답은 ③이다.

10 정답 ②

| 풀이 |

삼각형의 두 내각의 합은 다른 한 각의 외각의 크기와 같다.

따라서 $66° + \angle x = 130°$ ➡ $\angle x = 130° - 66° = 64°$

그러므로 $\angle x = 64°$

정답은 ②이다.

11 정답 ④

| 풀이 |

삼각형에서 한 외각의 크기는 그와 이웃하지 않는 두 내각의 크기의 합과 같으므로

$\triangle OAB$에서 $\angle x = 65° + 40°$ ➡ $\angle x = 105°$이고

$\triangle OCD$에서 $\angle x = \angle y + 50°$이므로

$105° = \angle y + 50°$ ➡ $105° - 50° = \angle y$ ➡ $\angle y = 55°$

$\therefore \angle x = 105°, \angle y = 55°$

따라서 정답은 ④이다.

12 정답 ②

| 풀이 |

$\angle DAB = 180° - 95° = 85°$이고,

사각형의 내각의 크기의 합은 $360°$이므로

$\angle x + 85° + 80° + 90° = 360°$

➡ $\angle x + 255° = 360°$ ➡ $\angle x = 360° - 255°$

→ $\angle x = 105°$ ∴ $\angle x = 105°$

따라서 정답은 ②이다.

13 정답 ④

사각형 내각의 크기의 합은 $360°$이므로

$\angle x + 70° + 120° + 90° = 360°$

→ $\angle x + 280° = 360°$ → $\angle x = 360° - 280°$

→ $\angle x = 80°$ ∴ $\angle x = 80°$

따라서 정답은 ④이다.

14 정답 ②

| 풀이 |

다각형의 외각의 합은 $360°$이다.

$130° + 120° + \angle x = 360°$ → $\angle x = 360° - 250° = 110°$

따라서 정답은 ②이다.

15 정답 ③

| 풀이 |

한 원에서 중심각의 크기와 호의 길이는 정비례하므로

$20° : 80° = 4 : x$

$1 : 4 = 4 : x$

$1 \times x = 4 \times 4$

∴ $x = 16$

따라서 정답은 ③이다.

16 정답 ①

| 풀이 |

부채꼴의 중심각의 크기는 호의 길이에 비례한다.

따라서 $6 : 24 = 30° : \angle x$ → $1 : 4 = 30° : \angle x$ →

$\angle x = 4 \times 30°$이므로 $\angle x = 120°$이다.

정답은 ①이다.

17 정답 ③

| 풀이 |

부채꼴의 넓이는 호의 중심각의 크기에 정비례한다.

그러므로 $30° : 150° = 4\text{cm}^2 :$ (부채꼴 COD의 넓이)

$1 : 5 = 4 : \square$ → $1 \times \square = 5 \times 4$ → $\square = 20$

∴ $20\,\text{cm}^2$

따라서 정답은 ③이다.

18 정답 ④

| 풀이 |

부채꼴의 넓이는 호의 중심각의 크기에 정비례한다.

그러므로 $20° : 120° = 4\text{cm}^2 :$ (부채꼴 COD의 넓이)

$1 : 6 = 4 : \square$ → $1 \times \square = 6 \times 4$ → $\square = 24$

∴ $24\,\text{cm}^2$

따라서 정답은 ④이다.

19 정답 ②

| 풀이 |

직사각형, 직각삼각형, 반원을 막대를 축으로 하여 1회전시키면 각각 원기둥, 원뿔, 구와 같은 입체도형이 생긴다. 이와 같이 평면도형을 한 직선 l을 축으로 하여 1회전시킬 때 생기는 입체도형을 회전체라 한다.

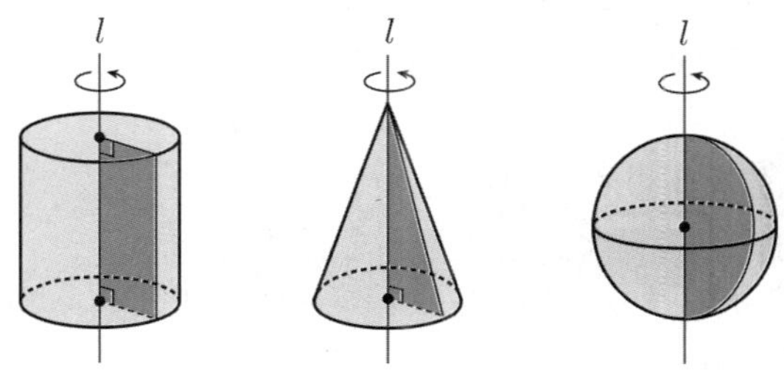

직사각형을 직선 l을 축으로 하여 1회전시키면 원기둥이 생긴다.

따라서 정답은 ②이다.

20 정답 ③

| 풀이 |

회전체는 회전축에 수직인 평면으로 자르면 단면의 모양은 항상 원이다.

따라서 정답은 ③이다.

01 ①	**02** ②	**03** ②	**04** ③	**05** ④
06 ②	**07** ①	**08** ②	**09** ④	**10** ④
11 ④	**12** ④	**13** ③	**14** ①	**15** ③
16 ④	**17** ④	**18** ①	**19** ②	**20** ③
21 ④	**22** ③	**23** ①	**24** ④	**25** ③
26 ①	**27** ④	**28** ①	**29** ④	**30** ③

01 정답 ①

| 풀이 |

② 이등변삼각형의 꼭지각의 이등분선은 밑변을 수직
이등분한다. 그러므로 $\angle \mathrm{AMB} = 90°$ (참)

③ 이등변삼각형의 꼭지각의 이등분선은 밑변을 수직
이등분한다. 그러므로 $\overline{\mathrm{BM}} = \overline{\mathrm{MC}}$ (참)

④ 이등변삼각형의 두 밑각의 크기는 같다. 그러므로
$\angle \mathrm{B} = \angle \mathrm{C}$ (참)

따라서 옳지 않은 것은 ①이다.

02 정답 ②

| 풀이 |

이등변삼각형의 꼭지각의 이등분선은 밑변을 수직이
등분한다.

그러므로 $\angle \mathrm{ADB} = 90°$

➡ $\angle \mathrm{B} = 180° - 90° - 35° = 90° - 35° = 55°$

따라서 정답은 ②이다.

03 정답 ②

| 풀이 |

$\overline{\mathrm{AB}} = \overline{\mathrm{AC}}$ 이므로 $\angle \mathrm{B} = \angle \mathrm{C}$ 이고 삼각형의 세 내각의
합은 $180°$이므로

$\angle \mathrm{B} = \dfrac{1}{2} \times (180° - 40°)$ ➡ $\angle \mathrm{B} = \dfrac{1}{2} \times 140°$

➡ $\angle \mathrm{B} = 70°$이고

삼각형에서 한 외각의 크기는 그와 이웃하지 않는 두
내각의 크기의 합과 같으므로

$\angle x = 40° + \angle \mathrm{B}$ ➡ $\angle x = 40° + 70°$

➡ $\angle x = 110°$

따라서 정답은 ②이다.

04 정답 ③

| 풀이 |

$\triangle \mathrm{ABC}$ 는 이등변삼각형이므로 $\angle \mathrm{ACB} = \angle \mathrm{ABC} = 40°$

삼각형에서 한 외각의 크기는 그와 이웃하지 않는 두
내각의 크기의 합과 같으므로

$\angle \mathrm{CAD} = 40° + 40°$ ➡ $\angle \mathrm{CAD} = 80°$ ($\triangle \mathrm{ABC}$ 의 외각)

$\triangle \mathrm{ACD}$ 는 이등변삼각형이므로

$\angle \mathrm{CDA} = \angle \mathrm{CAD} = 80°$

마찬가지로 $\angle x = 40° + 80°$ ➡ $\angle x = 120°$ ($\triangle \mathrm{BCD}$의
외각)

따라서 정답은 ③이다.

05 정답 ④

| 풀이 |

④ 삼각형의 세 변에 이르는 거리는 모두 같다.

➡ 내심의 성질이다.

따라서 정답은 ④이다.

| 참고 |

외심의 성질은 변까지 거리가 아니라 세 꼭짓점에 이
르는 거리가 같다.

06 정답 ②

| 풀이 |

삼각형의 외심은 외심으로부터 세 꼭짓점에 이르는 거
리가 같다.

그러므로 $\overline{\mathrm{OA}} = \overline{\mathrm{OB}} = \overline{\mathrm{OC}}$ $\quad \therefore \overline{\mathrm{OA}} = 3$

따라서 정답은 ②이다.

07 정답 ①

| 풀이 |

$\overline{BD} = \overline{DA}$ 이므로 $\angle B = \angle BAD = 50°$

한 외각의 크기는 그와 이웃하지 않는 두 내각의 크기의 합과 같으므로

$\angle B + \angle BAD = \angle ADC = 100°$

$\triangle ADC$ 는 이등변삼각형이므로 $\angle DAC = \angle DCA$ 이고,

$\triangle ACD$ 의 세 내각의 크기의 합은 $180°$ 이므로

$\angle ACD = \dfrac{1}{2} \times (180° - 100°) = \dfrac{1}{2} \times 80° = 40°$

따라서 정답은 ①이다.

08 정답 ②

| 풀이 |

평행사변형의 이웃하는 두 각의 크기의 합은 $180°$ 이므로 $\angle A + \angle B = 180°$ ➡ $73° + \angle B = 180°$

➡ $\angle B = 180° - 73°$ ➡ $\angle B = 107°$

따라서 정답은 ②이다.

09 정답 ④

| 풀이 |

평행사변형은 두 쌍의 대변의 길이가 각각 같고, 두 쌍의 대각의 크기가 각각 같으므로, $x = 8$, $y = 75$

$\therefore x + y = 83$

따라서 정답은 ④이다.

10 정답 ④

| 풀이 |

평행사변형의 두 대각선은 서로 다른 것을 이등분하므로 $x = 3$, $y = 5$ 이다.

$x + y = 3 + 5 = 8$

따라서 정답은 ④이다.

11 정답 ④

| 풀이 |

평행사변형이 되기 위한 조건은 다음과 같다.

❶ 두 쌍의 대변이 각각 평행하다.

❷ 두 쌍의 대변의 길이가 각각 같다.

❸ 두 쌍의 대각의 크기가 각각 같다.

❹ 두 대각선이 서로 다른 것을 이등분한다.

❺ 한 쌍의 대변이 평행하고 그 길이가 같다.

① $\overline{AB} \parallel \overline{CD}$, $\overline{AD} \parallel \overline{BC}$ ➡ 두 쌍의 대변이 각각 평행하다. (평행사변형의 정의)

② $\overline{AB} = \overline{CD}$, $\overline{AD} = \overline{BC}$ ➡ 두 쌍의 대변의 길이는 각각 같다. (평행사변형의 성질)

③ $\angle A = \angle C$, $\angle B = \angle D$ ➡ 두 쌍의 대각의 크기는 각각 같다. (평행사변형의 성질)

④ $\overline{AC} = \overline{BD}$, $\overline{AC} \perp \overline{BD}$ ➡ 정사각형의 성질

그러므로 평행사변형이 되기 위한 조건이 아닌 것은 ④이다.

12 정답 ④

| 풀이 |

평행사변형이 되기 위한 조건은 다음과 같다.

❶ 두 쌍의 대변이 각각 평행하다.

❷ 두 쌍의 대변의 길이가 각각 같다.

❸ 두 쌍의 대각의 크기가 각각 같다.

❹ 두 대각선이 서로 다른 것을 이등분한다.

❺ 한 쌍의 대변이 평행하고 그 길이가 같다.

① 조건 ❷에 해당하므로 평행사변형이다.

② 조건 ❸에 해당하므로 평행사변형이다.

③ 조건 ❹에 해당하므로 평행사변형이다.

④ 평행사변형의 조건과는 거리가 멀다.

따라서 정답은 ④이다.

13 정답 ③

| 풀이 |

직사각형의 대각선의 성질은 두 대각선의 길이가 같고
서로 다른 것을 이등분한다.

그러므로 $\overline{AC} = \overline{BD}$ $\therefore x = 6$,

또한 대각선이 서로 이등분하므로 $\overline{OD} = \overline{OC}$

즉, $\triangle OCD$는 이등변삼각형이 된다. $\therefore y = 50$

$\therefore x + y = 56$

따라서 정답은 ③이다.

14 정답 ①

| 풀이 |

마름모의 대각선의 성질은 두 대각선이 서로 다른 것
을 수직이등분하므로,

$\overline{AO} \perp \overline{BD}$ $\therefore \angle AOB = 90°$

$\rightarrow$ $\angle OAB = 180° - (90° + 50°) = 40°$

따라서 정답은 ①이다.

15 정답 ③

| 풀이 |

정사각형의 대각선의 성질은 두 대각선의 길이가 같
고, 서로 다른 것을 수직이등분하므로,

$\overline{AO} \perp \overline{BD}$ $\therefore \angle BOC = 90°$ $\rightarrow$ $x = 90$,

$\overline{OA} = \overline{OB} = \overline{OC} = \overline{OD} = 5\,cm$이므로 $y = 5$이다.

$\therefore x = 90, y = 5$

따라서 정답은 ③이다.

16 정답 ④

| 풀이 |

$\square ABCD \sim \square EFGH$이므로 대응하는 각의 크기는
각각 같고, 대응하는 변의 길이의 비는 일정하다.

① $\angle E$와 대응하는 각은 $\angle A$이므로 $\angle E = 80°$

② $\angle C$와 대응하는 각은 $\angle G$이므로 $\angle C = 70°$

③ $\overline{BC}$와 대응하는 변은 $\overline{FG}$이므로

　　$\overline{BC} : \overline{FG} = 15 : 9 = 5 : 3$이므로 닮음비는 $5 : 3$이다.

④ $\overline{EF}$와 대응하는 변은 $\overline{AB}$이므로

$5 : 3 = \overline{AB} : \overline{EF}$ $\rightarrow$ $5 : 3 = 12 : \overline{EF}$

$\rightarrow$ $5 \times \overline{EF} = 3 \times 12$

$\rightarrow$ $\overline{EF} = \dfrac{36}{5} = 7.2$이다.

따라서 옳지 않은 것은 ④이다.

17 정답 ④

| 풀이 |

$\square ABCD$와 $\square EFGH$가 서로 닮음이므로 닮음비는
$\overline{BC} : \overline{FG} = 2 : 3$이다.

그러므로 $2 : 3 = \overline{AD} : \overline{EH}$ $\rightarrow$ $2 : 3 = 4 : \overline{EH}$

$\rightarrow$ $2\overline{EH} = 4 \times 3 = 12$

따라서 $\overline{EH} = 6\,cm$이다. 정답은 ④이다.

| 참고 |

닮은 도형은 대응하는 변의 길이의 비가 모두 같고,
이것을 닮음비라 한다.

18 정답 ①

| 풀이 |

두 직육면체가 서로 닮음이므로 $3 : x = 1 : 3$이다.

그러므로 $x = 3 \times 3 = 9$, 따라서 정답은 ①이다.

19 정답 ②

두 사면체가 서로 닮음이므로 닮음비는
$\overline{BC} : \overline{FG} = 6 : 12 = 1 : 2$이다.

그러므로 $1 : 2 = \overline{AB} : \overline{EF}$ $\rightarrow$ $1 : 2 = x : 14$ $\rightarrow$ $2x = 14$

$\rightarrow$ $x = 7$

또한, $1 : 2 = \overline{CD} : \overline{GH}$ $\rightarrow$ $1 : 2 = 4 : y$ $\rightarrow$ $y = 8$

따라서 $x + y = 7 + 8 = 15$, 정답은 ②이다.

20 정답 ③

| 풀이 |

삼각형 ABC에서 $\overline{MN} : \overline{BC} = 1 : 2$ $\rightarrow$ $\overline{MN} = \dfrac{1}{2}\overline{BC}$

$\rightarrow$ $6 = \dfrac{1}{2}\overline{BC}$ $\rightarrow$ $\overline{BC} = 2 \times 6$

$\therefore \overline{BC} = 12\,\mathrm{cm}$, 따라서 정답은 ③이다.

| 참고 |

〈삼각형의 두 변의 중점을 연결한 선분의 성질〉

삼각형의 두 변의 중점을 연결한 선분은 나머지 변과

평행하고, 그 길이는 나머지 변의 길이의 $\dfrac{1}{2}$이다.

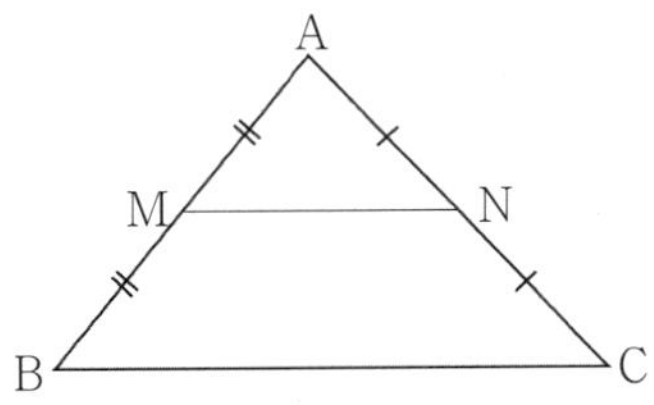

즉, $\overline{AM} = \overline{MB}$, $\overline{AN} = \overline{NC}$이면

$\overline{MN} /\!/ \overline{BC}$, $\overline{MN} = \dfrac{1}{2}\overline{BC}$

21 정답 ④

| 풀이 |

삼각형의 중점 연결 정리에 의하여

$\overline{DE} = 4\,\mathrm{cm}$이고 $\overline{BC} = 2\overline{DE}$이므로

➔ $\overline{BC} = 2 \times 4 = 8$

따라서 정답은 ④이다.

22 정답 ③

| 풀이 |

점 G는 무게중심이고, 무게중심은 삼각형의 세 중선의 교점이므로

M은 $\overline{BC}$의 중점이다.

$\therefore \overline{BM} = \dfrac{1}{2}\overline{BC}$, 따라서 $y = 14 \div 2 = 7$이고,

무게중심은 중선의 길이를 꼭짓점으로부터 $2:1$로 나눈다.

그러므로 $\overline{CG} : \overline{GN} = 2 : 1$ ➔ $10 : x = 2 : 1$

➔ $2x = 10$ ➔ $x = 5$

$\therefore x + y = 12$

따라서 정답은 ③이다.

23 정답 ①

| 풀이 |

넓이의 비가 $9 : 1 = 3^2 : 1^2$이면 닮음비가 $3 : 1$이다.

따라서 정답은 ①이다.

| 참고 |

닮음비가 $m : n$이면 넓이의 비는 $m^2 : n^2$이다.

24 정답 ④

| 풀이 |

닮음비가 $m : n$이면 부피의 비는 $m^3 : n^3$이다.

두 원기둥의 닮음비는 $6 : 10 = 3 : 5$이므로 부피의 비는

$3^3 : 5^3$이다.

$3^3 : 5^3 = ($작은 원기둥의 부피$) : ($큰 원기둥의 부피$)$

➔ 작은 원기둥의 부피를 x라 하면,

$3^3 : 5^3 = x : 500\pi$ ➔ $27 : 125 = x : 500\pi$

➔ $125x = 27 \times 500\pi$ ➔ $x = 27 \times 4\pi = 108\pi$

$\therefore x = 108\pi\,(\mathrm{cm}^3)$

따라서 정답은 ④이다.

25 정답 ③

| 풀이 |

닮음비가 $m : n$이면 부피의 비는 $m^3 : n^3$이므로

부피의 비 $= 1^3 : 2^3 = 1 : 8$이다.

삼각뿔 B의 부피를 x라 하면, $1 : 8 = 4 : x$ ➔ $x = 32$

$\therefore x = 32\,(\mathrm{cm}^3)$

따라서 정답은 ③이다.

26 정답 ①

| 풀이 |

피타고라스의 정리를 이용하면 주어진 직사각형의 대각선의 길이를 구할 수 있다.

$4^2 + 3^2 = 16 + 9 = 25$

그러므로 25는 (대각선의 길이)^{2}이다.

따라서 대각선의 길이는 $5\,\mathrm{cm}$이므로 정답은 ①이다.

27 정답 ④

| 풀이 |

세 변의 길이가 각각 a, b, c인 $\triangle ABC$에서 $a^2 + b^2 = c^2$이면 이 삼각형은 빗변의 길이가 c인 직각삼각형이다.
그러므로 피타고라스의 정리가 성립하는지 구해보면,
④ $12^2 + 16^2 = 144 + 256 = 400 = 20^2$이므로 직각삼각형이다.
따라서 정답은 ④이다.

28 정답 ①

| 풀이 |

$\square ADEB$의 한 변을 c, $\square BFGC$의 한 변을 a,
$\square ACHI$의 한 변을 b라고 하면
정사각형의 넓이는 (한 변의 길이)^{2}이므로,
$\square ADEB$의 넓이가 18 ➜ $c^2 = 18$
$\square BFGC$의 넓이가 8 ➜ $a^2 = 8$
$\square ACHI$의 넓이는 b^2이다.
피타고라스 정리 $a^2 + c^2 = b^2$에 의해, $b^2 = 18 + 8 = 26$
$\therefore \square ACHI$의 넓이 $= b^2 = 26$
따라서 정답은 ①이다.

29 정답 ④

| 풀이 |

$\square ADEB$는 정사각형이고 그 넓이는 25cm^2이므로
$(\overline{AB})^2 = 25$
$\square BFGC$는 정사각형이고 그 넓이는 16cm^2이므로
$(\overline{BC})^2 = 16$
$\triangle ABC$가 $\overline{AC}$를 빗변으로 하는 직각삼각형이므로
피타고라스의 정리에 의하여
$(\overline{AC})^2 = (\overline{AB})^2 + (\overline{BC})^2$
$(\overline{AC})^2 = 25 + 16 = 41$
그러므로 (정사각형 ACHI의 넓이) $= 41\,\text{cm}^2$
따라서 정답은 ④이다.

30 정답 ③

| 풀이 |

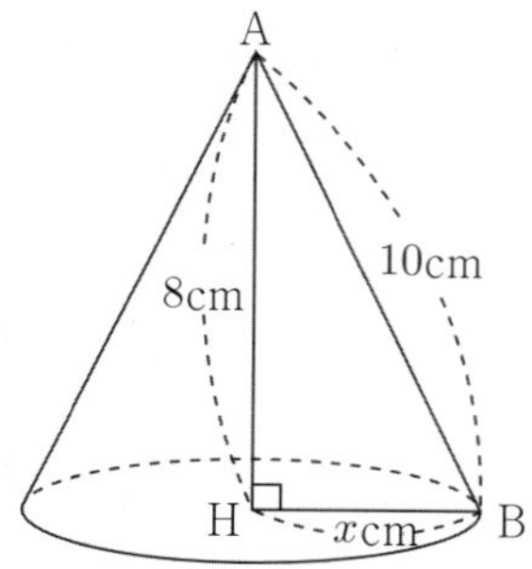

삼각형 AHB는 직각삼각형이므로 피타고라스의 정리에 의해
$x^2 = 10^2 - 8^2 = 100 - 64 = 36 = 6^2$이므로 $x = 6$이다.
따라서 정답은 ③이다.

07   기하 III

예상 문제로 실력 잡기

01 ④	02 ①	03 ④	04 ②	05 ④
06 ①	07 ③	08 ③	09 ②	10 ③
11 ④	12 ②	13 ②	14 ④	15 ①
16 ②	17 ③	18 ②	19 ③	20 ①

01 정답 ④

| 풀이 |

$\angle C = 90°$인 직각삼각형 ABC에서 $\angle B$의 크기가 정해지면 직각삼각형의 크기에 관계없이

$\dfrac{\overline{AC}}{\overline{AB}}$, $\dfrac{\overline{BC}}{\overline{AB}}$, $\dfrac{\overline{AC}}{\overline{BC}}$의 값은 항상 일정하다.

$\dfrac{\overline{AC}}{\overline{AB}} = \sin B$, $\dfrac{\overline{BC}}{\overline{AB}} = \cos B$, $\dfrac{\overline{AC}}{\overline{BC}} = \tan B$이므로

$\sin B = \dfrac{\overline{AC}}{\overline{AB}} = \dfrac{\sqrt{3}}{2}$이다.

따라서 정답은 ④이다.

02 정답 ①

| 풀이 |

$\dfrac{\overline{BC}}{\overline{AB}} = \cos B$이므로, $\overline{AB} = 5$, $\overline{BC} = 3$을 대입하여 간단히 하면, $\cos B = \dfrac{\overline{BC}}{\overline{AB}} = \dfrac{3}{5}$이다.

따라서 정답은 ①이다.

| 참고 |

〈삼각비〉

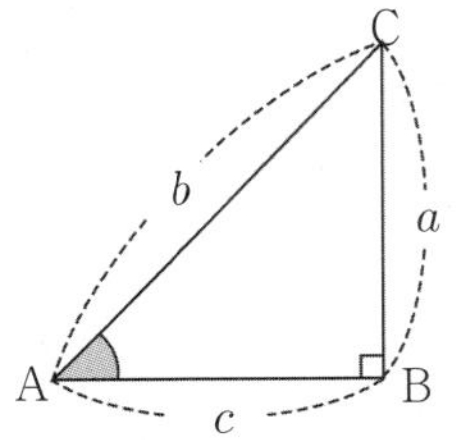

$\angle B = 90°$인 직각삼각형 ABC에서 $\angle A$, $\angle B$, $\angle C$의 대변의 길이를 각각 a, b, c라고 하면

$\sin A = \dfrac{a}{b}$, $\cos A = \dfrac{c}{b}$, $\tan A = \dfrac{a}{c}$

03 정답 ④

| 풀이 |

$\dfrac{\overline{AC}}{\overline{BC}} = \tan B$이므로

$\overline{BC} = 2\sqrt{2}$, $\overline{AC} = 2\sqrt{2}$를 대입하여 계산하면,

$\tan B = \dfrac{\overline{AC}}{\overline{BC}} = \dfrac{2\sqrt{2}}{2\sqrt{2}} = 1$이다.

따라서 정답은 ④이다.

04 정답 ②

| 풀이 |

$\dfrac{\overline{BC}}{\overline{AC}} = \sin A$이므로 $\overline{AC} = 3$, $\overline{BC} = \sqrt{5}$를 대입하여

간단히 하면, $\sin A = \dfrac{\overline{BC}}{\overline{AC}} = \dfrac{\sqrt{5}}{3}$이다.

따라서 정답은 ②이다.

05 정답 ④

| 풀이 |

① $\sin A = \dfrac{\overline{BC}}{\overline{AC}} = \dfrac{\sqrt{3}}{2}$ (거짓)

② $\sin C = \dfrac{\overline{AB}}{\overline{AC}} = \dfrac{1}{2}$ (거짓)

③ $\tan A = \dfrac{\overline{BC}}{\overline{AB}} = \dfrac{\sqrt{3}}{1} = \sqrt{3}$ (거짓)

④ $\cos C = \dfrac{\overline{BC}}{\overline{AC}} = \dfrac{\sqrt{3}}{2}$ (참)

따라서 정답은 ④이다.

06 정답 ①

| 풀이 |

피타고라스의 정리에 의해

$$\overline{AB}^2 = \overline{BC}^2 + \overline{AC}^2 = 3^2 + 2^2 = 9 + 4 = 13$$

이므로 제곱근의 성질에 의해 $\overline{AB} = \sqrt{13}$ 이다.

$\sin B = \dfrac{\overline{AC}}{\overline{AB}}$ 이므로 $\sin B = \dfrac{2}{\sqrt{13}}$ 이다.

따라서 정답은 ①이다.

07 정답 ③

| 풀이 |

직각삼각형 ABC에서 $\overline{AB} = 4\,cm$, $\overline{BC} = 2\,cm$,
$\overline{AC} = 2\sqrt{3}\,cm$이므로,
$\overline{AB} : \overline{BC} : \overline{AC} = 4 : 2 : 2\sqrt{3}$이므로 간단히 하면,
$\overline{AB} : \overline{BC} : \overline{AC} = 2 : 1 : \sqrt{3}$임을 알 수 있다.
따라서 특수각의 비에 의해 $\angle B = 60°$임을 알 수 있다.
따라서 정답은 ③이다.

| 참고 |

〈특수각의 비〉

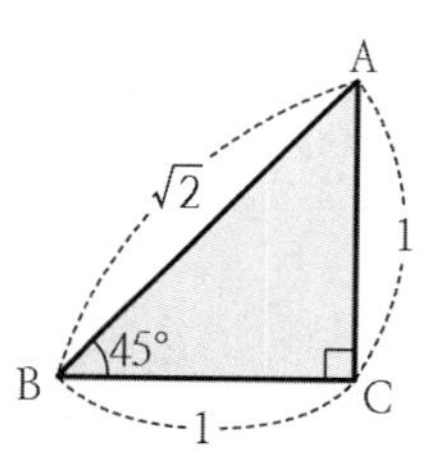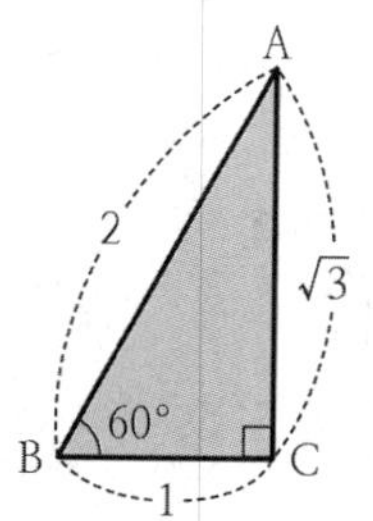

08 정답 ③

| 풀이 |

직각삼각형 ABC에서 한 내각의 크기가 45°이므로
$\overline{BC} : \overline{AC} = 1 : 1$ → $\sqrt{2} : x = 1 : 1$
→ $1 \times x = \sqrt{2} \times 1$ → $x = \sqrt{2}$
$\overline{BC} : \overline{AB} = 1 : \sqrt{2}$ → $\sqrt{2} : y = 1 : \sqrt{2}$
→ $1 \times y = \sqrt{2} \times \sqrt{2}$ → $y = 2$
그러므로 $x = \sqrt{2}$, $y = 2$이다.
따라서 정답은 ③이다.

| 참고 |

〈특수각의 삼각비〉

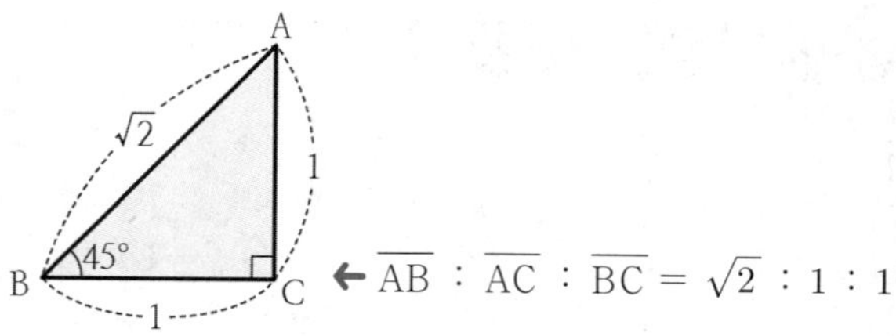

← $\overline{AB} : \overline{AC} : \overline{BC} = \sqrt{2} : 1 : 1$

09 정답 ②

| 풀이 |

한 원에서 중심으로부터 같은 거리에 있는 현의 길이
는 같다.
$\overline{MO} = \overline{NO}$이므로 $\overline{AB} = \overline{AC}$이다.
$\triangle ABC$는 $\overline{AB} = \overline{AC}$인 이등변삼각형이므로
$\angle B = \angle C$이다.
삼각형의 세 내각의 합은 180°이므로
$50° + \angle B + \angle C = 180°$, $\angle B = \angle C$이므로
→ $50° + 2\angle B = 180°$ → $2\angle B = 180° - 50°$
→ $2\angle B = 130°$ → $\angle B = 65°$
따라서 정답은 ②이다.

10 정답 ③

| 풀이 |

$\overline{ON}$은 $\overline{CD}$를 수직이등분하므로 $\overline{CN} = \overline{DN} = 4$
→ $\overline{CD} = 8$
$\overline{AB} = \overline{CD}$이므로 한 원에서 길이가 같은 두 현은 중
심으로부터 거리가 같으므로, $\overline{OM} = \overline{ON} = x$
$\triangle OCN$에서 피타고라스 정리를 이용하면,
$\overline{OC}^2 = \overline{ON}^2 + \overline{CN}^2$이므로 $5^2 = x^2 + 4^2$
→ $x^2 = 5^2 - 4^2 = 25 - 16 = 9$ ∴ $x = 3$
따라서 정답은 ③이다.

11 정답 ④

| 풀이 |

원 O 밖의 한 점 P에서 그 원에 그은 두 접선의 길이 $\overline{PA}$와 $\overline{PB}$는 같으므로 $\overline{PA} = \overline{PB} = 10\text{cm}$

따라서 $\overline{PB} = 10\text{cm}$, 정답은 ④이다.

| 참고 1 |

$\triangle PAO$와 $\triangle PBO$에서

$\angle PAO = \angle PBO = 90°$, $\overline{OP}$는 공통, $\overline{OA} = \overline{OB}$

이므로 $\triangle PAO \equiv \triangle PBO$ (RHS 합동)이다.

따라서 $\overline{PA} = \overline{PB}$이다.

즉, 원 밖의 한 점에서 그 원에 그은 두 접선의 길이는 같다.

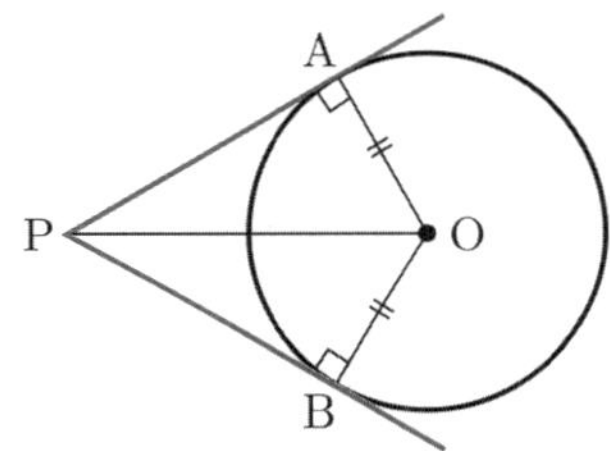

| 참고 2 |

〈접선의 길이〉

원 밖의 한 점에서 그 원에 그은 두 접선의 길이는 같다.

12 정답 ②

| 풀이 |

원 밖의 한 점에서 그 원에 그은 두 접선의 길이는 같다.

$\overline{BD} = \overline{BE} = 5$이므로 $\overline{EC} = \overline{BC} - \overline{BE} = 7 - 5 = 2$

→ $\overline{EC} = 2$이다.

$\overline{EC} = \overline{FC}$ 이므로 $\overline{FC} = 2$이다.

따라서 정답은 ②이다.

13 정답 ②

| 풀이 |

원 O에서 $\overset{\frown}{AB}$ 위에 있지 않은 점 P에 대하여 $\angle APB$를 $\overset{\frown}{AB}$에 대한 원주각이라 하고, $\overset{\frown}{AB}$를 원주각 $\angle APB$에 대한 호라 한다.

원주각 $\angle APB$의 크기는 점 P의 위치에 관계없이 중심각 $\angle AOB$의 크기의 $\dfrac{1}{2}$이다.

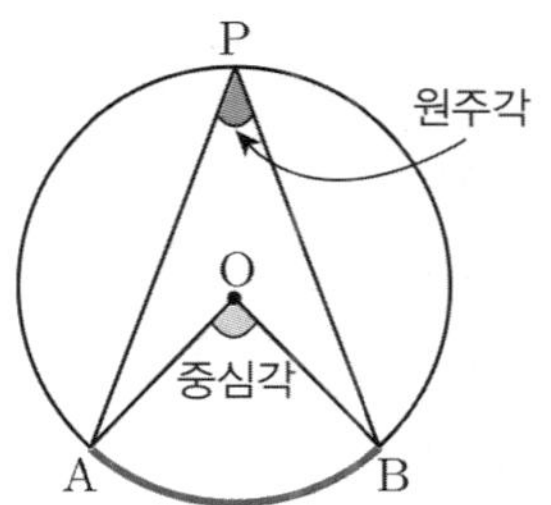

원 O의 중심각 $\angle AOB = 110°$

→ $110° \times \dfrac{1}{2} = 55°$

$\therefore$ 원주각 $\angle APB = 55°$

따라서 정답은 ②이다.

| 참고 |

〈원주각〉

❶ 한 원에서 한 호에 대한 원주각의 크기는 그 호에 대한 중심각의 크기의 $\dfrac{1}{2}$이다.

❷ 한 원에서 한 호에 대한 원주각의 크기는 모두 같다.

14 정답 ④

| 풀이 |

한 원에서 한 호에 대한 원주각의 크기는 그 호에 대한 중심각의 크기의 $\dfrac{1}{2}$이고,

한 원에서 한 호에 대한 원주각의 크기는 모두 같다.

원주각과 중심각의 크기 $\angle APB = \dfrac{1}{2}\angle AOB$

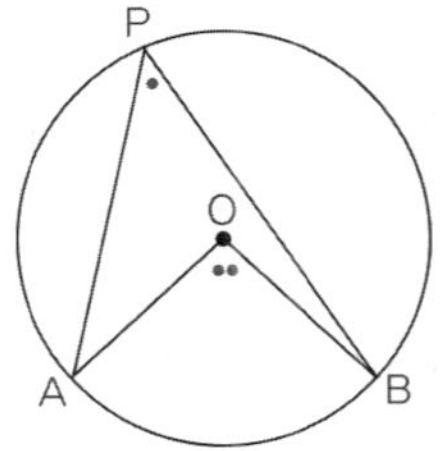

원 O의 중심각 $\angle AOB = 130°$이므로

$\angle APB = 130° \times \dfrac{1}{2} = 65°$

따라서 정답은 ④이다.

15 정답 ①

| 풀이 |

원주각의 성질에서 중심각은 원주각의 2배이다. 중심
각이 60°이므로 원주각은 절반인 30°가 된다.
따라서 정답은 ①이다.

16 정답 ②

| 풀이 |

현 AC는 지름이고, 지름의 원주각은 90°이므로 정답
은 ②이다.

17 정답 ③

| 풀이 |

선분 AB가 지름이므로 지름에 대한 원주각
$\angle APB = 90°$이다.
또한, 삼각형의 세 내각의 합은 180°이므로
$\angle x + 60° = 90°$ ➡ $\angle x = 30°$이다.
따라서 정답은 ③이다.

18 정답 ②

| 풀이 |

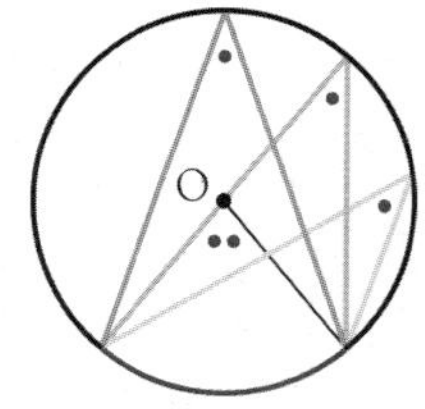

원주각의 성질 ➡ 같은 길이의 호에 대한 원주각의 크
기는 서로 같다.
$\angle APB$와 $\angle AQB$는 같은 호 AB에 대한 원주각이므
로 크기가 서로 같다.
$\therefore \angle x = \angle APB = 40°$
따라서 정답은 ②이다.

19 정답 ③

| 풀이 |

아래 원 O에서 두 호 AB, CD에 대한 원주각 $\angle APB$,
$\angle CQD$의 크기가 같으면 그 중심각 $\angle AOB$, $\angle COD$
의 크기도 같고 두 호 AB, CD의 길이도 같다.

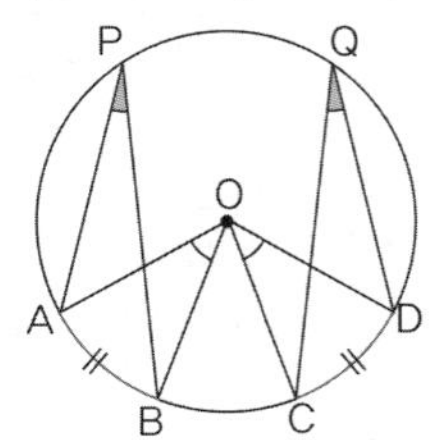

따라서 원 O에서 크기가 같은 원주각에 대한 호의 길
이는 같으므로
두 원주각 $\angle APB = \angle CQD = 50°$
따라서 정답은 ③이다.

| 참고 |

〈원주각과 호〉

한 원 또는 합동인 두 원에서
❶ 길이가 같은 호에 대한 원주각의 크기는 같다.
❷ 크기가 같은 원주각에 대한 호의 길이는 같다.

20 정답 ①

| 풀이 |

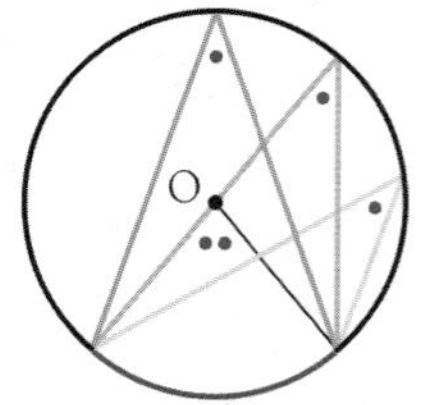

원주각의 성질 ➡ 같은 길이의 호에 대한 원주각의
크기는 서로 같고, 중심각은 원주각의 2배이다.
호 $\widehat{AB}$의 원주각은 $\angle APB$, 중심각은 $\angle AOB$이므로
$\angle AOB = 2 \times \angle APB$
$\therefore \angle AOB = 2 \times 20° = 40°$
따라서 정답은 ①이다.

08　확률과 통계

예상 문제로 실력 잡기

01 ②	02 ①	03 ③	04 ②	05 ③
06 ①	07 ④	08 ④	09 ③	10 ②
11 ①	12 ④	13 ③	14 ③	15 ④
16 ①	17 ①	18 ③	19 ②	20 ③
21 ②	22 ④	23 ③	24 ④	25 ④

01 정답 ②

| 풀이 |

문제의 표에서 왼쪽은 줄기, 오른쪽은 잎이다.
기억하는 상표의 개수가 26개 이상인 학생을 세어 보면
줄기가 2일 때, 잎이 6, 6, 7인 3명, 줄기가 3일 때, 잎의
개수는 5개, 줄기가 4일 때, 잎의 개수는 3개이므로
기억하는 상표가 26개 이상인 학생 수는 $3+5+3=11$
모두 11명이다.
따라서 정답은 ②이다.

02 정답 ①

| 풀이 |

문제의 표에서 왼쪽은 줄기, 오른쪽은 잎이다.
줄기가 0일 때 잎이 5개로 가장 많다. 그러므로 잎이
가장 많은 줄기는 0
따라서 정답은 ①이다.

03 정답 ③

| 풀이 |

줄넘기 횟수가 많은 사람부터 차례대로 등수를 정한다
고 하였으므로,
줄넘기 횟수가 가장 많은 사람부터 정리하면,
63, 60, 58, 56, 51, 47, …이므로,
5등의 줄넘기 횟수는 51개임을 알 수 있다.
따라서 정답은 ③이다.

04 정답 ②

| 풀이 |

계급의 크기는
$12-10=14-12=\cdots=20-18=2$(점)이고
계급의 개수는 직사각형의 개수와 같으므로 5개다.
따라서 정답은 ②이다.

05 정답 ③

| 풀이 |

말하기 대회 점수가 16점 이상인 학생의 수는
16점 이상 18점 미만인 학생이 7명, 18점 이상 20점
미만인 학생이 5명이므로, $7+5=12$명이다.
따라서 정답은 ③이다.

06 정답 ①

| 풀이 |

총 20일 동안 조사하였으므로 $2+5+A+8+1=20$
$16+A=20$　∴ $A=4$
그러므로 방문자 수가 20명 이상 25명 미만인 일수는
4일이다.
따라서 정답은 ①이다.

07 정답 ④

| 풀이 |

일교차가 12℃ 이상인 날수는 12℃ 이상 14℃ 미만
이 9일, 14℃ 이상 16℃ 미만이 2일이므로
일교차가 12℃ 이상인 날수는 $9+2=11$일이다.
따라서 정답은 ④이다.

08 정답 ④

| 풀이 |

봉사 활동 시간이 5시간인 학생이 속하는 계급은 3시
간 이상 6시간 미만인 계급이고, 도수는 7이다.
따라서 정답은 ④이다.

09 정답 ③

| 풀이 |

TV 시청 시간이 7시간인 학생이 속하는 계급은 6시간 이상 9시간 미만인 계급이다.

전체 학생 수가 20명이므로 각 계급의 도수를 모두 더하면, $4+8+A+2=20$ ➡ $14+A=20$ ➡ $A=6$

따라서 TV 시청 시간이 7시간인 학생이 속하는 계급의 도수는 6이므로 정답은 ③이다.

10 정답 ②

| 풀이 |

1부터 10까지의 수 중 3의 배수는 3, 6, 9의 3개이므로, 3의 배수를 선택하는 경우의 수는 3가지이다.

따라서 정답은 ②이다.

11 정답 ①

| 풀이 |

7개 중 1개를 선택하는 경우의 수이므로 경우의 수는 7가지이다.

따라서 정답은 ①이다.

12 정답 ④

| 풀이 |

서로 다른 두 개의 주사위를 동시에 던질 때, 나오는 두 눈의 수를 순서쌍으로 나타내면

❶ 나오는 눈의 수의 합이 4인 경우는
$(1, 3)$, $(2, 2)$, $(3, 1)$의 3가지

❷ 나오는 눈의 수의 합이 7인 경우는
$(1, 6)$, $(2, 5)$, $(3, 4)$, $(4, 3)$, $(5, 2)$, $(6, 1)$의 6가지

❶과 ❷에서 나오는 눈의 수의 합이 4인 동시에 7일 수는 없으므로, 합의 법칙을 이용하면,
구하는 경우의 수는 $3+6=9$이다.

따라서 정답은 ④이다.

13 정답 ③

| 풀이 |

빵을 고르는 경우의 수는 4가지, 음료수를 고르는 경우의 수는 3가지이다.

이때, 두가지 사건은 동시에 일어날 수 있으므로 곱의 법칙에 의해 계산하면 $4 \times 3 = 12$

따라서 정답은 ③이다.

14 정답 ③

| 풀이 |

두 사람이 가위바위보를 하면 낼 수 있는 전체 경우의 수는 $3 \times 3 = 9$가지이다.

이때, A가 이기는 경우의 수는 A가 바위, 가위, 보를 내었을 때의 3가지 경우이므로 3가지이다.

$$\therefore \text{확률} = \frac{(\text{사건 A가 일어날 경우의 수})}{(\text{일어날 수 있는 모든 경우의 수})}$$
$$= \frac{3}{9} = \frac{1}{3}$$

따라서 정답은 ③이다.

15 정답 ④

| 풀이 |

사건 A가 일어날 확률이 p라고 하면
$(\text{사건 A가 일어나지 않을 확률}) = 1-p$이다.

비가 올 확률이 0.3이므로, 비가 오지 않을 확률은
$1-0.3=0.7$

따라서 정답은 ④이다.

16 정답 ①

| 풀이 |

1부터 9까지의 자연수가 적인 아홉 개의 구슬 중에 5의 배수는 1가지이다.

$$\therefore \text{확률} = \frac{(\text{사건 A가 일어날 경우의 수})}{(\text{일어날 수 있는 모든 경우의 수})} = \frac{1}{9}$$

따라서 정답은 ①이다.

17 정답 ①

| 풀이 |

상자 속에서 한 장의 카드를 임의로 꺼낼 때, 일어나는 모든 경우는 1, 2, 3, …, 18, 19, 20으로 20가지이고, 1에서 20까지의 자연수 중에서 20의 약수는 1, 2, 4, 5, 10, 20이므로 20의 약수가 적힌 카드가 나오는 경우는 6가지이다.

따라서 구하는 확률은 $\dfrac{6}{20} = \dfrac{3}{10}$이다.

따라서 정답은 ①이다.

18 정답 ③

| 풀이 |

자료를 대표하는 대푯값에는 평균, 중앙값, 최빈값 등이 있다. 자료 중에서 가장 많이 나타나는 값을 대푯값으로 정하는데, 이 값을 최빈값이라 한다. 가장 많은 자료의 개수가 80으로 총 3번 나타나므로 최빈값은 80이다.

따라서 정답은 ③이다.

19 정답 ②

| 풀이 |

중앙값은 자료를 크기순으로 나열하였을 때, 중앙의 값을 말한다.

크기순으로 자료를 나열하면, 7, 7, 7, 8, 8, 8, 8, 9, 9, 10이고, 자료의 개수가 10개이므로 5번째와 6번째 수의 평균이 최빈값이다. 그런데, 5번째와 6번째의 수는 모두 8이다.

두 수의 평균을 구하면 8이므로 중앙값은 8이다.

따라서 정답은 ②이다.

20 정답 ③

| 풀이 |

중앙값은 자료를 크기순으로 나열하였을 때, 중앙의 값을 말한다.

자료의 개수가 7개이므로 4번째의 수가 중앙값이다.

자료가 크기순으로 정리되어 있으므로, 4번째의 수를 읽으면 21이다.

따라서 정답은 ③이다.

21 정답 ②

| 풀이 |

중앙값은 자료를 크기순으로 나열하였을 때, 중앙의 값을 말한다.

자료의 개수가 15개이므로 8번째의 수가 중앙값이다.

그러므로 중앙값은 52(분)이다.

따라서 정답은 ②이다.

22 정답 ④

| 풀이 |

최빈값은 자료 중에서 가장 많이 나타나는 값을 말한다.

줄기가 6일 때, 잎이 2인 자료가 3개로 가장 많이 나타나므로 최빈값은 62(분)이다.

따라서 정답은 ④이다.

23 정답 ③

| 풀이 |

ㄱ. 키가 클수록 몸무게는 대체로 많이 나가므로
　　➜ 양의 상관관계

ㄴ. 눈의 크기와 시력은 대체로 관계가 없으므로
　　➜ 상관관계가 없다.

ㄷ. 근로 시간이 많아지면 대체로 여가 시간은 줄어들게 되므로 ➜ 음의 상관관계

ㄹ. 도시의 인구수가 많아지면 대체로 교통량은 증가하므로 ➜ 양의 상관관계

ㅁ. 그해 생산된 농산물의 양이 많아지면 대체로 가격은 내려가므로 ➜ 음의 상관관계

ㅂ. 산의 높이가 높아질수록 산꼭대기에서의 기온은 낮아지므로 ➜ 음의 상관관계

그러므로 그래프와 같이 음의 상관관계를 나타내는 보기는 ㄷ, ㅁ, ㅂ으로 3개이다.

따라서 정답은 ③이다.

24 정답 ④

ㅣ풀이ㅣ

① 멀리뛰기 기록과 영어 성적은 상관관계가 없다.
② 자동차의 속력이 빨라지면 목적지까지 걸리는 시간
   이 줄어들게 되므로 음의 상관관계이다.
③ 겨울철 일평균 기온이 내려가면 도시가스 사용량은
   증가하므로 음의 상관관계이다.
④ 도시의 인구수가 많아질수록 학교 수는 늘어나므로
   양의 상관관계이다.
주어진 산점도는 양의 상관관계에 대한 산점도이므로
정답은 ④이다.

25 정답 ④

ㅣ풀이ㅣ

주어진 산점도는 양의 상관관계에 대한 산점도이므로
①은 옳은 보기이다.
x축이 월급을 뜻하는데, A는 C보다 왼쪽에 있으므로
A는 C보다 월급이 적다. 따라서 ②는 옳은 보기이다.
y축이 월 저축액을 뜻하므로, B는 월 저축액이 가장
적은 직원이다. 따라서 ③도 옳은 보기이다.
월급과 월 저축액이 같은 직원은 직선 위의 점들이며,
차가 가장 큰 직원은 직선에서 가장 멀리 떨어진 직원
이므로 C가 아니라 D가 해당한다.
따라서 ④가 옳지 않은 보기이다. 정답은 ④이다.

중졸 검정고시

한권으로 합격하기!

핵심 총정리
영어

구성 및 출제 경향 분석

2 출제 경향 분석

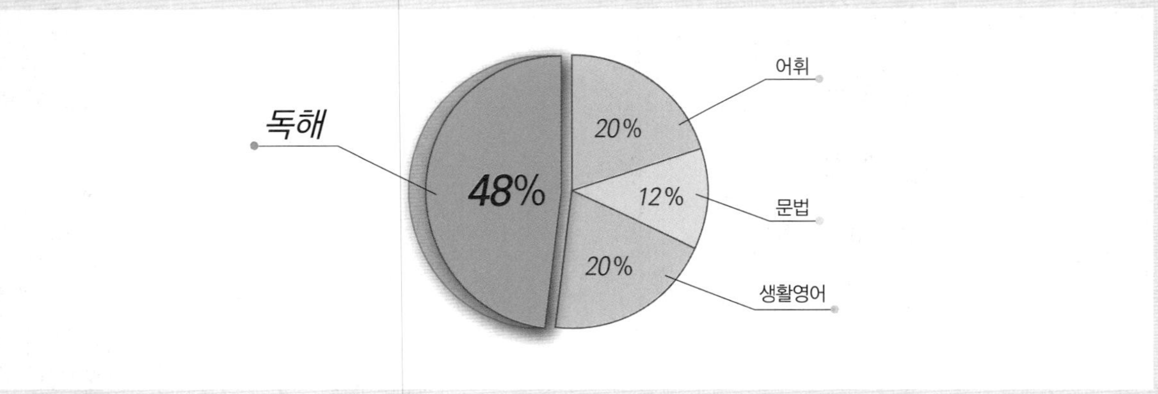

영어 출제 경향

최근 중졸 검정고시 영어 시험은 예년과 유사한 형식으로 출제되고 있으며, 기출문제를 충분히 학습한 수험생이라면 익숙하게 문제를 풀 수 있는 난이도를 보이고 있습니다. 어휘는 기초 수준에서 출제되며, 문장의 길이나 문법 구조 역시 복잡하지 않아 전반적으로 평이한 수준을 유지하고 있습니다. 일부 문항의 경우 조금 더 긴 문장이나 낯선 표현을 포함하고 있지만, 기본 어휘와 표현을 충실히 학습한다면 무리 없이 해결 가능한 수준입니다.

❶ 어휘

어휘는 합격을 좌우하는 가장 중요한 학습 포인트입니다. 어휘 문제는 '단어와 숙어, 모두 포함하는 단어, 두 단어의 관계'를 묻는 문제 유형이 출제되었습니다.

어휘 학습은 어휘 문제를 풀기 위해서만이 아니라 독해, 생활영어 등 모든 유형의 문제를 풀 때 기본이 되는 능력이기 때문에 꾸준한 암기가 필요합니다. 매일 일정한 양의 어휘를 암기하고 외운 것을 테스트하면서 단어 실력을 확인하고 점검해야 합니다.

❷ 문법

최근에도 문법은 가장 기초적이면서도 중요한 부분인 'be동사, 의문사, 조동사' 부분에서 출제가 되고 있습니다.

이 부분은 문장을 해석할 때도 기본 바탕이 되는 부분이기 때문에 반드시 이해를 하고 암기가 필요한 부분은 외워야 합니다.

❸ 생활영어

생활영어 역시 최근에도 쉬운 난이도로 출제가 되고 있습니다. 지문에 나오는 생활영어 표현이나 격언, 속담을 모르더라도 문맥을 통해 충분히 유추할 수 있는 문제가 나오기 때문에, 기본 독해 실력을 가지고 충분히 풀 수 있는 문제가 출제되고 있습니다.

기출문제를 충분히 풀어보면서 모르는 단어나 숙어를 암기하는 것으로 생활영어 문제를 대비할 수 있습니다.

❹ 독해

독해는 목적, 요지, 제목, 주제를 찾는 '중심 내용 파악', 내용 일치·불일치, 언급되거나 언급되지 않은 내용, 말한 이유를 묻는 '세부 내용 파악', 글의 흐름을 파악하는 '문장 삽입', '이어질 내용 파악' 그리고 '빈칸 추론', '지칭 추론' 유형이 출제되었습니다.

'실용문'은 그림과 도표를 활용한 문제가 출제되었습니다.

독해 문제도 매년 같은 유형의 문제들이 반복되고 있기 때문에 기출문제로 학습하는 것이 중요합니다. 각 유형별 접근 방법을 숙지하고 기출문제로 적용해 본다면 답을 찾는 요령을 터득하고, 문제를 푸는 시간도 단축할 수 있게 됩니다.

또한 문제를 풀면서 지문 속에 나오는 모르는 단어와 숙어는 반드시 정리하고 암기합니다.

01 문법

1 문장

1. 감탄문의 어순

- what + a(an) + 형용사 + 명사 + 주어 + 동사!
- how + 형용사 + a(an) + 명사 + 주어 + 동사!

2. 긍정문과 부정문

- be 동사의 부정 : be + not
- 조동사의 부정 : 조동사(will/must/shall/can) + not + 동사원형
- 일반 동사 부정 : do/does/did + not + 동사원형

2 동사(시제)

1. 동사의 12시제(R : 동사원형)

(R : 동사원형, p.p. : 과거분사)

과거	현재	미래
과거형 동사	R	will R
과거진행	현재진행	미래진행
was/were Ring	am/is/are Ring	will be Ring
과거완료	현재완료	미래완료
had p.p.	have/has p.p.	will have p.p.
과거완료진행	현재완료진행	미래완료진행
had been Ring	have/has been Ring	will have been Ring

2. 명백한 과거를 나타내는 부사

ago, last, yesterday, in + 연도, past, that time, just now 등

3 준동사

1. 부정사

(1) to부정사를 목적어로 취하는 동사

주어 + <u>동사</u> + <u>목적어</u> (3형식)
      want   to R
      like
      hope

(2) to부정사의 형용사적 용법 : to부정사가 명사를 뒤에서 수식
- Here are some easy ways <u>to save</u> energy.

  여기에 에너지를 절약하는 몇 가지 쉬운 방법이 있습니다.

2. 동명사

동명사를 목적어로 취하는 동사

주어 + <u>동사</u> + <u>목적어</u> (3형식)
      enjoy   Ring
      mind
      practice
      give up
      finish

- She keeps a diary everyday to <u>practice</u> writing.

  그녀는 글쓰기를 연습하기 위해 매일 일기를 쓴다.

1. 명사

(1) 추상명사의 단위 표현 : 단위 표현을 물질명사 앞에 사용하면 복수형이 가능

bar	초콜릿이나 비누, 막대기같이 생긴 것	a bar of chocolate / soap 초콜릿 / 비누 한 개
bottle	병에 든 음료	a wine / beer / milk bottle 포도주 / 맥주 / 우유병
bunch	바나나, 포도, 꽃, 열쇠 등 다발로 된 것	a bunch of keys 한 묶음의 열쇠
can	통조림, 깡통, 캔과 같은 것	a can of beans 콩 통조림 하나 a beer / paint can 맥주 한 캔 / 페인트 한 깡통
cup	따뜻한 음료를 컵에 넣은 것과 요리재료를 재는 단위	a cup of coffee / tea 커피 / 차 한 잔 two cups of flour and half a cup of butter 밀가루 두 컵과 버터 반 컵
glass	차가운 음료를 유리컵에 넣은 것	a glass of wine / water 와인 / 물 등 한 잔
loaf	한 덩어리의 빵	a loaf of bread 빵 한 덩이
lump	덩어리	a lump of sugar 설탕 한 덩어리
pair	두 개로 된 한 쌍	a pair of shoes / glasses / scissors / trousers 구두 한 켤레 / 안경 하나 / 가위 한 자루 / 바지 한 벌
piece	조각	a piece of cake / cheese / meat 케이크 / 치즈 / 고기 한 조각
roll	둥글게 말아 놓은 통, 두루마리	a roll of film 필름 한 통
school	떼(무리)	a school (shoal) of fish 고기 한 떼
sheet	한 장	a sheet of paper 종이 한 장
slice	얇게 썬 조각	a slice of cheese / bread 치즈 / 빵 한 조각
spoonful	숟가락 하나 가득	a spoonful of sugar 설탕 한 스푼

2. 대명사(격의 구별)

(1) 인칭대명사

인칭	수 \ 격		주격 (~은, 는, 이, 가)	소유격 (~의)	목적격 (~을, 에게)	소유대명사 (~의 것)	재귀대명사 (~자신)
제1인칭	단수		I	my	me	mine	myself
	복수		we	our	us	ours	ourselves
제2인칭	단수		you	your	you	yours	yourself
	복수		you	your	you	yours	yourselves
제3인칭	단수	남성	he	his	him	his	himself
		여성	she	her	her	hers	herself
		중성	it	its	it	없음	itself
	복수		they	their	them	theirs	themselves

3. 형용사

(1) 부정수량형용사 : 막연한 수나 양의 정도를 표시하는 형용사로서, 수를 나타내는 것과 양을 나타내는 것으로 구별된다.

수(數)	few (a few), a good (or great) many, many
양(量)	little (a little), a good (or great) deal of, much
수, 양 둘 다 사용 가능	some (any), a lot of (lots of), plenty of, enough, all, no

(2) many와 much의 용법 : many는 수에 쓰이고, much는 양에 쓰인다.
- We sang songs together and saw <u>many</u> stars in the sky.

  우리는 함께 노래를 부르고 하늘에 있는 많은 별을 보았다.
- How <u>much</u> money do you have?

  너는 얼마나 많은 돈을 가지고 있니?

4. 부사

시간부사 : 시간을 나타내는 부사

과거	ago, late, last, yesterday, once, before 등
현재	now 등
미래	next, tomorrow 등

5. 비교급, 최상급

(1) 비교급과 최상급의 규칙 변화

종류	비교급	최상급
원급	원급 + −(e)r	원급 + −(e)st
「단모음＋자음」으로 끝나는 말	그 어미의 자음을 겹치고, −er	그 어미의 자음을 겹치고, −est
「자음＋y」로 된 말	y를 i로 고치고 −er	y를 i로 고치고 −est
2음절 이상의 긴 형용사	more 형용사	most 형용사

(2) 우등 비교 : 비교급 + than + ～ ‘−보다 더 …하다’

- The coffee is <u>cheaper than</u> the tea.

  커피는 차보다 더 싸다.

- Mina comes to school <u>earlier than</u> Jim.

  Mina는 Jim보다 학교에 더 일찍 온다.

- The orange is <u>more expensive than</u> the apple.

  오렌지는 사과보다 더 비싸다.

(3) 최상급

① ‘the −est’나 ‘the most 형용사[부사]’

- Meg is <u>the youngest</u> of all.

  Meg는 모든 사람들 중에 가장 어리다.

② the 최상급 + (명사) + in + 단수명사(장소) ‘～에서 가장 ～한’

- Mt. Everest is <u>the highest mountain in the world</u>.

  에베레스트산은 세계에서 가장 높은 산이다.

6. 기출 전치사

전치사 종류	표현법
at	be good at ～을 잘한다
	at + 시간 : (몇 시)에
by	by + 교통수단 : ～을 타고
	by + 시간 : ～까지
	be p.p. by 목적격 (수동태 by) : ～에 의해서
for	thank you for ～에 감사하다
	be good for ～에 좋다
	look for ～을 찾다

for	be famous for ~로 유명하다
	for + 시간 : ~ 동안
	for + 대명사 : ~을 위해
in	be interested in ~에 흥미가 있다
	in + 장소 : ~(안)에서
	be born in + 연도 : (언제) 태어나다
of	be proud of ~ 자랑스럽게 여기다
	be full of ~로 가득 차다
	be afraid of ~을 두려워하다
on	on + 장소 : ~ 위에
	put on ~을 입다(끼다)
	on + 특정 요일 : (무슨 요일)에
	go on a picnic 소풍을 가다

7. 접속사

접속사 or 용법

용법	해석	구조
선택 의문문	A 또는 B (A와 B 둘 중 선택)	A or B
명령문	~해라, 그렇지 않으면 ~할 것이다.	동사원형 ~, or + 주어 + will + 동사원형 ~ = If + 주어 + 동사의 부정 ~, 주어 + will + 동사원형 ~ Unless + 주어 + 동사 ~, 주어 + will + 동사원형 ~

- Do you like grapes <u>or</u> strawberries?
  너는 포도와 딸기 중에 어떤 것을 좋아하니?
- Get up early, <u>or</u> you'll be late for class.
  일찍 일어나라, 그렇지 않으면 너는 수업에 늦을 거야.
  = If you don't get up early, you will be late for class.
  = Unless you get up early, you will be late for class.

8. 관계대명사

선행사격	주격	소유격	목적격
사람	who	whose	whom
동물 · 사물	which	whose, of which	which
사람 · 동물 · 사물	that	—	that
없음(선행사 포함)	what	—	what

(1) 관계대명사의 격

　관계대명사 안에 부족한 성분을 말한다. 주어가 없으면 주격, 목적어가 없으면 목적격, 소유격이 없으면 소유격을 사용한다.

(2) 선행사

　관계대명사의 부족한 성분을 보충해주는 말로, 사람 · 동물 그리고 사물이 될 수 있다.

(3) 관계대명사가 결정되는 요소

　격과 선행사이다. 선행사와 격은 같다.

9. 일치와 화법

(1) 주어 동사의 수의 일치

There is + 단수주어	～이 있다
There are + 복수주어	～들이 있다
Here is + 단수주어	여기에 ～이 있다
Here are + 복수주어	여기에 ～들이 있다

- There is a computer in my room.

　내 방에는 컴퓨터가 있다.
- There are many interesting jobs in the world.

　세상에는 많은 흥미로운 직업이 있습니다.

(2) 대명사의 수의 일치

　격에 따라 수의 일치를 시켜야 하는 경우가 많이 있다. (인칭대명사 참고)
- I'm looking for my dog. It is small and brown.

　저는 제 개를 찾고 있습니다. 그것은 작고 갈색입니다.
- I visited my grandparents today. They grow rice and vegetables.

　나는 오늘 나의 조부모님을 방문했다. 그들은 쌀과 채소들을 키운다.

1 문장

감탄문

01 빈칸에 들어갈 말로 알맞은 것을 고르시오.

> __________ a beautiful day it is!

① How　　　　② What　　　　③ When　　　　④ Where

해석　참 아름다운 날이구나!

어휘　beautiful *a.* 아름다운

해설　'빈칸' 유형으로 빈칸에 들어갈 단어를 찾는 문제이다.
빈칸 뒤의 문장으로 보아 감탄문임을 알 수 있으므로 감탄문에서 '정말'의 의미로 사용될 수 있는
②가 적절하다. ①도 감탄문에서 사용 가능하나 빈칸 뒤에 'a'가 없어야 들어갈 수 있다.

긍정문, 부정문, 의문문

02 대화의 빈칸에 들어갈 말로 가장 알맞은 것을 고르시오.

> A : __________ you speak Chinese?
> B : Yes, I can.

① Is　　　　② Can　　　　③ Are　　　　④ Dose

해석　A : 너는 중국어를 말할 수 있어?
　　　　B : 응, 나 할 수 있어.

어휘　speak *v.* 말하다　　　　　　　　　Chinese *n.* 중국어, 중국 사람

해설　의문문의 대답은 대체로 의문문의 조동사를 그대로 이용하여 답을 한다. 따라서 B의 대답에서 'can'
이 사용된 것을 보았을 때, A에서 이용한 조동사 역시 '② Can'이다.

정답 01 ② 02 ②

03 〈보기〉와 같이 고쳐 쓸 때 빈칸에 들어갈 알맞은 것은?

| 보기 |

I like winter.

→ I don't like winter.

My father likes spring and summer.

→ My father _________ like spring and summer.

① am not　　　② isn't　　　③ don't　　　④ doesn't

해석　나는 겨울을 좋아해.

→ 나는 겨울을 좋아하지 않아.

나의 아버지는 봄과 여름을 좋아해.

→ 나의 아버지는 봄과 여름을 좋아하지 않아.

해설　'빈칸' 유형으로 〈보기〉처럼 긍정문을 부정문으로 바꿀 때 빈칸에 들어갈 말을 찾는 문제이다. 동사 like 앞에 be동사가 사용될 수 없으므로 ①과 ②는 답이 될 수 없으며, 나의 아버지는 3인칭 단수이므로 ③ 또한 적절치 않다.

2 동사(시제)

04 빈칸에 들어갈 말로 알맞은 것은?

They _________ fishing yesterday.

① go　　　② went　　　③ will go　　　④ are going

해석　그들은 어제 낚시를 다녀왔다.

어휘　go fishing 낚시하러 가다　　　yesterday *ad.* 어제

해설　'어휘'에서 '빈칸' 유형으로 시제를 찾는 문제이다.

제시문에서는 'yesterday'로 과거의 명확한 시점을 나타내고 있음을 확인할 수 있다. 따라서 'go'의 과거시제인 ②가 적절하다.

① 현재시제, ③ 미래시제, ④ 진행이나 가까운 미래를 나타낸다.

3 준동사

to부정사

05 빈칸에 들어갈 말로 알맞은 것을 고르시오.

> I'd like to _________ you to my wedding.

① invite　　　② inviting　　　③ invitation　　　④ invited

해석　나는 너를 내 결혼식에 <u>초대하고</u> 싶어.
어휘　invite *v.* 초대하다　　　　　　　wedding *n.* 결혼(식)
해설　'빈칸' 유형으로 빈칸에 들어갈 적절한 단어를 찾는 문제이다.
　　　'I would like to'(~하고 싶다) 뒤에는 동사원형이 와야 하므로 ①이 적절하다.

동명사

06 다음 빈칸에 알맞은 말을 고르시오.

> I enjoy _________ cartoons.

① draw　　　② drew　　　③ to draw　　　④ drawing

해석　나는 만화를 <u>그리는 것을</u> 즐긴다.
어휘　draw a cartoon 만화를 그리다
해설　'빈칸' 유형으로 문맥상 빈칸에 들어갈 알맞은 말을 찾는 문제이다.
　　　문장의 동사인 enjoy는 동명사를 목적어로 취하는 동사이므로 동사원형이나 to부정사는 정답이 될
　　　수 없다. 따라서 동명사인 ④가 들어가야 적절한 문장이 된다.

4 품사

명사

07 빈칸에 들어갈 말로 알맞은 것을 고르시오.

> He drinks a _________ of milk before breakfast.

① pair 　　　　　　② pairs
③ glass 　　　　　　④ glasses

해석　그는 아침 식사 전에 우유 <u>한 잔</u>을 마신다.
어휘　breakfast *n.* 아침 식사　　　　a pair of ~ 한 쌍의
　　　　a glass of ~ 한 잔
해설　'빈칸' 유형으로 문맥상 빈칸에 들어갈 알맞은 단어를 찾는 문제이다.
　　　　우유를 세는 단위는 glass(잔)가 적절하다. 또한 'a glasses of'라는 표현은 잘못되었으므로 ④는 답이 될 수 없다. 따라서 적절한 답은 ③이다.

대명사(격의 구별)

08 빈칸에 들어갈 말로 알맞은 것을 고르시오.

> My mother wears a hat when _________ goes out.

① I 　　　　　　② you
③ she 　　　　　　④ they

해석　나의 어머니는 <u>그녀가</u> 외출할 때 모자를 쓴다.
어휘　hat *n.* 모자　　　　　　go out 외출하다
해설　'어법'에서 '빈칸' 유형으로 대명사를 묻는 문제이다.
　　　　빈칸은 '나의 어머니'를 나타내고 있으므로 여성을 지칭하는 3인칭 대명사인 ③이 적절하다.

형용사

09 빈칸에 들어갈 알맞은 것을 고르시오.

> A : How _________ days from now is your test?
> B : Two days.

① old   ② tall
③ much   ④ many

- -

해석   A : 너의 시험은 지금부터 <u>며칠</u> 남았니?
          B : 2일 남았어.
해설   '대화'에서 '빈칸' 유형으로 빈칸에 들어갈 적절한 형용사를 찾는 문제이다.
          ①은 '나이 든', ②는 '키 큰'의 의미로 문맥상 적절하지 않고, ③은 불가산명사 앞에만 쓸 수 있으므로 가산명사인 'days' 앞에는 사용할 수 없다. 따라서 ④가 적절하다.

부사

10 빈칸에 들어갈 말로 알맞지 <u>않은</u> 것은?

> My family went camping _________.

① tomorrow   ② yesterday
③ last Saturday   ④ three days ago

- -

해석   우리 가족은 캠핑을 다녀왔다.
          ① 내일   ② 어제   ③ 지난 토요일에   ④ 3일 전에
어휘   last *a.* 지난   Saturday *n.* 토요일
해설   '빈칸'에서 '어법' 유형으로 제시된 문장의 시제에 적합하지 않은 것을 찾는 문제이다.
          'went'는 'go'의 과거형으로 과거시제를 나타내고 있다. 따라서 과거의 시점을 언급하는 말이 이어질 수 있으므로 ②・③・④는 적절하다.
          ① '내일'이라는 미래의 시점을 나타내고 있으므로 빈칸에 들어갈 수 없다.

정답 09 ④ 10 ①

11 표의 내용으로 보아 빈칸에 들어갈 말로 가장 알맞은 것은?

Drinks	Price
coffee	$3.00
Tea	$5.00

The coffee is _________ than the tea.

① cheap   ② cheaper   ③ expensive   ④ more expensive

해석   커피는 차보다 더 싸다.

어휘   drink *n.* 음료   price *n.* 가격   tea *n.* 차

　　　　cheaper *a.* 더 싼   more expensive 더 비싼

해설   '도표'에서 '빈칸' 유형으로 도표를 통하여 빈칸을 추론하는 문제이다.
　　　　'than'으로 보아 커피와 차를 비교하고 있음을 알 수 있고 제시된 도표에서 커피는 차보다 값이 싼
　　　　것을 알 수 있다. 따라서 비교급 형용사로 커피가 더 저렴하다는 의미로 사용될 수 있는 ②가 적절
　　　　하다.

12 우리말을 영어로 옮길 때 빈칸에 알맞은 것을 고르시오.

에베레스트산은 세계에서 가장 높은 산이다.
→ Mt. Everest is the _________ mountain in the world.

① high   ② higher   ③ highest   ④ more high

어휘   mountain *n.* 산

해설   '빈칸' 유형으로 우리말을 영어로 적절히 옮길 수 있도록 하는 형용사를 고르는 문제이다.
　　　　high(원급) － higher(비교급) － highest(최상급) 중 '가장 높은 산'은 최상급인 ③이다.

전치사

13 빈칸에 공통으로 들어갈 말로 가장 알맞은 것은?

> • I am interested _________ math.
> • There is a computer _________ my room.

① in ② of ③ to ④ with

해석 • 나는 수학에 <u>흥미가 있다</u>.
　　　• 내 <u>방에는</u> 컴퓨터가 있다.

어휘 be interested in ~에 흥미가 있다.　　　math *n.* 수학

해설 '빈칸' 유형으로 빈칸에 들어갈 적절한 전치사를 찾는 문제이다.
　　　첫 번째 문장은 'be interested in'이라는 숙어로 전치사 'in'이 적합하고, 두 번째 문장은 '방'이라는
　　　장소가 뒤에 나타나고 있으므로 문맥상 '안에'라는 의미로 쓰일 수 있는 'in'이 적절하다.

접속사

14 빈칸에 들어갈 말로 알맞은 것은?

> Get up early, _________ you'll be late for class.
> (일찍 일어나라, 그렇지 않으면 수업에 늦을 거야.)

① or ② if ③ so ④ and

어휘 early *ad.* 일찍　　　　　　late *a.* 늦은

해설 '어법'에서 '빈칸' 유형으로 빈칸에 적절하게 들어갈 수 있는 접속사를 찾는 문제이다.
　　　글의 전반부 문장과 후반부 문장은 맥락상 역접으로 이어지는 것이 적절하므로 '그렇지 않으면'의
　　　의미로 사용될 수 있는 ①이 적절하다.
　　　② '만약 ~하면'이라는 조건의 의미, ③ '따라서'라는 인과(원인 – 결과)의 의미, ④ '그리고'라는 병
　　　렬의 의미로 사용된다.

정답 13 ① 14 ①

15 두 문장을 한 문장으로 연결할 때 빈칸에 알맞은 것은?

- There is a dog.
- The dog is drinking water.
  → There is a dog _________ is drinking water.

① how ② when ③ what ④ which

해석 • 강아지가 있다.
  • 그 강아지는 물을 마시고 있다.
    → 물을 마시고 있는 강아지가 있다.

어휘 drink *v.* 마시다

해설 '어법' 유형으로 문장을 잇는 어휘를 찾는 문제이다.
문장에서 밑줄 뒤에 나타난 문장이 완전하지 않기 때문에 주격 관계대명사인 ④가 두 문장을 이을 때 적절하다.

16 다음 빈칸에 알맞은 말을 고르시오.

There _________ five books on the table.

① am ② is ③ are ④ was

해석 테이블에 다섯 권의 책들이 있다.

어휘 table *n.* 탁자

해설 '빈칸' 유형으로 문맥상 빈칸에 들어갈 적절한 말을 찾는 문제이다.
There의 뒤에는 'am'은 사용할 수 없으며, 빈칸 뒤에 'five books'가 나타나 있으므로 단수형이 아닌 복수형 동사를 사용해야 한다. 따라서 복수형인 ③이 적절하다.

예상 문제로 실력 잡기

1 문장

감탄문

01 빈칸에 들어갈 말로 알맞은 것을 고르시오.

> ________ a nice car it is!

① How   ② What   ③ When   ④ Where

해석   참 멋진 자동차구나!

해설   '빈칸' 유형으로 빈칸에 들어갈 단어를 찾는 문제이다.
빈칸 뒤의 문장으로 보아 감탄문임을 알 수 있으므로 감탄문에서 '정말'이라는 의미로 사용될 수 있는 ②가 적절한 답이다.
①도 감탄문에서 사용 가능하나 빈칸 뒤에 'a'가 없어야 들어갈 수 있다.

02 빈칸에 들어갈 말로 알맞은 것을 고르시오.

> ________ a kind person she is!

① What   ② When   ③ How   ④ Where

해석   참 친절한 그녀구나!

해설   '빈칸' 유형으로 빈칸에 들어갈 단어를 찾는 문제이다.
빈칸 뒤의 문장으로 보아 감탄문임을 알 수 있으므로 감탄문에서 '정말'이라는 의미로 사용될 수 있는 ①이 적절한 답이다.
③도 감탄문에서 사용할 수 있으나 빈칸 뒤에 'a'가 없어야 들어갈 수 있다.

정답 01 ② 02 ①

03 〈보기〉와 같이 고쳐 쓸 때 빈칸에 들어갈 알맞은 것은?

┤ 보기 ├

I like bananas.
→ I don't like bananas.

My older sister likes apples and oranges.
→ My older sister _________ like apples and oranges.

① am not　　　② isn't　　　③ don't　　　④ doesn't

해석　나는 바나나를 좋아해.
　　　→ 나는 바나나를 좋아하지 않아.
　　　나의 언니는 사과와 오렌지를 좋아해.
　　　→ 나의 언니는 사과와 오렌지를 좋아하지 않아.
해설　'빈칸' 유형으로 〈보기〉와 같이 긍정문을 부정문으로 바꿀 때 빈칸에 들어갈 말을 찾는 문제이다.
　　　동사 like 앞에 be동사가 사용될 수 없으므로 ①과 ②는 답이 될 수 없으며, 언니는 3인칭 단수이므
　　　로 ③ 또한 적절치 않다.

04 〈보기〉와 같이 고쳐 쓸 때 빈칸에 들어갈 알맞은 것은?

┤ 보기 ├

I drive a car.
→ I don't drive a car.

He washes dishes after dinner.
→ He _____________ dishes after dinner.

① wash　　　② washes　　　③ don't wash　　　④ doesn't wash

해석　나는 자동차를 운전해.
　　　→ 나는 자동차를 운전하지 않아.
　　　그는 저녁 식사 후에 설거지를 해.
　　　→ 그는 저녁 식사 후에 설거지를 하지 않아.

정답 03 ④　04 ④

어휘   wash a dish 설거지를 하다   dinner *n.* 저녁(식사)

해설   '빈칸' 유형으로 <보기>와 같이 긍정문을 부정문으로 바꿀 때 빈칸에 들어갈 말을 찾는 문제이다.
그는 3인칭 단수이므로 ①과 ③은 답이 될 수 없다.

2 동사

시제

05 빈칸에 들어갈 말로 알맞은 것은?

> We __________ camping yesterday.

① go   ② went   ③ will go   ④ are going

해석   우리는 어제 캠핑을 다녀왔다.

어휘   go camping 캠핑(야영)하러 가다

해설   '어휘'에서 '빈칸' 유형으로 제시문의 시제를 찾는 문제이다.
'yesterday'로 과거의 명확한 시점을 나타내고 있음을 확인할 수 있다. 따라서 'go'의 과거시제인
②가 적절하다.
① 현재시제, ③ 미래시제, ④ 진행이나 가까운 미래를 나타낸다.

06 빈칸에 들어갈 말로 알맞은 것을 고르시오.

> I __________ England two months ago.

① travel   ② traveled   ③ will travel   ④ am traveling

해석   나는 두 달 전 영국을 여행했어.

해설   '어법'에서 '빈칸' 유형으로 시제를 묻는 문제이다.
제시된 문장은 '두 달 전'이라는 과거의 명확한 시점이 나타나므로 과거시제인 ②가 빈칸에 적절하다.
① 현재시제, ③ 미래시제, ④ 진행이나 가까운 미래시제로 사용된다.

정답 05 ② 06 ②

[to부정사]

07 빈칸에 들어갈 말로 알맞은 것을 고르시오.

> I'd like to _________ a beautiful dress on my 16th birthday.

① wear　　　② wearing　　　③ be wearing　　　④ wore

- -

해석　나는 16번째 생일날에 아름다운 드레스를 입고 싶어.

해설　'빈칸' 유형으로 빈칸에 들어갈 적절한 단어를 찾는 문제이다.
　　　'I would like to'(~하고 싶다) 뒤에는 동사원형이 들어와야 하므로 ①이 적절하다.

08 빈칸에 들어갈 말로 알맞은 것을 고르시오.

> Would you like something _________?

① read　　　② reads　　　③ to read　　　④ reading

- -

해석　읽을 것을 드릴까요?

해설　'빈칸' 유형으로 문맥상 빈칸에 들어갈 알맞은 말을 찾는 문제이다.
　　　something 뒤에는 동사원형이 사용될 수 없으며, something reading은 문맥상 자연스럽지 못하기 때문에 '읽을 무언가를 드릴까요?'라는 의미가 되도록 ③이 들어가는 것이 적절하다.

[동명사]

09 다음 빈칸에 알맞은 말을 고르시오.

> I enjoy _________ at home.

① cook　　　② cooked　　　③ to cook　　　④ cooking

정답 07 ① 08 ③ 09 ④

해석   나는 집에서 <u>요리하는 것을</u> 즐긴다.
어휘   cook *v.* 요리하다   at home 집에서
해설   '빈칸' 유형으로 문맥상 빈칸에 들어갈 알맞은 말을 찾는 문제이다.
        문장의 동사인 enjoy는 동명사를 목적어로 취하는 동사이므로 동사원형이나 to부정사는 정답이 될
        수 없다. 따라서 동명사인 ④가 들어가야 적절한 문장이 된다.

10 다음 빈칸에 알맞은 말을 고르시오.

We like _________ basketball and baseball.

① play   ② played   ③ plays   ④ playing

해석   우리는 농구와 야구 <u>하는 것을</u> 좋아한다.
어휘   basketball *n.* 농구   baseball *n.* 야구
해설   '빈칸' 유형으로 빈칸에 들어갈 알맞은 말을 찾는 문제이다.
        동사인 like 다음에는 목적어로 명사, to부정사 또는 동명사가 사용되어야 하므로 동명사인 ④가 적절하다.

4 품사

명사

11 빈칸에 들어갈 말로 알맞은 것을 고르시오.

My mother bought me a _________ of shoes yesterday.

① pair   ② pairs   ③ glass   ④ glasses

해석   나의 어머니가 어제 내게 신발 <u>한 켤레</u>를 사주셨어.
어휘   a pair of ~ 한 켤레   a glass of ~ 한 잔
해설   '빈칸' 유형으로 문맥상 빈칸에 들어갈 알맞은 단어를 찾는 문제이다.
        마시는 음료 한 잔을 세는 단위가 아니라, 신발을 세는 단위로는 pair가 적절하다. 'a pairs of' 표현
        은 잘못되었다. 따라서 적절한 답은 ①이다.

12 빈칸에 들어갈 말로 알맞은 것을 고르시오.

> I drink a _________ of milk as soon as I wake up.

① pair   ② pairs   ③ glass   ④ glasses

해석   나는 잠에서 깨어나자마자 우유 <u>한 잔</u>을 마신다.
어휘   as soon as ~ 하자마자   wake up 잠에서 깨어나
      a glass of ~ 한 잔
해설   '빈칸' 유형으로 문맥상 빈칸에 들어갈 알맞은 단어를 찾는 문제이다.
      우유를 세는 단위는 glass(잔)가 적절하다. 또한 'a glasses of'라는 표현은 잘못되었으므로 ④는 답
      이 될 수 없다. 따라서 적절한 답은 ③이다.

대명사(격의 구별)

13 빈칸에 들어갈 말로 알맞은 것을 고르시오.

> My little brother wears sunglasses when _________ plays baseball.

① I   ② you   ③ he   ④ they

해석   내 남동생은 <u>그가</u> 야구를 할 때 선글라스를 쓴다.
해설   '어법'에서 '빈칸' 유형으로 대명사를 묻는 문제이다.
      빈칸은 '내 남동생'을 나타내고 있으므로 남성을 지칭하는 3인칭 대명사인 ③이 적절하다.

14 빈칸에 들어갈 말로 알맞은 것을 고르시오?

> Mr. Jung is my husband. _________ teaches English.

① He   ② She   ③ You   ④ They

해석   Jung씨는 내 남편이다. <u>그는</u> 영어를 가르친다.
해설   '빈칸' 유형으로 문장의 맥락에서 빈칸에 들어갈 단어를 찾아내는 문제이다.
      빈칸에 들어갈 단어는 Mr. Jung을 가리키는 것이 적절하므로 3인칭 단수 남자를 지칭하는 ①이 답이다.

정답 12 ③   13 ③   14 ①

형용사

15 빈칸에 들어갈 알맞은 것을 고르시오.

> A : How _________ days from now is your job interview?
> B : Three days.

① old   ② tall   ③ much   ④ many

해석　A : 너의 면접은 오늘부터 며칠 남았니?
　　　 B : 3일 남았어.
어휘　job interview 면접
해설　'대화'에서 '빈칸' 유형으로 빈칸에 들어갈 적절한 형용사를 찾는 문제이다.
①은 '나이 든', ②는 '키 큰'의 의미로 문맥상 적절하지 않고, ③은 불가산명사 앞에만 쓸 수 있으므로 가산명사인 'days' 앞에는 사용할 수 없다. 따라서 ④가 적절하다.

16 빈칸에 들어갈 알맞은 것을 고르시오.

> A : How _________ fish do you have?
> B : About 2 kilograms.

① old   ② tall   ③ much   ④ many

해석　A : 얼마만큼의 생선을 원하시나요?
　　　 B : 약 2 킬로그램이요.
해설　빈칸에 들어갈 적절한 형용사를 찾는 문제이다.
'~ 얼마만큼, 어느 정도'의 의미의 'how many?' 표현은 불가산명사 앞에 올 수 없으므로 ④는 안 되고, 'how old'는 나이 또는 얼마나 오래됐는지, 'how tall'은 키나 높이를 물어볼 때 쓰인다.

부사

17 빈칸에 들어갈 말로 알맞지 <u>않은</u> 것은?

> My younger sister and I went shopping ___________.

① tomorrow   ② yesterday   ③ last Monday   ④ two days ago

정답 15 ④　16 ③　17 ①

해석　내 여동생과 나는 쇼핑하러 갔다.

해설　'어법'에서 '빈칸' 유형으로 제시된 문장의 시제에 적합하지 않은 것을 찾는 문제이다.
'went'는 'go'의 과거형으로 과거 시제를 나타내고 있다. 따라서 과거의 시점을 언급하는 말이 이어질 수 있으므로 ②, ③, ④는 적절하다.
①은 '내일'이라는 미래의 시점을 나타내고 있으므로 빈칸에 들어갈 수 없다.

18 빈칸에 들어갈 말로 적절하지 <u>않은</u> 것은?

> I cleaned my room ____________.

① last Sunday　　　② two days ago　　　③ tomorrow　　　④ yesterday

해석　나는 내 방을 청소했다.

해설　'빈칸' 유형의 문제로 빈칸에 들어갈 수 없는 말을 추론하는 문제이다.
문장에서 'cleaned'라는 과거형을 사용했으므로 빈칸에는 과거가 들어가야 한다. 과거가 아니라 미래를 가리키는 ③은 빈칸에 적절하지 않다.

비교급, 최상급

19 표의 내용으로 보아 빈칸에 들어갈 말로 가장 알맞은 것은?

Drinks	Price
Coke	$ 4.00
Orange Juice	$ 5.00

> The Coke is ____________ than the orange juice.

① cheap　　　② cheaper　　　③ expensive　　　④ more expensive

해석　콜라는 오렌지주스보다 <u>더 싸다</u>.

어휘　drink *n.* 음료　　　　　　price *n.* 가격
cheaper *a.* 더 싼　　　　more expensive 더 비싼

해설　'도표'에서 '빈칸' 유형으로 도표를 통하여 빈칸을 추론하는 문제이다.
'than'으로 보아 콜라와 오렌지주스를 비교하고 있음을 알 수 있고, 표에서 콜라는 오렌지주스보다 값이 싼 것을 알 수 있다. 따라서 비교급 형용사로 콜라가 더 저렴하다는 의미로 사용될 수 있는 ②가 적절하다.

정답 18 ③　19 ②

20 두 사람의 대화로 보아 빈칸에 들어갈 말로 알맞은 것은?

> Anna : I have breakfast at 7 a.m.
> Kevin : Really? I have breakfast at 7.30 a.m.

> Anna has breakfast __________ than Kevin.

① older　　　② higher　　　③ bigger　　　④ earlier

해석　Anna : 나는 아침 7시에 아침을 먹는다.
　　　Kevin : 정말? 나는 아침 7시 30분에 아침을 먹어.
　　　Anna는 Kevin보다 아침식사를 <u>더 일찍</u> 먹는다.
　　　① 나이든　② 높은　③ 큰　④ 빨리

해설　'대화'에서 '빈칸' 유형으로 대화문을 보고 빈칸의 어휘를 추론하는 문제이다.
　　　대화에서 Anna는 7시에 아침을 먹고, Kevin은 7시 30분에 아침을 먹는 것을 알 수 있다. 제시된
　　　요약문은 비교급 'than'을 사용하여 Anna와 Kevin을 비교하고 있으며, 대화를 참조하였을 때 시간
　　　과 관련된다고 볼 수 있으므로 시간의 비교급인 ④가 적절하다.
　　　①은 나이를 비교, ②는 높이를 비교, ③은 크기를 비교할 때 사용한다.

21 표의 내용으로 보아 빈칸에 들어갈 말로 알맞은 것은?

Fruit	Price(each)
Orange	1000won
Peach	2000won

> An orange is __________ than a peach.

① cheap　　　② cheaper　　　③ expensive　　　④ more expensive

해석　오렌지는 복숭아보다 <u>더 싸다</u>.

어휘　price *n.* 가격　　　　　each *ad.* 각각　　　　　peach *n.* 복숭아
　　　cheaper *a.* ～보다 싼　　　more expensive ～보다 비싼

해설　'도표'에서 '빈칸' 유형으로 제시된 도표를 참고하여 빈칸을 추론하는 문제이다.
　　　도표는 오렌지 가격이 복숭아 가격보다 싼 것으로 나타나고 있으며, 제시된 문장은 오렌지가 복숭아
　　　에 비하여 어떠한지를 비교급 'than'을 사용하여 묻고 있다. 따라서 비교급 형태를 취하고 더 싸다는
　　　의미로 사용될 수 있는 ②가 적절하다.

정답 20 ④　21 ②

22 표의 내용으로 보아 빈칸에 들어갈 말로 가장 알맞은 것은?

Burgers	Price	Burgers	Price
Cheese burger	$ 9.00	Chicken burger	$ 11.00

The cheese burger is ____________ than the chicken burger.

① expensive 　② cheaper 　③ more expensive 　④ more cheap

해석 치즈버거는 치킨버거보다 <u>더 싸다</u>.
해설 '도표'에서 '빈칸' 유형으로 제시된 도표를 참고하여 빈칸을 추론하는 문제이다.
　　　도표는 치즈버거 가격이 치킨버거 가격보다 싼 것을 나타내고 있으며, 제시된 문장은 치즈버거가
　　　치킨버거에 비하여 어떠한지를 비교급 'than'을 사용하여 묻고 있다. 따라서 비교급 형태를 취하고
　　　더 싸다는 의미로 사용될 수 있는 ②가 적절하다.

최상급

23 우리말을 영어로 옮길 때 빈칸에 알맞은 것을 고르시오.

Linda는 교실에서 가장 키가 크다.
Linda is the ________ in the classroom.

① tall 　② taller 　③ tallest 　④ more tall

어휘 classroom *n.* 교실
해설 '빈칸' 유형으로 우리말을 영어로 적절히 옮길 수 있도록 하는 형용사를 고르는 문제이다.
　　　tall(원급) – taller(비교급) – tallest(최상급) 중 '가장 키가 큰'이 되려면 최상급인 ③이 맞다.

24 우리말을 영어로 옮길 때 빈칸에 알맞은 것을 고르시오.

나의 강아지는 세계에서 가장 큰 품종이다.
My dog is the ________ breed in the world.

① big 　② bigger 　③ biggest 　④ more big

어휘 breed *n.* 품종, 종자

해설 '빈칸' 유형으로 우리말을 영어로 적절히 옮길 수 있도록 하는 형용사를 고르는 문제이다.
big(원급) − bigger(비교급) − biggest(최상급) 중 '가장 (크기가) 큰'이 되려면 ③이 맞다.

전치사

25 빈칸에 공통으로 들어갈 말로 가장 알맞은 것은?

> • My dog was born _________ 2010.
> • She is interested _________ English.

① at　　　　② of　　　　③ in　　　　④ by

해석 • 내 강아지는 2010년도에 태어났다.
　　　• 그녀는 영어에 흥미가 있다.

어휘 be born in (언제) 태어나다
　　　be interested in ~에 흥미가 있다, ~에 관심이 있다

해설 빈칸에 들어갈 적절한 전치사를 찾는 문제이다.
첫 번째 문장에서 '(언제) 태어나다'라는 의미를 가지는 숙어로 'be born in'이고, 두 번째 제시된
문장은 '~에 관심이 있다'라는 의미를 가지는 숙어로 'be interested in'이다. 공통으로 가지는 전치
사는 'in'이 적절하다.

26 빈칸에 공통으로 들어갈 말로 가장 알맞은 것은?

> • What are you looking _________?
> • I am meeting my mother _________ 6 o'clock.

① at　　　　② for　　　　③ in　　　　④ from

해석 • 무엇을 보고 있니?
　　　• 나는 6시에 엄마를 만난다.

어휘 look at ~을 보다, 살피다

해설 빈칸에 공통으로 들어갈 적절한 전치사를 찾는 문제이다.
첫 번째 지문은 '~을 보다'는 숙어 의미로 사용될 수 있는 'look at'을 묻고 있고, 두 번째는 시간과
관련된 전치사 'at'을 묻고 있다.

정답 25 ③ 26 ①

27 빈칸에 공통으로 들어갈 말로 가장 알맞은 것은?

> • I have studied English about _________ 13 years.
> • This book is _________ my best friend.

① at   ② for   ③ in   ④ from

해석 • 나는 약 13년 동안 영어를 공부해 오고 있다.
　　 • 이 책은 나의 가장 친한 친구를 위한 것이다.
해설 '빈칸' 유형으로 제시된 두 문장에 공통으로 들어갈 수 있는 전치사를 묻는 문제이다.
　　 첫 번째 문장에서는 기간과 관련된 전치사 '~ 동안'으로 쓰이고, 두 번째 문장에서는 '~을 위해'라는
　　 의미로 쓰인다.

28 빈칸에 공통으로 들어갈 말로 가장 알맞은 것은?

> • I play tennis _________ Saturday.
> • I am going _________ a picnic this afternoon.

① in   ② on   ③ to   ④ for

해석 • 나는 토요일에 테니스를 한다.
　　 • 나는 오후에 소풍간다.
어휘 go on a picnic 소풍가다
해설 '어법'에서 '빈칸' 유형으로 빈칸에 공통으로 들어갈 수 있는 적절한 전치사를 찾는 문제이다. 첫
　　 번째 문장에선 요일 앞에 쓰이는 전치사 'on'으로, 두 번째 문장에서는 'go on a picnic' 숙어로
　　 사용된다.

29 빈칸에 공통으로 들어갈 말로 알맞은 것은?

> • Thank you _________ washing dishes.
> • I am looking _________ my book!

① of   ② for   ③ on   ④ at

해석 • 설거지해줘서 고마워.
　　 • 나는 내 책을 찾고 있어!
어휘　thank you for ~ing ~에 대해 고맙다　　look for ~을 찾다
해설　'빈칸' 유형으로 공통으로 들어갈 전치사를 찾는 문제이다.
　　 첫 번째 문장은 '설거지해줘서 고마워'라는 의미가 되려면 'for(~에 대해)'가 적절하다.
　　 두 번째 문장은 '~을 찾고 있다'라는 의미가 되려면 'look for(찾다)'가 적합하다.

30 빈칸에 공통으로 들어갈 말로 가장 알맞은 것은?

> • My mother is proud _________ me.
> • My bag is full _________ books.

① of　　　　　② in　　　　　③ on　　　　　④ by

해석 • 우리 엄마는 나를 자랑스럽게 여기신다.
　　 • 내 가방은 책으로 가득 차 있다.
어휘　be proud of ~ 자랑스럽게 여기다　　　full of ~로 가득 찬
해설　'숙어'에서 '빈칸' 유형으로 제시된 빈칸에 공통으로 들어갈 적절한 전치사를 찾는 문제이다.
　　 첫 번째 문장은 '~을 자랑스럽게 여기다'의 의미로 사용될 수 있는 'be proud of'를, 두 번째는 '~로 가득하다'라는 의미로 사용될 수 있는 'be full of'를 묻고 있다. 따라서 ①이 적절하다.

접속사

31 빈칸에 들어갈 말로 알맞은 것은?

> Walk fast, _________ you'll be really late for the exam.
> (빨리 걸어, 그렇지 않으면 시험에 늦을 거야.)

① or　　　　　② if　　　　　③ so　　　　　④ and

어휘　late *a.* 늦은
해설　'어법'에서 '빈칸' 유형으로 빈칸에 적절하게 들어갈 수 있는 접속사를 찾는 문제이다.
　　 전반부 문장과 후반부 문장은 맥락상 역접으로 이어지는 것이 적절하므로 '그렇지 않으면'의 의미로 사용될 수 있는 ①이 적절하다.
　　 ② '만약 ~하면'이라는 조건의 의미, ③ '따라서' 인과의 의미, ④ '그리고'라는 병렬의 의미로 사용된다.

정답 30 ① 31 ①

32 빈칸에 들어갈 말로 알맞은 것은?

> _______ you study hard, you won't fail the exam.
> 네가 열심히 공부한다면, 시험에 낙방하지 않을 거야.

① Or   ② If   ③ So   ④ And

어휘   fail *v.* 낙방하다

해설   '어법'에서 '빈칸' 유형으로 빈칸에 적절하게 들어갈 수 있는 접속사를 찾는 문제이다.
      '만약 ~하면'이라는 조건의 의미인 'If'가 적절하다.

관계대명사

33 두 문장을 한 문장으로 연결할 때 빈칸에 알맞은 것은?

> - There is a horse.
> - The horse is running fast.
>   → There is a horse _______ is running fast.

① how   ② when   ③ what   ④ which

해석   • 말이 있다.
      • 그 말은 빠르게 달리고 있다.
        → 빨리 달리고 있는 말이 있다.

해설   '어법' 유형으로 제시된 문장을 잇는 '어휘'를 찾는 문제이다.
      문장에서 밑줄 뒤에 나타난 문장이 완전하지 않기 때문에 주격 관계대명사인 ④가 두 문장을 이을
      때 적절하다.
      ③은 선행사 a horse가 있기 때문에 사용할 수 없다.

34 두 문장을 한 문장으로 연결할 때 빈칸에 알맞은 것은?

> Do you know the girl _______ is shouting in front of your car?

① who   ② what   ③ which   ④ whose

정답 32 ② 33 ④ 34 ①

해석　너의 자동차 앞에서 소리치고 있는 소녀를 아니?
어휘　shout v. 소리치다　　　　　　　　　　　　in front of ~ 앞에
해설　'빈칸' 유형으로 빈칸에 알맞은 관계사를 찾는 문제이다.
　　　'차 앞에서 소리치고 있는 소녀'라는 의미가 되려면 사람을 나타낼 때 사용되는 주격 관계대명사인
　　　'who'가 사용되어야 하므로 ①이 적절하다.

일치와 화법

35 다음 빈칸에 알맞은 말을 고르시오.

> There __________ three pens on the desk.

① am　　　　　　② is　　　　　　③ are　　　　　　④ was

해석　책상 위에 세 개의 펜들이 있다.
해설　'빈칸' 유형으로 문맥상 빈칸에 들어갈 적절한 말을 찾는 문제이다.
　　　There의 뒤에는 'am'은 사용할 수 없으며, 빈칸 뒤에 'three pens'가 나타나 있으므로 단수형이 아
　　　닌 복수형 동사를 사용해야 한다. 따라서 복수형인 ③이 적절하다.

36 다음 빈칸에 알맞은 단어를 순서대로 나열한 것은?

> Tom __________ my brother, and he __________ coffee very much.

① am - like　　　② is - like　　　③ is - likes　　　④ are - likes

해석　Tom은 나의 형제이다, 그리고 그는 커피를 무척 좋아한다.
해설　'빈칸' 유형으로 빈칸에 들어갈 적절한 단어를 찾는 문제이다.
　　　Tom은 3인칭 단수이므로 am, are, like를 동사로 쓸 수 없다. 따라서 is - likes가 빈칸에 들어갈
　　　적절한 동사이다.

정답 35 ③　36 ③

어휘

1 기출 반의어

1. 동사

반의어				반의어			
단어	뜻	단어	뜻	단어	뜻	단어	뜻
ask	물어보다	answer	답하다	push	밀다	pull	당기다
buy	사다	sell	팔다	start	시작하다	finish	끝내다
open	열다	close	닫다				

2. 형용사

반의어				반의어			
단어	뜻	단어	뜻	단어	뜻	단어	뜻
big	큰	small	작은	low	낮은	high	높은
clean	깨끗한	dirty	더러운	old	나이든	young	어린
easy	쉬운	difficult	어려운	rich	부유한	poor	가난한
fast	빠른	slow	느린	safe	안전한	dangerous	위험한
heavy	무거운	light	가벼운	strong	강한	weak	약한
long	긴	short	짧은	tall	키 큰	short	키 작은

2 기출 동의어

1. 동사

동의어				동의어			
단어	뜻	단어	뜻	단어	뜻	단어	뜻
hate	싫어하다	dislike	싫어하다	start	시작하다	begin	시작하다
speak	말하다	talk	말하다				

2. 형용사

동의어				동의어			
단어	뜻	단어	뜻	단어	뜻	단어	뜻
big	큰	large	큰	glad	기쁜	happy	행복한
clean	깨끗한	clear	맑은	wise	현명한	smart	똑똑한

3 중요 숙어 정리

숙어	뜻	숙어	뜻
agree with	~에 동의하다	live in	~에 살다
be afraid of	~을 두려워하다	look at	~을 보다
be aware of	~을 알다	look for	~을 찾다
be different from	~와 다르다	look forward to	~을 기대하다
be good at	~에 능숙하다	make plans for	~의 계획을 세우다
be good for	~에 좋다	on ~ing	~하자마자
be proud of	~을 자랑으로 여기다	out of order	고장난
count on	~ 믿다, 확신하다	pay attention to	~에 유의하다
depend on	~을 신뢰하다(믿다)	put up with	참다
find out	(사실 등을) 알아내다	run away	달아나다
give me a hand	도와주세요	take a picture	사진을 찍다
go fishing	낚시하러 가다	take a rest	쉬다
go shopping	물건 사러 가다	take place	개최되다
in need	어려움에 처한	takes part in	~에 참여하다
keep in mind	명심하다	wait for	~을 기다리다

02 기출문제로 유형 잡기

1 포괄(포함)

01 다음을 모두 포함할 수 있는 가장 알맞은 단어는?

| spring   summer   fall   winter |

① animal
② family
③ season
④ number

해석　① 동물　② 가족　③ 계절　④ 숫자
어휘　spring *n.* 봄　summer *n.* 여름　fall *n.* 가을　winter *n.* 겨울
해설　제시된 단어들은 모두 계절의 범주에 속하기 때문에 답은 '③ season'이 된다.

02 다음 단어들을 모두 포괄할 수 있는 것은?

| pants   skirts   blouses   T-shirts |

① sports
② family
③ clothes
④ countries

해석　바지　치마　블라우스　티셔츠
　　　① 운동　② 가족　③ 옷　④ 국가
해설　'어휘' 유형 문제로 제시된 단어들의 상위개념을 묻고 있다.
　　　바지, 치마, 블라우스, 티셔츠로 모두 옷에 해당하므로 ③이 적절하다.

03 주어진 그림들을 모두 포함하는 것은?

① fruit
② flower
③ sport
④ job

해석　① 과일　② 꽃　③ 운동　④ 직업
해설　그림들은 모두 꽃의 일종이므로 ②가 적절하다.

정답 01 ③　02 ③　03 ②

2 두 단어의 상관관계

반의어/동의어

04 두 단어의 의미 관계가 나머지 셋과 <u>다른</u> 것은?

① buy − sell
② push − pull
③ start − begin
④ open − close

해석　① 사다 − 팔다　　② 밀다 − 당기다
　　　③ 시작하다 − 시작하다　④ 열다 − 닫다

해설　①·②·④는 상반되는 의미로 짝지어 있는 반면, ③은 유사한 의미로 짝지어 있으므로 정답은 ③이다.

비교급/사람
표현

05 두 단어의 관계가 나머지 셋과 <u>다른</u> 것은?

① dark − darker
② play − player
③ teach − teacher
④ paint − painter

해석　① 어두운 − 더 어두운　② 놀다, 하다 − 참가자, 선수
　　　③ 가르치다 − 교사　　④ 페인트를 칠하다 − 화가, 칠장이

해설　②·③·④는 모두 동사 − 명사로 짝지어져 있으나, ①은 형용사 − 형용사로 짝지어졌다.

형용사/부사

06 두 단어의 관계가 나머지 셋과 <u>다른</u> 것은?

① sad − sadly
② love − lovely
③ lucky − luckily
④ happy − happily

해석　① 슬픈 − 슬프게　　② 사랑 − 사랑스러운
　　　③ 행운의 − 운이 좋게　④ 행복한 − 행복하게

해설　①·③·④는 형용사 − 부사로 짝지어져 있는 반면, ②의 love는 '사랑, 사랑스럽다'와 같이 명사나 동사로 사용되며, lovely는 '사랑스러운'이라는 의미의 형용사이다.

정답 04 ③　05 ①　06 ②

07 두 단어의 관계가 나머지 셋과 <u>다른</u> 것은?

① tiger – lion
② fruit – apple
③ color – yellow
④ job – teacher

해석　① 호랑이 – 사자　　② 과일 – 사과
　　　③ 색깔 – 노란색　　④ 직업 – 교사

해설　②·③·④는 모두 뒤의 단어가 앞의 단어의 범주에 '포함'되는 관계, ①은 포함 관계가 성립하지 않는 '대등'한 관계이다.

08 두 단어의 관계가 나머지 셋과 <u>다른</u> 것은?

① hand – foot
② dog – animal
③ rose – flower
④ summer – season

해석　① 손 – 발　② 개 – 동물　③ 장미 – 꽃　④ 여름 – 계절

해설　②·③·④는 하위 개념과 상위 개념으로 짝지어 있고, ①은 동일한 범주의 개념으로 짝지어 있으므로 ①이 적절하다.

09 대표 단어와 나열된 단어가 바르게 짝지어진 것은?

① color – movie, game, music
② hobby – yellow, blue, brown
③ season – baseball, tennis, golf
④ weather – sunny, rainy, cloudy

해석　① 색깔 – 영화, 게임, 음악　　② 취미 – 노란색, 파란색, 갈색
　　　③ 계절 – 야구, 테니스, 골프　　④ 날씨 – 화창한, 비오는, 흐린

해설　'어휘' 유형으로 단어의 상위 개념과 하위 개념이 바르게 짝지어진 것을 묻고 있다.
①은 색깔과 취미가 짝지어져 있고, ②는 취미와 색깔이 짝지어져 있으며, ③은 계절과 운동이 짝지어져 있으므로 바르지 않다. ④는 날씨와 날씨를 묘사하는 단어들로 짝지어 있으므로 적절하다.

정답　07 ①　08 ①　09 ④

3 단수와 복수 구별

10 다음 단어 중 복수형은?

① man　　　　② wife　　　　③ tooth　　　　④ children

해석　① 남자　② 아내　③ 치아　④ 아이들

어휘　child *n.* 아이(단수형)　　　　　　children *n.* 아이들(복수형)

해설　'어휘' 유형으로 제시된 단어 중 복수형으로 쓰인 단어를 찾는 문제이다.
①·②·③은 모두 단수형인 반면, ④ children은 child의 복수형이다. 참고로 man의 복수형은
men, wife의 복수형은 wives, tooth의 복수형은 teeth이다.

4 밑줄 친 단어나 숙어의 의미를 묻는 경우

단어 : 형용사

11 밑줄 친 부분의 뜻으로 가장 알맞은 것을 고르시오.

He is a <u>famous</u> singer in Korea.

① 겸손한　　　　② 유명한　　　　③ 정직한　　　　④ 부지런한

해석　그는 한국에서 <u>유명한</u> 가수이다.

어휘　famous *a.* 유명한

해설　'어휘' 유형의 문제로 문장의 맥락 속에 나타난 단어의 정확한 뜻을 찾는 문제이다.
① 'modest' ③ 'honest' ④ 'diligent'이다.

정답 10 ④　11 ②

12 밑줄 친 부분의 뜻으로 가장 알맞은 것을 고르시오.

> My brother <u>is good at</u> science.

① ~을/를 잘하다. ② ~을/를 나누다.
③ ~을/를 걱정하다. ④ ~와/과 화해하다.

해석 내 형제는 과학을 잘한다.
어휘 be good at ~을 잘하다 science *n.* 과학
해설 '숙어' 유형의 문제로 문장의 맥락에서 숙어의 정확한 뜻을 찾는 문제이다.
제시된 숙어의 뜻은 '~을/를 잘하다'이다.
② 'divide A into B', ③ 'be worried about' ④ 'make up with'의 뜻이다.

13 밑줄 친 단어의 의미가 나머지 셋과 다른 것은?

① How <u>kind</u> he is!
② It is very <u>kind</u> of you.
③ He is gentle and <u>kind</u>.
④ What <u>kind</u> of movie do you like?

해석 ① 그는 참 친절해! ② 너 아주 친절하다.
③ 그는 온화하고 친절해. ④ 어떤 종류의 영화를 좋아하니?
어휘 kind *a.* 친절한, *n.* 종류
해설 '어휘' 유형으로 밑줄 친 단어의 의미가 다른 것을 찾는 문제이다.
①·②·③은 '친절한'이라는 의미의 형용사로 사용된 반면, ④는 '종류'라는 의미의 명사로 사용되었다.

정답 12 ① 13 ④

02 예상 문제로 실력 잡기

1 포괄(포함)

01 다음 단어들을 모두 포괄할 수 있는 것은?

| purple   yellow   pink   navy |

① seasons ② colours
③ flowers ④ jobs

해석 보라 노랑 분홍 남색
　　① 계절 ② 색깔 ③ 꽃 ④ 직업
해설 '어휘'유형 문제로 제시된 단어들의 상위개념을 묻고 있다.
　　보라·노랑·분홍·남색은 모두 색깔에 해당하므로 ②가 적절하다.

02 다음 단어들을 모두 포괄할 수 있는 것은?

| swimming   golf   volleyball   marathon |

① job ② sports
③ weather ④ cities

해석 수영 골프 배구 마라톤
　　① 직업 ② 운동 ③ 날씨 ④ 도시
해설 '어휘'유형 문제로 제시된 단어들의 상위개념을 묻고 있다.
　　제시된 단어는 수영, 골프, 배구, 마라톤으로 모두 운동을 해당하므로 ②가 적절하다.

03 주어진 그림들을 모두 포함하는 것은?

① furniture ② flower
③ sport ④ animal

해석 ① 가구 ② 꽃 ③ 운동 ④ 동물
해설 그림들은 모두 꽃의 일종이므로 ②가 적절하다.

정답 01 ② 02 ② 03 ②

04 다음 중 나머지 셋과 관계가 <u>먼</u> 것은?

① apple　　　② banana　　　③ peach　　　④ rose

해석　① 사과　② 바나나　③ 복숭아　④ 장미
해설　사과·바나나·복숭아 모두 과일로, 과일이 아닌 ④가 적절하다.

2 두 단어의 상관관계

반의어/동의어

05 두 단어의 관계가 나머지 셋과 <u>다른</u> 것은?

① easy − difficult　　　　② heavy − light
③ strong − weak　　　　④ wise − smart

해석　① 쉬운 − 어려운　　　② 무거운 − 가벼운
　　　③ 강한 − 약한　　　　④ 현명한 − 똑똑한
해설　①, ②, ③은 서로 반대되는 뜻으로 짝지어 있고, ④는 유사한 의미의 단어로 짝지어 있다.

06 두 단어의 관계가 나머지 셋과 <u>다른</u> 것은?

① beautiful − pretty　　　② sick − ill
③ fast − quick　　　　　④ lazy − diligent

해석　① 아름다운 − 예쁜　　　② 아픈 − 아픈
　　　③ 빠른 − 신속한　　　　④ 게으른 − 부지런한
해설　①·②·③은 유사한 의미의 단어로 짝지어 있고, ④는 서로 반대되는 뜻으로 짝지어 있다.

07 두 단어의 관계가 나머지 셋과 <u>다른</u> 것은?

① increase − decrease　　② cut − paste

③ eat − consume　　④ ask − answer

해석　① 증가하다 − 하락하다　　② 자르다 − 붙이다

　　　③ 먹다 − 먹다　　④ 묻다 − 대답하다

해설　①・②・④는 서로 반대되는 어휘로 짝지어 있고, ③은 유사한 어휘로 짝지어 있으므로 나머지와 다른 관계 쌍은 ③이다.

비교급/사람 표현

08 두 단어의 관계가 나머지 셋과 <u>다른</u> 것은?

① light − lighter　　② drive − driver

③ teach − teacher　　④ sing − singer

해석　① 가벼운 − 더 가벼운　　② 운전하다 − 운전수

　　　③ 가르치다 − 교사　　④ 노래하다 − 가수

해설　②・③・④는 모두 동사 − 명사로 짝지어져 있으나, ①은 형용사 − 형용사로 짝지어진 관계로 나머지 셋과 다르다.

형용사/부사

09 두 단어의 관계가 나머지 셋과 <u>다른</u> 것은?

① quick − quickly　　② love − lovely

③ slow − slowly　　④ full − fully

해석　① 빠른 − 빠르게　　② 사랑 − 사랑스러운

　　　③ 느린 − 느리게　　④ 가득한 − 가득하게

해설　①・③・④는 형용사 − 부사로 짝지어져 있는 반면, ②의 love는 '사랑, 사랑스럽다'와 같이 명사나 동사로 사용되며, lovely는 '사랑스러운'이라는 의미의 형용사이다.

정답 07 ③　08 ①　09 ②

10 두 단어의 관계가 나머지 셋과 <u>다른</u> 것은?

① country − USA ② animal − elephant
③ sports − golf ④ sea − river

해석 ① 나라−미국 ② 동물−코끼리 ③ 운동−골프 ④ 바다−강
해설 ①·②·③은 상위개념과 하위개념이 짝지어 있는 반면, ④는 동등한 범주의 개념으로 짝지어 있으므로 나머지 관계와 다르다.

11 두 단어의 관계가 나머지 셋과 <u>다른</u> 것은?

① job − teacher ② family − daughter
③ animal − monkey ④ mountain − lake

해석 ① 직업−선생님 ② 가족−딸 ③ 동물−원숭이 ④ 산−바다
해설 '어휘' 유형으로 제시된 단어의 관계를 찾는 문제이다.
①·②·③은 상위 개념과 하위 개념이 짝지어 있는 반면, ④는 동등한 범주의 개념으로 짝지어 있으므로 나머지 관계와 다르다.

12 두 단어의 관계가 나머지 셋과 <u>다른</u> 것은?

① ears − eyes ② monkey − animal
③ July − month ④ snow − weather

해석 ① 귀−눈 ② 원숭이−동물 ③ 7월−달 ④ 눈−날씨
해설 ②·③·④는 하위 개념과 상위 개념으로 짝지어 있다. ① 동일한 범주의 개념으로 짝지어 있다.

정답 10 ④ 11 ④ 12 ①

13 두 단어의 관계가 나머지 셋과 <u>다른</u> 것은?

① hand − elbow   ② elephant − animal
③ tulip − flower   ④ rain − weather

해석　① 손−팔꿈치　② 코끼리−동물　③ 튤립−꽃　④ 비−날씨
해설　②·③·④는 하위 개념과 상위 개념으로 짝지어 있는 반면, ①은 동일한 범주의 개념으로 짝지어
　　　있으므로 ①이 적절하다.

14 대표 단어와 나열된 단어가 바르게 짝지어진 것은?

① color − tiger, horse, cat   ② hobby − USA, Japan, China
③ season − mountain, river, sea   ④ weather − foggy, sunny, cloudy

----

해석　① 색깔−호랑이, 말, 고양이
　　　② 취미−미국, 일본, 중국
　　　③ 계절−산, 강, 바다
　　　④ 날씨−안개낀, 화창한, 흐린
해설　'어휘' 유형으로 단어의 상위 개념과 하위 개념이 바르게 짝지어진 것을 묻고 있다.
　　　①은 색깔과 동물, ②는 취미와 나라, ③은 계절과 지역으로 짝지어져 있으므로 바르지 않다. ④는
　　　날씨와 날씨를 묘사하는 단어들로 짝지어져 있으므로 적절하다.

3 단수와 복수 구별

15 다음 단어 중 복수형은?

① woman   ② husband   ③ foot   ④ children

해석　① 여자　② 남편　③ 발　④ 아이들
어휘　child *n.* 아이(단수형)　　　　　children *n.* 아이들(복수형)
해설　'어휘' 유형으로 제시된 단어 중 복수형으로 쓰인 단어를 찾는 문제이다.
　　　①·②·③은 모두 단수형인 반면, ④ children은 child의 복수형이다.
　　　참고로 woman의 복수형은 women, husband의 복수형은 husbands, foot의 복수형은 feet이다.

정답 13 ①　14 ④　15 ④

4 밑줄 친 단어나 숙어의 의미를 묻는 경우

단어 : 형용사

16 밑줄 친 부분의 뜻으로 가장 알맞은 것을 고르시오.

> He is a <u>modest</u> politician in Korea.

① 겸손한　　　　② 유명한　　　　③ 정직한　　　　④ 부지런한

해석　그는 한국에서 <u>겸손한</u> 정치인이다.
어휘　modest *a.* 겸손한
해설　'어휘' 유형의 문제로 문장의 맥락 속에 나타난 단어의 정확한 뜻을 찾는 문제이다.
　　　제시된 단어의 뜻은 '겸손한'이다.
　　　② famous, ③ honest, ④ diligent이다.

17 밑줄 친 부분의 뜻으로 가장 알맞은 것을 고르시오.

> She is a <u>lazy</u> worker in our company.

① 게으른　　　　② 정직한　　　　③ 겸손한　　　　④ 친절한

해석　그녀는 우리 회사에서 <u>게으른</u> 노동자이다.
어휘　lazy *a.* 게으른　　　　　　　　　　　company n. 회사
해설　'어휘' 유형의 문제로 문장의 맥락 속에 나타난 단어의 정확한 뜻을 찾는 문제이다.
　　　제시된 단어의 뜻은 '게으른'이다.
　　　② honest, ③ modest, ④ kind이다.

숙어

18 밑줄 친 부분의 뜻으로 가장 알맞은 것을 고르시오.

> My mother <u>is worried about</u> her sick dog.

① ~을/를 잘하다.　　　　　　　　② ~을/를 나누다.
③ ~을/를 걱정하다.　　　　　　　　④ ~와/과 화해하다.

해석 나의 어머니는 그녀의 아픈 강아지를 걱정하신다.
어휘 sick *a.* 아픈
해설 '숙어' 유형의 문제로 문장의 맥락에서 숙어의 정확한 뜻을 찾는 문제이다.
      숙어의 뜻은 '~을/를 걱정하다'이고, ① be good at, ② divide A into B, ④ make up with이다.

19 밑줄 친 부분의 뜻으로 가장 알맞은 것을 고르시오.

> Jane <u>divides this cake into</u> three pieces.

① ~에 관심이 있다.　　　　　　　② ~을/를 나누다.
③ ~을/를 걱정하다.　　　　　　　④ ~을/를 잘하다.

해석 Jane은 이 케이크를 세 조각으로 나눈다.
어휘 piece *n.* 조각
해설 '숙어' 유형의 문제로 문장의 맥락에서 숙어의 정확한 뜻을 찾는 문제이다.
      숙어의 뜻은 '~을/를 나누다'이고, ① be interested in, ③ be worried about, ④ be good at이다.

4 다의어

20 밑줄 친 단어의 의미가 나머지 셋과 <u>다른</u> 것은?

① How <u>kind</u> you are!
② It is very <u>kind</u> of her.
③ She is patient and <u>kind</u>.
④ What <u>kind</u> of sport do you play regularly?

해석 ① 너는 참 친절해!　　　　　　② 그녀는 아주 친절하다.
      ③ 그녀는 참을성 있고 친절해.　　④ 어떤 종류의 운동을 너는 주기적으로 하니?
어휘 kind *a.* 친절한, *n.* 종류
해설 '어휘' 유형으로 밑줄 친 단어의 의미가 다른 것을 찾는 문제이다.
      ① · ② · ③은 '친절한'이라는 의미의 형용사, ④는 '종류'라는 의미의 명사로 사용되었다.

정답 19 ② 20 ④

1 기출 속담 정리

- Two heads are better than one.
  백지장도 맞들면 낫다.
- After death, the doctor.
  소 잃고 외양간 고친다.
- Every dog has his day.
  쥐구멍에도 볕 들 날 있다.
- Do not know A from B
  낫 놓고 기역자도 모른다.
- No pains, no gains.
  고생 없이는 얻는 것도 없다.
- Knowledge is power.
  아는 것이 힘이다.
- Learn to walk before you run.
  뛰기 전에 걷는 것을 배워라.
- Don't judge a book by its cover.
  책을 표지만 보고 판단하지 마라(겉만 보고 판단해서는 안 된다).
- There's no smoke without fire.
  아니 땐 굴뚝에 연기나랴.
- All that glitters is not gold.
  반짝인다고 모두 금은 아니다.
- The fish always stinks from the head downwards.
  윗물이 맑아야 아랫물이 맑다.
- Good words cost nothing.
  말 한 마디에 천 냥 빚을 갚는다.

03 기출문제로 유형 잡기

1 빈칸 완성

올바른 의문사 넣기

01 대화의 빈칸에 들어갈 말로 가장 알맞은 것은?

> A : __________ do you live?
> B : I live in Seoul.

① Who　　　② When　　　③ What　　　④ Where

해석　A : 너는 <u>어디에</u> 사니?
　　　 B : 나는 서울에 살아.
어휘　live in ~에 살다
해설　사는 '장소'를 물어봤으므로 장소를 나타내는 의문사인 'where'가 빈칸에 들어가야 한다.

올바른 응답 넣기

02 다음 대화의 마지막 응답으로 가장 알맞은 것은?

> A : What happened?
> B : I broke my leg yesterday.
> A : ____________________ .

① I like coffee　　　　② She is a student
③ I have a sister　　　④ I'm sorry to hear that

해석　A : 무슨 일 있었어?
　　　 B : 어제 내 다리가 부러졌었어.
　　　 A : <u>그것 참 안됐다.</u>

정답 01 ④ 02 ④

① 나는 커피를 좋아해.　　　　② 그녀는 학생이야.
③ 나는 여자 형제가 있어.　　　④ 그것 참 안됐다.
어휘　break *v.* (뼈를) 부러뜨리다(break – broke – broken)
해설　B가 다리가 부러졌다고 했으므로 문맥상 위로의 말 ④가 와야 적절하다.

03 빈칸에 들어갈 말로 가장 알맞은 것은?

> A : I want to buy some oranges.
> B : How __________ do you want?
> A : Four, please.

① far　　　　　② tall　　　　　③ many　　　　　④ long

해석　A : 오렌지 몇 개를 사고 싶어요.
　　　B : 몇 개 원하세요?
　　　A : 네 개요.
　　　① 먼　②(키가) 큰　③ 많은　④ 긴
해설　'대화'에서 '빈칸' 유형으로 대화의 맥락을 보고 빈칸을 추론하는 문제이다.
　　　대화에서 A는 오렌지를 사려고 하며 B의 질문에 네 개라는 숫자를 언급하고 있다. 따라서 B의 질문
　　　에서 개수를 물을 수 있는 ③이 적절하다.
　　　① 거리를 물을 때, ② 크기를 물을 때, ④ 길이를 물을 때 사용된다.

04 다음 대화에서 B에 대한 A의 질문으로 가장 알맞은 것은?

> A : __________________ ?
> B : She is reading a book.

① Did you have lunch　　　　② What is she doing
③ How are you doing　　　　④ When does she get up

해석　A : 그녀는 무엇을 하고 있니?
　　　B : 그녀는 책을 읽고 있는 중이야.

① 너는 점심 먹었니　　　　　② 그녀는 무엇을 하고 있니
③ 너는 요즘 어떻게 지내　　　④ 그녀는 언제 일어났니

어휘　read *v.* (책을) 읽다　　　　　get up 일어나다

해설　'그녀가 지금 무엇을 하고 있는지'에 대한 B의 대답이 있으므로 A는 그녀가 무엇을 하고 있는지를 물어봤을 것이다. 따라서 ②가 정답이다.

응답에 올바른 문법 넣기

05 다음 대화의 빈칸에 들어갈 말로 가장 알맞은 것은?

> A : What did you eat for dinner yesterday?
> B : I ___________ *bibimbap.*

① ate　　　　　② eats　　　　　③ eating　　　　　④ has eaten

해석　A : 너는 어제 저녁으로 무엇을 먹었니?
　　　B : 나는 비빔밥을 먹었어.
　　　① 먹었다　② 먹다　③ 먹는 중　④ 먹어왔다

어휘　eat *v.* 먹다(eat − ate − eaten)　　　　　dinner *n.* 저녁

해설　A가 과거형(did)으로 물어봤으므로 B도 대답을 과거형으로 해야 한다. 따라서 eat의 과거형인 ate가 빈칸에 들어갈 적절한 말이다. 따라서 ①이 정답이다.

2 밑줄

올바른 의도 찾기

06 대화에서 밑줄 친 말의 의도로 알맞은 것은?

> A : How was your English test?
> B : It was really hard. I don't think I did very well.
> A : <u>Don't worry. You'll do better next time.</u>

① 거절하기　　　　② 격려하기　　　　③ 초대하기　　　　④ 허락하기

해석　A : 영어 시험 어땠어?

　　　B : 정말 어려웠어. 나 아주 잘 본 것 같진 않아.

　　　A : 걱정하지 마. 너는 다음엔 더 잘할 거야.

어휘　hard *a.* 어려운　　　　　　　　　worry *v.* 걱정하다

해설　‘대화’ 유형으로 밑줄 친 대화문의 의도를 추론하는 문제이다.

　　　B는 영어 시험이 어려웠고 잘본 것 같지 않다고 하는 것으로 보아 낙담하고 있음을 알 수 있으며,

　　　이에 대하여 밑줄 친 부분은 걱정하지 말라고 더 잘할 것이라고 B를 격려하고 있다.

같은 의미 찾기

07 다음 대화에서 밑줄 친 부분이 의미하는 것은?

> A : It's very hot here.
>
> 　　Do you mind if I open the window?
>
> B : Of course not. Go ahead.
>
> A : Thanks a lot.

① 아니오, 창문 열면 안 됩니다.

② 예, 괜찮으니 창문을 열어도 됩니다.

③ 저는 더워서 밖으로 나가고 싶습니다.

④ 저는 더워서 밖으로 나가고 싶지 않습니다.

해석　A : 여기 굉장히 덥네요. 제가 창문을 열어도 괜찮을까요?

　　　B : 물론 괜찮아요. 창문 여세요.

　　　A : 감사합니다.

어휘　mind *v.* 언짢아하다

해설　‘대화’ 유형으로 대화문에서 밑줄 친 문장의 의미를 찾는 문제이다.

　　　A는 창문을 열어도 괜찮겠냐고 물었고, B는 물론 괜찮다고 창문을 열라고 했으므로 답은 ②이다.

08 두 사람이 처음 만난 상황일 때 적절하지 <u>않은</u> 것은?

> A : Hello, I'm Susan Smith. ① <u>I'm your English teacher.</u>
> B : ② <u>Nice to meet you.</u>
> A : ③ <u>Happy to see you again.</u> Where are you from?
> B : ④ <u>I come from Korea.</u>

해석　A : 안녕, 나는 Susan Smith야. ① <u>나는 너의 영어 교사야.</u>
　　　B : ② <u>만나서 반가워요.</u>
　　　A : ③ ~~너를 다시 보게 되어 기쁘다.~~ 너는 어디서 왔니?
　　　B : ④ <u>저는 한국에서 왔어요.</u>

해설　'대화' 유형으로 두 사람이 처음 만난 상황에서 적절하지 않은 문장을 찾는 문제이다.
　　　두 사람은 서로를 소개하고 인사를 나누고 있는데, ③의 '너를 다시 보게 되어 기쁘다.'는 적절하지
　　　않다. 올바른 문장이 되려면 'Happy to see you.'이어야 한다.

3 일치 & 불일치

09 다음 대화에서 B가 사려고 하는 T-Shirt로 가장 알맞은 것은?

> A : May I help you?
> B : Yes. I'm looking for a T-shirt with a fish on it.

① 　② 　③ 　④ 

해석　A : 무엇을 도와드릴까요?
　　　B : 네. 저는 물고기가 그려진 티셔츠를 찾고 있어요.

어휘　look for ~을 찾다

10 다음 대화 후에 Sumi가 가장 먼저 할 일은?

> Sumi : Let's eat curry and rice for lunch, Mom.
> Mom : Sounds great. Umm, we need carrots. Would you go and buy some?
> Sumi : Okay. I will go and get them right now.

① 쌀 씻기   ② 점심 먹기   ③ 당근 사 오기   ④ 오이 껍질 벗기기

해석   Sumi : 엄마, 점심에 카레라이스 해먹어요.
       Mom : 좋은 생각이야. 음, 우리는 당근이 필요한데. 네가 가서 사 오겠니?
       Sumi : 네. 제가 지금 바로 가서 그것들을 사 올게요.
어휘   curry and rice 카레라이스(curried rice)   carrot *n.* 당근
       right now 지금 바로, 당장
해설   맨 마지막 문장에서 지금 바로 당근을 사 오겠다고 했으므로 정답은 ③이다.

4 질문 & 응답 : 두 사람의 대화가 자연스럽지 않은 경우

11 대화가 자연스럽지 <u>않은</u> 것은?

① A : How are you doing?
   B : I'm pretty good.
② A : What day is it today?
   B : It's Monday.
③ A : What time shall we meet?
   B : At the bus stop.
④ A : Why are you late for school?
   B : Because I missed the bus.

해석   ① A : 너 어떻게 지내?   ② A : 오늘 무슨 요일이야?
          B : 난 꽤 잘 지내.   B : 월요일이야.
       ③ A : 우리 몇 시에 만날까?   ④ A : 왜 학교에 늦었니?
          B : 버스 정류장에서.   B : 버스를 놓쳤기 때문이에요.

정답 10 ③ 11 ③

어휘   pretty *ad.* 꽤, 상당히   bus stop 버스정류장

        miss *v.* 놓치다

해설   ③ '몇 시에'라는 물음에 장소로 대답하고 있으므로 대화가 자연스럽지 않다.

        ① '어떻게'라는 물음에 좋다고 대답하고 있고, ② 무슨 요일이냐는 질문에 월요일로 대답하며,

        ④ 늦은 이유에 대한 물음에 버스를 놓쳤다고 대답하고 있다.

5 대화 내 두 사람의 관계

12 A와 B의 관계로 알맞은 것은?

> A : Are you ready to order?
> B : Yes. Two hamburgers, please.
> A : For here or to go?
> B : To go.

① 의사 – 환자   ② 변호사 – 의뢰인

③ 식당 점원 – 고객   ④ 버스 기사 – 승객

해석   A : 주문할 준비가 되셨나요?

        B : 네. 햄버거 두 개 주세요.

        A : 여기서 드실 건가요, 아니면 가져가실 건가요?

        B : 가져갈 거에요.

어휘   ready *a.* 준비가 된   order *v.* 주문하다

해설   A는 주문을 받고, 여기서 먹을 것인지 집으로 가져갈 것인지를 묻는 것으로 보아 점원, B는 햄버거 두 개를 주문하고 가지고 간다고 응답하는 것으로 보아 손님으로 볼 수 있다. 따라서 두 사람의 관계로 적절하게 짝지어진 것은 ③이다.

13 대화의 주제로 가장 알맞은 것은?

> A : Where do you want to travel in the future?
> B : I want to travel to Europe. How about you?
> A : I'm interested in going to Brazil.

① 좋아하는 과목   ② 보고 싶은 영화
③ 먹고 싶은 음식   ④ 가고 싶은 여행지

해석   A : 너는 장래에 여행을 간다면 어디로 가고 싶어?
      B : 나는 유럽으로 가고 싶어. 너는 어때?
      A : 나는 브라질로 가는 것에 관심이 있어.
어휘   travel *v.* 여행하다   future *n.* 미래, 장래
      how about ~? ~은 어때?   be interested in ~에 흥미가 있다.
해설   A와 B는 가고 싶은 여행지에 대해 이야기를 나누고 있으므로 정답은 ④이다.

7 속담

14 밑줄 친 부분과 관계 깊은 우리말 속담은?

> A : There's a proverb, "<u>Two heads are better than one.</u>"
> B : What does that mean?
> A : It means that working together makes things easier.

① 백지장도 맞들면 낫다.   ② 소 잃고 외양간 고친다.
③ 쥐구멍에도 볕 들 날 있다.   ④ 낫 놓고 기역자도 모른다.

해석   A : "<u>두 개의 머리가 하나보다 낫다.</u>"는 속담이 있어.
      B : 그게 무슨 뜻이야?
      A : 함께 일하는 것이 일을 쉽게 만든다는 뜻이야.
어휘   proverb *n.* 속담   easier *a.* 더 쉬운
해설   제시된 대화에서 A가 제시한 속담의 뜻으로 '함께 일하는 것이 일을 더 쉽게 만든다'는 뜻이라고
      언급하고 있는 것으로 보아 합치면 더 낫다는 ①이 밑줄 친 속담과 일치한다.
      ② After death, the doctor, ③ Every dog has his day, ④ Do not know A from B

정답 13 ④   14 ①

8 심경

15 대화에 나타난 B의 심정으로 가장 알맞은 것은?

> A : What's wrong? You look upset.
> B : My brother broke my new camera, but he didn't say, "I'm sorry." I can't stand it.

① angry　　　② happy　　　③ scared　　　④ hopeful

해석　A : 무슨 일이야? 너 화나 보인다.
　　　B : 내 형제가 내 새 카메라를 부쉈는데, 그는 "내가 미안해."라고 말하지 않았어. 나는 그걸 참을 수 없어.
　　　① 화가 난　② 기쁜　③ 무서워하는　④ 희망 있는

어휘　upset *a.* 화가 난　　　　　　　break(broke − broken) *v.* 부수다
　　　stand *v.* 견디다, 참다

해설　A는 '화가 나 보인다'고 언급하고, B는 카메라를 부수고도 사과하지 않는 형제에 대해 참을 수 없다고 하는 것으로 보아 B가 느끼는 심정으로 ①이 적절하다.

9 순서

16 주어진 말에 이어질 두 사람의 대화 순서로 가장 알맞은 것은?

> What did you do yesterday?

> (A) Yes, I did. It was great.
> (B) I went to see a movie.
> (C) Did you enjoy it?

① (A) − (C) − (B)　　　　② (B) − (A) − (C)
③ (B) − (C) − (A)　　　　④ (C) − (B) − (A)

정답 15 ① 16 ③

해석 어제 너 뭐했니?

(B) 나 영화 보러 갔었어.

(C) 재밌었니?

(A) 응, 재미있었어. 그건 훌륭했어.

어휘 enjoy *v.* 즐기다

해설 '대화'에서 '순서' 유형으로 첫 문장 뒤에 이어지는 문장의 순서를 추론하는 문제이다.

첫 문장은 어제 무엇을 했는지 묻고 있으므로 무엇을 했는지 응답하고 있는 (B)가 이어지는 것이 적합하고 그에 따른 반응으로 그것이 어땠는지 묻고 있는 (C)가 적절하며, 이러한 물음에 대한 응답으로 (A)가 적절하다.

10 상황

17 다음 대화의 상황으로 가장 알맞은 것은?

> A : Excuse me, where is the post office?
> B : Go straight for two blocks. It's on your right.
> A : Thank you.

① 사과하기 　　　② 물건 사기

③ 길 묻고 답하기 　　　④ 인물 묘사하기

- -

해석 A : 실례합니다, 우체국이 어디죠?

B : 두 블록 직진하세요. 그건 당신의 오른쪽에 있어요.

A : 감사합니다.

어휘 post office 우체국

해설 대화에서 A는 우체국이 어디인지 묻고 있고, B는 우체국 가는 길을 알려주고 있으므로 대화의 상황으로는 ③이 적절하다.

정답 17 ③

11 장소

18 대화가 일어나는 장소로 알맞은 것은?

> A : Can you show me your ticket, please?
> B : Here it is. Can I take pictures in this art museum?
> A : No, you can't. It hurts the paintings.

① 세탁소   ② 문구점   ③ 경찰서   ④ 미술관

해석   A : 당신의 표를 제게 보여 주시겠어요?
        B : 여기 있어요. 저 이 미술관에서 사진 찍어도 되나요?
        A : 아뇨, 안 돼요. 그것은 그림들을 상하게 해요.

어휘   show *v.* 보여주다   take a picture 사진을 찍다
        art museum 미술관   painting *n.* 그림

해설   대화에서 A는 표를 확인하겠다는 것으로 보아 직원으로 보이고, B는 표를 보여주고 미술관에서 사진을 찍어도 되는지 묻고 있으므로 미술관을 방문한 고객으로 볼 수 있다. 따라서 대화가 일어나는 장소로 ④가 적절하다.

정답 18 ④

예상 문제로 실력 잡기

1 빈칸 완성

올바른 의문사 넣기

01 빈칸에 들어갈 말로 가장 알맞은 것은?

> A : __________ do you come from?
> B : I'm from Canada.

① Who　　　　　② How　　　　　③ When　　　　　④ Where

해석　A : 너는 <u>어디에서</u> 왔니?
　　　　B : 나는 캐나다에서 왔어.
어휘　Canada *n.* 캐나다
해설　'대화'에서 '빈칸' 유형으로 대답을 통해 질문에 들어갈 적절한 의문사를 찾는 문제이다.
　　　　B가 장소를 언급하고 있는 것으로 보아 A의 질문으로 장소를 묻는 의문사인 ④가 적절하다.
　　　　① 누구인지 묻는 의문사, ② 방법을 묻는 의문사, ③ 시간을 묻는 의문사이다.

02 대화의 빈칸에 들어갈 말로 알맞은 것은?

> A : __________ should we bring to the party?
> B : A bottle of pineapple juice.

① Who　　　　　② Why　　　　　③ What　　　　　④ Where

해석　A : 우리는 파티에 <u>무엇을</u> 가져가야만 하니?
　　　　B : 파인애플 주스 한 병
어휘　a bottle of ~ 한 병
해설　'대화'에서 '빈칸' 유형으로 대답을 통해 질문에 들어갈 적절한 의문사를 찾는 문제이다.
　　　　제시된 대화에서 B가 음료수를 언급하고 있는 것으로 보아 A의 질문으로 물건을 묻는 의문사인
　　　　③이 적절하다. ① 누구인지 묻는 의문사, ② 이유를 묻는 의문사, ④ 장소를 묻는 의문사이다.

정답 01 ④ 02 ③

03 대화의 빈칸에 공통으로 들어갈 말로 알맞은 것은?

A : _________ far is your home from here?
B : It is about 1 km away.
A : _________ do you go there?
B : By bus.

① How　　　② What　　　③ When　　　④ Which

해석　A : 여기서 너의 집까지 거리가 <u>얼마나</u> 머니?
　　　B : 약 1 킬로미터 정도.
　　　A : 거기에 <u>어떻게</u> 가?
　　　B : 버스로
해설　'대화'에서 '빈칸' 유형으로 공통으로 들어갈 의문사를 찾는 문제이다.
　　　첫 번째 B는 '거리'로 응답하고 있고, 두 번째 B는 '방법'으로 응답하고 있는 것으로 보아 공통으로
　　　들어갈 수 있는 의문사는 '얼마나 멀리', '어떻게'의 의미로 사용될 수 있는 ①이 적절하다. ② '무엇'
　　　을 물을 때, ③ '언제'를 물을 때, ④ '어느 것'을 물을 때 사용된다.

올바른 응답 넣기

04 B의 응답으로 가장 알맞은 것을 고르시오.

A : How are you doing?
B : _____________________________.

① Fine, thank you　　　　　② Me, too
③ It is too expensive　　　④ You're welcome

해석　A : 너 어떻게 지내?
　　　B : <u>잘 지내, 고마워</u>.
　　　① 잘 지내, 고마워　　　　② 나도 그래
　　　③ 너무 비싸　　　　　　　④ 천만에
해설　'대화'에서 '빈칸' 유형으로 질문에 적절한 대답을 찾는 문제이다.
　　　제시된 질문은 안부를 묻고 있으므로 이에 대한 응답으로 ①이 적절하다.

정답 03 ① 04 ①

05 B의 응답으로 가장 알맞은 것을 고르시오.

> A : Whose computer is this?
> B : _________________.

① That sounds good　　② He is not in
③ It is mine　　④ I have to leave now

해석　A : 이것은 누구의 컴퓨터니?
　　　B : 내 거야.
　　　① 좋은 생각이야　　② 그는 여기 없어
　　　③ 내 거야　　④ 나는 지금 떠나야만 해

어휘　leave *v.* 떠나다

해설　'대화'에서 '빈칸' 유형으로 질문에 적절한 대답을 찾는 문제이다.
　　　제시된 질문은 누구의 것인지를 묻고 있으므로 이에 대한 응답으로 ③이 적절하다.

06 B의 응답으로 가장 알맞은 것을 고르시오.

> A : How long does it take to have lunch?
> B : _________________________.

① By subway　　② Ten minutes
③ At Eight　　④ With Peter

해석　A : 점심 먹는 데 얼마나 걸리니?
　　　B : 10분.
　　　① 전철로　　② 10분　　③ 8시　　④ Peter와 같이/함께

해설　'대화'에서 '빈칸' 유형으로 질문에 적절한 대답을 찾는 문제이다.
　　　질문은 시간이 얼마나 걸리는지를 묻고 있으므로 이에 대한 응답으로 ②가 적절하다.

07 B의 응답으로 가장 알맞은 것을 고르시오.

> A : Can she drive fast?
> B : ________________.

① No, she doesn't　　　　② Yes, we can
③ No, she can't　　　　④ Yes, they do

해석　A : 그녀는 빨리 운전할 수 있니?
　　　B : <u>아니, 그녀는 빨리 운전할 수 없어.</u>
　　　① 아니, 그녀는 운전하지 않아　　② 응, 우리는 운전을 빨리 할 수 있어
　　　③ 아니, 그녀는 빨리 운전할 수 없어　　④ 응, 그들은 운전해
어휘　drive *v.* 운전하다
해설　제시된 질문에 대한 적절한 응답을 찾는 문제이다.
　　　질문은 3인칭 'she'를 주어로 조동사 'can'을 사용했으므로 'do'가 아닌 조동사 'can'과 주어 'she'가
　　　함께 응답이 된다. 질문에 'can' 조동사가 포함되어 있으면 응답에 'can' 같은 시제로 오며, be동사가
　　　질문에 포함되어 있다면 'are, is, am'을 답으로 선택하면 된다.

08 B의 응답으로 가장 알맞은 것을 고르시오.

> A : Does he play baseball?
> B : ________________.

① Yes, I can　　　　② No, he doesn't
③ Yes, he can　　　　④ No, I can't

해석　A : 그는 야구하니?
　　　B : <u>아니, 그는 하지 않아.</u>
　　　① 응, 나는 야구할 수 있어　　② 아니, 그는 하지 않아
　　　③ 응, 그는 할 수 있어　　④ 아니, 나는 할 수 없어
어휘　baseball *n.* 야구
해설　제시된 질문에 적절한 응답을 찾는 문제이다.
　　　질문은 'he'를 주어로 3인칭 일반 동사인 'does'를 사용했으므로 조동사 'can'이 아닌 'does'가 응답
　　　이 된다. 질문에 'can' 조동사가 포함되어 있으면 응답에 'can' 같은 시제로 오며, be동사가 질문에
　　　포함되어 있다면 'are, is, am'을 답으로 선택하면 된다.

정답 07 ③　08 ②

09 B의 응답으로 가장 알맞은 것을 고르시오.

> A : How often do you play the flute?
> B : _________________________ .

① Once a week　　　　　② At school
③ With my sister　　　　④ Cheese

해석　A : 너는 얼마나 종종 플루트를 연주하니?
　　　B : 일주일에 한 번.
　　　① 일주일에 한 번　② 학교에서　③ 자매와 함께　④ 치즈
어휘　flute *n.* 플루트
해설　A의 마지막 질문에 'How often'은 빈도를 묻는 질문이므로 빈도수를 말하는 응답이 답이 된다.

10 대화의 마지막 응답으로 알맞은 것은?

> Min : What is your favorite food?
> Jin : Pizza.
> Min : How often do you eat it?
> Jin : _________________ .

① With my mom　　　　② By bus
③ About 20 dollars　　　④ At least once a week

해석　Min : 네가 매우 좋아하는 음식은 무엇이니?
　　　Jin : 피자.
　　　Min : 얼마나 종종 그것을 먹니?
　　　Jin : 적어도 일주일에 한 번.
　　　① 엄마와 함께　② 버스로　③ 약 20달러　④ 적어도 일주일에 한 번
어휘　favorite *a.* 매우 좋아하는　　　　　at least 적어도, 최소한
해설　Min의 두 번째 질문에 'How often'은 빈도를 묻는 질문이므로 빈도수를 말하는 대답이 답이 된다.

11 대화의 마지막 응답으로 알맞은 것은?

> A : That looks delicious. What is it?
> B : It is a chocolate cake. My mother made it. Would you like some?
> A : ________________.

① Yes, I am

② Yes, please

③ I like swimming

④ I have some bags

해석 A : 이거 맛있어 보인다. 이게 뭐야?
　　　　 B : 이건 초콜릿 케이크야. 엄마가 만드셨어. 좀 먹어볼래?
　　　　 A : 응.
　　　　 ① 응, 나는 그래.　　② 응　　③ 나는 수영이 좋아　　④ 난 몇 개의 가방을 가졌어

어휘 delicious *a.* 맛있는

해설 '대화'에서 '빈칸' 유형의 문제로 제시된 질문에 대한 적절한 응답을 찾는 문제이다.
　　　　 B는 초콜릿 케이크를 먹어 볼 것인지 물어보고 있으므로 이에 대한 대답으로 ②가 적절하다.
　　　　 ① 상태에 대한 응답이고, ③·④ 질문의 맥락에 적합하지 않다.

12 대화의 마지막 응답으로 알맞은 것은?

> A : You look happy. What happened?
> B : I bought a new computer. Do you want to have a look?
> A : ________________.

① Yes, please

② I am sorry

③ I will leave tomorrow

④ No, I can't

해석 A : 행복해 보이네. 무슨 일 있었니?
　　　　 B : 새 컴퓨터를 샀어. 너도 한번 볼래?
　　　　 A : 응.
　　　　 ① 응　　② 미안해　　③ 나는 내일 떠날 거야　　④ 아니, 나는 할 수 없어

어휘 have a look ~을 한번 보다

해설 '대화'에서 '빈칸' 유형의 문제로 제시된 질문에 대한 적절한 응답을 찾는 문제이다.
　　　　 B는 새로 산 컴퓨터를 상대방에게 볼 건지 물어보고 있으므로 이에 대한 적절한 응답으로 상태에
　　　　 대한 ①이 적절하다.
　　　　 ②·③은 질문의 맥락에 적합하지 않고, ④는 질문에 조동사를 포함하지 않았기에 적합하지 않다.

정답 11 ② 12 ①

13 대화의 마지막 응답으로 알맞은 것은?

> A : I am looking for a shirt.
> B : How about this one?
> A : I like it. Can I try this on?
> B : ____________________.

① It is expensive   ② No, thanks

③ Of course   ④ Please come tomorrow

해석   A : 저는 셔츠를 찾고 있습니다.
         B : 이것은 어때요?
         A : 맘에 드네요. 입어 봐도 될까요?
         B : 당연하죠.
         ① 이것은 비싸네요   ② 아닙니다, 괜찮습니다
         ③ 당연하죠   ④ 제발 내일 오세요

어휘   look for ~을 찾다   try on 입어보다, 신어보다

해설   '대화'에서 '빈칸' 유형으로 질문에 대한 적절한 응답을 찾는 문제이다.
         셔츠를 고르고 있는 상황으로, 고객으로 보이는 A의 마지막 질문은 입어 봐도 되는지를 묻고 있으므
         로 허락한다는 응답이 되는 ③이 적절하다.

올바른 단어 넣기

14 대화의 빈칸에 들어갈 말로 알맞은 것은?

> A : Do you have a sister?
> B : Yes, I do.
> A : What's _________ favorite sport?
> B : She likes swimming.

① her   ② our   ③ his   ④ your

해석   A : 너는 자매가 있니?
         B : 응, 나 있어.
         A : 그녀가 제일 좋아하는 운동은 뭐야?
         B : 그녀는 수영을 좋아해.

어휘   favorite *a.* 매우 좋아하는

정답 13 ③   14 ①

해설 '대화'에서 '빈칸' 유형으로 대화의 응답에 대한 질문에서 적절한 어휘를 찾는 문제이다.
제시된 대화의 마지막 A의 질문에 대한 대답으로 B가 그녀는 수영을 좋아한다고 응답하고 있는
것으로 볼 때 A는 'she'와 관련된 질문을 하고 있다는 것을 알 수 있다. 따라서 'she'의 소유격 형태인
①이 빈칸에 적절하다.

15 빈칸에 들어갈 말로 가장 알맞은 것은?

A : I want to buy some fish.
B : How _________ do you want?
A : 1 kilogram, please.

① much　　　　② tall　　　　③ far　　　　④ long

해석　A : 생선을 좀 사고 싶어요.
　　　B : 얼마만큼 원하시나요?
　　　A : 1 킬로그램입니다.
　　　① 많은　② (키가) 큰　③ (거리가) 먼　④ 긴
해설　'대화'에서 '빈칸' 유형으로 제시된 대화의 맥락을 보고 빈칸을 추론하는 문제이다.
　　　A는 생선을 사려고 하며 B의 질문에 대해 1 킬로그램이라는 무게를 언급하고 있다. 따라서 B의
　　　질문에서 양을 물을 때 사용되는 ①이 적절하다.
　　　② 'how tall'은 키를 물을 때, ③ 'how far'는 거리를 물을 때, ④ 'how long'은 시간을 물을 때
　　　사용한다.

16 대화에서 A가 가려고 하는 장소로 알맞은 것은?

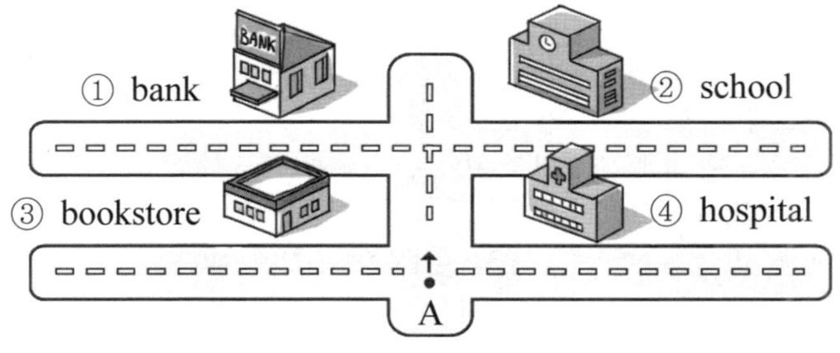

A : Excuse me, but I'm looking for a _________.
B : Go straight one block and turn right. It's on your left.

정답 15 ① 16 ②

해석　A : 실례합니다. 전 <u>학교</u>를 찾고 있는데요.
　　　B : 한 블록 직진해서 오른쪽으로 꺾으세요. 그것은 당신의 왼쪽에 있습니다.
어휘　bank *n.* 은행　　　　　　　　　　　　bookstore *n.* 서점
　　　hospital *n.* 병원
해설　'대화'에서 '빈칸' 유형으로 제시된 그림과 대화를 통하여 빈칸을 추론하는 문제이다.
　　　한 블록 직진해서 오른쪽으로 꺾으면 왼쪽 편에 있다고 언급하므로 그림에서 이러한 위치에 있는
　　　것은 ②이다.

17 대화에서 A가 찾고 있는 곳은?

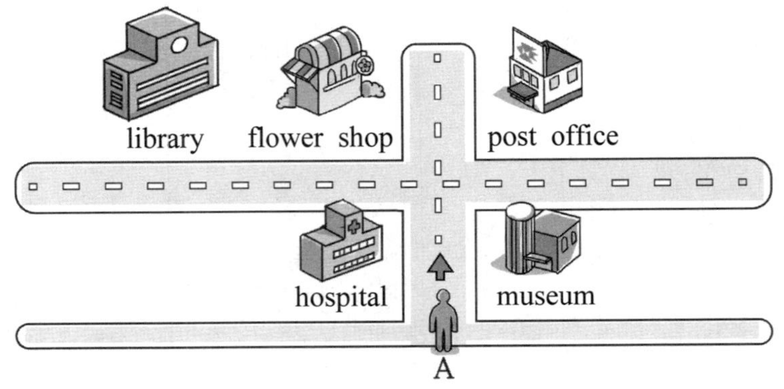

A : Excuse me. Where is the ____________?
B : Go straight one block. And turn left. It's next to the library.

① hospital　　　　　　　　　　② flower shop
③ museum　　　　　　　　　　④ post office

해석　A : 실례합니다. <u>꽃가게</u>가 어디죠?
　　　B : 한 블록 직진하세요. 그리고 왼쪽으로 꺾으세요. 그것은 도서관 옆에 있어요.
어휘　next to ~옆에
해설　'대화'에서 '빈칸' 유형으로 그림을 참조하여 빈칸에 적절한 장소를 찾는 문제이다.
　　　B는 한 블록 직진하고 왼쪽으로 꺾으면 도서관 옆에 있다고 언급하고 있으므로, 그림에서 다음과
　　　같은 경로를 확인하였을 때 ②가 A가 찾고 있는 장소로 적절하다.

정답 17 ②

18 빈칸에 들어갈 말로 가장 알맞은 것은?

> A : _________ do you have dinner?
> B : I have it at 7 p.m.

① Who　　　　② How　　　　③ Where　　　　④ What time

해석　A : 너는 <u>몇 시에</u> 저녁식사를 하니?
　　　B : 난 7시에 저녁식사를 해.
　　　① 누구　② 어떻게　③ 어디　④ 몇 시에
어휘　dinner *n.* 저녁식사
해설　B는 7시라고 응답하고 있으므로 시간을 물어보는 질문이 적절하다.

19 대화의 빈칸에 들어갈 말로 알맞지 <u>않은</u> 것은?

> A : I think riding a bicycle is good for me.
> B : ___________. It makes us healthy.

① You are right　　　　　　　② I think so
③ I am sorry　　　　　　　　④ I agree with you

해석　A : 자전거를 타는 것은 나에게 좋은 거라 생각해.
　　　B : _______. 그것은 우리를 건강하도록 해줘.
　　　① 네가 맞아　　　　　　② 나도 그렇게 생각해
　　　③ 미안해　　　　　　　④ 나는 너에게 동의해
어휘　healthy *a.* 건강한
해설　A가 긍정적 입장을 나타내고 있고 빈칸 뒤 내용 또한 긍정적 반응을 보이고 있기에 동의를 나타내는 표현들이 적절하다.

정 답 18 ④　19 ③

20 대화의 빈칸에 들어갈 말로 가장 알맞은 것은?

> A : _________________________ ?
> B : I play the piano regularly.

① How much is your piano
② How often do you play the piano
③ What is your favorite color
④ Where is your apartment

해석 A : 너는 얼마나 종종 피아노를 연주하니?
B : 나는 주기적으로 피아노를 연주해.
① 네 피아노는 얼마니
② 너는 얼마나 종종 피아노를 연주하니
③ 네가 매우 좋아하는 색깔은 무엇이니
④ 너의 아파트는 어디에 있니

어휘 regularly *ad.* 주기적으로

해설 '대화'에서 '빈칸' 유형으로 대답을 통해 추론할 수 있는 질문을 찾는 문제이다.
B가 자신이 주기적으로 피아노를 연주한다고 말하고 있으므로, 이러한 대답으로 추론할 수 있는 질문은 빈도를 묻고 있는 ②가 적절하다.

21 대화의 빈칸에 알맞은 것은?

> A : _________________________ ?
> B : I am a taxi driver.

① Where are you from
② What is the matter
③ What do you do
④ How old are you

해석 A : 직업이 무엇입니까?
B : 저는 택시 운전사입니다.
① 당신은 어디 출신인가요
② 무슨 일이죠
③ 직업이 무엇입니까
④ 몇 살인가요

해설 '대화'에서 '빈칸' 유형으로 대답을 통해 질문을 추론하는 문제이다.
B가 자신은 택시 운전사라고 말하고 있으므로, 이러한 대답으로 추론할 수 있는 질문은 직업을 묻고 있는 ③이 적절하다.

정답 20 ② 21 ③

22 대화의 빈칸에 들어갈 말로 가장 알맞은 것은?

> A : ______________________?
> B : I am turning sixteen years old this year.

① How old are you   ② What is your hobby
③ Who is your best friend   ④ Where is your hometown

해석   A : 너는 몇 살이니?
    B : 나는 올해 16살이 돼.
    ① 너는 몇 살이니   ② 너의 취미는 무엇이니
    ③ 너의 가장 친한 친구는 누구니   ④ 너의 고향은 어디니
해설   '대화'에서 '빈칸' 유형으로 대답을 통해 질문을 추론하는 문제이다.
    B가 자신의 나이를 말하고 있는 것으로 추론할 수 있는 질문은 나이를 묻고 있는 ①이 적절하다.

23 대화의 빈칸에 알맞은 것은?

> A : ______________________?
> B : She is from Austria.

① Who are you   ② Where is he from
③ What do you do   ④ Where is she from

해석   A : 그녀는 어디 출신이니?
    B : 그녀는 오스트리아에서 왔어.
    ① 너는 누구니   ② 그는 어디 출신이니
    ③ 네 직업은 무엇이니   ④ 그녀는 어디 출신이니
어휘   Austria *n.* 오스트리아
해설   '대화'에서 '빈칸' 유형으로 대답을 통해 질문을 추론하는 문제이다.
    B가 3인칭 그녀의 출신 나라를 말하고 있는 것으로, 추론할 수 있는 질문은 3인칭 'she'를 주어로 오스트리아 출신이라고 응답하는 ④가 적절하다.

정답 22 ① 23 ④

24 대화의 빈칸에 알맞은 것은?

> A : _________________?
> B : It always takes 15 minutes.

① What time is it
② How old are you
③ What's your hobby
④ How long does it take

해석 A : <u>얼마나 걸려</u>?
　　　　B : 항상 15분 걸려.
　　　　① 몇 시니
　　　　② 너는 몇 살이니
　　　　③ 너의 취미는 무엇이니
　　　　④ 얼마나 걸려
해설 B의 응답에서 15분 걸린다고 대답하고 있으므로 시간이 얼마나 걸리는지 묻는 질문이 와야 한다.

25 다음 대화의 빈칸에 들어갈 가장 알맞은 말은?

> A : ________ often do you meet your cousins?
> B : Twice a year.

① How　　　② Who　　　③ Why　　　④ What

해석 A : 너는 <u>얼마나</u> 종종 사촌들을 만나?
　　　　B : 일년에 두 번.
　　　　① 얼마나 종종, 어떻게　② 누구　③ 왜　④ 무엇
어휘 cousin *n.* 사촌
해설 B는 일년에 두 번이라고 대답하고 있으므로 횟수를 묻는 질문이 와야 한다.

응답에 올바른 문법 넣기

26 빈칸에 들어갈 말로 알맞지 <u>않은</u> 것은?

> I failed the exam ___________.

① yesterday　　② last month　　③ last year　　④ next year

정답 24 ④　25 ①　26 ④

해석　나는 시험에 떨어졌다.
　　　① 어제　② 지난달　③ 작년　④ 내년
어휘　fail *v.* 실패하다, 떨어지다
해설　동사 'fail'의 과거형을 사용했으므로, 미래를 의미하는 'next year'와는 시제가 맞지 않는다.

27 대화의 빈칸에 들어갈 말로 가장 알맞은 것은?

> A : Where did you and your brother go fishing last month?
> B : We ________ to Jeju Island.

① go　　　　　　② goes　　　　　　③ went　　　　　　④ will go

해석　A : 너와 네 형제는 지난달에 어디로 낚시를 다녀왔니?
　　　B : 우리는 제주도를 갔었지.
해설　적절한 어법을 묻는 문제이다.
　　　질문에 지난달이라는 구체적인 과거 시점을 알려주고 있으므로 과거시제가 답이다.

28 빈칸에 들어갈 말로 알맞은 것은?

> A : What do you want to buy for your uncle?
> B : I want to buy a nice pen for ________.

① me　　　　　　② her　　　　　　③ him　　　　　　④ you

해석　A : 너는 삼촌을 위해 뭘 사고 싶어?
　　　B : 나는 그에게 멋진 펜을 사드리고 싶어.
어휘　uncle *n.* 삼촌
해설　'대화'에서 '빈칸' 유형으로 대화의 맥락에 적합한 대명사를 찾는 문제이다.
　　　대화에서 uncle은 삼촌을 가리키므로 3인칭 남성 지칭 대명사 'him'이 답이다.

정답 27 ③　28 ③

29 빈칸에 알맞은 것은?

> A : My father likes 'Spider man'. What about you?
> B : So _________ I.

① am   ② do   ③ does   ④ did

해석　A : 나의 아버지는 '스파이더맨'을 좋아하셔. 너는 어때?
　　　　B : 나도 그래.

해설　B는 A에게 동의하고 있다. '나도 좋아한다' 의미가 되려면 be동사인 am과 3인칭 동사인 does, did (과거형)는 I와 함께 할 수 없다.

30 빈칸에 공통으로 들어갈 것은?

> A : How old is your younger sister?
> B : _________ is twelve. _________ is in middle school.

① I   ② He   ③ You   ④ She

해석　A : 너의 여동생은 몇 살이니?
　　　　B : 그녀는 12살이야. 그녀는 중학생이야.

어휘　younger sister 여동생　　　　　　middle school 중학교

해설　빈칸에 들어갈 대명사를 찾는 문제이다.
　　　　대화에서 younger sister는 여동생을 가리키므로 3인칭 대명사인 'she'가 답이다.

2 밑줄

올바른 의도 찾기

31 대화에서 밑줄 친 말의 의도로 알맞은 것은?

> A : You look terrible, What is the matter?
> B : I failed the exam again.
> A : <u>I am sorry to hear that. You will do better next time.</u>
> B : Thanks. I hope so.

① 거절하기　　　② 사과하기　　　③ 위로하기　　　④ 제안하기

해석　A : 너 기분이 안 좋아 보여. 무슨 일 있니?
　　　　B : 시험에 또 떨어졌어.
　　　　A : <u>안됐네. 다음엔 더 잘할 거야.</u>
　　　　B : 고마워. 나도 그러길 희망해.

어휘　terrible *a.* 기분이 안 좋은

해설　'대화' 유형으로 밑줄 친 대화문의 의도를 추론하는 문제이다.
　　　　대화는 영어 시험에 관한 것임을 알 수 있으며 B는 시험에 또 떨어졌다고 언급하고 있는 것으로
보아 낙담하고 있음을 알 수 있다. 이에 대하여 밑줄 친 부분은 안타깝지만 다음에 더 잘할 것이라고
응답하고 있으므로 B를 위로하고 있음을 알 수 있다.

32 대화에서 밑줄 친 말의 의도로 알맞은 것은?

> A : I think I cannot go there on time.
> B : <u>Why don't you catch a taxi?</u>
> A : That is a good idea. Thanks

① 거절하기　　　② 격려하기　　　③ 제안하기　　　④ 사과하기

해석　A : 내 생각에 나는 제시간에 거기를 갈 수 없어.
　　　　B : <u>택시를 타는 건 어때?</u>
　　　　A : 좋은 생각이야. 고마워.

어휘　on time 정각에, 시간을 어기지 않고

해설　제시간에 갈 수 없다고 생각하는 A에게 B는 택시를 타라고 제안하고 있다.

정답 31 ③　32 ③

33 대화에서 밑줄 친 말의 의도로 알맞은 것은?

> A : Did you know that Sue won the Math contest?
> B : Really?
> A : <u>Why don't we have a surprise party for her?</u>
> B : Of course.

① 제안하기　　　② 거절하기　　　③ 위로하기　　　④ 사과하기

해석　A : 너 소식 들었어? Sue가 수학 대회에서 우승했대.
　　　　B : 정말?
　　　　A : <u>우리 그녀를 위해 깜짝 파티를 하는 게 어때?</u>
　　　　B : 당연하지.
어휘　math *n.* 수학　　　　　　　　　contest *n.* 대회
　　　　surprise party 깜짝 파티
해설　제시된 글은 Sue가 수학 대회에서 우승한 소식을 전하고 그녀에게 파티를 열어주자고 제안하고 있다.
　　　　따라서 밑줄 친 문장의 의도는 ①이 적절하다.

34 대화에서 밑줄 친 말의 의도로 알맞은 것은?

> A : May I use your pen for a second?
> B : <u>Of course. Go ahead.</u>

① 거절하기　　　② 축하하기　　　③ 승낙하기　　　④ 칭찬하기

해석　A : 네 연필을 잠시 사용해도 되니?
　　　　B : <u>물론이지. 써.</u>
어휘　for a second 잠시
해설　'대화' 유형으로 밑줄 친 응답의 의도를 찾는 문제이다.
　　　　대화에서 A는 연필을 사용해도 되냐고 물어보고 이에 대해 B는 긍정적인 대답을 하고 있으므로
　　　　밑줄 친 B의 대답 의도는 ③이 적절하다.

정답 33 ① 34 ③

35 대화에서 밑줄 친 말의 의도로 가장 알맞은 것은?

> A : Can you come and watch a movie with us?
> B : <u>I'm afraid, I can't.</u> I am not feeling well.

① 칭찬   ② 명령   ③ 제안   ④ 거절

해석   A : 너 와서 우리와 함께 영화 볼 수 있니?
        B : <u>미안, 난 안 돼</u>. 몸이 좋지 않아.

해설   A는 제안을 하고 있고 B는 그럴 수 없다고 하며 몸이 좋지 않다고 말하고 있으므로, 밑줄 친 그럴 수 없다는 A의 제안에 대한 거절이 의도임을 알 수 있다. 따라서 밑줄 친 말의 의도로 ④가 적절하다.

36 밑줄 친 말의 의도로 알맞은 것은?

> A : Do you want some more cookies?
> B : <u>No, thank you.</u> I'm full.

① 거절하기   ② 비난하기   ③ 설득하기   ④ 칭찬하기

해석   A : 쿠키 좀 더 먹겠니?
        B : <u>감사하지만 됐어요</u>. 저는 배불러요.

어휘   full *a.* 가득 찬, 배부른

해설   대화에서 A는 쿠키를 더 먹겠는지 물어보고 있으며, B는 'No'를 사용하여 거절하고 있으므로 밑줄의 의도로 ①이 적절하다.

37 다음 대화에서 밑줄 친 부분이 의미하는 것은?

> A : It's very cold here. Do you mind if I close the window?
> B : <u>Of course not.</u>
> A : Thanks a lot.

① 아니오, 창문 닫으면 안 됩니다.
② 예, 괜찮으니 창문을 닫아도 됩니다.
③ 저는 추워서 밖으로 나가고 싶습니다.
④ 저는 추워서 밖으로 나가고 싶지 않습니다.

해석 A : 여기 굉장히 춥네요. 제가 창문을 닫아도 괜찮으신가요?
B : <u>물론 괜찮아요. 창문 닫으세요.</u>
A : 감사합니다.

어휘 mind *v.* 언짢아하다/허락을 구하거나 정중히 부탁할 때 사용

해설 '대화' 유형으로 대화문에서 밑줄 친 문장의 의미를 찾는 문제이다.
A는 자신이 창문을 닫아도 괜찮냐고 물었고, B는 물론 괜찮다고 창문을 닫으라고 했으므로 답은 ②이다.

38 두 사람이 처음 만난 상황일 때 적절하지 <u>않은</u> 것은?

> A : ① <u>How do you do?</u> My name is Annabelle Lee.
> B : My name is Kevin Jung. ② <u>It is a pleasure to meet you.</u>
> A : ③ <u>It is nice to see you again.</u> Where do you come from?
> B : ④ <u>I am from Sydney.</u>

해석 A : ① 처음 뵙겠습니다. 제 이름은 Annabelle Lee입니다.
B : 제 이름은 Kevin Jung입니다. ② 만나서 반가워요.
A : ③ ~~당신을 다시 뵙게 되어서 기쁩니다.~~ 당신은 어디 출신이신가요?
B : ④ 저는 시드니 출신입니다.

해설 '대화' 유형으로 두 사람이 처음 만난 상황에서 적절하지 않은 문장을 찾는 문제이다.
두 사람은 처음 만나 서로를 소개하고 인사를 나누고 있는데, ③ '당신을 다시 뵙게 돼서 기쁩니다'
는 적절하지 않다. 올바른 문장이 되려면 'Happy to see you.' 여야 한다.

3 일치 & 불일치

보기에 그림 4개가 주어지는 경우

39 대화에서 알 수 있는 서울의 현재 날씨는?

> A : What's the weather like in Daegu?
> B : It's sunny and mild. How's the weather in Seoul?
> A : It's snowing now.

①  ②  ③  ④ 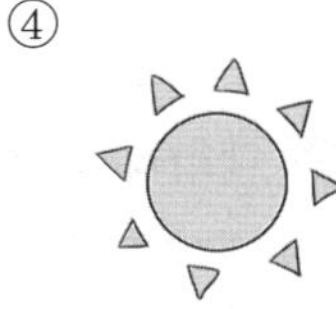

해석 A : 대구의 날씨는 어때?
B : 화창하고 따뜻해. 서울 날씨는 어때?
A : 지금은 눈이 내리고 있어.

어휘 weather *n.* 날씨   sunny *a.* 화창한

해설 대화를 통해 대구의 날씨는 화창하고 따뜻하며, 서울의 날씨는 눈이 내리고 있음을 알 수 있다.

정답 39 ②

40 대화에서 알 수 있는 서울의 현재 날씨는?

> A : How's the weather in Seoul?
> B : It's windy now.

① 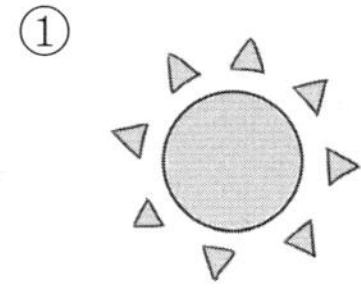 ②  ③  ④

해석 A : 서울의 날씨는 어때?
　　　 B : 지금 바람이 많이 불어.

어휘 windy *a.* 바람이 많이 부는

해설 대화를 통해 서울의 날씨는 바람이 많이 분다는 것을 알 수 있다.

41 다음 대화의 내용과 관련 있는 표지판은?

> A : Excuse me, sir. You shouldn't take picture here.
> B : I'm sorry. I didn't know that.

①  ②  ③  ④ 

해석 A : 실례합니다. 여기서 사진을 찍으시면 안 됩니다.
　　　 B : 죄송합니다. 제가 그것을 몰랐습니다.

어휘 take a picture 사진을 찍다

해설 '대화'에서 '일치/불일치' 유형으로 제시된 대화와 일치하는 그림을 찾는 문제이다.
　　　 대화에서는 사진을 찍으면 안 된다고 언급하고 있으므로 금지 표시인 ①이 적절하다.

42 대화에서 가리키고 있는 표지판은?

> A : What does the sign say?
> B : It says, "Do not swim."

① 　　② 　　③ 　　④ 

해석　A : 그 표지판은 무슨 뜻이야?
　　　　B : 그것은 "수영을 하지 마시오."라는 뜻이야.

어휘　sign *n.* 표지판

해설　표지판의 의미에 대해 묻고 답하는 상황으로 '수영을 하지 말라'고 언급하고 있다. 따라서 대화에서 말하고 있는 표지판과 일치하는 것으로 수영 그림이 있는 ②가 적절하다.

올바른 이유 찾기 : 이유, 할 일, 위치

43 대화 직후 Linda가 Ann을 위해 할 일은?

> Ann : My room is full of dust.
> Linda : Let me help you clean your room.
> Ann : Thank you so much.

① 설거지하기　　　　　　　　② 청소하기
③ 영화 함께 보기　　　　　　④ 숙제하기

해석　Ann : 내 방은 먼지로 가득해.
　　　　Linda : 내가 네 방 청소하는 거 도와줄게.
　　　　Ann : 정말 고마워

어휘　be full of ~로 가득차다　　　　　　dust *n.* 먼지
　　　　clean *v.* 청소하다

해설　Ann은 먼지로 가득한 방에 관해 말하고 있고, 이에 대해 Linda는 청소하는 것을 도와주겠다고 응답하며 Ann은 고맙다고 응답하므로 ②가 적절하다.

정답 42 ② 43 ②

44 대화로 보아 A가 B를 위해 할 일로 가장 알맞은 것은?

> A : Is there anything I can help you with?
> B : Well, Can you water flowers in the garden?
> A : Of course. I will do it right now.

① 설거지하기 ② 숙제 도와주기
③ 청소하기 ④ 꽃 물주기

해석 A : 내가 도와줄 게 있니?
B : 음. 정원에 있는 꽃에 물을 줄 수 있니?
A : 물론이지. 지금 당장 할게.

해석 water *v.* (화초 등에) 물을 주다 garden *n.* 정원

해설 대화에서 A는 도와줄 것이 있는지 묻고, 이러한 물음에 B는 꽃에 물주기를 부탁하고 있으며 A는 이러한 요청에 긍정적으로 응답하고 있음을 확인할 수 있다. 따라서 A가 할 일로 ④가 적절하다.

45 대화 직후 Tom이 Suji를 위해 할 일은?

> Suji : All boxes are too heavy.
> Tom : Let me help you carry them.
> Suji : Thank you.

① 청소하기 ② 숙제하기
③ 상자 나르기 ④ 설거지하기

해석 Suji : 모든 상자들이 너무 무거워.
Tom : 내가 상자 나르는 거 도와줄게.
Suji : 고마워.

어휘 heavy *a.* 무거운 carry *v.* 들다, 나르다

해설 대화에서 상자가 무겁다고 말하는 Suji에게 Tom은 상자 나르는 것을 도와주겠다고 응답하며, 이에 대하여 Suji는 긍정적으로 반응하고 있는 것으로 보아 적절한 것은 ③이다.

정답 44 ④ 45 ③

46 다음 대화에서 A가 찾고 있는 위치는?

A : Excuse me, but I'm looking for a dentist.
B : Go straight for one block and turn left. It's on your right. You can't miss it.

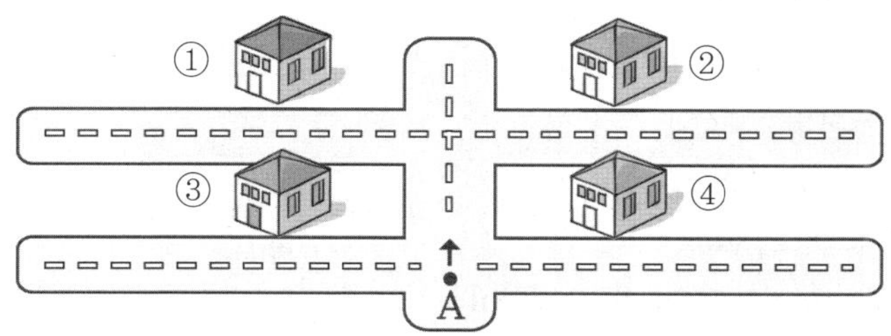

해석　A : 실례합니다만, 저는 치과를 찾고 있어요.
　　　B : 한 블록 직진해서 왼쪽으로 꺾으세요. 그건 당신의 오른쪽에 있습니다. 쉽게 찾을 겁니다.
어휘　dentist *n.* 치과　　　　　straight *ad.* 똑바로　　　　　miss *v.* 놓치다
해설　대화에서는 치과를 찾고 있다는 요청에 대하여, 한 블록 직진하여 왼쪽으로 돌면 오른쪽에 있다고 언급하고 있으므로 그림의 ①이 치과의 위치이다.

47 대화에서 A가 가려고 하는 곳의 위치는?

A : Excuse me, but I'm looking for a bookstore.
B : Go straight and then turn left at the first corner. It's on your left.

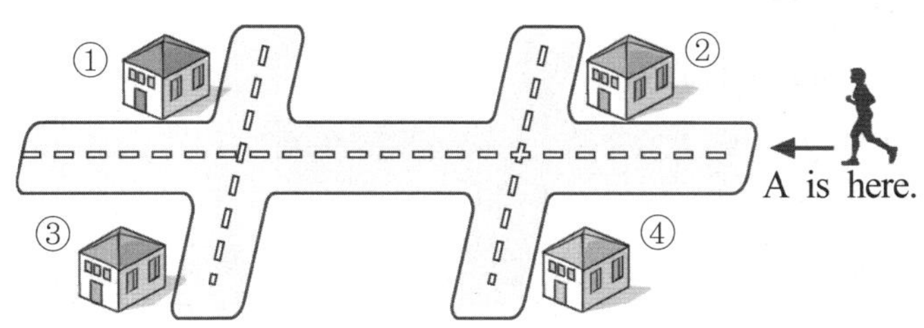

해석　A : 실례합니다. 서점이 어디에요?
　　　B : 직진해서 첫 번째 모퉁이에서 왼쪽으로 꺾으세요. 그것은 당신의 왼쪽에 있습니다.
어휘　bookstore *n.* 서점　　　　　corner *n.* 모퉁이
해설　대화에서 직진 후 첫 번째 모퉁이에서 왼쪽으로 꺾으면 왼쪽에 있다고 언급하고 있으므로 ④가 적절하다.

정답 46 ①　47 ④

4 질문 & 응답 : 두 사람의 대화가 자연스럽지 않은 경우

48 대화가 자연스럽지 <u>않은</u> 것은?

① A : How are you feeling?

B : I'm pretty good.

② A : What month is it?

B : It's April.

③ A : Where shall we meet?

B : At the bus stop.

④ A : Why are you late for school?

B : At the bus stop.

해석　① A : 기분이 어때?

B : 꽤 좋아.

② A : 이번 달이 무엇이지?

B : 4월이야.

③ A : 우리 어디서 만날까?

B : 버스 정류장에서.

④ A : 왜 학교에 늦었니?

B : 버스 정류장에서.

어휘　pretty *ad.* 꽤, 상당히　　　　　April *n.* 4월

해설　'대화' 유형으로 제시된 질문에 대한 응답으로 적절하지 않은 것을 찾는 문제이다. 이유를 물어보는 질문에 장소로 응답하는 것은 어울리지 않으므로 ④가 답이다.

49 대화가 자연스럽지 <u>않은</u> 것은?

① A : Can you ride a horse?

B : My pleasure.

② A : Let's play soccer.

B : Next time.

③ A : Thank you very much.

B : You're welcome.

④ A : What is your favorite animal?

B : It is a dog.

정답 48 ④　49 ①

해석　① A : 너는 말을 탈 수 있니?

　　　　 B : 도움이 되어 기뻐요.

　　　 ② A : 축구 하자.

　　　　 B : 다음에.

　　　 ③ A : 정말 고마워.

　　　　 B : 천만에.

　　　 ④ A : 네가 매우 좋아하는 동물은 뭐니?

　　　　 B : 강아지야.

어휘　ride *v.* 타다　　　　　　horse *n.* 말　　　　　　soccer *n.* 축구

해설　'대화' 유형으로 제시된 질문에 대한 응답으로 적절하지 않은 것을 찾는 문제이다.

　　　①에서 '말을 탈 수 있나'는 질문에 '도움이 되어 기쁘다'는 응답은 어울리지 않는다.

50　대화가 자연스럽지 <u>않은</u> 것은?

① A : How old are you?

　 B : I am fourteen years old.

② A : How long does it take?

　 B : It takes about one hour.

③ A : Where are you from?

　 B : It is five dollars.

④ A : Who is your best friend?

　 B : My best friend is Yoon−Ho.

해석　① A : 너는 몇 살이니?

　　　　 B : 나는 14살이야.

　　　 ② A : 얼마나 걸려?

　　　　 B : 약 한 시간.

　　　 ③ A : 너는 어디서 왔니?

　　　　 B : 5달러야.

　　　 ④ A : 누가 너의 가장 친한 친구니?

　　　　 B : 나의 가장 친한 친구는 Yoon−Ho야.

해설　'대화' 유형으로 제시된 질문에 대한 응답으로 적절하지 않은 것을 찾는 문제이다.

　　　③에서 '어디 출신이냐'는 질문에 가격을 말하는 것은 어울리지 않는다.

정답 50 ③

5 대화 내 두 사람의 관계

51 A와 B의 관계로 알맞은 것은?

> A : Can I help you?
> B : Yes, I am looking for a warm coat.
> A : What color do you want?
> B : I want black.

① 교사 – 학생 ② 변호사 – 의뢰인
③ 점원 – 손님 ④ 의사 – 환자

해석　A : 제가 도와드릴까요?
　　　　B : 네, 저는 따뜻한 코트를 찾고 있어요.
　　　　A : 무슨 색상을 원하시나요?
　　　　B : 검정색을 원합니다.
어휘　warm *a.* 따뜻한　　　　　　　　coat *n.* 코트
해설　따뜻한 코트를 찾는다는 A의 반응에 색상을 묻는 것으로 보아 점원과 손님의 대화이다.

52 A, B의 관계로 가장 알맞은 것은?

> A : Good morning. What's the matter?
> B : My left arm hurts a lot.
> A : I see. Let me take a look.

① 엄마 – 아들 ② 의사 – 환자
③ 버스 기사 – 승객 ④ 은행 직원 – 고객

해석　A : 좋은 아침입니다. 무슨 일이죠?
　　　　B : 제 왼쪽 팔이 너무 아파요.
　　　　A : 그렇군요. 살펴볼게요.
어휘　hurt *v.* 아프다　　　　　　　　take a look 살펴보다
해설　A는 무엇이 문제인지 묻고 B는 팔이 아프다고 언급하고 있으므로, 두 사람의 관계는 팔이 아파 병원
　　　　에 방문한 환자와 진료하고 있는 의사로 추론할 수 있다.

정답 51 ③ 52 ②

53 대화에서 두 사람의 관계로 가장 알맞은 것은?

> A : How can I help you, sir?
> B : I'd like to mail this parcel and some letters.
> A : Ok.

① 교통경찰 – 시민　　　　　　② 우체국 직원 – 고객
③ 버스 기사 – 승객　　　　　　④ 도서관 사서 – 학생

해석　A : 어떻게 도와드릴까요?
　　　　B : 이 소포와 편지들을 보내고 싶어요.
　　　　A : 알겠습니다.

어휘　mail *v.* (편지를) 보내다　　　　parcel *n.* 소포　　　　letter *n.* 편지

해설　A는 도움을 제공하며 B의 요청에 응답하고 있고, B는 소포와 편지들을 보내려고 하는 것으로 보아
　　　　우체국 직원과 고객의 관계로 추론하는 것이 적절하다.

6 주제

54 대화의 주제로 가장 알맞은 것은?

> A : Why do you like Math?
> B : That is because there is a clear answer.
> A : I hate it.

① 영어를 싫어하는 이유　　　　② 수학을 좋아하는 이유
③ 공부를 잘 하는 이유　　　　　④ 성적을 올리는 이유

해석　A : 너는 왜 수학이 좋아?
　　　　B : 그건 왜냐하면 분명한 답이 있기 때문이지.
　　　　A : 나는 수학이 싫어.

어휘　math *n.* 수학　　　　　　clear *a.* 분명한　　　　　　hate *v.* 싫어하다

해설　제시된 대화에서 A는 B에게 수학을 왜 좋아하는지를 물었고 B는 분명한 답이 있어서라고 답하자,
　　　　A는 수학을 싫어한다고 응답하는 것으로 보아 수학 관련 주제임을 알 수 있다.

정답 53 ② 54 ②

55 대화의 주제로 알맞은 것은?

> A : Where are you going for this vacation?
> B : I am going to travel Taiwan. How about you?
> A : I am going to Jeju Island with my family.

① 여행지 ② 희망 직업
③ 희망 선물 ④ 취미

해석 A : 너는 이번 방학 동안 어디 갈 거니?
　　　 B : 나는 대만을 여행할거야. 너는 어때?
　　　 A : 나는 가족이랑 제주도에 갈 거야.

어휘 vacation *n.* 방학　　　　　　　　Taiwan *n.* 대만

해설 방학 동안 어디 갈 거냐는 질문에 대만이라고 답하는 것으로 보아 여행 관련 주제임을 찾아낼 수 있다.

56 대화의 주제로 가장 알맞은 것은?

> A : What is your favorite food?
> B : My favorite food is sweet and sour pork. How about you?
> A : I love Thai food.

① 주말여행 ② 좋아하는 음식
③ 좋아하는 날씨 ④ 장래 희망

해석 A : 네가 매우 좋아하는 음식은 뭐니?
　　　 B : 내가 매우 좋아하는 음식은 탕수육이야. 너는 어때?
　　　 A : 나는 태국 음식을 좋아해.

어휘 favorite *a.* 매우 좋아하는　　　　　sweet and sour pork 탕수육
　　　 Thai food 태국 음식

해설 대화에서 사용되는 단어로 답을 찾을 수 있다.

57 대화의 주제로 가장 알맞은 것은?

> A : What are you doing this weekend?
> B : I'm visiting my grandparents. How about you?
> A : I'm going to play computer games all day.

① 주말 계획 ② 장래 희망
③ 오늘의 날씨 ④ 좋아하는 음식

해석 A : 너는 이번 주말에 뭐해?
　　　 B : 나는 조부모님을 찾아 뵐 거야. 너는 어때?
　　　 A : 나는 하루 종일 컴퓨터 게임을 할 거야.

어휘 weekend *n.* 주말　　　　　　　　 visit *v.* 방문하다
　　　 grandparents *n.* 조부모

해설 대화에서 주말 계획을 묻고 있는 A에게 B는 조부모님을 방문한다고 하고, A는 하루 종일 게임을
　　　 할 거라는 대화로 보아 주말 계획임을 추론할 수 있다.

58 대화의 주제로 가장 알맞은 것은?

> A : What's your favorite country?
> B : My favorite country is England. What about you?
> A : I like Italy.

① 재미있는 영화 ② 성적 올리는 방법
③ 가장 좋아하는 나라 ④ 수학이 어려운 이유

해석 A : 네가 제일 좋아하는 나라는 어디야?
　　　 B : 내가 제일 좋아하는 나라는 영국이야. 너는?
　　　 A : 나는 이탈리아를 좋아해.

해설 대화에서 A는 B에게 좋아하는 나라, 국가를 묻고, B는 영국이라고 응답한 뒤 되묻고 있으며, A는
　　　 이탈리아라고 응답하고 있기에 대화의 주제로 ③이 적절하다.

정답 57 ① 58 ③

59 대화의 주제로 가장 알맞은 것은?

> A : What do you want to do in the future?
> B : I want to be a lawyer. How about you?
> A : I want to be a pilot because I can travel many countries.

① 취미
② 여행지
③ 희망 직업
④ 추천 영화

해석 A : 너는 미래에 무엇을 하고 싶니?
B : 나는 변호사가 되고 싶어. 넌 어때?
A : 나는 많은 나라들을 여행할 수 있기 때문에 비행사가 되고 싶어.

어휘 future *n.* 미래   lawyer *n.* 변호사
pilot *n.* 비행사

해설 대화에서 A는 B에게 미래에 무엇이 되고 싶은지 묻자, B는 변호사라고 응답한 뒤 되묻고 이에 A는
비행사라고 응답하고 있어 글 전체의 주제로 ③이 적절하다.

60 다음 대화의 주제로 가장 알맞은 것은?

> A : What do you do in your spare time?
> B : I read books and write essays. How about you?
> A : I cook or decorate my room.

① hobby
② weather
③ school sports
④ favorite food

해석 A : 넌 여가 시간에 무엇을 하니?
B : 난 책 읽고 에세이를 써. 너는 어때?
A : 난 요리를 하거나 내 방을 꾸며.
① 취미   ② 날씨   ③ 학교 운동   ④ 좋아하는 음식

어휘 spare time 여가 시간   decorate *v.* 꾸미다, 장식하다

해설 대화는 여가 시간을 소재로 하고 있으며 A는 요리와 방 꾸미기, B는 책읽기와 글쓰기를 좋아한다고
언급하므로 대화의 주제로 ①이 적절하다.

7 속담

61 밑줄 친 부분과 관계 깊은 우리말 속담은?

> A : Thanks for helping me today. It finished earlier than I thought.
> B : "Two heads are better than one."
> A : What does that mean?
> B : It means that working together makes things easier.

① 백지장도 맞들면 낫다.　　② 소 잃고 외양간 고친다.
③ 쥐구멍에도 볕 들 날 있다.　　④ 낫 놓고 기역자도 모른다.

해석　A : 오늘 도와줘서 고마워. 내가 생각했던 것보다 더 일찍 끝났어.
　　　　B : "두 개의 머리가 하나보다 낫다."
　　　　A : 그게 무슨 뜻이야?
　　　　B : 함께 일하는 것이 일을 쉽게 만든다는 뜻이야.

어휘　finish *v.* 끝내다　　　　　　earlier *a.* 더 일찍
　　　　easier *a.* 더 쉬운

해설　대화에서 A가 제시한 속담의 뜻으로 '함께 일하는 것이 일을 더 쉽게 만든다.'는 뜻이라고 언급하고 있는 것으로 보아 ①이 밑줄 친 속담과 일치한다.
　　　　②는 After death, the doctor, ③은 Every dog has his day, ④는 Do not know A from B라는 영어 속담과 뜻이 통한다.

62 대화의 내용과 가장 어울리는 속담은?

> A : You slept three hours a day and studied for 30 weeks.
> B : That is right. I tried everything to win the contest.

① No pains, no gains.
② Knowledge is power.
③ Learn to walk before you run.
④ Don't judge a book by its cover.

해석　A : 넌 30주 동안 하루에 세 시간만 자고 공부했어.

　　　B : 맞아. 나는 그 대회에서 이기기 위해 모든 것을 노력했어.

　　　① 고생 없이는 얻는 것도 없다.

　　　② 아는 것이 힘이다.

　　　③ 뛰기 전에 걷는 것을 배워라.

　　　④ 책을 표지만 보고 판단하지 마라.

어휘　pain *n.* 고통　　　　　　　　　　　knowledge *n.* 지식

　　　judge *v.* 판단하다　　　　　　　　cover *n.* 표지

해설　대회에서 이기기 위해 하루에 3시간만 자고 공부했다는 두 사람의 대화를 통해 ①이 적절하다.

8　심경

63　대화에 나타난 B의 심정으로 가장 알맞은 것은?

> A : What's the matter? You look excited.
>
> B : My older sister bought me the latest cell-phone, and a new pink bag.

① angry　　　　　② happy　　　　　③ scared　　　　　④ afraid

해석　A : 무슨 일 있니? 신이 나 보인다.

　　　B : 내 언니가 최신 핸드폰이랑 새 핑크색 가방을 사줬어.

　　　① 화가 난　　② 행복한　　③ 무서운　　④ 두려운

어휘　excited *a.* 신이 난　　　　　　　　bought (buy-bought-bought) *v.* 사다, 구입하다

　　　latest *a.* 최근의, 최신의

해설　제시된 대화에서 A는 신이 나 보이는 B에게 무슨 일이냐고 묻자 B는 언니가 최신 핸드폰과 핑크색 가방을 사줬다고 응답하므로 행복한 심경임을 알 수 있다.

정답 63 ②

64 대화에서 나타난 B의 심정으로 가장 알맞은 것은?

> A : You look upset. What happened?
> B : My younger brother broke my new computer. I cannot forgive him.

① 기쁨   ② 두려움
③ 우울함   ④ 속상함

해석   A : 너 속상해 보여. 무슨 일 있니?
        B : 내 남동생이 나의 새 컴퓨터를 망가뜨렸어. 난 그를 용서할 수가 없어.

어휘   upset *a.* 속상한, 마음이 상한   break (broke − broken) *v.* 부수다, 깨뜨리다
        forgive *v.* 용서하다

해설   새 컴퓨터를 남동생이 망가뜨렸다고 하는 것으로 보아 B가 느끼는 심정은 속상함이다.

65 대화에 나타난 B의 기분으로 가장 알맞은 것은?

> A : The bus is leaving soon. Let's get on the bus.
> B : Wait! I can't find my ticket. It was in my pocket a minute ago.
> A : You're joking, aren't you?
> B : No, I'm not. I can't find it.

① 기쁘다   ② 외롭다
③ 당황스럽다   ④ 자랑스럽다

해석   A : 버스가 곧 떠나. 버스 타자.
        B : 기다려. 내 티켓을 찾을 수가 없어. 방금 전에 내 주머니에 있었는데.
        A : 농담하는 거지, 그렇지?
        B : 아니야, 나는 티켓을 못 찾겠어.

어휘   leave *v.* 떠나다   get on the bus 버스에 타다
        a minute ago 방금, 아까   joke *v.* 농담하다

해설   방금 전에 있었던 티켓을 찾지 못해 떠나려는 버스를 못 탈 수도 있는 B의 심정은 당황스럽다.

정답 64 ④   65 ③

66 다음 대화에서 주어진 말에 이어질 순서로 옳은 것은?

> W : I've got a good idea.
> M : _________________
> W : _________________
> M : _________________

> (a) Oh, what's it?
> (b) How about studying math in the library tonight?
> (c) I have to ask my parents first.

① (a) − (b) − (c)   ② (a) − (c) − (b)
③ (b) − (a) − (c)   ④ (b) − (c) − (a)

해석　W : 내게 좋은 생각이 있어.
　　　　M : (a) 오, 그게 뭐야?
　　　　W : (b) 오늘 밤에 도서관에서 수학을 공부하는 게 어때?
　　　　M : (c) 부모님께 먼저 여쭤봐야만 해.
해설　'대화'에서 '순서' 유형으로, 주어진 문장의 순서를 배열하는 문제이다.
　　　　아이디어가 있다는 말에 그게 뭐냐고 묻는 (a)가 이어지는 것이 적절하며, 이후 도서관에서 수학공부를 하자고 제안하는 (b) 다음에 부모님께 먼저 여쭤봐야 한다고 하는 (c)가 자연스럽다.

67 주어진 말에 이어질 두 사람의 대화 순서로 가장 알맞은 것은?

> Where did you travel last month?

> (A) Did you go with your family?
> (B) I traveled Europe.
> (C) No, I didn't. I went with my best friend.

① (A) − (C) − (B)   ② (B) − (A) − (C)
③ (B) − (C) − (A)   ④ (C) − (B) − (A)

정답 66 ①　67 ②

해석   지난달에 어디를 여행했어?

(B) 난 유럽을 여행했지.

(A) 가족이랑 같이 간 거니?

(C) 아니, 가장 친한 친구랑 갔어.

어휘   last month 지난달   Europe *n.* 유럽

해설   '대화'에서 '순서' 유형으로, 주어진 문장의 순서를 배열하는 문제이다.

어디로 여행 갔냐는 첫 질문에 장소가 나와야 하고, 다음 'Did'로 시작하는 의문문이기에 'did'가 포함된 응답문으로 순서를 파악할 수 있다.

68 주어진 말에 이어질 대화의 순서로 알맞은 것은?

What is the matter?

(A) My mother is in hospital.
(B) Thanks. I hope so.
(C) I am sorry to hear that. I hope she gets well soon.

① (A) – (C) – (B)   ② (B) – (A) – (C)
③ (B) – (C) – (A)   ④ (C) – (B) – (A)

해석   무슨 일이야?

(A) 내 어머니가 병원에 계셔.

(C) 미안 안됐네. 그녀가 금방 나아지시기를 바라.

(B) 고마워, 나도 그러길 희망해.

어휘   hope *v.* 희망하다   get well (병이) 나아지다

soon *ad.* 곧

해설   제시된 대화는 무슨 일인지 묻는 것으로 시작하므로 이와 관련되어 적절한 응답은 (A)라고 볼 수 있다. 또한 (A)의 안 좋은 소식에 대해 유감을 표하고 쾌유를 기원하는 (C) 다음에 이러한 격려에 대해 감사를 표현하고 동감하는 (B)가 이어지는 것이 자연스럽다.

정답 68 ①

69 주어진 말에 이어질 대화의 순서로 알맞은 것은?

> Are you ready to order?

> (A) To go.
> (B) Yes. Three cheese burgers and two chicken burgers.
> (C) For here or to go?

① (A) – (B) – (C) 　　② (B) – (C) – (A)
③ (C) – (B) – (A) 　　④ (C) – (A) – (B)

해석 주문할 준비 되셨나요?
　　(B) 네. 치즈 햄버거 세 개와 치킨버거 두 개요.
　　(C) 여기서 드실 건가요 아니면 가져가실 건가요?
　　(A) 가져갈게요.
해설 햄버거 가게에서의 대화이다. 첫 문장에서 주문할 준비가 되었냐고 묻고 있으므로 주문하는 (B)가
이어지는 것이 적절하다. 어디에서 먹을지를 묻는 물음(C)이 이어지는 것이 맥락에 맞고 대답으로는
(A)가 이어지는 것이 자연스럽다.

70 주어진 말에 이어질 두 사람의 대화 순서로 가장 알맞은 것은?

> What did you do last weekend?

> (A) A lot. It was amazing.
> (B) I went to see a music concert.
> (C) Good, Did you enjoy it?

① (A) – (C) – (B) 　　② (B) – (A) – (C)
③ (B) – (C) – (A) 　　④ (C) – (B) – (A)

해석 지난 주말에 너는 무엇을 했니?
　　(B) 나는 음악 콘서트를 보러갔어.
　　(C) 잘했네. 즐거웠니?
　　(A) 엄청, 그건 놀라웠어.
어휘 amazing *a.* (감탄스럽게) 놀라운
해설 대화 유형에서 문장의 순서를 추론하는 문제이다.
‘What’으로 질문이 시작됐으므로 yes나 did는 올 수가 없다. ‘Did’로 시작하는 의문문이기에 ‘yes’
응답이 올 수 있다.

정답 69 ② 70 ③

10 상황

71 다음 대화의 상황으로 가장 알맞은 것은?

> A : Excuse me, I am looking for Kevin.
> B : What does he look like?
> A : He is tall, fat, and has curly brown hair.

① 사과하기 ② 물건 사기
③ 길 묻고 답하기 ④ 인물 묘사하기

해석 A : 실례합니다. 저는 Kevin을 찾고 있어요.
   B : 그는 어떻게 생겼나요?
   A : 그는 키가 크고, 뚱뚱하고, 곱슬곱슬한 갈색 머리를 가지고 있어요.

어휘 look for 찾다   look like ~인 것처럼 보이다
   fat *a.* 뚱뚱한   curly *a.* 곱슬곱슬한
   brown *n.* 갈색

해설 사람을 찾고 있다는 A의 대화에 B는 찾고 있는 사람이 어떻게 생겼냐고 질문하고, A는 그에 관한 생김새를 묘사하고 있다.

72 대화의 상황으로 가장 알맞은 것은?

> A : Can I help you?
> B : This shirt is big for me. Do you have a smaller size?
> A : Of course. But it is one dollar more expensive.

① 진료하기   ② 물건 사기   ③ 안부 묻기   ④ 축하하기

해석 A : 제가 도와드릴까요?
   B : 이 셔츠가 저에게는 크네요. 한 사이즈 작은 게 있나요?
   A : 물론이죠. 근데 1달러가 더 비싸답니다.

어휘 expensive *a.* 비싼

해설 A가 B를 응대하고 있는 것으로 보아 직원임을 알 수 있고, B는 사이즈가 크다고 한 사이즈 작은 것을 요구한다. 따라서 ②가 적절하다.

73 대화가 일어나는 장소로 알맞은 것은?

> A : Can you show me your ticket, please?
> B : Here it is. Can I bring my camera into the theatre?
> A : No, you can't. It disturbs actors and actresses.

① 세탁소   ② 문구점   ③ 경찰서   ④ 공연장

해석   A : 당신의 표를 제게 보여 주시겠어요?
        B : 여기 있어요. 제가 사진기를 가지고 들어가도 되나요?
        A : 아뇨, 안 돼요. 남자배우들과 여자배우들을 방해합니다.

어휘   theatre *n.* 공연장   disturb *v.* (작업 등을) 방해하다

해설   대화에서 A는 표를 확인하겠다는 것으로 보아 직원으로 보이고 B는 표를 보여 주고 공연장에 카메라를 가지고 들어가도 되냐고 묻고 있으므로 공연장을 방문한 고객으로 볼 수 있다. 따라서 대화가 일어나는 장소로 ④가 적절하다.

74 대화가 이루어지는 장소로 가장 알맞은 것은?

> A : May I take your order?
> B : Yes, I'd like one ham and egg sandwich.
> A : For here or to go?
> B : To go, please.

① 은행   ② 식당   ③ 경찰서   ④ 세탁소

해석   A : 주문 받아 드릴까요?
        B : 네, 저는 햄 계란 샌드위치 하나 주세요.
        A : 드시고 가실래요. 아니면 가져가실래요?
        B : 가져갈게요.

어휘   take an order 주문을 하다

해설   대화에서 A는 주문을 받고 어디서 먹을지 묻고 있는 것으로 보아 식당 직원으로 추론할 수 있고, B는 햄 계란 샌드위치를 주문하고 가지고 갈 것이라고 응답하는 것으로 보아 고객으로 추론할 수 있다. 따라서 대화의 장소로 가장 적절한 것은 ②이다.

정답 73 ④   74 ②

75 다음 대화가 이루어지는 장소는?

> A : May I help you?
> B : I want to open a new bank account.
> A : Is it for you?
> B : Yes, I want to save money.

① 병원　　　　② 식당　　　　③ 은행　　　　④ 옷가게

해석　A : 제가 도와드릴까요?
　　　　B : 저는 새 은행 계좌를 만들고 싶어요.
　　　　A : 본인 계좌를 만들고 싶으신 거죠?
　　　　B : 네, 저는 돈을 저금하고 싶답니다.
어휘　bank account 은행 계좌　　　　　　save *v.* 저금하다
해설　은행 계좌를 하나 만들고 싶다는 첫 대화로 보아 은행임을 알 수 있다.

76 대화가 일어나는 장소로 알맞은 것은?

> A : Can I see your passport and how many bags do you have?
> B : Sure, I have one big suitcase and a small bag.
> A : Do you want a window seat?

① 서점　　　　② 은행　　　　③ 학교　　　　④ 공항

해석　A : 당신의 여권을 볼 수 있을까요, 그리고 몇 개의 가방을 가지고 계시나요?
　　　　B : 네, 저는 한 개의 큰 여행 가방과 작은 가방을 가지고 있어요.
　　　　A : 창가 좌석을 원하시나요?
어휘　passport *n.* 여권　　　　suitcase *n.* 여행 가방　　　　window seat 창가 좌석
해설　여권, 여행 가방, 창가 좌석 등의 대화 단어들로 ④ 공항임을 알 수 있다.

04 독해

1 독해를 잘하기 위한 기본 사항들

독해는 단락(Paragraph)을 분석하고 잘 이해해서 문제에 올바른 정답을 찾아가는 것이다. 그러한 단락은 주제문이 있는 '일반화 문장'과 주제문을 뒷받침하고 있는 '구체화 문장'으로 구성된다.

단락(Paragraph)	일반화 문장(Topic Sentence)	구체화 문장(Detail)

주제문은 출제자가 단락 안에 '소재'를 제시하고 자신의 '관점'을 넣는다.

주제문(Topic Sentence)	소재(Meterial)	관점(Point of view)

주제문의 위치는 5가지 경우가 있다.

- 두괄식 : 단락 맨 처음에 위치
- 미괄식 : 단락 맨 끝에 위치
- 양괄식 : 단락 맨 처음과 맨 끝에 위치
- 중괄식 : 단락 중간에 위치
- 무괄식 : 단락 내에 없는 경우

2 유형별 독해

유형별 독해는 문제의 정답의 근거를 빠른 시간 내 파악하는 문제 풀이 기술이다.

[표] 중졸 유형별 독해 분류 및 유형

분류	유형	개수	분류	유형	개수
주제 찾기	주제	4	글의 흐름 파악	순서	5
	목적	16		문장 삽입	2
	제목	5		연결어	3
	주장	4		이어지는 문장 찾기	5
	의도	3		흐름과 무관한 문장 찾기	3
세부 내용 이해	일치 & 불일치	93		심경 & 심정	3
추론	빈칸 추론	7			
	지칭 추론	6			
종합	159				

기출문제로 유형 잡기

1 주제 찾기

주제

01 다음 글의 주제로 가장 알맞은 것은?

> There are various types of table manners around the world. Here are two examples. One is that, in China, some people leave some food on the plates to be polite. The other is that, in India, most people eat food using their right hand.

① 인도 영화 산업의 발전
② 한국 음식의 조리 방법
③ 교통 법규 지키기의 중요성
④ 세계 여러 나라의 다양한 식사 예절

해석　전 세계에 식사 예절의 다양한 종류가 있다. 여기에 두 가지 예시가 있다. 하나는 중국에서 몇몇 사람들이 예의 바르게 보이기 위해 그릇에 약간의 음식을 남기는 것이다. 다른 예시는 인도에서 대다수의 사람들이 그들의 오른손을 사용하면서 음식을 먹는 것이다.

어휘　various *a.* 다양한　　　　　　　　type *n.* 종류
　　　table manners 식사 예절　　　　around *prep.* ~의 주위에
　　　example *n.* 예시　　　　　　　leave *v.* 남기다
　　　plate *n.* 접시, 그릇　　　　　　polite *a.* 예의 바른

주의　manner *n.* 방법, 방식
　　　manners *n.* 예의범절, 예절, 풍습, 습관

해설　주어진 글은 다양한 나라의 식사 예절을 다루는 글이므로 정답은 '④ 세계 여러 나라의 다양한 식사 예절'이다.

02 다음 글을 쓴 목적으로 가장 알맞은 것은?

> Dear Ann,
>
> I have difficulty speaking in front of people. Whenever I speak in public, I forget everything I want to say. What should I do? I need your advice.
>
> Jack

① 규칙을 안내하기 위해
② 대회를 홍보하기 위해
③ 친구를 소개하기 위해
④ 조언을 요청하기 위해

해석　Ann에게,
나는 사람들 앞에서 이야기하는 것에 어려움을 느껴. 대중 앞에서 말할 때마다, 나는 내가 말하고 싶은 것을 전부 잊어버려. 어떻게 해야 할까? 난 너의 조언이 필요해.
Jack

어휘　difficulty *n.* 어려움　　　　　　in front of ~ 앞에서
public *n.* 대중　　　　　　advice *n.* 조언

해설　'목적' 유형으로 제시된 글의 내용을 통하여 글의 목적을 추론하는 문제이다.
제시된 글은 사람들 앞에서 이야기하는 것에 대한 어려움을 언급하고 그에 대한 구체적인 문제를 언급하고 있으며 조언을 구하고 있다. 따라서 글의 목적으로 ④가 적절하다.

03 다음 글의 제목으로 알맞은 것은?

> Yesterday was my sister's wedding day. My sister was wearing a white dress. She looked shy but happy. I thought she was beautiful.

① My Job
② My Hobby
③ My Sister's Wedding
④ My Grandfather's Birthday

해석　어제는 나의 언니의 결혼식 날이었다. 나의 언니는 하얀 드레스를 입고 있었다. 그녀는 수줍지만 행복해보였다. 나는 그녀가 아름답다고 생각했다.

어휘　wedding *n.* 결혼식　　　　shy *a.* 수줍은　　　　beautiful *a.* 아름다운

해설　'주제' 유형으로 제시된 글의 제목을 추론하는 문제이다.
제시된 글은 어제 언니의 결혼식이었음을 언급하고 그 당시의 언니에 대하여 묘사하고 있다. 따라서 전체를 포괄할 수 있는 제목으로 ③이 적절하다.

정답 02 ④　03 ③

주장

04 글쓴이가 주장하는 내용으로 가장 알맞은 것은?

> Here are some easy ways to save energy. Turn off the lights you're not using. Turn off the water while brushing your teeth. Walk short distances instead of driving your car.

① 양치질을 자주 하자.　　　② 에너지를 절약하자.
③ 교통 법규를 지키자.　　　④ 자원봉사에 참여하자.

해석　여기에 에너지를 절약하는 몇 가지 쉬운 방법이 있습니다. 당신이 사용하지 않는 불빛을 끄세요. 당신이 이를 닦는 중에는 물을 잠그세요. 당신의 차를 운전하는 대신 짧은 거리는 걸으세요.

어휘　light *n.* 불빛, 빛　　　while *conj.* ~ 동안에　　　brush *v.* 닦다
　　　distance *n.* 거리　　　instead of ~ 대신에

해설　'주제' 유형으로 글쓴이가 주장하는 것을 추론하는 문제이다.
　　　제시된 글은 에너지를 절약하는 쉬운 방법을 소개하고자 하며 그 방법 세 가지를 말하고 있는 것으로 보아 글쓴이가 주장하고자 하는 것은 ②가 적절하다.
　　　①·③·④ 글의 내용과 무관하다.

의도, 이유

05 다음 문장이 의도하는 것은?

> If you were in my shoes, what would you do?

① 감사하기　　　② 동의하기
③ 칭찬하기　　　④ 조언 구하기

해석　네가 내 입장이라면, 넌 어떻게 할래?
어휘　in my shoes 내 입장, 내 처지
해설　'목적' 유형으로 제시된 문장의 의도를 파악하는 문제이다.
　　　상대방이 자신의 입장이라면 어떻게 할 거냐고 묻고 있으므로, 조언을 구하는 것이다.

정답 04 ② 05 ④

Steve woke up at eight in the morning. He put on his clothes. He ran to the bus stop. He shouted, "Oh, no!" because he left his bag at home.

① 그릇을 깨서

② 동생과 싸워서

③ 시험 성적이 나빠서

④ 가방을 집에 두고 와서

해석 Steve는 아침 8시에 일어났다. 그는 옷을 입었다. 그는 버스 정류장으로 뛰어갔다. 그는 그의 가방을 집에 두고 왔기 때문에 그는 "맙소사!"라고 외쳤다.

어휘 wake up (잠에서) 깨다　　　　　put on (옷을) 입다

clothe *n.* 옷　　　　　　　　　　　run *v.* 달리다(run − ran − run)

bus stop 버스 정류장　　　　　　　shout *v.* 소리치다

leave *v.* ~을 두고 오다(가다)　　at home 집에(서)

주의 get up 잠자리에서 몸을 일으키는 행동을 표현, wake up 단순히 육체적이 아니라 잠에서 깨어나 의식이 돌아오는 표현

해설 맨 마지막 문장에서 그는 가방을 집에 두고 왔기 때문에 '맙소사!'라고 했으므로 정답은 ④이다.

2 세부 내용 이해(일치 & 불일치)

07 Tom의 주간 계획표이다. 월요일에 하는 활동은?

Monday	Tuesday	Wednesday	Thursday	Friday
play the piano	ride my bike	swim	go to the library	play baseball

① 수영하기

② 피아노 치기

③ 도서관 가기

④ 자전거 타기

해석

월요일	화요일	수요일	목요일	금요일
피아노 치기	자전거 타기	수영하기	도서관 가기	야구하기

해설 월요일엔 ②를 한다.

08 다음 영화표를 보고 알 수 <u>없는</u> 것은?

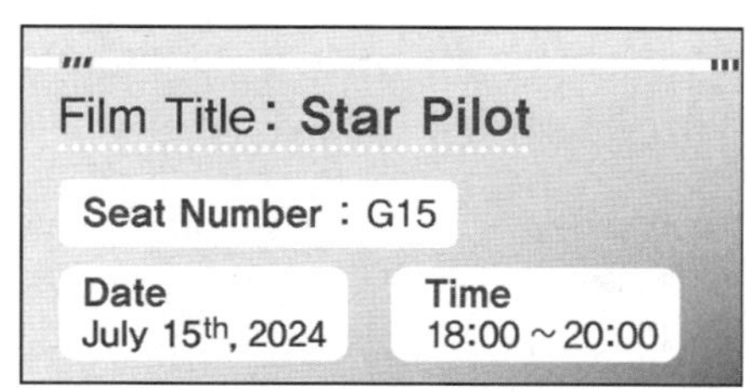

① 영화 제목　　　　　　　　② 영화표 가격
③ 극장 좌석 번호　　　　　　④ 영화 상영 날짜

해석　영화 제목 : Star Pilot
　　　좌석 번호 : G15
　　　날짜 : 2024년 7월 15일
　　　시간 : 18:00~20:00

어휘　film *n.* 영화　　　　　　　title *n.* 제목　　　　　　　seat *n.* 좌석

해설　'일치/불일치' 유형으로 제시된 영화표의 내용으로 알 수 없는 것을 찾는 문제이다.
　　　제시된 영화표에서 영화 제목인 Star Pilot, 극장 좌석 번호인 G15, 영화 상영 날짜인 2024년 7월
　　　15일을 찾을 수 있다. 그러나 영화표 가격은 제시된 영화표로 알 수 없다.

09 다음 글에서 지난주 토요일 오전에 Minsu가 한 일은?

> Last Saturday, Minsu visited his grandmother to help her. In the morning, he watered some plants. In the afternoon, he cleaned the living room.

① 동물 돌보기　　　　　　　② 거실 청소하기
③ 식물에 물 주기　　　　　　④ 할머니 안마해 드리기

해석　지난주 토요일, 민수는 그녀를 돕기 위해 그의 할머니 댁을 방문했다. 아침에, 그는 식물들에게 물을
　　　주었다. 오후에, 그는 거실을 청소했다.

어휘　visit *v.* 방문하다　　　　　　water *v.* 물을 주다
　　　clean *v.* 청소하다　　　　　　living room 거실

해설　민수가 아침에(in the morning) 식물에 물을 주었다고 했으므로, 답은 ③이다.

10 다음 고양이 돌보기 목록에 제시되지 <u>않은</u> 것은?

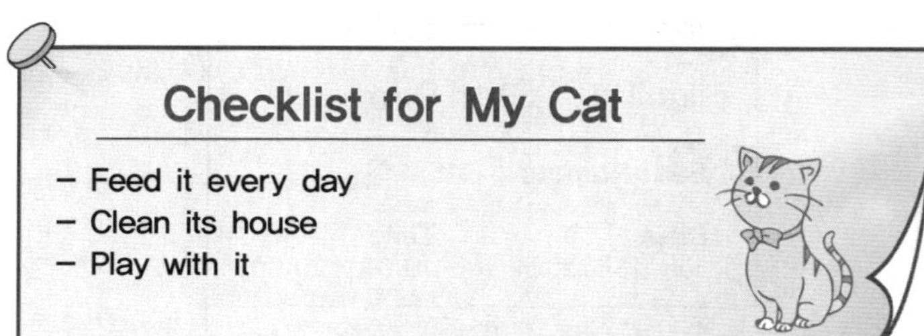

① 매일 먹이 주기 ② 목욕 시키기

③ 집 청소해 주기 ④ 놀아 주기

- -

해석 나의 고양이를 위한 체크 리스트(확인, 점검 사항)
    –매일 매일 고양이에게 먹이 주기
    –고양이의 집 청소해 주기
    –고양이와 놀아 주기

어휘 checklist *v.* 체크 리스트(확인, 점검 사항)
    feed *v.* 먹이를 주다

해설 ②는 고양이를 위한 점검 사항에 제시되지 않았다.

3 추론

빈칸 추론 : 빈칸에 단어 넣기

11 빈칸에 가장 알맞은 것은?

> I'll tell you the _________ for this place. First, you must clean your room. Second, you must not eat food in the room. Are there any questions?

① rules ② trees ③ games ④ reasons

- -

해석 제가 여러분에게 이 장소에서의 <u>규칙</u>을 말해줄게요. 첫째, 여러분은 반드시 여러분의 방을 청소해야 합니다. 두 번째, 여러분은 방에서 음식을 먹어서는 안 됩니다. 질문 있나요?
    ① 규칙 ② 나무 ③ 놀이 ④ 이유

어휘 place *n.* 장소 clean *v.* 청소하다 question *n.* 질문

정답 10 ② 11 ①

해설 '빈칸' 유형으로 빈칸에 들어갈 어휘를 추론하는 문제이다.
제시된 문장에서는 당신이 해야 할 것과 하지 말아야 할 것을 언급하고 있는 것으로 보아 규칙과 관련되어 있음을 추론할 수 있다. 따라서 '규칙'이라는 의미의 ①이 빈칸에 적절하다.

빈칸 추론 : 빈칸에 공통 단어 넣기

12 빈칸에 공통으로 들어갈 것은?

> • Go straight and you can't __________ it.
> • My friend, Tom, will go back to his country. I'll __________ him a lot.

① get　　　　　② lose　　　　　③ miss　　　　　④ find

해석 • 직진하세요, 그러면 당신은 절대로 그것을 놓치지 않을 거에요.
　　 • 내 친구 Tom은 그의 나라로 돌아갈 거야. 나는 그를 많이 그리워할 거야.
어휘 miss *v.* 놓치다, 그리워하다
해설 '빈칸' 유형으로 문맥상 빈칸에 공통으로 들어갈 적절한 동사를 찾는 문제이다.
첫 번째 문장은 길 안내로, 직진하면 그것을 놓칠 수 없을 거라는 의미가 되도록 '놓치다'의 의미를 가진 miss가 들어가는 것이 적절하다. 두 번째 문장은 친구 Tom이 그의 나라로 돌아가, 그를 많이 그리워할 거라는 의미가 되어야 하므로 '그리워하다'의 의미를 가진 'miss'가 적절하다.

빈칸 추론 : 빈칸에 알맞은 대명사의 격 넣기

13 빈칸에 들어갈 알맞은 것은?

> Let me tell you about my boyfriend. He is 21 years old. He is very smart. __________ name is Jinsu. He is very kind to me. So I like him very much.

① My　　　　　② His　　　　　③ Her　　　　　④ Your

해석 내 남자 친구에 대해 당신에게 말할게요. 그는 21살이에요. 그는 아주 똑똑해요. 그의 이름은 Jinsu 에요. 그는 나에게 아주 친절해요. 그래서 나는 그를 매우 좋아해요.
　　 ① 나의　② 그의　③ 그녀의　④ 당신의
해설 '빈칸' 유형으로 문맥상 빈칸에 들어갈 적절한 말을 찾는 문제이다.
글쓴이는 자신의 남자 친구에 대해 소개하고 있으므로, '그의 이름은 Jinsu'라고 말하고 있음을 유추할 수 있다. 따라서 '그의'라는 의미를 가진 ②가 적절하다.

정답 12 ③　13 ②

14 다음은 민호네 반 학생들의 컴퓨터 이용에 관해 조사한 표이다. 표의 내용으로 보아 빈칸에 들어갈 알맞은 말은?

What do you do on a computer?	
Do homework	20%
Play games	50%
Collect information	20%
Chat with others	10%

→ __________ of the students enjoy computer games.

① Half   ② A quarter   ③ One third   ④ Twenty percent

해석   컴퓨터로 무엇을 하십니까?

숙제를 한다   20%
게임을 한다   50%
정보를 수집한다   20%
다른 사람들과 채팅한다   10%
→ 학생들의 절반은 컴퓨터 게임을 즐긴다.
① 절반   ② 4분의 1   ③ 3분의 1   ④ 20%(5분의 1)

어휘   collect *v.* 수집하다   enjoy *v.* 즐기다

해설   '도표'에서 '빈칸' 유형으로, 도표를 보고 빈칸에 들어갈 알맞은 단어를 찾는 문제이다.
제시된 표에서 컴퓨터 게임을 하는 사람은 50%이므로, 절반을 의미하는 ①이 적절하다.

15 밑줄 친 질문에 대한 답으로 가장 알맞은 것은?

I work in a hospital. I treat people who are sick. Who am I?

① 의사   ② 판사   ③ 여행 가이드   ④ 비행기 조종사

해석   저는 병원에서 일합니다. 저는 아픈 사람들을 치료합니다. 저는 누구일까요?

어휘   hospital *n.* 병원   treat *v.* 치료하다   sick *a.* 아픈

해설   병원에서 근무하고 아픈 사람들을 치료한다고 했으므로 정답은 ①이다.

정답 14 ① 15 ①

16 밑줄 친 'It'이 공통으로 가리키는 것은?

> <u>It</u> is the Korean alphabet. <u>It</u> was made by King Sejong. <u>It</u> has 24 letters. <u>It</u> is known as a scientific and beautiful writing system.

① 한글　　　　② 한복　　　　③ 판소리　　　　④ 태권도

해석　<u>그것</u>은 한국의 알파벳이다. <u>그것</u>은 세종 대왕에 의해 만들어졌다. <u>그것</u>은 24개의 문자를 가졌다. 그것은 과학적이고 아름다운 표기 체계로 알려져 있다.

어휘　letter *n.* 문자, 글자　　　　　　　be known as ~로 알려지다
　　　　scientific *a.* 과학적인　　　　　　beautiful *a.* 아름다운
　　　　writing system 표기 체계

해설　'지칭 추론' 유형으로 밑줄 친 it이 가리키는 것을 추론하는 문제이다.
　　　　제시된 It의 특징으로 한국의 알파벳이며 세종 대왕이 만들었고 24개의 문자를 가지며 과학적이고 아름다운 표기 체계라는 것으로 볼 때 ①로 추정하는 것이 적절하다.

17 밑줄 친 this가 공통으로 가리키는 것은?

> - We can't live without <u>this</u>.
> - We drink <u>this</u> every day.
> - We take a shower with <u>this</u>.

① fire　　　　② money　　　　③ water　　　　④ shampoo

해석　· 우리는 <u>이것</u> 없이는 살 수 없다.
　　　　· 우리는 <u>이것</u>을 매일 마신다.
　　　　· 우리는 <u>이것</u>으로 샤워를 한다.
　　　　① 불　② 돈　③ 물　④ 샴푸

어휘　without *prep.* ~ 없이　　　　　　drink *v.* 마시다
　　　　take a shower 샤워를 하다

해설　'지칭 추론' 유형으로 밑줄 친 'this'가 지칭하는 것을 추론하는 문제이다.
　　　　'이것' 없이는 살 수 없고, 매일 마시며, 샤워를 하는 데 사용되는 특징을 알 수 있다. 이러한 특징으로 추론할 수 있는 것으로 ③이 적절하다.

정답 16 ①　17 ③

4 글의 흐름 파악

18 글의 흐름으로 보아 주어진 문장이 들어가기에 가장 알맞은 곳은?

> It is delicious.

> I am happy at school. (①) First, I like our school food. (②) Second, my homeroom teacher, Mr. Kim, is very kind. (③) He also makes us laugh a lot. (④) Last, I like playing soccer on the playground.

해석 나는 학교에서 행복하다. (①) 첫 번째로, 나는 우리 학교 음식이 좋다. (② 그것은 맛있다.) 두 번째로, 나의 담임 선생님, Mr. Kim은 아주 친절하다. (③) 그는 또한 우리를 많이 웃게 해준다. (④) 마지막으로, 나는 운동장에서 축구하는 것을 좋아한다.

어휘 delicious *a.* 맛있는 homeroom teacher 담임 선생님
kind *a.* 친절한 laugh *v.* 웃다
playground *n.* 운동장

해설 '문장 삽입' 유형으로 제시된 문장이 들어갈 적절한 자리를 찾는 문제이다.
제시된 지문은 그것이 맛있다는 의미이며 지칭대명사 it은 음식으로 추론해 볼 수 있다. 따라서 학교 음식이 맛있다는 내용 뒤에 이어지는 것이 적절하다.

19 글의 흐름으로 보아 빈칸에 들어갈 말로 알맞은 것은?

> We can do many useful things with cell phones*, like making phone calls or listening to music. _____________, if we are not careful when using cell phones in public places, they can cause problems.
> * cell phone : 휴대 전화

① However ② At first ③ In short ④ For example

해석 우리는 핸드폰으로 전화를 걸거나 음악을 듣는 것과 같이, 많은 유용한 것을 할 수 있다. 하지만, 만약 우리가 공공장소에서 핸드폰을 사용할 때 조심하지 않는다면, 그것들은 문제를 일으킬 수 있다.
① 하지만 ② 첫 번째로 ③ 요약하자면 ④ 예를 들어

정답 18 ② 19 ①

어휘	useful *a.* 유용한	cell phone 핸드폰
	make a phone call 전화를 걸다	careful *a.* 조심스러운
	public place 공공장소	cause *v.* 유발하다

해설 '빈칸'에서 '접속사' 유형으로 글의 맥락에 따라 빈칸에 들어갈 접속사를 추론하는 문제이다. 글의 전반부는 핸드폰의 유용한 점들을, 뒷부분은 부정적인 것을 언급하고 있는 것을 볼 때 앞 문장 뒤 문장의 관계는 반대된다고 볼 수 있다. 따라서 역접의 연결어인 ①이 적절하다.

이어지는 문장 찾기

20 다음 글 바로 뒤에 이어질 내용으로 알맞은 것은?

> What is your dream job? There are many interesting jobs in the world. I'll tell you about some of them.

① 적성 검사의 중요성   ② 흥미로운 직업의 예
③ 컴퓨터실 사용 방법   ④ 매력적인 여행지 소개

해석 당신의 꿈의 직업은 뭔가요? 세상에는 흥미로운 직업이 많이 있습니다. 그 중 몇 개에 대해 이야기 해 줄게요.

어휘 dream *n.* 꿈   interesting *a.* 흥미로운

해설 제시된 글은 직업을 소재로 하고 있고 마지막 문장에서 이러한 흥미로운 직업 중 몇 개를 이야기해 준다고 하고 있다. 따라서 글의 뒤에 이어질 내용으로 글의 소재인 흥미로운 직업과 관련된 ②가 적절하다.

흐름과 무관한 문장 찾기

21 글의 흐름으로 보아 어울리지 <u>않는</u> 문장은?

> I went to Jeju Island with my family. ① <u>We went there by airplane.</u> ② <u>We saw a beautiful beach.</u> ③ <u>My teacher is very kind.</u> ④ <u>I swam there.</u> I want to go there again someday.

해석 나는 나의 가족과 함께 제주도에 갔다. ① 우리는 그곳에 비행기로 갔다. ② 우리는 아름다운 해변을 보았다. ③ 나의 선생님은 아주 친절하다. ④ 나는 거기에서 수영을 했다. 나는 언젠가 그곳에 다시 가고 싶다.

정답 20 ②   21 ③

어휘   airplane *n.* 비행기   beautiful *a.* 아름다운
         beach *n.* 해변   kind *a.* 친절한
해설   '논리적 흐름' 유형으로 제시된 글의 흐름에 맞지 않는 문장을 찾는 문제이다.
         제주도 여행을 소재로 하여 제주도에서의 경험을 언급하고 있다. ③은 선생님의 성격을 언급하고
         있으므로 전체의 소재인 제주도 여행과 무관하다.

심경 & 심정

22 글쓴이의 심경으로 가장 알맞은 것은?

> My family went camping. We sang songs together and saw many stars in the
> sky. It was a wonderful night. I was very happy.

① 슬픔   ② 외로움   ③ 당황함   ④ 행복함

해석   우리 가족은 캠핑을 다녀왔다. 우리는 함께 노래를 부르고 하늘에 있는 많은 별을 보았다. 멋진 밤이
         었다. 나는 아주 행복했다.
어휘   sing a song 노래를 부르다   together *ad.* 함께
         wonderful *a.* 멋진
해설   제시문은 가족 캠핑에 대하여 이야기하고 있으며 거기에서 무엇을 했는지 언급하고 행복하다는 정서
         를 묘사하고 있다. 특별히 마지막 행복했다는 언급으로 볼 때 글쓴이의 심경을 ④로 추론하는 것이
         적절하다.

정답 22 ④

예상 문제로 실력 잡기

1 주제 찾기

주제

01 다음 글의 주제로 가장 알맞은 것은?

> How important are friends? We can enjoy life with them. Good friends make you happy. Therefore, we should understand and care each other.

① 환경의 중요성 　　　　　　② 친구의 중요성
③ 가족의 중요성 　　　　　　④ 애완동물의 중요성

해석　친구들은 얼마나 중요한가요? 우리는 인생을 그들과 함께 즐길 수 있습니다. 좋은 친구들은 당신을 행복하게 만들어줍니다. 그러므로 우리는 서로 서로 이해하고 돌봐야 합니다.
어휘　enjoy *v.* 즐기다　　　　　　　　care *v.* 돌보다, 살피다
each other 서로 서로
해설　'주제' 유형으로 제시된 글의 주제를 추론하는 문제이다.
친구의 중요성에 대한 물음을 제기하며 답과 방법을 제시하고 있다.

02 다음 글의 주제로 가장 알맞은 것은?

> What habits are good for preserving environment? We should recycle papers, glasses, and plastic. We should also use buses and subways more often.

① 친구의 중요성 　　　　　　② 올바른 전화 예절
③ 환경을 아끼는 방법 　　　　④ 건강을 위한 생활 습관

해석　어떤 습관들이 환경을 보존하기 위해 좋은가요? 우리는 종이, 유리, 그리고 플라스틱을 재활용해야만 합니다. 우리는 또한 버스와 전철을 좀 더 자주 이용해야만 합니다.

해설　'주제' 유형으로 제시된 글 전체의 주제를 추론하는 문제이다.
제시된 글은 환경을 보존하기 위한 습관들을 소재로 다양한 보존 방법들을 제시하고 있다.

03　글의 주제로 알맞은 것은?

> Here are some ways for good sleep. First, find a quiet and dark environment. Second, listen to classical music. Third, make sure you have good bed and pillows.

① 좋은 학습 환경 조성 방법　　② 좋은 잠자기 방법
③ 안전한 전구 교체 방법　　④ 적절한 필기구 보관 방법

해석　여기에 좋은 잠자기를 위한 몇 가지 방법들이 있습니다. 첫째, 조용하고 어두운 환경을 찾아보세요.
둘째, 클래식 음악을 들어보세요. 셋째, 반드시 좋은 침대와 베개를 갖도록 하세요.

어휘　dark *a*. 어두운　　environment *n*. 환경
make sure 반드시 ~하도록 하다　　pillow *n*. 베개

해설　'주제' 유형으로 제시된 글 전체의 주제를 추론하는 문제이다. 제시된 글은 좋은 잠자기를 소재로
그것을 위한 다양한 방법들을 제시하고 있다.

04　글의 주제로 알맞은 것은?

> Regular reading is useful because you can be open to new information and broaden your knowledge.

① 책읽기의 장점　　② 운동의 중요성
③ 키 크는 음식　　④ 달리기의 종류

해석　주기적인 책읽기는 당신이 새로운 정보에 여지가 있을 수 있게 해주고 당신의 지식을 넓힐 수 있게
해주므로 유용합니다.

어휘　regular *a*. 주기적인　　useful *a*. 쓸모 있는
be open to ~의 여지가 있다　　broaden *v*. 넓히다
knowledge *n*. 지식

해설　주제를 추론하는 문제이다.
주기적인 책읽기가 쓸모 있음을 시작으로 이유를 설명하고 있으므로 책읽기의 장점이라 추론할 수
있다.

정답 03 ② 04 ①

목적

05 다음 글을 쓴 목적으로 가장 알맞은 것은?

> I am looking for my cell phone. It was lost somewhere in the park yesterday. It is brand new and its colour is pink. If you see a phone like this, please call 1000 − 1004.

① 잃어버린 휴대 전화 찾기　　　② 새로운 전화 찾기
③ 공원 찾기　　　④ 적합한 전화 찾기

해석　저는 저의 휴대폰을 찾고 있습니다. 어제 공원 어딘가에서 잃어버렸습니다. 그것은 새 제품이고 색상은 핑크입니다. 만약 이것과 같은 전화를 보신다면, 1000 − 1004로 부디 전화해 주세요.
어휘　look for ~을 찾다　　　　　　brand new 새 것
해설　'목적' 유형으로 글의 목적을 추론하는 문제이다.
　　　일반적으로 첫 문장에서 답을 추론할 수 있다.
　　　제시된 글은 휴대폰을 찾고 있음을 시작으로 어디에서 잃어버렸고 휴대폰의 색상과 상태를 언급하고 있으며 만약 본 사람이 있다면 전화해 달라고 부탁하고 있다.

06 다음 글을 쓴 목적으로 가장 알맞은 것은?

> Dear Teacher,
> I am not interested in science. I always get a low mark. I do study hard but never get a high score. What should I do? I need your help.
>
> 　　　　　　　　　　　　　　　　　　　　　　　　Jenny

① 조언을 얻기 위해
② 친구를 소개하기 위해
③ 스트레스를 해소하기 위해
④ 장래 희망을 결정하기 위해

해석　선생님께,
　　　저는 과학에 관심이 없습니다. 저는 항상 낮은 점수만 받습니다. 저는 열심히 공부하지만 절대 높은 점수를 받지 못합니다. 어떻게 해야 할까요? 저는 선생님의 조언이 필요합니다. Jenny
어휘　be interested in ~에 관심이 있다　　　science n. 과학
　　　mark n. 점수
해설　'목적' 유형으로 글의 목적을 추론하는 문제이다.
　　　과학을 열심히 공부하지만 높은 점수를 얻지 못하는 것에 대해 언급하고
　　　조언을 구하고 있다.

정답　05 ①　06 ①

07 다음 글을 쓴 목적으로 가장 알맞은 것은?

> Dear Kevin,
> I have difficulty making friends in school. When I talk with a new person, I forget everything I want to say. I feel useless. What should I do?
>
> Jack

① 규칙을 안내하기 위해　　　　② 대회를 홍보하기 위해
③ 친구를 소개하기 위해　　　　④ 조언을 요청하기 위해

해석　Kevin에게,
　　　나는 학교에서 친구 사귀는 것에 어려움이 있어. 내가 새로운 사람과 대화할 때 내가 말하고 싶은 것을 잊어버려. 나는 한심한 것 같아. 어떻게 해야 할까? Jack

어휘　difficulty *n.* 어려움　　　　　　forget *v.* 잊다, 깜빡하다
　　　useless *a.* 쓸모없는

해설　'목적' 유형으로 글의 목적을 추론하는 문제이다.
　　　새로운 사람과 말하는 것에 대한 어려움을 언급하고 그에 대한 조언을 구하고 있다.

08 다음 글의 'He'가 낚시를 가지 못한 이유로 알맞은 것은?

> It rained heavily from the early morning. He could not get up because of fever. He has been sick over the last three days. So he could not go fishing.

① 늦게 일어나서　　　　　　② 부모님이 허락하지 않아서
③ 몸이 아파서　　　　　　　④ 기분이 안 좋아서

해석　이른 아침부터 비가 심하게 내렸습니다. 그는 독감 때문에 일어날 수가 없었습니다. 그는 지난 3일 동안 앓고 있습니다. 그래서 그는 낚시하러 가지 못했습니다.

어휘　heavily *ad.* 심하게, 아주 많이　　　get up (잠에서) 일어나다
　　　fever *n.* 독감　　　　　　　　　　sick *a.* 아픈, 병든

해설　'일치/불일치' 유형으로 제시된 글에서 'He'가 낚시를 가지 못한 이유를 찾는 문제이다.
　　　두 번째 문장에서 그가 낚시에 가지 못한 이유가 독감 때문이라고 언급했기에 ③이 적절하다.

09 글의 목적으로 알맞은 것은?

> Dear Sue,
>
> Thank you for visiting me when I was in hospital. It was a pleasure to see you there.
>
> Anna

① 감사 ② 초대 ③ 항의 ④ 거절

해석 Sue에게,
내가 병원에 있었을 때 나를 방문해줘서 고마워. 너를 거기서 본 것은 기쁨이었어. Anna

어휘 visit *v.* 방문하다 pleasure *n.* 기쁨, 즐거움

해설 '편지'에서 '주제' 유형으로 제시된 편지글의 목적을 묻는 문제이다.
편지에서 감사하다고 언급하고 있는 것으로 보아 글의 목적은 ①이 적절하다.

10 다음 글을 쓴 목적으로 가장 알맞은 것은?

> I'm looking for my cat. It is one year old. It is white and has a big flat face. It also has long legs without hair. If you see a cat like this, please call 1234 – 5678.

① 동물 병원 홍보 ② 애견 용품 광고
③ 동물원 광고 ④ 잃어버린 고양이 찾기

해석 저는 제 고양이를 찾고 있습니다. 그것은 한 살입니다. 그것은 흰색이고 크고 납작한 얼굴을 가지고 있습니다. 그것은 또한 털 없는 긴 다리를 가지고 있습니다. 만약 이런 고양이를 보신다면, 1234 – 5678로 전화해 주세요.

어휘 look for ~ 찾다 flat *a.* 납작한 without *prep.* ~ 없이

해설 '주제' 유형으로 제시된 글의 목적을 추론하는 문제이다.
제시된 글은 고양이를 찾고 있으며 찾고 있는 고양이에 대한 묘사와 함께 전화번호를 언급하고 있다. 따라서 글의 목적으로 잃어버린 고양이를 찾는다는 ④가 적절하다.

정답 09 ① 10 ④

11 글의 목적으로 알맞은 것은?

> The new art class starts from next Monday in Room 333. We will have classes twice a week. The art teacher is Mrs. Ju.

① 비판하기 위해　　　　　　② 사과하기 위해
③ 칭찬하기 위해　　　　　　④ 안내하기 위해

해석　새로운 미술 수업이 다음 월요일부터 333교실에서 시작됩니다. 우리는 일주일에 두 번 수업이 있습니다. 미술 교사는 Mrs. Ju입니다.

어휘　start from ~에서 시작하다　　　　　twice a week 일주일에 두 번

해설　미술 수업에 관한 정보를 안내하고 있다.

제목

12 다음 글의 제목으로 알맞은 것은?

> I usually work from 9 a.m. to 6 p.m. I talk with many different customers to sell more bags. Cleaning and displaying bags is tiring. Some customers are rude but I enjoy my job.

① My plan for the future　　　② My job
③ My hobby　　　　　　　　　④ My strength and weakness

해석　나는 보통 오전 9시부터 오후 6시까지 일합니다. 나는 더 많은 가방들을 팔기 위해 많은 다른 고객들과 대화를 나눕니다. 가방을 청소하는 것과 전시하기는 피곤합니다. 몇몇의 고객들은 무례하지만 저는 제 일을 즐깁니다.
　　　① 미래 계획　　② 직장　　③ 취미　　④ 강점과 약점

어휘　talk with 대화를 나누다　　　　　customer *n.* 소비자, 고객
　　　sell *v.* 팔다　　　　　　　　　display *v.* 전시하다
　　　tiring *a.* 피곤한　　　　　　　　rude *a.* 무례한, 버릇없는

해설　글의 제목을 추론하는 문제이다.
　　　첫 문장에서 오전 9시부터 오후 6시까지 일한다고 말하는 것을 보아 ②가 적절하다.

13 다음 글의 제목으로 알맞은 것은?

> I ride a bicycle once a week. If it rains, I read books or cook new food. Sometimes, I travel many different countries. Last month, I went Spain.

① My Job
③ My Sister's Wedding

② My Hobby
④ My Grandfather's Birthday

해석 나는 일주일에 한 번 자전거를 탄다. 만약 비가 내리면, 나는 책을 읽거나 새로운 음식을 요리한다. 때때로 나는 많은 다른 나라들을 여행한다. 지난달에 나는 스페인을 다녀왔다.
① 일　② 취미　③ 자매의 결혼식　④ 할아버지 생신

어휘 ride a bicycle 자전거 타다　　　　　once a week 일주일에 한 번
Spain *n.* 스페인

해설 글의 제목을 추론하는 문제이다.
자전거 타기, 책 읽기, 요리하기, 그리고 여행하기를 보았을 때 ②가 적절하다.

14 다음 글의 제목으로 알맞은 것은?

> I do not have many friends but I have a best friend. Her name is Jung − Mi. She is good at singing and English. We study and travel together because we have the same future plan.

① My School
③ My Teacher

② My Family
④ My Best Friend

해석 나는 많은 친구들은 없지만 가장 친한 친구가 있다. 그녀의 이름은 Jung − Mi이다. 그녀는 노래와 영어를 잘한다. 우리는 똑같은 미래 계획이 있기에 함께 공부하고 여행한다.
① 나의 학교　　　　　② 나의 가족
③ 나의 선생님　　　　④ 나의 가장 친한 친구

어휘 be good at ~ 능숙하다, 잘하다　　　future *n.* 미래

해설 글의 제목을 추론하는 문제이다.
첫 문장에서 많은 친구는 없지만 가장 친한 친구인 Jung − Mi를 언급하고 있는 것을 보아 ④가 적절하다.

정답 13 ②　14 ④

15 글의 주장으로 가장 알맞은 것은?

Water is very important to us. If we do not have water, we cannot drink, cook, wash and grow vegetables and animals. But many people waste water so much.

① 숲을 보호하자.　　　　② 물을 아껴 쓰자.
③ 환기를 자주 시키자.　　　④ 대중교통을 이용하자.

해석　물은 우리에게 아주 중요합니다. 만약 우리가 물을 가지고 있지 않다면, 우리는 마시고, 요리하고, 씻고, 그리고 채소와 동물들을 키울 수 없습니다. 하지만 많은 사람들은 물을 많이 낭비합니다.

어휘　grow v. 재배하다, 키우다　　　　vegetable n. 채소, 야채
　　　waste v. 낭비하다

해설　'주제' 유형으로 글쓴이가 주장하는 것을 추론하는 문제이다.
　　　물은 인간에게 중요하기 때문에 물을 너무 많이 낭비하지 말자는 ②가 정답이다.

16 글의 주장으로 가장 알맞은 것은?

Many people grow and cut trees to use for many reasons. Trees are very important to humans, animals, birds and plants. Please plant more trees and take care of them.

① 나무를 보호하자.　　　　② 물을 아껴 쓰자.
③ 환기를 자주 시키자.　　　④ 대중교통을 이용하자.

해석　많은 사람들은 많은 이유로 사용하기 위해 나무를 재배하고 자른다. 나무들은 인간, 동물, 새와 식물에게 매우 중요하다. 더 많은 나무를 심고 나무들을 돌보자.

어휘　grow v. 재배하다　　　　plant v. 심다, n. 식물
　　　take care of 돌보다, 주의하다

해설　'주제' 유형으로 글쓴이가 주장하는 것을 추론하는 문제이다.
　　　나무를 주제로 나무의 역할과 중요성을 언급하며 우리에게 나무를 더 많이 심고 돌보자고 주장하고 있는 ①이 적절하다.

정답 15 ② 16 ①

17 다음 문장이 의도하는 것은?

> If you are not in my shoes, I disagree with you.

① 감사하기　　　　　　　② 비동의 하기
③ 칭찬하기　　　　　　　④ 조언 구하기

해석　네가 내 입장이 아니라면, 나는 너에게 반대한다.
어휘　in my shoes 내 입장, 내 처지　　　　disagree with ~에 비동의 하다
해설　문장의 의도를 파악하는 문제이다. 'disagree with ~' 표현으로 동의 의도를 알아볼 수 있다. 조언 구하기라면 'What should I do?' 표현이 문제 안에 등장한다.

18 다음 문장이 의도하는 것은?

> If you were me, what should you do?

① 감사하기　　　　　　　② 동의하기
③ 칭찬하기　　　　　　　④ 조언 구하기

해석　네가 나라면, 넌 어떻게 할래?
해설　'목적' 유형으로 제시된 문장의 의도를 파악하는 문제이다.
　상대방이 자신의 입장이라면 어떻게 할 거냐고 묻고 있으므로, 조언을 구하는 것으로 볼 수 있다.

일치 & 불일치 : 그림이 있는 경우

19 그림 속 Chris의 상황을 표현한 것으로 알맞은 것은?

① Chris is playing the piano.
② Chris is cleaning the office.
③ Chris is having lunch.
④ Chris is working on the desk.

해석 ① Chris는 피아노를 연주하고 있다.
② Chris는 사무실을 청소하고 있다.
③ Chris는 점심 식사를 하고 있다.
④ Chris는 책상에서 업무를 보고 있다.

어휘 office *n.* 사무실

해설 그림에서 '일치/불일치' 유형으로 제시된 그림과 일치하는 문장을 찾는 문제이다.
그림에서 Chris가 의자에 앉아서 일을 하고 있으므로 ④가 적절하다.

20 다음 뮤지컬 표를 보고 알 수 없는 것은?

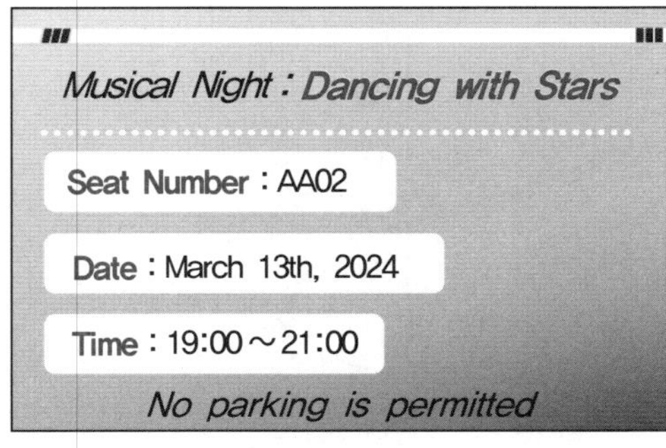

① 뮤지컬 제목   ② 뮤지컬 날짜
③ 뮤지컬 등장인물   ④ 뮤지컬 시간

정답 19 ④ 20 ③

해석 뮤지컬 밤 : 스타와 댄스를
좌석 : AA02
날짜 : 2024년 3월 13일
시간 : 저녁 7시부터 9시
주차 금지입니다

어휘 seat *n.* 좌석 permit *v.* 허락하다, 허가하다

해설 ‘일치/불일치’ 유형으로 제시된 영화표의 내용으로 알 수 없는 것을 찾는 문제이다.
제시된 뮤지컬 표에선 등장인물에 관한 정보를 알 수 없다.

---

21 다음 규칙에 제시되지 <u>않은</u> 것은?

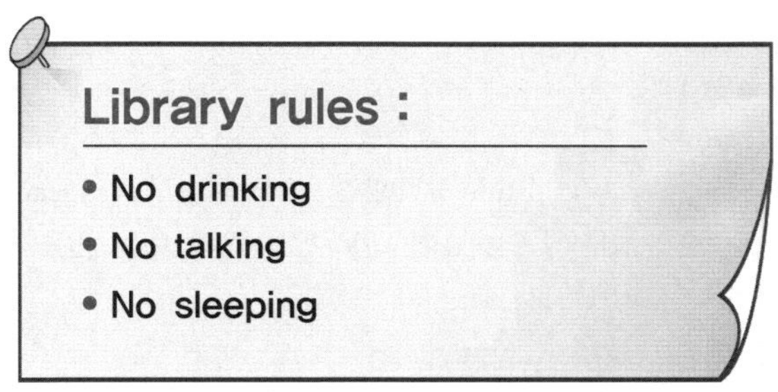

① 마시기 금지 ② 대화 금지
③ 음식 금지 ④ 잠자기 금지

해석 도서관 규칙 :
• 마시지 마세요
• 대화하지 마세요
• 잠자지 마세요

어휘 library *n.* 도서관 rule *n.* 규칙

해설 ‘게시판’에서 ‘일치/불일치’ 유형으로 제시된 게시판을 통해 알 수 없는 것을 찾는 문제이다.
제시된 게시판에선 음식물 관련 내용은 알 수 없다.

22 다음 영화표를 보고 알 수 <u>없는</u> 것은?

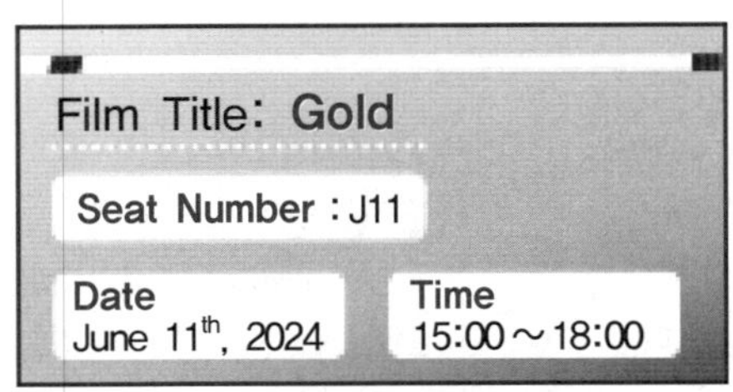

① 영화 제목

② 영화관 이름

③ 극장 좌석 번호

④ 영화 상영 날짜

해석　영화 제목 : Gold

　　　좌석 번호 : J11

　　　날짜 : 2024년 6월 11일

　　　시간 : 15:00~18:00

어휘　film *n.* 영화　　　　　　title *n.* 제목　　　　　　seat *n.* 좌석

해설　'일치/불일치' 유형으로 제시된 영화표의 내용으로 알 수 없는 것을 찾는 문제이다.

　　　영화표에선 영화관 이름이 무엇인지는 알 수 없다.

23 다음 일기 예보에서 언급된 내일의 날씨는?

> It was windy and cloudy today. But tomorrow will be cold and rainy.

① 　② 　③ 　④ 

해석　오늘은 바람이 불고 흐렸습니다. 하지만 내일은 춥고 비가 올 것입니다.

어휘　windy *a.* 바람이 많이 부는　　　　　cloudy *a.* 흐린

　　　rainy *a.* 비가 오는

　　　② sunny　③ sunny and cloudy　④ snowy

해설　'일치/불일치' 유형으로 제시된 지문과 일치하는 그림을 보기에서 찾는 문제이다.

　　　rainy 단어를 보고 정답 ①을 고를 수 있다.

정답 22 ② 23 ①

24 다음 안내판에서 알 수 <u>없는</u> 것은?

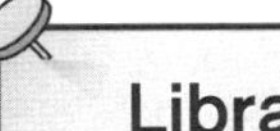

① 입장 요금   ② 개방 시간
③ 휴관일   ④ 전화번호

해석   도서관
월요일부터 금요일
개방 시간 : 09:00 ~ 19:00
토요일 : 개방 시간 10:00 ~ 14:00
일요일 : 휴관
문의 : Mrs. Clark에게 연락하세요.
전화번호 : 123-4567

어휘   inquires *n.* (inquiry의 복수) 문의   contact *v.* 연락하다

해설   '표'에서 '일치/불일치' 유형으로 제시된 표를 보고 알 수 없는 것을 찾는 문제이다.
안내판에선 도서관 입장 요금 관련 정보를 찾을 수 없다.

25 다음 초대장에 언급되지 <u>않은</u> 것은?

① 파티 장소   ② 초대한 사람
③ 파티 시간   ④ 파티 날짜

정답 24 ① 25 ①

26 다음 광고에서 알 수 <u>없는</u> 것은?

The Tea of the Week :

Name : Peppermint Tea
Origin : Swiss
Price : $15/30g

① 가격   ② 원산지   ③ 이름   ④ 생산자

일치 & 불일치 : 그림이 없는 경우

27 다음 글에서 Kelly의 가족이 한 일이 <u>아닌</u> 것은?

Kelly's family went to Taiwan. They visited their relatives. They ate delicious foods and bought many presents. They visited many historical places.

① 친척 방문   ② 맛있는 음식 먹기
③ 역사적 장소 방문   ④ 밤하늘 보기

정답 26 ④ 27 ④

해석　Kelly의 가족은 대만에 갔다. 그들은 그들의 친척들을 방문했다. 그들은 맛있는 음식을 먹었고 많은 선물들을 구입했다. 그들은 많은 역사적인 장소들을 방문했다.

어휘　Taiwan *n.* 대만　　　　　　visit *v.* 방문하다　　　　　relative *n.* 친척

　　　delicious *a.* 맛있는　　　　present *n.* 선물　　　　　historical *a.* 역사적인

해설　'일치/불일치' 유형으로 제시된 글을 보고 알 수 없는 것을 찾는 문제이다.
　　　제시된 글에선 밤하늘 보기 내용은 찾을 수 없다.

28 다음 글에서 Paul에 대해 언급된 것으로 알맞지 <u>않은</u> 것은?

> Paul is my lovely dog. He is about 1 year old. I got him from my uncle last year. He has long hair and likes ham a lot. I cannot live without him.

① Paul은 한 살이다.　　　　　　② Paul은 긴 털을 가졌다.
③ Paul은 햄을 좋아한다.　　　　　④ Paul은 나 없이 잘 논다.

해석　Paul은 나의 사랑스러운 강아지이다. 그는 약 1살이다. 나는 작년에 삼촌으로부터 그를 얻었다. 그는 긴 털을 가지고 있고 햄을 많이 좋아한다. 나는 그 없이 살 수 없다.

어휘　lovely *a.* 사랑스러운　　　　uncle *n.* 삼촌　　　　　without *prop.* ～ 없이

해설　'일치/불일치' 유형으로 제시된 글에서 언급되지 않은 것을 찾는 문제이다.
　　　Paul이 잘 노는지에 관한 내용은 명시되어 있지 않다.

29 다음에서 설명하는 'This girl'의 내용과 일치하지 <u>않는</u> 것은?

> This girl is about 150cm tall. She lives in Seoul. Her hair color is dark brown and her eyes are blue. She looks like a model. She likes sandwiches the most.

① 키가 약 150cm이다.　　　　　② 서울에 산다.
③ 파란 눈을 가졌다.　　　　　　④ 뚱뚱한 체형이다.

해석　이 소녀는 키가 약 150cm이다. 그녀는 서울에 산다. 그녀의 헤어 칼러는 어두운 갈색이고 그녀의 눈은 파란색이다. 그녀는 모델처럼 생겼다. 그녀는 샌드위치를 가장 좋아한다.

어휘　dark *a.* 어두운　　　　　　brown *n.* 갈색　　　　　look like ～처럼 보인다

해설　'일치/불일치' 유형으로 제시된 글과 일치하지 않는 그녀의 특징을 찾는 문제이다.
　　　그녀가 뚱뚱한지 아닌지에 관한 내용은 언급되지 않았다.

정답 28 ④　29 ④

30 다음 글에서 Jim과 Min이 오늘 한 일이 <u>아닌</u> 것은?

> Jim and Min had an interesting day. In the morning, they went to the library to find a book they wanted to read. At lunch, they went swimming. In the afternoon, they went to a concert.

① 수영하기　　　　　　　　　② 저녁 먹기
③ 도서관 가기　　　　　　　　④ 콘서트 가기

해석　Jim과 Min은 흥미로운 하루를 보냈다. 아침에, 그들은 그들이 읽고 싶은 책을 찾기 위해 도서관에 갔다. 점심에, 그들은 수영을 했다. 오후에, 그들은 콘서트에 갔다.

어휘　interesting *a.* 흥미로운

해설　'일치/불일치' 유형으로 제시된 글에서 Jim과 Min이 한 일이 아닌 것을 찾는 문제이다. 저녁 먹기는 제시된 글에 나타나지 않는다.

31 다음 이메일을 통해 알 수 <u>없는</u> 것은?

> To Sue
> Title : Fishing
> 　Dear Sue,
> 　I will go fishing with my friends this Sunday. We will go there by a car. If you want to come, meet us at 7 a.m. and bring an extra cloth. I hope you can come.

① 만나는 장소　　　　　　　　② 준비물
③ 만나는 시각　　　　　　　　④ 만나는 요일

해석　Sue에게
　　　제목 : 낚시
　　　나는 이번 주 일요일에 친구들과 함께 낚시하러 갈 거야. 우리는 거기에 자동차로 갈 거야. 만약 네가 오고 싶다면, 아침 7시에 만나고 여분의 옷을 가져와. 나는 네가 오길 바래.

어휘　fishing *n.* 낚시　　　　　　　　　　extra *a.* 추가의, 여분의

해설　'편지' 유형에서 '일치/불일치'를 묻는 문제이다. 만나는 장소 관련 내용은 찾을 수 없다.

32 다음 글에서 'I'가 방과 후에 한 일이 <u>아닌</u> 것은?

> I went shopping after school. I bought new books. I drank milk tea with Yoon-Ho. I also watched a movie in the cinema.

① 책 읽기
② 쇼핑하기
③ 영화 보기
④ 밀크티 마시기

해석　나는 방과 후 쇼핑하러 갔다. 나는 새 책들을 샀다. 나는 Yoon-Ho와 함께 밀크티를 마셨다. 나는 또한 영화관에서 영화를 봤다.

어휘　after school 방과 후　　　　　　　　cinema *n.* 영화관

해설　'일치/불일치' 유형으로 제시문의 'I'가 하지 않은 것을 찾는 문제이다.
　　　책을 구입했다는 말은 있으나 책을 읽었다는 내용은 없다.

33 다음 상황에서 Peter에게 할 수 있는 말로 알맞은 것은?

> Your friend, Peter, asks you to come to his party. But you can't because you are having a test next week. What would you say to him?

① I think so.
② I'm sorry, but I can't.
③ You're right.
④ Thank you very much.

해석　당신의 친구 Peter가, 당신에게 파티에 와줄 것을 부탁합니다. 하지만 당신은 다음 주에 시험을 보기 때문에 갈 수 없습니다. 당신은 그에게 뭐라고 말할 건가요?
　　　① 나도 그렇게 생각해　　　　　　② 미안해, 하지만 난 할 수 없어.
　　　③ 네가 맞아.　　　　　　　　　　④ 정말 고마워.

해설　'추론' 유형으로 제시된 상황에서 할 수 있는 말로 적절한 것을 찾는 문제이다.
　　　Peter가 파티에 참석해 달라고 하지만 다음 주에 시험이 있어서 갈 수 없는 상황이므로 거절과 유감을 표하는 말이 적절하다.

정답 32 ① 33 ②

34 다음 글을 읽고 알 수 없는 것은?

> I'm thirteen years old. I'm a middle school student. My favorite subject is Science. I like playing baseball and tennis. There are three people in my family.

① 나이   ② 가족 수
③ 살고 있는 도시   ④ 좋아하는 과목

해석 나는 13살입니다. 나는 중학생입니다. 내가 좋아하는 과목은 과학입니다. 나는 야구와 테니스 하는 것을 좋아합니다. 나의 가족은 3명입니다.

어휘 middle school 중학교

해설 '일치/불일치' 유형으로 제시된 글을 통해 알 수 없는 것을 찾는 문제이다.
제시된 글에서는 나이, 사회적 상태, 좋아하는 과목, 좋아하는 운동, 가족 수가 순서대로 나타나고 있다. 살고 있는 도시가 어디인지는 언급되지 않았다.

3 추론

빈칸 추론 : 빈칸에 단어 넣기

35 다음 빈칸에 가장 알맞은 것은?

> I'll tell you the __________ before doing the test. First, you must be quiet. Second, you must not stand up. Are there any questions?

① rules   ② ways   ③ noises   ④ reasons

해석 제가 시험보기 전에 규칙을 말해줄게요. 첫째, 여러분은 반드시 조용해야만 합니다. 둘째, 여러분은 서 있지 말아야만 합니다. 질문 있나요?
① 규칙   ② 방법   ③ 잡음   ④ 이유

어휘 quiet *a.* 조용한   stand up 서 있다

해설 '빈칸' 유형으로 빈칸에 들어갈 어휘를 추론하는 문제이다.
제시된 문장에서는 당신이 해야 할 것과 하지 말아야 할 것을 언급하고 있는 것으로 보아 규칙과 관련되어 있음을 추론할 수 있다. 따라서 '규칙'이라는 의미의 ①이 빈칸에 적절하다.

정답 34 ③ 35 ①

36 다음 빈칸에 가장 알맞은 것은?

> I will explain you the __________ for my lateness. First, I got up late. Second, my school uniforms were dirty. Last, the bus driver drove slowly. I am really sorry.

① rules　　　　② trees　　　　③ reasons　　　　④ feelings

해석　제가 저의 지각 이유들을 설명하겠습니다. 첫째, 저는 늦게 일어났습니다. 둘째, 제 학교 교복이 더러웠습니다. 마지막으로, 버스 운전기사님이 느리게 운전을 하셨습니다. 정말 죄송합니다.
　　　　① 규칙　② 나무　③ 이유　④ 감정

어휘　explain *v.* 설명하다　　　　　　　lateness *n.* 지각
　　　　get up (잠에서) 일어나다　　　　　dirty *a.* 더러운
　　　　slowly *ad.* 느리게

해설　'빈칸' 유형으로 빈칸에 들어갈 어휘를 맥락에 맞게 추론하는 문제이다.
　　　　제시된 문장에서는 지각에 관한 세 가지 이유를 언급하고 있다.

> 빈칸 추론 : 빈칸에 공통 단어 넣기

37 다음 빈칸에 공통으로 들어갈 것은?

> • Read the question and write the answer faster! I do not want to _______ this competition.
> • Do not _______ your books and pens!

① get　　　　② lose　　　　③ miss　　　　④ find

해석　• 질문을 읽고 답을 빨리 써! 나는 이 경쟁에서 지고 싶지 않아.
　　　　• 너의 책들과 펜들을 잃어버리지 마!

어휘　competition *n.* 경쟁　　　　　　　　lose *v.* 지다, 잃어버리다

해설　'빈칸' 유형으로 문맥상 빈칸에 공통으로 들어갈 적절한 동사를 찾는 문제이다.
　　　　첫 문장에서는 '지다, 패하다'는 의미를 가진 lose이고, 두 번째 문장에선 '물건을 잃어버리다, 분실하다'는 의미를 가진 lose이다.

정답 36 ③　37 ②

빈칸 추론 : 빈칸에 알맞은 대명사의 격 넣기

38 다음 빈칸에 들어갈 알맞은 것은?

> Let me tell you about my teacher. She is very smart and beautiful. ________ name is Monica and from England. She can speak Korean very well.

① My ② His ③ Her ④ Your

해석 나의 선생님에 대해 당신에게 말할게요. 그녀는 매우 똑똑하고 아름답습니다. <u>그녀의</u> 이름은 Monica이고 영국 출신입니다. 그녀는 한국어를 매우 잘 말할 수 있습니다.

어휘 smart *a.* 똑똑한

해설 '빈칸' 유형으로 문맥상 빈칸에 들어갈 적절한 말을 찾는 문제이다.
자신의 선생님을 소개하고 있고 이름은 Monica라고 했으므로 여성임을 알 수 있다.

빈칸 추론 : 표를 요약한 문장에 적절한 단어 넣기

39 다음은 반 학생들의 인터넷 이용에 관해 조사한 표이다. 표의 내용으로 보아 빈칸에 들어갈 알맞은 말은?

What do you do on the Internet?	
Do homework	20%
Play games	50%
Search information	25%
chat with friends	5%

→ ________ of the students play games.

① Half ② A quarter ③ One third ④ Twenty percent

해석 인터넷으로 무엇을 하십니까?

숙제를 한다	20%
게임을 한다	50%
정보를 검색한다	25%
친구와 수다를 떤다	5%

→ 학생들의 <u>절반</u>은 게임을 즐긴다.

① 절반 ② 4분의 1 ③ 3분의 1 ④ 20%(5분의 1)

어휘 search *v.* 검색하다   chat *v.* 수다를 떨다

해설 도표를 보고 빈칸에 알맞은 단어를 찾는 문제이다.
제시된 표에서 게임을 하는 사람은 50%이므로 ①이 정답이다.

지칭 추론 : It(it)

40 밑줄 친 It이 공통으로 가리키는 것은?

> <u>It</u> can save environment more than the car. <u>It</u> does not cost a lot. <u>It</u> does not pollute the air. But <u>it</u> is not too fast.

① truck   ② bus   ③ airplane   ④ bicycle

해석   <u>그것</u>은 자동차보다 더 환경을 구할 수 있다. <u>그것</u>은 비용이 많이 들지 않는다. <u>그것</u>은 공기를 오염시키지 않는다. 하지만 <u>그것</u>은 매우 빠르지 않다.
     ① 트럭   ② 버스   ③ 비행기   ④ 자전거

어휘   save *v.* 구하다   environment *n.* 환경
      cost *v.* 비용이 들다   pollute *v.* 오염시키다

해설   '지칭 추론' 유형으로 밑줄 친 it이 가리키는 것을 추론하는 문제이다.
      공기를 오염시키지 않는 것과 비용이 많이 들지 않는 것을 가지고 ④로 정답을 찾을 수 있다.

지칭 추론 : this

41 밑줄 친 this가 공통으로 가리키는 것은?

> - We cannot wash dirty cars without <u>this</u>.
> - We cannot cook many different foods without <u>this</u>.
> - We cannot grow vegetables and flowers without <u>this</u>.

① fire   ② air   ③ water   ④ sun

해석   - 우리는 <u>이것</u> 없이는 더러운 차를 세차할 수 없습니다.
      - 우리는 <u>이것</u> 없이는 많은 다른 음식을 요리할 수 없습니다.
      - 우리는 <u>이것</u> 없이는 채소와 꽃을 키울 수 없습니다.
      ① 불   ② 공기   ③ 물   ④ 태양

어휘   wash *v.* 세차하다, 씻다   dirty *a.* 더러운
      without *prop.* ~ 없이   vegetable *n.* 채소, 야채

해설   '지칭 추론' 유형으로 밑줄 친 'this'가 지칭하는 것을 추론하는 문제이다.
      더러운 차를 세차하기와 요리, 그리고 채소와 꽃을 키우기 위해 물이 필요하므로 ③이 정답이다.

정답 40 ④   41 ③

문장 삽입

42 글의 흐름으로 보아 주어진 문장이 들어가기에 가장 알맞은 곳은?

So he saved money for children.

(①) He wanted to help poor children. (②) With that money, he bought them books and pens to study. (③) He also bought them food. (④)

해석 (①) 그는 가난한 아이들을 돕고 싶었다. (② 그래서 그는 아이들을 위해 돈을 절약했다.) 그 돈으로, 그는 그들에게 공부하라고 책과 연필을 사주었다. (③) 그는 또한 그들에게 음식을 사주었다. (④)

어휘 save *v.* 절약하다　　　　　　　　poor *a.* 가난한

해설 '논리적 흐름' 유형으로 글의 흐름상 제시된 문장이 들어갈 수 있는 자리를 찾는 문제이다. 'So(따라서)'라는 인과 관계의 연결어로 연결되고 있으므로 그가 돈을 절약하는 이유가 될 수 있는 첫 번째 문장 뒤에 이어지는 것이 적절하므로, 제시된 문장이 들어갈 자리로 ②가 적절하다.

43 글의 흐름으로 보아 주어진 문장이 들어가기에 가장 알맞은 곳은?

It is not delicious.

I do not enjoy school life very much. (①) First, I hate our school food. (②) Second, my English teacher, Mr. Kim, is very strict. (③) He also makes us study harder. (④) Last, I like playing the piano.

해석 나는 학교생활을 그리 많이 즐기지 않는다. (①) 첫 번째로, 나는 우리 학교 음식이 싫다. (② 그것은 맛이 없다.) 두 번째, 나의 영어 선생님 Mr. Kim은 매우 엄하시다. (③) 그는 또한 우리를 더 공부하게 하신다. (④) 마지막으로, 나는 피아노 연주하는 것을 좋아한다.

어휘 delicious *a.* 맛있는　　　　　　　　enjoy *v.* 즐기다
　　　　hate *v.* 싫어하다, 질색하다　　　　strict *a.* 엄한

해설 '문장 삽입' 유형으로 제시된 문장이 들어갈 적절한 자리를 찾는 문제이다. 제시된 지문은 '그것이 맛이 없다'는 의미이며 지칭대명사 it은 음식으로 추론해 볼 수 있다. 따라서 학교 음식이 싫다는 내용 뒤에 이어지는 것이 적절하다.

정답 42 ② 43 ②

44 글의 흐름으로 보아 빈칸에 들어갈 말로 알맞은 것은?

> We can do many useful things with the Internet, like searching new information or listening to music. _____________, if we overuse it, there are problems.

① However　　　　　　　　　② Therefore
③ In short　　　　　　　　　④ For example

해석　우리는 새로운 정보를 찾거나 음악을 듣는 것과 같이, 인터넷으로 많은 유용한 것을 할 수 있다. 하지만, 만약 우리가 인터넷을 남용한다면, 문제들이 있다.
　　　　① 하지만　② 그러므로　③ 즉　④ 예를 들어

어휘　useful *a.* 유용한, 쓸모 있는　　　　search *v.* 찾다　　　　overuse *v.* 남용하다

해설　'연결어'를 빈칸에 넣는 유형이다.
　　　　전반부는 인터넷의 유용한 점들을, 뒷부분은 부정적인 점을 언급하고 있는 것으로 볼 때, 앞문장과 뒷문장의 관계는 반대된다고 볼 수 있다. 따라서 역접의 연결어인 ①이 적절하다.

45 다음 빈칸에 가장 알맞은 것은?

> Tourism* grows economy. And it creates many jobs for people. _____________, tourism causes problems. It can pollute natural environment.
>
> * tourism : 관광 사업

① Therefore　　　　　　　　② In short
③ For example　　　　　　　④ However

해석　관광은 경제를 성장시킵니다. 그리고 그것은 사람들을 위한 많은 직업들을 창출합니다. 하지만, 관광은 문제들을 일으킵니다. 그것은 자연환경을 오염시킬 수 있습니다.
　　　　① 그러므로　② 요약하면　③ 예를 들어　④ 하지만

어휘　grow *v.* 성장하다　　　　economy *n.* 경제　　　　create *v.* 창조하다, 창출하다
　　　　pollute *v.* 오염시키다　　　natural *a.* 자연의　　　　environment *n.* 환경

해설　빈칸에 들어갈 적절한 연결어를 찾는 문제이다.
　　　　전반부는 관광의 장점에 대해서, 뒷부분에서는 단점에 대해서 언급하고 있으므로 두 부분을 잇는 접속사로 역접의 의미를 갖는 ④가 적절하다.
　　　　① 문장이 인과적 관계, ② 전반부의 문장을 요약하는 경우, ③ 예를 드는 경우에 사용한다.

정답 44 ①　45 ④

46 다음 글 바로 뒤에 이어질 내용으로 알맞은 것은?

> How can you protect the environment? There are many things you can do. I will tell you about some of them.

① 동물 키우는 법　　　　　　② 환경 보호하는 법
③ 공부하는 법　　　　　　　④ 새 친구 사귀는 법

해석　당신은 어떻게 환경을 보호할 수 있습니까? 당신이 할 수 있는 많은 것들이 있습니다. 그것들 중 몇 개에 대해 이야기해 줄게요.

어휘　protect *v.* 보호하다　　　　　　environment *n.* 환경

해설　제시된 글은 환경을 보호하는 방법을 소재로 하고 있고 마지막 문장에서 보호하는 법을 이야기해 준다고 언급하고 있다. 따라서 글의 뒤에 이어질 내용으로 글의 소재인 환경 보호와 관련된 ②가 적절하다.

47 다음 글 바로 뒤에 이어질 내용으로 알맞은 것은?

> Hello, all students! Opening hours for playground will be changed from next Monday. There has been frequent accidents. So, we decided to change opening hours for safety. Please keep the following hours when you visit the playground.

① 운동장 출입 시 준비물 안내　　　② 운동장 시설물 안내
③ 운동장 안전 유지 안내　　　　　④ 운동장 개방 시간 안내

해석　안녕하세요. 모든 학생들! 운동장 개방 시간이 다음 주 월요일부터 바뀔 것입니다. 빈번한 사고들이 있어왔습니다. 그래서 우리는 안전을 위해 개방 시간을 바꾸기로 결정하였습니다. 운동장을 방문할 때 다음의 시간을 지켜주세요.

어휘　opening hours 개방 시간　　　　playground *n.* 운동장
　　　　frequent *a.* 잦은, 빈번한　　　　accident *n.* 사고
　　　　decide *v.* 결정하다　　　　　　safety *n.* 안전

해설　제시된 글은 운동장 개방 시간을 소재로 하고 있음을 알 수 있으며 마지막 문장에서 이곳을 이용할 때 다음의 시간을 지키라고 하고 있으므로 이어질 내용으로 적절한 것은 ④이다.
　　　　①·②·③은 글의 소재와 맞지 않다.

정답 46 ② 47 ④

48 다음 글 바로 뒤에 이어질 내용으로 알맞은 것은?

> Where do you want to travel? There are many beautiful and unique countries in the world. I'll tell you about some of them.

① 적성 검사의 중요성 　　　　② 다양한 자동차의 예
③ 컴퓨터실 사용 방법 　　　　④ 매력적인 나라 소개

해석　당신은 어디로 여행하길 원하시나요? 세상에는 많은 아름답고 독특한 나라들이 있습니다. 그것들 중 몇 개에 대해 이야기하겠습니다.

어휘　unique *a.* 독특한, 특별한

해설　제시된 글은 여행을 소재로 하고 있고, 마지막 문장에서 아름답고 독특한 나라들 중 몇 개를 이야기하겠다고 하고 있다. 따라서 ④가 정답이다.

49 다음 글 바로 뒤에 이어질 내용으로 가장 알맞은 것은?

> Many people like camping near mountains and rivers these days. But sometimes camping can put you at risk. Here are some tips for a safe camping.

① 산과 바다의 차이점 　　　　② 다양한 스포츠 활동
③ 취미 활동의 필요성 　　　　④ 안전한 캠핑을 위한 조언

해석　많은 사람들은 요즘 산과 강 근처에서 캠핑하는 것을 좋아합니다. 그러나 때때로 캠핑은 여러분을 위험에 빠뜨릴 수 있습니다. 여기에 안전한 캠핑을 위한 몇 가지 조언이 있습니다.

어휘　near *a.* 가까운　　　　mountain *n.* 산　　　　river *n.* 강
　　　put A at risk A를 위험에 처하게 하다, 위험에 빠뜨리다　　　　safe *a.* 안전한

해설　제시된 글은 캠핑을 소재로 하고 있으며 캠핑이 위험할 수 있다고 언급하고 안전한 캠핑을 위한 조언이 있음을 마지막에 언급하고 있다. '여기 안전한 등산을 위한 조언이 있다.'는 마지막 내용으로 볼 때 이어질 내용으로 적절한 것은 이와 관련된 ④이다.

50 글의 흐름으로 보아 어울리지 <u>않는</u> 문장은?

I went to Japan with grandmother. ① We went there by ship. ② We ate many delicious foods. ③ My grandmother is good at Japanese. ④ I passed the exam. I want to go there with my mother again next time.

해석 나는 할머니와 함께 일본에 갔다. ① 우리는 그곳에 배로 갔다. ② 우리는 많은 맛있는 음식을 먹었다. ③ 나의 할머니는 일본어에 능숙하시다. (④ ~~나는 시험에 합격했다.~~) 나는 다음에 엄마와 함께 그곳에 다시 가고 싶다.

어휘 ship *n.* 배 delicious *a.* 맛있는
be good at ~에 능숙하다 pass the exam 시험에 합격하다
next time 다음에, 다음번에

해설 '논리적 흐름' 유형으로 제시된 글의 흐름에 맞지 않은 문장을 찾는 문제이다.
일본 여행을 소재로 하여 일본에서의 경험을 언급하고 있다. '④ 내가 시험에 합격했다'는 것은 일본 여행과 무관하다.

51 글의 흐름으로 보아 어울리지 <u>않는</u> 문장은?

Yesterday was Parents' Day. ① <u>My older sister and I made our parents be proud of us and happy.</u> ② <u>She cleaned all rooms.</u> ③ <u>A new car was parked in front of our house.</u> ④ <u>I cooked the dinner.</u> We did our best!

해석 어제는 어버이날이었다. ① 나의 언니와 나는 우리의 부모님께서 우리를 자랑스러워하시고 행복하게 만들었다. ② 그녀는 모든 방들을 청소했다. (③ ~~새 차 한 대가 우리 집 앞에 주차되어 있었다.~~) ④ 나는 저녁 식사를 요리했다. 우리는 최선을 다했다!

어휘 be proud of ~을 자랑스러워하다 park *v.* 주차하다
in front of ~ 앞에 cook *v.* 요리하다
do one's best 최선을 다하다

해설 '논리적 흐름' 유형으로 제시된 글의 흐름상 적절하지 않은 문장을 찾는 문제이다.
제시된 글은 부모님의 날을 소재로 하여 부모님을 기쁘게 하는 행동을 나열하고 있다. 그러나 ③은 자동차 주차와 관련된 내용으로 전체 흐름과 무관하다.

정답 50 ④ 51 ③

52 글쓴이의 심경으로 가장 알맞은 것은?

> My friends and I went camping. We cooked dinner and sang together. We also saw the big moon in the sky. It was a peaceful night. I was very happy.

① 슬픔   ② 외로움

③ 당황함   ④ 행복함

해석 내 친구들과 나는 캠핑을 갔다. 우리는 함께 저녁식사를 요리하고 노래를 불렀다. 우리는 또한 하늘에 있는 큰 달을 보았다. 평화로운 밤이었다. 나는 아주 행복했다.

어휘 sing a song 노래를 부르다   moon *n.* 달

peaceful *a.* 평화로운

해설 제시문은 친구들과 함께 한 캠핑에 대하여 이야기하고 있으며 거기에서 무엇을 했는지 언급하고 행복하다는 정서를 묘사하고 있다. 특별히 마지막의 행복했다는 언급으로 볼 때 글쓴이의 심경을 ④로 추론하는 것이 적절하다.

53 글쓴이의 심경으로 가장 알맞은 것은?

> I am not good at Math. It is very difficult to study. It makes me feel useless.

① 답답함   ② 즐거움

③ 만족함   ④ 행복함

해석 나는 수학을 잘하지 못한다. 그것은 공부하기 어렵다. 그것은 나를 한심하게 느끼게 한다.

어휘 be good at 능숙하다, 잘하다   useless *a.* 쓸모없는

해설 제시된 글에서 나는 수학을 잘하지 못해 한심함을 느낀다고 언급하고 있다. 따라서 글쓴이의 심정은 ①이 적절하다.

중졸 검정고시

핵심 총정리

중졸 검정고시

한권으로 합격하기!

핵심 총정리 사회

1 구성

2 출제 경향 분석

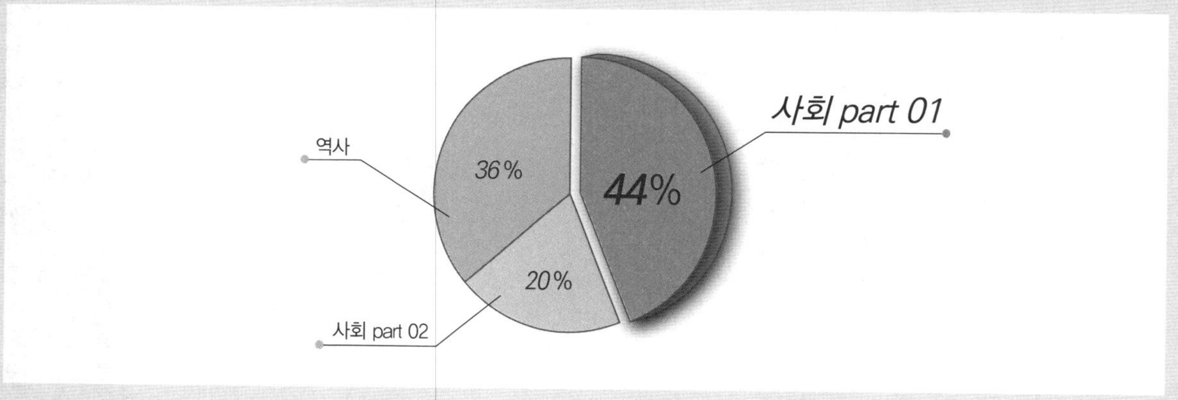

사회 출제 경향

중졸 검정고시 사회 시험은 이번에도 전반적으로 균형 잡힌 구성을 보였습니다.

역사 영역에서는 구석기 시대의 주먹도끼부터 6월 민주 항쟁까지 전 시기를 아우르며, 특정 주제에 치우치지 않고 전 영역에서 고르게 출제되었습니다. 또한 복잡한 추론보다는 기초 개념 이해와 사례 적용에 초점을 맞춘 문제가 다수를 차지했기 때문에, 핵심 개념 정리만 충실히 한다면 고득점 확보가 충분히 가능한 수준이었습니다.

결론적으로, 사회와 역사 영역 모두에서 개념 중심 학습과 기출 유형 반복 훈련이 효과적인 대비 전략으로 작용할 수 있는 무난한 난이도의 시험이었습니다.

❶ 사회 1

〈사회 1〉 영역에서는 다양한 기후와 주민들의 생활, 다양한 지형과 주민 생활, 문화의 다양성과 세계화 같은 부분에서 지속적으로 많은 문제들이 출제되고 있으며, 특히 지리 문제가 지속적으로 많이 출제되고 있다. 빈출 주제를 보면 다양한 기후 및 지형이 주민 생활과 연관되어 출제되었다. 특히, 자연재해의 종류와 특성 등의 주제는 반복 출제되고 있어 철저한 학습이 필요하다. 정치, 일상생활과 법은 매회 출제되는 단원으로 개념과 용어 중심으로 반복적인 학습을 해야 한다.

❷ 사회 2

〈사회 2〉 영역에서는 인권과 헌법, 헌법과 국가 기관, 경제생활과 선택, 시장 경제와 가격, 인구 변화와 인구 문제 단원에서 지속적으로 많은 문제가 출제되고 있다.

인권과 헌법에서는 출제 주제가 기존의 법과 기본권의 종류를 물어 보던 방식에서 인권과 시민의 권리 등을 구체적 사례를 통해 물어보는 문항들이 늘고 있다. 또한 환경 문제에 대한 사회적 관심이 높아짐에 따라 지속 가능한 환경을 주제로 많은 문제들이 출제되고 있다. 경제 문제의 경우 수요 공급 곡선 그래프가 직접 제시되기도 한다.

Tip **〈사회 2〉 키 포인트**

〈사회 2〉 영역은 법, 정치, 경제를 다루고 있어 수험생들이 어려워하는 파트입니다. 좋은 성적을 낼 수 있는 방법은 어려운 단원에 대한 출제 경향을 파악하여 자주 사용되고 출제되는 용어와 개념을 중심으로 학습하세요.

❸ 역사

〈한국사〉 영역의 경우 선사 시대에서 오늘날 대한민국까지의 변화를 대표적인 인물과 단체, 사건을 중심으로 학습하는 것이 중요하다.

삼국, 통일 신라와 발해의 역사는 출제 비중이 낮아져서, 대표적인 인물을 중심으로 파악한다.

고려와 조선 시대에 발생한 사건과 인물이 자주 출제되고 있어 집중적인 학습이 필요하다.

조선 후기부터 현대사까지의 역사적 사건과 인물의 출제 비중이 늘어나고 있으므로 고대사보다는 중세, 근대, 현대의 학습 비중을 높이는 것이 좋다.

Tip **〈역사〉 키 포인트**

〈한국사〉 영역은 인물, 사건을 바탕으로 고려, 조선, 근현대사를 집중적으로 학습하는 것이 가장 효율적인 학습 방법입니다.

1 내가 사는 사회

1. 세계를 바라보는 창, 지도

(1) 지도의 원리
① 지도 : 지표면의 여러 가지 지리적 현상을 공간에 일정한 비율로 줄여서 나타냄.
② 지도의 구성 요소 : 축척, 방위, 기호

(2) 사용 목적에 따른 지도의 구분

일반도	지역의 자연환경과 인문 환경을 종합적으로 나타낸 지도 예 세계 전도, 우리나라 전도 등
주제도	특별한 목적에 따라 기후, 인구, 교통 등 필요한 내용만 상세하게 나타낸 지도 예 기후도, 지형도 등

(3) 넓은 지역의 위치 표현
① 대륙과 해양의 분포
  ㉠ 대륙 : 지표면의 약 30% 차지, 아시아, 유럽, 아프리카, 오세아니아, 북아메리카, 남아메리카
  ㉡ 해양 : 지표면의 약 70% 차지, 태평양, 대서양, 인도양의 3대양과 북극해, 남극해 등
② 경도와 위도

경도	지도에서 세로 방향의 선인 경선에 매겨진 값
위도	지도에서 가로 방향의 선인 위선에 매겨진 값

2. 위도와 경도에 따라 달라지는 주민생활

(1) 위도별 기후 차이
① 원인 : 지구가 둥글기 때문에 위도에 따라 태양 에너지를 받는 양이 달라짐.

② 위도별 기후 특징

고위도 지역 (위도 60°~90°)	• 연중 태양 에너지를 가장 적게 받아 기온이 낮음. • 한대 기후 : 두꺼운 옷, 폐쇄적 가옥 구조, 얼음집, 훈제 요리, 저장 음식이 발달
중위도 지역 (위도 30°~60°)	• 비교적 온화한 기후 • 온대 및 냉대 기후 : 사계절의 변화가 나타남, 계절별 과일, 채소 음식 발달
저위도 지역 (위도 0°~30°)	• 연중 태양 에너지를 가장 많이 받아 기온이 높음. • 열대 기후 : 얇은 옷, 개방적 가옥 구조, 고상 가옥, 기름에 튀긴 음식, 향신료 사용

(2) 위도에 따른 계절 차이

① 원인 : 지구의 자전축이 23.5° 기울어진 채 태양 주위를 공전하기 때문에 위도에 따른 계절 차의 영향

② 위도에 따른 산업 차이

농업	남반구와 북반구의 농작물의 수확 시기가 달라 계절에 따른 농작물 이동
관광 산업	남반구와 북반구의 계절이 반대이기 때문에 북반구가 겨울일 때 남반구로 여행 가는 관광객 수 증가

(3) 경도별 시간 차이

① **시차 발생 원인** : 지구가 서쪽에서 동쪽으로 하루에 한 바퀴씩 자전하기 때문

② 하루 24시간 동안 360° 회전하므로 경도 15°마다 1시간의 시차 발생(우리나라는 런던보다 9시간 빠름)

(4) 표준시와 날짜 변경선

① **표준시** : 세계의 표준시는 본초 자오선(경도 0°)을 기준으로 함.

　㉠ 의미 : 각 국가나 지방에서 기준으로 하는 표준 경선에 해당하는 시각

　㉡ 특징 : 본초 자오선에서 동쪽으로 갈수록 빨라지고, 서쪽으로 갈수록 느려짐.

② **날짜 변경선** : 경도 180°와 대체로 일치, 날짜 변경선을 기준으로 양쪽 지역 간에 24시간의 시차가 발생

3. 지리 정보 기술의 활용

(1) 지리 정보 체계(GIS)

의미	다양한 지리 정보를 수치화하여 컴퓨터에 입력·저장하고 이를 사용자의 요구에 따라 다양한 방법으로 분석·종합하여 제공하는 정보 처리 시스템
특징	필요한 지리 정보만을 중첩하여 활용

(2) 위성 위치 확인 시스템(GPS) : 인공위성을 이용하여 자신의 위치를 정확하게 알아낼 수
  있는 시스템

(3) 원격 탐사 : 인공위성이나 항공기 등을 이용하여 접근하기 어려운 곳의 정보 수집

2 우리와 다른 기후, 다른 생활

1. 날씨와 기후

(1) 날씨 : 하루의 대기 상태

(2) 기후 : 일정한 지역에서 장기간에 걸쳐 나타나는 대기의 평균적인 상태

2. 세계의 기후 특징

열대 기후	특징	일 년 내내 기온이 높음.
	의복	통풍을 위해 얇고 간편한 옷
	농목업	수렵 및 채집, 이동식 화전 농업, 플랜테이션
	음식	기름에 볶는 요리와 향신료 발달
	가옥	개방적 구조, 고상 가옥
건조 기후	특징	강수량이 매우 적음. • 사막 : 연 강수량 250mm 미만 • 스텝 : 연 강수량 250~500mm
	의복	모래 바람을 막기 위해 온몸을 감싸는 옷
	농목업	오아시스 농업과 관개 농업(사막), 유목(초원)
	음식	가축의 고기와 우유로 만든 음식(초원)
	가옥	• 사막 : 흙집(평평한 지붕, 작은 창문, 두꺼운 벽) • 초원 : 이동식 가옥(게르)
온대 기후	특징	계절의 변화가 뚜렷하고, 기온이 온화함.
	의복	계절에 따른 옷차림
	농목업	농경에 유리해 다양한 농축산물 생산 • 지중해성 기후 : 수목 농업 • 서안 해양성 기후 : 혼합 농업
	음식	쌀, 밀, 올리브 등 다양한 식재료, 다양한 요리
	가옥	• 지중해성 기후 : 하얗게 칠한 외벽, 작은 창문 • 계절풍 기후 : 냉·난방 시설 함께 발달

냉대 기후	특징	계절의 변화가 뚜렷한 편, 겨울이 비교적 길고 추움.
	가옥	주변의 침엽수를 이용한 통나무집
한대 기후	특징	일 년 내내 기온이 낮음.
	의복	보온을 위해 동물의 가죽·털로 만든 두꺼운 옷
	농목업	순록 유목, 채집
	음식	날고기·날생선 등의 육류 위주 섭취, 저장 음식
	가옥	폐쇄적 구조, 이글루, 고상 가옥

3. 기후 지역과 거주지

(1) 인간 거주에 유리한 기후 지역
① 온대 기후 : 사계절의 변화가 나타나고, 기후가 온화하며, 강수량이 풍부함.
② 고산 기후 : 고산 지역은 기후가 온화하여 고산 도시 발달

(2) 인간 거주에 불리한 기후 지역
① 건조 기후 : 강수량이 부족하여 농업 활동에 어려움.
② 한대 기후 : 기온이 낮고 지표가 얼음으로 덮여 있어 농업 활동이 어려움.

3 자연으로 떠나는 여행

1. 산지의 형성

(1) 세계의 산맥
① 고기 습곡 산지
㉠ 고생대에 조산 운동을 받은 이후 오랜 침식을 받아 연속성이 약하고 해발 고도
가 낮은 편임.
㉡ 대표 산맥 : 우랄산맥, 애팔래치아산맥, 스칸디나비아산맥 등
② 신기 습곡 산지
㉠ 신생대 제3기 이후의 조산 운동으로 형성되어 해발 고도가 높고 지진과 화산
활동이 활발함.
㉡ 대표 산맥 : 알프스산맥, 히말라야산맥, 로키산맥, 안데스산맥 등
③ 고원과 화산
㉠ 고원 : 땅이 전체적으로 융기하여 높고 평탄한 지형이 형성
㉡ 화산 : 땅속의 마그마가 지표면을 뚫고 나와 형성

2. 해안에서의 지형 형성

(1) 곶과 만에서의 해안 지형 형성
　① 곶 : 파랑 에너지의 집중으로 파랑에 의한 침식 작용 활발
　② 만 : 파랑 에너지의 분산으로 파랑에 의한 퇴적 작용 활발

구분	곶	만
정의	육지가 바다로 돌출된 부분	바다에서 육지 쪽으로 들어간 부분
지형 형성 작용	파랑의 침식 작용 활발	파랑의 퇴적 작용 활발
해안 지형	해안 절벽(해식애), 해안 동굴, 시 스택 등이 형성	모래사장(사빈), 갯벌 등이 형성

(2) 관광 자원으로 이용되는 해안 지형
　① 모래사장(사빈) : 파랑에 의한 퇴적 작용으로 형성, 주로 해수욕장으로 이용됨.
　② 갯벌 : 밀물과 썰물의 작용이 활발한 해안에서 조류의 퇴적 작용으로 형성
　③ 피오르 해안 : 빙하의 침식 작용으로 만들어진 골짜기가 바닷물에 침수되어 생긴 해안

3. 우리나라의 자연 경관

(1) 카르스트 지형
　① 의미 : 석회암이 빗물이나 지하수에 의해 녹아 만들어진 지형임.
　② 석회 동굴 : 과거 바다에 퇴적된 석회암층이 융기하여 육지가 된 후 지하수에 의해
　　녹아 만들어짐 ➜ 동굴의 천장에 고드름 모양으로 매달린 형태의 종유석, 동굴의 밑
　　바닥에 죽순 모양으로 자라는 석순, 종유석과 석순이 맞닿아 이어지면 석주가 됨.
(2) 제주도 : 화산 활동으로 형성되어 특이하고 아름다운 자연 경관이 곳곳에 분포함.
　① 한라산 : 제주도를 상징하는 산으로 남한에서 가장 높은 산
　② 오름 : 산봉우리를 뜻하는 제주도 방언으로 360여 개의 오름이 있음.
　③ 용암 동굴 : 용암의 표면이 먼저 식어 굳어지고 속에 있는 마그마는 계속 흘러가 형
　　성된 동굴
　④ 주상 절리 : 용암이 급격히 냉각·수축하여 기둥 모양으로 발달하는 수직 절리

4 다양한 세계, 다양한 문화

1. 문화와 문화 지역

(1) 문화 : 인간과 환경이 상호 작용하는 과정에서 만들어진 언어, 종교, 의식주, 관습, 예술 등의 생활 양식

(2) 문화의 다양성 : 지역의 자연환경과 인문 환경 등에 따라 다양한 문화가 형성됨.

(3) 여러 가지 기준으로 분류한 세계의 문화 지역

문화 지역	특징
유럽 문화 지역	백인, 크리스트교, 산업 문명
건조 문화 지역	건조 기후, 이슬람교, 유목 생활, 관개 농업
아프리카 문화 지역	열대 기후, 원시 종교, 부족 단위의 생활, 유럽 식민지
동아시아 문화 지역	유교, 불교, 한자, 젓가락 문화
인도 문화 지역	힌두교, 불교, 다양한 언어·문화
동남아시아 문화 지역	벼농사, 고상 가옥, 수상 가옥
앵글로 아메리카 문화 지역	영어, 크리스트교, 원주민 문화 존재
라틴 아메리카 문화 지역	에스파냐어·포르투갈어, 가톨릭, 다양한 혼혈족
오세아니아 문화 지역	애버리지니, 유럽 문화
북극 문화 지역	날고기, 순록 유목

(4) 종교에 따른 문화적 차이

불교	살생 금지의 계율로 육식을 금기하거나 제한
힌두교	소를 신성시하여 쇠고기를 금기시 함.
유대교	문어, 오징어 등을 먹지 않고 돼지를 부정한 동물로 취급
이슬람교	이슬람교의 경전인 코란에 따라 생활하고 돼지고기, 술 등을 금기시하고 할랄 식품을 먹음.

2. 지역 간 문화 접촉과 문화 변용

(1) 문화 전파와 문화 접촉

① 문화 전파 : 한 지역의 문화가 다른 지역으로 옮겨가거나 주변으로 퍼져 나가는 현상

직접 전파	서로 다른 구성원과의 직접적인 교류를 통해 새로운 문화 요소가 전파되는 것
간접 전파	인쇄물이나 인터넷, TV 등과 같은 매개체를 통해 이루어지는 전파
자극 전파	다른 사회의 문화 요소에서 아이디어를 얻어 새로운 문화 요소가 발명되는 것

② 문화 접촉 : 문화가 퍼지는 도중에 다른 문화와 지속해서 만나는 현상

(2) 문화 변용
　① 의미 : 지역 간 문화 전파로 외부에서 새로운 문화가 들어오면 문화 공존, 문화 동화,
　　문화 융합 등 기존의 문화가 변화하는 현상이 나타나는데, 이를 문화 변용이라 함.
　② 문화 변용의 이해

문화 동화	기존의 문화 요소가 다른 사회의 문화 요소로 흡수되어 정체성을 상실하는 현상 예 미국 인디언이 백인 문화와 접촉하면서 자신의 문화를 상실한 것
문화 병존	다른 사회의 문화 요소와 기존의 문화 요소가 각각의 고유한 문화 특성을 유지하며 한 사회에서 함께 공존하는 현상
문화 융합	다른 사회 문화 요소가 전통문화 요소와 결합하여 제3의 새로운 문화 요소가 만들어지는 현상

3. 문화 갈등이 발생하는 지역

(1) 언어 갈등
　① 벨기에 : 네덜란드어를 쓰는 벨기에 북부와 프랑스어를 쓰는 남부와의 갈등
　② 캐나다 퀘벡 주 : 프랑스인들의 퀘벡 주 정착으로 인한 영어와 프랑스어 사용을 둘러싼 갈등

(2) 종교 갈등
　① 카슈미르 : 힌두교(인도)와 이슬람교(파키스탄) 간 갈등
　② 팔레스타인 : 유대교와 이슬람의 갈등
　③ 수단 : 북부의 이슬람과 남부의 크리스트교 및 토착 신앙과의 갈등

5 지구 곳곳에서 일어나는 자연재해

1. 자연재해의 종류

(1) 기후적 요인
　홍수, 가뭄, 열대 저기압, 폭설, 한파 등

(2) 지형적 요인
　화산 활동, 지진, 지진 해일

2. 지진과 화산 활동

(1) 지진
  ① 의미 : 지각판과 판이 만나는 조산대 및 해저의 해령 부근에서 활발
  ② 지진 피해 : 지각판이 움직이면서 땅이 갈라지고 흔들리는 현상으로 각종 시설의 붕괴나 파손, 화재·지진 해일·산사태 등 동반
  ③ 지진 피해 대책 : 정확한 예보 체계로 피해 최소화, 지진 대피소 설치 및 훈련 실시, 내진 설계 강화

(2) 화산 활동
  ① 의미 : 약해진 지각의 틈을 통해 마그마가 지표로 분출되는 형상 ➜ 조산대에서 활발
  ② 화산 피해 : 용암이 흘러들어 시설물 파괴, 화산재가 빛을 차단하여 기온 하강, 항공 교통 장애 등
  ③ 긍정적 영향 : 화산재를 농업에 이용(이탈리아 베수비오 화산 지대), 지열을 이용한 전력 생산(아이슬란드, 뉴질랜드 등), 화산 지형을 이용한 관광 산업(간헐천, 온천 등)

3. 기후와 관련된 자연재해

(1) 홍수
  ① 의미 : 많은 강수로 인하여 하천이나 호수의 물이 범람하는 현상
  ② 주요 발생 지역 : 아시아의 계절풍 지역, 열대성 저기압의 영향을 받는 지역 등
  ③ 긍정적 영향 : 가뭄 해소, 하천 범람으로 인한 토양에 영양분 공급, 동부 및 동남아시아 지역의 세계적인 벼농사 지대 형성
  ④ 대책 : 삼림 녹화 산업, 배수 시설·하수도 정비, 다목적 댐 건설

(2) 가뭄
  ① 의미 : 오랫동안 비가 내리지 않아 물이 부족하고 땅이 메마르는 현상, 피해 범위가 넓으며 장기간 지속
  ② 주요 발생 지역 : 건조 기후 지역과 그 주변 지역 예 사헬 지대

(3) 열대 저기압
  ① 의미 : 적도 부근의 열대 바다에서 발생하여 중위도 지역으로 이동하는 저기압
  ② 열대성 저기압의 피해 : 강력한 바람과 많은 비를 동반하여 막대한 재산·인명 피해가 발생
  ③ 긍정적 영향 : 가뭄 해소, 여름철 더위 해소, 적조 현상 완화, 지구의 온도 균형 유지

6 자원을 둘러싼 경쟁과 갈등

1. 자원의 의미와 종류

(1) 자원의 의미 : 자연물 중에서 기술적·경제적으로 개발이 가능한 것

(2) 자원의 구분
 ① 좁은 의미 : 천연자원
 ② 넓은 의미 : 좁은 의미의 자원에 인적 자원, 문화적 자원을 포함
 ③ 재생 불가능한 자원 : 사용량에 따라 점차 고갈되는 자원 **예** 석탄, 석유, 천연가스
 ④ 재생 가능한 자원 : 사용량과 무관하게 무한히 재생 가능한 자원 **예** 수력, 풍력, 조력, 태양광, 지열 등

(3) 자원의 특성
 ① 가변성 : 기술 수준, 경제적 조건, 문화적 배경에 따라 자원의 가치가 달라짐.
 ② 유한성 : 자원의 매장량은 한정되어 있음 ➔ 자원 고갈 문제 발생
 ③ 편재성 : 자원에 따라 특정 지역에 집중 분포함.

2. 식량 자원과 에너지 자원

(1) 식량 자원
 ① 쌀
  ㉠ 재배 조건 : 생육기에 고온 다습한 기후의 비옥한 하천 유역의 충적토가 유리함.
  ㉡ 재배 지역 : 아시아 계절풍 기후 지역에서 대부분 재배
  ㉢ 특징 : 생산에 많은 노동력이 필요하며, 다른 작물에 비해 인구 부양력이 높음.
  ㉣ 생산과 이동 : 대부분 생산지에서 소비되어 국제 이동량이 적음.
 ② 밀
  ㉠ 재배 조건 : 기후에 대한 적응력이 강하여 냉대 및 반건조 기후 지역에서도 재배되고 있음.
  ㉡ 특징 : 주로 신대륙에서 대규모 기계화 방식으로 재배
  ㉢ 생산과 이동 : 생산지와 소비지가 달라 국제 이동량이 많음(신대륙 ➔ 구대륙, 남반구 ➔ 북반구).
 ③ 옥수수
  ㉠ 재배 조건 : 기후에 대한 적응력이 뛰어나 냉량 건조한 기후에서도 재배되고 있음.
  ㉡ 주산지 : 아메리카(미국 대평원, 브라질, 멕시코), 인도, 중국
  ㉢ 특징 : 수요 급증에 따른 가격 상승(목축업 발달에 따른 사료용 옥수수의 수요 증가, 바이오 에탄올의 원료로 수요 증가)

(2) 에너지 자원
  ① 석탄
    ㉠ 분포 : 고기 조산대 주변
    ㉡ 특징
      ⓐ 18세기 산업 혁명 이후 동력 자원으로 이용되면서 주요 자원이 됨.
      ⓑ 제철 공업 및 화력 발전의 연료로 이용
  ② 석유
    ㉠ 분포 : 신생대 제3기층의 배사 구조, 서남아시아 지역에 세계 60% 이상이 매장
    ㉡ 특징 : 19세기 후반 내연 기관의 발명으로 본격 사용 ➜ 현재 인류가 사용하는
      가장 중요한 에너지 자원
  ③ 천연가스
    ㉠ 분포 : 신생대 제3기층에 석유와 함께 매장되어 있는 경우가 많음.
    ㉡ 특징 : 에너지 효율이 높고 오염 물질의 배출이 적은 청정 에너지

3. 자원 때문에 생기는 분쟁

(1) 에너지 자원 분쟁 지역
  ① **북극해** : 북극 주변국들은 자국의 배타적 경제 수역(EEZ) 확장을 통한 자원 확보를
    위해 다른 나라의 출입을 제한하고 영유권을 주장
  ② **동중국해** : 중국과 일본이 가스전 확보를 위해 분쟁을 벌이고 있는 센카쿠 열도(중
    국명 댜오위다오) 지역은 두 국가 모두 강력하게 자국의 영유권을 주장
  ③ **카스피해** : 러시아, 이란, 카자흐스탄, 아제르바이잔, 투르크메니스탄 등 연안 국가
    들의 유전 지대와 관련된 갈등

(2) 물 자원을 둘러싼 갈등
  ① **나일 강 수자원을 둘러싼 갈등** : 상류에 댐을 건설하려는 에티오피아와 수자원 감소
    를 우려하여 이를 반대하는 이집트 간의 갈등
  ② **티그리스·유프라테스 강 유역** : 상류에 위치한 튀르키예가 하천의 상류에 댐을 건설
    하고 지류의 흐름을 바꾸어 많은 물을 저장하자, 하류에 위치한 시리아와 이라크는
    강의 사용 권리를 주장하고 있음.
  ③ **메콩 강 유역** : 메콩 강 상류에 위치한 중국이 댐을 건설하면서 유량이 줄어들자,
    메콩 강 하류에 위치한 인도차이나 반도의 타이, 라오스, 미얀마, 베트남, 캄보디아
    등 여러 국가가 농업용수 확보에 어려움을 겪고 있음.

4. 지속 가능한 자원

태양 에너지	태양열과 태양광을 이용한 냉·난방과 발전, 태양 전지 활용 등
풍력 에너지	바람이 많은 해안가나 고도가 높은 지역에서 풍차의 날개를 돌려 전기 생산
조력 에너지	밀물과 썰물(조수 간만의 차) 때의 바닷물의 높이 차이를 이용하여 전기 생산
지열 에너지	마그마에 의해 데워진 지하수로부터 나오는 증기를 이용하여 전기 생산
바이오 에너지	옥수수나 사탕수수 등을 열분해하거나 발효하여 메탄, 에탄올과 같은 에너지를 얻는 방식

7 개인과 사회생활

1. 사회화의 의미와 기능

(1) 의미

사회적 존재인 인간이 사회생활에 필요한 지식과 기술, 규범, 가치 등 사회적인 행동 양식을 습득하는 과정

(2) 사회화의 과정과 내용

① 사회화 기관과 사회화 내용

시기	사회화 기관	주요 사회화 내용
유아기	가족	언어, 기초적인 생활 방법 등
아동기	가족, 또래 집단, 학교 등	공동생활 규범, 가치관, 기초적 지식 등
청소년기	학교, 또래 집단, 대중 매체 등	가치관, 전문적 지식, 전반적인 사회 규범 등
성인기	직장, 대중 매체 등	직업 활동을 위한 지식 및 기술, 새로운 지식과 정보 등

② 재사회화 : 사회의 변화에 적응하기 위해 새로운 지식, 생활 양식, 기술, 규범 등을 다시 배우는 과정으로 사회 변화의 속도가 빠른 현대 사회에 필요성이 증가
⑩ 재취업 교육, 교도소, 노인 대학, 직장인 외국어 교육 등

2. 지위와 역할

(1) 지위와 역할의 의미

① 사회적 지위 : 한 개인이 자신이 속한 집단이나 사회 속에서 차지하는 위치 ➡ 한 개인은 동시에 여러 개의 지위를 가짐.

② 종류

귀속 지위	태어나면서 자연적으로 주어지는 지위
성취 지위	개인의 노력이나 능력으로 얻게 되는 지위

(2) 역할과 역할 갈등

① 역할
- ㉠ 의미 : 사회적 지위에 따라 기대되는 행동 양식
- ㉡ 특징 : 역할 수행에 성공했을 경우에는 보상을 받지만, 제대로 수행하지 못하면 제재를 받음.

② 역할 갈등
- ㉠ 의미 : 한 개인에게 기대되는 두 가지 이상의 역할이 서로 충돌하는 것
- ㉡ 특징 : 현대 사회에서는 개인이 여러 지위를 갖기 때문에 역할 갈등이 점점 증가하고 있음.
- ㉢ 해결 방법 : 역할의 우선순위를 정하여 중요한 것부터 수행하며 합리적인 의사 결정을 통해 어느 하나의 역할을 선택

3. 사회 집단

(1) 의미

　　두 사람 이상의 사람들이 소속감을 가지고 지속적인 상호작용을 하는 집합체

(2) 사회 집단의 종류

접촉 방식에 따라	1차 집단	구성원 간에 친밀감을 바탕으로 전인격적인 인간관계가 이루어지는 집단
	2차 집단	특정 목적을 달성하기 위해 인위적으로 만들어진 집단으로 형식적 접촉, 공식적인 절차와 규칙에 의해 운영
결합 의지에 따라	공동 사회	자신의 의지와 상관없이 선천적, 자연발생적으로 형성
	이익 사회	필요에 의해 후천적, 의도적으로 형성된 집단
소속감에 따라	내집단	자신이 소속되어 있으면서 공동체 의식이 강한 집단
	외집단	자신이 소속되어 있지 않고, 이질감이나 적대감을 가지는 집단
준거 집단		개인이 어떤 행동이나 판단을 할 때 기준으로 삼는 집단 소속 집단과 준거 집단이 일치하면 만족감을 느끼지만, 일치하지 않을 경우 갈등을 겪기도 함.

8 문화의 이해

1. 문화의 의미

(1) 좁은 의미 : 예술적이며 교양이 있고 세련된 것 ⑩문화 생활, 문화인, 문화 시민, 문화계 동향 등

(2) 넓은 의미 : 한 사회의 구성원이 가지고 있는 공통의 생활 양식 ⑩전통 문화, 음식 문화, 청소년 문화

(3) 문화가 아닌 것 : 선천적인 것, 개인의 습관, 생물적 본능 등 ⑩낮잠, 백인의 머리 색 등

(4) 문화의 구성 요소
  ① 물질 문화 : 인간의 욕구를 충족시키고 인간이 살아가는 데 필요한 도구나 기술 ⑩옷, 음식, 기술, 교통수단 등
  ② 비물질 문화
    ㉠ 제도 문화 : 사회 질서의 유지를 위한 사회 제도 및 행동 기준 ⑩법, 예절, 관습, 정치 제도 등
    ㉡ 관념 문화 : 인간의 행동에 의미를 부여하거나 삶의 방향을 정해주며, 인간의 삶을 풍요롭게 해 주는 정신적 산물 ⑩예술, 종교, 철학, 신화 등

(5) 문화의 특성
  ① 보편성 : 시대와 장소를 초월하여 어느 사회에서나 공통적으로 나타나는 문화 현상
  ② 특수성 : 인간은 서로 다른 자연환경과 사회적 상황에 따라 다양한 생활 양식이 나타남.

(6) 문화의 속성
  ① 공유성 : 문화는 한 사회의 구성원 다수가 공통적으로 가지고 있는 생활 양식 ➡ 구성원의 행동을 예측할 수 있음. ⑩'함 사세요!'라고 외치는 소리를 들으면 한국 사람들은 이웃집의 자녀가 결혼할 것이라고 생각함.
  ② 학습성 : 문화는 타고나는 것이 아니라 후천적 학습에 의해 형성되는 생활 양식 ⑩학습을 통해 젓가락을 사용할 수 있게 되는 것
  ③ 전체성(총체성) : 문화는 여러 구성 요소들이 서로 밀접한 관계를 맺으면서 부분이 아닌 전체로서의 의미를 갖는 생활 양식 ➡ 문화 요소들이 밀접한 관계를 맺기 때문에 한 부분의 변동은 다른 부분의 변동을 초래함.
  ④ 변동성 : 문화는 시간이 흐르면서 그 형태나 의미가 변화함. ⑩전통 의상인 한복을 주로 입다가 현재는 청바지를 즐겨 입는 것
  ⑤ 축적성 : 문화는 세대 간 전승되고 상징 체계를 통해 축적되어 발전함. ➡ 문화가 발전할 수 있는 원동력 ⑩통화만 가능한 휴대 전화에 여러 첨단 기술들이 더해진 것

2. 문화를 바라보는 태도

(1) 자문화 중심주의 : 자신의 문화를 우수한 것으로 보고 다른 문화를 열등하거나 미개하다고 여기는 태도

(2) 문화 사대주의 : 다른 문화를 우수한 것으로 보고 자신의 문화는 부정적으로 바라보는 태도

(3) 문화 상대주의 : 다른 사회의 문화를 그 사회의 특수한 자연환경과 역사적 맥락 속에서 객관적으로 이해하는 태도

3. 대중 매체

(1) 의미 : 여러 사람에게 한 번에 많은 정보를 전달할 수 있는 매개체

(2) 대중 매체의 종류
① 전통적 대중 매체 : 소비자에게 일방적으로 정보를 전달함.
　ㄱ 인쇄 매체 : 신문, 잡지, 책
　ㄴ 음성 매체 : 라디오
　ㄷ 영상 매체 : 텔레비전, 영화
② 새로운 대중 매체(뉴 미디어)
　ㄱ 의미 : 정보 · 통신 기술의 발달로 등장한 새로운 전달 체계
　ㄴ 종류 : 인터넷, SNS 등
　ㄷ 특징 : 시간과 공간의 제약을 뛰어넘어 대량으로 확산되고, 정보의 생산자와 소비자의 경계가 불분명하며, 쌍방향 의사소통이 가능해짐.

9 정치 생활과 민주주의

1. 정치의 의미와 기능

(1) 정치의 의미 : 사회 구성원 간의 이해관계를 조정하고 대립과 갈등을 해결하는 과정
① 좁은 의미 : 정치인들이 정치권력을 획득하고, 유지하며 행사하는 활동
② 넓은 의미 : 일상생활에서 발생하는 사회 구성원 간의 대립과 갈등을 조정하고 해결하는 활동

(2) 정치의 기능 : 사회 통합 및 사회 질서 유지, 사회 구성원의 행복 증진, 사회가 나아가야 할 방향 제시

2. 국가와 시민의 역할

(1) 국가의 역할 : 사회 문제의 합리적 해결, 시민의 인권 보장, 복지 증진을 위한 노력

(2) 시민의 역할 : 적극적인 정치 참여, 국가의 정당한 권위 존중, 준법정신의 실천

3. 민주 정치의 발전 과정

(1) 고대 아테네 민주 정치의 특징
　① 직접 민주 정치 : 모든 시민이 참여하여 국가의 중요한 일을 직접 토의하여 결정함.
　② 한계 : 시민권을 가진 성인 남성만 민회에 참여할 수 있었고, 여성, 외국인, 노예는
　　제외되는 제한적 민주 정치

(2) 근대의 민주 정치
　① 배경 : 자연권 사상, 사회 계약설, 계몽사상을 바탕으로 근대 시민 혁명 발생
　② 시민 혁명 : 시민 계급이 절대 왕정을 무너뜨리고 정치에 참여할 권리를 얻은 사건
　　으로 영국의 명예혁명(1688), 미국의 독립혁명(1776), 프랑스 혁명(1789)이 있음.
　③ 근대 민주 정치의 특징
　　㉠ 대의 민주 정치(간접 민주 정치) : 시민이 선출한 대표자가 의회를 구성하여 국정
　　　을 운영함.
　　㉡ 한계 : 성별, 신분, 재산 등에 따른 정치 참여 제한 ➜ 여성, 노동자, 농민 등의
　　　정치 참여가 배제되는 제한적 민주 정치

(3) 현대 민주 정치
　① 배경 : 차티스트 운동, 여성과 흑인의 참정권 운동 등 참정권 확대 운동으로 일정
　　연령 이상의 모든 사람에게 선거권을 부여하는 보통선거 제도가 확립됨.
　② 현대 민주 정치의 특징 : 대의 민주 정치, 전자 민주주의 발달
　③ 현대 민주 정치의 한계와 보완
　　㉠ 한계 : 국민은 선거 이외의 정치 과정에서 소외되기 쉬움.
　　㉡ 보완 : 국민 투표, 국민 소환, 국민 발안과 같은 직접 민주 정치 요소를 도입하
　　　여 대의제의 한계 보완

4. 민주주의 이념

(1) 인간의 존엄성 : 인간이 인간이라는 이유만으로 존중받아야 한다는 것

(2) 자유 : 부당하게 구속되거나 간섭받지 않고 자신이 원하는 대로 판단하여 행동하는 것

(3) 평등 : 모든 사람이 차별 없이 동등하게 대우받는 것

(4) 자유와 평등의 관계 : 자유를 지나치게 강조하면 사회적 불평등이 심화되고, 평등을 지
　나치게 강조하면 자유가 제한될 수 있으므로 자유와 평등의 조화가 필요함.

5. 민주 정치의 기본 원리

(1) **국민 주권의 원리** : 국가의 의사를 최종적으로 결정하는 최고의 권력인 주권이 국민에게 있다는 것 ➡ 국가 권력의 성립과 행사는 오직 국민의 지지와 동의가 있을 때 정당화됨.

(2) **국민 자치의 원리** : 주권을 가진 국민이 국가를 다스려야 한다는 것으로 국민 투표, 주민 투표, 주민 소환, 지방 자치 제도 등을 시행함.

(3) **입헌주의 원리** : 국민의 기본권 보장과 국가 기관의 조직 및 작용의 원리를 헌법에 규정하고, 그 헌법에 따라 통치해야 한다는 것 ➡ 국가 권력의 남용을 방지하여 국민의 자유와 권리를 보장하기 위한 목적임.

(4) **권력 분립** : 국가 권력을 입법, 행정, 사법으로 분리하여 독립된 기관이 나누어 맡도록 한다는 것(법을 제정하는 권한은 입법부, 법을 집행하는 권한은 행정부, 법을 적용하는 권한은 사법부에 나누어 맡김) ➡ 상호 견제와 균형을 통해 권력의 집중과 남용을 방지하고 국민의 자유와 권리를 보장하기 위함.

6. 민주주의 구현을 위한 정부 형태

(1) 의원 내각제와 대통령제의 비교

구분	의원 내각제	대통령제
대표 국가	영국	미국
형태	• 입법부와 행정부가 융합된 형태 • 의회와 내각이 긴밀하게 협조함.	• 입법부와 행정부의 엄격한 분리 • 서로 독립적으로 운영되어 견제와 균형 원리에 충실함.
구성	• 의회 의원만 선거로 선출함. • 의회 다수당의 대표가 수상(총리)이 되어 내각(행정부)을 구성함.	• 선거를 통해 의회 의원과 대통령을 각각 선출함. • 대통령이 행정부를 구성
특징	• 의회의 의원은 행정부의 장관을 겸직할 수 있음. • 의회는 내각 불신임권을 행사할 수 있음. • 수상은 의회를 해산할 수 있음. • 수상은 법률안을 제출할 수 있음.	• 의회 의원이 행정부의 장관 겸직 불가능 • 대통령은 의회의 불신임을 받지 않음. • 대통령은 의회를 해산할 수 없음. • 대통령은 의회에서 의결한 법률안에 대해 거부권을 가짐 ➡ 법률안 제출은 불가능
장점	• 의회가 내각을 불신임할 수 있기 때문에 국민의 요구에 민감하게 대처하여 책임 정치를 실현할 수 있음. • 의회와 내각의 협조 관계로 인해 능률적인 행정이 가능함.	• 대통령이 법률안 거부권을 행사하여 다수당의 횡포를 견제할 수 있음. • 대통령의 임기 동안 행정부가 안정되그 강력하게 정책을 수행할 수 있음.

단점	• 의회와 내각을 한 정당이 독점하는 경우 다수당의 횡포가 우려됨. • 소수 정당이 난립할 경우 정국이 불안정해질 수 있음.	• 대통령에게 권한이 집중되면서 의회에 대해 책임도 지지 않기 때문에 독재 가능성이 있음. • 의회와 행정부가 대립할 경우 국정이 효율적으로 운영되기 어려움.

(2) 우리나라의 정부 형태

기본적으로 대통령제를 채택하고 있으며, 의원 내각제의 요소를 일부 도입함.		
대통령제 요소	• 대통령을 국민의 직접 선거로 선출 • 국회의 국정 감사 및 조사권	• 대통령의 임기 보장 • 대통령의 법률안 거부권
의원 내각제 요소	• 대통령이 국회의 동의를 얻어서 국무총리 임명 • 정부가 국회에 법률안 제출 가능	

10 정치 과정의 시민 참여

1. 정치 과정의 의미와 단계

(1) 의미 : 공적인 문제에 대해 사회 구성원들이 제기하는 요구와 지지를 바탕으로 정책을 결정하고 집행하는 과정

(2) 정치 과정의 단계 : 이익 표출 ➜ 이익 집약 ➜ 정책 결정 ➜ 정책 집행 ➜ 정책 평가

2. 다양한 정치 주체

(1) 국가 기관
① **국회(입법부)** : 국민의 대표로 구성된 기관으로서 국민의 다양한 의견을 모아 법률을 제정하거나 개정함.
② **정부(행정부)** : 법률을 토대로 구체적인 정책을 수립하고, 현실에 맞는 다양한 방법으로 대책을 찾아 정책을 집행하여 공익을 증진함.
③ **법원(사법부)** : 재판을 통해 법률을 해석·적용하여 정책 집행 과정에서 국민의 권리가 침해되었는지 판단함.

(2) 정당
① **의미** : 정치적 견해를 같이하는 사람들이 정권 획득을 목적으로 만든 집단
② **기능** : 국민의 다양한 요구를 집약하고 여론을 형성·조직화하여 정부에 전달, 선거에 후보자 추천, 정치와 관련된 지식을 국민에게 제공, 정부와 의회의 매개체 역할

(3) 언론
① 의미 : 대중 매체를 통해 정부 정책 및 시민의 의견을 전달하는 정치 주체 ➜ 여론 형성 주도
② 역할 : 국민의 알권리 충족, 개인이나 집단의 의견을 널리 전달, 정책에 대한 해설과 비판을 제공

(4) 이익 집단
① 의미 : 이해 관계를 같이하는 사람들이 자신의 이익을 실현할 목적으로 만든 단체
② 역할 : 다양한 집단의 이익을 대변, 전문적인 지식을 가지고 사회 문제에 대한 해결책 제시 등

(5) 시민 단체
① 의미 : 공익 실현을 위해 시민들이 자발적으로 만든 단체
② 역할 : 정부의 정책 결정 및 집행 과정 감시·비판, 정책 대안 제시, 시민의 정치 참여 유도 및 여론 형성, 사회 문제 해결책 제시 등

3. 선거의 의미와 기능

(1) 의미 : 대의 정치 하에서 주권 행사의 가장 기본적인 방법

(2) 기능 : 대표자 선출, 대표자에게 정당성 부여, 대표자 통제, 여론의 반영, 주권 의식 향상, 정책 평가

4. 공정한 선거를 위한 제도

(1) 민주 선거의 4원칙

보통 선거	일정 연령 이상이면 국민 누구나 선거를 할 수 있는 제도
평등 선거	모든 유권자가 행사하는 투표권의 개수와 가치가 동등해야 한다는 제도
직접 선거	국민 주권의 원리에 부합하기 위해 유권자가 대리인을 거치지 않고 직접 투표를 해야 한다는 제도
비밀 선거	유권자가 누구에게 투표했는지 다른 사람들이 모르게 하는 제도

(2) 선거구 법정주의 : 특정 후보자나 정당의 당선을 위한 선거구의 조작(게리맨더링)을 방지하기 위해 국회에서 선거구를 법률로 정함.

(3) 선거 공영제 : 선거 운동을 국가 기관이 관리하여 부정 선거를 막고, 국가와 지방 자치
단체가 선거 비용의 일부를 지원하는 제도

(4) 선거 관리 위원회
① 의미 : 선거와 국민 투표를 공정하게 관리하는 독립된 국가 기관
② 역할 : 후보자 등록, 선거와 국민 투표의 공정한 관리, 정당과 정치자금에 관한 사
무 처리, 선거법 위반 행위 단속·예방, 선거 홍보 등

5. 지방 자치 제도와 시민 참여

(1) 지방 자치 제도의 의미 : 지역 주민이 그 지역의 문제를 스스로 해결해 나가는 제도로
지역 주민의 복리 증진을 목적으로 함.

(2) 지방 자치 단체의 구성과 역할 : 지방
① 종류 : 광역 자치 단체(특별시, 광역시, 도), 기초 자치 단체(시, 군, 구)
② 지방 의회와 지방 자치 단체장

구분		지방 의회	지방 자치 단체장
특징		의결 기관	집행 기관
역할		예산을 심의·의결하고 지방 자치 단체의 사무를 감사, 조례를 제정	지방 의회 의결 사항을 집행하고, 지방 자치 단체의 재산을 관리, 규칙을 제정
종류	광역	특별시 의회, 광역시 의회, 도 의회	특별시장, 광역시장, 도지사
	기초	시 의회, 구 의회, 군 의회	시장, 구청장, 군수

(3) 주민 참여 방법
① 주민 투표 : 지역 사회의 중요 결정 사항을 주민이 직접 투표로 결정하는 제도
② 주민 소환 : 주민이 선출한 공직자가 직무 수행을 잘못했을 때 주민 투표를 통해 해
임 시키는 제도
③ 주민 발안 : 주민이 지방 자치 단체에 새로운 조례의 제정이나 기존 조례의 변경·
폐지를 청구하는 제도
④ 주민 소송 : 부당한 재정 활동을 한 경우 지방 자치 단체장에게 소송을 제기하는
제도

11 일상생활과 법

1. 법의 의미와 목적

(1) 의미 : 국가 권력에 의해 제정되어 강제력을 가진 사회 규범

(2) 법의 특성 : 강제성, 명확성

(3) 법의 목적 : 정의 실현, 공공복리 증진

2. 생활영역에 따른 법의 분류

(1) 공법

① 의미 : 국가 기관과 관련되거나 개인과 국가 사이의 공적인 생활 관계를 규율하는 법

② 종류

헌법	국가의 기본 원칙이 담겨 있는 국가 최고의 법
형법	범죄의 종류와 형벌의 정도를 규정하고 있는 역사가 가장 오래된 공법
행정법	행정의 조직과 작용 및 구제에 관한 법
소송법	재판의 절차와 방법을 규정함.

(2) 사법

① 의미 : 개인과 개인 사이의 사적인 생활 관계를 규율하는 법

② 종류

민법	개인 간의 재산 관계, 거래 관계, 가족 관계, 가족생활 등을 다루는 법
상법	기업의 활동과 관련된 상거래 관계 등을 다루는 법

(3) 사회법

① 의미 : 사법의 영역인 개인 간의 관계에 국가가 개입하도록 하는 법으로 사회적 약자의 권리를 보호하는 법

② 성격 : 사법과 공법의 중간적인 성격, 오늘날과 같은 복지 국가에서 중요성이 강조됨.

③ 등장 배경 : 자본주의가 발달하면서 빈부 격차, 노동 착취, 환경 오염 등의 사회 문제가 심화함.

④ 목적 : 사회적 약자 보호, 사회 구성원의 인간다운 삶 보장

⑤ 종류 : 노동법, 경제법, 사회 보장법

3. 재판의 의미와 종류

(1) 재판의 의미
분쟁이나 범죄가 발생했을 때 법원이 법을 적용하여 옳고 그름을 판단하는 과정

(2) 재판의 종류

민사 재판	개인과 개인 사이의 권리와 의무에 대한 분쟁을 해결하기 위한 재판
형사 재판	범죄의 유무를 판단하고, 형벌의 종류와 형량을 정하는 재판
가사 재판	이혼, 상속 등 가족이나 친족 사이의 다툼을 해결하는 재판
행정 재판	행정 기관이 국민의 권리를 침해하였는지 판단하여 행정 기관의 잘못을 고쳐 달라고 요구하는 재판
선거 재판	선거 자체의 효력이나 당선의 유·무효를 가리기 위한 재판
헌법 재판	재판에 적용되는 법률의 헌법 위배 여부, 기본권 침해 여부 등을 판단하는 재판
소년 보호 재판	10세 이상 19세 미만의 소년이 저지른 범죄 행위나 잘못된 행동에 대한 재판

(3) 재판의 절차
① 민사 재판 : 분쟁 발생 ➡ 원고의 소장 제출 ➡ 피고인에게 소장 복사본 전달 ➡ 피고의 답변서 제출 ➡ 양측 증거 제출 ➡ 법정 변론 ➡ 판결
② 형사 재판 : 범죄의 발생 ➡ 고소, 고발 ➡ 경찰·검찰의 피의자 수사 ➡ 검사의 기소 ➡ 검사의 구형 ➡ 피고인 변론 ➡ 판결

4. 공정한 재판을 위한 제도

사법권의 독립, 공개 재판주의, 증거 재판주의, 심급 제도(항소, 상고)

12 사회 변동과 사회 문제

1. 사회 변동의 원인과 특징

(1) 사회 변동의 원인
과학 기술의 발전, 가치관과 제도의 변화, 자연 환경의 변화, 국가 정책, 문화 전파 등

(2) 사회 변동 특징
빠른 변동 속도, 다발적 변화, 범위가 넓어지고 있음.

2. 현대 사회의 변동 양상

구분	산업화	정보화	세계화
배경	산업 혁명	정보 통신 기술의 발달	교통·통신의 발달
의미	전체 산업에서 공업이 차지하는 비율이 높아지는 현상	지식과 정보가 중심이 되어 사회 생활의 변화를 이끌어가는 현상	국가의 경계를 넘어 세계 전체의 상호 의존성이 높아지면서 세계가 하나로 통합되어 가는 현상
영향	• 대량 생산, 대량 소비 가능 • 생산력 증가로 인한 물질적 풍요 • 도시로의 인구 집중 • 교육 기회 확대	• 지식과 정보의 가치 증대 • 정보 관련 산업 발달 • 전자 민주주의 확산	• 소비자의 선택의 폭 확대 • 다양한 문화 체험의 기회 제공 • 민주주의 이념 확산
문제점	• 빈부 격차, 환경 오염 • 전통적인 가족 제도의 붕괴 • 인간 소외 현상	• 인터넷 중독 • 정보 격차 • 사생활 침해	• 국가 간의 불평등 심화 • 지역 문화 파괴

3. 한국 사회 변동의 특징

(1) 빠른 경제 성장
  1960년대 이후 정부 주도로 산업화, 사회 전 부문에 걸친 변화가 급속도로 이루어짐.

(2) 한국 사회 변동의 양상
  시민 중심의 민주주의, 저출산, 고령화 현상, 다문화 사회로 변화

4. 저출산·고령화 현상

(1) 저출산·고령화 현상의 원인
  출산율 감소, 평균 수명 증가

(2) 저출산·고령화 현상의 문제점
  경제 성장 둔화, 노인 부양 부담 증가

(3) 저출산·고령화 현상의 대응 방안
  ① **저출산 대응 방안** : 출산과 육아를 사회가 함께 책임져야 한다는 인식 공유, 출산 장려 정책 확대, 출산과 육아로 인한 차별 금지
  ② **고령화 대응 방안** : 실버 산업 확대, 노인 복지 제도 확충, 노인을 위한 일자리 마련

5. 다문화 사회

(1) 다문화 사회의 의미와 등장 배경
외국인 근로자의 유입, 국제 결혼 이주자의 증가, 북한 이탈 주민의 증가 등

(2) 긍정적 영향
노동력 부족 문제 해결, 농어촌 지역 사회에 활력을 부여, 풍요로운 문화 형성

(3) 부정적 영향
문화적 차이로 인한 갈등, 사회적 차별, 일자리 경쟁의 갈등

(4) 다문화 사회의 대응 방안
문화적 차이를 존중하는 태도 함양, 단일 민족 관념 탈피, 다양한 문화 이해를 위한
교육, 이주민의 권리 보장을 위한 법과 제도 마련

01 (가) 대륙의 명칭은?

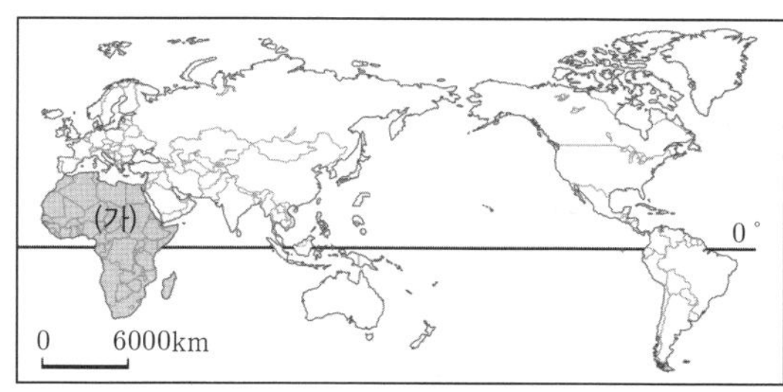

① 유럽
② 아시아
③ 아프리카
④ 아메리카

02 다음에 해당하는 기후는?

- 여름철은 덥고 건조하며, 겨울철은 비교적 따뜻하고 비가 자주 내림.
- 올리브, 포도 등의 작물을 재배하는 수목 농업 발달

① 냉대 기후
② 툰드라 기후
③ 지중해성 기후
④ 열대 우림 기후

03 다음에서 설명하는 자연재해는?

> • 적도 부근 해상에서 발생해 중위도 지방으로 이동하는 열대 저기압
> • 2005년 '나비'의 영향으로 많은 인명 · 재산 피해 발생

① 지진　　　　　　② 태풍
③ 화산　　　　　　④ 가뭄

04 다음과 같은 특성이 나타나는 자연재해는?

> • 농작물이 말라죽는 피해가 발생한다.
> • 식수 및 농업용수 부족 현상이 나타난다.
> • 봄철에 공기가 건조하여 산불의 발생 빈도가 높아진다.

① 태풍　　　　　　② 지진
③ 가뭄　　　　　　④ 산사태

정답 03 ② 04 ③

05 다음 설명에 해당하는 위치 표현 방법은?

> - 어떤 지역을 대표하는 사물로, 주위의 경관 중에서 눈에 잘 띄는 것이다.
> - 이집트의 피라미드, 서울의 광화문 등을 예로 들 수 있다.

① 위도
② 경도
③ 랜드마크
④ 행정 구역

06 다음 지형 형성에 가장 크게 영향을 준 요인은?

> 해안절벽, 시 스택, 시 아치, 해식동굴

① 하천에 의한 퇴적
② 빙하에 의한 퇴적
③ 바람에 의한 침식
④ 파랑에 의한 침식

정답잡기 랜드마크란 국가, 도시 또는 더 좁은 장소 등의 지역을 대표하는 상징물을 말하는데, 어느 누구나 쉽게 알아볼 수 있는 건물, 탑, 기념비, 자연물 등이 되는 경우가 많다(예 피라미드는 이집트, 에펠탑은 프랑스 또는 파리, 해운대 해수욕장은 부산, 63빌딩은 서울의 여의도).

오답잡기
① 위도는 적도를 기준으로 남극과 북극까지 각각 $90°$씩 나눈 좌표이다.
② 경도는 본초 자오선을 기준으로 동쪽 또는 서쪽으로 얼마나 떨어져 있는지 나타내는 위치이다.

정답잡기 해식애에서 암석의 약한 부분은 파랑의 침식 작용을 받아 해식 동굴을 형성한다. 이후 침식이 계속 진행되면 아치 모양의 시 아치가 되고 시간이 더 흐르면 육지와 분리된 암석 기둥인 시 스택으로 남게 된다. 또 해안 절벽은 육지가 바다로 돌출되어 파랑의 침식 작용이 활발한 곳에서 볼 수 있는 지형이다.

오답잡기
① 선상지, 범람원, 삼각주
② 빙퇴석·미아석 등의 지형
③ 버섯바위(바람에 의해 날린 모래가 바위의 아랫 부분만을 차별 침식)

정답 05 ③ 06 ④

07 서부 유럽 지역에서 발달한 농업 유형을 〈보기〉에서 고른 것은?

| 보기 |

ㄱ. 낙농업　　　　　　ㄴ. 혼합 농업
ㄷ. 플랜테이션　　　　ㄹ. 오아시스 농업

① ㄱ, ㄴ　　　　　　② ㄱ, ㄷ
③ ㄴ, ㄹ　　　　　　④ ㄷ, ㄹ

08 다음과 같은 특성이 나타나는 문화 지역은?

- 유교와 불교 문화가 발달함.
- 한자를 사용하는 문화 지역임.
- 쌀을 주식으로 하여 벼농사가 발달함.

① 동아시아 문화 지역
② 아프리카 문화 지역
③ 오세아니아 문화 지역
④ 라틴아메리카 문화 지역

정답 07 ① 08 ①

09 다음 중 ㉠에 들어갈 법은?

학습 주제 : ㉠
- 공법의 한 종류이다.
- 한 나라의 최고법이다.
- 국민의 권리와 의무 및 국가의 통치 구조를 규정한다.

① 민법
② 헌법
③ 형법
④ 행정법

정답잡기 국가의 기본 원칙이 담겨 있는 국가 최고의 법은 헌법이다. 헌법은 국민의 권리오· 의무, 국가의 통치 구조가 규정되어 있다.

10 다음과 같은 문화 이해의 태도는?

자기 문화는 가장 옳고 우수하다고 믿으면서 다른 문화를 부정적으로 평가하는 태도이다.

① 문화 사대주의
② 문화 상대주의
③ 자문화 중심주의
④ 극단적 문화 상대주의

정답잡기 ③ 자문화 중심주의는 자기 문화의 우월성어 빠져, 다른 문화를 부정적으로 평가하는 태도이다.

오답잡기
① 문화 사대주의는 다른 사회권의 문화가 자신이 속한 문화보다 우월하다고 믿고 이해하는 태도이다.
② 문화 상대주의는 다른 문화를 그 사회의 인문적·자연적·역사적 맥락을 바탕으로 이해하는 것이다.
④ 인류의 보편적 가치, 즉 인간의 존엄성이 침해되는 문화를 이해하는 태도를 극단적 문화 상대주의라고 하며, 극단적 문화 상대주의를 인정되면 안 된다.

정답 09 ② 10 ③

정답잡기 지위는 선천적·자연적으로 얻게 되는 귀속 지위와 후천적 노력으로 얻게 되는 성취 지위로 구분할 수 있다. ㉠은 귀속 지위이다.

오답잡기

㉡, ㉢, ㉣ 성취 지위

11 다음 글에 나열된 사회적 지위 중 성격이 <u>다른</u> 것은?

> 나는 ㉠ 큰 아들로 태어나 … ㉡ 학생회장으로서 리더십을 발휘하였고 … ㉢ 사회교사로 근무하다가 현재는 ㉣ 대학교수로 활동하고 있습니다.

① ㉠   ② ㉡

③ ㉢   ④ ㉣

정답잡기 문화는 자연·인문적 환경에 따라 달라질 수 있다는 다양성에 대한 설명이다.

12 다음에서 공통적으로 알 수 있는 문화의 특징은?

- 미국에서는 악수로 인사하고, 태국에서는 손을 모으고 목례로 인사한다.
- 한국은 중간 길이의 쇠 젓가락을 사용하고, 일본은 짧고 끝이 뾰족한 나무 젓가락을 사용한다.

① 절대성   ② 형평성

③ 다양성   ④ 강제성

정답잡기 (가)는 뉴미디어의 특징이다. 뉴미디어는 양방향 전달 방식을 사용하며 정보 생산자와 소비자의 경계가 모호한 프로슈머적 성격을 가진다.

13 밑줄 친 (가)에 대한 설명으로 옳지 <u>않은</u> 것은?

> 다수의 사람들에게 많은 정보를 동시에 전달하여 대중문화 형성에 기여하는 매체를 대중매체라고 한다. 대중매체는 일방향 매체에서 (가) 쌍방향 매체로 변화하고 있다.

① 인터넷, 스마트폰이 대표적이다.

② 정보를 일방적으로 수요자에게 전달한다.

③ 대중은 문화의 소비자인 동시에 생산자 역할을 한다.

④ 정보 통신 기술 발달에 따라 등장한 '뉴미디어'이다.

정답 11 ① 12 ③ 13 ②

14 다음에서 설명하는 제도는?

> • 풀뿌리 민주주의의 초석
> • 지역 주민이 자신들의 대표로 구성된 지방 정부를 통해 지역 문제를 자율적으로 처리하는 것

① 선거 공영제　　　　② 지방 자치제

③ 의원 내각제　　　　④ 입헌 군주제

15 다음에서 설명하는 민주 정치의 기본 원리는?

> • 대한민국의 주권은 국민에게 있고, 모든 권력은 국민으로부터 나온다.(헌법 제1조 제2항)
> • 정치권력은 국민의 동의와 지지를 바탕으로 형성되고 행사되어야 한다.

① 법치주의　　　　② 입헌주의

③ 국민 주권　　　　④ 권력 분립

16 소비 활동에 해당하는 것은?

> ○○씨는 오늘 신이 났다. ㉠ 디자인 회사에서 일을 한 지 한 달이 지나 월급을 받았기 때문이다. 월급 통장을 확인하니 ㉡ 월급과 함께 추석 보너스도 입금되어 있었다. 부모님 선물로 ㉢ 등산복을 사고 집으로 돌아와 ㉣ 가족들과 담소를 나누고 하루를 마무리하였다.

① ㉠　　　　　　② ㉡

③ ㉢　　　　　　④ ㉣

17 다음에서 설명하는 국가 영역은?

> • 항공 교통과 국가 방위 측면에서 중요하다.
> • 일반적으로 대기권 내로 그 범위를 제한한다.
> • 국가의 주권이 미치는 땅과 바다의 수직 상공이다.

① 영공 ② 영토

③ 영해 ④ 공해

18 다음의 요청에 의해 시작되는 재판의 종류는?

① 민사 재판 ② 선거 재판

③ 형사 재판 ④ 행정 재판

정답 17 ① 18 ③

01 인구 이동을 표현하기에 적합한 주제도는 무엇인가?

① 점묘도
② 유선도
③ 등치선도
④ 단계 구분도

02 지도를 읽는 방법으로 옳지 <u>않은</u> 것은?

① 지형의 높낮이는 축척을 보고 파악한다.
② 실제 거리를 줄여 지도에 나타낸 것을 축척이라고 한다.
③ 방위의 표시가 없으면 위쪽이 북쪽, 아래쪽이 남쪽이다.
④ 기호는 지표의 여러 현상을 지도상에 간략하게 나타내는 것이다.

03 다음 위선과 경선에 대한 설명으로 옳지 <u>않은</u> 것은?

	<u>위선</u>	<u>경선</u>
①	가로로 그은 선	세로로 그은 선
②	적도를 기준	본초 자오선을 기준
③	북위, 남위로 표현	동경, 서경으로 표현
④	동반구, 서반구로 구분	북반구, 남반구로 구분

04 위도에 따른 계절 차의 영향으로 옳지 <u>않은</u> 것은?

① 계절 차를 이용한 무역이 활발하다.
② 남반구와 북반구의 농작물의 수확 시기가 다르다.
③ 북반구가 크리스마스일 때 남반구의 산타는 수영복을 입고 있다.
④ 남반구와 북반구는 계절이 반대이기 때문에 12월에 남반구에서 북반구로 여행객이 증가한다.

05 다음에서 설명하는 개념은 무엇인가?

> 다양한 지리 정보를 수치화하여 컴퓨터에 입력·저장하고 이를 사용자의 요구에 따라 다양한 방법으로 분석·종합하여 제공하는 시스템이다.

① 원격 탐사
② 내비게이션
③ 지리 정보 체계(GIS)
④ 위성 위치 확인 시스템(GPS)

06 세계의 기후 지역에 대한 설명으로 옳은 것은?

① 중위도 지역에는 열대 기후가 나타난다.
② 남·북위 $20°$~$30°$는 온대 기후가 나타난다.
③ 고위도 해발 고도가 높은 지역은 고산 도시가 발달한다.
④ 고위도 지역으로 갈수록 냉대와 한대 기후가 나타난다.

07 다음 지도의 지역에 대한 설명으로 옳은 것은?

① 인구 희박 지역이다.

② 벼농사에 유리한 자연환경이다.

③ 중위도에 위치하여 기후가 온화하다.

④ 편서풍의 영향을 받아 연중 강수가 고르
게 내린다.

08 다음 그래프는 어떠한 기후에 해당하는가?

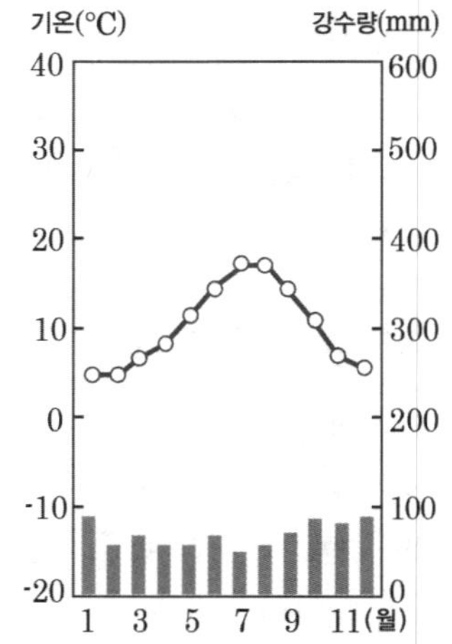

① 열대 기후 　　　② 한대 기후

③ 냉대 기후 　　　④ 지중해성 기후

09 (가) 지역의 기후는?

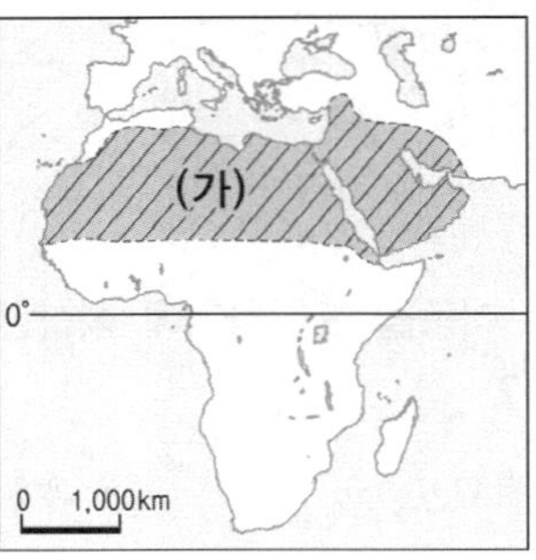

① 열대 기후 　　　② 건조 기후

③ 온대 기후 　　　④ 고산 기후

10 다음에서 설명하는 지형은 무엇인가?

밀물과 썰물의 작용이 활발한 해안에서 조
류의 퇴적 작용으로 형성된 지형이다.

① 갯벌 　　　② 시 스택

③ 모래사장 　　　④ 피오르 해안

11 다음 그림과 같은 지형에 대한 설명으로 옳지 <u>않은</u> 것은?

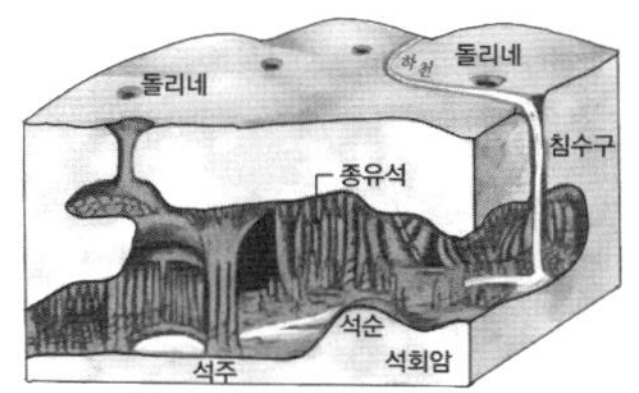

① 용암이 굳어져 만들어진 동굴에 해당한다.
② 석회암이 지하수에 의해 녹아 만들어졌다.
③ 산호초나 조개껍데기가 융기하여 만들어진 지형이다.
④ 단양의 고수 동굴, 삼척의 환선굴, 영월의 고씨동굴이 이에 해당한다.

12 다음 중 문화에 대한 설명으로 옳지 <u>않은</u> 것은?

① 다른 사회와 구분 가능한 기준이 된다.
② 선천적으로 타고나는 것은 문화가 아니다.
③ 자연과 역사에 따라 문화가 다양하게 나타난다.
④ 서로 다른 문화 지역에서는 유사한 문화가 나타나지 않는다.

13 다음 내용과 관련 있는 종교는?

> • 쿠란은 경전이면서 생활 지침서이다.
> • 유일신인 알라에 대해 절대적으로 복종한다.
> • 하루에 다섯 번 메카를 향해 예배를 드린다.

① 불교
② 이슬람교
③ 크리스트교
④ 조로아스터교

14 자연환경에 따른 문화의 특징으로 옳지 <u>않은</u> 것은?

① 열대 기후 지역에서는 고상 가옥이 나타나며 개방적 가옥 구조가 특징이다.
② 건조 기후 지역에서는 뜨거운 열을 차단하기 위해 벽이 두껍고 지붕의 경사가 급하다.
③ 한대 기후 지역에서는 고상 가옥이 나타나며 추위를 피하기 위해 동물의 가죽, 털옷 등을 입는다.
④ 건조 기후 지역의 식생활은 밀농사 또는 육식을 하며 한대 기후는 날고기, 생선 등을 섭취한다.

15 다음에서 설명하는 개념은?

> 서로 다른 문화를 가진 사람들이 모여 살아 다양한 문화가 나타나는 현상

① 문화 융합
② 문화 공존
③ 문화 동화
④ 문화의 섬

16 다음 갈등 사례의 원인에 해당하는 것은?

> • 카슈미르 • 팔레스타인
> • 수단 • 북아일랜드

① 종교 갈등
② 언어 갈등
③ 국경 갈등
④ 자원을 둘러싼 갈등

17 다음에서 설명하는 자원의 특성을 바르게 나열한 것은?

> (가) 자원은 모든 지역에 고루 분포하지 않으며 일부 지역에 집중 분포되어 있다.
> (나) 대부분의 주요 자원들은 매장량이 한정되어 있어 자원 고갈에 대비해야 한다.
> (다) 자원의 가치가 문화적 차이, 기술 발달, 경제적 수준의 차이 등에 따라 달라진다.

	(가)	(나)	(다)
①	가변성	편재성	유한성
②	편재성	유한성	가변성
③	유한성	가변성	편재성
④	편재성	가변성	유한성

18 다음 설명의 자연재해는 무엇인가?

> • 아시아 계절풍 지역, 열대성 저기압의 영향을 받는 지역에 주로 발생
> • 농경지·가옥 침수, 산사태 등 많은 피해 발생
> • 가뭄 해소, 하천 범람으로 인한 토양의 비옥도 상승 등의 긍정적 영향

① 지진 ② 가뭄
③ 황사 ④ 홍수

19 환태평양 조산대 지역에서 자주 발생하는 자연재해는 무엇인가?

① 지진 ② 가뭄
③ 황사 ④ 태풍

20 A, B 작물의 상대적 특징에 대해 옳은 내용을 말한 학생을 고른 것은?(단, A, B는 쌀, 밀 중 하나임.)

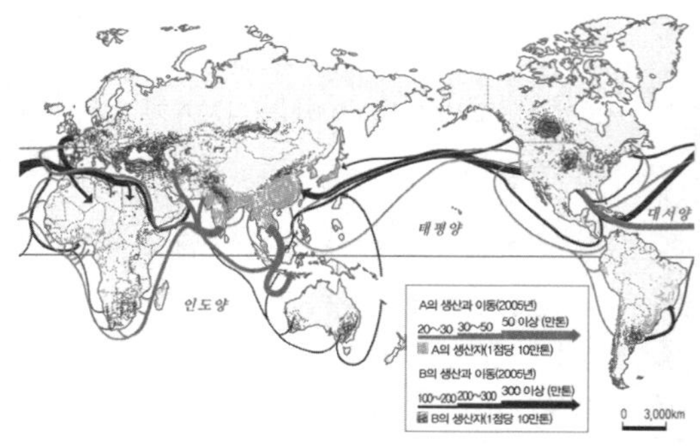

> 갑 : 고온 다습한 기후에서는 A의 재배가 더 유리해.
> 을 : 남반구에서는 B의 수출량이 더 많아.
> 병 : 국제 이동량은 A가 더 많아.
> 정 : 재배 범위는 B가 더 좁아.

① 갑, 을 ② 갑, 병
③ 을, 병 ④ 을, 정

21 다음은 어떤 자원에 대한 설명인가?

> - 냉동 액화 기술의 개발로 국제적 이동 및 소비가 급증하고 있다.
> - 대기 오염 물질의 배출이 적은 청정 에너지이다.

① 석유　　　　② 석탄
③ 원자력　　　④ 천연가스

22 그래프는 세계 에너지 자원의 소비 비중을 나타낸 것이다. A~C 자원에 대한 설명으로 옳은 것은? (단, A~C는 석유, 석탄, 천연가스 중 하나임.)

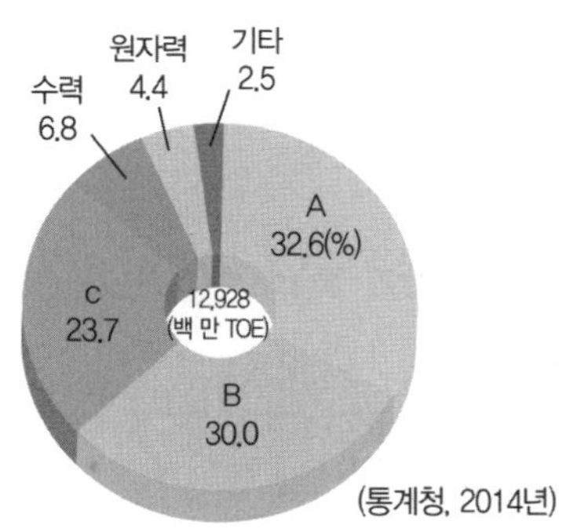

① A는 산업 혁명 당시 주요 연료로 이용되었다.
② B는 주로 자동차 연료 및 화학 공업의 원료로 이용된다.
③ C는 냉동 액화 기술의 발달로 소비량이 증가하였다.
④ B는 A보다 일부 지역에 편중되어 국제 이동량이 많다.

23 다음 설명에 해당하는 것은?

> - 자원을 무기로 삼아 자국의 이익을 취함
> - 석유 수출국 기구(OPEC)

① 전체주의　　　　② 지역 이기주의
③ 자원 민족주의　　④ 자민족 중심주의

24 다음 분쟁 지역의 설명으로 옳은 것은?

① 민족 간의 갈등이 발생하고 있다.
② 물을 둘러싸고 일어나는 물 분쟁 사례이다.
③ 열강의 인위적인 국경 설정으로 인한 분쟁 지역이다.
④ 카스피 해 유전지역을 두고 주변 국가들의 분쟁이 일어난다.

25 다음 설명에 해당하는 신·재생 에너지를 바르게 짝지은 것은?

> (가) 화산 및 지진대에 개발하기 유리하다.
> (나) 연중 바람이 부는 해안이나 섬에서 유리하다.
> (다) 일조 시간이 길고, 일사량이 풍부한 지역이 유리하다.
> (라) 하천의 유량이 풍부하거나 낙차가 큰 지역에 유리하다.

	(가)	(나)	(다)	(다)
①	지열	수력	태양광	풍력
②	지열	풍력	태양광	수력
③	태양광	풍력	지열	수력
④	태양광	지열	수력	풍력

26 다음에서 설명하는 것은?

> • 개인이 사회적 존재로 성장해 가는 과정
> • 인간이 사회생활에 필요한 것을 학습하는 과정
> • 한 사회의 행동 양식, 가치관 등을 학습하는 과정

① 정보화 ② 전문화

③ 사회화 ④ 세계화

27 다음에서 설명하고 있는 사회화 개념은?

> 유아기에 가족이나 또래 집단과 같이 가까운 사람들 사이에서 일어나는 사회화로 개인의 인성 형성에 기초가 된다.

① 예기 사회화 ② 재사회화

③ 1차적 사회화 ④ 2차적 사회화

28 다음에서 설명하는 개념은?

> 개인이 어떤 행동이나 판단을 할 때 기준으로 삼는 집단

① 1차 집단 ② 이익 사회

③ 준거 집단 ④ 공동 사회

29 다음 문화의 특성 중 (가)와 (나)에 해당하는 것은?

> 문화는 시대와 장소를 초월하는 [(가)]을 가지고 있으며, 자연환경과 역사적 상황에 따라 다양한 생활 양식이 나타나는 [(나)]을 지닌다.

	(가)	(나)
①	축적성	특수성
②	변동성	전체성
③	공유성	학습성
④	보편성	특수성

30 다음에서 설명하는 문화의 속성은?

> 문화는 한 사회의 구성원 다수가 공통적으로 가지고 있는 생활 양식으로, 구성원의 행동을 예측할 수 있다.

① 공유성 ② 학습성
③ 전체성 ④ 변동성

31 (가)와 (나)에 들어갈 용어를 알맞게 짝지은 것은?

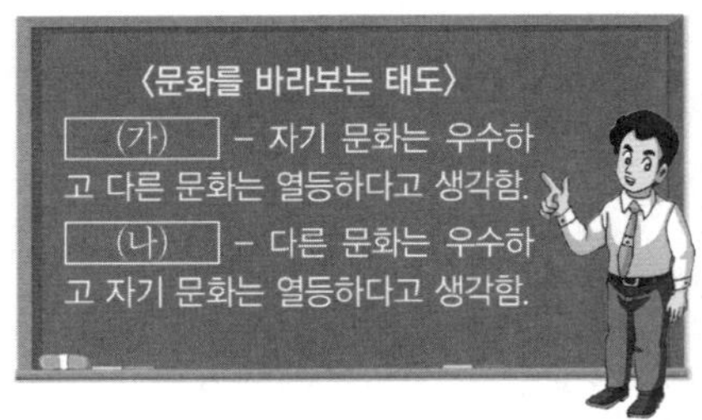

    (가)   (나)
① 자문화 중심주의   문화 상대주의
② 자문화 중심주의   문화 사대주의
③ 문화 사대주의   자문화 중심주의
④ 문화 사대주의   문화 상대주의

32 다음에 나타난 매체의 특징으로 옳은 것은?

> • 인터넷상에서 UCC(사용자 제작 콘텐츠)를 제작하여 전 세계 사람들과 공유한다.
> • SNS(소셜 네트워크 서비스)를 이용하여 정보를 만들고 유통한다.

① 쌍방향 의사소통이 가능하다.
② 시간과 공간의 제약을 크게 받는다.
③ 인쇄 매체에 비해 정보의 전달 속도가 늦다.
④ 대중문화의 형성과 발달에 미치는 영향이 작다.

33 근대 민주 정치에 대한 설명으로 옳지 <u>않은</u> 것은?

① 시민 혁명의 영향으로 발달하였다.
② 대의 민주 정치를 바탕으로 의회를 구성하였다.
③ 모든 사람이 정치에 참여하는 보통 선거가 확립되었다.
④ 시민 계급이 절대 왕정을 무너뜨리고 정치에 참여할 권리를 얻었다.

34 인간의 존엄성 실현을 위해 보장되어야 하는 것은?

① 자유와 평등 ② 형식적 평등
③ 적극적 자유 ④ 다수결의 원리

35 다음 설명에 해당하는 민주 정치의 기본 원리는?

> 국가의 의사를 최종적으로 결정하는 최고의 권력인 주권이 국민에게 있다는 것

① 국민 주권의 원리　② 국민 자치의 원리
③ 입헌주의의 원리　④ 권력 분립의 원리

36 다음 그림이 나타내는 민주 정치의 기본 원리는?

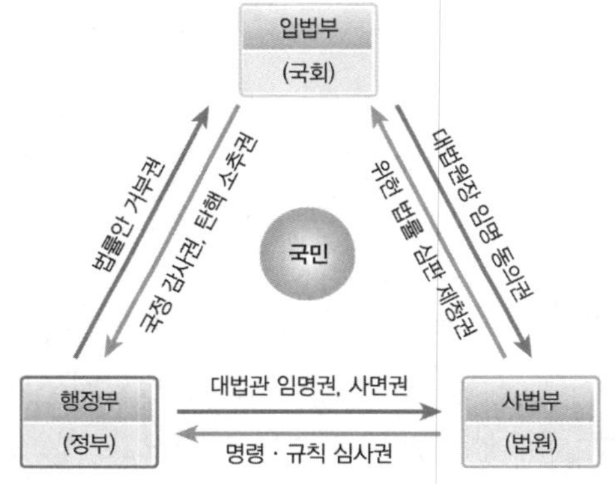

① 국민 주권의 원리　② 국민 자치의 원리
③ 입헌주의의 원리　④ 권력 분립의 원리

37 다음에서 설명하는 정치 참여 주체는?

> 공익 실현을 위해 시민들이 자발적으로 만든 단체이다. 정부의 정책 결정 및 집행 과정 감시·비판, 시민의 여론 형성 등의 활동을 한다.

① 국회　　　　　② 언론
③ 시민 단체　　　④ 이익 집단

38 다음 내용에 해당하는 민주 시민의 정치 참여 활동은?

> - '민주주의의 꽃'이라고도 함.
> - 가장 기본적인 정치 참여 방법
> - 보통, 평등, 직접, 비밀의 원칙 적용

① 선거　　　　　② 여론 형성
③ 정당 활동　　　④ 시민 단체 활동

39 다음과 같은 활동을 하는 단체는?

> 선거와 국민 투표를 공정하게 관리하는 독립된 국가 기관으로 후보자 등록, 선거와 국민 투표의 공정한 관리, 선거법 위반 단속 등의 활동을 한다.

① 감사원　　　　② 이익 집단
③ 시민 단체　　　④ 선거 관리 위원회

40 다음에 해당하는 것은?

> - 풀뿌리 민주주의
> - 민주주의의 학교

① 선거　　　　　② 시민 단체
③ 지방 자치제　　④ 선거 공영제

41 다음에서 설명하는 법의 특징을 옳게 연결한 것은?

> (가) 개인과 개인 사이의 사적인 생활 관계를 규율하는 법
>
> (나) 국가 기관과 관련되거나 개인과 국가 사이의 공적인 생활 관계를 규율하는 법
>
> (다) 사법의 영역인 개인 간의 관계에 국가가 개입하도록 하는 법으로 사회적 약자의 권리를 보호하는 법

	(가)	(나)	(다)
①	공법	사법	사회법
②	사법	사회법	공법
③	공법	사회법	사법
④	사법	공법	사회법

42 그림에 해당하는 재판의 종류는?

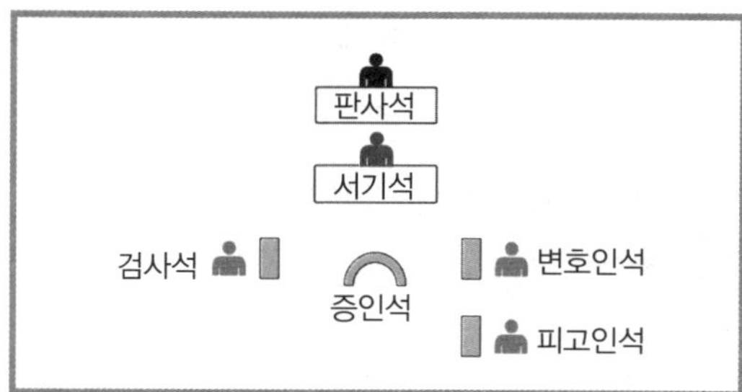

① 민사 재판 ② 행정 재판

③ 가사 재판 ④ 형사 재판

43 다음에서 나타나는 제도의 목적은 무엇인가?

> • 심급 제도　　• 사법권의 독립
> • 증거 재판주의　　• 공개 재판주의

① 공정한 재판을 위한 제도

② 피해자 구제를 위한 제도

③ 효율적인 재판을 위한 제도

④ 사법부의 독립을 위한 제도

44 정보화 사회의 특징으로 옳지 <u>않은</u> 것은?

① 노동과 자본이 부의 원천이다.

② 인터넷상의 새로운 인간 관계가 형성된다.

③ 정보 통신 기술의 발달로 전자 민주주의가 확산된다.

④ 인터넷 중독, 정보 격차, 사생활 침해의 문제점이 나타난다.

45 저출산 · 고령화에 따른 문제점으로 옳지 <u>않은</u> 것은?

① 노동력 부족 현상

② 경제 성장의 둔화

③ 청년층의 부담 증가

④ 유소년 인구의 높은 증가율

02 사회 2

1 인권과 헌법

1. 인권의 의미와 특징

(1) 의미 : 인간으로서 당연히 누려야 할 기본적인 권리 ➜ 천부 인권이라고도 함.

(2) 특징 : 자원권, 보편적 권리, 불가침의 권리

2. 기본권의 보장과 제한

(1) 헌법에서 보장하는 기본권 : 헌법이 보장하는 인간으로서의 기본적 권리

(2) 기본권의 종류

인간의 존엄과 가치 및 행복 추구권	인간으로서 존엄과 가치를 지니며 행복을 추구할 권리, 모든 기본권이 지향하는 근본 가치 ➜ 포괄적 기본권
자유권	가장 오래된 기본권으로 국가로부터 개인의 자유로운 생활을 간섭받지 않을 권리 ➜ 소극적 권리 예 신체의 자유, 정신적 자유, 경제적 자유
평등권	성별, 종교, 사회적 신분 등에 의해 불합리한 차별을 받지 않을 권리 ➜ 다른 기본권 보장의 전제 조건 예 법 앞의 평등
참정권	국가의 의사 결정 과정에 참여할 수 있는 권리 ➜ 능동적 권리 예 선거권, 공무 담임권, 국민 투표권
사회권	국가에 대하여 인간다운 생활의 보장을 요구할 수 있는 권리 ➜ 적극적 권리 예 근로의 권리, 교육을 받을 권리
청구권	국가에 대해 일정한 행위를 청구할 수 있는 권리 ➜ 다른 기본권을 보장하기 위한 수단적 권리 예 청원권, 재판 청구권, 국가 배상 청구권

(3) 기본권의 제한 : 국가 안전 보장, 질서 유지, 공공복리를 위해 필요한 경우 국회에서 제정한 법률로써만 제한이 가능하다. 제한하는 경우에도 자유와 권리의 본질적인 내용은 침해할 수 없음.

3. 침해된 인권의 구제 방법

(1) 기본권 침해 시 구제 방법 : 국가 인권 위원회에 진정, 헌법 재판소에 헌법 소원 신청, 행정 심판 또는 행정 소송 제기, 상소 제도 이용, 수사 기관에 고소 또는 고발, 민사 소송 제기

(2) 국가 기관별 활동
  ① 국가 인권 위원회 : 국가 기관에 의해 인권을 침해당하거나 회사, 단체 등에 의해 부당하게 차별당한 사람이 진정을 제기하면, 이를 조사해 바로잡아 줌.
  ② 법원 : 사법 기능을 통한 국민의 인권 보장
  ③ 헌법 재판소

위헌 법률 심판	법원의 재판 과정에서 어떤 법률이 헌법에 위반되는지의 여부가 문제될 때, 그 법률의 위헌 여부를 심판하는 것
헌법 소원 심판	공권력으로 인해 헌법상 보장된 인권을 침해받은 사람이 구제를 청구할 경우 이를 심판하는 제도

4. 헌법에 보장된 근로자의 권리

(1) 근로자의 권리 : 일할 의사와 능력을 가진 사람이 일할 기회와 인간다운 생활의 보장을 요구할 권리

(2) 법으로 보장된 근로 조건의 원칙
  ① 근로 시간 : 1일 8시간, 1주 40시간을 초과할 수 없음.
  ② 휴식 시간 : 근로 시간이 4시간이면 30분 이상, 8시간이면 1시간 이상 주어야 함.
  ③ 해고 : 적어도 30일 전에 알려 주어야 하고, 정당한 이유 없이 해고할 수 없음.
  ④ 임금 : 매달 1회 이상 일정한 날짜에 본인에게 직접 통화로 전액을 지급해야 하고, 반드시 최저 임금 이상 주어야 함.

(3) 노동 삼권 : 단결권, 단체 교섭권, 단체 행동권

5. 노동권 침해 및 구제

(1) 노동권 침해 사례
  ① 임금 체불 및 최저 임금 미준수 : 임금을 제때 못 받거나 최저 임금 미만으로 받는 경우
  ② 근로계약서 미작성 : 일을 하기 전에 근로계약서를 작성하지 않는 경우
  ③ 근로 조건 위반 : 근로자와 협의 없이 1일 8시간, 1주 40시간을 초과하여 일을 시키는 경우, 일하는 도중에 휴식 시간을 주지 않는 경우 등

④ 부당 해고 : 결혼 또는 출산을 이유로 퇴직을 강요하거나 정당한 이유 없이 해고하는 것
⑤ 부당 노동 행위 : 사용자가 노동조합의 결성 또는 가입을 방해하거나 정당한 이유 없이 단체 교섭을 거부하는 것

(2) 침해당한 노동권을 구제받는 방법
① 임금 체불 : 고용 노동부에 신고하거나 법원에 도움을 요청하여 밀린 임금을 받을 수 있음.
② 부당 해고, 부당 노동 행위에 따른 노동 삼권 침해 : 노동 위원회에 구제 요청 ➜ 노동 위원회의 결정에 불복할 경우에는 법원에 소송 제기

2 헌법과 국가 기관

1. 법을 만드는 국민의 대표 기관 – 국회

(1) 국회의 의미와 위상
① 국회의 의미 : 국민이 선거를 통해 직접 선출한 대표들로 구성된 기관
② 국회의 위상 : 국민의 대표 기관, 입법 기관, 국가 권력의 견제 기관

(2) 국회의 조직과 구성
① 국회 의원의 종류 : 지역구 의원과 비례 대표 의원으로 구성(임기는 4년)
② 주요 조직
㉠ 상임 위원회 : 전문적인 지식을 가진 의원들이 각 분야를 전담하기 위해 항상 활동하는 위원회
㉡ 특별 위원회 : 특별한 안건을 처리하기 위하여 일시적으로 구성되는 위원회
㉢ 교섭 단체 : 일정한 수 이상의 국회 의원이 소속된 정당이나 단체가 교섭 단체를 만들어 국회 내의 다양한 의사를 사전에 통합하고 조정함.
③ 회의 : 정기회(매년 한 번), 임시회(필요에 따라 수시)

2. 국회의 기능

(1) 입법에 관한 기능 : 법률의 제정 및 개정, 헌법 개정안의 제안 및 의결, 조약 체결 동의

(2) 재정에 관한 기능 : 예산안의 심의 및 확정, 결산 심사

(3) 일반 국정에 관한 기능 : 국정 감사와 국정 조사, 임명 동의, 탄핵 소추 의결

3. 행정부의 역할과 구성

(1) 행정의 의미 : 국회가 만든 법률의 집행, 공익을 실현하기 위해 정책을 수립하고 실행하는 국가 작용

(2) 행정부의 구성과 조직
  ① 대통령 : 국민의 직접 선거로 선출된 국가의 대표이며, 행정부 최고 책임자(임기는 5년)
  ② 국무총리 : 행정 각 부처를 총괄하며 대통령의 국정을 보좌함. 국무총리는 국회의 동의를 얻어 대통령이 임명함.
  ③ 국무 회의 : 정부 일반 정책, 법률 제정·개정안, 예산안 등 정부의 중요한 정책을 심의하는 행정부의 최고 심의 기관, 의장인 대통령과 부의장인 국무총리, 각 부서의 장관을 비롯한 국무 위원으로 구성됨.
  ④ 감사원 : 대통령에 소속된 행정부의 최고 감사 기관, 공무원의 직무를 감찰하고 국가의 세입, 세출의 결산을 검사하는 업무를 담당함.

4. 국가 원수이자 행정부 수반 – 대통령

(1) 지위
  ① 국가 원수 : 국가 최고 지도자(국가 대표로서의 권한)
  ② 행정부 수반 : 행정부를 지휘·감독하는 최고 책임자

(2) 권한
  ① 행정부 수반으로서의 권한 : 행정부의 지휘·감독, 국무 회의 의장, 국군 통수권, 공무원 임명 및 해임권, 법률안 거부권, 대통령령 제정
  ② 국가 원수로서의 권한(국가 대표로서의 권한) : 조약 체결권, 긴급 명령 및 계엄 선포, 국가 기관의 장을 임명, 국민 투표 제안, 국정 조정

5. 법을 적용하고 판단하는 국가 기관 – 법원

(1) 사법과 법원
  ① 사법 : 법을 해석하고 판단하여 구체적인 사건에 적용하는 국가의 작용
  ② 법원(사법부) : 분쟁 해결 과정에서 법을 해석하고 판단하여 적용하는 사법의 권한을 담당함.

(2) 사법권의 독립 : 공정한 재판을 보장하기 위해서 사법권의 독립이 필요(국민의 자유와 권리 보장의 목적)

(3) 법원의 조직과 기능
  ① 법원의 조직 : 대법원은 국가 최고의 법원(3심 재판을 담당), 고등 법원(2심 사건을 재판), 지방 법원(1심 사건을 재판), 기타 법원(가정 법원, 행정 법원 등)
  ② 법원의 기능 : 재판, 위헌 법률 심판 제청, 명령·규칙·처분 심사

6. 헌법을 수호하고 기본권을 보장하는 기관 – 헌법 재판소

(1) 헌법 재판소
① 의미 : 입법부에 의해 만들어진 법률이나 국가 기관의 작용이 헌법에 위배되거나 국민의 기본권을 침해했는지 여부를 판단하여 국민의 기본권을 구제해 주는 사법 기관
② 재판관 : 대통령이 3인 지명, 대법원장이 3인 지명, 국회에서 3인 선출 → 대통령이 임명

(2) 헌법 재판소의 권한
① 위헌 법률 심판 : 재판의 전제가 된 법률이 헌법에 위반된다고 판단한 법원이 헌법 재판소에 그 법률이 위헌인지 여부를 심사해 달라고 제청하였을 때 하는 심판
② 헌법 소원 : 법률이나 공권력에 의해 기본권을 침해당한 국민이 직접 헌법 재판소에 구제를 신청했을 때 하는 심판
③ 탄핵 심판 : 대통령, 장관, 법관 등 고위 공직자가 직무상 헌법이나 법률에 어긋나는 중대한 잘못을 했을 경우 국회의 요청에 의해 헌법 재판소에서 파면 여부를 심판
④ 정당 해산 심판 : 정당의 목적이나 활동이 헌법상의 민주적 기본 질서 등에 위배되어 정부가 해산을 제소하였을 때 정당의 해산 여부를 결정하는 심판
⑤ 권한 쟁의 심판 : 국가 기관 사이에 권한 다툼이 발생했을 때 이를 조정해 주는 심판

3 경제생활과 선택

1. 경제 활동의 이해

(1) 경제 활동의 의미와 대상
① 경제 활동의 의미 : 인간이 생활하는 데 필요한 재화와 서비스를 생산, 분배, 소비하는 모든 활동
② 경제 활동의 대상

재화	인간의 필요와 욕구를 충족시켜주는 눈에 보이는 물건 예 신발, 옷, 가방 등
서비스(용역)	구체적인 형태는 없지만 인간의 필요와 욕구를 충족시켜주는 행위

(2) 경제 활동의 종류
① 생산 : 사람들이 필요로 하는 재화와 서비스를 만들거나 그 가치를 증대시키는 활동 예 상품의 제조, 운송, 저장, 판매 등
② 분배 : 생산 과정에 참여한 대가를 받는 것 예 임금, 이자, 지대 등을 받는 것
③ 소비 : 분배받은 소득으로 재화나 서비스를 구입하여 사용하는 행위 예 상품 구입, 공연 관람 등

2. 자원의 희소성과 합리적 선택

(1) 자원의 희소성
① 의미 : 인간의 욕구는 무한한 데 비해 이를 충족시켜 줄 자원의 양은 상대적으로 부족한 현상
② 특징 : 희소성은 절대량이 아니라 인간의 필요와 욕구에 의해 달라지는 상대적인 개념이며, 시대와 장소에 따라 달라질 수 있음.

(2) 기회 비용
① 의미 : 어떤 것을 선택함으로써 포기해야 하는 대안들 중 가장 큰 가치
② 특징 : 사람마다 생각이 다르고 취향이 다르기 때문에 동일한 선택을 하더라도 그에 대한 기회 비용은 다를 수 있음.

(3) 합리적 선택
① 의미 : 가장 적은 비용으로 가장 큰 편익을 얻을 수 있는 대안을 선택하는 것
② 기회 비용 고려 : 선택에 따른 만족이 기회 비용보다 크도록 선택
③ 합리적 소비 : 한정된 소득으로 최대 만족을 얻을 수 있도록 소비에 따른 비용과 편익을 충분히 고려하여 이루어지는 소비

3. 경제 체제

(1) 시장 경제 체제와 계획 경제 체제
① 시장 경제 체제 : 시장 가격에 따라 자유롭게 의사를 결정함으로써 경제 문제를 해결하는 경제 체제
② 계획 경제 체제 : 국가가 계획을 세우고 개인과 기업에 명령함으로써 경제 문제를 해결하는 경제 체제

(2) 혼합 경제 체제
오늘날 대부분의 나라는 시장 경제 체제와 계획 경제 체제의 특성이 혼합된 혼합 경제 체제를 채택하고 있음.

4. 시장 경제에서 기업의 역할

(1) 기업의 의미와 목표
① 의미 : 무엇을, 어떻게, 얼마나 생산할지를 결정하고 생산 요소를 투입하여 재화나 서비스를 만들고 판매하는 생산 활동의 주체
② 목표 : 최소의 비용으로 최대의 이윤을 얻고자 함.

(2) 기업의 역할
생산 활동의 주체, 고용과 소득 창출, 세금 납부

5. 기업의 사회적 책임과 기업가 정신

(1) 기업의 사회적 책임
  ① 기업의 노력 : 윤리적으로 기업을 운영하며 합법적인 경제 활동, 근로자와 소비자의
     권익 보호, 사회 공헌 활동에 참여한다.
  ② 기업의 사회적 책임 효과 : 소비자에게 좋은 인식을 심어줄 수 있으며, 기업의 성장을
     촉진할 수 있다.

(2) 기업가 정신
  미래의 위험과 불확실성을 감수하고, 혁신과 창의성을 바탕으로 새로운 상품 개발, 새
  로운 시장 개척을 통해 이윤을 추구하는 기업가의 자세

6. 일생 동안 이루어지는 경제생활

(1) 생애 주기에 따른 경제생활

유소년기	주로 부모의 소득에 의존하여 소비하는 시기
청년기	생산 활동에 참여하게 되면서 소득을 형성하지만 그 크기가 크지 않은 시기
장년기	소득이 크게 증가하지만, 자녀 양육과 노후 대비 등에 따른 지출도 증가하는 시기
노년기	은퇴로 인해 소득보다 소비가 많아지는 시기

(2) 자산 관리의 필요성
  일생 동안 소득과 소비가 일정하지 않기 때문에 지속 가능한 경제생활을 이루기 위해
  자산에 대한 계획과 관리가 필요함.

(3) 합리적인 자산 관리 방법
  투자 상품의 특성을 고려한 분산 투자와 저축이나 투자의 목적과 기간, 수익성·안전
  성·유동성 등을 고려해야 함.

(4) 신용
  정해진 날짜에 갚을 것을 약속하고 재화나 서비스를 소비하거나 현금을 빌릴 수 있는
  능력

(5) 신용 거래의 장단점
  ① 장점 : 당장 현금이 없어도 거래 가능, 현재 소득보다 더 많은 소비 가능, 목돈 마련 가능
  ② 단점 : 충동구매와 과소비 유발, 연체 시 금융 거래 및 경제 활동에 불이익
  ③ 올바른 신용 관리 : 자신의 소득 범위를 고려하여 신용 거래를 이용, 상환 날짜를 준
     수해야 함.

4 시장 경제와 가격

1. 시장

(1) 시장의 의미와 역할
　① 의미 : 상품을 사려고 하는 수요자와 팔려고 하는 공급자가 만나 거래하는 곳으로 구체적인 장소만을 의미하는 것이 아니라 수요자와 공급자 간 거래 활동 자체를 의미함.
　② 시장의 역할 : 재화와 서비스의 가격 결정, 거래 비용 절약, 상품 정보 제공, 특화를 통한 분업 가능

(2) 시장의 역할 : 거래 비용과 시간 절약, 상품에 대한 정보 획득 용이, 상품 선택의 기회 확대

2. 시장의 종류

(1) 거래하는 상품의 종류에 따른 분류
　① 생산물 시장 : 재화나 서비스를 거래하는 시장 예 전통 시장, 대형 마트
　② 생산 요소 시장 : 생산에 필요한 노동, 토지, 자본 등을 거래하는 시장

(2) 거래 모습이 보이는지의 여부에 따라 분류
　① 눈에 보이는 시장 : 수요자와 공급자 간의 모습이 눈에 보이는 시장 예 전통 시장, 백화점, 대형 마트
　② 눈에 보이지 않는 시장 : 거래 모습이 확실히 드러나지는 않지만 수요자와 공급자 간 거래가 이루어지는 시장 예 외환 시장, 증권 시장, 전자 상거래 시장 등

(3) 시장의 변화
　① 전자 상거래 : 인터넷 등 정보 통신망을 이용하여 이루어지는 거래
　② 전자 상거래 시장의 규모 확대 : 정보 통신 기술과 인터넷의 발달로 전자 상거래가 활발해지면서 전자 상거래 시장의 규모가 점점 커지고 있음.

3. 수요와 공급

	수요		공급
수요	일정한 가격에서 재화나 서비스를 사고자 하는 욕구	공급	생산자가 일정한 가격에서 재화나 서비스를 팔고자 하는 욕구
수요량	일정한 가격에서 사고자 하는 상품의 수량	공급량	일정한 가격에서 팔고자 하는 상품의 수량
수요 법칙	가격이 상승하면 수요량이 감소하고, 가격이 하락하면 수요량이 증가하는 것 → 가격과 수요량은 반비례 관계	공급 법칙	가격이 상승하면 공급량이 증가하고, 가격이 하락하면 공급량이 감소하는 것 → 가격과 공급량은 비례 관계
수요 곡선	우하향 곡선	공급 곡선	우상향 곡선

4. 시장 가격의 결정

(1) 균형 가격의 결정
시장에서 수요량과 공급량이 일치하여 균형을 이루는 지점에서 균형 가격과 균형 거래량이 결정됨.

균형 가격(시장 가격)	수요량과 공급량이 일치하여 균형을 이루는 지점에서의 가격
균형 거래량	균형 가격에서 거래되는 상품의 수량

(2) 초과 공급과 초과 수요
① 초과 공급 : 공급량이 수요량보다 많은 상태(수요량 < 공급량) ➜ 공급자들 간의 판매 경쟁 ➜ 상품 가격 하락
② 초과 수요 : 수요량이 공급량보다 많은 상태(수요량 > 공급량) ➜ 수요자들 간의 구매 경쟁 ➜ 상품 가격 상승

5. 시장 가격 변동

(1) 수요와 공급의 변화
① 수요의 변화

의미	상품 가격 이외의 요인이 변화하여 수요 자체가 변화하는 것
요인	소비자의 소득이나 기호 변화, 관련 재화(대체재, 보완재)의 가격 변화, 인구 수의 변화, 소비자의 기대 등

② 공급의 변화

의미	상품 가격 이외의 요인이 변화하여 공급 자체가 변화하는 것
요인	생산 요소의 가격(원료의 가격, 임금 등) 변화, 생산 기술의 변화, 공급자 수의 변화, 상품 가격 변화에 대한 예상 등

(2) 수요·공급에 따른 가격 변동
① 수요 변화에 따른 가격 변동(공급 일정)

구분	수요 증가	수요 감소
변동 요인	소득 증가, 기대나 기호 상승, 대체재 가격 상승, 보완재 가격 하락, 인구 증가, 상품 가격 인상 예상 등	소득 감소, 기대나 기호 하락, 대체재 가격 하락, 보완재 가격 상승, 인구 감소, 상품 가격 인하 예상 등
변동	수요 곡선의 오른쪽 이동 ➡ 균형 가격 상승, 균형 거래량 증가	수요 곡선의 왼쪽 이동 ➡ 균형 가격 하락, 균형 거래량 감소

② 공급 변화에 따른 가격 변동(수요 일정)

구분	공급 증가	공급 감소
변동 요인	생산 요소 가격 하락, 생산 기술 발전, 공급자 수의 증가, 상품 가격 인하 예상 등	생산 요소 가격 상승, 공급자 수의 감소, 상품 가격 인상 예상 등
변동	공급 곡선 오른쪽 이동 ➡ 균형 가격 하락, 균형 거래량 증가	공급 곡선의 왼쪽 이동 ➡ 균형 가격 상승, 균형 거래량 감소

6. 시장 가격의 기능

(1) **경제 활동의 신호등 역할** : 시장 가격은 생산자와 소비자들에게 얼마나 생산 또는 소비해야 할 것인가에 대한 정보를 제공함.

(2) **자원의 효율적 배분 기능** : 시장 가격은 경제 주체들에게 합리적인 경제 행위를 하도록 이끌어 한정된 자원을 효율적으로 배분함.

5 국민 경제와 국제 거래

1. 국민 경제 지표로서 국내 총생산

(1) 국내 총생산(GDP)
일정 기간 동안 한 나라 안에서 생산된 최종 생산물의 시장 가치를 모두 합한 것(시장에서 거래되는 생산물의 가치만 포함)

(2) 특징과 한계
① 특징 : 한 나라의 경제 활동 수준, 즉 경제 규모를 나타내어 각국의 경제 규모를 비교할 때 유용함.
② 한계 : 시장에서 거래되는 생산물의 가치만 포함, 소득 분배 상태나 빈부 격차를 반영할 수 없음.

(3) 1인당 국내 총생산
국내 총생산을 국가 인구 수로 나눈 것

(4) 국민 총생산(GNP)
생산 지역에 상관없이 일정 기간 동안 한 나라의 국민이 생산한 최종 생산물의 시장 가치의 합

(5) 경제 성장과 삶의 질
① 경제 성장 : 한 국가의 경제 규모, 국내 총생산(GDP)이 증가하는 현상
② 경제 성장률

$$경제\ 성장률(\%) = \frac{금년도\ 실질\ GDP - 전년도\ 실질\ GDP}{전년도\ 실질\ GDP} \times 100$$

2. 물가와 인플레이션

(1) 물가와 물가 지수
① 물가 : 시장에서 거래되는 개별 상품의 가격을 종합하여 평균한 것
② 물가 지수 : 기준 시점의 물가를 100으로 했을 때 비교 시점의 물가 수준을 종합적으로 측정한 값

(2) 인플레이션
① 의미 : 물가가 지속적으로 오르는 현상
② 인플레이션의 원인 : 총수요 증가, 생산 비용 상승, 통화량 증가
③ 인플레이션의 영향 : 화폐의 가치 하락, 수입업자 유리, 수출업자 불리, 수출 감소 · 수입 증가로 적자 발생

(3) 물가 안정을 위한 노력

정부는 과도한 재정 지출을 줄이고 세율을 인상, 중앙은행은 금리(이자율) 인상, 기업
은 생산 원가 절감 노력, 소비자는 소비 자제와 합리적 소비 추구

3. 실업의 의미와 영향

(1) 실업의 의미

일할 능력과 의사가 있음에도 불구하고 일자리를 구하지 못한 상태

(2) 실업의 원인에 따른 분류

비자발적 실업	경기적 실업	경기 침체로 인한 일자리 감소
	구조적 실업	산업 구조의 변화로 일부 산업 쇠퇴, 직업 소멸
	계절적 실업	계절의 영향을 받아 실업이 나타나는 경우 예 농업
자발적 실업	마찰적 실업	더 나은 직장으로 옮기는 과정에서 일시적으로 발생

4. 국제 거래의 이해

(1) 국제 거래

① 발생 요인 : 국가마다 생산 여건이 달라 생산비의 차이 발생 ➡ 각국이 생산에 유리
한 조건을 갖춘 품목에 특화하여 교역함으로써 이익을 얻을 수 있음.

② 절대 우위 : 상품을 다른 생산자에 비해 절대적으로 낮은 비용으로 생산할 수 있는
능력

③ 비교 우위 : 상품을 다른 생산자에 비해 상대적으로 낮은 비용으로 생산할 수 있는
능력

(2) 국제 거래의 확대와 국가 간 경제 협력 증가 : 세계화·개방화, 세계 무역 기구(WTO)의
출범, 지역 경제 협력체 등장, 자유 무역 협정(FTA)의 체결

5. 환율 결정

(1) 환율 : 두 나라 화폐 사이의 교환 비율

① 환율의 결정 : 상품 시장에서 상품의 가격 결정과 마찬가지로 외환 시장에서 외환의
수요와 공급에 의해 결정됨.

② 환율의 변동

외환의 수요	외국 상품의 수입, 우리나라 국민의 해외 여행, 외국 투자, 해외 유학 등으로 외환 수요 증가 ➡ 환율 상승(원화 가치 하락)
외환의 공급	우리나라 상품의 수출, 외국인 관광객 유치, 외국인의 국내 투자 등으로 외환 공급 증가 ➡ 환율 하락(원화 가치 상승)

③ 환율 변동 영향

구분	수출	수입	경상 수지	물가	해외 여행	외채 상환
환율 상승	증가	감소	개선	상승	불리	증가
환율 하락	감소	증가	악화	안정	유리	감소

6 국제 사회와 국제 정치

1. 국제 사회의 특성과 행위 주체
국제 사회란 여러 나라가 서로 교류하고 의존하면서 공동생활을 해 나가는 사회

2. 국제 사회의 다양한 행위 주체

(1) 국가 : 국제 사회에서 가장 기본이 되는 행위 주체로 일정한 영토와 국민을 바탕으로 주권 행사

(2) 국제 기구
　　① 정부 간 국제 기구 : 두 나라 이상이 모여 하나의 조직체를 만들어 활동하는 국제 기구
　　　　예 국제 연합(UN), 경제 협력 개발 기구(OECD), 세계 무역 기구(WTO) 등
　　② 국제 비정부 기구 : 국경을 넘어 활동하는 개인이나 민간단체가 모여 조직한 국제 기구
　　　　예 그린피스, 국경없는 의사회, 국제 적십자사 등

(3) 다국적 기업 : 어느 한 나라에 본사를 두고 여러 다른 나라에 지사, 생산 공장 등을 설립하여 생산과 판매 활동을 수행하는 기업

(4) 개인 : 국제적 영향력이 강한 개인 예 교황, 국제 연합 사무총장 등

3. 국제 사회의 경쟁과 갈등, 협력

(1) 국제 사회의 변화 : 냉전 체제 종식 이후 이념보다 자국의 경제적 이익을 추구함.

(2) 국제 사회의 경쟁과 갈등 양상
　　① 원인 : 각국이 자국의 이익을 최우선으로 생각하기 때문에 발생
　　② 양상 : 자원을 둘러싼 갈등, 민족과 인종·종교의 차이에서 비롯된 서로 다른 가치관 대립, 환경 오염 문제로 인한 갈등 등

(3) 국제 사회의 협력

　① 필요성 : 국제 사회 문제는 특정 국가의 노력만으로 해결하기가 사실상 불가능함.

　② 인권 선언, 국제 환경 협약과 같은 결의안을 채택함.

　③ 국제 연합(UN)에 가입한 나라들이 지속 가능 개발 목표(SDGs)를 설정하고, 그 달성을 위해 노력하고 있음.

　④ 공적 개발 원조(ODA)를 제공하여 개발 도상국의 경제 발전과 복지 증진에 기여함.

4. 국제 사회의 공존을 위해 필요한 노력

(1) 외교 정책을 통한 노력 : 국제 사회의 경쟁과 갈등 해소, 국제 사회 공존

(2) 세계 시민 의식 함양을 통한 노력 : 공동체 의식을 바탕으로 국제 사회 문제에 관심을 두고, 그 문제를 해결하기 위해 적극적으로 행동할 수 있는 참여 의식과 책임 의식

5. 우리나라가 직면한 국가 간 갈등

(1) 일본과의 갈등 : 일본 교과서에 독도가 일본 땅이라고 기술, '다케시마의 날' 제정 ➜ 현재 독도의 영토 주권자는 우리나라임을 확인을 하며 객관적인 역사적 근거 확보를 위한 노력이 필요

(2) 중국과의 갈등 : 고구려와 발해를 중국 고대 시기 지방 정권의 하나로 편입하려는 시도 ➜ 다양한 외교적 접근을 통해 해결을 위한 노력이 필요

(3) 다른 국가와의 갈등 : 해외로 유출된 우리 문화재의 반환을 둘러싸고 다른 국가와 갈등을 겪고 있음. 예 프랑스와 문화재 반환을 둘러싼 갈등

7 인구 변화와 인구 문제

1. 세계의 인구 분포

(1) 인구 분포의 특징 : 세계 인구의 90%는 북반구에 거주, 북위 20°~40° 지역에 인구 밀집, 해발 고도가 낮은 하천 주변의 평야나 해안지역은 인구 밀도가 높음, 적도 부근·극지방·내륙 지방은 인구 희박

(2) 인구 분포에 영향을 주는 요인 : 자연적 요인, 인문·사회적 요인

(3) 인구 밀집 지역
- ① 동남아시아와 남부아시아 벼농사 지역 : 계절풍 기후, 하천 유역에 넓은 평야가 발달하여 벼농사와 인간 생활이 유리한 지역 ⑩ 방글라데시, 인도
- ② 산업이 발달한 지역 : 일자리가 풍부한 지역 ⑩ 서부 유럽, 미국 북동부

(4) 인구 희박 지역
- ① 자연적 요인 : 건조 기후 지역, 열대·한대 기후 지역, 험준한 산지 지역
- ② 인문·사회적 요인 : 교통이 불편한 지역, 전쟁이나 분쟁이 자주 발생하는 지역

2. 우리나라의 인구 분포

(1) 산업화 이전(1960년대 이전)
- ① 인구 밀집 지역 : 기후가 온화하고 넓은 평야가 발달하여 농업에 적합한 남서부 지역
- ② 인구 희박 지역 : 연평균 기온이 낮고, 높은 고원과 산지가 많은 북동부 지역

(2) 산업화 이후(1960년대 이후)
- ① 인구 밀집 지역 : 산업화와 도시화가 진행됨에 따라 이촌 향도 현상으로 인해 인구 분포에 많은 영향을 줌.
- ② 인구 희박 지역 : 인구 유출이 심한 농어촌 지역

3. 세계의 인구 이동

(1) 인구 이동의 요인

흡인 요인	높은 임금, 많은 일자리, 경제 발달, 쾌적한 환경, 정치·종교적 자유 등으로 인구 유입
배출 요인	실업, 빈곤, 낮은 임금, 열악한 주거 환경, 전쟁과 분쟁, 종교적 박해 등으로 인구 유출

(2) 인구 이동의 유형

기간에 따른 분류	일시적 이동	유학, 여행 등
	영구적 이동	이민 등
이동 동기에 따른 분류	자발적 이동	일자리, 쾌적한 환경 등
	강제적 이동	전쟁, 종교 박해 등
범위에 따른 분류	국제 이동	다른 국가로의 이동
	국내 이동	한 국가 안에서 일어나는 이동

(3) 세계 인구의 국제 이동
　① 과거의 인구 이동

종교적 이동	종교적 자유를 위한 이동 **예** 영국 청교도의 아메리카로의 이주
강제적 이동	아프리카 흑인노예의 아메리카로의 이주
경제적 이동	중국인(화교)의 동남아시아 지역으로 이주

　② 오늘날의 인구 이동

경제적 이동	개발 도상국에서 일자리를 찾아 선진국으로 이동
일시적 이동	여행, 유학 등을 위한 이동 **예** 여름 휴가철 북서유럽인들이 지중해 연안으로 이동
정치적 이동	민족 탄압, 내전을 피한 이동 **예** 아프가니스탄, 콩고 민주 공화국 등

　③ 세계 인구의 국내 이동

개발 도상국	산업화가 진행되면서 새로운 일자리를 찾아 도시로 이동(이촌 향도 현상)
선진국	도시를 떠나 쾌적한 환경을 찾아 농촌으로 이주(역도시화 현상) **예** 미국 북동부 지역에서 남서부(선벨트) 지역으로 이동

4. 세계의 인구 문제

(1) 세계 인구 성장의 배경
　① 선진국은 산업 혁명 이후 의학, 과학 기술의 발달과 생활 수준의 향상으로 평균 수명이 증가하고, 사망률 감소로 인구 급증
　② 제2차 세계 대전 이후 선진국의 의료 기술을 받아들인 개발 도상국을 중심으로 인구 성장

(2) 개발 도상국의 인구 문제
　① 문제점 : 식량 부족, 일자리 부족, 도시 문제 발생, 남아 선호 사상으로 남초 현상에 따른 성비 불균형
　② 대책 : 인구 부양력을 높이기 위한 경제 성장과 식량 증산 정책, 산아 제한 정책, 양성 평등의 사회 분위기 조성, 남아 선호 사상 타파

(3) 선진국의 인구 문제
　① 문제점 : 저출산·고령화로 노동력 부족, 노년 부양비 증가에 따른 세대 갈등 발생
　② 대책 : 출산 장려금 지급, 육아 수당, 보육 시설 확대, 노인 일자리 창출, 정년 연장

5. 우리나라의 인구 문제 – 저출산·고령화 현상

(1) 저출산

원인	여성의 사회적 참여 증가, 자녀에 대한 가치관 변화로 합계 출산율이 감소
문제점	인구 감소로 노동력 부족, 경제 성장 둔화
대책	출산 지원금과 양육비 지급, 보육 시설 확충

(2) 고령화

원인	경제 발달, 의학 기술의 발달로 평균 수명 증가
문제점	노동력 부족, 노인 부양비 증가에 따른 청·장년층의 부담 증가
대책	노인 일자리 개발, 연금 제도 및 복지 제도 정비

8 사람이 만든 삶터, 도시

1. 도시의 의미와 특징

고층 건물이 많으며, 주변 지역의 중심지 역할을 수행함. 2·3차 산업의 비중이 높고 주민들의 직업과 생활 모습이 다양하고 생활 범위가 넓음.

2. 세계의 주요 도시

(1) 주요 세계 도시

역사·문화 도시	오랜 시간에 걸쳐 형성되어 역사 유적이 많고 문화가 발달한 도시 예 이탈리아 로마
환경·생태 도시	인간 생활과 자연환경 및 문화가 조화를 이루는 환경 친화적인 도시 예 독일 프라이부르크
국제 금융·업무 도시	세계 경제와 금융의 중심지 역할을 하는 도시 예 미국 뉴욕

(2) 세계 도시

세계 경제, 문화, 정치의 중심지로 세계적 영향력을 가진 금융 기관, 다국적 기업의 본사, 각종 국제 기구의 활동이 활발히 이루어지는 도시 예 미국의 뉴욕, 일본의 도쿄, 영국의 런던

3. 도시 내부의 지역분화

(1) 원인 : 접근성과 지가, 지대의 차이

(2) 과정 : 최적의 장소를 찾아 비슷한 기능이 모이고(집심 현상), 다른 기능은 서로 밀어냄
(이심 현상).

(3) 결과 : 상업 업무 기능은 접근성이 높은 도시에 형성이 되고, 공업 기능과 주거 기능은
땅값이 저렴하며 부지가 넓은 외곽 지역에 형성

4. 도시 내부 구조

(1) 도심 : 도시 중심부에 위치하여 접근성이 가장 높고 땅값이 매우 비싸기 때문에 고층
건물이 밀집, 중심 업무 지구(CBD) 형성, 인구 공동화 현상

(2) 중간 지역 : 주거, 상업, 공업이 혼재되어 나타남.

(3) 부도심 : 도심의 기능을 일부 분담, 교통이 편리한 곳에 위치, 도심과 비슷한 경관이
나타남.

(4) 외곽 지역 : 대규모의 아파트, 학교, 공장, 상가 입지, 도시와 농촌의 모습 혼재

(5) 개발 제한 구역 : 도시의 무질서한 팽창을 방지하고, 녹지 공간을 확보하기 위해 설정한
공간

(6) 위성 도시 : 대도시 주변에 대도시의 기능을 분담

5. 선진국과 개발 도상국의 도시화

(1) 도시화의 의미와 특징
① 의미 : 2·3차 산업의 비중이 높음, 도시의 인구 증가로 전체 인구에서 도시 인구가
차지하는 비율이 높아지고, 도시적 생활 양식이 확대되는 과정
② 도시화의 특징 : 도시화가 진행되면 도시의 수가 늘고 도시의 면적이 넓어지며, 주민
의 경제 활동은 제조업과 서비스 위주로 변함.

(2) 도시화 과정

초기 단계	농업 중심 사회로 1차 산업 비중이 높고, 도시화율이 낮음.
가속화 단계	이촌 향도 현상으로 도시 인구 급증, 도시화 진행 속도 빠름.
종착 단계	높은 도시화율, 역도시화 발생

(3) 선진국과 개발 도상국의 도시화

선진국	• 18세기 산업 혁명 이후 산업화와 함께 점진적으로 진행됨. • 주로 촌락에서 도시로 인구 이동이 이루어짐(이촌 향도). • 오늘날 도시화의 정체 또는 역도시화 현상이 나타남.
개발 도상국	• 단기간에 매우 급속하게 도시화가 이루어짐. • 대도시로 많은 인구가 집중하는 현상이 뚜렷함.

6. 선진국과 개발 도상국의 도시 문제

(1) 선진국의 도시 문제
　① 범죄 문제, 노숙자 문제, 환경 문제 등이 나타남.
　② 도심 지역의 불량 주거 지역 형성 : 도시 성장 초기 도심에 건설된 건물들이 시간이
　　지나 낡고 허름해짐.

(2) 개발 도상국의 도시 문제 : 기반 시설의 부족, 주택 문제, 교통 혼잡 문제

7. 도시 문제 해결을 위한 노력

(1) 교통 문제 해결 방안 : 대중교통 수단 확충, 버스 전용 차로제 실시

(2) 주택 문제 해결 방안 : 신도시 건설, 도시 재개발 사업, 공공주택 공급 확대

(3) 환경 문제 해결 방안 : 폐수 및 하수 정화 시설 설치, 청정 에너지 사용, 화석 연료 사용
감소 노력, 분리 수거 실시, 자원의 재활용

8. 살기 좋은 도시의 조건

(1) 의미 : 쾌적한 자연환경, 적정 규모의 인구, 높은 사회적 안정성, 다양한 편의 시설, 좋
은 의료 시설을 특징으로 하는 도시

(2) 조건 : 적정 규모의 인구 거주, 경제 활동이 다양하고 기반 시설이 잘 구축되어 있음.

(3) 살기 좋은 도시의 사례 : 브라질 쿠리치바, 캐나다 밴쿠버, 오스트리아 빈

9 글로벌 경제 활동과 지역 변화

1. 세계화에 따른 농업 생산의 특징

(1) 농업 생산의 변화 : 자급 자족적 농업에서 산업화·도시화가 진행되면서 낙농업, 원예 농업, 기업적 곡물 농업, 기업적 목축업 발달

(2) 농업의 세계화 : 교통 통신의 발달로 지역 간의 교류가 활발하며, 경제 성장으로 생활 수준이 향상되어 다양한 농산물에 대한 수요 증가

(3) 농업 생산의 기업화 : 기계를 이용하여 대규모로 이루어지는 생산 체계, 자본과 기술력을 바탕으로 농작물을 대량 생산하여 가격 경쟁력을 확보함.

2. 농업 생산의 기업화와 세계화로 인한 지역 변화

(1) 농업 생산 구조의 변화 : 농업 경쟁력을 높이기 위해 원예 작물이나 기호 작물을 재배하는 등 농업 생산 방식에 변화를 보임.

(2) 농작물 소비 특성의 변화 : 다양한 농산물을 쉽게 접할 수 있고, 생활 수준의 향상으로 채소, 과일, 육류의 소비량이 꾸준히 증가함.

3. 경제 활동의 세계화와 다국적 기업

(1) 경제 활동의 세계화 : 생산, 소비와 같은 경제 활동이 전 세계를 대상으로 이루어지며 상품, 자본, 노동, 기술, 서비스 등이 국경을 초월하여 자유롭게 이동함.

(2) 다국적 기업 : 세계 각지에 자회사, 지사, 생산 공장 등을 보유하고, 세계 여러 나라에 진출하여 제품을 생산·판매하는 기업
  ① 발달 배경 : 교통과 통신의 발달, 세계 무역 기구(WTO) 출범
  ② 성장 과정 : 국가 내의 단일 공장에서 성장 ➡ 지방에 공장을 건설하여 생산 기능을 분리 ➡ 해외에 판매 지사를 개설하여 시장을 개척 ➡ 해외에 생산 공장을 건설하여 제품을 직접 공급

4. 다국적 기업의 영향

(1) 다국적 기업의 공간적 분업
  ① 본사 : 자국 내 도심 또는 세계 도시
  ② 연구소 : 쾌적한 환경, 고급 인력이 풍부한 대학가 근처에 입지

③ 생산 공장

   ㉠ 생산 비용을 줄이기 위해 지가와 임금이 저렴한 개발 도상국에 입지

   ㉡ 넓은 소비 시장을 확보하기 위해 수요가 많은 국가에 입지

   ㉢ 무역 장벽을 극복하기 위해 선진국에 입지하기도 함.

(2) 생산 공장 이전으로 인한 지역 변화

   ① 생산 공장 이전 영향 : 기존 지역은 산업 공동화 현상으로 지역 경제가 침체될 수 있음.

   ② 생산 공장의 입지

긍정적 영향	새로운 산업 단지 조성, 일자리 증가, 관련 산업 발달
부정적 영향	• 이윤의 해외 유출이 나타남. • 유사 제품을 생산하는 경쟁력이 약한 국내 기업이 어려워짐. • 갑작스러운 공장 폐쇄로 인해 지역 경제에 큰 타격을 입을 수 있음.

5. 서비스업의 세계화

관광, 금융, 유통 등의 서비스업 분야에서 국가 간의 경계가 약해지고 상호 의존성이 높아지는 현상으로, 정보 통신 기술의 발달로 시·공간적 제약이 완화됨.

6. 서비스업의 세계화로 인한 변화

(1) 전자 상거래와 유통의 세계화

   ① 전자 상거래의 특징 : 시·공간의 제약이 적음, 소비자가 해외 상점에 쉽게 접속할 수 있어 소비 활동의 범위가 전 세계로 확대됨.

   ② 전자 상거래의 발달에 따른 변화 : 택배업 등의 유통 산업이 발달함, 교통이 편리한 지역에 대규모의 물류 창고가 들어서는 경향이 나타나고 무점포 상점이 증가함.

(2) 관광의 세계화

   ① 교통의 발달로 이동이 편리해지고, 정보 통신의 발달로 관광 정보를 쉽게 얻을 수 있게 됨.

   ② 관광 산업의 효과 : 지역 주민의 일자리 확대, 소득 증가, 지역의 이미지 개선 및 홍보 효과

10 환경 문제와 지속 가능한 환경

1. 기후 변화의 요인

(1) 기후 변화의 발생 원인 : 급격한 인구 증가, 산업화와 도시화로 인한 대량 생산과 대량 소비 과정에서 다양한 환경 문제 발생

(2) 지구 온난화
① 원인 : 화석 연료 사용 급증으로 이산화 탄소 등의 온실 가스 증가
② 영향 : 빙하의 면적 감소, 해수면의 상승, 해안 지대나 일부 섬 침수, 홍수·가뭄·태풍 등 자연재해 증가, 열대성 질병 및 해충 확산
③ 대책 : 온실 가스 감축을 위한 전 지구적 차원의 노력 필요 **예** 교토 의정서

2. 유해 폐기물의 국제적 이동 – 전자 쓰레기

첨단 전자 제품이 새롭게 등장할 때마다 그 전에 사용하던 제품을 교체하게 되어 자연스럽게 버려지는 전자 제품, 전자 쓰레기의 국제적 이동이 나타남.

3. 공해 유발 산업의 국제적 이동

(1) 공해 유발 산업 : 매연·폐수·소음뿐만 아니라 석면·카드뮴 등과 같은 유해 물질을 배출하여 심각한 환경 문제를 일으키는 산업

(2) 공해 유발 산업의 국제적 이동
① 선진국 : 저임금 노동력을 활용하고, 환경 문제를 해결하기 위해 공해 유발 산업을 개발 도상국으로 이전함.
② 국제 사회의 노력 : 국제 사회에서 유해 화학 물질과 사업 폐기물의 유통을 규제하기 위해 바젤 협약을 체결함.

4. 우리 주변의 환경 관련 이슈

(1) 미세 먼지
① 발생 요인 : 석탄, 석유 등의 화석 연료를 태울 때 생기는 매연, 자동차 배기 가스, 건설 현장 등의 날림 먼지, 소각장 연기 등
② 피해 : 각종 호흡기 질환 유발, 미세 먼지에 노출된 첨단 제품의 불량률 증가, 항공기나 여객선 운행에 지장 발생

(2) 유전자 변형(GMO) 농산물

   ① 의미 : 본래의 유전자를 변형시켜 기존 번식 방법으로는 나타날 수 없는 새로운 성질의 유전자를 지니도록 개발된 농산물

   ② 영향 : 영양소 증가, 생산 비용 감소 등 식량 부족 문제를 해결할 수 있지만 인간에게 어떤 영향을 미치는지 알 수 없음.

(3) 로컬 푸드 운동

   ① 의미 : 지역에서 생산된 농산물을 지역에서 소비하자는 운동

   ② 등장 배경 : 오랜 시간 이동으로 식품의 안전성 우려, 장거리 운송에 따른 화석 연료 사용 및 지구 온난화 가속으로 푸드 마일리지가 작은 식품의 소비 추구

   ③ 효과 : 소비자는 신선하고 안전한 먹거리를 제공받고, 생산자는 안정적인 소득이 보장되며, 친환경 농업 발전으로 지역 경제 활성화에 기여함.

11 세계 속의 우리나라

1. 영역의 의미와 구성

(1) 영역의 의미 : 국가의 주권이 미치는 지리적 범위

(2) 영역의 구성

   ① 영토 : 한 국가에 속한 육지의 범위로 국가 간의 영토의 경계선이 국경선

   ② 영해 : 일반적으로 최저 조위선(통상 기선)으로부터 12해리

   ③ 영공 : 영토와 영해의 수직 상공, 최근 항공 교통의 발달과 국가 방위 측면에서 중요성이 커짐.

(3) 우리나라의 영역

영토	한반도와 부속 도서로 구성(총면적 22.3만km², 남한 면적은 약 10만km²)
영해	• 동해, 제주도, 울릉도, 독도 : 통상 기선으로부터 12해리 • 황해, 남해 : 직선 기선으로부터 12해리 • 대한 해협 : 일본과 가까워 직선 기선으로부터 3해리
영공	영토와 영해의 수직 상공

(4) 배타적 경제 수역(EEZ)

   ① 의미 : 영해를 설정한 기준선으로부터 200해리까지의 바다 중 영해를 제외한 바다

   ② 특징 : 연안국이 바다에 대한 경제적 권리를 주장할 수 있음.

③ 우리나라의 배타적 경제 수역 : 영해 기선으로부터 200해리 적용 시 중국 및 일본과 많은 해역에서 경계가 겹쳐 어업 협정을 체결(한·일 중간 수역, 한·중 잠정 조치 구역)

2. 다양한 가치를 지닌 독도

(1) 위치 : 우리나라 영토 중 가장 동쪽에 위치함, 동경 132°, 북위 37°부근, 경상북도 울릉군 울릉읍 독도리

(2) 독도의 자연환경
① 지형 : 해저 2,000m에서 여러 차례 솟은 용암이 오랫동안 굳어져 형성된 화산섬으로 동도와 서도, 89개의 부속 도서로 구성
② 기후 : 난류의 영향을 받아 해양성 기후가 나타나 연중 온화하며, 연 강수가 고름.
③ 독도의 가치 : 영역적 가치, 경제적 가치, 생태적 가치

3. 다양한 지역화 전략

(1) 지역 브랜드 : 지역 그 자체 또는 지역의 상품과 서비스 등을 소비자에게 특별한 브랜드로 인식시키는 것 ⑩ 평창 'HAPPY 700', '미국 뉴욕의 I♥NY' 등

(2) 장소 마케팅 : 특정 장소의 자연환경, 역사적·문화적 특성을 부각하여 장소를 매력적인 상품으로 만들어 이를 판매하려는 활동 ⑩ 함평 나비 축제, 양구 배꼽 축제

(3) 지리적 표시제 : 상품의 품질, 명성, 특성 등이 특정 지역에서 비롯한 경우 그 지역의 생산품임을 증명하고 표시하는 제도 ⑩ 보성 녹차, 이천 쌀, 횡성 한우

4. 우리나라 위치의 중요성

(1) 우리나라의 위치 특성 : 유라시아 대륙과 태평양을 연결하는 반도국, 동아시아의 중심지로 인적·물적·문화적 교류에 유리

(2) 통일 이후 우리나라 위치 특징 : 북쪽으로 중국과 러시아를 통해 유럽까지 진출 가능, 삼면인 바다를 통해 대서양으로 나갈 수 있음.

12 더불어 사는 세계

1. 영역을 둘러싼 갈등

(1) 영역 갈등의 원인 : 역사적인 배경, 모호한 국경선 설정, 민족과 종교의 차이, 자원을 둘러싼 경제적 이권 다툼 등 다양한 원인이 결합하여 나타남.

(2) 영토와 영해를 둘러싼 갈등

카슈미르	원인	이슬람교도가 많은 카슈미르 지역이 힌두교를 믿는 인도에 포함됨.
	관련국	인도(힌두교), 파키스탄(이슬람교)
팔레스타인	원인	1948년 팔레스타인 지역에 이스라엘이 건국되면서 팔레스타인 거주 지역을 무력으로 정복하고 주변 아랍 국가들과 지속적 갈등
	관련국	이스라엘(유대교), 팔레스타인(이슬람교)
센카쿠 열도	원인	1895년 청·일 전쟁에서 승리한 일본이 자국 영토에 편입하고 지배하여 중국이 이를 불법 점령이라고 주장, 석유와 수산 자원, 교통로 확보를 위한 영유권 주장
	관련국	일본, 중국, 타이완
아프리카	원인	유럽 열강으로부터 독립할 때 열강이 정한 국경선과 부족의 경계선에 차이 발생
	관련국	아프리카 여러 국가

2. 지역별 발전 수준의 차이를 아는 방법

(1) **지역별로 발전 수준이 다른 이유** : 기후와 지형 등 자연환경과 천연자원, 기술, 자본, 토지, 인구 및 학력 수준의 차이 등 경제 환경에 영향을 주는 요소가 지역마다 다르기 때문

(2) **발전 수준의 지역 차**

| 선진국 | • 18세기 후반 산업 혁명을 통해 일찍부터 산업화를 이룸.
• 서부 유럽, 앵글로 아메리카 등이 해당됨.
• 1인당 국내 총생산(GDP)이 많고 소득 수준이 높음. |
| 개발 도상국 | • 20세기 이후부터 현재까지 산업화가 진행되고 있음.
• 동남아시아, 라틴 아메리카, 아프리카 등이 해당됨.
• 1인당 국내 총생산과 소득 수준이 매우 낮음. |

※ 인간 개발 지수 : 매년 1인당 국민 소득(GNI), 평균 수명과 학력 수준 등을 기준으로 국가별 국민의 삶의 질을 평가한 지표

3. 저개발 지역의 빈곤 해결을 위한 노력

(1) **자급 자족을 통한 발전** : 발전 속도는 느리지만 경제 발전의 혜택이 균등하게 이루어질 수 있도록 노력하는 방식으로 적정 기술 도입을 통해 빈곤 문제 해결, 주민의 경제적 자립 지원 등이 있음.

(2) **국제 무역을 통한 발전** : 국가가 집중 육성한 산업에서 생산된 제품을 판매함으로써 벌어들인 이익을 국내 다른 산업에 투자하는 방식

4. 지역 간 불평등 완화를 위한 국제 사회 노력

(1) 국제기구의 노력

① 국제 연합(UN) : 국제적 차원의 평화와 국가 간 협력을 꾀하기 위해 가장 활발하게 활동

② 국제 연합 산하 전문 기구

기구	활동
국제 연합 평화 유지군(PKO)	분쟁 지역에 파견되어 질서 유지, 주민의 안전을 지킴.
국제 연합 난민 기구(UNHCR)	난민 보호 및 난민 문제 해결을 위해 노력
세계 식량 계획(WFP)	기아와 빈곤으로 고통받는 지역의 식량 지원 활동
국제 연합 아동 기금(UNICEF)	아동 구호와 아동 복지 향상을 위해 노력
세계 보건 기구(WHO)	세계의 질병 및 보건 위생 문제 해결을 위한 활동

③ 개발 원조 위원회(DAC)의 공적 개발 원조(ODA) : 선진국에서 개발 도상국의 경제 발전과 복지 증진 등을 목적으로 개발 도상국이나 국제 기구에 도움을 주는 것

(2) 국제 비정부 기구의 노력

① 국제 비정부 기구(NGO) : 민간단체가 중심이 되어 만들어진 조직, 인도주의적 구호 활동

② 국제 비정부 기구의 활동

단체	활동
그린피스	지구의 환경을 보존하고 평화를 증진하기 위한 활동
국경 없는 의사회	인종, 종교, 성, 정치적 성향과 관계없이 분쟁 지역에 의료 서비스 지원
세이브 더 칠드런	아동 긴급 구호 사업 지원

(3) 공정 무역 : 개발 도상국에서 생산하는 제품에 정당한 가격을 지급하여 생산자가 경제적으로 자립할 수 있도록 해주는 무역 방식

5. 세계 시민으로서의 자세와 역할

(1) 세계 시민의 의미 : 지구촌 문제를 함께 해결하기 위해 동참하고 노력하는 사람

(2) 세계 시민의 자세 : 지구촌을 하나의 공동체로 인식, 빈곤과 기아 문제를 해결하기 위한 봉사 활동이나 기부 등에 동참, 일회용품 사용을 자제하고, 생태 환경을 보호하려는 의식을 가짐.

기출문제로 유형 잡기

01 (가)에 들어갈 용어로 가장 적절한 것은?

> (가)은 불평등한 무역 구조를 해결하기 위해 개발도상국의 생산자에게 정당한 가격을 주고 상품을 구매하는 윤리적 무역이다. 주요 대상 상품으로 커피, 초콜릿, 의류 등이 있다.

① 공정 무역　　　　② 보호 무역
③ 자유 무역　　　　④ 중계 무역

02 다음에서 설명하는 용어는?

> • 사람과 자연 또는 환경이 조화롭게 공생할 수 있는 체계를 갖춘 환경 친화적 도시
> • 우리나라의 순천시, 브라질 쿠리치바 등

① 공업 도시　　　　② 생태 도시
③ 위성 도시　　　　④ 행정 도시

03 다음에서 설명하는 것은?

> • 특정 지역의 우수한 농산물, 가공품에 지역 이름을 표시하여 상표권, 지적 재산권을 보장
> • 보성 녹차, 이천 쌀, 횡성 한우가 대표적인 사례

① 슬로 시티　　　　② 공정 무역
③ 전통 마을　　　　④ 지리적 표시제

04 ㉠에 들어갈 내용으로 옳지 <u>않은</u> 것은?

> ◆ 기본권의 제한과 한계 ◆
> 1. 기본권 제한의 요건 : (㉠)을/를 위해
>   필요한 경우
> 2. 기본권 제한의 한계 : 기본권의 본질적인
>   내용은 침해할 수 없다.

① 공공복리   ② 사적 이익

③ 질서 유지   ④ 국가 안전 보장

정답잡기 기본권의 제한은 국가 안전 보장, 질서 유지, 공공복리에 한하여 법률로써만 제한이 가능하다. 하지만 기본권의 본질적인 내용은 침해할 수 없다. 사적 이익을 위한 기본권 제한은 불가능하다.

05 다음 중 ㉠에 들어갈 경제 용어는?

> - ㉠ 은/는 나중에 대가를 지불할 것을 약속하고 현재 돈을 빌릴 수 있는 능력을 말한다.
> - ㉠ 을/를 활용하면 당장 현금이 없어도 거래할 수 있고, 현재의 소득보다 더 많은 소비를 할 수 있어 편리하다.

① 신용   ② 이윤

③ 저축   ④ 투자

정답잡기 신용이란 정해진 날짜에 갚을 것을 약속하고 재화나 서비스를 소비하거나 현금을 빌릴 수 있는 능력을 말한다. 당장 현금이 없어도 거래가 가능하며, 현재 소득보다 더 많은 소비가 가능하다. 하지만 충동구매와 과소비를 유발하여 연체 시 금융 거래 및 경제 활동에 불이익을 받을 수 있다.

정답 04 ②   05 ①

06 다음에서 설명하는 지역을 지도에서 고른 것은?

- 우리나라 가장 동쪽에 위치함.
- 해양 심층수, 메탄하이드레이트 등의 해저 자원이 풍부함.

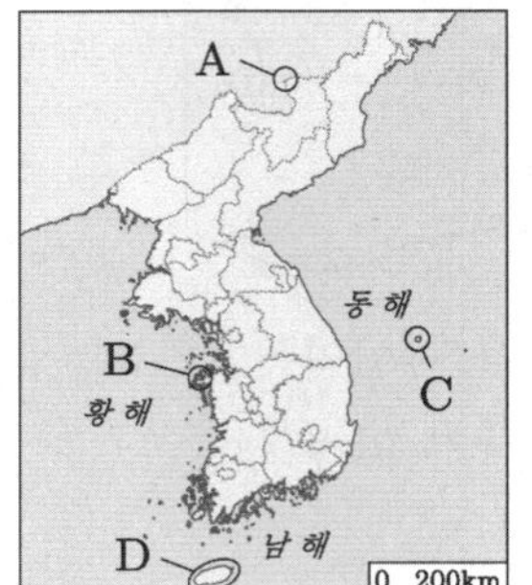

① A
② B
③ C
④ D

07 비무장 지대(DMZ)에 대한 설명으로 옳지 <u>않은</u> 것은?

(DMZ 비무장 지대, 2012)

① 한반도 남북 분단의 상징이다.
② 민간인의 출입이 자유롭지 않다.
③ 오랫동안 방치되어 생태계가 많이 파괴되었다.
④ 군대나 무기의 배치를 금지하도록 약속한 지역이다.

08 한반도 통일에 따라 예상되는 결과로 적절하지 <u>않은</u> 것은?

① 이산가족 문제를 해결할 수 있을 것이다.

② 육로를 이용한 대륙 진출에 유리해질 것이다.

③ 남북 간에 사람과 자원의 흐름이 원활해질 것이다.

④ 남북 군사 대립에 따른 분단 비용이 증가할 것이다.

정답잡기 한반도의 분단 상태로 남한과 북한 모두 막대한 군사 비용이 지출되고 있다. 따라서 통일을 하면 소모적 성격이 강한 군사비, 즉 분단 비용이 줄어들 것이다.

09 다음에서 설명하고 있는 법은?

> • 모든 법률의 토대가 되는 최상위의 법
> • 국민의 권리와 의무 및 국가의 통치 조직과 운영 원리 등을 규정한 법

① 헌법　　　　　　② 상법

③ 형법　　　　　　④ 민법

정답잡기 헌법은 국가 기본 원칙이 담겨 있는 국가 최고의 법이다.

10 다음에서 설명하고 있는 법은?

> • 주로 개인의 가족 관계나 재산 관계 등을 규율하는 법이다.
> • 혼인과 이혼, 상속과 유언, 물건에 대한 소유권 등을 다룬다.

① 헌법　　　　　　② 형법

③ 민법　　　　　　④ 사회법

정답잡기 사법은 개인과 개인 간의 사적 생활 관계를 규율한 법으로, 민법과 상법이 있다. 민법은 재산, 신분 등과 관련된 개인의 일상적인 생활 관계를 규율하는 법이고, 상법은 기업의 생성, 발전, 소멸 등을 규율하는 법이다.

오답잡기

② 형법 : 범죄의 종류와 형벌의 정도를 규정한 법으로 공법에 해당한다.

정답 08 ④　09 ①　10 ③

11 제시된 법들의 공통적인 목적으로 가장 적절한 것은?

> • 노동법 – 최저 임금법, 근로 기준법
> • 경제법 – 독점 규제 및 공정 거래에 관한 법률, 소비자 기본법
> • 사회 보장법 – 국민 연금법, 국민 기초 생활 보장법

① 공정한 선거 보장
② 행정부의 권력 견제
③ 재판의 절차와 방법 간소화
④ 최소한의 인간다운 생활 보장

12 다음 내용과 관계 깊은 기본권은?

> • 국민의 다른 기본권을 보장하기 위한 기본권
> • 국가에 일정한 행위를 요구할 수 있는 권리

① 자유권 　　　　　② 참정권
③ 청구권 　　　　　④ 평등권

13 다음에서 설명하는 국가 기관의 수반은?

> • 법률을 집행하여, 국가의 목적이나 공익을 실현한다.
> • 교육, 외교, 국방 등 분야별로 행정을 담당한다.

① 대통령 　　　　　② 국회의장
③ 대법원장 　　　　④ 헌법 재판소장

14 그림의 내용과 가장 관계 깊은 민주 정치의 기본 원리는?

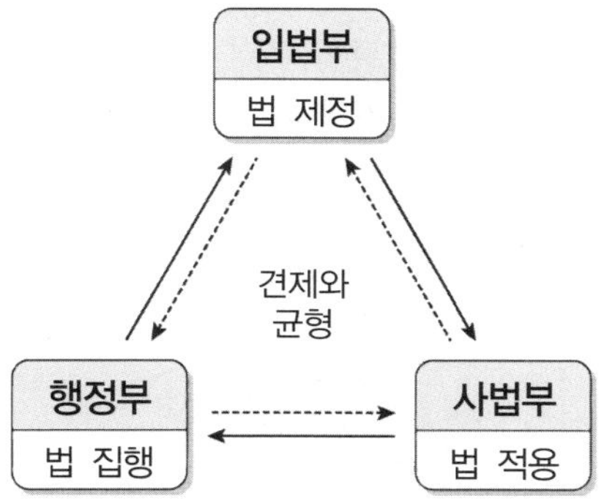

① 입헌주의의 원리　　② 권력 분립의 원리
③ 국민 주권의 원리　　④ 국민 자치의 원리

정답잡기 권력 분립의 원리는 국가 권력을 각각 입법, 행정, 사법으로 나누어 서로 다른 기관에 맡김으로써 권력 기관 간의 견제와 균형을 이루고자 하는 민주 정치의 원리이다.

오답잡기
① 입헌주의의 원리 : 민주 정치 원리를 헌법에 보장하고, 헌법에 따라 정치를 하는 원리이다.
③ 국민 주권의 원리 : 나라를 다스리는 권한인 주권이 국민에게 있다는 원리이다.
④ 국민 자치의 원리 : 주권을 가진 국민이 스스로 국가를 다스려야 한다는 원리이다.

15 다음에서 설명하고 있는 것은?

> • 지역 주민이 지방 정치 과정에 참여할 수 있는 제도이다.
> • 지역 주민들이 새로운 조례의 제정이나 기존 조례의 변경·폐지를 요구하는 제도이다.

① 주민 발의 제도　　② 주민 투표 제도
③ 주민 소환 제도　　④ 주민 감사 청구 제도

정답잡기
② 지역 사회의 중요한 현안을 주민의 투표로 결정
③ 선거로 선출된 대표를 임기 중에 소환하여 주민 투표로 해임을 결정

정답 14 ② 15 ①

16 다음에서 설명하는 경제 용어는?

- 물가가 지속적으로 오르는 현상
- 화폐 가치가 하락하여 경제생활에 영향을 줌.

① 기회비용 ② 국제 수지
③ 수요 법칙 ④ 인플레이션

17 두 사람의 대화 내용에 해당하는 실업의 종류는?

① 계절적 실업 ② 구조적 실업
③ 마찰적 실업 ④ 경기적 실업

18 다음 내용에 해당하는 사회 문제는?

- 원인 : 공해 물질 배출, 화석 연료의 과다 사용
- 대책 : 쓰레기 분리 배출, 에너지 절약의 생활화

① 환경 오염 ② 종교 분쟁
③ 인종 갈등 ④ 실업 문제

예상 문제로 실력 잡기

01 인권의 특징으로 옳지 <u>않은</u> 것은?

① 인간에게 자연적으로 주어진 권리이다.
② 다른 사람이 함부로 침해할 수 없는 권리이다.
③ 국가에서 법으로 보장해 주어야만 보장받을 수 있는 권리이다.
④ 인종, 성별, 지위 등을 초월하여 모든 사람이 함께 누리는 권리이다.

02 다음 설명에 해당하는 기본권을 바르게 연결한 것은?

> (가) 소극적 권리에 해당하며 가장 오래된 기본권이다.
> (나) 능동적 권리로 국가의 의사 결정 과정에 참여할 수 있는 권리이다.
> (다) 다른 기본권을 보장하기 위한 수단적 권리이며 일정한 행위를 청구할 수 있는 권리이다.

	(가)	(나)	(다)
①	자유권	평등권	청구권
②	사회권	참정권	자유권
③	사회권	평등권	자유권
④	자유권	참정권	청구권

03 다음에서 설명하는 권리 구제 방법은 무엇인가?

> 공권력으로 인해 헌법상 보장된 인권을 침해받은 경우 최후의 수단으로 구제를 청구하는 방법이다.

① 민사 소송 제기　② 헌법 소원 심판
③ 위헌 법률 심판　④ 국가 인권 위원회

04 국회와 관련된 설명으로 옳지 <u>않은</u> 것은?

① 국회의원의 임기는 4년이다.
② 국회의원은 지역구 의원, 비례 대표 의원으로 구분된다.
③ 비례 대표 의원은 선거구별로 후보자에게 국민이 직접 투표하여 선출된다.
④ 국회는 행정부와 사법부를 감시하고 비판하며 국가 권력의 남용을 막고 국민의 기본권을 보장한다.

05 행정부의 구성 및 조직에 대한 설명으로 옳지 <u>않은</u> 것은?

① 대통령의 임기는 5년이다.
② 국무총리는 행정 각 부처를 총괄한다.
③ 국무 회의는 정부의 중요한 정책을 심의하는 최고 심의 기관이다.
④ 감사원은 국회에 소속된 최고 감사 기관으로 공무원의 직무를 감찰한다.

06 다음 역할을 담당하는 국가 기관은?

> • 탄핵 심판　　• 헌법 소원 심판
> • 위헌 법률 심판　　• 정당 해산 심판

① 국회　　　　② 법원

③ 감사원　　　④ 헌법 재판소

07 다음에서 설명하는 경제 활동의 예는?

> 일상생활에서 자신의 욕구를 충족하기 위해 대가를 지불하고 재화와 서비스를 구입하여 사용하는 활동

① 옷을 사서 입는다.

② 가수가 노래를 부른다.

③ 교사가 교실에서 수업을 한다.

④ 돈을 빌려주고 이자를 받는다.

08 자원의 희소성에 대한 설명으로 옳지 <u>않은</u> 것은?

① 희소성은 자원의 절대량이 부족한 상태를 말한다.

② 인간의 필요와 욕구에 의해 달라지는 상대적 개념이다.

③ 인간의 욕구는 무한하지만 이를 충족시켜줄 양이 상대적으로 부족한 현상을 말한다.

④ 자원의 희소성으로 인해 여러 대안 중에 하나를 골라야 하는 선택의 문제가 발생한다.

09 합리적 선택과 소비에 대한 설명으로 옳지 <u>않은</u> 것은?

① 한정된 소득에서 최대 만족을 얻을 수 있도록 소비한다.

② 소비의 우선순위를 정하여 미리 소비에 대한 계획을 세운다.

③ 가장 적은 비용으로 큰 편익을 얻을 수 있는 대안을 선택한다.

④ 편익이 같은 경우 비용이 큰 것을 선택하고 비용이 같을 경우 편익이 적은 것을 선택한다.

10 다음에서 설명하는 경제 체제는 무엇인가?

> 국가가 계획을 세우고 개인과 기업에 명령함으로써 경제 문제를 해결하는 경제 체제이다.

① 계획 경제 체제

② 시장 경제 체제

③ 혼합 경제 체제

④ 자본주의 경제 체제

11 자산 관리 시 고려해야 할 요소를 옳게 나열한 것은?

> (가) 필요한 때 쉽게 현금으로 바꿀 수 있는 정도
> (나) 투자한 금액에 비해 이익이 날 수 있는 크기의 정도
> (다) 투자한 원금을 손해 없이 보장받을 수 있는 정도

	(가)	(나)	(다)
①	유동성	수익성	안전성
②	수익성	안전성	유동성
③	유동성	안전성	수익성
④	안전성	수익성	유동성

12 다음 그래프에 대한 설명으로 옳은 것은?

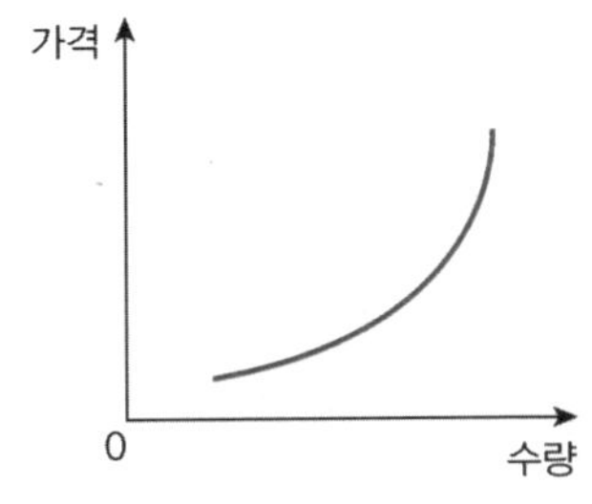

① 수요 곡선이다.
② 우하향 곡선이다.
③ 가격과 공급량은 반비례 관계이다.
④ 생산자가 재화나 서비스를 팔고자 하는 욕구이다.

13 시장에서 균형 가격은 수요량과 공급량이 일치하는 지점에서 결정된다. 다음 그래프에서 균형 가격은? (단, 다른 조건은 일정함)

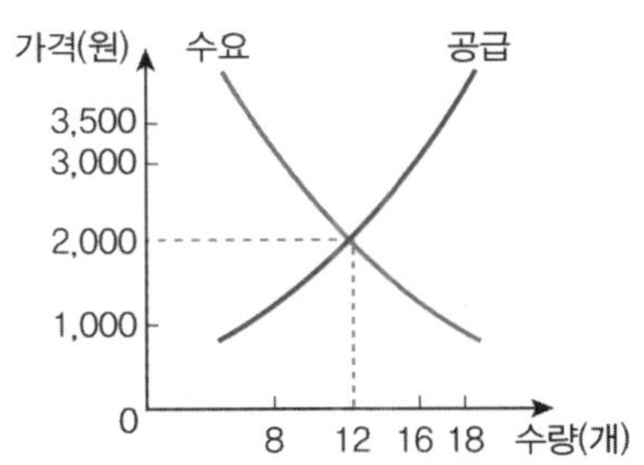

① 1,000원
② 2,000원
③ 3,000원
④ 3,500원

14 다음 그래프에 대한 설명으로 옳지 않은 것은?

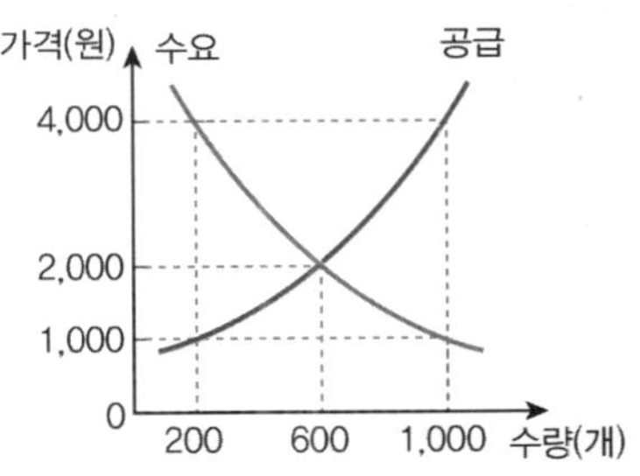

① 균형 가격은 2,000원이다.
② 가격이 4,000원이면 초과 공급이 나타난다.
③ 가격이 4,000원이면 공급자 간의 가격 경쟁이 발생하여 가격이 하락한다.
④ 물건의 가격이 1,000원이면 공급량이 늘어나고 수요량이 줄어들어 물건 가격이 하락한다.

15 다음 그래프에 대한 설명으로 옳은 것은?
(단, 공급은 일정함)

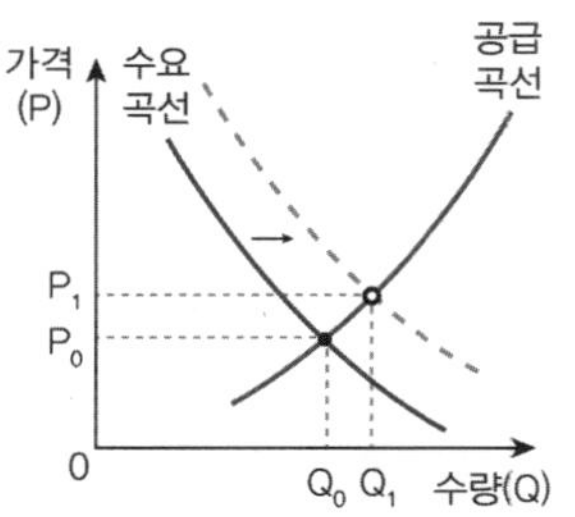

① 소득, 인구의 감소로 나타난다.
② 보완재 가격이 하락할 경우 나타난다.
③ 대체재 가격이 하락할 경우 나타난다.
④ 인구 감소, 상품 가격이 하락할 것으로
　예상될 때 나타난다.

16 다음 특징에 해당하는 경제 용어는 무엇인가?

> 한 나라의 경제 활동 수준, 즉 경제 규모를
> 나타내어 각국의 경제 규모를 비교할 때 유용
> 하다.

① 물가 수지　　　② 국내 총생산
③ 국민 총생산　　④ 물가 상승률

17 인플레이션 안정을 위한 노력으로 옳지 <u>않은</u>
것은?

① 중앙 은행은 금리를 인상한다.
② 소비자는 과소비를 자제한다.
③ 기업은 기술 혁신을 통하여 생산성을 향
　상한다.
④ 정부는 경기 부양을 위해 재정을 늘리고
　세율을 인하한다.

18 다음에서 설명하는 실업의 유형을 바르게 연결
한 것은?

> (가) 산업 구조의 변화, 일부 산업 쇠퇴로 인
> 한 실업
> (나) 더 나은 직장으로 옮기는 과정에서 일시
> 적으로 발생하는 실업

　　　(가)　　　　　(나)
① 경기적 실업　　구조적 실업
② 구조적 실업　　마찰적 실업
③ 경기적 실업　　계절적 실업
④ 구조적 실업　　경기적 실업

19 다음에서 설명하는 (가)와 (나)를 옳게 연결한
것은?

> (가) 한 국가가 다른 나라에 비해 절대적으로
> 낮은 비용으로 생산할 수 있는 능력
> (나) 한 국가가 다른 나라에 비해 상대적으로
> 낮은 비용으로 생산할 수 있는 능력

　　　(가)　　　　　(나)
① 국제 거래　　비교 우위
② 절대 우위　　비교 우위
③ 비교 우위　　국제 거래
④ 비교 우위　　절대 우위

20 환율의 변동에 대한 설명으로 옳은 것은?

① 환율이 상승하면 수출이 증가한다.

② 환율이 상승하면 수입이 증가한다.

③ 환율이 하락하면 수출이 증가한다.

④ 환율이 하락하면 해외 여행에 불리하다.

21 다음에서 설명하는 개념은?

> 관세 인하, 무역 장벽 제거, 자유 무역을 방해하는 행위 규제, 무역 분쟁 조절의 기능을 한다.

① 경제 블록

② 자유 무역 협정

③ 세계 무역 기구

④ 북미 자유 무역 협정

22 다국적 기업에 대한 설명으로 옳은 것은?

① 세계화로 영향력이 축소된다.

② 다국적 기업의 생산 공장은 선진국에 위치한다.

③ 다국적 기업의 경제 규모는 점차 늘어나는 상황이다.

④ 다국적 기업은 주로 자국에서 활동하며 영향력을 행사한다.

23 국제 사회의 공존을 위한 노력으로 옳지 <u>않은</u> 것은?

① 민간 외교의 활동

② 국가 정상 간 외교 활동

③ 세계에서 발생하는 다양한 문제에 대한 관심

④ 자국의 이익을 최우선으로 하는 실리적 외교 활동

24 독도 갈등에 대한 설명으로 옳지 <u>않은</u> 것은?

① 일본은 '다케시마의 날'을 제정하였다.

② 일본은 경제적·군사적 이익을 위해 독도에 대한 영유권 주장을 한다.

③ 현재 독도의 영토 주권자는 대한민국이며 많은 역사적 증거를 가지고 있다.

④ 독도는 일본의 주장으로 현재 국제 재판소에서 분쟁 지역으로 판결을 기다리고 있다.

25 세계의 인구 분포에 대한 설명으로 옳지 <u>않은</u> 것은?

① 세계 인구의 90%는 북반구에 거주한다.

② 아프리카 대륙에 가장 많은 인구가 분포한다.

③ 북위 20˚~40˚ 중위도 지역에 인구가 밀집해 있다.

④ 적도 부근, 극지방, 내륙 지방, 해발 고도가 높은 곳은 인구 희박 지역이다.

26 세계 인구의 이동에 대한 설명으로 옳지 <u>않은</u> 것은?

① 개발 도상국은 일자리를 찾아 도시로 이동한다.

② 선진국은 쾌적한 환경을 찾아 이촌 향도 현상이 나타난다.

③ 미국은 북동부 지역에서 남서부 선벨트 지역으로 이동이 나타난다.

④ 선벨트 지역은 따뜻한 기후와 쾌적한 환경으로 첨단 산업이 발달하였다.

27 세계의 인구 현상에 대한 설명으로 옳지 <u>않은</u> 것은?

① 산업 혁명 이후 의학, 과학 기술의 발달로 인구 급증

② 제2차 세계 대전 이후 선진국 중심으로 인구 성장 주도

③ 세계의 인구 증가로 인해 인구 부양력을 높이기 위한 정책 필요

④ 선진국은 현재 인구 정체 및 감소 현상이 나타나 인구 고령화 문제 등장

28 최근 우리나라의 인구 문제에 대한 설명으로 옳은 것은?

① 의학 기술 발달로 인구가 급증한다.

② 자녀에 대한 가치관 변화로 합계 출산율이 감소한다.

③ 가족 계획 사업을 추진하여 출산율을 감소시켜야 한다.

④ 도시에서 농촌으로 인구가 급격하게 유입되면서 농촌 환경 문제가 발생한다.

29 도시와 촌락의 비교로 옳지 <u>않은</u> 것은?

구분	촌락	도시
① 인구 밀도	낮음	높음
② 주요 산업	1차 산업	2·3차 산업
③ 토지 이용	조방적	집약적
④ 주요 경관	인문 경관	자연 경관

30 다음 설명에 해당하는 지역은?

> 도시의 무질서한 팽창을 막고, 녹지 공간을 확보하기 위하여 설정한 지역으로 그린 벨트(green belt)라고도 함.

① 도심

② 부도심

③ 위성 도시

④ 개발 제한 구역

31 다음은 도심의 어느 지역에 대한 설명인가?

> 백화점, 금융 기관, 대기업 본사, 행정 관청 등이 입지하여 중추 관리 기능을 담당한다.

① 중심 업무 지구　② 개발 제한 구역
③ 부도심 지역　　④ 위성 도시

32 선진국의 도시화에 대한 설명으로 옳지 <u>않은</u> 것은?

① 오늘날 역도시화 현상이 나타난다.
② 산업화와 함께 도시화가 이루어졌다.
③ 단기간에 급속하게 도시화가 나타난다.
④ 주로 촌락에서 도시로 인구 이동이 이루어 졌다.

33 다음에서 설명하는 도시는 무엇인가?

> 지속 가능한 도시로 도시가 하나의 유기적 복합체로 기능을 하는 도시를 말한다. 도시 개발에 있어서 이해 관계자들의 자발적인 협동을 통해 도시를 만들어 간다.

① 생태 도시　　② 첨단 도시
③ 세계 도시　　④ 위성 도시

34 세계화에 따른 농작물 소비 특성의 변화에 대한 설명으로 옳지 <u>않은</u> 것은?

① 다양한 농산물을 쉽게 접할 수 있다.
② 자급 자족적 생산과 소비에서 벗어나고 있다.
③ 맛과 향을 즐기기 위한 기호 식품의 소비가 증가한다.
④ 생활 수준 향상으로 쌀과 밀의 소비량이 증가하고 있다.

35 다음과 같은 지역에 입지할 다국적 기업의 시설은 무엇인가?

> 다양한 정보와 자본을 확보하는 데 유리한 도심 또는 세계 도시에 입지한다.

① 본사　　　　② 연구소
③ 영업 지점　　④ 생산 공장

36 전자 상거래의 특징으로 옳지 <u>않은</u> 것은?

① 정보 통신의 발달로 전자 상거래가 확대되었다.
② 전통 방식의 상거래에 비해 소비 활동의 범위가 좁다.
③ 전자 상거래로 소비자가 직접 찾아가 구매하는 상점은 줄어든다.
④ 택배 산업과 교통이 편리한 지역에 대규모의 물류 창고가 발달한다.

37 다음과 같은 협약을 체결한 이유로 옳은 것은 무엇인가?

> • 교토 의정서
> • 파리 협정

① 습지 보호
② 지구 온난화
③ 사막화 방지
④ 유해 폐기물 이동 금지

38 다음에서 설명하는 환경 오염 물질은 무엇인가?

> 첨단 전자 제품이 새롭게 등장할 때마다 그 전에 사용하던 제품을 교체하게 되어 자연스럽게 버려지는 전자 제품

① 폐타이어
② 화석 연료
③ 전자 쓰레기
④ 방사능 폐기물

39 전자 쓰레기에 대한 설명으로 옳지 <u>않은</u> 것은?

① 전자 쓰레기는 주로 선진국에서 배출된다.
② 전자 쓰레기를 수입하는 국가는 유해 물질로 인해 환경 오염이 심각하다.
③ 첨단 기능을 갖춘 전자 제품이 등장하면서 전자 쓰레기의 발생이 감소하고 있다.
④ 선진국은 환경 및 경제적 부담을 줄이기 위해 전자 쓰레기를 개발 도상국으로 수출한다.

40 다음에서 설명하는 운동으로 가장 적절한 것은?

> 지역에서 생산된 농산물을 지역에서 소비하자는 운동이다.

① 로컬 푸드
② 지역 축제
③ 에너지 절약
④ 푸드 마일리지

41 다음 내용에 해당하는 개념은?

> 국가의 주권이 미치는 해역으로, 국제 해양법상 기선으로부터 12해리의 선까지 이르는 수역으로 한다.

① 영역
② 영토
③ 영해
④ 영공

42 다음 (가), (나), (다)에 들어갈 알맞은 말은?

> 동해, 제주도, 울릉도, 독도는 해안선이 단조로워 최저 조위선으로 한 <u>(가)</u> 기선 12해리를 적용한다. 황·남해는 섬이 많고 해안선이 복잡하여 <u>(나)</u> 기선 12해리를 사용하며, 대한 해협은 일본과 가까워 <u>(가)</u> 기선으로부터 3해리를 기준으로 한다.

	(가)	(나)	(다)
①	통상	직선	통상
②	직선	직선	통상
③	통상	직선	직선
④	직선	통상	직선

43 다음 설명에 해당하는 지역화 전략은 무엇인가?

> 상품의 품질, 명성, 특성 등이 특정 지역에서 비롯한 경우 생산품임을 증명하고 표시하는 제도이다.

① 생태 도시 　② 지역 브랜드
③ 장소 마케팅 　④ 지리적 표시제

44 다음은 카슈미르 분쟁지역이다. 이에 대한 설명으로 옳은 것은?

① 이슬람교와 힌두교와의 갈등이 일어난다.
② 지하자원을 둘러싼 파키스탄과 인도와의 분쟁이다.
③ 카슈미르 북부는 파키스탄어, 남부는 인도어를 사용하여 언어 갈등이 일어난다.
④ 북부 파키스탄령에서 댐을 건설하여 하류 인도령의 물 부족 현상으로 인한 분쟁 지역이다.

45 팔레스타인 지역에서 이슬람교를 믿는 팔레스타인과 분쟁 중인 국가와 종교를 바르게 연결한 것은 무엇인가?

	국가	종교
①	중국	불교
②	인도	힌두교
③	파키스탄	유대교
④	이스라엘	유대교

46 다음에서 설명하는 기술은 무엇인가?

> 저개발국의 가난한 사람들이 일상생활에서 겪는 어려움을 쉽게 대처할 수 있도록 지역의 사정 및 문제 해결에 적절하게 사용될 수 있는 기술이다.

① 적정 기술 　② 첨단 기술
③ 산업 기술 　④ 정보화 기술

47 지역 간 불평등 완화를 위한 국제 사회의 노력에 대한 설명으로 옳지 <u>않은</u> 것은?

① 국제 연합(UN)은 국제 평화와 국가 간 협력을 위해 활동한다.
② 세계 식량 계획(WFP)은 경제적 불평등을 해결하기 위한 공적 무역을 담당한다.
③ 세계 연합 아동 기금(UNICEF)은 아동 구호와 아동 복지 향상을 위한 노력을 한다.
④ 세계 보건 기구(WHO)는 세계의 질병 및 보건 위생 문제 해결을 위한 활동을 한다.

03 역사

1 선사 문화와 고대 국가의 형성

1. 선사 문화와 고조선

(1) 구석기 시대 : 뗀석기 사용(주먹도끼), 채집·사냥·어로, 동굴이나 막집, 무리 생활, 이동 생활, 평등 사회, 시체 매장

(2) 신석기 시대 : 간석기, 토기(빗살무늬 토기 등), 농경(조, 피, 수수), 움집 거주(정착 생활), 가락바퀴와 뼈바늘, 평등 사회, 신앙(애니미즘, 토테미즘, 샤머니즘)

(3) 청동기 시대 : 청동기(비파형 동검), 간석기(반달 돌칼), 토기(민무늬 토기), 고인돌, 농경 발달(벼농사 시작)

(4) 고조선 : 청동기 문화를 기반으로 단군왕검이 건국 ➜ 위만의 집권(철기 문화의 확산, 중계 무역으로 번영) ➜ 한 무제의 침략으로 멸망(기원전 108)

2. 여러 나라의 성장

(1) 철기 시대 : 철제 농기구·철제 무기 사용, 연맹 왕국 등장, 널무덤과 독무덤, 붓 사용

(2) 여러 나라의 성립

부여	5부족 연맹, 사출도, 순장, 영고(12월)
고구려	5부족 연맹, 서옥제(데릴사위제), 동맹(10월)
옥저	왕이 없음, 민며느리제, 가족 공동묘
동예	왕이 없음, 족외혼, 책화, 무천(10월)
삼한	정치(신지, 읍차), 제사(천군), 벼농사 발달, 철 생산(변한), 5월제와 10월제

3. 삼국의 성립

(1) 고구려 : 소수림왕(율령 반포, 태학 설립, 불교 수용 ➜ 중앙 집권 체제 강화)

(2) 백제 : 고이왕(율령 반포), 근초고왕(부자 상속제, 마한 전 지역 확보)

(3) 신라 : 내물왕(김씨의 왕위 세습, 마립간 칭호, 고구려 광개토 대왕의 도움으로 왜의 세
력 격퇴)

4. 삼국의 발전과 가야

(1) 고구려
    ① 광개토 대왕 : 만주 지방 정복, 신라를 침입한 왜군 격퇴
    ② 장수왕 : 평양 천도, 남진 정책, 충주 고구려비 건립

(2) 백제
    ① 무령왕 : 22담로
    ② 성왕 : 사비(부여) 천도, '남부여'로 국호 개칭

(3) 신라
    ① 법흥왕 : 불교 공인
    ② 진흥왕 : 화랑도 개편, 한강 유역 확보, 4개의 순수비

(4) 가야 : 김해의 금관가야(초기 가야 연맹 주도) ➡ 고령의 대가야(후기 가야 연맹 주도)

(5) 한강 유역 : 백제의 최초 도읍지, 장수왕 때 고구려가 일시 확보, 신라가 확보한 뒤 한
반도의 주도권 장악

5. 삼국의 문화와 대외 교류

(1) 고구려의 진대법 : 가난한 농민들에게 봄에 곡식을 빌려 주고 가을에 수확하면 갚게 함.

(2) 신라의 골품제 : 지배층 내부의 신분제, 골품에 따라 관직 승진 제한

(3) 불교 : 왕실과 귀족 중심, 고구려 ➡ 백제 ➡ 신라 순으로 수용

(4) 도교 : 백제의 산수무늬 벽돌과 금동 대향로, 고구려 강서대묘의 사신도

(5) 유학 : 태학·경당(고구려), 5경 박사와 의박사·역박사(백제), 임신서기석(신라)

(6) 일본으로의 문화 전파

고구려	담징(종이와 먹의 제조법, 호류사 금당 벽화), 혜자(쇼토쿠 태자의 스승), 혜관(불고 전파), 다카마쓰 고분 벽화(고구려의 수산리 고분 벽화와 유사)
백제	아직기(한자), 왕인(천자문, 논어), 노리사치계(불상, 불경)
신라	조선술과 축제술 전파(한인의 연못)
가야	철 수출, 제철 기술 전파, 토기 문화 전파(일본 스에키 토기에 영향 미침)

❷ 남북국 시대의 전개

1. 고구려의 대외 항쟁과 신라의 삼국 통일

(1) 고구려와 수·당의 전쟁 : 고구려가 요서 공격 ➜ 수의 침입 ➜ 을지문덕의 살수 대첩 (612) ➜ 천리 장성 축조, 연개소문의 독재(대당 강경책) ➜ 당의 침입, 안시성 싸움 (645) ➜ 중국의 침략 저지

(2) 신라의 삼국 통일(676) : 매소성·기벌포 전투 이후 당군 축출 ➜ 외세 이용·대동강 이남 통일(한계), 자주적 통일·민족 문화 발전의 토대 마련(의의)

2. 통일 신라와 발해의 발전

(1) 통일 신라의 발전
① 발전 과정
　㉠ 무열왕 : 최초의 진골 출신 왕, 김유신의 도움으로 왕위에 오름
　㉡ 신문왕 : 김흠돌의 모역 사건으로 귀족 숙청, 9주 5소경 체제 완비, 관료전 지급·녹읍 폐지, 국학 설립
② 문화 유산 : 불국사와 석굴암, 불국사 3층 석탑, 성덕 대왕 신종(비천 무늬), 무구정광대 다라니경

(2) 발해의 발전
① 발전 과정
　㉠ 무왕 : 당의 산둥 지방 공격, 돌궐·일본과 연결, 독자적 연호(인안) 사용
　㉡ 문왕 : 당과 친선, 상경 천도
　㉢ 선왕 : 요동 진출, 지방 제도 완비, 해동성국 칭호
② 문화 유산 : 석등, 영광탑, 이불병좌상, 동경 용원부 출토 삼존 불상

(3) 신라 말의 사회 동요
① 6두품(골품제의 모순 비판)
② 호족(대토지와 사병 소유, 농민 직접 지배, 세금 징수)
③ 장보고의 청해진 설치
④ 선종의 유행, 농민 봉기 ➜ 후삼국의 성립

3 고려의 성립과 변천

1. 고려의 건국과 정치 변화

(1) 고려 초기의 왕권 강화
　① 태조 : 민생 안정 정책, 호족 포섭 정책(사심관 제도와 기인 제도), 북진 정책(서경 중시)
　② 광종 : 노비안검법(불법으로 노비가 된 자를 양인으로 해방), 과거 제도 시행
　③ 성종 : 최승로의 시무 28조 수용, 유교 이념에 따른 통치 체제 정비, 12목 설치

(2) 문벌 귀족 사회의 동요
　① 이자겸의 난(1126) : 경원 이씨 가문의 권력 독점 ➜ 인종의 이자겸 제거 시도 ➜ 이자겸의 난
　② 묘청의 서경 천도 운동(1135) : 묘청의 금 정벌·서경 천도 주장 ➜ 반란 ➜ 김부식이 이끈 중앙군에 의해 진압

(3) 무신 정변(1170) : 정중부 ➜ 경대승 ➜ 이의민 ➜ 최충헌
　① 배경 : 무신 차별 대우, 하층 군인들의 불만, 의종의 실정
　② 사회 혼란 : 무신 정권 반대(김보당의 난, 조위총의 난), 농민 봉기(망이·망소이의 난, 김사미·효심의 난), 신분 해방 운동(전주 공노비들의 난, 만적의 난)
　③ 최씨 무신 정권 : 정치적 기반 – 교정도감과 정방, 군사적 기반 – 도방과 삼별초

(4) 중앙 정치 체제

2성 6부	2성	• 중서문하성 : 최고 관서, 장관인 문하시중이 국정 총괄 • 상서성 : 6부 총괄		
	6부	이·병·호·형·예·공부, 정책 집행 담당		
중추원	군사 기밀과 왕명 출납		어사대	관리 비리 감찰
회의 기구	도병마사와 식목도감		삼사	화폐와 곡식의 출납

(5) 지방 행정 제도 : 5도와 양계, 속현과 특수 행정 구역(향·부곡·소)

(6) 관리 임용 제도 : 음서와 과거(문과, 잡과, 승과)

2. 고려의 대외 관계

(1) 거란 : 1차 침입(서희의 외교 담판, 강동 6주 획득), 2차 침입(양규), 3차 침입(강감찬의 귀주 대첩) ➜ 나성과 천리장성 축조

(2) 여진 : 윤관의 건의로 별무반을 편성(동북 9성 축조)

(3) 몽골 : 강화도 천도, 팔만대장경 조판, 삼별초의 항쟁(강화도 ➜ 진도 ➜ 제주도)

(4) 대외 무역 : 벽란도가 국제 무역항으로 발전

3. 몽골의 간섭과 고려의 개혁

(1) 공민왕의 개혁 정치 : 반원 자주 정책(정동행성 폐지, 몽골풍 금지), 왕권 강화 정책(전민변정도감 설치 등)

(2) 신진 사대부의 성장 : 성리학 수용, 과거를 통해 정계 진출 ➜ 권문 세족의 비리와 불법 견제

(3) 고려의 멸망 : 명이 철령 이북 땅 요구 ➜ 최영이 요동 정벌 단행 ➜ 이성계의 위화도 회군(1388) ➜ 이성계와 급진 개혁파 사대부 세력의 집권 ➜ 과전법 실시(1391) ➜ 조선 건국(1392)

4. 고려의 생활과 문화

(1) 가족 제도 : 일부일처제와 소규모 가족 형태, 상속과 호적 등에서 남녀 차별 없음.

(2) 불교문화 : 건국 초부터 불교 융성, 불교 개혁 운동(지눌), 원 간섭기 이후 폐단 심화

(3) 인쇄술 : 목판 인쇄술(팔만대장경), 금속 활자(직지심체요절), 삼국사기, 삼국유사 등

(4) 성리학의 수용 : 고려 후기에 원으로부터 수용, 조선 건국의 사상적 기반이 됨.

4 조선의 성립과 발전

1. 통치체제와 대외 관계

(1) 국가 기틀의 확립과 유교 정치의 실현

태조	한양 천도, 경복궁 축조, 종묘와 사직 건설
태종	6조 직계제 실시, 사병 폐지, 호패법 실시(일종의 주민등록증 제도)
세종	집현전 설치, 의정부 서사제(왕권과 신권 조화), 훈민정음 창제, 4군 6진 설치
세조	6조 직계제, 집현전·경연 폐지 ➜ 강력한 왕권 행사
성종	홍문관 설치(집현전 계승), 경연 활성화, 경국대전 완성·반포

(2) 유교적 통치 질서 확립
① 의정부(국정 총괄), 6조(집행 기관), 3사(언론 기능), 의금부(큰 죄인을 다스림), 승정원(왕명 출납), 한성부(서울의 행정·치안 담당), 춘추관(역사서 편찬 및 보관), 성균관(최고 교육 기관)
② 지방 통치 제도 : 8도, 유향소(향청) 운영
③ 관리 등용 제도 : 과거(문과, 무과, 잡과), 음서, 천거

(3) 사대교린 : 명과는 사대 외교, 여진·일본 등과는 교린 정책

2. 사림 세력과 정치 변화

(1) 사림과 훈구
　① 훈구 : 건국과 세조 즉위에 공을 세워 정권 장악
　② 사림
　　㉠ 조선 건국에 협력하지 않고 길재의 학통을 이어 지방에서 후진을 양성한 사대부
　　㉡ 사림의 성향 : 성리학 연구에 치중, 향촌 자치, 왕도 정치 지향

(2) 훈구와 사림의 대립 : 무오사화(연산군) ➜ 갑자사화(연산군) ➜ 기묘사화(중종, 조광즈의 개혁 정치) ➜ 을사사화(명종)

(3) 붕당의 형성 : 이조 전랑 임명 문제로 대립 ➜ 동인·서인 붕당 출현

3. 문화의 발달과 사회 변화

(1) 유교 윤리의 확산
　① 서원 : 유학자에 대한 제사와 성리학 교육, 지방 사립 학교로 성장 ➜ 사림 양성
　② 향약 : 사림이 주도하여 보급한 향촌 자치 규약
　③ 『삼강행실도』 : 세종 때 충신, 효자, 열녀 등의 행적을 그림과 설명으로 엮은 윤리서

(2) 훈민정음과 과학 기술
　① 훈민정음 : 백성들이 쉽게 문자를 익혀서 유교 덕목을 배우게 함, 민족 문화가 크게 발전함.
　② 과학 기술 : 천문학과 역법 발달, 측우기와 시계 등을 농사에 활용

4. 왜란·호란의 발발과 영향

(1) 왜란의 극복
　① 수군의 활약 : 이순신의 옥포, 한산도 대첩(학익진) - 제해권 장악, 곡창 지대 방어
　② 의병의 활약 : 곽재우, 조헌, 고경명, 정문부, 유정(사명대사)의 유격 전술
　③ 결과 : 조선(경작지 감소, 인명 피해, 문화재 피해, 신분제 동요), 일본(에도 막부 성립), 명 쇠퇴, 여진 강성(후금 건국)

(2) 광해군의 중립 외교와 호란
　① 광해군의 중립 외교 : 정세를 파악한 명과 후금 사이에서의 실리적 외교
　② 서인의 인조 반정 : 친명배금 정책 추진
　③ 호란의 발발 : 정묘호란(후금)과 병자호란(후금이 청으로 국호 변경) ➜ 삼전도의 굴욕

(3) 북벌 운동과 나선 정벌
    ① 북벌 운동 : 청에 대한 치욕을 씻기 위한 청 정벌 운동
    ② 나선 정벌 : 청의 요청으로 러시아 정벌을 위해 조총 부대 파견

5 조선 사회의 변동

1. 통치 체제의 변화

(1) 비변사의 기능 강화 : 왜란 후 모든 정무를 총괄하는 실질적 최고 기구

(2) 군사 제도의 변화 : 중앙군(5군영)과 지방군(속오군)

(3) 수취 체제의 개편 : 영정법(전세), 대동법(공납, 쌀·삼베·돈으로 징수), 균역법(군역,
군포를 2 ➜ 1필로 경감)

2. 조선 후기의 정치 변동

(1) 탕평 정치
    ① 영조 : 붕당 간의 대립을 완화하기 위해 탕평파를 중심으로 정국 주도(탕평책), 서원
    정리, 이조 전랑의 권한 약화, 균역법 시행, 『속대전』 편찬 등
    ② 정조 : 규장각 설치, 초계문신제 실시, 장용영 설치, 수원 화성 건설, 수령의 권한
    강화, 『대전통편』 편찬 등

(2) 세도 정치 : 외척 가문이 권력 독점(순조 ~ 철종, 3대 60여 년)

3. 농업 생산력의 증대와 상품 화폐 경제의 발달

(1) 농업 : 모내기법 확대 ➜ 광작 유행, 상품 작물 재배

(2) 수공업과 광업 : 민영 수공업 발달(선대제 성행), 민영 광산(덕대가 경영)

(3) 상품 화폐 경제 : 상업의 발달(도고의 성장, 장시의 발달, 보부상의 활동), 상평통보 유통

4. 신분제의 변동과 농민 봉기 : 농민층의 분화(일부는 부농, 다수는 임노동자), 양반층의 분
화(양반, 향반, 잔반), 서얼과 중인의 신분 상승, 홍경래의 난과 임술 농민 봉기

5. 실학과 서민 문화의 발달

(1) 실학
　① 농업 중심 개혁론(농민의 입장에서 토지 제도의 개혁 추구), 상공업 중심 개혁론(상
　　공업 진흥과 기술의 혁신 중시)
　② 주요 실학자
　　㉠ 정약용 : 여전론 주장, 『목민심서』 저술
　　㉡ 박지원 : 수레·선박 이용, 화폐 사용 강조
　　㉢ 박제가 : 소비를 자극하여 생산을 늘릴 것을 주장

(2) 서민 문화의 발달 : 한글 소설(『홍길동전』, 『춘향전』 등), 공연(판소리, 탈춤), 민화 유
　　행, 진경 산수화(정선의 『인왕제색도』), 풍속화(김홍도·신윤복)

(3) 새로운 종교의 유행
　① 천주교 : 제사 의식 거부, 신분 질서 부정
　② 동학 : 최제우 창시, 인내천 사상

6 근·현대 사회의 전개

1. 국민 국가의 수립

(1) 임오군란(1882) : 신식 군대와의 차별 대우에 구식 군인들의 불만 ➜ 제물포 조약(조－일)

(2) 갑신정변(1884) : 김옥균, 박영효 등 주도 ➜ 우정국 개국 축하연이 계기, 14개조 개혁
　　정강 발표(문벌 폐지, 조세 제도 개혁 등)

(3) 동학 농민 운동(1894) : 집강소 설치, 반봉건·반외세 민족 운동, 갑오개혁에 반영

(4) 갑오개혁(1894) : 군국기무처 설치, 홍범 14조 반포, 과거제 폐지, 신분제 철폐, 과부의
　　재가 허용

(5) 독립 협회의 활동 : 서재필 등이 설립(1896), 독립신문 발간, 독립문 건립, 만민 공동회
　　개최

(6) 대한 제국의 수립(1897)과 광무개혁 : 연호 '광무', 대한국 국제 반포(1899), 광무개혁(군
　　사권 강화, 토지 조사, 상공업·교육 진흥)

(7) 항일 의병 운동
　① 을미의병 : 을미사변과 단발령이 계기
　② 을사의병 : 을사조약이 계기, 신돌석의 활약

③ 정미의병 : 고종 강제 퇴위와 군대 해산이 계기

(8) 의거 활동 : 전명운・장인환(스티븐스 사살), 안중근(이토 히로부미 사살), 이재명(이완용 습격), 나철과 오기호(5적 암살단)

(9) 애국 계몽 운동
　① 애국 계몽 운동 단체
　　㉠ 보안회 : 일제의 황무지 개간권 요구 반대
　　㉡ 헌정 연구회, 대한 자강회
　　㉢ 신민회 : 안창호 등 조직, 태극 서관 운영, 비밀 조직으로 독립운동 기지 건설 등
　② 국채 보상 운동(1907) : 일본에 진 나라 빚을 국민의 힘으로 갚자는 운동

(10) 일제의 식민 통치 방식 변화
　① 헌병 경찰 통치(1910년대) : 조선 총독부 설치, 즉결 처분권, 태형 부활, 정치 활동 금지
　② 문화 통치(1920년대) : 친일파 양성, 민족 분열 야기, 보통 경찰제 실시, 한국인 발행 신문의 간행 허용
　③ 민족 말살 통치(1930년대 이후) : 황국 신민화 강조, 내선일체, 신사 참배 강요, 우리 말 사용 금지

(11) 3・1 운동 : 대한민국 임시 정부 수립의 계기, 일제의 통치 방식 변화

(12) 대한민국 임시 정부의 활동
　① 파리 강화 회의에 민족 대표 파견(김규식)
　② 연통제와 교통국 설치, 군무부 설치
　③ 한국 광복군 창설(1940, 충칭)

(13) 식민지 시대의 사회 운동
　① 물산 장려 운동 : 국산품 애용과 일본 상품 배격 강조, 평양에서 시작되어 전국으로 확산
　② 민립 대학 설립 운동 : 민립 대학 설립 기성회 구성(1923, 이상재 중심) ➜ 모금 운동 전개
　③ 문맹 퇴치 운동 : 조선일보의 문자 보급 운동, 동아일보의 브나로드 운동 등
　④ 사회적 민족 운동 : 신간회(민족주의 계열＋사회주의 계열), 소작 쟁의, 노동 쟁의, 형평 운동(백정)
　⑤ 민족 문화 수호 운동 : 국어 연구(조선어 학회), 국사 연구(박은식, 신채호)

(14) 항일 의거 활동과 무장 독립 투쟁
　① 의열단 : 김원봉이 만주에서 조직, 신채호의 '조선 혁명 선언'을 행동 지침으로 삼음, 관공서 파괴, 조선 총독부의 고위 관리 처단

② 한인 애국단 : 김구가 조직, 이봉창(도쿄에서 천황 암살 시도), 윤봉길(상하이 훙커우 공원에 폭탄 투척)

③ 봉오동 전투(1920. 6.) : 홍범도의 대한 독립군 활약

④ 청산리 대첩(1920. 10.) : 김좌진의 북로 군정서군 활약

⑤ 간도 참변(1920), 자유시 참변(1921) 등의 시련

⑥ 재정비 : 3부(참의부, 정의부, 신민부) 성립

⑦ 한·중 연합 작전 : 한국 독립군(지청천)과 조선 혁명군(양세봉)으로 통합, 활약

⑧ 민족 연합 전선 형성 : 민족 혁명단(1935), 조선 의용대(1938) ➜ 조선 의용군, 일부 는 한국 광복군 합류

⑨ 한국 광복군
  ㉠ 창설 : 김구·지청천이 충칭에서 창설(1940), 김원봉의 조선 의용대 흡수(1942)
  ㉡ 활동 : 태평양 전쟁 발발 직후 대일 선전 포고(1941), 영국군과 연합 작전 전개 (인도·미얀마 전선 파견), 중국 주둔 미군의 지원을 받아 국내 진공 작전 준비

(15) 대한민국 정부 수립 : 남한 단독 선거(5·10 총선거) ➜ 헌법 제정 ➜ 정부 수립(1948. 8.)

2. 자본주의와 사회 변화

(1) 개항과 불평등 조약의 체결
  ① 강화도 조약(1876) : 최초의 근대적 조약, 부산·원산·제물포(인천) 개항, 치외 법권·해 안 측량권 인정(불평등 조약)
  ② 서양 열강들과 수교 : 조·미 수호 통상 조약(1882), 영국·독일·러시아·프랑스 등과 수교

(2) 일제의 경제 수탈 정책
  ① 토지 조사 사업(1910년대) : 식민 통치에 필요한 경제적 기반 확보, 합법적 토지 약탈
  ② 산미 증식 계획(1920년대) : 쌀을 일본으로 반출 ➜ 조선의 식량 사정 악화, 농민 몰락
  ③ 병참 기지화 정책(1930년대 이후) : 군수 공장 건설, 물자 수탈, 금속 공출, 징병제, 일본군 위안부 등

(3) 대한민국의 경제 발전 과정
  ① 1·2차 경제 개발 5개년 계획(1962~1971) : 정부 주도·수출 중심의 성장 전략, 경 공업 중심(노동 집약적 산업), 베트남 특수
  ② 3·4차 경제 개발 5개년 계획(1972~1981) : 재벌 중심의 수출 주도형 중화학 공업 육성(자동차, 조선)
  ③ 새마을 운동(1970) : 근면·자조·협동을 바탕으로 농촌 환경 개선에 중점을 둔 정 부 주도 운동

(4) 신자유주의 세계화

    ① 20세기 중후반부터 자유 시장과 규제 완화를 강조하는 신자유주의 세계화가 나타남.

    ② OECD 가입 : 김영삼 정부는 세계화 전략을 내세우며 경제 협력 개발 기구(OECD)에 가입(1996)

    ③ 외환 위기 : 기업들의 무리한 운영과 무역 적자 등으로 외환 위기 발생 ➡ 국제 통화 기금(IMF) 경제 지원(1997) ➡ 정부는 경제 구조 조정, 외국 자본 유치 등의 정책을 펼쳤으며, 시민들도 금 모으기 운동에 동참

3. 민주주의의 발전

(1) 대한민국 임시 헌장(1919) : 대한민국 임시 정부의 헌법, 이후 국민주권의 민주 공화국의 정치 체제를 광복까지 유지

(2) 제헌 헌법(1948) : 대한민국이 민주 공화국임을 천명함.

(3) 민주주의의 발전 과정 : 4 · 19 혁명(3 · 15 부정 선거에 저항) ➡ 5 · 16 군사 정변 ➡ 5 · 18 민주화 운동 ➡ 6월 민주 항쟁(대통령 직선제)

(4) 민주주의의 진전

노태우 정부	직선제로 선출, 서울 올림픽 개최, 북방 외교, 남북한 유엔 동시 가입(1991)
김영삼 정부	금융 실명제 도입, 지방 자치제 실시, 경제 협력 개발 기구(OECD) 가입, 외환 위기(금 모으기 운동)
김대중 정부	외환 위기 극복, 남북 정상 회담(2000), 국가 인권 위원회 구성
노무현 정부	과거사 정리 위원회 설치, 제2차 남북 정상 회담, 한 · 미 FTA 체결
이명박 정부	노인 장기 요양 보험 시행, 한 · 미 FTA 발효
박근혜 정부	자유 학기제 시행, 기초 연금제 시행

4. 평화 통일을 위한 노력

(1) 8 · 15 광복과 분단

    ① 남북의 분단 : 미국과 소련의 주둔, 38도선 설정

    ② 신탁 통치 결정 : 모스크바 3국 외상 회의

    ③ 미 · 소 공동 위원회 결렬 ➡ 한국 문제 유엔 상정 ➡ 남한만의 총선거 결정

(2) 6 · 25 전쟁 : 북한군의 무력 남침(1950. 6. 25.) ➡ 유엔군 파병 결정 ➡ 인천 상륙 작전(1950. 9. 15.) ➡ 중국군 개입(1950. 10. 25.) ➡ 서울 재함락(1951. 1. 4.) ➡ 38도선을 중심으로 교착 상태 ➡ 휴전 협정(1953. 7. 27.)

(3) 통일을 위한 노력
　① 7·4 남북 공동 성명(1972) : 자주·평화·민족 대단결의 3대 통일 원칙에 합의
　② 남북한 국제 연합(UN) 동시 가입(1991), 남북 기본 합의서 채택(1991)
　③ 제1차 남북 정상 회담 실시(2000) : 6·15 남북 공동 선언 발표
　④ 제2차 남북 정상 회담 실시(2007) : 10·4 남북 공동 선언 발표
　⑤ 판문점 남북 정상 회담 실시(2018) : 4·27 판문점 선언 발표

정답잡기 주먹도끼는 구석기 시대에 사용된 석기의 명칭이다. 손에 쥐고 쓸 수 있는 도끼 모양의 석기로, 짐승을 사냥하거나 털과 가죽을 분리할 때 사용한 도구이다.

오답잡기
② 반달 돌칼은 청동기 시대 곡식을 수확하는 데 사용된 도구이다.
③ 비파형 동검은 청동기 시대 비파형으로 생긴, 칼날과 손잡이가 따로 주조된 조립식 검이다.
④ 빗살무늬 토기는 신석기 시대의 유물이다.

01 다음 중 구석기 시대에 사용된 유물은?

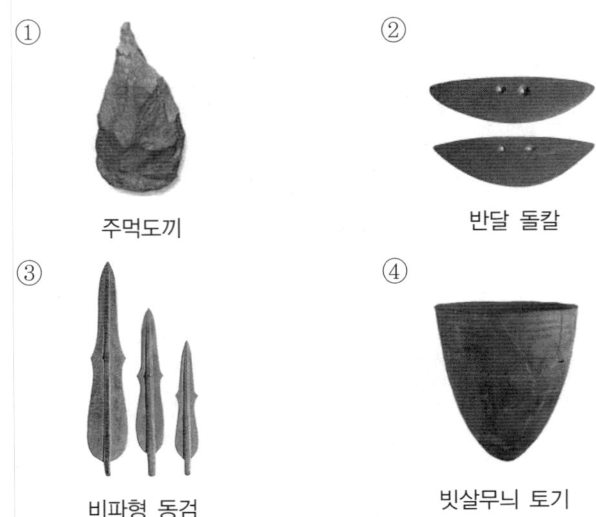

① 주먹도끼

② 반달 돌칼

③ 비파형 동검

④ 빗살무늬 토기

정답잡기 장수왕은 남진 정책을 추진하여 백제의 수도인 한성을 함락하고 한강 하류 지역을 차지하였다. 그 뒤 한강 상류 지역을 점령하여 한반도 중부 지방까지 지배하였다. 이러한 사실은 충주(중원) 고구려비를 통해 알 수 있다.

02 (가)에 해당하는 문화재는?

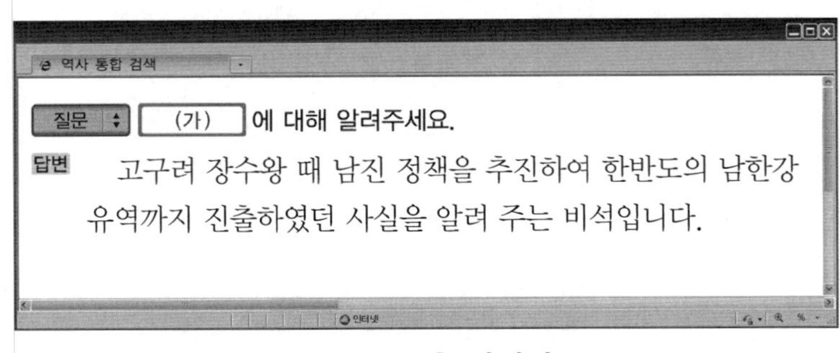

① 척화비
② 탕평비
③ 충주 고구려비
④ 백두산 정계비

정 답 01 ① 02 ③

03 다음 유적을 만든 나라는?

정림사지 5층 석탑   무령왕릉

① 백제   ② 신라

③ 고려   ④ 조선

04 신라 진흥왕의 업적을 〈보기〉에서 고른 것은?

┤ 보기 ├

ㄱ. 평양 천도   ㄴ. 마한 정복

ㄷ. 화랑도 개편   ㄹ. 한강 유역 확보

① ㄱ, ㄴ   ② ㄱ, ㄹ

③ ㄴ, ㄷ   ④ ㄷ, ㄹ

정답잡기 부여 정림사지 5층 석탑은 백제 시대의 탑으로 석탑의 전형적인 모습을 갖춘 것이다. 또 공주에 있는 백제 무령왕릉은 벽돌무덤 양식으로 중국 남조에서 유행했던 무덤 양식이다. 이를 통해 남조와의 활발한 교류를 알 수 있다.

정답잡기 6세기 중반 신라 진흥왕은 한강 근처의 땅을 모두 차지해 중국과 직접 교류하였으며, 대가야를 정복하여 낙동강 유역을 차지하고, 함흥 평야까지 진출하였다. 청소년 집단인 화랑도를 국가적인 조직으로 개편하여 인재를 길렀다.

오답잡기
ㄱ. 평양 천도 – 고구려 장수왕
ㄴ. 마한 정복 – 백제 근초고왕

정답 03 ① 04 ④

05 다음 설명에 해당하는 고려의 왕은?

> • 과거제를 처음으로 실시하여 인재를 선발하였다.
> • 노비안검법을 실시하여 불법적으로 노비가 된 사람을 양인으로
>   해방시켰다.

① 태조   ② 광종
③ 성종   ④ 공민왕

06 두 사람의 대화 내용에 해당하는 사건은?

① 만적의 난   ② 김헌창의 난
③ 홍경래의 난   ④ 망이·망소이의 난

07 다음의 업적을 남긴 조선의 왕은?

> • 측우기 제작   • 칠정산 제작   • 4군 6진 개척

① 태종   ② 세종
③ 정조   ④ 순조

08 (가)에 해당하는 내용은?

> 〈강화도 조약 체결과 개항〉
> * 배경 : 운요호 사건
> * 내용 : 부산 외 2개 항구 개항, 치외 법권, 해안 측량권 허용
> * 성격 : (가)

① 서양 세력과 처음으로 맺은 조약이다.

② 최초의 근대적 조약이자 불평등 조약이다.

③ 청 상인의 내륙 시장 진출을 허용한 조약이다.

④ 청·일 양국군의 동시 파병을 규정한 조약이다.

09 밑줄 친 ㉠에 해당하는 사건은?

> 삼국 간섭을 계기로 조선이 러시아를 끌어들였다. 그러자 일본은 조선에서 약화된 영향력을 만회하기 위해 ㉠ 명성황후를 시해하였다.

① 을미사변

② 갑오개혁

③ 임오군란

④ 간도 협약

정답잡기 일본이 운요호를 보내 무력으로 위협하며 조선에 통상 수교를 강요하자 결국 조선은 일본과 강화도 조약을 맺고 문호를 개방하였다(1876). 강화도 조약은 조선이 외국과 맺은 최초의 근대적 조약이었으며, 불평등한 조약이었다. 이 조약은 조선을 자주국이라고 밝혔지만, 이는 조선과 청의 전통적 관계를 부인함으로써 청의 간섭을 차단하려는 일본의 의도였다. 또한 부산을 비롯한 3개 항구의 개항, 치외 법권, 해안 측량권 등이 조약에 포함되었다.

정답잡기 일본은 청·일 전쟁에서 승리한 대가로 청의 랴오둥(요동) 반도를 할양받았다. 그러자 남하 정책을 추진하던 러시아가 프랑스, 독일과 함께 일본에 압력을 가하여 랴오둥 반도를 청에 돌려주게 하였다(삼국 간섭, 1895). 이러한 일본은 삼국 간섭 이후 약화된 세력을 만회하기 위해 명성 황후를 시해한 을미사변을 일으켰다.

정 답 08 ② 09 ①

10 ㉠에 들어갈 대답으로 옳은 것은?

① 신민회
② 독립 의군부
③ 독립 협회
④ 대한민국 임시 정부

11 다음 설명이 배경이 되어 나타난 역사적 사실은?

> 10 · 26 사태(1979) 이후 시민들의 민주화 요구가 높아졌다. 그러자 신군부는 비상 계엄을 전국으로 확대하였고 광주에는 계엄군을 투입하였다.

① 4 · 19 혁명
② 새마을 운동
③ 5 · 18 민주화 운동
④ 부 · 마 민주 항쟁

03 예상 문제로 실력 잡기

01 다음 내용에 해당하는 시대는?

- 이동 생활
- 동굴 생활
- 수렵과 채집

떼석기

① 구석기　　　　② 신석기
③ 청동기　　　　④ 철기

02 다음 내용과 관계가 깊은 시대는?

- 강가, 해안에서 생활
- 간석기를 처음 사용
- 빗살무늬 토기의 사용
- 농경과 목축의 시작

① 구석기 시대　　　② 신석기 시대
③ 청동기 시대　　　④ 철기 시대

03 다음에서 설명하고 있는 우리나라의 신석기 시대를 대표하는 토기는?

- 그릇 표면에 직선 또는 곡선이 평행으로 배열됨.
- 아가리가 넓고 밑이 뾰족하여 달걀을 잘라 놓은 모양임.

① 덧무늬 토기　　　② 빗살무늬 토기
③ 미송리식 토기　　④ 민무늬 토기

04 다음의 유물과 유적이 처음 사용된 시대는?

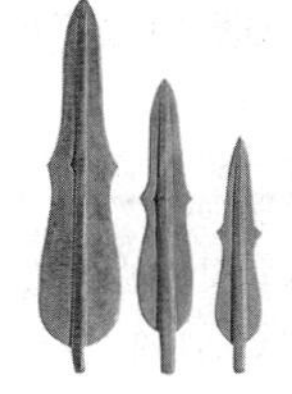

① 구석기 시대　　　② 신석기 시대
③ 청동기 시대　　　④ 철기 시대

05 다음 특징이 나타난 시대는?

- 벼농사 시작　　　　• 계층 사회 성립
- 반달 돌칼 사용　　　• 민무늬 토기 사용

① 구석기　　　　② 신석기
③ 청동기　　　　④ 철기

06 다음과 관계 깊은 국가는?

> • 개천절　　• 홍익인간
> • 8개조 법률　• 곰 숭배 사상

① 동예
② 옥저
③ 발해
④ 고조선

07 다음 자료에 나타난 고조선 사회의 특징으로 적절하지 <u>못한</u> 것은?

> 　백성들에게 금하는 법 8조가 있었다. 사람을 죽인 자는 즉시 죽이고, 남에게 상처를 입힌 자는 곡식으로 갚는다. 도둑질을 한 자는 노비로 삼는데, 용서받고자 하는 자는 한 사람마다 50만 전을 내야 한다. …… 여자는 모두 정조를 지키고 신용이 있어 음란하고 편벽된 짓을 하지 않는다.

① 신분이 나뉘어 있었다.
② 엄격한 법률로 사회 질서를 유지하였다.
③ 중국의 내정 간섭을 받았기 때문에 중국 화폐를 사용하였다.
④ 노동력을 중시하고 사유 재산을 인정하였다.

08 다음 내용과 관계 깊은 시대는?

> • 널무덤과 독무덤
> • 부여, 고구려 등 새로운 국가의 출현
> • 농업 생산량 증가 및 빈번한 부족 간의 전쟁

① 구석기 시대
② 신석기 시대
③ 청동기 시대
④ 철기 시대

09 다음은 부여에 관한 글이다. 빈칸에 들어갈 말은?

> 　부여에는 사냥철이 시작되는 12월에 (　) 라는 하늘에 제사를 지내는 풍습이 있었다. 이 때에는 온 백성이 노래를 부르고 춤을 추며 즐겼으며, 죄인을 풀어주기도 하였다.

① 10월제
② 영고
③ 동맹
④ 무천

10 다음 내용과 관계가 깊은 지역은?

> • 삼국의 주도권 쟁탈 지역
> • 조선의 도읍지

① 한강 유역　　　　② 금강 유역
③ 압록강 유역　　　④ 두만강 유역

11 다음 내용에 해당하는 나라는?

> • 온조　　• 정사암　　• 계백

① 고구려　　　　　② 백제
③ 신라　　　　　　④ 가야

12 다음과 같이 수도를 옮긴 국가는?

> 한성(현 서울) ➡ 웅진(현 공주) ➡ 사비(현 부여)

① 백제　　　　　　② 가야
③ 발해　　　　　　④ 조선

13 다음 사실과 관련된 백제의 왕은?

> • 고구려를 공격해서 고국원왕을 전사시킴
> • 마한의 나머지 땅을 정복하고 남해안까지 진출
> • 중국의 요서, 산둥 지방 및 일본의 규슈 지방 진출

① 고이왕　　　　　② 침류왕
③ 동성왕　　　　　④ 근초고왕

14 다음과 같은 업적을 이룩한 고구려 왕은?

> • 신라를 침입한 왜구 격퇴
> • 백제를 공격하여 한강 이북 지역 차지
> • 요동 지방을 포함하여 만주 대부분의 지역 차지

① 태조왕　　　　　② 고국천왕
③ 소수림왕　　　　④ 광개토 대왕

15 다음 설명과 관계 깊은 고구려의 왕은?

> • 수도를 평양으로 옮기고 남진 정책 추진
> • 한강 유역을 차지하고 삼국 간 항쟁에서 주도권 장악

① 태조왕　　　　　② 장수왕
③ 소수림왕　　　　④ 고국천왕

16 다음 내용과 관련 있는 나라는?

> • 구지가　　　　• 김수로 왕
> • 김해 대성동 유적

① 가야　　　　　② 백제
③ 부여　　　　　④ 신라

17 다음에 나열된 인물들의 공통점은?

> • 복신　• 도침　• 흑치상지

① 백제 부흥 운동
② 일본으로의 문화 전파
③ 신라의 화랑도 출신
④ 고구려 부흥 운동

18 다음과 관련 있는 나라는?

> • 민족의 방파제 역할
> • 살수 대첩, 안시성 싸움

① 부여　　　　　② 고구려
③ 백제　　　　　④ 신라

19 다음에서 설명하고 있는 인물은?

> 완도에 청해진을 설치하여 해적을 소탕하고 황해의 무역로를 보호하였다.

① 궁예　　　　　② 왕건
③ 장보고　　　　④ 김유신

20 다음에서 설명하고 있는 나라는?

> • 대조영이 고구려 유민과 말갈족을 이끌고 세움
> • 선왕 때 해동성국이라 불릴 정도로 전성기를 이룸
> • 국력이 약화된 후 거란족에 의해 멸망됨

① 발해　　　　　② 고구려
③ 후백제　　　　④ 후고구려

03 고려의 성립과 변천

21 다음에서 설명하고 있는 인물은?

> • 후삼국을 통일하였다.
> • 고려를 세우고 사심관 제도와 기인 제도를 실시하였다.
> • 후세의 왕들을 위해 '훈요십조'를 지었다.

① 왕건　　　　　② 견훤
③ 궁예　　　　　④ 이성계

22 다음 정책을 실시한 고려의 국왕은?

> • 과거 제도　　• 노비안검법

① 태조　　　　　② 광종
③ 충렬왕　　　　④ 공민왕

23 다음을 배경으로 일어난 역사적 사건은?

> • 고려 무신들은 토지 분배에서 차별 대우를 받았다.
> • 군대의 최고 지휘권마저 문신들이 차지하였다.

① 살수 대첩　　　② 병자호란
③ 무신 정변　　　④ 을미사변

24 다음 사실과 관계 있는 군사 조직은?

> • 배중손이 지도자로 활동함.
> • 정부의 개경 환도에 반대하고 대몽 항쟁을 계속함.
> • 강화도에서 진도, 제주도로 활동 근거지를 이동함.

① 광군　　　　　② 별무반
③ 삼별초　　　　④ 훈련도감

25 다음 설명에 해당하는 것은?

> 윤관의 건의에 따라 기병 부대인 신기군, 보병 부대인 신보군, 승병 부대인 항마군으로 구성된 부대를 편성하였다.

① 삼별초　　　　② 별무반
③ 훈련도감　　　④ 속오군

26 다음과 같은 개혁을 추진한 고려의 왕은?

> • 반원 정책 : 정동행성 폐지, 쌍성총관부 탈환
> • 왕권 강화 : 정방 폐지, 신돈 등용

① 태조　　　　　② 광종
③ 충선왕　　　　④ 공민왕

27 다음에서 설명하고 있는 고려 후기의 지배 세력은?

> • 하급 관리와 지방 중소 지주 출신
> • 성리학을 바탕으로 과거를 통해 중앙 정계로 진출

① 무신   ② 문벌 귀족
③ 권문세족   ④ 신진 사대부

28 고려 인종 때에 김부식이 지은 것으로 지금까지 전해오는 가장 오랜 역사서는?

① 동국통감   ② 삼국사기
③ 해동고승전   ④ 제왕운기

29 다음에서 설명하고 있는 고려 후기의 역사서는?

> • 승려 일연이 지은 역사서
> • 고대사에 관한 귀중한 내용 수록
> • 우리 민족의 자각과 자부심 강조

① 동국통감   ② 삼국유사
③ 제왕운기   ④ 해동고승전

30 다음 내용과 같은 특징을 가진 문화재는?

> • 아름다운 형태
> • 독창적인 상감 기법
> • 은은하면서도 맑은 비색

① 고려 청자   ② 분청 사기
③ 조선 백자   ④ 청화 백자

04   조선의 성립과 발전

31 다음과 같은 업적을 남긴 조선의 왕은?

> • 학문 연구를 위해 집현전 설치
> • 압록강과 두만강 유역에 4군 6진 개척

① 태조   ② 정종
③ 세조   ④ 세종

32 다음 내용과 관련된 조선의 정치 기구는?

> • 영의정, 좌의정, 우의정 등 3정승을 중심으로 구성
> • 나라의 중요 정책을 합의하는 국가 최고 기관

① 의정부   ② 승정원
③ 의금부   ④ 춘추관

33 다음 내용과 관계 있는 책은?

> • 조선 시대의 기본 법전
> • 세조 때 편찬을 시작하여 성종 때 완성
> • 국가의 행정 질서 체계를 확립하기 위해 간행

① 고려사　　　　② 동의보감
③ 농사직설　　　④ 경국대전

34 다음 내용과 관련된 조선의 정치·사회 세력은?

> • 4차례에 걸친 사화
> • 서원 운영과 향약 조직
> • 동인과 서인의 분열
> • 이조 전랑의 임명 문제

① 사림　　　　　② 훈구
③ 문벌 귀족　　　④ 권문세족

35 다음 내용에 해당하는 책은?

> • 조선 태조~철종까지 25대 472년간의 역사 기록
> • 조선 시대의 역사와 문화 이해에 기본이 되는 사서

① 동국통감　　　② 조선왕조실록
③ 국조오례의　　④ 동국여지승람

36 다음과 관계 깊은 역사적 사건은?

> • 권율의 행주 대첩과 김시민의 진즈 혈전
> • 곽재우, 조헌, 고경명 등이 의병장으로 활약

① 정묘호란　　　② 병자호란
③ 임진왜란　　　④ 나선 정벌

37 임진왜란 이후 동북아시아의 정세 변화에 대처하기 위한 광해군의 외교 정책은?

① 북벌 운동　　　② 중립 외교
③ 나선 정벌　　　④ 친명배금

38 다음 내용과 관계 깊은 섬은?

> • 우산과 무릉의 두 섬은 현(울진현)의 정동쪽 바닷가에 있다. ─『세종실록지리지』─
> • 조선 숙종 때 안용복이 일본에 건너가 우리 영토임을 확인시켰다.

① 독도　　　　　② 대마도
③ 마라도　　　　④ 마안도

39 다음 내용에 해당되는 지역은?

> • 고구려와 발해의 땅으로 우리 민족의 활동 무대
> • 조선 숙종 때 백두산 정계비를 세워 우리 영토로 표시

① 독도　　　　　② 간도
③ 강화도　　　　④ 제주도

05　　조선 사회의 변동

40 다음에서 설명하는 정치 형태는?

> • 순조, 헌종, 철종의 3대 60여 년 동안 지속됨
> • 대표적인 가문으로는 안동 김씨와 풍양 조씨가 있음
> • 왕실과 혼인 관계를 맺은 몇몇 가문이 권력을 독점함

① 귀족 정치　　　② 세도 정치
③ 붕당 정치　　　④ 무신 정치

41 다음에서 설명하고 있는 조선 후기의 제도는?

> • 공납제의 폐단을 개혁
> • 평안도, 함경도를 제외한 전국에 실시
> • 공인의 활동으로 상업, 수공업이 발달

① 대동법　　　　② 환곡제
③ 균역법　　　　④ 영정법

42 다음과 같은 업적을 남긴 왕은?

> • 규장각 설치　　• 수원 화성 축조

① 세종　　　　　② 숙종
③ 영조　　　　　④ 정조

43 다음 내용에 해당하는 종교는?

> • 인내천 사상
> • 『동경대전』, 『용담유사』
> • 민간 신앙과 유교, 불교, 도교 융합

① 실학　　　　　② 동학
③ 개신교　　　　④ 천주교

44 다음과 관계 깊은 조선 후기의 학문은?

> • 17세기 후반 이후 여러 가지 사회 모순이 나타나자, 이를 해결하려고 새로이 일어난 학문이다.
> • 구체적인 현실 문제에 관심을 가지고 실생활에 도움을 주려는 경향을 띠고 있었다.
> • 대표적인 학자로는 유형원, 정약용, 박지원 등이 있다.

① 실학　　　　　② 서학
③ 성리학　　　　④ 양명학

45 다음 설명과 관계 깊은 인물은?

> 조선 후기 지리학자로 전국을 답사하여 산맥, 하천, 도로망을 자세히 표시한 '대동여지도'를 제작하였다.

① 김정호   ② 안정복
③ 유득공   ④ 신경준

46 다음에서 설명하는 실학자는?

> • 실학을 집대성하였다.
> • 여전제를 주장하였다.
> • 『목민심서』, 『경세유표』를 저술하였다.

① 이수광   ② 유형원
③ 정약용   ④ 박제가

47 다음에서 설명하고 있는 조선 후기의 새로운 그림 경향은?

> • 우리나라 경치를 사실적으로 그렸다.
> • 화가 정선의 '금강전도', '인왕제색도' 등이 대표적인 작품이다.

① 민화   ② 사군자
③ 풍속화   ④ 진경 산수화

48 다음 내용에서 알 수 있는 조선 후기 문화의 특색은?

> • 서당 교육의 보급
> • 한글 소설의 발달
> • 민화, 풍속화의 유행
> • 판소리, 농악의 발달

① 양반 중심의 문화
② 귀족 중심의 문화
③ 서민 중심의 문화
④ 무인 중심의 문화

06 근·현대 사회의 전개

49 흥선 대원군이 시행한 정책과 거리가 <u>먼</u> 것은?

① 서원 정리   ② 경복궁 중건
③ 탕평책 실시   ④ 호포제 실시

50 다음과 같은 내용으로 일본과 체결한 최초의 불평등 조약은?

> • 치외 법권 인정
> • 자유로운 해안 측량 허용

① 강화도 조약   ② 간도 협약
③ 제물포 조약   ④ 한·일 신협약

51 다음에서 설명하고 있는 역사적 사건은?

> • 1884년 김옥균, 박영효 등 개화당 세력들이 일으킴.
> • 청나라 군대의 개입으로 3일 만에 끝남.

① 임오군란 ② 갑신정변
③ 을미개혁 ④ 동학 농민 운동

52 다음에서 설명하고 있는 독립운동 단체는?

> • 독립문 건립
> • 독립신문 간행
> • 고종의 환궁 요구
> • 만민 공동회 개최

① 독립 협회 ② 신간회
③ 보안회 ④ 신민회

53 서재필이 국민을 계몽하기 위하여 한글로 발행하였던 신문은?

① 제국신문 ② 한성순보
③ 황성신문 ④ 독립신문

54 다음 설명에 해당하는 인물은?

> 1909년 우리나라 침략에 앞장섰던 이토 히로부미를 하얼빈에서 처단하여 민족의 독립 의지를 보여주었다.

① 홍범도 ② 이완용
③ 안중근 ④ 김좌진

55 일제의 경제적 침탈에 대항하여 국민들의 성금을 모아 나라의 빚을 갚으려 했던 민족 운동은?

① 방곡령 ② 국채 보상 운동
③ 토지 조사 사업 ④ 동학 농민 운동

56 다음과 같은 애국 계몽 운동을 한 단체는?

> • 1907년에 비밀 결사 조직
> • 대성 학교, 오산 학교 설립
> • 만주에 독립운동 기지 건설

① 신민회 ② 보안회
③ 황국 협회 ④ 대한 자강회

57 다음 내용과 관계 깊은 민족 운동은?

> • 주도 인물 : 전봉준, 김개남
> • 경과 : 고부 농민 봉기 ➡ 전주 화약 ➡ 우금
>   치 전투

① 임오군란 　② 갑신정변
③ 삼별초 항쟁 　④ 동학 농민 운동

58 다음 사실들의 발단이 된 사건은?

> • 조선의 외교권 박탈, 통감부 설치
> • 장지연의 「시일야방성대곡」 논설
> • 최익현, 신돌석 등의 항일 의병 투쟁

① 을사조약 　② 아관파천
③ 삼국간섭 　④ 강화도 조약

59 다음 내용과 관계 깊은 것은?

> • 신사 참배
> • 일본식 성과 이름 강요
> • 내선일체론
> • 한글, 한국어 사용 금지

① 민족 말살 정책
② 산미 증식 계획
③ 토지 조사 사업
④ 물적 · 인적자원 수탈

60 다음 내용과 관련이 있는 민족 독립운동은?

> • 윌슨의 민족 자결주의 영향
> • 민족 대표 33인과 독립 선언서
> • 대한민국 임시 정부의 수립 계기

① 3 · 1 운동 　② 4 · 19 혁명
③ 6 · 10 만세 운동 　④ 광주 학생 운동

61 다음과 관계 깊은 민족 운동은?

① 국채 보상 운동
② 문맹 퇴치 운동
③ 물산 장려 운동
④ 민립 대학 설립 운동

62 다음에서 설명하는 역사적 사건은?

> • 김좌진의 북로 군정서군과 여러 독립군의
>   활약
> • 일제 강점기에 우리 민족이 독립 전쟁 과정
>   에서 거둔 가장 큰 승리

① 살수 대첩 　② 귀주 대첩
③ 진주 대첩 　④ 청산리 대첩

63 다음 내용과 관계가 깊은 인물은?

> • 『백범일지』의 저자
> • 대한민국 임시 정부의 주석
> • 광복 후 남북 협상의 추진
> • 신탁 통치 반대 운동의 주도

① 김구   ② 이승만
③ 윤봉길   ④ 이완용

64 다음 사실과 관련 있는 역사적 사건은?

> • 유엔군의 한국 파병
> • 인천 상륙 작전

① 청산리 대첩
② 제주도 4·3 사건
③ 6·25 전쟁
④ 광주 학생 항일 운동

65 다음에서 설명하고 있는 역사적 사실은?

> • 3·15 부정 선거와 자유당 독재에 항거
> • 이승만 대통령의 사퇴와 자유당 정권의 몰락
> • 민주주의 이념 구현을 위한 학생과 시민들의 투쟁

① 4·19 혁명
② 5·18 민주화 운동
③ 6월 민주 항쟁
④ 5·16 군사 정변

66 다음에서 설명하고 있는 역사적 사건은?

> 1979년 10·26 사태 이후 군사 정변을 일으킨 신군부 세력에 저항하여 자유 민주주의 헌정 체제의 회복을 요구하는 항쟁이 전국으로 확산되었다(1980년).

① 3·1 운동
② 4·19 혁명
③ 5·16 군사 정변
④ 5·18 민주화 운동

memo

01   사회 1

예상 문제로 실력 잡기

01 ②	02 ①	03 ④	04 ④	05 ③
06 ④	07 ②	08 ④	09 ②	10 ①
11 ①	12 ④	13 ②	14 ②	15 ②
16 ①	17 ②	18 ④	19 ①	20 ①
21 ④	22 ③	23 ③	24 ④	25 ②
26 ③	27 ③	28 ③	29 ④	30 ①
31 ②	32 ①	33 ③	34 ①	35 ①
36 ④	37 ③	38 ①	39 ④	40 ③
41 ④	42 ④	43 ①	44 ①	45 ④

01 정답 ②

유선도는 사람이나 물자의 이동을 표현하는 데 적합하다.

오답 피하기

① 점묘도는 사람이나 동물 등의 분포를 나타내는 데 적합하다.

③ 동일한 치수를 연결한 주제도를 등치선도라 한다. 등치선도는 단풍 시작일, 벚꽃 개화일 등을 나타내는 데 적합하다.

02 정답 ①

축척은 실제 거리를 지도상에 줄여 나타낸 비율로 이를 통해 지도상의 거리가 실제 거리로 어느 정도인지 알 수 있다.

① 지형의 높낮이는 등고선을 보고 확인할 수 있다.

03 정답 ④

위도 0°인 적도를 기준으로 남반구와 북반구로 구분하며, 경도 0°인 본초 자오선을 기준으로 동반구와 서반구로 구분한다.

04 정답 ④

남반구와 북반구는 계절이 반대이기 때문에 농작물의 수확 시기가 달라 무역이 활발하게 이루어지며, 북반구가 겨울일 때 남반구로 여행가는 관광객 수가 증가한다.

북반구가 12월 겨울일 때 남반구는 여름이다.

05 정답 ③

지리 정보 체계(GIS)는 입지 선정, 도시 계획, 시설물 관리, 환경 관리 등 다양한 분야에서 활용한다.

오답 피하기

① 원격 탐사 : 인공위성이나 항공기 등을 이용하여 접근하기 어려운 곳의 정보를 수집한다.

② 내비게이션 : 지도를 보이거나 지름길을 찾아 주어 자동차 운전을 도와주는 장치나 프로그램이다.

④ 위성 위치 확인 시스템(GPS) : 인공위성을 이용하여 자신의 위치를 정확하게 알아낼 수 있는 시스템이다.

06 정답 ④

위도에 따른 일사량 차이로 인해 저위도에서 고위도로 갈수록 기온이 떨어지고, 저위도로 갈수록 기온이 높아진다.

오답 피하기

① 중위도 지역은 온대 기후가 나타나며, ② 남·북위 20°~30°는 건조 기후가 나타난다. ④ 고산 도시는 적도 부근 해발 고도가 높은 곳에서 나타난다.

07 정답 ②

지도의 지역은 인구가 밀집된 동남아시아 지역이며, 적도 부근에 위치하여 열대 기후가 나타난다. 계절풍의 영향을 받아 짧은 건기를 제외하고 강수량이 많으며, 이를 이용하여 인구 부양력이 높은 벼농사를 일 년에 두 번 이상 하고 있다.

08 정답 ④

지중해성 기후는 유럽과 북아프리카의 지중해 연안, 미국 캘리포니아 일대, 오스트레일리아 남서부 해안 등에서 나타나며, 여름에는 아열대 고압대의 영향으로 고온 건조하며, 겨울에는 편서풍의 영향으로 온화하고 습윤하다.

09 정답 ②

(가)의 기후대는 남·북위 20˚~30˚ 일대로 건조 기후이다. 건조 기후는 연 강수량 500mm 미만 지역으로 강수량보다 증발량이 많고 사막 기후와 스텝 기후로 구분한다.

10 정답 ①

갯벌은 밀물과 썰물의 조류에 의한 퇴적 작용으로 형성된 지형이다. 갯벌은 오염된 수질 정화 능력이 뛰어나며 각종 동식물의 서식지로 중요한 가치를 지닌다.

11 정답 ①

제시된 그림은 석회 동굴이다. 석회 동굴은 산호초 또는 조개껍데기가 바다 밑바닥에 퇴적되어 만들어진 암석인 석회암이 지하수에 의해 용식되어 만들어진 지형이다. 용암 동굴은 용암의 표면이 먼저 식어 굳어지고 속에 있는 마그마는 계속 흘러가 형성된 동굴이다.

12 정답 ④

문화는 보편성과 특수성을 가지고 있기 때문에 서로 다른 문화 지역에서도 유사한 문화가 나타날 수 있다.

13 정답 ②

이슬람교는 유일신 알라를 섬기며 경전은 쿠란이다. 이슬람의 5대 의무로 하루에 다섯 번 메카를 향해 예배를 드리며, 신앙 고백, 희사(자선 활동), 라마단 기간의 단식, 성지 순례가 있다.

14 정답 ②

건조 기후 지역에서는 햇볕을 차단하기 위해 벽이 두껍고 창문이 작은 흙집이 발달하였으며, 지붕은 평평하다. 또한 유목 생활을 위해 이동이 편리한 이동식 천막(게르)을 이용한다. 지붕의 경사가 급한 것은 강수량이 많은 열대 기후 지역의 가옥 구조 특징이다.

15 정답 ②

제시문은 문화 공존에 대한 설명으로 싱가포르와 미국, 라틴 아메리카의 다양한 문화가 그 예이다.
문화 융합은 A 문화와 B 문화가 만나 새로운 C 문화가 만들어지는 현상을 말하며, 문화 동화는 A 문화와 B 문화가 만나 A 문화로 변해가는 현상을 말한다.

16 정답 ①

카슈미르 지역은 힌두교와 이슬람 간의 갈등이며, 팔레스타인 지역은 유대교와 이슬람교, 수단은 북부 이슬람과 남부의 크리스트교·토착 신앙과의 갈등이 나타난다. 북아일랜드는 개신교와 가톨릭의 갈등이 나타나는 종교 갈등 지역이다.

17 정답 ②

(가) 편재성 : 자원의 생산지와 소비지가 불일치하여 자원의 이동이 발생하는 특징이 있다.

(나) 유한성 : 가채 연수가 한정되어 있어 자원 고갈에 대비하여 신·재생 에너지 연구 및 개발이 필요하다.

(다) 가변성 : 문화·기술의 차이로 가치가 달라지는 특성을 지닌다.

18 정답 ④

열대성 저기압의 영향을 받는 지역에 주로 발생한다고 했기 때문에 홍수에 해당한다.

19 정답 ①

지진과 화산 활동은 주로 조산대 부근, 지각판의 경계에서 잘 나타난다. 환태평양 조산대는 불의 고리라고 불리며 지진과 화산 활동이 활발한 지역이다.

20 정답 ①

A는 쌀, B는 밀의 생산과 이동을 표현한 지도이다. A는 고온 다습한 기후에서 잘 자라며, 생산지와 소비지가 대체로 일치하여 국제 이동량이 상대적으로 적다. B는 기후의 제약이 적어 재배 범위가 A보다 더 넓으며, 남반구에서의 수출량 또한 B가 더 많다.

21 정답 ④

제시문은 천연가스에 대한 설명이다. 천연가스는 도시가스로 공급되어 가정의 난방 에너지로 사용하며 최근 사용량이 급증하고 있다.

22 정답 ③

A는 석유, B는 석탄, C는 천연가스이다.
① 석탄, ② 석유이다. ④ 석유는 석탄에 비해 일부 지역에 편중되어 국제 이동량이 많다.

23 정답 ③

자원 민족주의에 대한 설명으로, 대표적인 사례가 석유 수출국 기구(OPEC)이다.

24 정답 ④

카스피 해에 대량의 석유와 천연가스가 매장되어 있는 것으로 밝혀지면서 주변 국가들 간에 입장이 대립하고 있다. 카스피 해가 호수로 인정되면 이곳은 주변 국가들이 똑같은 크기로 나누어 관리하면서 자원을 균등하게 이용할 수 있다. 이와 달리 바다로 인정되면 배타적 경제 수역 내의 자원을 독점적으로 관리할 수 있다.

25 정답 ②

(가) 지열, (나) 풍력, (다) 태양광, (라) 수력에 대한 설명이다.

26 정답 ③

개인이 사회의 구성원으로서 생활할 수 있도록 배우는 과정을 사회화라 한다.

27 정답 ③

제시문은 1차적 사회화에 대한 설명이다.

① 예기 사회화 : 미래에 속하게 될 집단에서 요구되는 행동 양식을 미리 학습하는 과정이다.
② 재사회화 : 사회 변화에 적응하기 위해 새롭게 등장한 정보나 가치 등을 습득하는 과정이다.
④ 2차적 사회화 : 아동기 이후부터 의도적인 교육이나 일상의 경험을 통해 평생 이루어지는 사회화이다.

28 정답 ③

소속 집단과 준거 집단이 일치하면 만족감을 느끼지만 일치하지 않을 경우 갈등과 일탈이 일어난다.

29 정답 ④

문화의 특성은 보편성과 특수성을 지닌다.
공유성, 학습성, 전체성, 변동성, 축적성은 문화의 속성에 해당한다.

30 정답 ①

공유성에 대한 설명이다. 많은 사람들이 가지는 생활 양식으로 검은색 양복에 검정 넥타이를 하고 있으면 장례식장에 간다는 것을 알 수 있듯이 공유성을 바탕으로 구성원의 행동을 예측할 수 있다.

31 정답 ②

(가)와 (나)는 문화를 평가하는 절대적 기준이 있어 문화 절대주의라고 부른다. (가)는 자문화 중심주의로 집단의 결속력 강화와 전통문화의 유지에 긍정적 영향을 주며, (나)는 문화 사대주의로 선진 문화를 수용하여 받아들인다는 장점이 있다.

32 정답 ①

현대 사회에서는 인터넷이나 휴대 전화 등의 활용이 점점 많아지면서, 정보를 전달하고 공유하는 방식이 일방향적인 방식에서 쌍방향적인 방식으로 변화하는 특징이 나타나고 있다.

33 정답 ③

근대 민주 정치의 특징은 제한적 간접 민주 정치이다. 시민 혁명을 통해 일부 자본가(부르주아)의 정치 참여가 가능해졌지만 여성, 농민은 참정권을 얻지 못하였다.

34 정답 ①

인간의 존엄성은 자유와 평등이 보장되어야 한다. 부당하게 구속되거나 간섭받지 않고 자신이 원하는 대로 판단하여 행동하는 것을 자유라고 하며, 모든 사람이 차별없이 동등하게 대우받는 것을 평등이라고 한다.

35 정답 ①

국민 주권의 원리는 국가 권력의 성립과 행사는 오직 국민의 지지와 동의가 있을 때 정당화된다는 것이다.

36 정답 ④

권력 분립은 국가 권력을 입법, 행정, 사법으로 분리하여 독립된 기관이 나누어 맡도록 한다는 것으로, 상호 견제와 균형을 통해 권력의 집중과 남용을 방지하고 국민의 자유와 권리를 보장하는 것을 목적으로 한다.

37 정답 ③

시민 단체는 공익 실현을 위해 시민들이 자발적으로 만든 단체로 정부의 정책 결정 및 집행 과정 감시·비판, 정책 대안 제시, 시민의 정치 참여 유도 및 여론 형성, 사회 문제 해결책 제시 등의 활동을 한다.

38 정답 ①

선거는 대의 정치하에서 주권 행사의 가장 기본적인 방법으로 대표자 선출, 대표자에게 정당성 부여, 대표자 통제, 여론의 반영, 주권 의식 향상, 정책 평가 등의 기능을 가진다.

39 정답 ④

제시문은 선거 관리 위원회에 대한 설명이다. 선거 관리 위원회는 선거와 국민 투표를 공정하게 관리하는 독립된 국가 기관이다.

40 정답 ③

지방 자치 제도는 지역 주민이 그 지역의 문제를 스스로 해결해 나가는 제도로 지역 주민의 복리 증진을 목적으로 하며, '풀뿌리 민주주의' 또는 '민주주의의 학교'라고 한다.

41 정답 ④

(가) 사법은 민법, 상법이 대표적이다. (나)는 공법으로 헌법, 형법, 행정법, 소송법 등이 해당한다. (다)는 사회법으로 노동법, 경제법, 사회 보장법이 있다.

42 정답 ④

형사 재판은 원고, 피고가 아닌 검사의 구형과 피고인의 변론, 판사의 판결로 이루어진다. 원고와 피고는 민사 재판의 특징이다.

43 정답 ①

제시된 각 제도들의 목적은 공정한 재판을 위한 것이다.

44 정답 ①

산업화 시대에는 노동과 자본이 부의 원천이었으나, 정보화 시대에는 지식과 정보가 부의 원천이다.

45 정답 ④

저출산으로 인하여 유소년 인구의 비중이 감소하며, 노년층 인구 비중이 증가하고 있다.

예상 문제로 실력 잡기

01 ③	02 ④	03 ②	04 ③	05 ④
06 ④	07 ①	08 ①	09 ④	10 ①
11 ①	12 ④	13 ②	14 ④	15 ②
16 ②	17 ④	18 ②	19 ②	20 ①
21 ③	22 ③	23 ④	24 ④	25 ②
26 ②	27 ②	28 ②	29 ④	30 ④
31 ①	32 ③	33 ①	34 ④	35 ①
36 ②	37 ②	38 ③	39 ③	40 ①
41 ③	42 ③	43 ④	44 ①	45 ④
46 ①	47 ②			

01 정답 ③

인권은 국가에서 법으로 보장하기 이전에 인간에게 자연적으로 주어진 권리로 천부인권이라고도 한다.

02 정답 ④

(가) 자유권으로 신체의 자유, 정신적 자유, 경제적 자유가 있다.
(나) 참정권으로 선거권, 공무 담임권, 국민 투표권이 있다.
(다) 청구권으로 청원권, 재판 청구권, 국가 배상 청구권이 있다.

03 정답 ②

헌법 소원 심판은 공권력의 행사 또는 불행사로 인하여 헌법상 보장된 기본권을 침해받은 당사자가 법률에 의하여 더는 권리를 구제할 수 없을 때 헌법 재판소에 청구하는 헌법에 의한 최후적인 권리 구제 절차이다.

04 정답 ③

지역구 국회의원은 지역 선거구별로 후보자에 대해 국민의 직접 투표를 통해 선출하고, 비례 대표 국회의원은 정당이 얻은 득표 수에 비례하여 선출된다.

05 정답 ④

감사원은 대통령에 소속된 행정부의 최고 감사 기관으로 공무원의 직무를 감찰하고 국가의 세입, 세출의 결산을 검사하는 업무를 담당한다.

06 정답 ④

헌법 재판소는 위헌 법률 심판, 헌법 소원, 정당 해산 심판, 권한 쟁의 심판 등을 담당하며 9명으로 구성되어 있다.

07 정답 ①

제시문의 설명은 분배받은 소득으로 재화나 서비스를 구입하는 소비 활동이다.

오답 피하기

②, ③은 생산에 해당하며, ④는 분배에 해당한다.

08 정답 ①

희소성은 절대량이 아니라 인간의 필요와 욕구에 의해 달라지는 상대적인 개념으로, 시대와 장소에 따라 달라질 수 있다.

09 정답 ④

합리적 선택은 가장 적은 비용으로 가장 큰 편익을 얻을 수 있는 대안을 선택하는 것으로 비용이 같을 경우 편익이 큰 것을 선택하며, 편익이 같을 경우 비용이 적게 드는 것을 선택한다.

10 정답 ①

제시된 경제 체제는 계획 경제 체제이다. 계획 경제 체제는 국가가 채택한 주요 목적을 신속히 달성할 수 있다는 장점이 있다.

11 정답 ①

자산 관리의 원칙으로 안전성, 수익성, 유동성이 있다. (가)는 유동성으로 부동산은 유동성이 낮다.

(나)는 수익성으로 수익성이 높으면 안전성이 낮다.
(다)는 안전성으로 안전성이 높으면 수익성이 낮다.

12 정답 ④

제시된 그래프는 우상향 곡선으로 생산자가 재화나 서비스를 팔고자 하는 욕구를 나타내는 공급 곡선이다.

13 정답 ②

균형 가격은 수요량과 공급량이 일치하여 균형을 이루는 지점에서의 가격을 말한다. 따라서 균형 가격은 2,000원이다.

14 정답 ④

물건 가격이 1,000원이면 공급량은 줄어들고 수요량은 늘어나는 초과 수요가 나타난다. 균형 가격은 2,000원이며, 4,000원이면 초과 공급이 나타난다.

15 정답 ②

수요 증가에 대한 그래프이다. 소득 증가, 기대나 기호 상승, 대체재 가격 상승, 보완재 가격 하락, 인구 증가, 상품 가격 인상 예상 등의 요인으로 수요가 증가한다.

16 정답 ②

국내 총생산은 국가와의 경제 규모를 비교할 때 유용하지만 시장에서 거래되는 생산물의 가치만 포함하며, 소득 분배 상태나 빈부 격차를 반영할 수 없다는 한계가 있다. 물가 지수란 기준 시점의 물가를 100으로 했을 때 비교 시점의 물가 수준을 종합적으로 측정한 값을 말한다.

17 정답 ④

인플레이션은 물가 상승의 현상으로 정부는 물가 안정을 위해 과도한 재정 지출을 줄이고 세율을 인상해야 한다.

18 정답 ②

비자발적 실업은 경기적 실업(경기 침체로 인한 일자리 감소)과 구조적 실업(산업 구조의 변화로 일부 산업 쇠퇴, 직업 소멸), 계절적 실업(계절의 영향을 받아 실업) 등이 있다. 자발적 실업은 마찰적 실업(더 나은 직장으로 옮기는 과정에서 일시적으로 발생)이 있다.

19 정답 ②

한 국가가 다른 국가에 비해 절대적으로 낮은 비용으로 상품을 생산할 수 있는 능력을 절대 우위, 한 국가가 다른 국가에 비해 상대적으로 더 낮은 비용을 들여 상품을 생산할 수 있는 능력을 비교 우위라고 한다.

20 정답 ①

구분	수출	수입	해외 여행
환율 상승	증가	감소	불리
환율 하락	감소	증가	유리

21 정답 ③

제시문은 세계 무역 기구의 기능을 설명한 것이다. 1995년 설립된 국제 기구로, 자유 무역의 활성화를 최우선 목표로 한다.

22 정답 ③

다국적 기업은 세계화로 영향력이 커지고 있으며, 선진국에 본사가 입지한다. 다국적 기업은 여러 다른 나라에 지사, 생산 공장을 설립하여 세계를 대상으로 생산과 판매 활동을 수행한다.

23 정답 ④

국제 사회의 공존 방안으로 자국의 이익을 평화적으로 실현하기 위해 외교 활동을 해야 하며, 자국의 이익을 최우선으로 하는 것보다 협상을 통해 국제 사회의 발전을 위한 외교를 해야 한다.

24 정답 ④

독도는 현재 대한민국이 실효적 지배를 하고 있으며, 일본이 일방적으로 독도 영유권을 주장하고 있다. 만약 일본의 요구대로 국제 재판소에 제소를 하게 되면 분쟁 지역으로 인정하는 꼴이 된다.

25 정답 ②

인구가 가장 많은 대륙은 아시아 대륙으로 세계 인구의 60%가 거주하고 있다.

26 정답 ②

선진국은 이촌 향도 단계를 거쳐 도시에서 쾌적한 환경을 찾아 농촌으로 이주하는 역도시화 현상이 나타난다.

27 정답 ②

선진국은 산업 혁명 이후 인구가 증가하였으며, 제2차 세계 대전 이후 선진국의 의료 기술을 받아들인 개발 도상국을 중심으로 인구 성장이 나타났다.

28 정답 ②

현재 우리나라는 여성의 사회적 참여 증가와 자녀를 적게 가지려는 생각이 늘어나는 등의 이유로 극심한 저출산·고령화 문제를 겪고 있다.

29 정답 ④

촌락에서는 자연 경관이 주로 나타나고, 도시에서는 인문 경관이 주로 나타난다.

30 정답 ④

개발 제한 구역은 도시의 무질서한 팽창을 방지하고, 녹지 공간을 확보하기 위해 설정한 공간으로, 그린벨트라고도 한다. 제1차 국토 종합 개발 계획에 따라 설정되었다.

31 정답 ①

도시의 중요한 기능을 담당하는 지역으로 중심 업무 지구(CBD)에 대한 설명이다. 접근성이 좋고 지가가 높은 것이 특징이다.

32 정답 ③

선진국은 18세기 산업 혁명 이후 산업화와 함께 도시화가 점진적으로 진행된 것이 특징이다. 단기간의 급속한 도시화는 개발 도상국에서 나타나는 현상이다.

33 정답 ①

생태 도시는 지속 가능한 도시이다. 생태 도시는 도시가 하나의 유기적 복합체로 기능하는 도시로, 도시 활동과 공간 구조가 생태계의 속성인 다양성·자립성·순환성·안정성을 갖춘 도시이다. 브라질 쿠리치바, 캐나다 밴쿠버, 오스트리아 빈 등이 대표적인 생태 도시이다.

34 정답 ④

생활 수준의 향상으로 기호 작물, 원예 작물, 유제품 산업 등이 발달하며, 소비도 증가하고 있다.

35 정답 ①

대기업 본사는 자국 내 도심 또는 세계 도시에 입지한다. 그 이유는 다양한 정보와 자본을 확보하는 데 유리하기 때문이다.

36 정답 ②

전자 상거래는 시·공간의 제약이 작아 소비자가 해외 상점에 쉽게 접속할 수 있어 소비 활동의 범위가 전 세계로 확대되고 있다.

37 정답 ②

일본 교토 의정서는 선진국을 대상으로 온실 가스 배출량을 감축하는 방안이며, 파리 협정은 지구 평균 온도의 상승폭을 산업화 이전과 비교하여 1.5℃로 제한하는 협정이다.

38 정답 ③

전자 쓰레기는 첨단 기능을 갖춘 전자 제품이 계속해서 등장하며, 전자 제품의 교체 시기가 점점 빨라져 폐기된 쓰레기이다.

39 정답 ③

전자 쓰레기는 첨단 기능을 갖춘 전자 제품이 계속해서 등장하며, 전자 제품의 교체 시기가 점점 빨라져 증가하고 있다.

40 정답 ①

제시된 운동은 로컬 푸드에 해당한다.
오랜 시간 이동으로 식품의 안전성 우려, 장거리 운송에 따른 화석 연료 사용 및 지구 온난화 가속으로 푸드 마일리지가 작은 식품의 소비를 추구하는 운동이다.

41 정답 ③

제시문은 영해에 대한 설명이다.

42 정답 ③

해안선이 단조로운 동해, 제주도, 울릉도, 독도는 통상 기선으로부터 12해리, 황·남해는 해안선이 복잡하여 직선 기선으로부터 12해리, 대한 해협은 일본과 가까워 직선 기선으로부터 3해리를 사용한다.

43 정답 ④

제시된 설명은 지리적 표시제이다. 지리적 표시제는 다른 곳에서 임의로 상표권을 이용하지 못하도록 법적 권리 부여, 소비자의 알권리 충족, 지역 홍보 및 지역 이미지 개선 등 지역 경제 발전에 기여를 한다.

44 정답 ①

카슈미르 분쟁 지역에서는 힌두교(인도)와 이슬람교(파키스탄) 사이의 갈등이 일어난다. 카슈미르 분쟁 지역은 1947년 영국으로부터 인도와 파키스탄이 독립하면서 인도령으로 귀속되었다. 이슬람교도가 상대적으로 많음에도 불구하고 인도령으로 귀속되면서 인도와 파키스탄 간의 갈등이 지속되고 있다.

45 정답 ④

1948년 팔레스타인 지역에 팔레스타인 거주 지역을 무력으로 정복하고 주변 아랍 국가들과 지속적인 갈등을 일으키는 국가는 이스라엘이며, 이스라엘의 종교는 유대교이다.

46 정답 ①

적정 기술은 주로 개발 도상국을 위해 만들어진 기술이다. 지역 특성에 맞는 기술이 적용되어 만들어진다.

47 정답 ②

세계 식량 계획(WFP)은 기아와 빈곤으로 고통받는 지역의 식량 지원 활동을 하는 국제 기구이다.

예상 문제로 실력 잡기

01 ①	02 ②	03 ②	04 ③	05 ③
06 ④	07 ③	08 ④	09 ②	10 ①
11 ②	12 ①	13 ④	14 ④	15 ②
16 ①	17 ①	18 ②	19 ③	20 ①
21 ①	22 ②	23 ③	24 ③	25 ②
26 ④	27 ④	28 ②	29 ②	30 ①
31 ④	32 ①	33 ④	34 ①	35 ②
36 ③	37 ②	38 ①	39 ②	40 ②
41 ①	42 ④	43 ②	44 ①	45 ①
46 ③	47 ④	48 ③	49 ③	50 ①
51 ②	52 ①	53 ④	54 ③	55 ②
56 ①	57 ④	58 ①	59 ①	60 ①
61 ③	62 ④	63 ①	64 ③	65 ①
66 ④				

01 정답 ①

구석기 시대 사람들은 돌을 깨뜨려서 만든 뗀석기를 사용하였다. 이들은 주로 사냥, 채집, 물고기잡이를 통해 생활하였으며, 동굴이나 강가에 막집을 짓고 살았다. 또, 무리를 지어 생활하였고 식량을 찾아 자주 이동하였다.

02 정답 ②

신석기 시대에는 인류의 발전 과정에서 무엇보다도 획기적이고 중요한 사건이 일어났다. 사람들이 농사를 짓고 가축을 기르기 시작한 것이다. 이를 가리켜 '신석기 혁명'이라고 한다. 그리고 이 시기 사람들은 주로 바닷가나 강가에 거주하였으며, 빗살무늬 토기를 만들어 음식을 조리하거나 식량을 저장하였다.

03 정답 ②

우리나라 신석기 시대의 대표적인 토기는 빗살무늬 토기이다. 빗살무늬 토기가 나온 유적은 전국 각지에 널리 분포되어 있다. 대표적인 유적은 서울 암사동, 평양 남경, 김해 수가리 등으로 대부분 바닷가나 강가에 자리잡고 있다. 빗살무늬 토기는 도토리나 달걀 모양의 뽀족한 밑, 또는 둥근 밑 모양을 하고 있으며 크기도 다양하다.

04 정답 ③

청동기 시대의 대표적 유물인 동검은 칼날이 비파라는 악기를 닮아 비파형 동검이라고 한다. 비파형 동검은 기원전 4세기 무렵부터 칼날이 길면서 가는 세련된 모양으로 바뀌고 더욱 단단해졌다. 또 청동기 시대에는 지배층이 죽으면 고인돌이나 돌널무덤을 만들고, 청동검이나 청동 거울 등을 함께 묻었다.

05 정답 ③

신석기 시대에 시작된 농경은 청동기 시대에 이르러 본격적으로 발달하였고, 반달 돌칼과 같은 추수용 도구가 만들어졌다. 또한 이 시기에 벼농사가 시작되어 오늘날 우리가 주식으로 하고 있는 쌀이 본격적으로 생산되기 시작하였다. 그리고 청동기 시대에는 계급이 발생하였으며 민무늬 토기를 사용하였다.

06 정답 ④

청동기 문화를 기반으로 건국한 고조선은 8조법이 있었으며, 사유 재산이 존재하였다. 또 단군신화에는 홍익인간의 건국 이념과 곰을 믿는 토테미즘이 나타나 있다.

07 정답 ③

고조선에는 백성들을 다스리기 위한 8개의 법(8조법)이 있었으며, 그중에서 세 개가 현재까지 전해 내려온다. 남을 죽이거나 다치게 하면 형벌을 받았던 것으로 보아 사회 질서가 매우 엄격하였다는 것을 알 수 있으며, 죄를 곡식으로 갚게 한 것으로 보아 농사를 짓는 사회였고, 사유 재산이 있었다는 것을 알 수 있다. 또한 도둑질을 한 자는 노비로 삼는 것에서 신분의 차이가 있었음을 알 수 있다.

08 정답 ④

철기 시대에는 민무늬 토기와 함께 덧띠 토기, 검은 간 토기 등을 사용하였고, 널무덤과 독무덤을 만들었다. 또 철기를 이용하여 세력을 키운 부족은 주변 부족을 정복하거나 연합하여 국가로 발전하였다. 그리하여 만주와 한반도 북부에는 부여, 고구려가, 북부 동해안에는 옥저, 동예가 자리 잡았고, 남부에는 삼한이 성립하였다.

09 정답 ②

부여는 쑹화 강 주변의 평야와 초원 지대에서 몇 개의 부족이 연합하여 연맹 왕국을 이루었다. 부여는 밭농사와 목축을 주로 하였고, 12월에 영고라는 제천 행사를 열었다. 부여에서도 엄격한 법을 시행하였으며, 순장과 껴묻거리의 장례 풍습이 있었다.

10 정답 ①

삼국은 서로 대립·항쟁하면서 세력을 확장하는 데 힘썼는데, 그 중심에는 늘 한강 유역이 있었다. 한강 유역은 한반도의 중심에 위치하여 여러 지역의 문화와 인구, 물자가 모이는 교통의 요지였으며, 농경에 적합한 곳이었다. 또한 황해를 통해 중국과 직접 교류할 수 있는 지리적 이점을 가지고 있었기 때문에 삼국 간의 항쟁에서 한강 유역을 차지한 나라가 주도권을 잡을 수 있었으며, 전성기를 누리게 되었다. 백제는 4세기 근초고왕 때, 고구려는 5세기 장수왕 때, 신라는 6세기 진흥왕 때 한강 유역을 차지하였다.

11 정답 ②

백제의 시조는 온조이고, 백제의 계백 장군은 신라군과 황산벌에서 전투를 벌였으나 패하였다. 그리고 고구려의 제가 회의, 백제의 정사암 회의, 신라의 화백 회의는 귀족 회의체로 이를 통하여 국가 중대사를 결정하였다.

12 정답 ①

백제는 도읍을 위례성(한성)에 자리를 잡았다가 고구려에게 한강 유역을 빼앗기면서 웅진성으로 옮겼다. 그 뒤 성왕 때 중흥의 노력을 기울이며 사비성으로 도읍을 옮겼다.

13 정답 ④

근초고왕이 왕위에 있던 이 시기 백제는 고구려의 고국원왕과 황해도 일대를 놓고 대립하였다. 이에 평양성에서 벌어진 전투에서 고국원왕이 전사하면서 백제가 황해도로 진출하는 계기가 되었다. 이후 근초고왕은 중국의 요서, 산둥 지방과 일본으로 세력을 넓혀 나갔다. 이로써 백제의 왕권은 점차 전제화되고 부자 상속에 의한 왕위 계승이 시작되었다. 이 시기 발전을 배경으로 고흥이 『서기』를 편찬하였다.

14 정답 ④

광개토 대왕은 중국의 분열기를 활용하여 대규모 정복 사업을 펼치고 영토를 확장하였다. 남쪽으로 백제를 공격하여 한강 이북 지역을 차지하였고, 내물왕의 요청을 받아들여 신라에 침입한 왜를 물리치면서 신라에 대한 영향력을 확대하였다. 또 금관가야로 후퇴한 왜를 추격하는 과정에서 가야 연맹의 맹주였던 금관가야 세력을 약화시켰다. 또 북쪽으로는 만주의 남부 지역을 차지하였고, 동부여와 숙신을 정복하였다.

15 정답 ②

5세기 장수왕은 광개토 대왕의 뒤를 이어 왕위에 올랐다. 장수왕은 넓어진 영토를 체계적으로 다스리기 위해, 그리고 국내성의 귀족 세력을 약화시키고 왕권을 강화하기 위해 수도를 국내성에서 평양성으로 옮기고, 남진 정책을 적극적으로 추진하였다. 고구려의 남진 정책에 위협을 느낀 백제와 신라는 나·제 동맹을 통해 고구려의 남진 정책에 대항하였다. 그러나 이후 한강 유역을 차지한 고구려는 삼국의 주도권을 잡았다.

16 정답 ①

대성동 고분은 금관가야의 왕족 무덤이다. 가야는 낙동강 유역에서 일어난 여러 작은 나라의 연맹체로 초기에는 김수로에 의해 건국된 금관가야가 연맹을 주도하였다. 가야가 자리 잡은 낙동강 하류 지역은 철이 많이 생산되고, 바다가 가까워 생산된 철을 교역하는 데 유리하였다.

17 정답 ①

660년 백제의 멸망 이후 복신·도침·흑치상지 등은 왕자 풍을 왕으로 추대하고 주류성과 임존성을 거점으로 군사를 일으켰다. 그러나 복신과 도침 사이에 대립이 생겨 복신이 도침을 살해하자 부흥군의 사기는 꺾였고, 다시 나·당군의 공격을 받게 되었다. 왜의 수군이 백제 부흥군을 돕기 위해 백강 입구까지 왔으나 패하여 쫓겨갔다.

18 정답 ②

중국을 통일한 수와 당은 동아시아의 패권을 차지하고자 하였다. 이를 위하여 당시 동아시아의 강대국이었던 고구려를 끈질기게 침략하였다. 고구려는 수·당의 계속된 침략을 막아 내어 동아시아의 국제 정세를 바꾸어 놓는 계기를 마련하였다. 또한 외부의 공격으로부터 한반도를 수호하는 방파제 역할을 하였다.

19 정답 ③

장보고는 신라 말의 해상 세력으로, 완도에 청해진을 설치하고 해외 무역에 종사하여 이름을 떨쳤다. 장보고는 왕위 계승에 관여하여 신무왕을 즉위시켰지만, 자신의 딸을 왕비로 맞지 않은 것에 불만을 품고 난을 일으켰으며, 이후 진골 귀족 세력이 보낸 자객에 의해 죽임을 당하였다.

20 정답 ①

발해는 고구려 장수 대조영이 고구려 유민과 말갈인들을 이끌고 길림성의 동모산 근처에 세운 나라이다(698).

발해 무왕은 당나라가 발해를 견제하자 당의 산둥 지방을 공격하여 큰 승리를 거두었다. 또 문왕 때에는 당과 친선 관계를 맺고 당의 발달된 문물·제도를 받아들였다. 선왕 시기에는 영토를 크게 확장하여 고구려의 옛 땅을 대부분 되찾았다. 이 무렵 중국인들은 발해를 바다 동쪽의 융성한 나라라는 뜻으로 '해동성국'이라 불렀다.

21 정답 ①

후삼국을 통일한 고려 태조 왕건은 지방 호족들을 견제하고 지방 통치를 보완하기 위하여 사심관과 기인 제도를 활용하였다. 또한 『정계』와 『계백료서』를 지어 관리들이 지켜야 할 규범을 제시하였다. 아울러 후대 왕들이 지켜야 할 정책 방향을 제시하는 '훈요 10조'를 남기기도 하였다.

22 정답 ②

고려 광종은 쌍기의 건의를 받아들여 과거제를 시행하였다. 지금까지는 추천을 통해 공신과 호족의 자식들이 집안을 배경으로 관리가 되었다. 하지만 시험을 거쳐 유교 지식을 갖춘 인재를 선발하게 되면서 왕에게 충성하는 지지 세력을 확보할 수 있었다. 또 노비안검법을 실시하여 후삼국 시대 이래 억울하게 노비가 된 사람들을 조사하여 양민 신분으로 되돌려 주었다.

23 정답 ③

이자겸의 난과 묘청의 난으로 문벌 귀족 사회의 모순이 드러났다. 그러나 이후에도 문벌 귀족의 정치 독점은 계속되었다. 문벌 귀족이 권력을 독점하고 문신 우대와 무신 차별이 심해지자 무신의 불만이 커졌다. 인종의 뒤를 이은 의종은 왕권을 강화하고 문무 간의 균형을 도모하였으나, 문벌 귀족의 반발로 실패하자 사치와 향락에 빠지는 등 실정을 거듭하였다. 이에 정중부와 이의방 등은 보현원에서의 연회를 계기로 무신 정변을 일으켰다(1170).

24 정답 ③

최씨 무신 정권의 군사적 기반이었던 삼별초는 개경 환도를 반대하였다. 개경 환도 이후에 혹시 있을지도 모르는 몽골의 보복에 대한 두려움과 몽골의 약탈적 만행에 대한 분노 등이 그 이유였다. 몽골과의 강화를 지지하는 무신들이 집권자 최의를 제거하였고, 최씨 무신 정권이 붕괴하자 이들은 배중손을 중심으로 강화도에서 멀리 진도로 내려가 고려와 몽골의 연합군과 싸웠다. 진도가 함락되자 김통정의 지휘하에 삼별초는 다시 제주도로 근거지를 옮겨 항쟁을 계속하였으나, 결국 진압되었다.

25 정답 ②

12세기에 들어 여진족이 다른 여러 부족들과 통일하면서 강성해져 고려와 자주 충돌하고 형제 관계까지 요구하기에 이르렀다. 이에 윤관의 건의로 기병, 보병, 승병으로 이루어진 별무반을 편성하여 여진을 정벌한 후 동북 9성을 만들었으나 그들이 반환을 요구하자 고려 정부는 관리가 어렵다는 이유로 돌려주었다.

26 정답 ④

원·명 교체기의 혼란 속에서 왕위에 오른 공민왕은 반원 자주와 왕권 강화를 위해 여러 가지 개혁 정치를 추진하였다. 실추되었던 자주성을 회복하기 위해 고려의 정치에 간섭하였던 원의 관청을 없애고, 원의 간섭으로 낮추어진 관제를 복구하였다. 또한, 빼앗긴 영토를 회복하였고 몽골식 생활 풍습을 금하였다. 그리고 왕권 강화를 위해 친원파를 제거하였으며, 신돈을 등용하여 불법적인 농장을 없애 토지를 원래 주인에게 돌려주고 농장의 노비들을 해방시켰다.

27 정답 ④

고려 후기에는 새로운 사회 세력으로 신진 사대부가 등장하였다. 이들은 대개 지방 향리의 자제로서 과거를 통해 관리가 되었고, 자기 고향에 토지를 소유한 중소 지주였다. 이들은 성리학을 정치 이념으로 삼아 고려 사회를 바꾸어 보고자 하였다. 무엇보다도 권력을 독점하고 불법으로 농장을 확대하여 백성을 고통에 빠뜨린 권문세족을 몰아내려는 강한 의지를 지니고 있었다. 신진 사대부는 원 간섭기 이래 권문세족의 후원을 받으며 많은 농장을 소유하고 술을 만들어 팔거나 고리대를 하는 불교 사원도 강하게 비판하였다.

28 정답 ②

고려는 건국 초기부터 왕조 실록을 편찬하였으나 지금은 전하지 않는다. 인종 때 김부식은 유교적 합리주의 사관에 따라 『삼국사기』를 편찬하였다. 『삼국사기』는 우리나라에 현존하는 가장 오래된 역사서이다.

29 정답 ②

충렬왕 때 일연이 쓴 『삼국유사』는 불교사를 중심으로 고대의 민간 설화나 전래 기록을 수록하는 등 우리의 고유 문화와 전통을 중시하였으며, 단군의 건국 이야기를 수록하였다.

30 정답 ①

고려 청자는 귀족 사회의 전성기인 11세기에 맑고 투명한 비취색의 순청자로 발전하였다. 12세기 중엽에는 상감 기법을 도입하여 더욱 다양하고 화려한 무늬가 새겨진 상감 청자가 발달하였다. 고려 말기에는 짙은 녹갈색이나 청록색을 띤 소박한 분청 사기가 유행하였다.

31 정답 ④

세종은 집현전을 설치하여 우수한 인재를 등용하고 이들로 하여금 학문을 연구하도록 하였다. 이들의 역할은 학문 연구, 각종 제도의 개선, 도서 편찬 사업, 역사 기록 등이었다. 세종은 집현전 학자들의 도움을 받아 훈민정음을 창제하여 반포하였는데 이는 현재 세계 기록 유산으로 등재되어 있다. 또 최윤덕과 김종서를 각각 압록강과 두만강 유역에 보내 여진을 몰아내고 4군 6진을 개척하여 오늘날의 국경을 확정지었다.

32 정답 ①

조선의 중앙 정치 기구는 영의정, 좌의정, 우의정으로 구성되어 국정을 총괄하는 의정부(합의제)와 실제 업무를 집행하는 6조를 중심으로, 언론 기능을 하는 3사와 왕명 출납 등 왕의 비서 기관 역할을 한 승정원, 왕 직속 사법 기관인 의금부, 한양의 치안 등을 맡아 본 한성부 등 여러 기관이 업무를 나누어 맡아 행정의 전문성과 효율성이 증대되었다.

33 정답 ④

조선은 유교적 통치 규범을 성문화하기 위한 법전의 편찬에 힘썼다. 건국 초기에 정도전은 『조선경국전』과 『경제문감』을 편찬하였고, 조준은 『경제육전』을 편찬하였다. 세조 때부터 편찬되기 시작한 『경국대전』은 성종 때 완성되었다. 『경국대전』은 이전, 호전, 예전, 병전, 형전, 공전의 6전으로 구성된 조선의 기본 법전으로 후기까지 법률 체계의 골격을 이루었다. 이 법전의 편찬은 조선 초기에 정비된 유교적 통치 질서와 문물 제도가 완성되었음을 의미하는 것이다.

34 정답 ①

사림파는 조선 건국에 협력하지 않고 지방에 머무르며 제자를 키운 길재를 비롯한 고려 말의 온건파 신진 사대부에 뿌리를 두었다. 따라서 사림은 조선 건국을 주도한 급진파 신진 사대부에서 나온 훈구와는 성향이 달랐는데 훈구의 사림에 대한 공격이 사화이다. 사화 이후 사림은 서원과 향약을 통해 자신들의 세력 기반을 넓혀 갔다. 선조 때 중앙 정치의 주도권을 잡은 사림은 왕의 외척이 정치에 참여하면서 발생했던 문제의 처리 방법을 놓고, 기성 사림과 신진 사림 간의 의견이 충돌하였다. 이는 이조 전랑의 임명 문제를 놓고 더욱 심화되었다. 이조 전랑은 3사의 관리를 뽑을 수 있고 자기 후임자를 추천할 수 있어서 사림들은 서로 자신과 가까운 인물을 이조 전랑에 임명하려고 하였다. 이 때문에 사림 간에 갈등이 깊어졌고, 그 결과 신진 사림을 중심으로 한 동인과 기성 사림을 중심으로 한 서인으로 나누어져 붕당을 형성하였다.

35 정답 ②

우리나라는 일찍부터 역사 기록을 중요시하였다. 특히 고려와 조선은 국가 차원에서 실록을 편찬하였다. 사건을 사실대로 바르게 쓸 수 있도록 하기 위해 왕이라 해도 그 내용을 함부로 볼 수 없었다. 『조선왕조실록』은 한 국왕이 죽으면 다음 국왕 때 춘추관을 중심으로 실록청을 설치하고 사관이 국왕 앞에서 기록한 사초, 각 관청의 문서를 모아 만든 시정기 등을 종합·정리하여 편년체로 편찬하였다. 오늘날까지 전해 오는 『조선왕조실록』은 유네스코 세계 기록 유산에 등록되어 그 가치를 인정받고 있다.

36 정답 ③

권율은 임진왜란 때 행주산성에서 일본군을 격파하였으며 김시민은 진주 대첩을 이끈 인물이다. 조헌은 금산, 고경명은 담양, 곽재우는 의령, 휴정(서산대사)은 묘향산에서 활약했던 의병장이다.

37 정답 ②

광해군 당시 명이 후금을 방어하기 위해 조선에 원군을 요청하였을 때 광해군은 강홍립을 파견하여 상황에 따라 슬기롭게 대처하도록 하는 중립 외교를 실시하였다. 또, 토지 대장과 호적을 새로 정비하였으며, 공납 제도의 문제를 개선하기 위해 대동법을 실시하였다. 그리고 파괴된 성곽을 수리하고 불타버린 사고를 다시 건축하였으며 백성의 건강을 보살피고자 허준에게 『동의보감』을 완성하도록 하였다.

38 정답 ①

울릉도와 독도는 삼국 시대 이래 우리의 영토였으나 일본 어민들이 자주 이 곳을 침범하여 충돌이 빚어지기도 하였다. 숙종 때 안용복은 울릉도에 출몰하는 일본 어민들을 쫓아내고, 일본에 건너가 울릉도와 독도가 조선의 영토임을 확인받고 돌아왔다. 그 후에도 일본 어민들의 침범이 계속되자 19세기 말에 조선 정부에서는 적극적으로 울릉도 경영에 나서 주민의 이주를 장려하였고, 울릉도에 군을 설치하여 관리를 파견하고 독도까지 관할하게 하였다.

39 정답 ②

백두산 정계비는 18세기 초 숙종 때 청과 국경 분쟁이 일어나자 조선과 청이 세운 것으로, '서쪽은 압록강, 동쪽은 토문강'을 양국의 경계로 정하였다. 그런데 19세기에 이르러 토문강의 위치에 대한 해석상의 차이 때문에 두 나라 사이에 간도 귀속 문제가 발생하였다.

40 정답 ②

순조, 헌종, 철종의 3대 60여 년간 왕실과 혼인 관계를 맺은 몇몇 가문이 권력을 독점하는 정치 형태인 세도 정치가 전개되었다. 이 시기에는 삼정의 문란이 극심하여 백성의 고통이 심화되었고 홍경래의 난 등 농민 봉기가 일어나기도 하였다.

41 정답 ①

임진왜란을 겪으면서 정부의 재정 상태가 악화되었다. 특히 16세기 이후 지방 관리나 상인이 국가에 바치는 물건인 공물을 대신 내고 그 대가를 챙기는 방납의 폐단이 심해졌다. 이에 정부는 실제의 물건으로 걷던 세금을 땅의 많고 적음에 따라 쌀, 삼베나 무명, 동전 등으로 내게 하는 대동법을 실시하였다. 대동법이 실시되면서 국가가 필요로 하는 물품을 구매하는 공인이 등장하여 조세의 금납화가 촉진되고 상품 화폐 경제가 발달하게 되었다.

42 정답 ④

조선 후기 정조는 왕권을 강화하기 위한 정책을 폈다. 현재의 수원에 계획 도시인 화성을 건설하여 군사와 상업의 중심지로 만들고자 하였으며, 규장각을 설치하여 본래는 국왕의 글과 책을 수집·보관하는 곳이었던 규장각에서 새로운 인재들이 나랏일을 연구하도록 하였다. 또 군사적 기반으로 친위 부대인 장용영을 창설하였다.

43 정답 ②

조선 후기 최제우는 양반 지배층만의 사상인 성리학을 극복하고 서학으로 불린 천주교에 맞서기 위해 동학을 창시하였다(1860). 동학은 민간 신앙, 유교, 불교 등의 장점을 통합하고, 질병 치료나 길흉 예언, 주문과 부적 같은 민간 신앙의 요소를 받아들여 서학을 경계하는 농민들에게 쉽게 다가설 수 있었다. 동학은 '사람이 곧 하늘이다'라는 인내천의 평등 사상을 교리로 내세웠다.

44 정답 ①

조선 후기 실학자들은 실사구시를 바탕으로 실증적인 연구를 통해 현실 사회의 문제와 모순을 해결하려 하였다. 이들은 토지 제도 개혁을 통해 민생 안정을 추구한 정약용 등의 농업 중심의 개혁론자와, 상공업 발전과 기술 혁신을 통한 부국강병을 주장한 박지원 등의 상공업 중심의 개혁론자로 나뉜다. 상공업 중심의 개혁론자들은 청의 문물을 배우자고 주장하여 북학파로 불리기도 하였다.

45 정답 ①

조선 후기 김정호는 이전까지의 지도 제작 성과를 바탕으로 산맥, 하천, 포구, 도로망 등을 자세히 표시한 '대동여지도'를 완성하였다. 대동여지도는 도로 위에 10리마다 방점을 찍어 거리를 알 수 있게 하였으며, 지도표라는 범례를 만들어 기호를 사용하였다. 그리고 전체 지도를 22첩으로 분할하여 휴대하기 편리하게 제작되었으며, 목판본으로 만들어 여러 장 인쇄 가능하여 지도의 대중화를 가능하게 하였다.

46 정답 ③

정약용의 『목민심서』는 19세기 초에 저술된 책으로 목민관(지방관)의 덕목에 대한 내용이 기록되어 있다. 이외에도 정약용은 한강에 배다리를 설계하여 정조의 화성 행차를 편리하게 하였으며, 서양 선교사가 중국에서 펴낸 『기기도설』을 참고하여 거중기를 만들어 수원 화성 건설에 사용하기도 하였다. 그리고 정약용은 중농주의 실학자로 농업의 개혁을 통해 부국강병을 이룩하려 하였다.

47 정답 ④

조선 후기 그림에서는 우리나라의 산천을 사실적으로 표현한 진경 산수화와 백성의 생활 모습을 생동감 있게 표현한 풍속화가 등장하였다. 특히 정선은 중국의 것을 모방하던 기존의 산수화에서 벗어나 새로운 묘사 기법을 활용하여 '금강전도'와 '인왕제색도' 등의 진경 산수화를 그렸다.

48 정답 ③

조선 후기 서민층의 경제력과 사회적 지위가 높아지면서 서민 문화가 발달하였다. 서당 교육을 통해 글자를 읽고 쓸 줄 아는 서민들이 늘어나면서 서민들의 의식이 성장하였다. 서민들은 한글 소설, 사설시조, 판소리, 탈놀이 등을 통해 자신들을 표현하는 문화 활동을 하였다.

49 정답 ③

흥선 대원군이 서원 철폐와 경복궁 중건, 호포제 실시 등의 개혁 정책을 실시한 것은 공통적으로 정치 기강 확립과 왕권 강화라는 목적을 가지고 있었다. 서원 철폐는 붕당의 근거지를 축소시켜 왕권을 강화하고, 서원에 소속된 토지와 노비를 몰수하여 국가 재정을 확충하며, 백성에 대한 양반과 유생들의 발호와 착취를 차단함으로써 중앙 정부의 지방 통제력을 회복하기 위한 노력이었다. 경복궁 중건 사업은 노론 세도 정치로 인해 실추된 왕실의 위엄을 회복하고 정치 기강을 바로잡기 위해 추진되었다.

50 정답 ①

일본이 운요호를 보내 무력으로 위협하며 조선에 통상 수교를 강요하자 결국 조선은 일본과 강화도 조약을 맺고 문호를 개방하였다(1876). 강화도 조약은 조선이 외국과 맺은 최초의 근대적 조약이었으며, 불평등한 조약이었다. 이 조약은 조선을 자주국이라고 밝혔지만, 이는 조선과 청의 전통적 관계를 부인함으로써 청의 간섭을 차단하려는 일본의 의도였다. 또한 부산 외 2개 항구의 개항, 치외 법권, 해안 측량권 등이 조약에 포함되었다.

51 정답 ②

민씨 정권의 소극적 개화 정책에 불만을 가진 김옥균, 서광범, 서재필, 홍영식 등의 급진 개화파는 자신들이 원하는 방향으로 개혁을 추진하기 위해 우정총국 축하연을 계기로 갑신정변을 일으켰다. 정변을 통해 정권을 장악한 급진 개화파는 새로운 정부를 수립하고 14개조 정강을 통해 청에 대한 종속 관계 청산, 인민 평등권의 제정과 능력에 따른 인재의 등용, 지조법의 개혁, 입헌 군주제의 실현 등을 주장하였다. 하지만 일본에 의존하고 지나치게 급진적 방식을 택하여 백성과 관료층의 지지를 받지 못하였고, 결국 청의 개입으로 3일 만에 실패하였다.

52 정답 ①

1896년 서재필이 창간한 독립신문은 순 한글로 된 우리나라 최초의 민간 신문으로 영문판으로도 발행되어 외국인들에게 조선의 실정을 알리고자 하였다. 독립 협회는 청의 사신을 맞이하는 영은문의 자리에 자주독립을 상징하는 독립문을 세웠으며, 열강의 이권 침탈에 반대하고 자유 민권 운동을 전개하여 근대적 의회의 설립을 요구하였다.

53 정답 ④

1896년에는 서재필의 주도로 독립신문이 창간되었다. 독립신문은 정부 관리의 부정부패를 비판하고 국민의 권리와 의무, 국제 사회에서 한국의 위치, 열강의 이권 침탈 상황 등을 알렸다. 또한 순 한글을 사용하여 독자층을 늘리고 한글을 일상적인 문자로 격상시켰다.

54 정답 ③

안중근은 초대 통감으로서 우리나라의 침략에 앞장섰던 이토 히로부미가 러시아 대표와 회담하기 위해 만주 하얼빈에 도착하자 그를 사살하여 민족의 독립 의지를 분명히 보여 주었다.

55 정답 ②

국채 보상 운동은 일본의 간섭을 막기 위하여 일본에 진 빚을 국민의 힘으로 갚자는 경제적 자립 운동이다. 1907년 대구에서 조직된 국채 보상 기성회에 의해 시작되어 전국으로 확산되었으며, 국민들은 담배와 술을 끊고, 반지와 비녀 등을 내어 성금을 모았다. 그러나 통감부의 방해로 중단되었다.

56 정답 ①

안창호, 이승훈, 양기탁 등이 1907년에 조직한 비밀 결사인 신민회는 자주 독립의 공화제 국가를 수립하는 데 목적을 두었다. 신민회는 대성 학교와 오산 학교를 세워 민족 교육과 신교육을 실시하며 민중을 계몽하였다. 민족 산업을 육성하기 위해 태극 서관과 평양 자기 회사를 운영하였다. 나아가 만주 삼원보에 한인촌을 조성하고 신흥 학교를 세우는 등 독립운동 기지 건설에 앞장섰다.

57 정답 ④

동학 농민 운동은 동학을 바탕으로 녹두장군으로 불린 전봉준의 주도 아래 일어난 반봉건·반외세 운동이었다. 동학 농민 운동은 '고부 농민 봉기 ➡ 백산에서 농민군 1차 봉기 ➡ 황토현·황룡촌 전투 승리 ➡ 전주성 점령 ➡ 청군과 일본군의 철수를 주장하며 전주 화약 체결 ➡ 집강소 설치, 폐정 개혁안 실천 ➡ 일본군의 경복궁 점령 ➡ 농민군 2차 봉기 ➡ 공주 우금치 전투 패배, 전봉준 체포'의 순으로 전개되었다.

58 정답 ①

일본은 1905년 을사조약(을사늑약)을 강압적으로 체결하였다. 일본은 이 조약으로 대한 제국의 외교권을 빼앗고, 통감부를 설치하여 대한 제국의 정치를 간섭하기 시작하였다. 을사조약에 대항해 장지연은 황성신문에 '시일야방성대곡'이라는 논설을 실어 일본의 침략을 비난하였으며, 평민 의병장인 신돌석 등은 을사의병을 일으켰다. 또, 고종은 강제로 체결된 을사조약이 무효임을 국제 사회에 알리기 위해 헤이그 만국 평화 회의에 이준, 이상설, 이위종을 특사로 파견하였는데 이 사건을 구실로 고종은 강제 퇴위를 당했다.

59 정답 ①

민족 말살 통치기에 일제는 '황국 신민화'의 구호를 내세워 신사 참배와 황국 신민 서사 외우기를 강요하였으며, 우리말과 우리 역사 교육을 금지하고 일본어만 사용하도록 하였다. 또 다수의 한글 신문과 잡지를 폐간하고 민족 운동 단체를 강제로 해산시켰다. 우리의 성과 이름도 일본식으로 바꾸도록 강요하였다(창씨개명).

60 정답 ①

윌슨의 민족 자결주의를 통해 독립에 대한 희망을 품게 된 우리 민족은 고종 황제의 죽음과 2·8 독립 선언을 계기로 3·1 운동을 전개하였다.
3·1 운동은 일제의 통치가 무단 통치에서 문화 정치로 변화하는 계기가 되었다. 또한, 중국과 인도 등 아시아 각지의 민족 운동에 영향을 끼쳤으며 대한민국 임시 정부 수립의 계기가 되었다.

61 정답 ③

물산 장려 운동은 1920년 회사령이 폐지되고 관세가 철폐된다는 소식에 위기 의식을 느낀 민족주의 계열에서 추진한 민족 실력 양성 운동이었다. '조선 사람 조선 것으로', '내 살림 내 것으로'라는 구호를 내세웠던 물산 장려 운동은 1920년대 초 평양에서 시작되어 전국으로 확산되었는데 구체적 내용에서도 토산품 장려 및 금연 실천 운동으로 시작되어 금주·단연 운동, 토산품 애용 운동으로 확대되어 갔다. 조선 물산 장려회가 중심이 된 이 운동은 국산품 애용과 자급자족을 통해 민족 산업을 발전시키고 민족 자본을 육성하여 일제로부터의 경제적 자립을 이루고자 하였다.

62 정답 ④

3·1 운동 이후 독립군은 본격적으로 무장 투쟁에 나
서 국경을 넘어 일본군과 경찰서 등을 공격하여 전과
를 올렸다. 특히 1920년에는 여러 독립군 부대들이
힘을 모아 일본군에 큰 승리를 거두었다. 특히 김좌진
의 북로 군정서군을 비롯한 연합 부대는 동포 사회의
지원 속에 지형을 이용한 작전을 펴 일본군과 치열한
전투를 벌인 끝에 승리를 거두었다.

63 정답 ①

임시 정부의 지도자 김구는 한인 애국단을 조직하여
대한민국 임시 정부의 활동에 활기를 불어 넣고자 하
였다. 또 김구와 김규식은 평양에 남북 협상을 제안하
여 통일 정부를 수립하고자 하였다.

64 정답 ③

1950년 6월 25일 북한군의 전면적 남침으로 6·25
전쟁이 시작되었다. 북한군의 기습적인 남침에 국군은
3일 만에 수도 서울을 빼앗겼고, 한 달 뒤에는 낙동강
유역까지 후퇴하였다. 그러자 정부는 미국에 도움을
요청하였고, 미국의 주도로 열린 유엔 안전 보장 이사
회는 유엔군 파견을 결의하였다. 이후 국군과 유엔군
은 인천 상륙 작전을 통해 전세를 뒤집은 뒤 압록강 유
역까지 진격하였다.

65 정답 ①

4·19 혁명은 이승만과 자유당 정권이 3·15 부정 선
거를 실시하자 그동안 이승만과 자유당 정권의 부정부
패와 독재에 불만을 가진 국민들이 민주주의를 지키기
위해 일으킨 사건이다. 자유당 정권은 이승만의 대통
령 당선이 확실시되자 부통령에 같은 자유당원인 이기
붕을 당선시키기 위해 3·15 선거에서 부정적인 방법
을 사용하였다.

66 정답 ④

10·26 사태로 독재 정치를 하던 박정희 대통령이 죽
자, 시민들은 민주화에 대한 희망을 갖게 되었으나,
12·12 사태로 새로운 군인 세력이 권력을 잡자 민
주화는 이루어지기 어렵게 되었다. 이에 시민들은 유
신 헌법 철폐와 새로운 군인 세력의 퇴진을 요구하며
5·18 민주화 운동을 일으켜 민주주의를 이룩하고자
하였다. 신군부는 이를 무력으로 진압하였고 이 과정
에서 수많은 사람들이 희생되었다.

중졸 검정고시

한권으로 합격하기!

핵심 총정리 과학

구성 및 출제 경향 분석

1 구성

2 출제 경향 분석

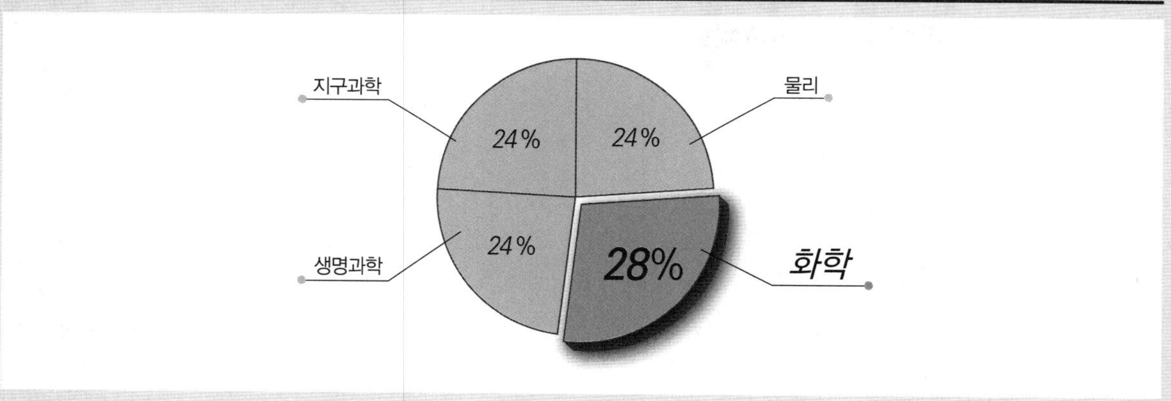

과학 출제 경향

기존 출제 유형의 문제가 다수 출제되었으나, 단순히 반복형 문제에 그치지 않고 변화가 일어날 때, 변하는 요소와 변화가 일어나지 않는 요소를 구분하도록 묻는 문제의 비중이 높아졌습니다. 또한 기초 용어의 의미를 정확히 알고 있어야 해결할 수 있는 문항이 다수 포함되었습니다. 전반적으로 기본 개념과 원리를 탄탄하게 학습한 경우라면 안정적인 점수를 확보할 수 있는 수준의 시험이었습니다.

❶ 물리

- 중력, 마찰력, 탄성력, 부력의 의미 및 생활 속 현상을 짝지을 수 있어야 합니다.
- 빛의 합성을 이해하고 물체의 색이 보이는 방식을 파악할 수 있어야 합니다.
- 빛의 반사 법칙 및 거울의 특징, 빛의 굴절 및 생활 속 현상, 렌즈를 파악합니다.
- 파동 및 소리의 3요소를 알고 파동 모습 형태를 비교할 수 있어야 합니다.
- 전류계와 전압계를 읽을 수 있고, 옴의 법칙을 활용한 계산을 할 수 있어야 합니다.
- 자기력을 알고 전류가 흐르는 코일 주변의 자기장을 파악합니다.
- 전도, 대류 복사 등 열의 이동 방법 및 단열을 이해합니다.
- 비열과 온도 변화가 반비례 관계임을 알아야 합니다.
- 열평형 그래프의 해석 및 열팽창의 예시를 파악합니다.
- 속력을 계산할 수 있고, 등속 운동 및 자유 낙하 운동을 구분할 수 있어야 합니다.
- 역학적 에너지 전환 관계를 파악할 수 있어야 합니다.
- 소비전력, 전력량의 의미 및 계산을 할 수 있어야 합니다.

❷ 화학

- 증발, 확산의 의미 및 생활 속 다양한 예시를 짝지을 수 있어야 합니다.
- 보일 법칙을 실린더 그림 및 그래프로 파악하고, 계산할 수 있어야 합니다.
- 상태 변화가 일어날 때 열에너지 출입 및 용어를 알고 생활 속 예시를 짝지을 수 있어야 합니다.
- 물질의 특성을 활용한 혼합물 분리 장치 그림을 알아 둡니다.
- 원소 기호 및 이온식을 나타낼 수 있어야 합니다.
- 물리 변화와 화학 변화를 생활 속 예시를 통해 구분할 수 있어야 합니다.
- 화학법칙을 화학반응식에 적용할 수 있어야 합니다.
- 화학 반응이 일어날 때 에너지 출입에 따른 주변 온도의 변화를 파악합니다.

❸ 생물

- 생물 다양성의 의미 및 생물 다양성 감소 원인 및 대책을 파악할 수 있어야 합니다.
- 종의 의미를 알고 생물의 5계 분류 체계와 해당 생물을 짝짓는 연습을 해야 합니다.
- 식물의 광합성, 증산 작용, 기공, 공변 세포에 대해 파악합니다.
- 각 기관계의 역할 및 세부적 기관의 명칭, 기능을 짝지을 수 있어야 합니다.
- 감각 기관별 세부 명칭 및 기능을 그림과 함께 알아야 합니다.
- 뉴런의 기본 구조 및 종류를 알고 중추 신경계와 말초 신경계를 그림으로 구분해야 합니다.
- 사람의 염색체를 알고 세포 분열의 의의 및 감수분열, 체세포 분열을 구분합니다.
- 멘델의 유전, 사람의 혈액형 유전, 적록 색맹 유전의 가계도를 분석할 수 있어야 합니다.

❹ 지구과학

- 지권의 층상 구조별 특징 및 암석의 순환을 이해합니다.
- 광물의 구별법을 특징 및 그림, 예시와 짝지어 생각할 수 있어야 합니다.
- 대륙 이동설의 의미를 알고 증거를 파악합니다.
- 지구의 자전과 공전, 달의 공전의 의미와 이들의 운동에 따른 현상을 파악합니다.
- 태양계를 구성하는 행성별 특징을 말할 수 있어야 합니다.
- 태양의 광구 및 대기에서 일어나는 특징을 그림과 함께 알아야 합니다.
- 수권 및 기권의 층상 구조를 구분 기준부터 각 층별 특징을 파악할 수 있어야 합니다.
- 구름의 생성 과정 및 강수 이론을 그림으로 파악할 수 있어야 합니다.
- 기단과 전선을 구분하고 우리나라의 날씨와 연관지어 생각합니다.
- 연주 시차와 별의 거리, 별의 밝기와 등급의 관계, 별의 색과 표면온도의 관계를 이해합니다.
- 우리은하, 은하수, 성단, 성운의 용어를 구분하여 파악합니다.

01 물리

1 중력과 탄성력

1. 중력

(1) 과학에서의 힘

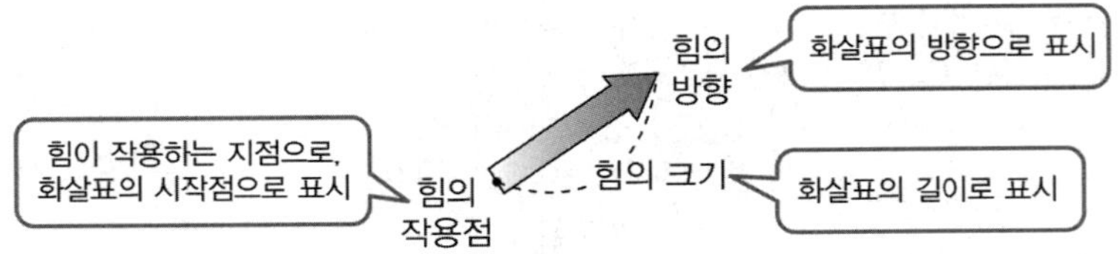

① 힘 : 물체에 작용하여 물체의 모양, 빠르기, 운동 방향을 변화시키는 원인
② 힘의 단위 : N(뉴턴)
③ 힘의 종류 : 중력, 탄성력, 마찰력, 부력, 자기력, 전기력

(2) 중력
① 중력
㉠ 지구가 물체를 당기는 힘
㉡ 질량이 클수록, 지구 중심에 가까울수록 중력
이 커짐
㉢ 지구 중심 방향(연직 아래 방향)으로 작용
② 중력에 의한 현상
㉠ 비가 아래로 떨어진다.
㉡ 고드름이 아래로 자란다.
㉢ 폭포수가 아래로 떨어진다.
㉣ 인공위성이 지구 주위를 돈다.

③ 무게와 질량

구분	무게	질량
의미	지구가 물체를 당기는 중력의 크기	물체가 가지는 고유한 양
단위	N(뉴턴)	kg(킬로그램), g(그램)
측정	용수철저울, 가정용 저울	윗접시저울, 양팔저울
크기	측정 장소에 따라 크기가 달라짐	측정 장소에 따라 변하지 않음
관계	지구에서 물체의 무게(N) = 9.8 × 질량(kg)	

2. 탄성력

(1) 탄성력

① 탄성과 탄성체

ㄱ 탄성 : 변형된 물체가 원래 모양으로 되돌아가려는 성질

ㄴ 탄성체 : 탄성이 있는 물체

ⓔ 용수철, 고무줄, 태엽, 농구공 등

② 탄성력

ㄱ 모양을 변화시킨 물체가 원래 모양으로 되돌아가려는 힘

ㄴ 탄성력의 방향 : 변형된 탄성체가 원래 모양으로 되돌아가려는 방향

➡ 탄성체에 작용한 힘과 반대 방향

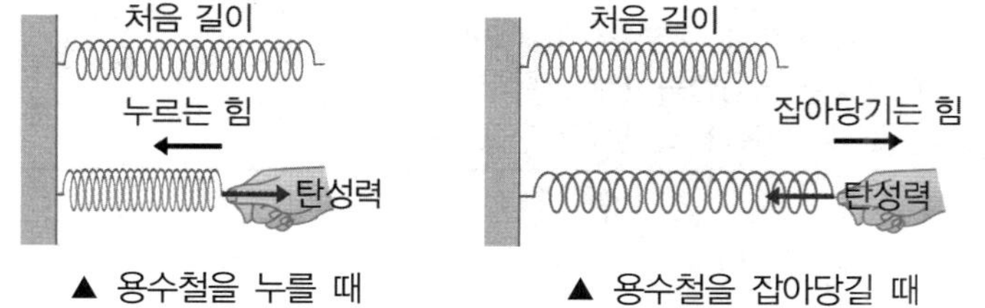

ㄷ 탄성력의 크기는 탄성체에 작용한 힘의 크기와 같고, 변형이 클수록 커짐

ㄹ 탄성력의 이용 : 용수철저울, 장대높이뛰기, 활쏘기, 고무줄, 자전거 안장

(2) 용수철을 이용한 물체의 무게 측정

① 무게와 탄성력의 관계

ㄱ 용수철에 매단 물체의 무게 = 탄성력

ㄴ 탄성력은 용수철이 늘어난 길이에 비례함

= 용수철에 매단 물체의 무게는 용수철이 늘어난 길이에 비례함

② 용수철이 늘어난 길이는 용수철에 매단 물체의 무게에 비례하므로 용수철이 늘어
난 길이를 측정하여 물체의 무게를 구할 수 있음

2 마찰력과 부력

1. 마찰력

(1) 마찰력

  ① 마찰력

    ㉠ 두 물체의 접촉면에서 물체의 운동을 방해하는 힘

    ㉡ 마찰력의 방향 : 물체의 운동을 방해하는 방향

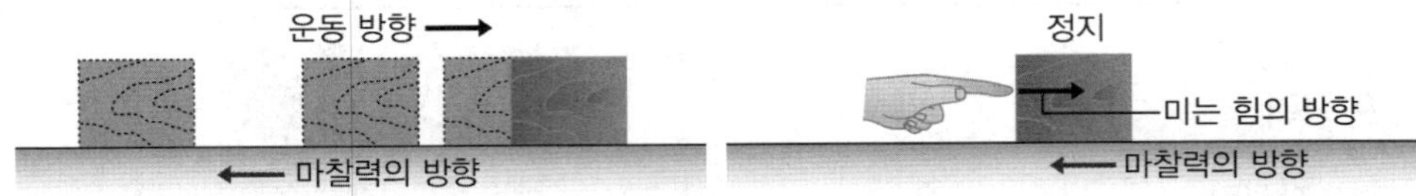

  ② 마찰력의 크기

    ㉠ 물체의 무게가 무거울수록, 접촉면이 거칠수록 마찰력이 커짐

    ㉡ 마찰력의 크기는 접촉면의 넓이와는 관계가 없음

(2) 마찰력의 이용

마찰력을 크게 이용	마찰력을 작게 이용
접촉면을 거칠게 만들거나 마찰력이 큰 물질을 사용한다.	접촉면을 매끄럽게 만든다.
• 계단 끝에 거친 띠를 붙인다. • 볼펜 손잡이 부분에 고무를 끼워둔다. • 등산화 바닥을 울퉁불퉁하게 만든다. • 눈이 왔을 때 자동차 바퀴에 체인을 감는다.	• 자전거 체인에 윤활유를 뿌려준다. • 수영장 미끄럼틀에 물을 흘려준다. • 기계 회전축에 베어링을 넣어준다.

2. 부력

(1) 부력

  ① 부력

    ㉠ 액체나 기체가 그 속의 물체를 위로 밀어 올리는 힘

    ㉡ 부력의 방향 : 중력과 반대 방향인 위쪽

  ② 부력의 크기

    ㉠ 부력의 크기는 기체나 액체 속에 잠긴 물체의 부피에 비례함

      ➔ 부력의 크기는 잠긴 물체의 부피가 클수록 커짐

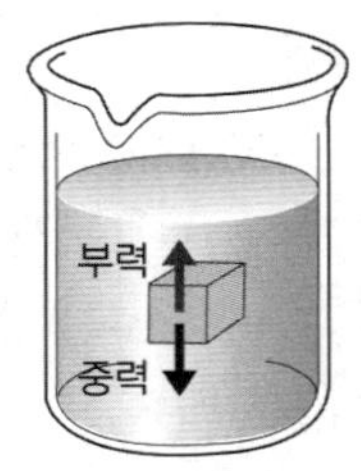

      부력의 크기 = 공기 중에서 용수철저울의 눈금 − 물속에서 용수철저울의 눈금

    ㉡ 물이 가득 들어 있는 수조에 물체를 넣었을 때 부력의 크기는 넘친 물의 무게와 같음

③ 부력과 중력

물체가 떠오름	물체가 떠 있음	물체가 가라앉음
부력 > 중력(무게)	부력 = 중력(무게)	부력 < 중력(무게)
부력 / 중력 / 떠오름	부력 / 중력 / 잠겨 있음	부력 / 중력 / 가라 앉음

(2) 부력의 이용

잠수함, 열기구, 물고기 부레, 구명환, 부표

PART 2 | 빛과 파동

1 빛과 색

1. 빛

(1) 물체를 보는 원리

① 광원

광원	광원이 아닌 물체
스스로 빛을 내는 물체	스스로 빛을 내지 않아 광원을 통해 볼 수 있는 물체
태양, 전등, 촛불, 번개, 반딧불이 등	달, 지구, 사람, 거울, 종이 등

② 물체를 보는 과정

광원	광원이 아닌 물체
광원에서 나온 빛이 눈으로 직접 들어옴	광원에서 나온 빛이 물체에서 반사된 후 눈에 들어옴
광원 → 눈	광원 → 물체 → 눈

③ 빛의 직진

　㉠ 빛의 직진 : 빛이 곧게 나가는 성질

　㉡ 빛의 직진과 관련된 현상 : 그림자, 레이저, 일식, 월식, 바늘구멍 사진기 상의 뒤집힘 등

(2) 빛의 합성

① 빛의 합성

　㉠ 두 가지 이상의 빛이 합쳐져 다른 색의 빛으로 보이는 현상

　㉡ 빛의 삼원색 : 빨간색, 초록색, 파란색

　㉢ 빛은 합성할수록 밝아짐

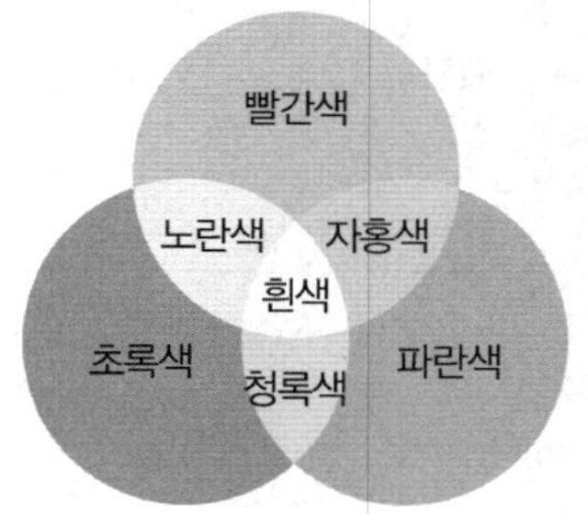

- 빨간색 + 초록색 → 노란색
- 빨간색 + 파란색 → 자홍색
- 파란색 + 초록색 → 청록색
- 빨간색 + 초록색 + 파란색 → 흰색

② 빛의 합성의 이용

　㉠ 무대 조명, 전광판, 휴대폰 화면, 점묘화 등

　㉡ 화소 : 영상 장치의 화면을 구성하는 색점으로 화소에서 나오는 빛이 합성되어 다양한 색을 나타낼 수 있음

　　예 노란색 : 빨간색과 초록색 화소가 켜짐

2. 색

(1) 물체의 색

① 불투명한 물체의 색 : 물체에 비춘 빛 중 물체에서 반사되어 나오는 빛의 색

빨간색 사과	노란색 바나나
백색광 / 빨간색 반사	백색광 / 빨간색, 초록색 반사
빨간색 빛만 반사 → 빨간색으로 보임	빨간색과 초록색 빛을 반사 → 노란색으로 보임

② 투명한 물체의 색 : 물체에서 투과(통과)되어 눈에 들어온 빛의 색

투명 유리	노란색 유리
백색광 / 빨 초 파 / 투명 유리	백색광 / 빨 초 파 / 노란색 유리
빛을 모두 투과시킴	빨간색과 초록색 빛만 투과함

(2) 조명에 따른 물체의 색

조명의 색에 따라 물체의 색이 다르게 보임

백색광	빨간색 조명	파란색 조명	노란색 조명
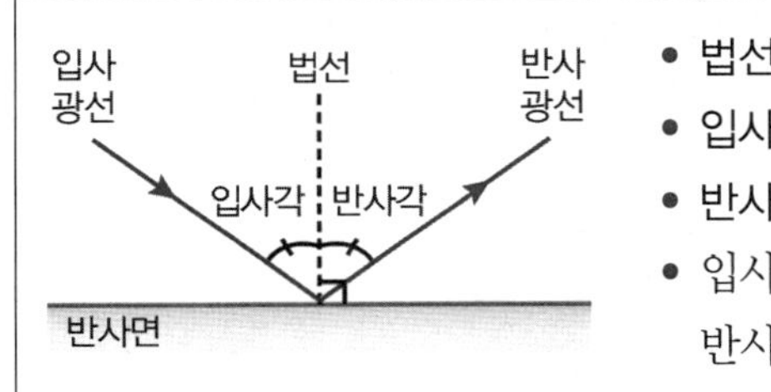			
빨간색과 초록색 반사 → 노란색으로 보임	빨간색 반사 → 빨간색으로 보임	반사하는 빛 없음 → 검은색으로 보임	빨간색과 초록색 반사 → 노란색으로 보임

2 거울과 렌즈

1. 거울

(1) 빛의 반사

① 빛의 반사 : 직진하던 빛이 물체에 부딪쳐 물질의 경계면에서 되돌아 나오는 현상

② 반사 법칙 : 빛이 반사할 때 입사각과 반사각의 크기가 같음

- 법선 : 거울 면에 수직인 가상의 선
- 입사각 : 입사 광선과 법선이 이루는 각
- 반사각 : 반사 광선과 법선이 이루는 각
- 입사각과 반사각은 항상 같기 때문에 입사각이 커지면 반사각도 커짐

(2) 거울의 종류

① 평면거울

ㄱ 물체의 크기와 상의 크기가 같고, 좌우가 바뀌어 보임

ㄴ 거울에서 물체까지의 거리＝거울에서 상까지의 거리

ㄷ 전신 거울, 자동차 후방 거울, 잠망경

② 볼록 거울과 오목 거울

구분		볼록 거울	오목 거울
거울 모양		면이 볼록하게 나온 거울	면이 오목하게 들어간 거울
나란하게 들어간 빛의 경로			
		빛이 거울에서 반사되어 넓게 퍼짐	빛이 거울에서 반사되어 한 점으로 모임
물체의 상	가까운 물체	물체보다 작고 바로 선 상	물체보다 크고 바로 선 상
	먼 물체	물체보다 작고 바로 선 상	뒤집힌 모습의 상
이용		넓은 범위를 볼 수 있음 굽은 도로의 안전 거울, 편의점 보안 거울, 자동차 측면 거울, 방범용 거울 등	자동차 전조등, 반사 망원경, 화장용 확대 거울, 채화경, 태양열 조리기, 등대의 반사경 등

2. 렌즈

(1) 빛의 굴절

① 빛의 굴절 : 빛이 진행하는 물질이 바뀌는 경우 두 물질의 경계면에서 진행 방향이 꺾이는 현상

② 빛의 굴절하는 이유

㉠ 물질에 따라 빛이 진행하는 속력이 다르기 때문

㉡ 빛의 속력이 느린 쪽으로 굴절함

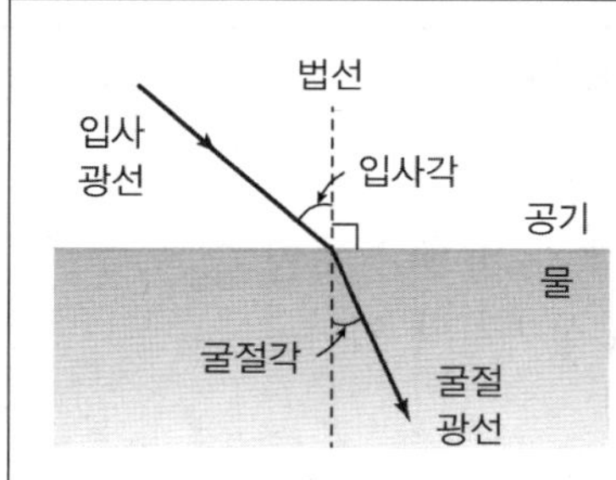

③ 굴절에 의한 현상

㉠ 물이 담긴 컵에 빨대를 넣으면 꺾여 보임

㉡ 물속의 금붕어가 크고 위에 있는 것처럼 보임

㉢ 냇물이 실제 깊이보다 얕게 보임

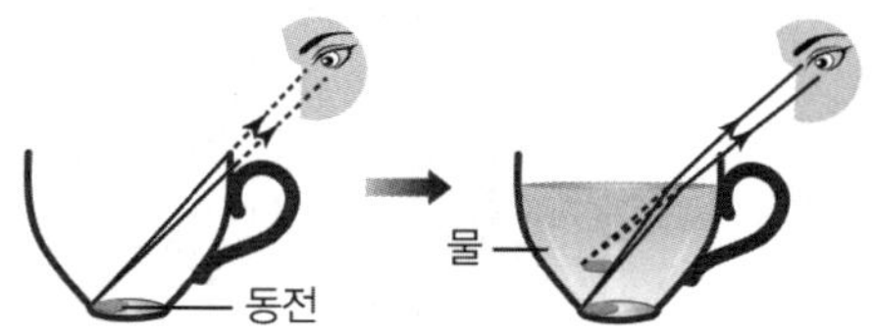

   ㄹ 물속의 다리가 실제보다 짧아 보임

   ㅁ 신기루나 아지랑이가 나타남

   ㅂ 컵 속에 보이지 않던 동전이 물을 부으면 보임

(2) 렌즈

 ① 볼록 렌즈와 오목 렌즈

구분		볼록 렌즈	오목 렌즈
렌즈 모양		가운데가 가장자리보다 두꺼운 렌즈	가운데보다 가장자리가 두꺼운 렌즈
나란하게 들어간 빛의 경로		빛이 렌즈에서 굴절하여 한 점에 모임	빛이 렌즈에서 굴절하여 퍼져 나감
물체의 상	가까운 물체	물체보다 크고 바로 선 상	물체보다 작고 바로 선 상
	먼 물체	뒤집힌 모습의 상	물체보다 작고 바로 선 상
렌즈의 역할		물방울, 유리구슬, 둥근 유리 막대, 물이 들어 있는 둥근 어항 등	유리컵의 바닥 부분, 물이 들어 있는 유리병의 오목한 부분 등

 ② 시력 교정

구분	원시	근시
의미	먼 곳은 잘 보이지만 가까운 곳은 잘 보이지 않음	가까운 곳은 잘 보이지만 먼 곳은 잘 보이지 않음
교정용 안경 렌즈	볼록 렌즈	오목 렌즈

3 파동과 소리

1. 파동

(1) 파동과 파동의 전달

 ① 파동

  ㄱ 한 점에서 만들어진 진동이 주위로 퍼져 나가는 것

  ㄴ 매질 : 파동을 전달하는 물질

파동	물결파	지진파	소리	빛, 전파
매질	물	땅	주로 공기 (고체, 액체, 기체)	필요 없음

② 파동의 전달

   ㉠ 파동이 전달될 때 매질은 제자리에서 진동만 하고 파동을 따라 이동하지 않음

     ➔ 물체는 제자리에서 위아래로 진동함

   ㉡ 파동이 전달될 때 에너지가 전달됨

     ➔ 지진으로 건물이 무너지고, 파도에 의해 해식 동굴이 만들어짐

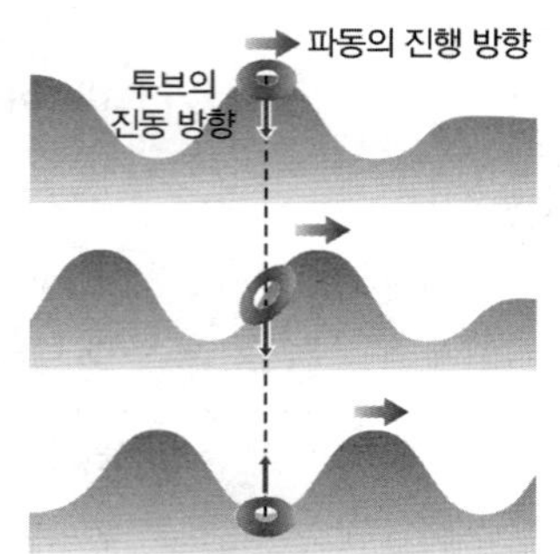

(2) 파동의 종류

파동의 진행 방향과 매질의 진동 방향을 기준으로 구분

구분	종파	횡파
모습		
정의	파동의 진행 방향과 매질의 진동 방향이 서로 나란한 파동	파동의 진행 방향과 매질의 진동 방향이 서로 수직인 파동
예	지진파 P파, 소리(음파), 초음파	지진파 S파, 물결파, 빛, 전파

(3) 파동의 표현

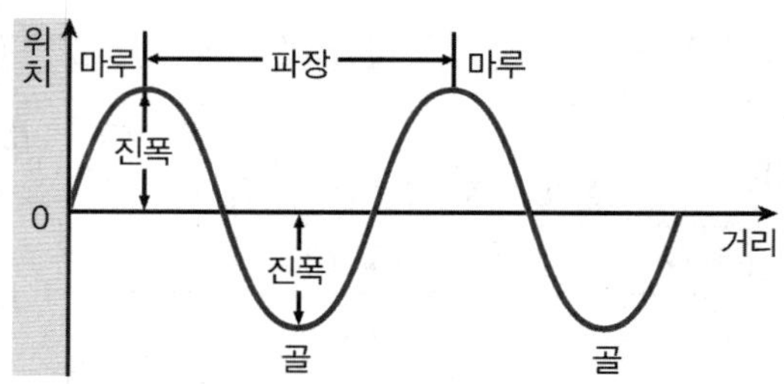

마루	매질의 가장 높은 곳	
골	매질의 가장 낮은 곳	
파장	마루에서 다음 마루, 또는 골에서 다음 골까지의 수평 거리	
진폭	진동의 중심에서 마루나 골까지의 수직 거리	
주기	매질이 한 번 진동하는 데 걸린 시간, 파동이 한 파장만큼 이동하는 데 걸리는 시간 [단위 : 초(s)]	[진동수와 주기] 진동수와 주기는 역수 관계 $진동수 = \dfrac{1}{주기}$
진동수	매질의 어느 한 점이 1초 동안 진동하는 횟수 [단위 : Hz(헤르츠)]	

2. 소리

(1) 소리(음파)

　① 소리

　　㉠ 파동의 진행 방향과 매질의 진동 방향이 나란한 종파

　　㉡ 소리는 매질이 있어야 전달됨 ➜ 매질이 없는 진공 상태에서는 소리가 전달되지 않음

　② 소리의 전달

　　㉠ 소리의 발생 : 물체의 진동으로 발생

　　㉡ 소리의 전달 과정

> 물체의 진동 ➜ 공기의 진동 ➜ 고막의 진동 ➜ 소리 인식

(2) 소리의 3요소

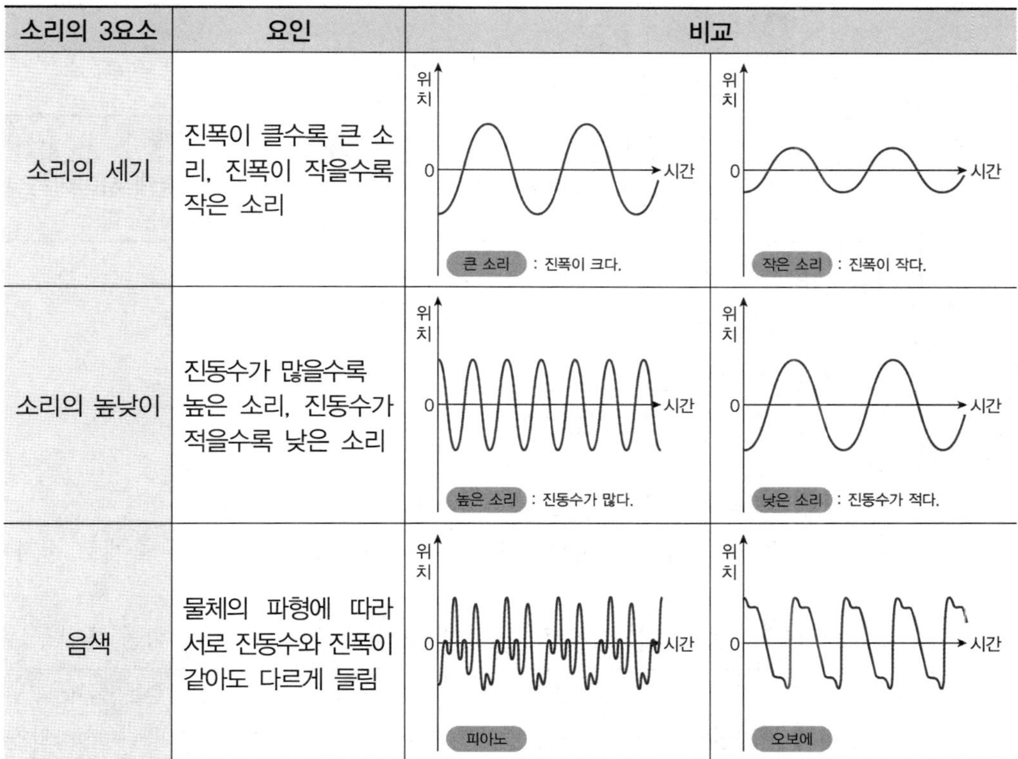

소리의 3요소	요인	비교
소리의 세기	진폭이 클수록 큰 소리, 진폭이 작을수록 작은 소리	
소리의 높낮이	진동수가 많을수록 높은 소리, 진동수가 적을수록 낮은 소리	
음색	물체의 파형에 따라 서로 진동수와 진폭이 같아도 다르게 들림	

1 정전기 유도

1. 마찰 전기

(1) 원자

① 원자의 구조 : 원자는 원자핵의 (+)전하의 양과 전자의 총 (−)전하의 양이 같아서 중성임

원자 (중성)	=	원자핵 (+)전하	+	전자 (−)전하

② 전기력 : 전하를 띤 물체 사이에 작용하는 힘

인력	척력
다른 전하를 띤 물체 사이에서 서로 끌어당기는 힘	같은 전하를 띤 물체 사이에서 서로 밀어내는 힘

(2) 마찰 전기

① 대전과 대전체

   ㉠ 대전 : 물체가 전하를 띠는 현상

   ㉡ 대전체 : 전하를 띠는 물체

② 마찰 전기

   ㉠ 서로 다른 물체를 마찰할 때 발생하는 전기

   ㉡ 마찰 전기가 발생하는 이유 : 마찰에 의해 한 물체에서 다른 물체로 전자가 이동하기 때문

   ㉢ 전자를 잃은 물체는 (+)전하, 전자를 얻은 물체는 (−)전하를 띰

전자를 잃은 물체	전자를 얻은 물체
(+)전하의 양 > (−)전하의 양	(+)전하의 양 < (−)전하의 양
(+)전하로 대전	(−)전하로 대전

   ㉣ 마찰한 두 물체는 서로 다른 종류의 전하를 띠므로 두 물체 사이에는 잡아당기는 힘(인력)이 작용함

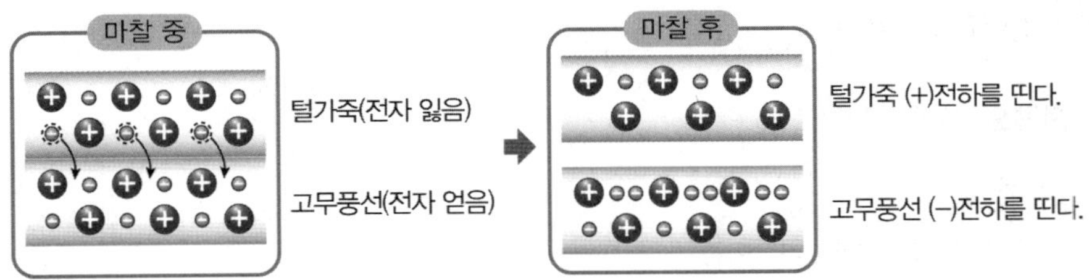

③ 마찰 전기에 의한 현상
　　㉠ 스웨터를 벗을 때 '지지직' 하는 소리가 난다.
　　㉡ 머리를 빗을 때 머리카락이 빗에 달라붙는다.

2. 정전기 유도

(1) 정전기 유도
　① 정전기 유도 : 대전체를 대전되지 않은 금속에 가까이할 때 금속의 양 끝이 전하를 띠는 현상

대전체와 가까운 쪽	대전체와 먼 쪽
대전체와 다른 종류의 전하로 대전	대전체와 같은 종류의 전하로 대전

　② 정전기 유도가 나타나는 이유 : 금속의 전자가 대전체와의 전기력에 의해 끌려오거나 밀려나기 때문

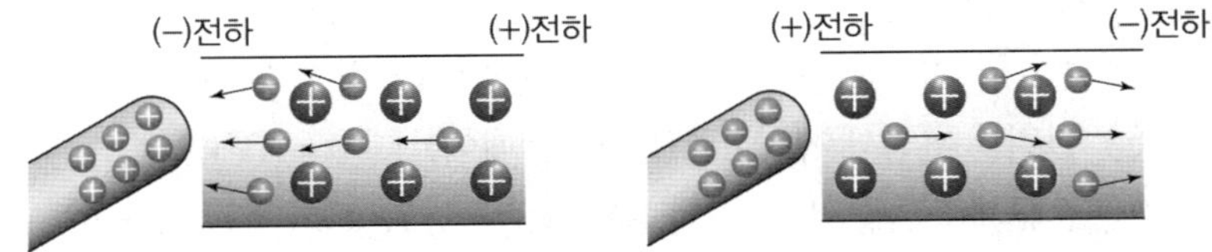

(2) 검전기
　① 검전기 : 정전기 유도를 이용하여 물체의 대전 여부를 알아보는 기구
　② 검전기로 알 수 있는 것
　　㉠ 물체의 대전 여부
　　㉡ 대전된 물체의 전하 종류
　　㉢ 대전된 물체 간 전하량 비교

2 전압과 전류

1. 전류와 전압

(1) 전류

　① 전류 : 전하의 흐름

　② 전류와 전자의 이동 방향

　　㉠ 전류의 방향

　　　전지의 (+)극 → 전지의 (−)극

　　㉡ 전자의 이동 방향

　　　전지의 (−)극 → 전지의 (+)극

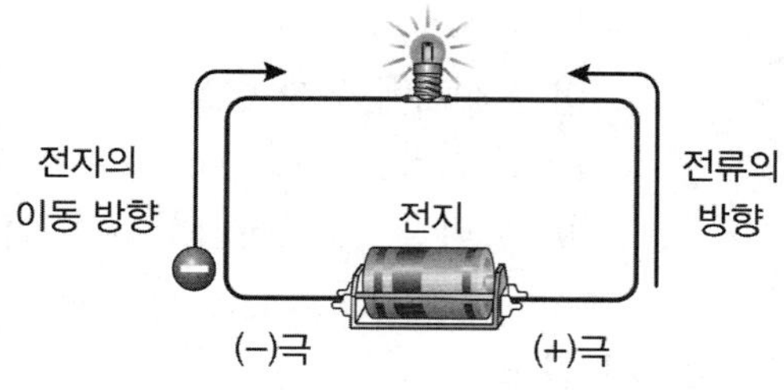

　③ 도선 속 전자의 이동

전류가 흐르지 않을 때	전류가 흐를 때
전자는 여러 방향으로 무질서하게 움직임	전자는 전지의 (−)극에서 (+)극 방향의 일정한 방향으로 이동함

　④ 전류의 세기(I)

　　㉠ 1초 동안 도선의 한 단면을 통과하는 전하의 양

　　㉡ 단위 : A(암페어), mA(밀리 암페어) (1A＝1000mA)

　　㉢ 전류계 : 전류의 세기를 측정하는 장치(전기 기호 : −Ⓐ−)

(2) 전압

　① 전압(V)

　　㉠ 회로에 전류를 흐르게 하는 능력

　　㉡ 단위 : V(볼트)

　　㉢ 전압계 : 전압을 측정하는 장치(전기 기호 : −Ⓥ−)

　② 물의 흐름과 전기 회로의 비교

물의 흐름	전기 회로
펌프	전지
물의 흐름	전류
수도관(파이프)	도선
밸브	스위치
물레방아	전구

(3) 전류계와 전압계

전류계	전압계
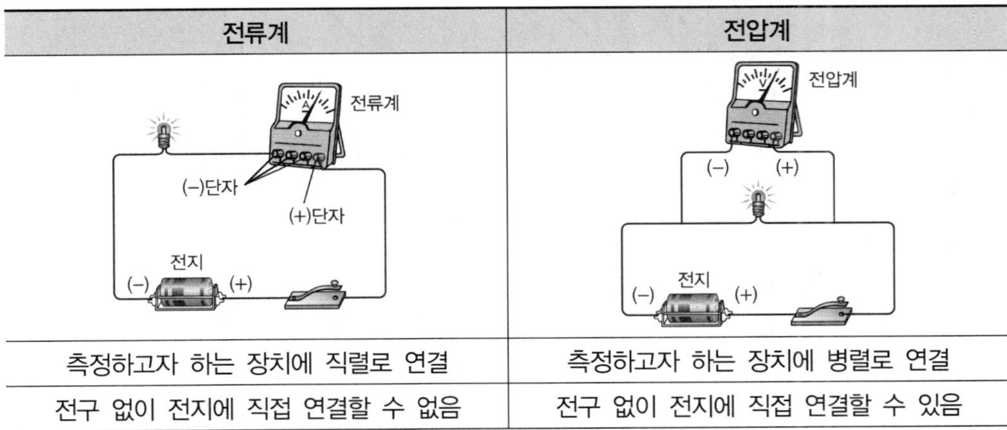	
측정하고자 하는 장치에 직렬로 연결	측정하고자 하는 장치에 병렬로 연결
전구 없이 전지에 직접 연결할 수 없음	전구 없이 전지에 직접 연결할 수 있음

- (+)단자는 전지의 (+)극에 연결, (−)단자는 전지의 (−)극에 연결한다.
- 측정 값이 예상되지 않을 때는 최댓값이 큰 (−)단자에 연결한다.
- 연결된 (−)단자에 해당하는 눈금을 읽어준다.

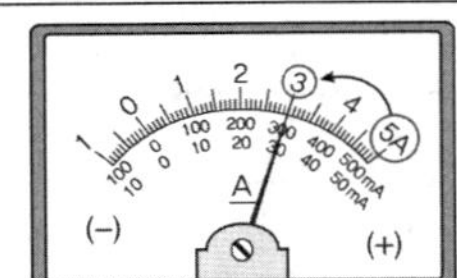	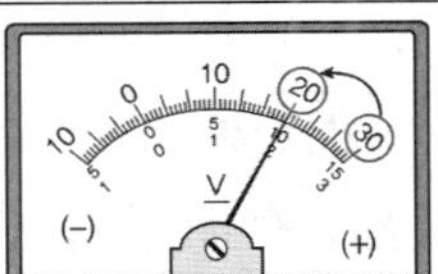
(−)단자가 5A에 연결된 경우 : 3A로 읽음	(−)단자가 30V에 연결된 경우 : 20V로 읽음

2. 저항의 연결

(1) 전류, 전압, 저항의 관계

  ① 전기 저항(R) (전기 기호 : ─\/\/\─)

    ㉠ 전류의 흐름을 방해하는 정도

    ㉡ 단위 : 옴(Ω)

    ㉢ 전기 저항이 생기는 이유 : 전류가 흐를 때 도선 내부에서 이동하는 전자들이 원자와 충돌하기 때문

    ㉣ 전기 저항에 영향을 주는 요인

      ⓐ 물질의 종류에 따라 전기 저항이 다름

      ⓑ 같은 물질의 경우 전기 저항은 도선의 길이에 비례하고 도선의 단면적(굵기)에 반비례함

  ② **옴의 법칙** : 도선에 흐르는 전류의 세기(I)는 전압(V)에 비례하고 전기 저항(R)에 반비례함

$$\text{전류의 세기}(I) = \frac{\text{전압}(V)}{\text{전기 저항}(R)} \;\rightarrow\; I = \frac{V}{R}, \; V = IR, \; R = \frac{V}{I}$$

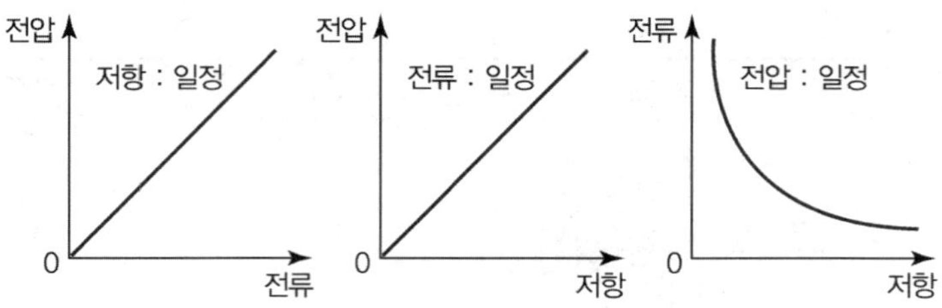

(2) 저항의 연결

① 직렬연결

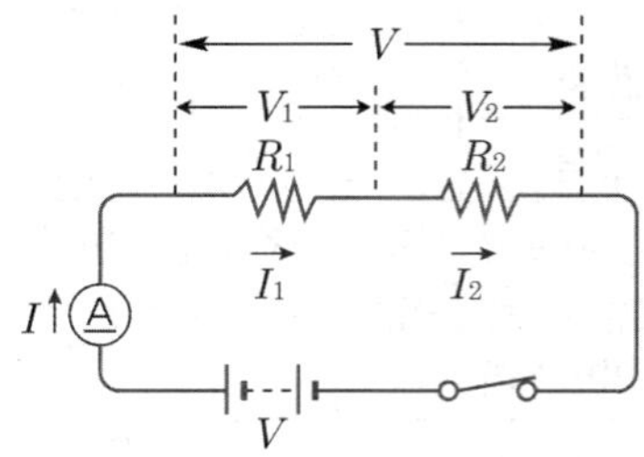

$$\bullet\ I = I_1 = I_2$$
$$\bullet\ V = V_1 + V_2$$
$$\bullet\ R = R_1 + R_2$$

전체 전류	각 저항의 전류의 세기와 같음	$I = I_1 = I_2$
전제 전압	각 저항에 걸리는 전압의 합과 같음	$V = V_1 + V_2$
전체 저항	각 저항의 합과 같음	$R = R_1 + R_2$
이용	화재경보 장치, 크리스마스 트리 전구, 퓨즈	
특징	두 저항 중 하나가 끊어지면 다른 저항에도 전류가 흐르지 않음	

② 병렬연결

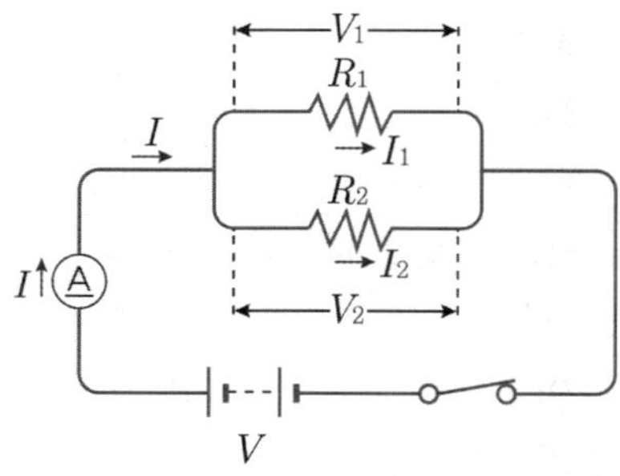

$$\bullet\ V = V_1 = V_2$$
$$\bullet\ I = I_1 + I_2$$
$$\bullet\ \frac{1}{R} = \frac{1}{R_1} + \frac{1}{R_2}$$

전체 전류	각 저항의 전류의 세기 합과 같음	$I = I_1 + I_2$
전제 전압	각 저항의 전압과 같음	$V = V_1 = V_2$
전체 저항	각 저항의 역수의 합은 전체 저항의 역수와 같음	$\frac{1}{R} = \frac{1}{R_1} + \frac{1}{R_2}$
이용	멀티탭, 가정용 전기 기구	
특징	두 저항 중 하나가 끊어져도 다른 저항에는 전류가 계속 흐름	

3 자기

1. 자기력과 자기장

(1) 자기력과 자기장

① 자기력 : 자석과 자석, 자석과 쇠붙이 사이에 작용하는 힘

인력	척력
자석의 다른 극끼리 당기는 힘	자석의 같은 극끼리 미는 힘

② 자기장 : 자기력이 작용하는 공간

(2) 자기력선

① 자기장의 모양을 선으로 나타낸 것으로 나침반 바늘의 N극이 향하는 방향임

② 자기력선은 자석의 N극에서 나와 S극으로 들어가고 중간에 끊어지거나 교차하지 않음

③ 자기력선이 촘촘할수록 자기장의 세기가 셈

   ➡ 자석의 양극이 가장 세고 자석으로 멀어질수록 약해짐

2. 자기장 속에서 전류가 받는 힘

(1) 코일 주위의 자기장

① 도선에 전류를 흘려주면 도선 주위에 자기장이 만들어짐

② 코일 주위의 자기장

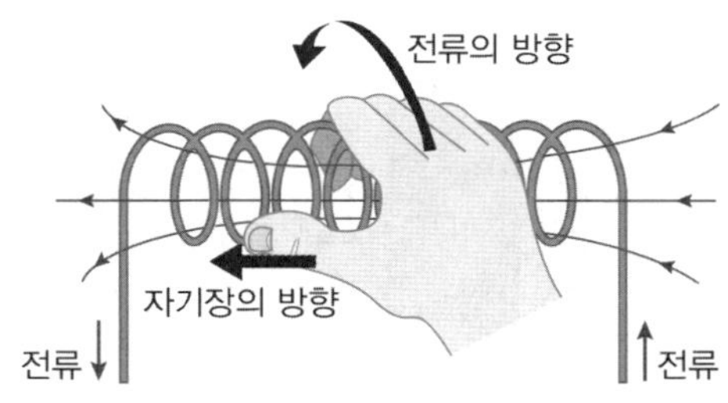

자기장의 방향	자기장의 세기
오른손 네 손가락을 전류의 방향으로 감아쥠 ➜ 엄지손가락을 폈을 때 엄지손가락이 가리키는 방향이 자기장의 방향임	• 도선에 흐르는 전류의 세기가 셀수록 세짐 • 코일을 촘촘하게 많이 감을수록 세짐
전류의 방향이 반대로 되면 자기장의 방향도 반대가 됨	

(2) 자기장 속에서 전류가 받는 힘

① 자기력

ㄱ 자기장 안에서 전류가 흐르는 도선이 받는 힘

ㄴ 자기장 안에 놓여 있는 코일(도선)에 전류가 흐르면 코일(도선)은 힘을 받아 움직임

② **자기력의 방향** : 오른손을 펴서 엄지손가락을 전류의 방향으로, 네 손가락을 자기장의 방향으로 향하게 할 때 손바닥이 향하는 방향이 자기력의 방향임

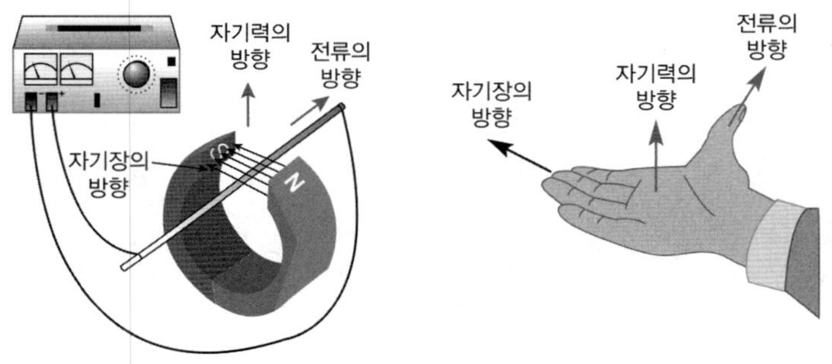

(3) 전동기

① **전동기** : 자기장 속에서 전류가 흐르는 코일이 받는 힘을 이용해 회전하는 장치

② **전동기의 회전 원리** : 회전축과 연결된 코일이 자석 사이에 있을 때 양쪽 도선에 반대 방향의 전류가 흘러 반대 방향의 자기력이 작용하므로 코일이 회전함

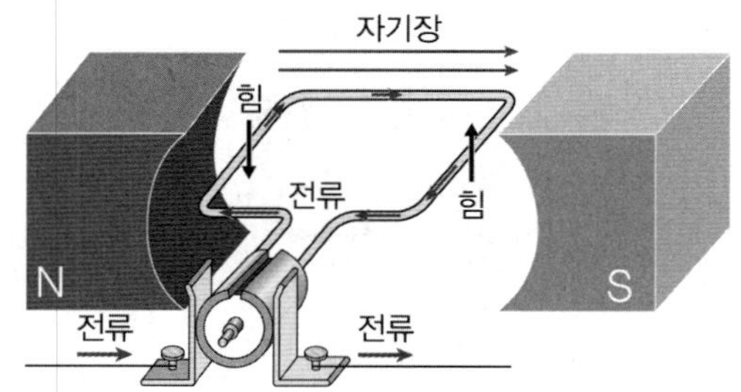

③ **전동기의 이용** : 세탁기, 선풍기, 전류계, 자동차 등

PART 4 | 열과 우리 생활

1 열의 이동

1. 열평형

(1) 온도와 입자 운동

　① 온도

　　㉠ 온도 : 물체의 따뜻하고 차가운 정도를 수치로 나타낸 것

　　㉡ 온도의 종류

구분	섭씨온도	절대 온도
정의	1기압에서 물이 어는 온도를 0℃, 물이 끓는 온도를 100℃로 하고 그 사이를 100등분 한 온도	물질을 이루는 입자들의 운동이 활발한 정도를 나타낸 온도
단위	℃	K
관계	절대 온도(K) = 섭씨온도(℃) + 273	

　② 온도와 입자 운동 : 온도는 물체를 이루는 입자의 운동이 활발한 정도를 나타냄

온도가 높은 물체	온도가 낮은 물체
입자 운동이 활발함	입자 운동이 둔함

(2) 열평형

　① 열 : 온도가 다른 두 물체가 접촉했을 때, 온도가 높은 물체에서 온도가 낮은 물체로 이동하는 에너지

　② 열평형 : 온도가 다른 두 물체가 접촉했을 때 온도가 높은 물체에서 낮은 물체로 열이 이동하여 두 물체의 온도가 같아진 상태

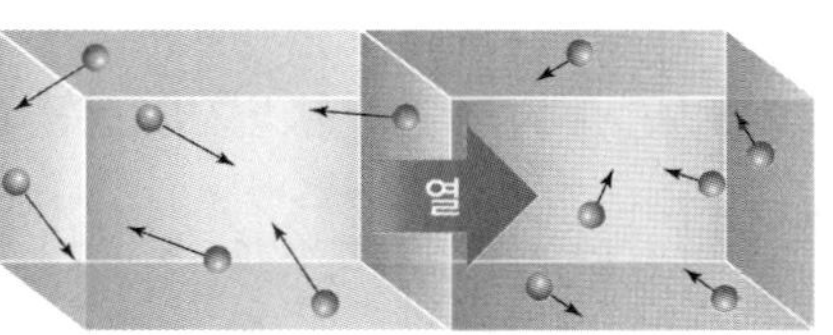

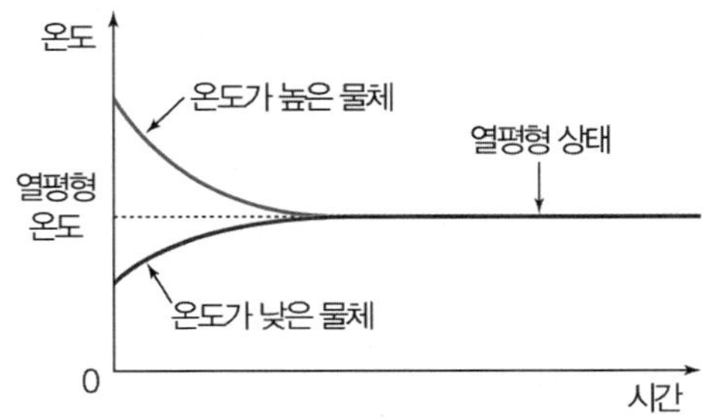

온도가 높은 물체		온도가 낮은 물체	
열을 잃음		열을 얻음	
온도가 낮아짐	→ 열평형 상태에 도달	온도가 높아짐	→ 열평형 상태에 도달
입자 운동 둔해짐		입자 운동 활발해짐	
온도 높은 물체가 잃어버린 열량과 온도가 낮은 물체가 얻은 열량은 같음			

③ 열평형의 이용
　　㉠ 온도계를 이용하여 물체의 온도를 측정
　　㉡ 냉장고 안에 음식물을 넣어두면 음식물을 차갑게 보관할 수 있음

2. 열의 이동

(1) 열의 이동 방법
　① 전도 : 물체를 이루는 입자의 운동이 이웃한 입자에게 전달되는 방법

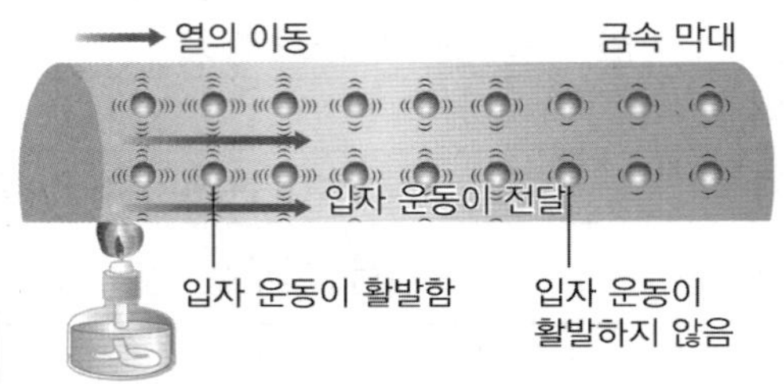

특징	이용
• 주로 입자 사이의 거리가 가까운 고체에서 일어남 　→ 활발한 입자의 운동이 이웃한 입자에게 전달됨 • 물질마다 열이 전도되는 정도가 다름	• 뜨거운 국에 국자를 넣었더니 국자가 뜨거워졌다. • 추운 겨울 운동장의 철봉을 맨손으로 잡았더니 손이 차가워졌다. • 냄비는 전도가 잘되는 금속으로, 손잡이는 전도가 잘되지 않는 플라스틱으로 만든다.

　② 대류 : 액체나 기체 입자가 직접 이동하여 열을 전달하는 방법

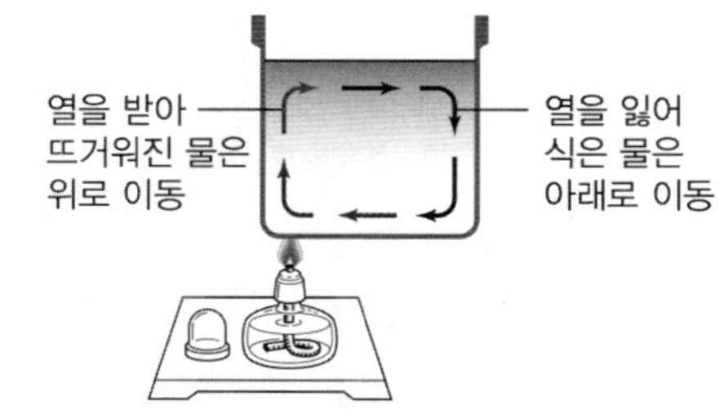

특징	이용
• 입자의 운동이 자유로운 액체나 기체에서 열이 전달되는 방법	• 물을 한쪽만 가열해도 물 전체가 뜨거워진다. • 에어컨을 켜면 방 전체가 시원해진다.

③ 복사 : 열이 물질의 도움 없이 직접 전달되는 방법

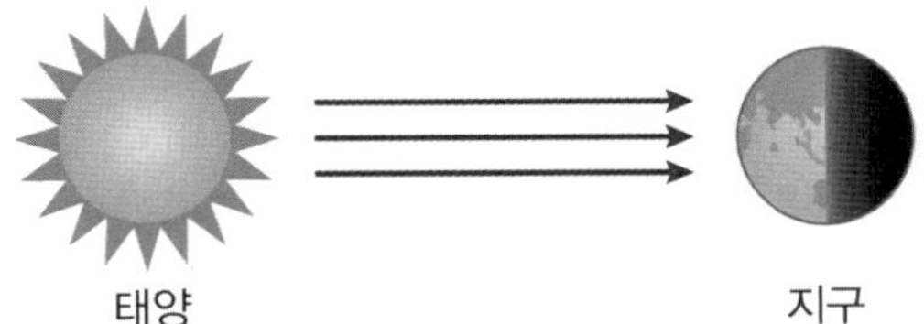

특징	이용
입자의 도움 없이 열이 직접 전달됨 ➜ 진공 상태에서도 열이 이동할 수 있음	• 햇빛이 비치는 곳에 있으면 따뜻함을 느낀다. • 전기 난로를 향한 손바닥이 손등보다 따뜻하다. • 토스터로 빵을 구울 수 있다.

(2) 단열

① 단열

ㄱ 열의 이동을 막는 것

ㄴ 단열재 : 단열을 목적으로 사용하는 재료나 물질 예 솜, 스타이로폼

ㄷ 전도, 대류, 복사에 의한 열의 이동을 모두 막아야 단열 효과가 높음

② 이중창과 보온병

이중창	보온병
공기층 / 유리	진공 / 이중벽 / 은도금을 한 유리병
열 전도가 매우 느린 공기를 창과 창 사이에 채워 전도에 의한 열의 이동을 막음	• 입자에 의해 열이 전달되는 전도와 대류는 진공층을 통해 막음 • 복사에 의한 열의 이동은 은도금을 통해 막음

1. 비열

(1) 비열

① 열량과 비열

구분	열량	비열
정의	온도가 높은 물체에서 온도가 낮은 물체로 이동한 열의 양	• 물질 1kg의 온도를 1℃ 변화시키는 데 필요한 열량 • 물질마다 서로 다름 → 물질의 특성임
단위	kcal(킬로칼로리), cal(칼로리)	kcal/(kg · ℃)
관계식	열량(kcal) = 비열(kcal/(kg · ℃)) × 질량(kg) × 온도 변화(℃) → 비열 = $\dfrac{열량}{질량 \times 온도\ 변화}$	

② 비열과 온도 변화

㉠ 같은 질량의 물질에 같은 양의 열을 가하면 비열이 큰 물질이 온도 변화가 작음

㉡ 비열과 온도 변화는 반비례 관계

→ 비열이 클수록 온도가 잘 변하지 않고, 비열이 작을수록 온도가 잘 변함

(2) 비열과 우리 생활

① 비열의 이용

비열이 큰 물질의 이용	비열이 작은 물질의 이용
• 물은 비열이 커서 온도 변화가 작음 　→ 찜질 팩, 자동차 냉각수에 이용함 • 뚝배기나 돌솥은 비열이 커서 음식이 잘 식지 않음	양은 냄비는 비열이 작아 가열 시 온도가 금방 높아지므로 빠른 시간에 음식을 조리하는 데 이용됨

② 해륙풍의 원리

구분	해풍	육풍
시간	낮	밤
온도	육지 > 바다	육지 < 바다
바람	바다 → 육지	육지 → 바다
원리	바다는 육지보다 비열이 커서 온도 변화가 작고, 육지는 비열이 작아 온도 변화가 크기 때문에 낮과 밤의 기온 차이로 해륙풍이 분다.	

2. 열팽창

(1) 열팽창

　① 열팽창

　　㉠ 온도에 따라 물체의 길이, 부피가 변하는 현상

　　㉡ 온도가 많이 변할수록, 물체의 길이나 부피가 클수록 변화가 큼

　　㉢ 열팽창 원리

> 온도가 높아짐 ➜ 입자 운동 활발해짐 ➜ 입자 사이 거리 멀어짐 ➜ 물질의 부피 커짐

　② 물질의 상태와 열팽창

　　㉠ 기체는 물질에 관계없이 온도가 높아질 때 부피가 늘어나는 정도가 같음

　　㉡ 고체와 액체는 물질의 종류에 따라 열팽창 정도가 다름

(2) 열팽창의 이용

　① 고체 열팽창과 관련된 현상

선로의 틈	다리 이음매	가스관, 송유관
여름철 온도가 높아져 열팽창에 의해 휘어지거나 파손되는 것을 막기 위함		

송전탑의 전선	치아 충전재	철근 콘크리트
전선은 여름에는 열팽창하여 늘어지고 겨울에는 수축하여 팽팽해짐	균열을 방지하기 위해 치아와 열팽창 정도가 비슷한 물질을 치아 충전재에 사용	외벽의 균열을 방지하기 위해 열팽창 정도가 비슷한 철근과 시멘트를 사용

　② 액체 열팽창과 관련된 현상

음료수병	온도계
열팽창에 의해 부피가 증가할 것을 고려하여 음료수를 병에 넣어 포장할 때 병을 가득 채우지 않음	온도계는 유리관 속 액체의 열팽창 정도를 활용하여 온도를 측정함

　③ 바이메탈

　　㉠ 열팽창 정도가 다른 두 금속을 붙여 만들어놓은 장치

　　㉡ 온도가 변하면 열팽창 정도의 차이에 의해 한쪽으로 휘어짐

　　㉢ 이용 : 전기 다리미, 전기 주전자 등의 자동 온도 조절 장치, 화재경보기

1 운동

1. 등속 운동

(1) 속력

① 단위 시간 동안 물체가 이동한 거리를 나타낸 값

$$\text{속력} = \frac{\text{이동 거리}}{\text{걸린 시간}}$$

② 속력의 단위 : m/s(미터 매 초), km/h(킬로미터 매 시) 등
③ 평균 속력 : 전체 이동한 거리를 걸린 시간으로 나누어 구한 속력

$$\text{평균 속력} = \frac{\text{전체 이동 거리}}{\text{걸린 시간}} \quad (\text{단위 : m/s, km/h})$$

(2) 등속 운동
① 등속 운동
㉠ 물체가 운동할 때 시간에 따라 속력이 변하지 않고 일정한 운동
㉡ 등속 운동하는 물체 : 무빙워크, 에스컬레이터, 리프트, 컨베이어, 모노레일 등
② 등속 운동 그래프

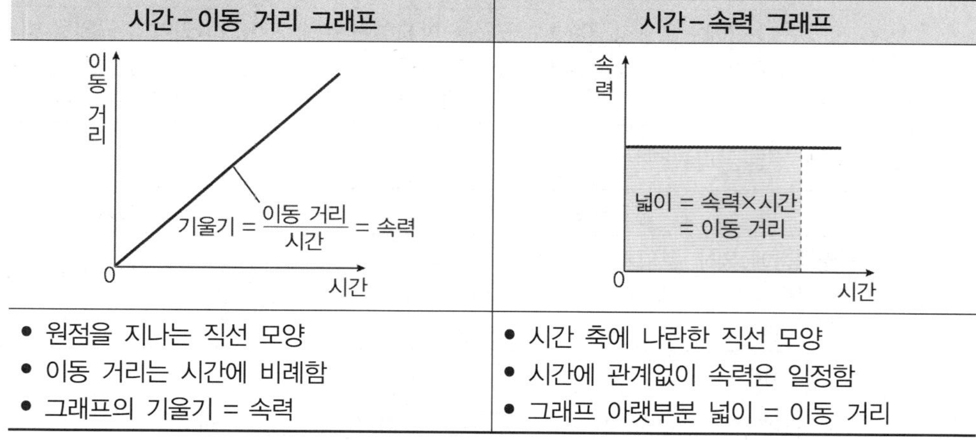

시간 – 이동 거리 그래프	시간 – 속력 그래프
• 원점을 지나는 직선 모양 • 이동 거리는 시간에 비례함 • 그래프의 기울기 = 속력	• 시간 축에 나란한 직선 모양 • 시간에 관계없이 속력은 일정함 • 그래프 아랫부분 넓이 = 이동 거리

③ 일정한 시간 간격으로 나타낸 물체의 운동

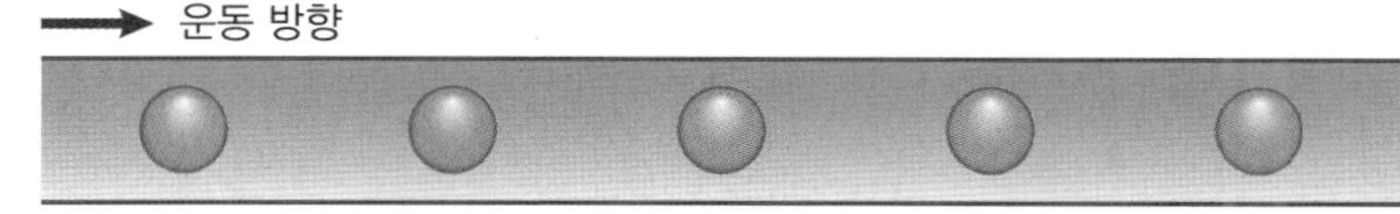

㉠ 물체와 물체 사이의 간격이 일정함
㉡ 속력이 빠른 물체의 경우 물체 사이 간격이 넓음

2. 자유 낙하 운동

(1) 자유 낙하 운동
① 자유 낙하 운동 : 공기 저항이 없을 때 공중에서 가만히 놓은 물체가 연직 아래 방향으로 떨어지는 운동

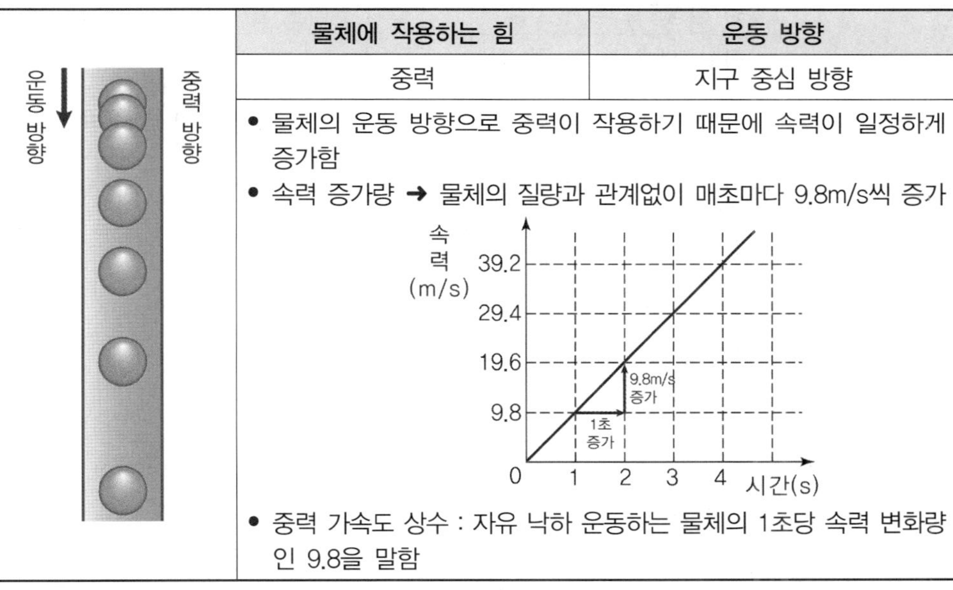

물체에 작용하는 힘	운동 방향
중력	지구 중심 방향

- 물체의 운동 방향으로 중력이 작용하기 때문에 속력이 일정하게 증가함
- 속력 증가량 ➡ 물체의 질량과 관계없이 매초마다 9.8m/s씩 증가

- 중력 가속도 상수 : 자유 낙하 운동하는 물체의 1초당 속력 변화량인 9.8을 말함

② 물체의 무게
㉠ 무게 : 물체에 작용하는 중력의 크기

$$무게 = 9.8 \times 질량$$

㉡ 단위 : 힘의 단위인 N(뉴턴)을 사용

(2) 물체의 질량과 자유 낙하 운동
공기의 저항이 없을 때 질량이 다른 물체를 같은 높이에서 동시에 자유 낙하시키면 물체는 모두 동시에 지면에 도달함 ➡ 공기 저항이 없을 때 자유 낙하 운동하는 물체의 속력 변화는 질량과 관계없이 같음

2 일과 에너지

1. 일

(1) 일

① 과학에서의 일 : 물체에 힘이 작용하여 물체가 힘의 방향으로 이동하는 것을 말함

② 일의 양

㉠ 물체에 작용한 힘의 크기와 물체가 힘의 방향으로 이동한 거리의 곱

$$일(J) = 힘(N) \times 이동\ 거리(m)$$

㉡ 일의 단위 : J(줄)

㉢ 일의 구분

수평 방향으로 당기는 일	들어 올리는 일	자유 낙하 운동
마찰력에 대해 한 일	중력에 대해 한 일	중력이 한 일
힘(N) × 이동 거리(m)	물체의 무게(N) × 들어 올린 높이(m)	중력(N) × 떨어진 거리(m)

③ 이동 거리와 힘의 그래프 : 아랫부분의 넓이는 한 일의 양과 같음

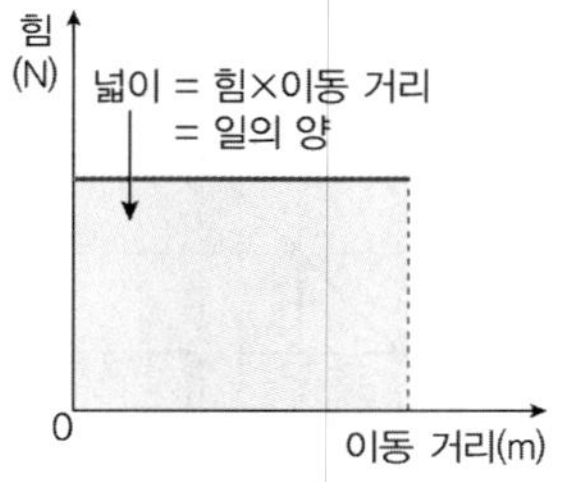

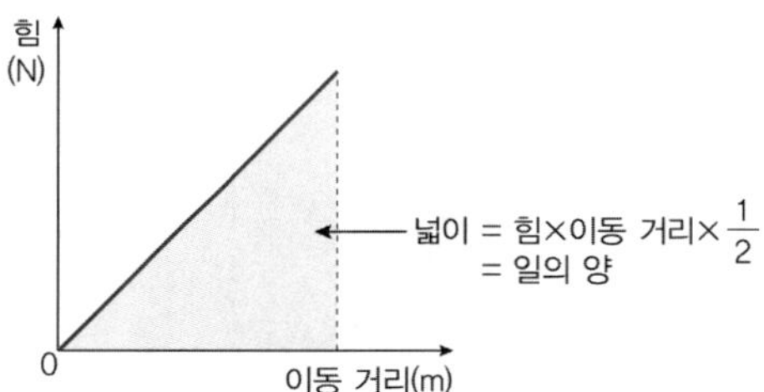

④ 한 일이 0인 경우

구분	예
물체에 작용한 힘이 0인 경우	• 마찰이 없는 얼음판 위에서 일정한 빠르기로 움직였다. • 진공 상태인 우주 공간에서 일정한 속력으로 날아간다.
물체의 이동 거리가 0인 경우	• 벽을 밀어도 움직이지 않았다. • 물체를 들고 가만히 서 있었다.
힘의 방향과 물체의 이동 방향이 수직인 경우	• 물체를 들고 수평 방향으로 걸어갔다. • 인공위성이 지구 주위를 돈다.

(2) 일과 에너지

① 에너지

ㄱ 물체가 가진 일을 할 수 있는 능력

ㄴ 단위 : 일의 단위와 같은 J(줄)을 사용함

② 일과 에너지 관계 : 일과 에너지는 서로 전환될 수 있음

물체가 일을 받음	물체가 일을 함
물체의 에너지 증가	물체의 에너지 감소

2. 에너지

(1) 중력에 의한 위치 에너지

① 중력에 의한 위치 에너지

ㄱ 중력이 작용하는 공간에서 기준면보다 높은 곳에 있는 물체가 가지는 에너지

ㄴ 중력에 의한 위치 에너지 크기

$$중력에 의한 위치 에너지(J) = \underline{9.8 \times 질량(kg) \times 높이(m)}$$
$$= \underline{물체의 무게(N) \times 높이(m)}$$

ㄷ 중력에 의한 위치 에너지와 물체의 질량 및 높이 관계

질량과 위치 에너지	높이와 위치 에너지
위치 에너지 / 높이 : 일정 / 0 / 질량	위치 에너지 / 질량 : 일정 / 0 / 높이
물체의 높이가 일정할 때, 중력에 의한 위치 에너지는 물체의 질량에 비례함	물체의 질량이 일정할 때, 중력에 의한 위치 에너지는 물체의 높이에 비례함

② 기준면에 따른 위치 에너지 : 중력에 의한 위치 에너지는 기준면에 따라 높이가 달라지므로 기준면이 바뀌면 위치 에너지가 달라짐

③ 중력에 의한 위치 에너지를 가지고 있는 예

ㄱ 수력 발전소의 댐에 저장된 물

ㄴ 하늘에 떠 있는 구름

ㄷ 나무에 열린 사과

ㄹ 벽에 걸려 있는 액자

(2) 운동 에너지

① 운동 에너지

　㉠ 운동하는 물체가 가지는 에너지

　㉡ 운동 에너지의 크기

$$운동\ 에너지(J) = \frac{1}{2} \times 질량(kg) \times (속력(m/s))^2$$

　㉢ 운동 에너지와 질량, 속력의 관계

질량과 운동 에너지	속력과 운동 에너지
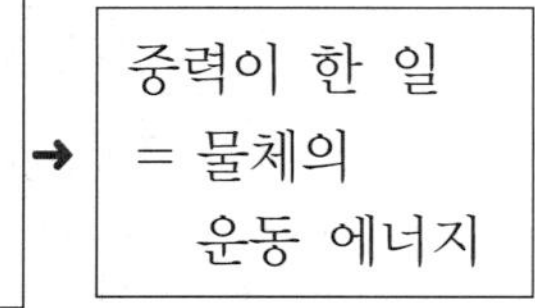	
물체의 속력이 일정할 때, 운동 에너지는 물체의 질량에 비례함	물체의 질량이 일정할 때, 운동 에너지는 물체 속력의 제곱에 비례함

② 중력이 한 일과 운동 에너지

　㉠ 물체의 자유 낙하 운동

　　= 중력이 물체를 잡아당기는 일을 함

　　　(중력이 한 일 = 9.8×질량×낙하 거리)

　　= 물체는 중력이 한 일을 받음

　　= 물체의 운동 에너지가 증가

　→ 중력이 한 일 = 물체의 운동 에너지

　㉡ 물체의 질량이 클수록, 물체 낙하 거리가 길수록 중력이 한 일이 커지므로 물체의 운동 에너지가 증가함

③ 운동 에너지를 가지고 있는 예

　㉠ 도로 위를 달리는 자동차

　㉡ 떨어지는 물체

　㉢ 투수가 던진 야구공

　㉣ 하늘을 나는 비행기

PART 6 | 에너지 전환과 보존

1 역학적 에너지 전환과 보존

1. 역학적 에너지 전환

(1) 역학적 에너지
물체가 가진 위치 에너지와 운동 에너지의 합

역학적 에너지 = 위치 에너지 + 운동 에너지

(2) 역학적 에너지 전환
① 운동하는 물체의 위치 에너지와 운동 에너지가 서로 전환되는 것을 말함
② 연직 방향으로 운동하는 물체의 역학적 에너지 전환

구분	자유 낙하 운동	연직 위로 올라가는 물체의 운동
높이	감소	증가
위치 에너지	감소	증가
속력	증가	감소
운동 에너지	증가	감소
역학적 에너지 전환	위치 에너지 → 운동 에너지	운동 에너지 → 위치 에너지

2. 역학적 에너지 보존

(1) 역학적 에너지 보존
① 역학적 에너지 보존 법칙 : 마찰이나 공기 저항이 없을 때, 운동하는 물체의 역학적 에너지 총량은 일정함
② 역학적 에너지 보존 : 마찰이나 공기 저항이 없는 경우 위치 에너지 변화량과 운동 에너지 변화량이 같음

자유 낙하 운동	연직 위로 올라가는 물체의 운동
감소한 위치 에너지 = 증가한 운동 에너지	감소한 운동 에너지 = 증가한 위치 에너지

(2) 롤러코스터의 운동에서 역학적 에너지 보존(공기 저항과 마찰 무시)

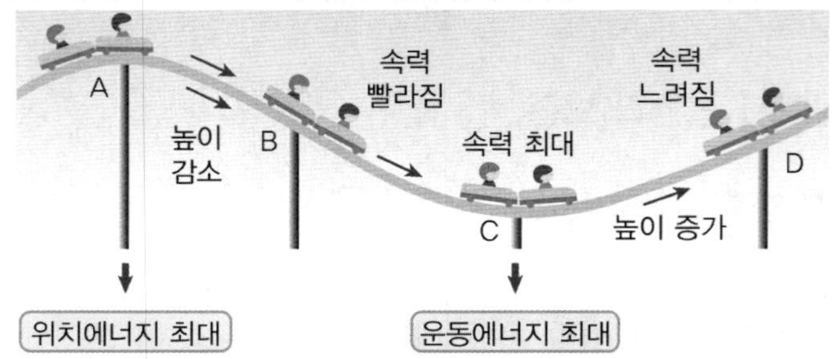

구분	A→B, B→C	C→D
위치 에너지	감소	증가
운동 에너지	증가	감소
역학적 에너지 전환	위치 에너지 → 운동 에너지	운동 에너지 → 위치 에너지
역학적 에너지	일정	일정

(3) 역학적 에너지가 보존되지 않는 물체의 운동

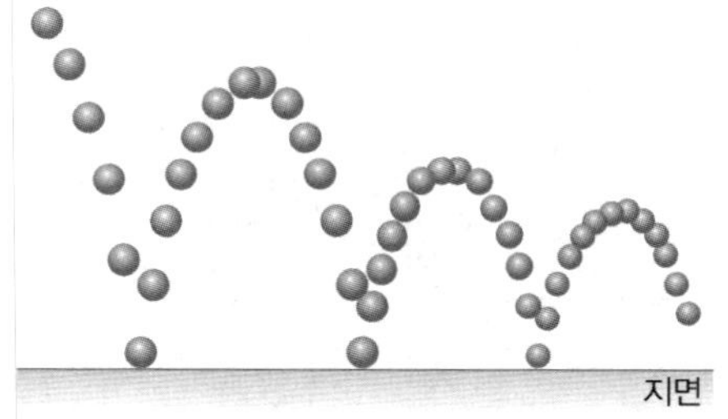

일정한 높이에서 공을 놓았을 때 공이 튀어 오르는 높이가 점점 낮아짐 ➜ 역학적 에너지의 일부가 열에너지, 소리 에너지로 전환되면서 역학적 에너지는 보존되지 않음

2 전기 에너지 발생과 이용

1. 에너지 전환과 전기 에너지

(1) 에너지 전환

① 에너지 종류

빛에너지	태양이나 전등에서 나오는 빛이 가지고 있는 에너지
소리 에너지	물체에서 발생한 진동이 매질을 통해 전달되는 파동으로 발생하는 에너지
운동 에너지	운동하는 물체가 가지고 있는 에너지
위치 에너지	높은 곳에 있는 물체가 가지고 있는 에너지
열에너지	온도가 높은 물체에서 낮은 물체로 이동하는 에너지
화학 에너지	화학 결합에 의해 전지, 음식물, 화석 연료 등에 저장되어 있는 에너지
전기 에너지	전류에 의해 공급되는 에너지

② 에너지 전환
  ㉠ 에너지는 한 종류로만 존재하는 것이 아니라, 한 종류의 에너지에서 다른 종류의 에너지로 끊임없이 변함
  ㉡ 에너지 보존 법칙 : 에너지 전환 과정에서 에너지는 새로 생기거나 소멸되지 않고 그 총량이 일정하게 보존됨

③ 전기 에너지 전환
  ㉠ 전기 에너지는 열에너지, 빛에너지, 소리 에너지 등 다양한 형태로 전환됨
  ㉡ 전기 에너지 전환과 이용

청소기	전기 에너지 → 운동 에너지
드라이기	전기 에너지 → 운동 에너지, 열에너지
전등	전기 에너지 → 빛에너지
전기 밥솥	전기 에너지 → 열에너지

(2) 전기 에너지의 발생

① 전자기 유도

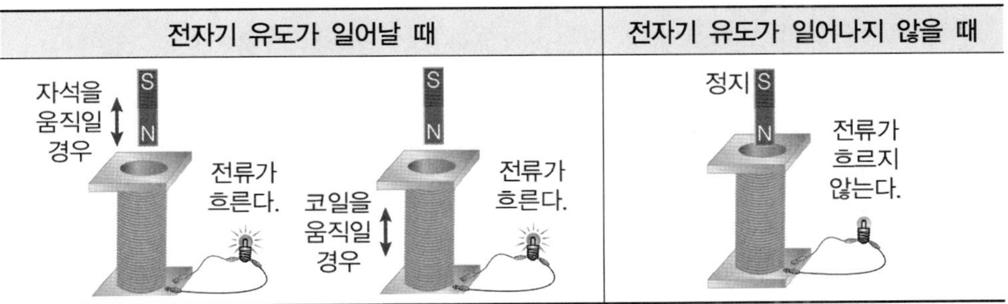

㉠ 코일 주위에서 자석이 움직이거나 자석 주위에서 코일이 움직일 때 코일에 전류가 흐르는 현상
㉡ 코일을 통과하는 자기장의 변화로 전류가 흐름
   ➔ 코일에 자석을 가까이할 때와 멀리할 때 전류의 방향은 반대임
㉢ 유도 전류 : 전자기 유도에 의해 흐르는 전류
㉣ 유도 전류의 세기 : 코일을 통과하는 자기장의 변화가 클수록 세짐
   ➔ 강한 자석을 움직일수록, 자석을 빠르게 움직일수록, 코일의 감은 수가 많을수록 센 전류가 유도된다.
㉤ 전자기 유도의 이용 : 교통 카드 단말기, 도난 방지 장치, 발전기
② 발전기 : 영구 자석과 그 속에서 회전할 수 있는 코일로 이루어진 장치
㉠ 원리 : 전자기 유도
㉡ 발전기에서 에너지 전환
ⓐ 코일이 자석 사이에서 회전하면서 전기 에너지가 발생
ⓑ 에너지 전환 : 역학적 에너지 → 전기 에너지

2. 전기 에너지의 효율적 이용

(1) 소비 전력과 전력량
① 전기 에너지
㉠ 전기 기구에 전류가 흐르면서 공급되는 에너지
㉡ 전기 에너지 단위 : J(줄)
② 소비 전력과 전력량

구분	소비 전력	전력량
의미	1초 동안 전기 기구가 소모하는 전기 에너지의 양	전기 기구가 일정 시간 동안 소모하는 전기 에너지의 양
단위	W(와트)	Wh(와트시), kWh(킬로와트시)
계산	소비 전력(W) = 전압(V) × 전류(A)	전력량(Wh) = 소비 전력(W) × 시간(h)

(2) 전기의 이용
① 전기 에너지의 효율적 이용
㉠ 에너지 소비 효율 등급이 1등급으로 갈수록 효율적으로 전기 에너지를 사용하는 제품임
㉡ 대기전력 저감 인증 표시가 된 제품이 대기 시간에 낭비되는 에너지를 줄일 수 있음
② 전기의 안전한 이용
㉠ 젖은 손으로 전기 기구를 만지지 않음
㉡ 한 콘센트에 너무 많은 전기 기구를 연결하지 않음

PART 1 | 여러 가지 힘

01 다음 설명에 해당하는 힘은?

> - 변형이 일어난 물체가 원래 모양으로 되돌아가려는 힘이다.
> - 장대높이뛰기, 활쏘기 등은 이 힘을 이용한다.

① 중력 　　　　② 마찰력
③ 전기력 　　　④ 탄성력

02 그림과 같이 용수철에 물체를 매달아 아래 방향으로 20N의 힘을 가해 잡아당겼다. 이에 대한 설명으로 옳지 <u>않은</u> 것은?

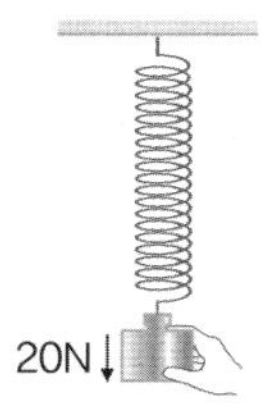

① 탄성력의 크기는 20N이다.
② 탄성력의 방향은 위쪽이다.
③ 20N 무게의 물체를 매달았을 때 늘어나는 길이는 같다.
④ 잡아당기는 힘을 제거하면 물체는 아래로 내려간다.

03 다음 중 사용하는 힘의 종류가 <u>다른</u> 것은?

① 미끄럼틀에 물을 뿌린다.
② 등산화 바닥을 울퉁불퉁하게 만든다.
③ 눈길에 모래를 뿌린다.
④ 열기구가 하늘 위로 떠오른다.

04 공기 중에서 무게가 20N인 추를 물에 넣었을 때 용수철저울의 눈금이 14N이 되었다. 이 추에 작용하는 부력의 크기는?

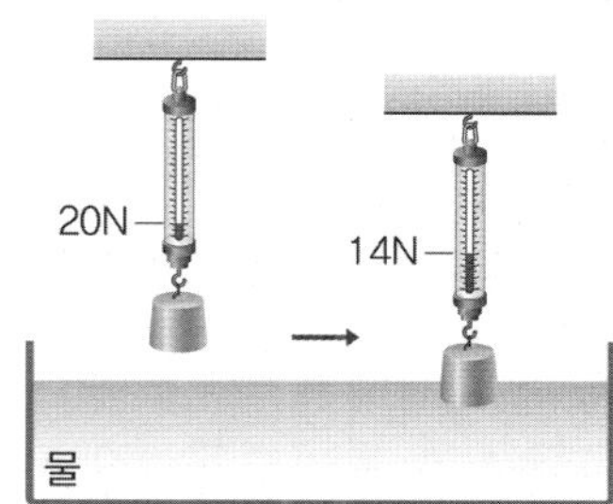

① 6N 　　　　② 14N
③ 20N 　　　④ 34N

05 다음은 물에 잠긴 물체의 모습을 나타낸 것이다. 이 물체에 작용하는 부력의 방향은?

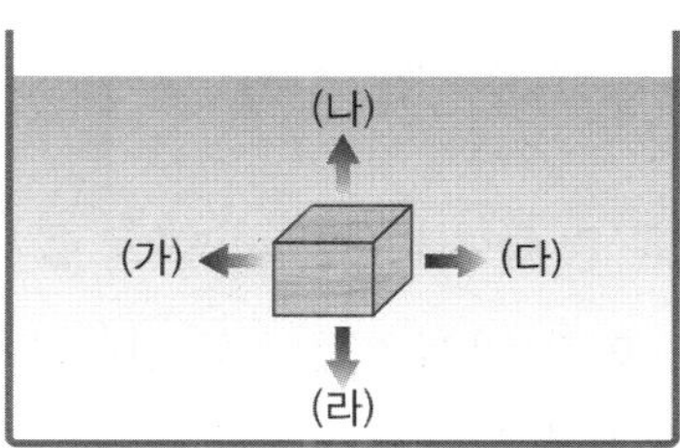

① (가) 　　　　② (나)
③ (다) 　　　④ (라)

06 처음 길이가 20cm인 용수철에 4N의 물체를 매
달았을 때 용수철의 전체 길이가 25cm가 되었
다. 이 용수철에 8N의 물체를 매달았을 때 용수
철의 전체 길이는?

① 25cm ② 30cm
③ 45cm ④ 50cm

07 다음 설명에 해당하는 것은?

- 물체에 작용하는 중력의 크기다.
- 단위는 N(뉴턴)을 사용한다.
- 용수철저울이나 체중계로 측정할 수 있다.

① 무게 ② 열
③ 질량 ④ 부피

08 다음 중 중력에 관한 설명으로 옳지 <u>않은</u> 것은?

① 연직 아래 방향으로 작용한다.
② 지구 중심에 가까울수록 크다.
③ 높이가 높아질수록 커진다.
④ 질량이 클수록 크다.

09 다음 설명에 해당하는 것은?

- 두 가지 이상의 빛을 합하여 다른 색의 빛을
  만드는 것이다.
- 영상 장치의 화소는 이를 이용하여 다양한
  색을 나타낼 수 있다.

① 빛의 합성 ② 빛의 반사
③ 빛의 직진 ④ 빛의 굴절

10 그림은 빛의 삼원색을 합성하여 나타낸 것이다.
빛의 삼원색 중 하나인 A의 색으로 옳은 것은?

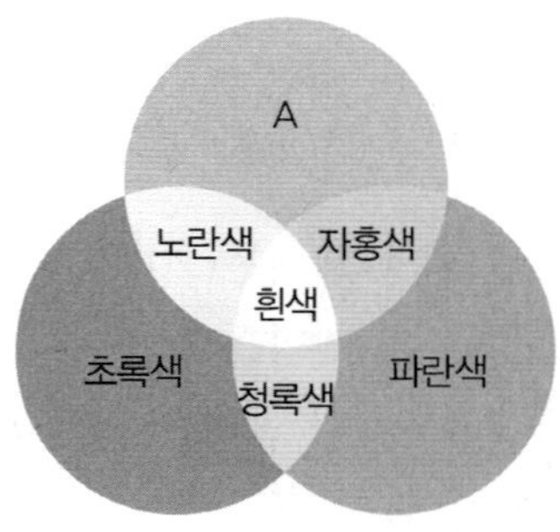

① 보라색 ② 검은색
③ 빨간색 ④ 주황색

11 그림과 같이 책을 볼 때 빛의 경로로 옳은 것은?

① 책 → 전등 → 눈

② 눈 → 책 → 전등 → 눈

③ 전등 → 눈 → 책

④ 전등 → 책 → 눈

12 그림과 같이 빨간색 사과에 서로 다른 조명을 켰을 때 보이는 색이 <u>다른</u> 것은?

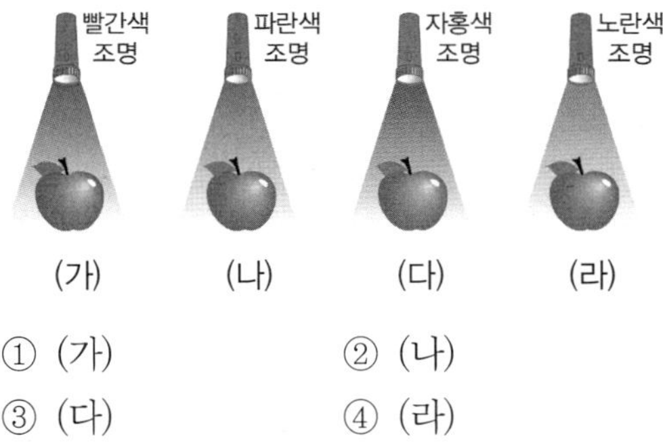

① (가)

② (나)

③ (다)

④ (라)

13 그림은 임의의 물체에 나란하게 들어간 빛의 경로를 나타낸 것이다. 이 물체로 생각할 수 있는 것은?

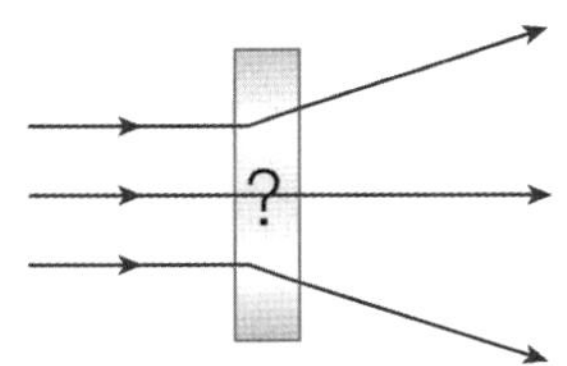

① 볼록 렌즈

② 볼록 거울

③ 오목 렌즈

④ 오목 거울

14 그림은 빛이 공기 중에서 물속으로 진행하는 모습을 나타낸 것이다. 입사각이 30°일 때 반사각의 기호와 크기를 바르게 나타낸 것은?

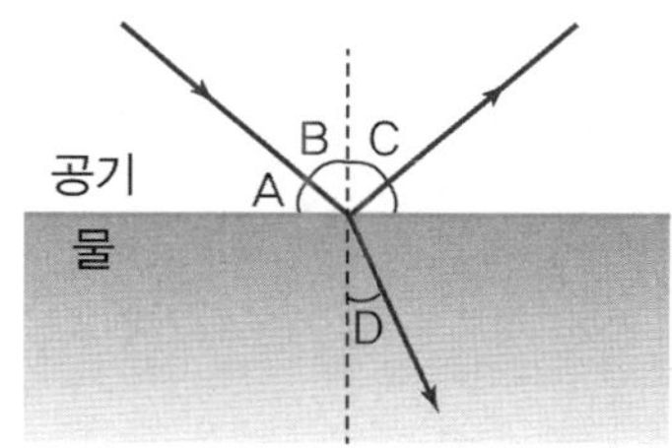

	반사각	크기
①	B	30°
②	C	30°
③	D	30°
④	D	60°

15 키가 160cm인 사람이 평면거울 앞에 서서 모습을 바라볼 때 거울에 비친 상의 크기에 대한 설명으로 옳은 것은?

① 상의 크기는 160cm보다 작다.

② 상의 크기는 160cm보다 크다.

③ 상의 크기는 160cm과 같다.

④ 상의 크기는 160cm의 절반이다.

16 그림은 용수철을 앞뒤로 밀었다가 당겨서 만든 파동의 모습이다. 이와 같은 파동에 해당하는 것은?

진동 방향　　　　진행 방향

① 소리　　　　② 빛
③ 물결파　　　④ 전파

17 어떤 파동이 한 번 진동하는 데 걸리는 시간이 10초일 때 이 파동의 진동수는?

① 0.1Hz　　　② 0.5Hz
③ 1Hz　　　　④ 10Hz

18 그림은 여러 가지 소리의 파형을 나타낸 것이다. (가)~(라) 중 가장 높은 소리는 무엇인가?

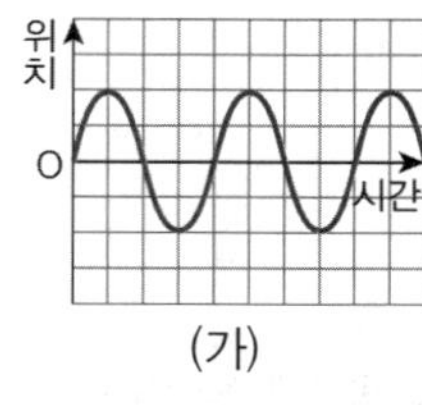

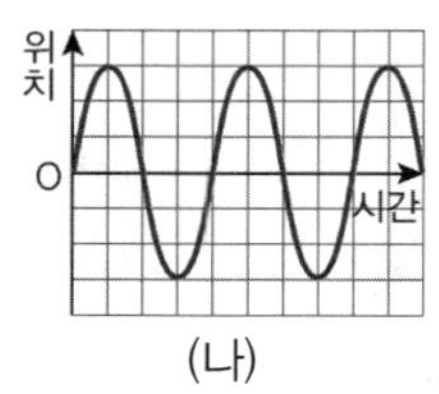

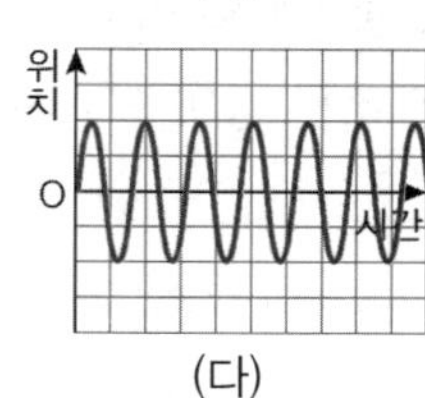

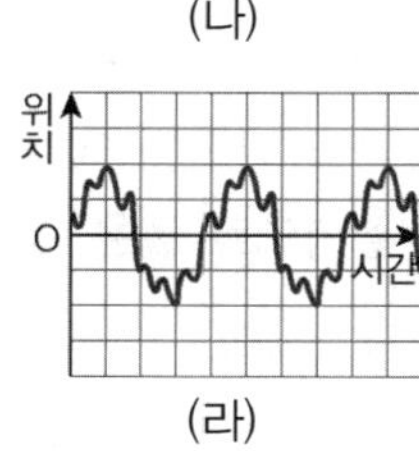

① (가)　　　　② (나)
③ (다)　　　　④ (라)

19 그림과 같이 (−)대전체를 접촉시킨 두 금속구 A, B에 가까이 가져간 다음, 두 금속구를 떼어 놓고 (−)대전체를 치웠다. 금속구 A와 B가 띠는 대전 상태로 옳은 것은?

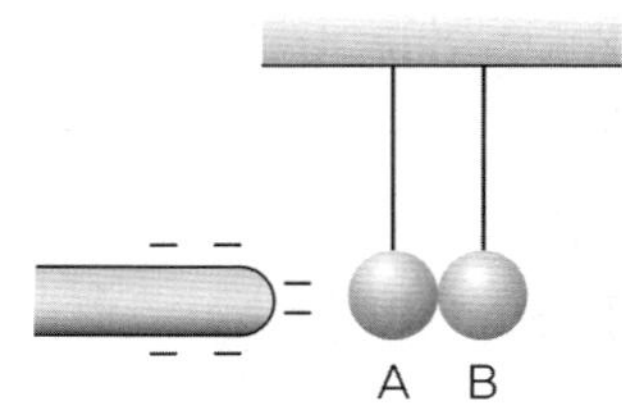

	A	B
①	중성	중성
②	(+)전하	(−)전하
③	(−)전하	(+)전하
④	중성	(−)전하

20 그림과 같이 비커 위에 금속 막대를 장치하고 (−)전하로 대전된 플라스틱 막대를 가까이 가져 갔다. 플라스틱 막대와 같은 전하를 띠는 곳을 바르게 묶은 것은?

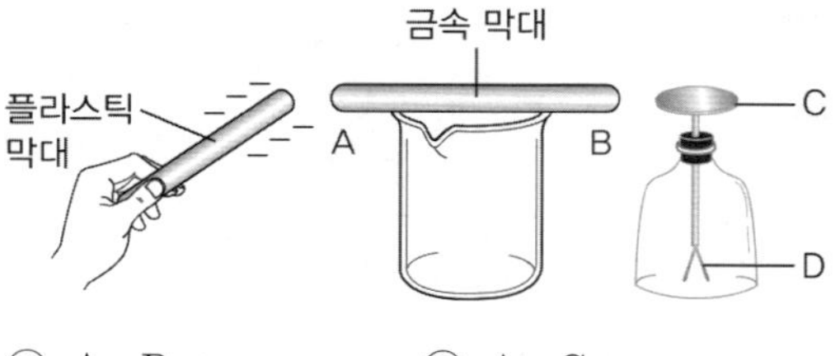

① A, B　　　　② A, C
③ A, D　　　　④ B, D

21 다음은 전기 회로에 전압계를 연결하고 측정한 결과이다. (−)단자를 30V에 연결한 경우 이 회로에 흐르는 전류의 세기는?

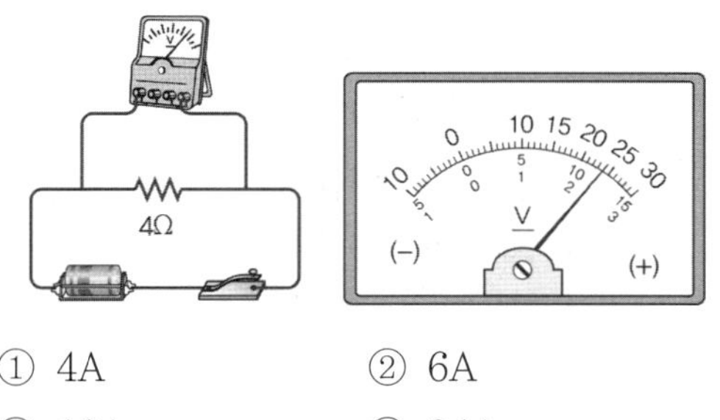

① 4A ② 6A
③ 12A ④ 24A

22 그래프는 임의의 니크롬선에 걸리는 전압과 니크롬선에 흐르는 전류의 세기 관계를 나타낸 것이다. 이 니크롬선의 저항의 크기는?

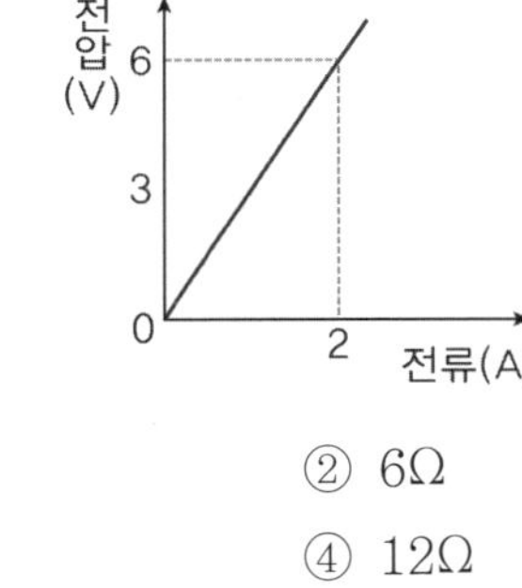

① 3Ω ② 6Ω
③ 8Ω ④ 12Ω

23 그림과 같이 2Ω과 3Ω인 두 저항이 직렬연결되어 있다. 이 회로의 전체 저항의 크기는?

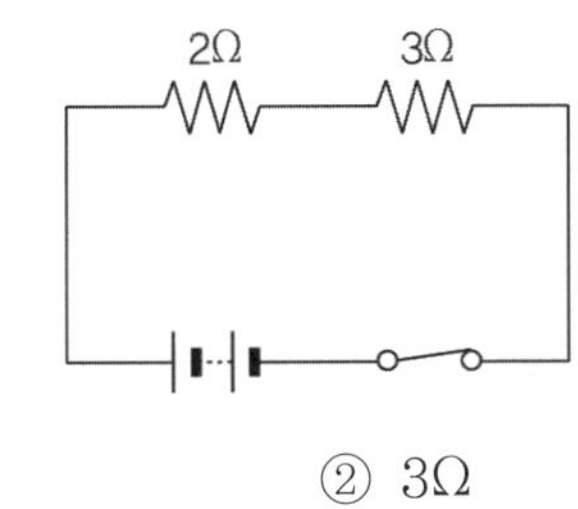

① 2Ω ② 3Ω
③ 4Ω ④ 5Ω

24 다음은 두 자석 (가)와 (나) 사이에 생기는 자기력선의 모양을 나타낸 것이다. 이에 대한 설명으로 옳은 것은?

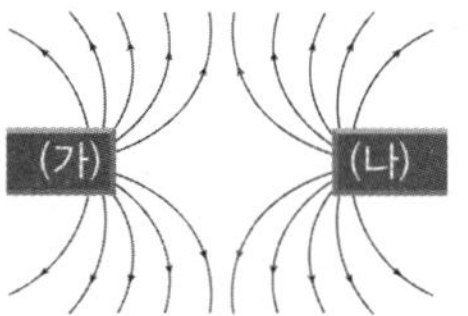

① (가)는 N극이다.
② (나)는 S극이다.
③ (가)와 (나)는 서로 잡아당기는 힘이 발생한다.
④ (가)와 (나) 사이에 인력이 작용한다.

25 다음은 코일에 흐르는 전류의 방향을 화살표로 나타낸 것이다. (가)에 놓인 나침반의 모습으로 옳은 것은?

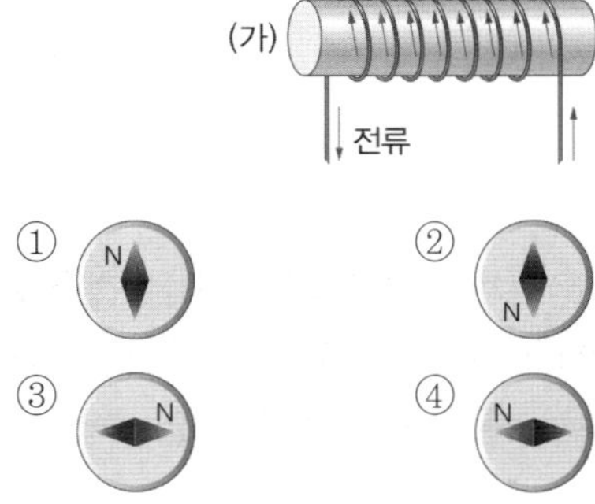

①   ②
③   ④

26 그림은 자기장 안에 코일이 놓여 있는 전동기의 모습을 나타낸 것이다. 코일 AB가 위쪽으로 힘을 받을 때 코일 CD가 받은 힘의 방향은?

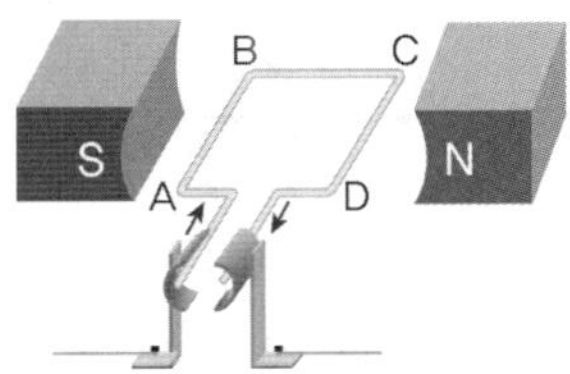

① 오른쪽 ② 왼쪽
③ 위쪽 ④ 아래쪽

27 물체의 차갑고 뜨거운 정도를 숫자로 나타낸 것을 무엇이라고 하는가?

① 열
② 밀도
③ 온도
④ 열평형

28 다음은 온도가 다른 (가)와 (나)를 접촉했을 때 온도 변화를 나타낸 것이다. 이에 대한 설명으로 옳지 <u>않은</u> 것은? (단, 외부와의 열 출입은 없다.)

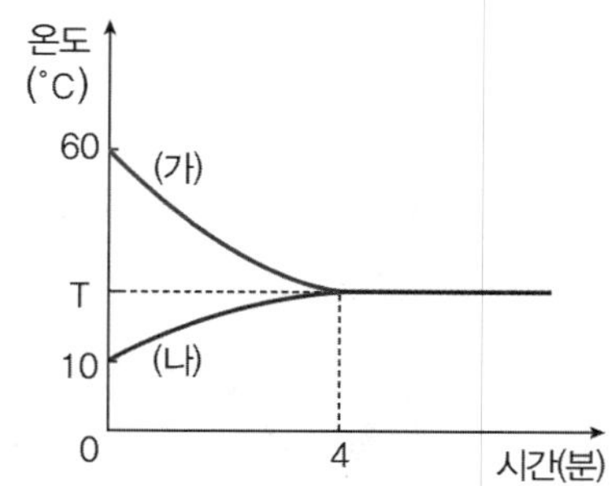

① (가)는 열을 잃어버린다.
② (나)의 입자 운동은 빨라진다.
③ T는 끓는점이다.
④ 열평형 도달 시간은 4분이다.

29 다음 중 열의 이동 방법이 <u>다른</u> 하나는?

① 햇빛이 비치는 곳에 있으면 따뜻함을 느낀다.
② 뜨거운 국에 국자를 넣어두었더니 국자가 뜨거워졌다.
③ 추운 겨울 놀이터의 철봉을 잡았더니 손이 차가워졌다.
④ 전기 장판 위에 누워 있으면 등이 따뜻하다.

30 그림과 같이 뜨거운 물이 담긴 비커를 차가운 물이 담긴 수조에 넣었더니 뜨거운 물이 잃어버린 열량이 400kcal였다. 수조 속 차가운 물이 얻은 열량은?

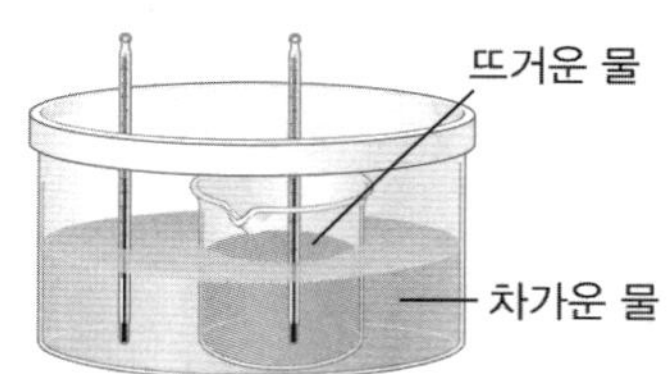

① 100kcal
② 200kcal
③ 300kcal
④ 400kcal

31 다음은 질량이 같은 A~D를 모두 같은 불꽃 세기로 같은 시간 동안 가열했을 때 온도 변화를 나타낸 것이다. A~D 중 비열이 가장 큰 것은?

구분	A	B	C	D
처음 온도(℃)	20	20	20	20
나중 온도(℃)	24	21	28	26

① A
② B
③ C
④ D

32 다음 현상과 관련된 것은?

> - 철로 만든 에펠탑의 높이는 여름과 겨울이 조금 차이가 난다.
> - 다리나 철로 레일의 이음매 부분에 틈을 두어 휘어짐을 막는다.

① 기화
② 석출
③ 열팽창
④ 상태 변화

33 그림은 여러 가지 열의 이동 방법을 나타낸 것이다. (가)~(다) 중 진공 상태에서도 열이 전달될 수 있는 방법은?

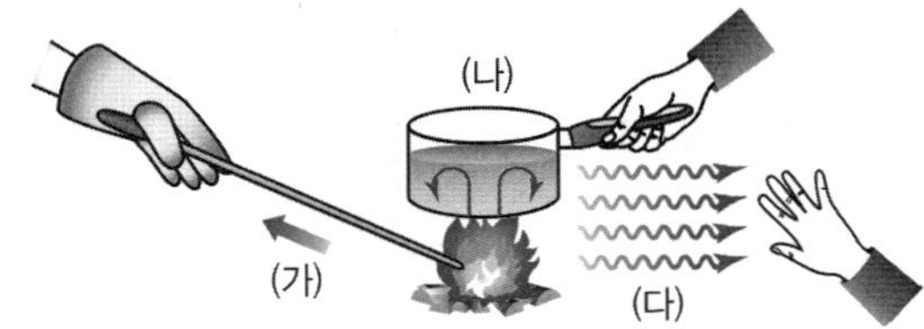

① (가)
② (나)
③ (다)
④ (가), (나)

34 자동차가 100km/h의 일정한 속력으로 2시간 동안 달렸을 때 이 자동차가 이동한 거리는?

① 100km
② 200km
③ 300km
④ 400km

35 그림은 일정한 시간 간격으로 물체의 위치를 나타낸 것이다. 이 물체의 운동을 시간에 따른 속력 그래프로 나타낼 때 올바른 것은?

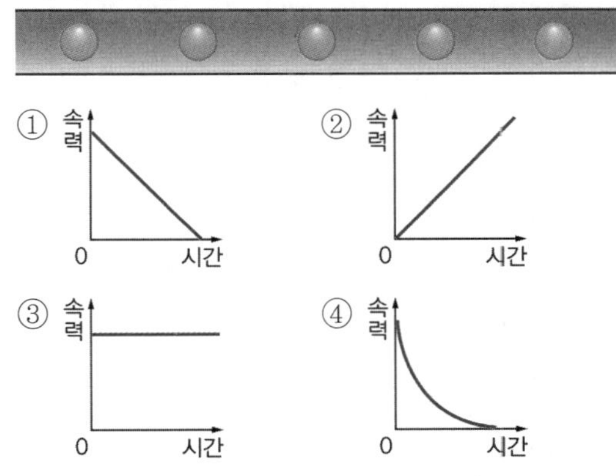

36 다음은 질량과 높이가 서로 다른 물체 A~D에 대한 자료이다. A~D 중 중력에 의한 위치 에너지가 가장 큰 것은?

물체	질량(kg)	높이(m)
A	1	3
B	2	2
C	3	2
D	3	1

① A
② B
③ C
④ D

37 그림은 자유 낙하하는 물체의 운동을 나타낸 것이다. 이 물체의 운동에 대한 설명으로 옳은 것은? (단, 공기 저항은 무시한다.)

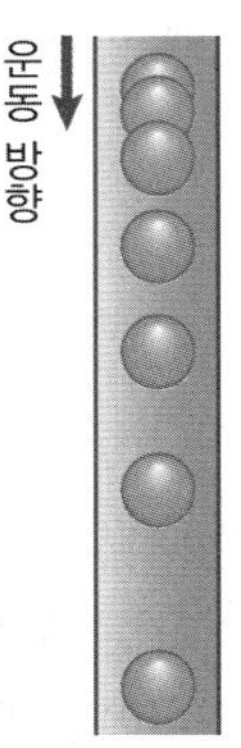

① 물체에 작용하는 힘은 없다.
② 물체의 운동 방향은 중력과 반대 방향이다.
③ 물체의 단위 시간당 속력 증가량은 일정하다.
④ 무빙워크, 컨베이어 벨트와 같은 운동을 한다.

38 그림과 같이 옥상 위에 질량 10kg인 물체가 놓여 있다. 중력에 의한 위치 에너지가 가장 작게 나타나는 기준면은?

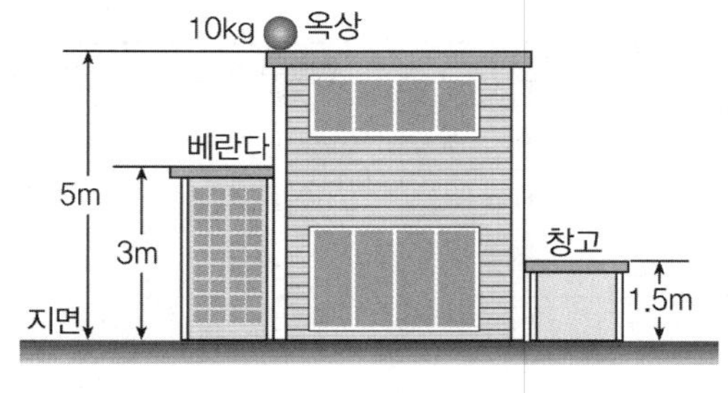

① 창고　　　　　　② 베란다
③ 지면　　　　　　④ 옥상

39 다음은 질량과 속력이 서로 다른 수레 A~D에 대한 자료이다. A~D 중 운동 에너지가 가장 큰 것은?

수레	질량(kg)	속력(m/s)
A	1	4
B	2	3
C	3	2
D	4	1

① A　　　　　　② B
③ C　　　　　　④ D

40 정지한 2kg짜리 물체에 사람이 미는 일을 해주었더니 물체가 10m/s의 속력으로 운동하였다. 사람이 해준 일의 양은?

① 10J　　　　　　② 20J
③ 100J　　　　　　④ 200J

41 다음 중 운동 에너지를 가지고 있는 것은?

① 나무 꼭대기에 앉아 있는 부엉이
② 천장에 매달려 돌아가는 선풍기
③ 탁자 위에 놓인 꽃병
④ 댐에 고여 있는 물

42 그림과 같이 질량이 2kg인 공을 위로 던졌더니 위치 에너지가 10J 증가했다. 이때 감소한 운동 에너지 크기는? (단, 공기 저항과 마찰은 무시한다.)

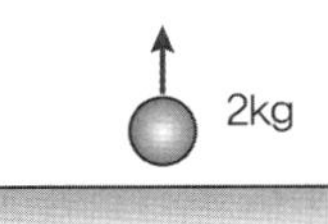

① 10J
② 98J
③ 100J
④ 196J

43 다음 중 역학적 에너지 전환이 일어나지 <u>않는</u> 경우는? (단, 공기 저항과 마찰은 무시한다.)

① 댐에 고여 있던 물이 아래로 쏟아질 때
② 새가 하늘로 날아오를 때
③ 다이빙 선수가 뛰어내릴 때
④ 공이 운동장 바닥을 굴러갈 때

44 그림은 A점과 B점 사이를 왕복하는 진자의 운동을 나타낸 것이다. 이에 대한 설명으로 옳지 <u>않은</u> 것은? (단, 공기 저항과 마찰은 무시한다.)

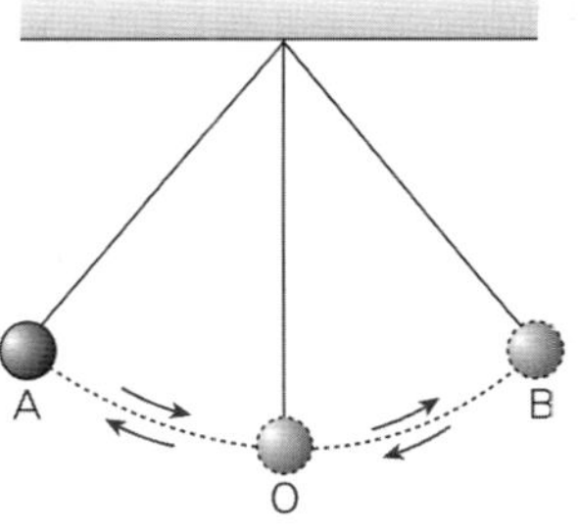

① O점의 역학적 에너지가 가장 작다.
② A와 B의 위치 에너지가 같다.
③ A점에서 O점으로 가는 동안 위치 에너지가 감소한다.
④ O점에서 B점으로 가는 동안 위치 에너지가 증가한다.

45 그림은 축구공을 비스듬히 차올렸을 때 공의 운동 경로를 나타낸 것이다. A~C의 역학적 에너지 크기를 바르게 비교한 것은? (단, 공기 저항은 무시한다.)

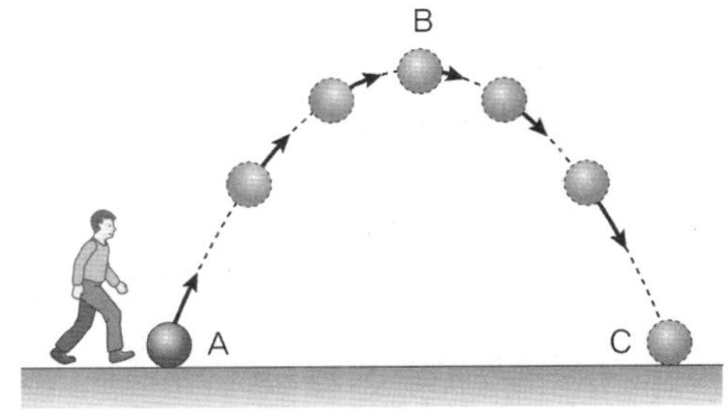

① A > B > C
② A = C > B
③ B > A = C
④ A = B = C

46 그림과 같이 질량 2kg인 물체를 10m 높이에서 가만히 놓아 떨어뜨렸다. 5m 높이에서 이 물체의 역학적 에너지 크기는? (단, 공기 저항은 무시한다.)

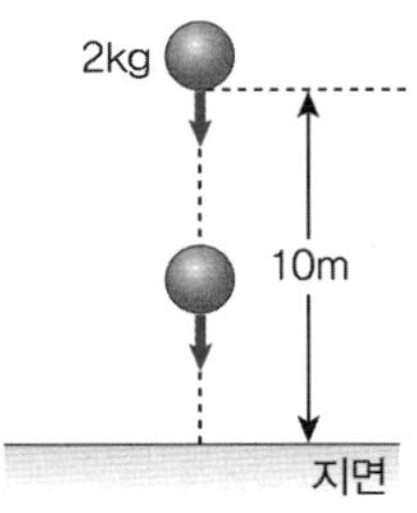

① 10J
② 20J
③ 98J
④ 196J

47 다음은 1000J의 전기 에너지를 공급한 텔레비전에서 전환된 에너지의 종류와 크기를 나타낸 것이다. ㉠에 들어갈 알맞은 것은?

빛에너지	400J
소리 에너지	(㉠)J
열에너지	200J

① 200
② 300
③ 400
④ 500

48 다음 설명에 해당하는 것은?

- 전자기 유도에 의해 발생하는 전류이다.
- 코일 주위에서 자석을 움직일 때 코일에 흐르는 전류를 말한다.

① 전기 저항
② 마찰 전기
③ 유도 전류
④ 검전기

49 표는 가전제품에 표시된 소비 전력 및 하루 동안 사용 시간을 나타낸 것이다. (가)~(라) 중 하루 동안 가장 많은 전기 에너지를 사용한 가전제품은?

가전제품	소비 전력	사용 시간
(가)	50W	1시간
(나)	100W	2시간
(다)	30W	1시간
(라)	10W	24시간

① (가)
② (나)
③ (다)
④ (라)

50 그림과 같이 연결된 전기 회로에서 측정된 전류의 세기가 4A일 때 저항 R의 소비 전력은? (단, 도선의 저항은 무시한다.)

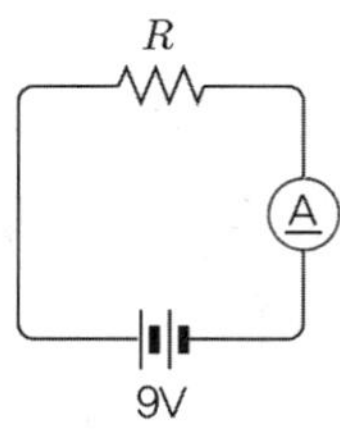

① 4W
② 9W
③ 36W
④ 100W

1 기체의 특성

1. 입자의 운동

(1) 입자 운동

① 물질을 이루는 입자들은 정지해 있지 않고 스스로 끊임없이 움직임

② 입자 운동 증거 : 증발, 확산

③ 입자 모형 : 눈에 보이지 않는 입자의 운동을 설명하기 위해 간단한 모형을 이용하여 나타낸 것

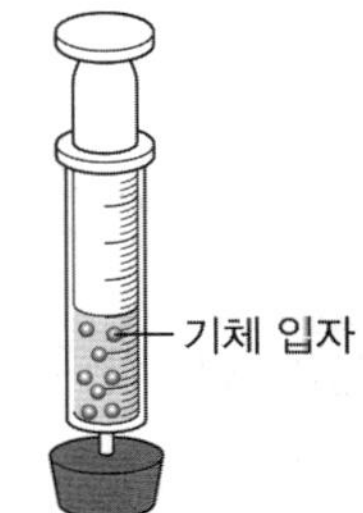

▲ 기체의 입자 모형

(2) 입자 운동이 활발한 정도

① 온도 : 온도가 높을수록 활발함 예 10℃ 물 < 100℃ 물

② 물질의 상태 : 고체 < 액체 < 기체 예 100℃ 물 < 100℃ 수증기

③ 입자의 질량 : 온도와 물질의 상태가 같을 때 물질을 이루는 입자의 질량이 작을수록 입자의 운동이 활발함

2. 증발과 확산

(1) 증발

① 증발 : 액체 표면에서 액체가 기체로 변해 공기 중으로 날아가는 현상

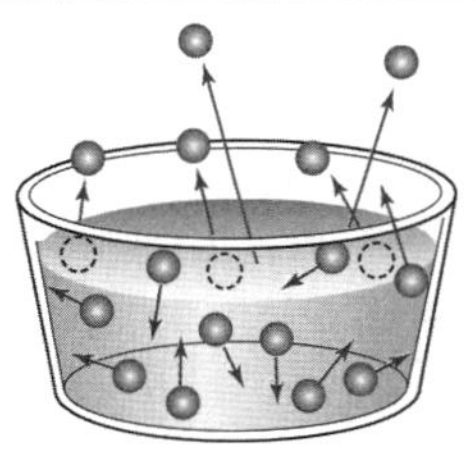

현상
• 젖은 빨래가 마른다.
• 어항의 물이 조금씩 줄어든다.
• 염전에서 바닷물로 소금을 얻는다.
• 가뭄이 들어 땅이 말라 갈라진다.
• 손등에 바른 알코올이 사라진다.

② 증발이 잘 일어날 조건

온도	바람	습도	표면적
높을수록	강할수록	낮을수록	넓을수록

(2) 확산

① 확산 : 물질을 이루는 입자들이 스스로 운동하여 모든 방향으로 퍼져 나가는 현상

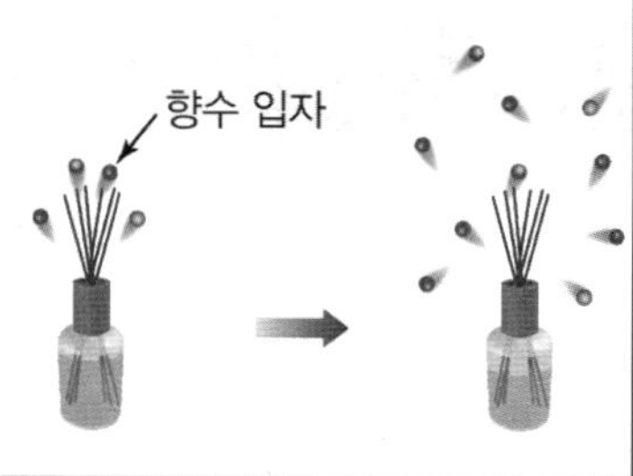

현상
• 물에 잉크를 떨어뜨리면 물 전체에 골고루 퍼진다.
• 방 안에 향수병을 열어 놓으면 방 전체에서 향수 냄새가 난다.
• 냉면에 식초를 떨어뜨리면 국물 전체에서 신맛이 난다.
• 마약 탐지견의 후각 능력을 이용하여 마약류를 찾아낸다.
• 전기 모기향을 피워 모기를 쫓는다.

② 확산이 잘 일어날 조건

온도	물질의 상태	확산 장소	질량
높을수록	고체 < 액체 < 기체	액체 속 < 기체 속 < 진공 속	작을수록

2 기체의 부피 변화

1. 기체의 압력

(1) 압력

① 압력 : 일정한 넓이에 수직으로 작용하는 힘의 크기

$$압력 = \frac{\text{수직으로 작용하는 힘}}{\text{힘을 받는 면의 넓이}} \ (단위 : N/cm^2, \ N/m^2)$$

② 압력의 이용

압력을 크게 이용	압력을 작게 이용
힘을 받는 면적을 좁게 만듦	힘을 받는 면적을 넓게 만듦
• 스케이트의 날을 날카롭게 만든다. • 못, 바늘, 송곳의 한쪽 끝을 뾰족하게 만든다.	• 스키, 스노보드, 설피의 밑면이 넓다. • 트럭은 자동차보다 바퀴 수가 많다. • 얼음 위를 걸어가는 것보다 기어가는 것이 얼음이 깨질 위험이 적다.

(2) 기체의 압력

① 기체의 압력 : 기체 입자가 일정한 넓이에 충돌할 때 가하는 힘의 크기

➡ 모든 방향에 같은 크기로 작용함

② 기체의 압력이 커지는 경우

온도, 입자 수 일정	온도, 용기 부피 일정	용기 부피, 입자 수 일정
용기 부피가 작을수록	입자 수가 많을수록	온도가 높을수록

③ 기체의 압력의 이용 : 혈압계, 구조용 안전 매트, 자동차를 들어 올리는 공기 주머니

2. 기체의 압력과 부피의 관계

(1) 기체의 압력과 부피의 관계

① 기체 압력과 기체 부피의 관계(온도 일정)

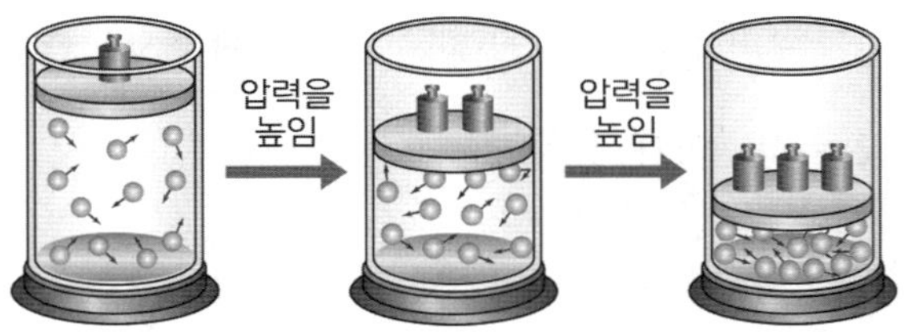

외부 압력의 증가 = 기체의 부피 감소 = 기체 입자의 충돌 횟수 증가 = 기체의 압력 증가

② 변하지 않는 것 : 입자의 종류, 개수, 크기, 입자 운동 빠르기

(2) 보일 법칙

① 보일 법칙 : 온도가 일정할 때 일정량의 기체의 부피는 압력에 반비례함

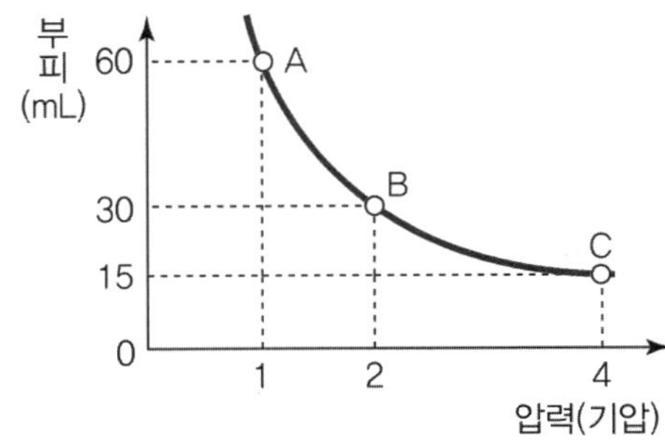

압력 × 부피 = 일정			
구분	압력	부피	압력 × 부피
A	1	60	60
B	2	30	60
C	4	15	60

② 보일 법칙과 관련된 현상

ㄱ 풍선은 하늘 높이 올라갈수록 점점 커지다가 결국 터진다.

ㄴ 잠수부가 내뿜은 물속의 공기 방울은 수면 가까이로 올라올수록 점점 커진다.

ㄷ 천연가스는 큰 압력으로 압축하여 부피가 작은 연료통에 저장할 수 있다.

ㄹ 운동화 밑창의 공기 주머니는 압력에 따라 부피가 변하여 발에 가해지는 충격을 줄여준다.

ㅁ 과자 봉지를 가지고 높은 산에 올라가면 과자 봉지가 팽팽하게 부풀어 오른다.

ㅂ 펌프식 용기의 꼭지를 누르면 내용물이 밖으로 나온다.

3. 기체의 온도와 부피의 관계

(1) 기체 온도와 기체 부피의 관계
  ① 온도에 따른 기체의 부피 변화(외부 압력 일정)

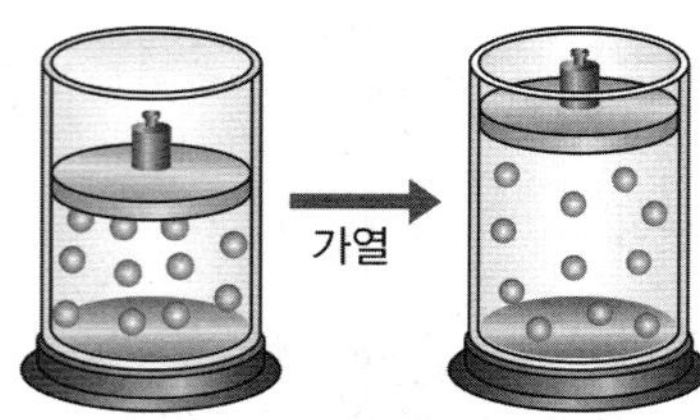

온도의 증가 = 기체 입자의 운동 활발해짐 = 기체 입자의 충돌 횟수 증가 = 기체의 부피 증가

  ② 변하지 않는 것 : 입자의 종류, 개수, 크기

(2) 샤를 법칙
  ① 샤를 법칙
    ㉠ 압력이 일정할 때 기체의 부피는 온도가 높아질 때마다 일정한 비율로 커짐

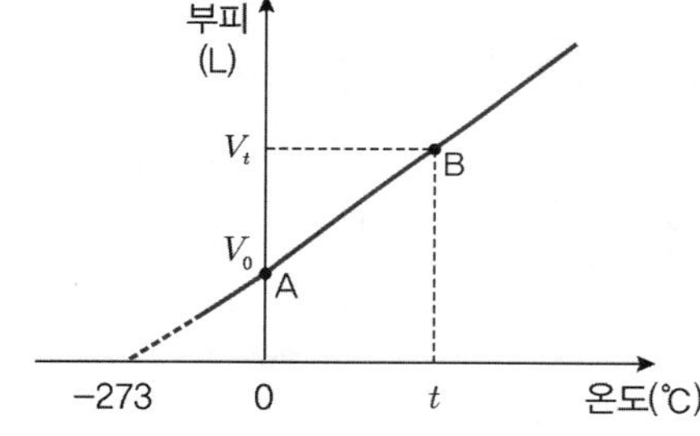

- 온도 : A < B
- 입자 운동 빠르기 : A < B
- 부피 : A < B
- 입자 사이 거리 : A < B

    ㉡ 0℃에서 기체의 부피(V_0)는 0이 아님
    ㉢ 기체의 부피가 변하는 정도는 기체의 종류에 관계없이 같음
  ② 샤를 법칙과 관련된 현상
    ㉠ 여름철에 자동차가 한참 달리고 나면 타이어가 팽팽해진다.
    ㉡ 찌그러진 탁구공에 뜨거운 물을 부으면 탁구공이 원래대로 펴진다.
    ㉢ 열기구나 풍등 속 공기를 가열하면 열기구나 풍등이 위로 떠오른다.
    ㉣ 뚜껑을 닫은 빈 페트병을 냉장고에 넣어두면 페트병이 찌그러진다.
    ㉤ 액체 질소에 고무풍선을 넣으면 고무풍선의 크기가 작아진다.

1 물질의 상태 변화

1. 물질의 상태 변화

(1) 물질의 세 가지 상태

① 고체, 액체, 기체의 특징

구분	고체	액체	기체
모양	일정	일정하지 않음	일정하지 않음
부피	일정	일정	일정하지 않음
압축	압축되지 않음	거의 압축되지 않음	압축이 잘 됨
흐르는 성질	없음	있음	있음
입자 배열	매우 규칙적	불규칙적	매우 불규칙적
입자 사이 거리	매우 가까움	고체보다 조금 멂	매우 멂
입자 운동	제자리 진동 운동	비교적 자유로움	매우 자유로움
예	얼음, 암석, 철, 나무	물, 주스, 기름	수증기, 공기, 산소

② 상태 변화의 원인 : 온도, 압력

(2) 물질의 상태 변화

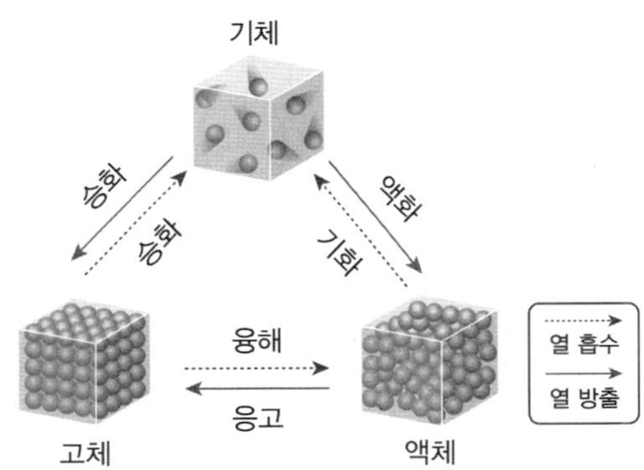

① 고체와 액체 사이의 상태 변화

융해(고체 → 액체)	응고(액체 → 고체)
• 얼음이 녹아 물이 된다. • 촛농이 흘러내린다. • 용광로에서 철이 녹아 쇳물이 된다. • 구운 빵 위의 버터가 녹는다.	• 마그마가 식어 굳어서 암석이 된다. • 촛농이 굳어 흐르지 않는다. • 물이 얼어 고드름이 된다. • 뜨거운 고깃국이 식으면 기름이 굳는다.

② 액체와 기체 사이의 상태 변화

기화(액체 → 기체)	액화(기체 → 액체)
• 젖은 빨래가 마른다. • 물이 끓어 수증기가 된다. • 어항의 물이 줄어든다. • 염전에서 바닷물을 가두어 소금을 얻는다.	• 구름, 안개, 이슬이 생긴다. • 김이 서린다. • 얼음물이 든 컵의 표면에 물방울이 맺힌다. • 추운 겨울날 실내에 들어가면 안경이 뿌옇게 흐려진다.

③ 고체와 기체 사이의 상태 변화

승화(고체 → 기체)	승화(기체 → 고체)
• 드라이아이스가 점점 작아진다. • 옷장 속 나프탈렌의 크기가 점점 작아진다. • 영하의 날씨에 얼어 있던 빨래가 마른다. • 그늘진 곳의 눈사람의 크기가 줄어든다.	• 들판에 하얗게 서리가 내린다. • 겨울철 유리창에 성에가 생긴다. • 냉동실 벽면에 성에가 생긴다.

2. 상태 변화에 따른 질량과 부피 변화

(1) 상태 변화가 일어날 때 변하는 것

구분	열에너지 흡수	열에너지 방출
상태 변화	융해, 기화, 승화(고체 → 기체)	응고, 액화, 승화(기체 → 고체)
입자 배열	불규칙해짐	규칙적으로 변함
입자 운동	활발해짐	둔해짐
입자 사이 거리	멀어짐	가까워짐
물질의 부피	증가	감소
	단, 얼음과 물 사이의 부피 변화는 예외 ➡ 물이 얼음으로 응고될 때 부피가 증가함	

(2) 물질의 상태 변화 시 변하지 않는 것

입자의 종류, 입자의 크기, 입자의 개수, 물질의 성질, 물질의 질량

2 상태 변화와 열에너지

1. 열에너지

물체의 온도를 변화시키거나 물질의 상태를 변화시키는 에너지

(1) 열에너지를 흡수할 때 온도 변화

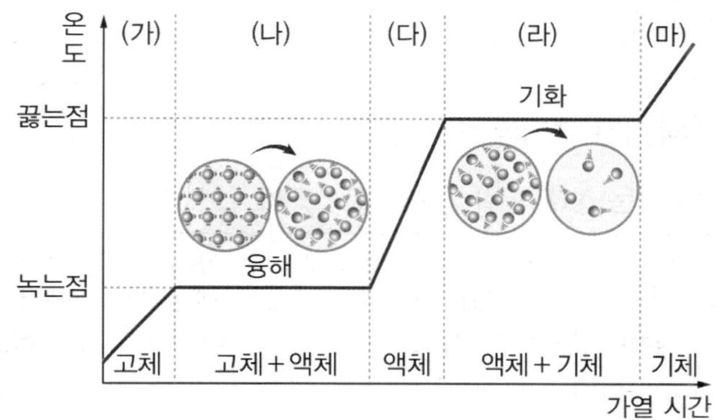

① 열에너지가 온도를 높이는 데 이용 : (가), (다), (마)
② 열에너지가 상태 변화에 이용 : (나), (라)
③ 녹는점 : 고체가 액체로 융해될 때 일정하게 유지되는 온도
④ 끓는점 : 액체가 기체로 기화될 때 일정하게 유지되는 온도

(2) 열에너지를 방출할 때 온도 변화

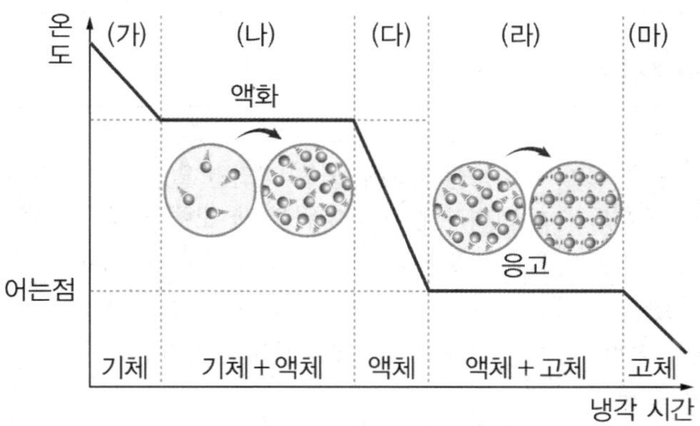

① 냉각에 의해 주위로 열에너지를 빼앗겨 온도가 낮아짐 : (가), (다), (마)
② 상태 변화가 일어나면서 열에너지가 방출되어 온도가 일정하게 유지됨 : (나), (라)
③ 어는점 : 액체가 고체로 응고될 때 일정하게 유지되는 온도

(3) 온도에 따른 물질의 상태

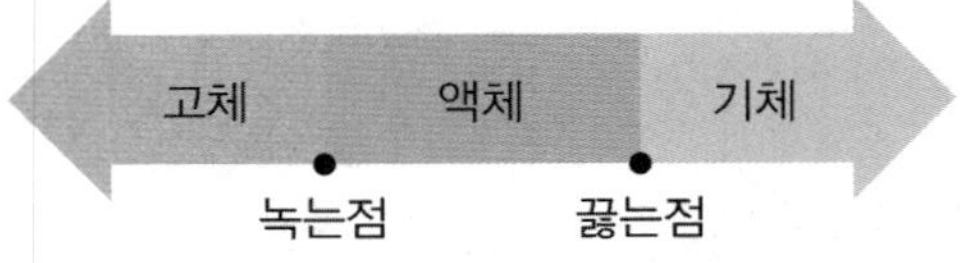

녹는점보다 낮은 온도	녹는점과 끓는점 사이의 온도	끓는점보다 높은 온도
고체 상태	액체 상태	기체 상태

2. 상태 변화와 열에너지 출입의 이용

(1) 열에너지 흡수하는 상태 변화 : 주변의 온도가 낮아짐

융해열 흡수 (고체 → 액체)	• 얼음 조각상 옆에 있으면 얼음이 녹으면서 시원해진다. • 시장에서 생선을 얼음과 함께 보관하여 생선이 상하지 않게 한다. • 아이스박스에 얼음과 음료수를 함께 넣으면 음료수를 차갑게 보관할 수 있다.
기화열 흡수 (액체 → 기체)	• 몸에 열이 날 때 물수건으로 몸을 닦으면 열이 내린다. • 수영한 뒤, 샤워한 뒤 물 밖으로 나오면 추위를 느낀다. • 휴대용 버너의 뷰테인 가스를 사용하면 가스통이 차가워진다. • 운동을 한 후 땀을 흘리면 땀이 마르면서 시원해진다. • 분수 주변에 서 있으면 시원함을 느낀다.
승화열 흡수 (고체 → 기체)	• 아이스크림이 녹지 않도록 드라이아이스를 함께 포장해둔다.

(2) 열에너지 방출하는 상태 변화 : 주변의 온도가 높아짐

응고열 방출 (액체 → 고체)	• 액체 파라핀을 이용하여 통증을 줄이는 온열 치료를 한다. • 얼음집 안쪽에 물을 뿌리면 얼음집 내부의 온도가 높아진다. • 날씨가 갑자기 추워질 때 오렌지 나무에 물을 뿌려 냉해를 막는다. • 겨울철 과일 창고 안에 물 항아리를 놓아두어 과일이 어는 것을 막는다.
액화열 방출 (기체 → 액체)	• 소나기가 내리기 전에는 많은 양의 수증기가 액화하여 후텁지근하다. • 증기 난방기는 물을 끓여 만든 수증기를 이용하여 실내를 따뜻하게 한다.
승화열 방출 (기체 → 고체)	• 수증기가 얼음으로 승화하면서 생긴 눈이 올 때 날씨가 포근하다.

PART 3 | 물질의 구성

1 원소와 원소의 확인

1. 원소와 원소 기호

(1) 원소
 ① 물질을 이루는 기본 성분
 ② 더 이상 다른 물질로 분해되지 않음
 ③ 원소는 종류에 따라 성질이 다르기 때문에 일상생활에서 다양하게 이용됨
 ④ 금속 원소와 비금속 원소로 구분할 수 있음

금속 원소	비금속 원소
열 전기 전도성이 크다.	열 전기 전도성이 낮다.
광택이 있다.	광택이 없다.
예 철, 은, 나트륨, 리튬, 칼슘 등	예 수소, 산소, 질소, 탄소 등

(2) 원소 기호
 ① 원소를 간단한 기호로 나타낸 것
 ② 원소 기호를 나타내는 방법

> • 원소 이름의 알파벳 첫 글자를 대문자로 나타낸다.
> • 알파벳 첫 글자가 다른 원소와 같을 때는 중간 글자 중 하나를 선택하여 첫 글자 다음에 소문자로 나타낸다.

원소 이름	원소 기호	원소 이름	원소 기호	원소 이름	원소 기호
수소	H	탄소	C	철	Fe
헬륨	He	질소	N	나트륨	Na
산소	O	칼슘	Ca	마그네슘	Mg
구리	Cu	칼륨	K	염소	Cl

(3) 다양한 원소의 이용
 ① 수소 : 가장 가벼운 원소로 우주 왕복선의 연료로 이용
 ② 산소 : 지구 대기 성분의 약 21%를 차지, 물질의 연소와 생물의 호흡에 이용
 ③ 철 : 지구에 가장 많은 원소로 단단하고 건축 재료로 이용
 ④ 질소 : 다른 물질과 거의 반응하지 않아 과자 봉지의 충전재로 이용
 ⑤ 헬륨 : 가볍고 폭발성이 낮아 비행선의 충전 기체로 이용
 ⑥ 구리 : 전선에 이용

2. 원소의 확인

(1) 불꽃 반응

　① 불꽃 반응

　　㉠ 금속 원소를 포함한 물질에 불을 붙였을 때 금속 원소의 종류에 따라 특정한 불꽃색이 나타나는 현상

　　㉡ 같은 금속 원소가 포함되어 있으면 불꽃색이 같음

　　　예 염화 나트륨 : 노란색, 질산 나트륨 : 노란색

　② 다양한 원소의 불꽃 반응색

원소	나트륨(Na)	스트론튬(Sr)	리튬(Li)	구리(Cu)	칼륨(K)	칼슘(Ca)
불꽃색	노란색	빨간색	빨간색	청록색	보라색	주황색

(2) 스펙트럼

　① 스펙트럼 : 빛을 분광기로 관찰할 때 나타나는 여러 가지 색의 띠

　② 스펙트럼의 종류

　　㉠ 연속 스펙트럼 : 햇빛을 분광기로 관찰할 때 나타나는 연속적인 색의 띠

　　㉡ 선 스펙트럼 : 원소의 불꽃을 분광기로 관찰할 때 특정 부분에 나타나는 선의 띠

　③ 선 스펙트럼을 이용한 원소의 구분

　　㉠ 원소의 종류에 따라 나타나는 선의 색깔, 위치, 개수, 굵기 등이 다름

　　㉡ 불꽃 반응 색이 비슷한 원소들도 선 스펙트럼으로 구별할 수 있음

2 원자, 분자, 이온

1. 원자와 분자

(1) 원자

　① 원자

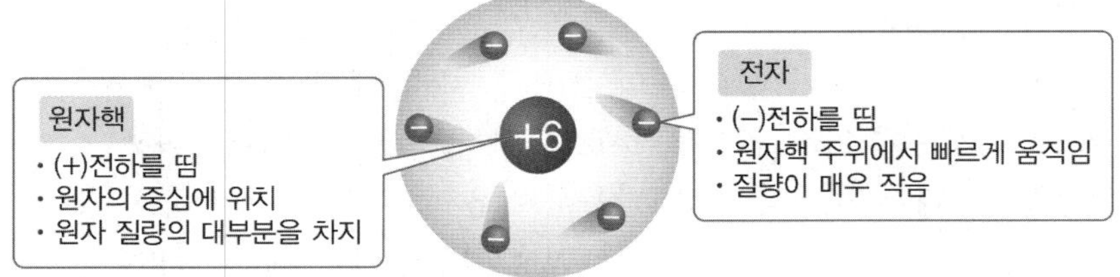

㉠ 물질을 이루는 기본 입자로 원자핵과 전자로 이루어져 있음

㉡ 원자핵의 (+)전하량과 전자의 총 (−)전하량이 같아 전기적으로 중성

㉢ 원자의 종류에 따라 원자핵의 (+)전하량이 다르고, 전자 수가 다름

② 원자 모형 : 원자 중심에 원자핵을 표시하고, 그 주위에 전자를 배치

구분	수소	헬륨	리튬	산소
원자 모형	+1	+2	+3	+8
원자핵의 전하량	+1	+2	+3	+8
전자 수(개)	1	2	3	8

└ 전자 1개의 전하량은 −1이다.

(2) 분자

① 분자

㉠ 독립된 입자로 존재하여 물질의 성질을 나타내는 가장 작은 입자

㉡ 같은 종류의 원자로 이루어져 있어도 분자를 이루는 원자 수나 배열이 다르면 다른 물질임

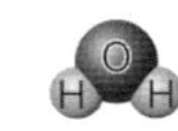
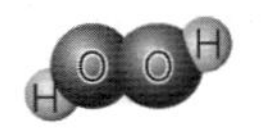

물 분자와 과산화 수소 분자는 구성 원소가 수소(H)와 산소(O)로 같지만, 원자 수와 배열이 다르므로 다른 물질이다.

② 분자식

㉠ 분자식 : 원소 기호와 숫자를 이용하여 분자를 구성하는 원자의 종류와 수를 나타낸 것

㉡ 분자식을 나타내는 방법

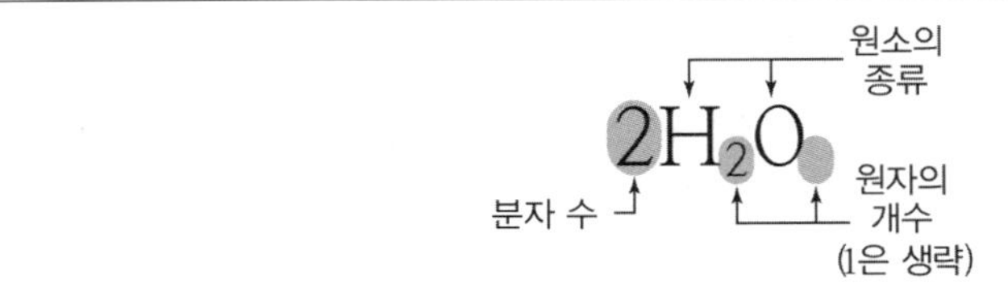

- 물질을 이루는 원자의 종류를 원소 기호로 나타낸다.
- 물질을 이루는 원자의 수를 원소 기호의 오른쪽 아래에 작은 숫자로 표시한다. (단, 1은 생략한다.)
- 분자의 수는 화학식 앞에 숫자로 표시한다.(단, 1은 생략한다.)

2. 이온

(1) 이온

① 이온 : 원자가 전자를 잃거나 얻어서 전하를 띠는 입자

양이온	음이온
원자가 전자를 잃어서 (+)전하를 띠는 입자	원자가 전자를 얻어서 (−)전하를 띠는 입자

② 이온의 표현

구분	양이온	음이온
이온식 표현	원소 기호의 오른쪽 위에 잃은 전자 수를 쓰고, '+' 부호를 표시한다.(단, 1은 생략한다.) 예 전자 1개 잃음 : Li^+ 전자 2개 잃음 : Ca^{2+}	원소 기호의 오른쪽 위에 얻은 전자 수를 쓰고, '−' 부호를 표시한다.(단, 1은 생략한다.) 예 전자 1개 얻음 : Cl^- 전자 2개 얻음 : O^{2-}
이름	원소 이름 뒤에 '이온'을 붙인다. 예 Li^+ : 리튬 이온 Na^+ : 나트륨 이온 Ca^{2+} : 칼슘 이온	원소 이름 뒤에 '~화 이온'을 붙인다. (단, '소'로 끝나는 원소의 경우 '소'는 생략한다.) 예 F^- : 플루오린화 이온 O^{2-} : 산화 이온 Cl^- : 염화 이온

(2) 이온으로 이루어진 물질

양이온의 (+)전하와 음이온의 (−)전하의 총합이 0이 되도록 결합

예 나트륨 이온(Na^+)은 +1, 염화 이온(Cl^-)은 −1의 전하량을 나타내므로 1 : 1의 개수비로 결합한다. → $NaCl$(염화 나트륨)

3. 이온의 확인

(1) 이온의 전하 확인

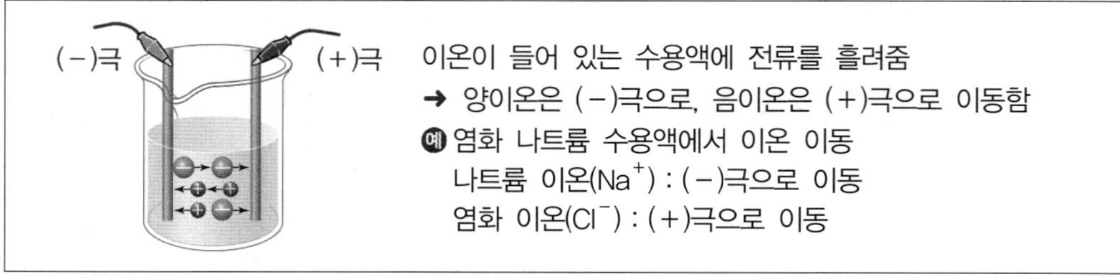

이온이 들어 있는 수용액에 전류를 흘려줌

➜ 양이온은 (−)극으로, 음이온은 (+)극으로 이동함

예 염화 나트륨 수용액에서 이온 이동

나트륨 이온(Na^+) : (−)극으로 이동

염화 이온(Cl^-) : (+)극으로 이동

(2) 앙금 생성 반응을 통한 이온의 종류 확인

① 앙금 생성 반응 : 서로 다른 두 수용액을 섞었을 때 양이온과 음이온이 반응하여 물에 녹지 않는 앙금을 생성하는 반응 ➜ 앙금 생성 반응을 이용하면 수용액에 들어 있는 이온을 확인할 수 있음

② 앙금 생성 반응의 이용

㉠ 수돗물 속 염화 이온(Cl^-)의 확인 : 수돗물에 은 이온(Ag^+)을 떨어뜨려 흰색 앙금이 생성되면 수돗물 속에 염화 이온(Cl^-)이 있는 것임

$$Ag^+ + Cl^- \rightarrow AgCl \downarrow (\text{흰색 앙금})$$

㉡ 공장 폐수 속의 납 이온(Pb^{2+}) 확인 : 폐수에 아이오딘화 이온(I^-)을 떨어뜨려 노란색 앙금이 생성되면 폐수 속에 납 이온(Pb^{2+})이 있는 것임

$$Pb^{2+} + 2I^- \rightarrow PbI_2 \downarrow (\text{노란색 앙금})$$

PART 4 | 물질의 특성

1 물질의 특성

1. 물질의 분류

(1) 물질의 분류

① 순물질 : 한 가지의 물질로만 이루어진 물질

    예 수소, 산소, 물, 소금, 이산화 탄소 등

② 혼합물

㉠ 두 가지 이상의 순물질이 본래의 성질을 잃지 않고 섞여 있는 물질

㉡ 혼합 비율에 따라 성질이 다르게 나타남

㉢ 균일 혼합물과 불균일 혼합물

균일 혼합물	불균일 혼합물
성분 물질이 고르게 섞여 있는 혼합물	성분 물질이 고르지 않게 섞여 있는 혼합물
예 설탕물, 공기, 식초, 소금물 등	**예** 흙탕물, 우유, 암석, 주스 등

(2) 물질의 특성
① 물질의 특성
ㄱ 물질이 나타내는 여러 가지 성질 중 그 물질만이 나타내는 고유한 성질
ㄴ 같은 물질인 경우 물질의 양에 관계없이 일정함
  예 겉보기 성질(색깔, 맛, 냄새, 굳기 등), 밀도, 용해도, 끓는점, 녹는점, 어는점
ㄷ 질량, 부피, 길이와 같이 물질의 양에 따라 변하는 성질은 물질의 특성이 될 수 없음
② 순물질과 혼합물의 비교

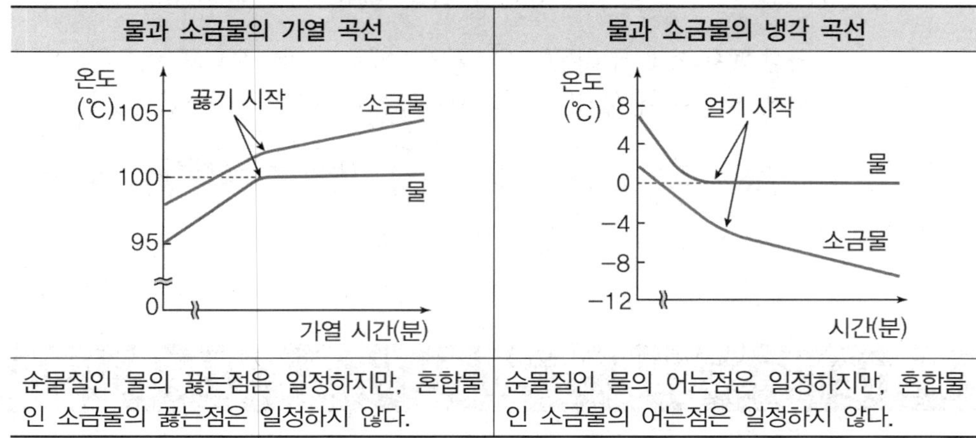

물과 소금물의 가열 곡선	물과 소금물의 냉각 곡선
순물질인 물의 끓는점은 일정하지만, 혼합물인 소금물의 끓는점은 일정하지 않다.	순물질인 물의 어는점은 일정하지만, 혼합물인 소금물의 어는점은 일정하지 않다.

2. 녹는점, 어는점, 끓는점

(1) 녹는점과 어는점
① 고체 물질의 녹는점과 어는점

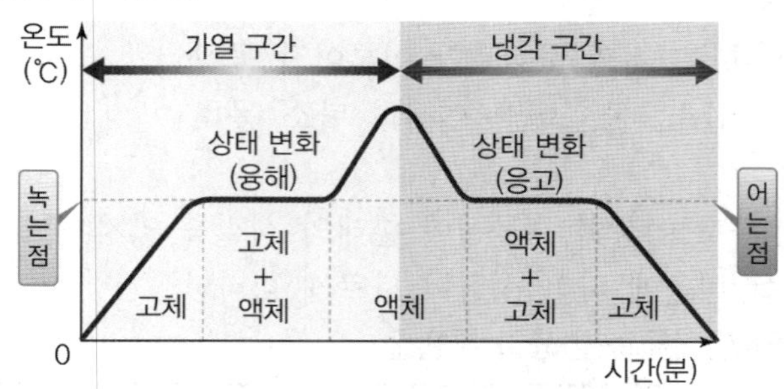

ㄱ 녹는점 : 고체 물질이 녹는 동안 일정하게 유지되는 온도
ㄴ 어는점 : 액체 물질이 어는 동안 일정하게 유지되는 온도
② 녹는점과 어는점의 특징
ㄱ 같은 물질이면 물질의 양이나 가열 세기와 관계없이 녹는점과 어는점이 일정함
ㄴ 물질의 종류에 따라 녹는점과 어는점이 다름
ㄷ 같은 물질의 녹는점과 어는점은 같음

(2) 끓는점
① 끓는점

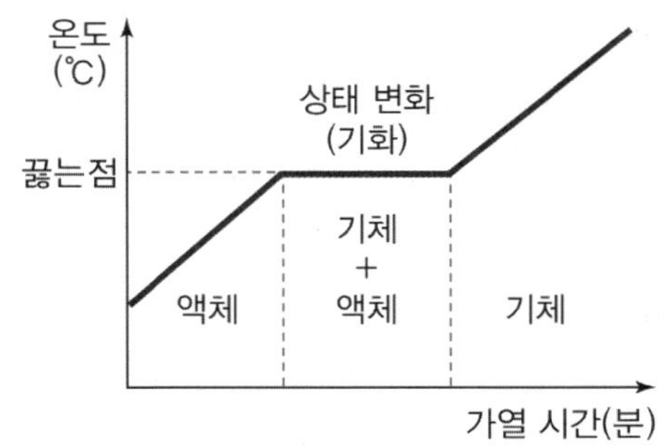

㉠ 액체 물질이 끓는 동안 일정하게 유지되는 온도

ㄴ 같은 물질이면 물질의 양이나 가열 세기와 관계없이 끓는점이 일정함

ㄷ 물질의 종류에 따라 끓는점이 다름

② **외부 압력과 끓는점** : 외부 압력이 높아지면 끓는점이 높아지고, 외부 압력이 낮아지면 끓는점이 낮아짐

  예 • 압력솥으로 밥을 하면 압력이 높아 끓는점이 높아져 밥이 빨리 된다.

  • 높은 산에서 밥을 하면 압력이 낮아 끓는점이 낮아지고 밥이 설익는다.

3. 밀도와 용해도

(1) 밀도

① 밀도 : 단위 부피당 질량

$$밀도 = \frac{질량}{부피} \ (단위 : g/cm^3, \ g/mL, \ kg/m^3)$$

ㄱ 물질의 질량을 부피로 나눈 값

ㄴ 물질의 양과 관계없이 일정하므로 물질의 특성임

ㄷ 기체는 온도와 압력에 의해 부피가 크게 변하므로 온도와 압력을 함께 표시해야 함

ㄹ 밀도가 큰 물질은 밀도가 작은 물질 아래로 가라앉고, 밀도가 작은 물질은 밀도가 큰 물질 위로 떠오름

ㅁ 혼합물은 성분 물질이 섞여 있는 비율에 따라 밀도가 달라짐

② 밀도와 우리 생활

ㄱ LNG 가스는 공기보다 밀도가 작으므로 가스 누출 경보기는 위쪽에 설치하고, LPG 가스는 공기보다 밀도가 크기 때문에 가스 누출 경보기는 아래쪽에 설치함

ㄴ 잠수부가 물속에 들어갈 때는 밀도가 큰 납덩이를 몸에 차고 들어감

(2) 용해도

① 용해와 용액

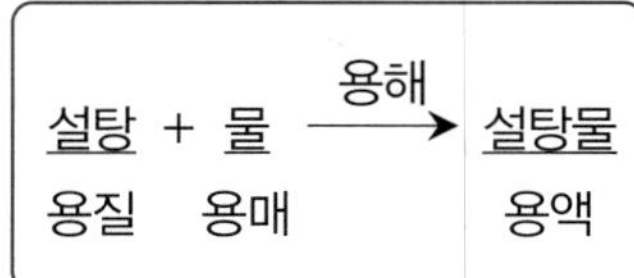

- 용질 : 다른 물질에 녹는 물질
- 용매 : 다른 물질을 녹이는 물질
- 용해 : 한 물질이 다른 물질에 녹아 고르게 섞이는 현상
- 용액 : 두 물질이 고르게 섞여 있는 것

② 용액의 종류

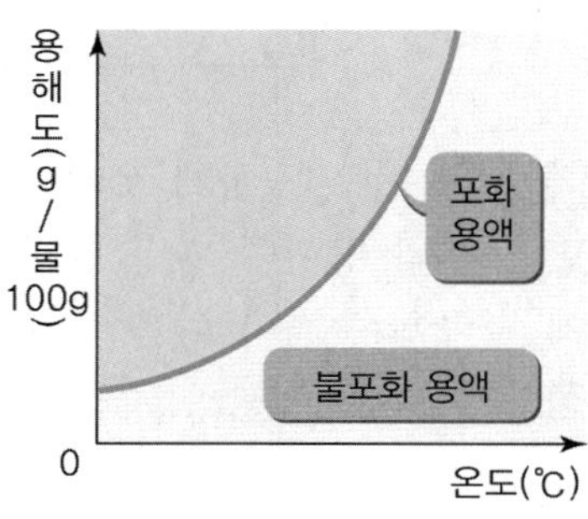

㉠ 포화 용액 : 어떤 온도에서 일정량의 용매에 용질이 최대로 녹아 있는 용액

㉡ 불포화 용액 : 포화 용액보다 적은 양의 용질이 녹아 있어 더 녹을 수 있는 상태의 용액

③ 고체의 용해도

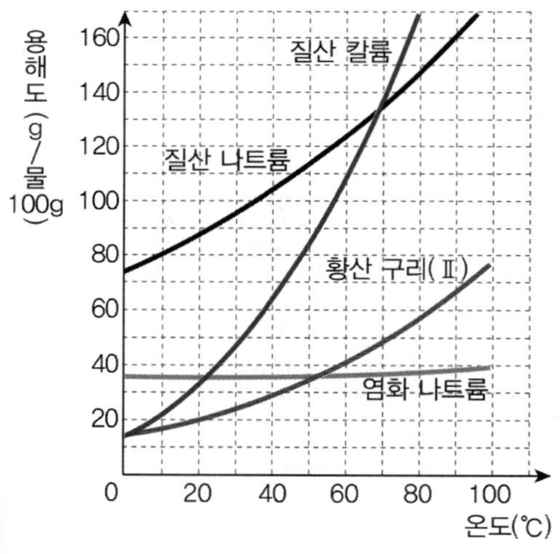

㉠ 용해도 : 어떤 온도에서 용매 100g에 최대로 녹을 수 있는 용질의 g수

㉡ 고체는 대부분 온도가 높을수록 용해도가 증가함

㉢ 기울기가 급할수록 온도에 따른 용해도의 변화가 큰 물질이고, 기울기가 완만할수록 온도에 따른 용해도의 변화가 작은 물질임

- 용액을 냉각할 때 석출되는 용질의 양

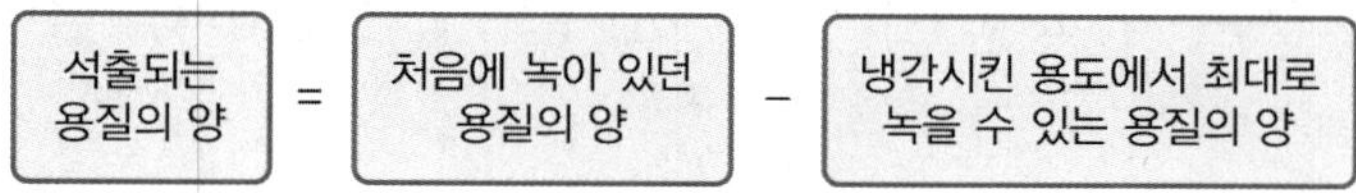

④ 기체의 용해도 : 기체의 용해도를 나타낼 때는 온도와 압력을 함께 표시함

2 혼합물의 분리

1. 밀도 차, 끓는점 차를 이용한 혼합물의 분리

(1) 밀도 차를 이용한 분리
  ① 고체 혼합물의 분리
    ㉠ 밀도가 두 물질의 중간 정도이며, 두 물질을 모두 녹이지 않는 액체에 넣어 분리
    ㉡ 액체보다 밀도가 작은 물질은 액체 위에 뜨고, 액체보다 밀도가 큰 물질은 아래로 가라앉음

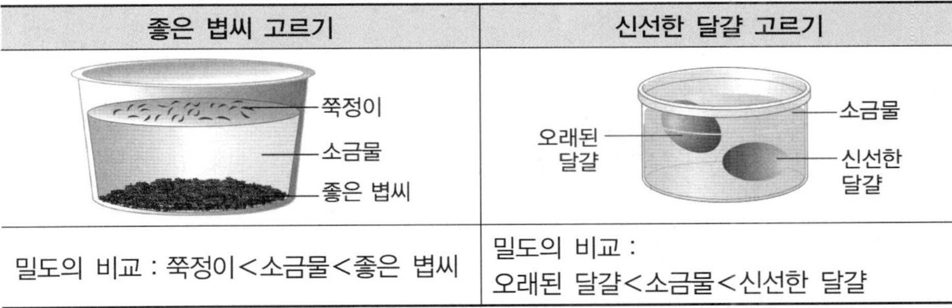

좋은 볍씨 고르기	신선한 달걀 고르기
밀도의 비교 : 쭉정이<소금물<좋은 볍씨	밀도의 비교 : 오래된 달걀<소금물<신선한 달걀

  ② 액체 혼합물의 분리 : 서로 섞이지 않고 밀도가 다른 액체 혼합물은 분별 깔때기를 이용하여 분리함

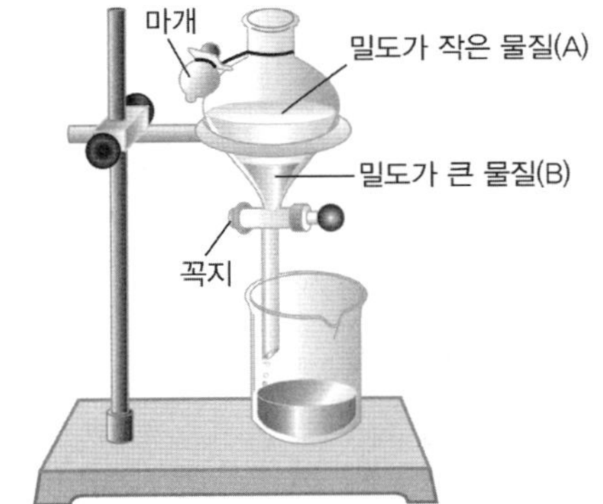

밀도가 작은 물질(A)	밀도가 큰 물질(B)
식용유	물
참기름	간장
물	수은

▲ 분별 깔때기를 이용한 액체 혼합물의 분리

  ③ 밀도 차를 이용한 분리 : 바다에 유출된 기름 제거, 혈액 분리, 사금 채취 등

(2) 끓는점 차를 이용한 분리

① 증류 : 서로 섞이는 액체 상태의 혼합물을 가열할 때 끓어 나오는 기체를 냉각하여 순수한 액체를 얻는 방법

증류 장치	물과 에탄올의 혼합물 분리하기
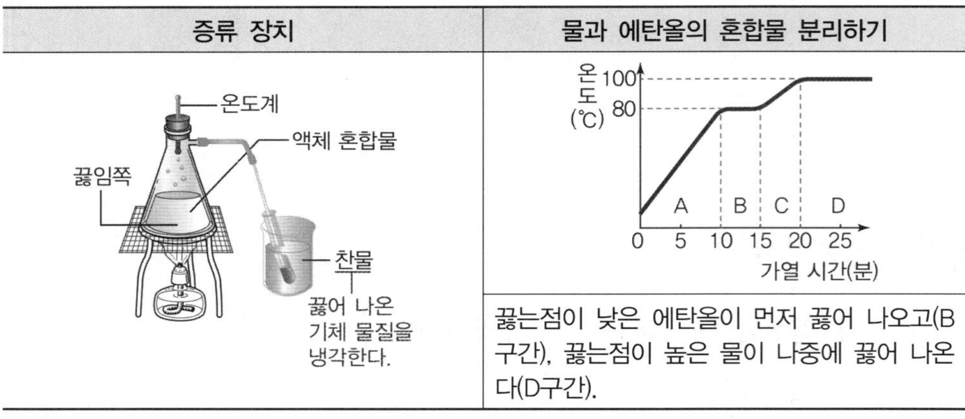	끓는점이 낮은 에탄올이 먼저 끓어 나오고(B구간), 끓는점이 높은 물이 나중에 끓어 나온다(D구간).

② 증류를 활용한 혼합물의 분리

바닷물에서 식수 얻기	소줏고리
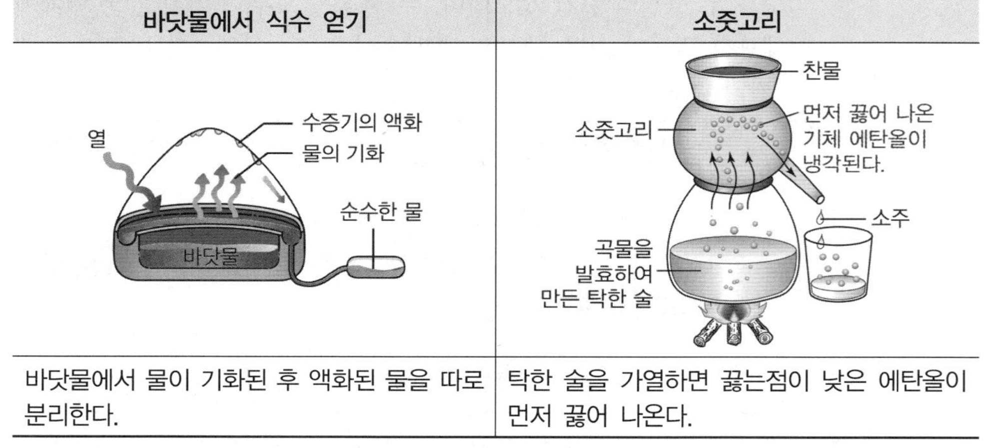	
바닷물에서 물이 기화된 후 액화된 물을 따로 분리한다.	탁한 술을 가열하면 끓는점이 낮은 에탄올이 먼저 끓어 나온다.

③ 증류탑을 이용한 원유의 분리 : 끓는점이 낮은 물질은 증류탑의 위쪽에서, 끓는점이 높은 물질은 증류탑의 아래쪽에서 얻을 수 있음

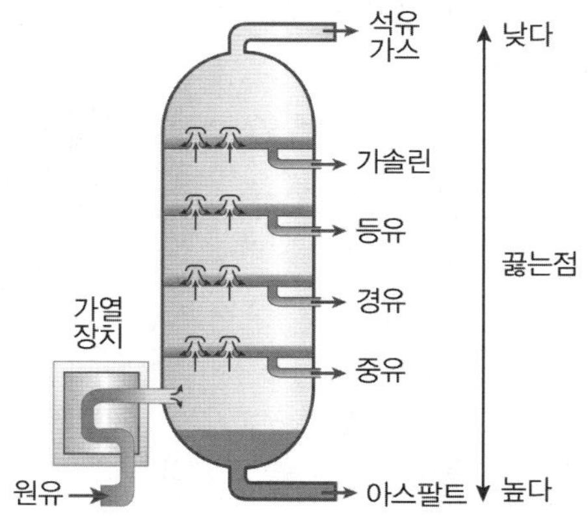

2. 용해도 차를 이용한 혼합물의 분리 및 크로마토그래피

(1) 용해도 차를 이용한 분리

① 거름과 추출

거름	추출
어떤 용매에 잘 녹는 성분과 잘 녹지 않는 성분이 섞인 경우, 혼합물을 용매에 녹인 후 거름 장치로 걸러 혼합물을 분리하는 방법	혼합물에서 특정한 성분 물질만을 녹이는 용매를 사용하여 그 성분 물질을 분리하는 방법
▲ 거름 장치	• 드라이클리닝으로 기름때 제거 • 한약재에서 한약 성분 얻기 • 커피콩에서 커피 성분 분리하기

② 재결정 : 물질의 온도에 따른 용해도 차를 이용하여 불순물을 제거하고 순수한 결정을 얻는 방법

예 천일염에서 순수한 소금 얻기

(2) 크로마토그래피

① 크로마토그래피 : 혼합물을 이루는 성분 물질이 용매를 따라 이동하는 속도 차를 이용하여 혼합물을 분리하는 방법

② 크로마토그래피 특징

㉠ 매우 적은 양의 혼합물도 분리할 수 있음

㉡ 분리 방법이 간단하고, 성질이 비슷한 혼합물도 한 번에 분리할 수 있음

③ 크로마토그래피 이용 : 사인펜 색소 분리, 운동선수 도핑 테스트, 농약 성분 검출, 꽃잎 색소 분리 등

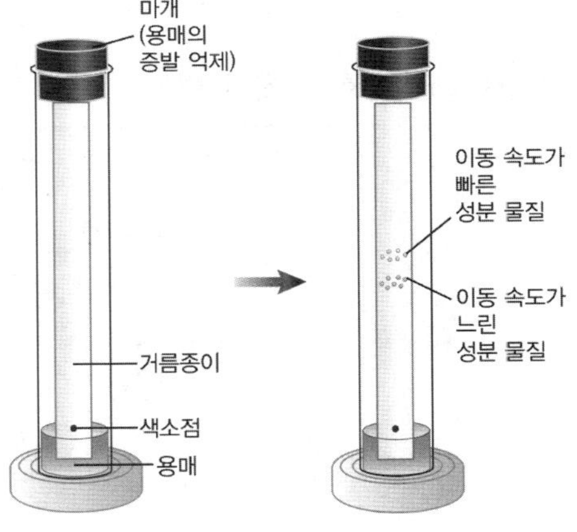

1 물질 변화와 화학 반응식

1. 물질 변화

(1) 물리 변화

　① 물리 변화 : 물질의 고유한 성질은 변하지 않으면서 모양이나 크기, 상태 등이 변하는 현상

　② 물리 변화의 예

　　㉠ 모양 변화 : 캔이 찌그러진다. 종이가 찢어졌다. 종이를 접는다.

　　㉡ 상태 변화 : 물이 끓어 수증기가 된다. 얼음이 녹아 물이 되었다.

　　㉢ 용해 : 소금이 물에 녹는다.

　　㉣ 확산 : 냄새(향기)가 퍼진다. 물에 잉크가 퍼진다.

(2) 화학 변화

　① 화학 변화 : 물질이 전혀 다른 성질의 새로운 물질로 변하는 현상

　② 화학 변화의 예

　　㉠ 열이나 빛이 발생 : 연소 반응, 손난로를 흔들면 따뜻해진다.

　　㉡ 냄새, 맛, 색이 변함 : 김치 맛이 시어진다. 사과가 갈변한다. 단풍이 진다.

　　㉢ 기체 발생 : 물을 전기 분해하면 수소 기체와 산소 기체가 발생한다.

　　㉣ 앙금 생성 : 석회수에 입김을 불면 뿌옇게 흐려진다.

(3) 물리 변화와 화학 변화의 비교

구분	물리 변화		화학 변화	
모형	물	가열 → 수증기	물	전류 → 수소＋산소
변하는 것	분자의 배열		원자의 배열, 분자의 종류, 물질의 성질	
변하지 않는 것	분자의 종류, 물질의 성질 원자의 종류, 원자의 개수, 물질의 질량		원자의 종류, 원자의 개수, 물질의 질량	

2. 화학 반응식

(1) 화학 반응식

① 화학 반응식 : 화학 반응을 화학식과 기호를 이용하여 나타낸 것

② 화학 반응식 꾸미기

	수소 + 산소 → 물
1단계	• 반응물을 왼쪽, 생성물을 오른쪽에 쓰고, 그 사이에 화살표(→)를 표시한다. • 반응물이나 생성물이 2개 이상인 경우 '+'로 연결한다.
	$H_2 + O_2 → H_2O$
2단계	• 반응물과 생성물을 화학식으로 나타낸다.
	$2H_2 + O_2 → 2H_2O$
3단계	• 반응 전후 원자의 개수와 종류가 같도록 계수를 맞춰준다. (이때 계수는 가장 간단한 정수비로 나타내며, 1은 생략한다.)

(2) 화학 반응식을 통해 알 수 있는 것

① 반응물과 생성물의 종류 및 구성 원자, 분자의 개수를 알 수 있음

화학 반응식	$2H_2$	+	O_2	→	$2H_2O$
반응물과 생성물	반응물 : 수소, 산소			생성물 : 물	
분자의 종류, 개수	수소 분자 2개		산소 분자 1개	물 분자 2개	
원자의 종류, 개수	수소 원자 4개		산소 원자 2개	수소 원자 4개, 산소 원자 2개	
계수비	2	:	1	:	2
분자 수비	2	:	1	:	2

② 반응물과 생성물의 크기, 모양, 질량 등은 화학 반응식을 통해 알 수 없음

2 화학 반응의 규칙과 에너지 변화

1. 화학 반응의 규칙성

(1) 질량 보존 법칙

① 질량 보존 법칙

㉠ 화학 반응이 일어날 때 반응 전후에 질량이 변하지 않고 일정함

> 반응물의 전체 질량 = 생성물의 전체 질량

㉡ 질량 보존 법칙이 성립하는 까닭 : 화학 반응이 일어날 때 물질을 이루는 원자의
종류와 개수가 변하지 않기 때문

② 질량 보존 법칙의 적용

㉠ 앙금 생성 반응에서의 질량 보존

반응	염화 나트륨 수용액과 질산 은 수용액을 섞으면 흰색 앙금인 염화 은이 생성됨
과정	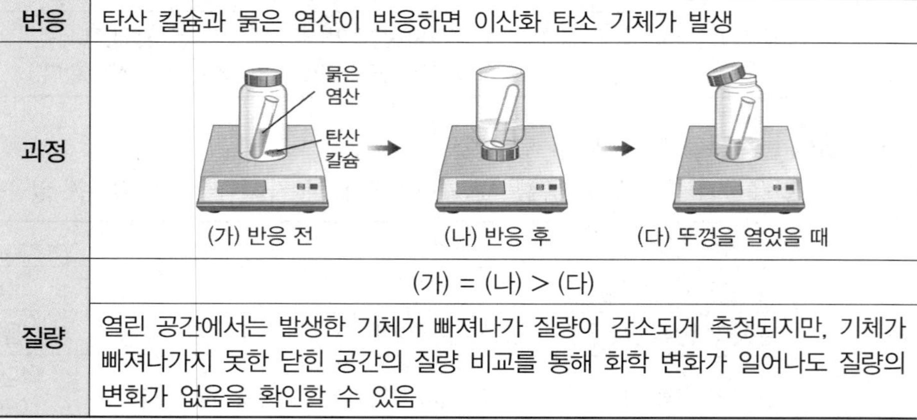
질량	(염화 나트륨 + 질산 은)의 질량 = (질산 나트륨 + 염화 은)의 질량

㉡ 기체 발생 반응에서의 질량 보존

반응	탄산 칼슘과 묽은 염산이 반응하면 이산화 탄소 기체가 발생
과정	(가) 반응 전 (나) 반응 후 (다) 뚜껑을 열었을 때
	(가) = (나) > (다)
질량	열린 공간에서는 발생한 기체가 빠져나가 질량이 감소되게 측정되지만, 기체가 빠져나가지 못한 닫힌 공간의 질량 비교를 통해 화학 변화가 일어나도 질량의 변화가 없음을 확인할 수 있음

㉢ 연소 반응

반응	강철 솜의 연소 반응		나무의 연소 반응	
과정	강철 솜 + 산소 → 산화 철		나무 + 산소 → 수증기 + 이산화 탄소 + 재	
질량	닫힌 공간	열린 공간	닫힌 공간	열린 공간
	일정	결합한 산소 양만큼 질량 증가	일정	생성된 기체가 빠져나가 질량 감소

(2) 일정 성분비 법칙

① 일정 성분비 법칙

㉠ 화합물을 구성하는 성분 원소 사이에는 일정한 질량비가 성립함

㉡ 일정 성분비 법칙이 성립하는 이유 : 화합물을 구성하는 성분 원자의 개수비는 항상 일정하기 때문

　　ⓒ 일정 성분비 법칙은 혼합물에서는 성립하지 않고, 화합물에서만 성립함

　　ⓔ 화합물을 구성하는 성분 원소의 종류가 같아도 질량비가 다르면 다른 물질임

② 산화 구리(Ⅱ) 생성 반응에서 질량비

구리 + 산소 → 산화 구리(Ⅱ)		
구분	**구리와 산소**	**구리와 산화 구리(Ⅱ)**
질량 관계	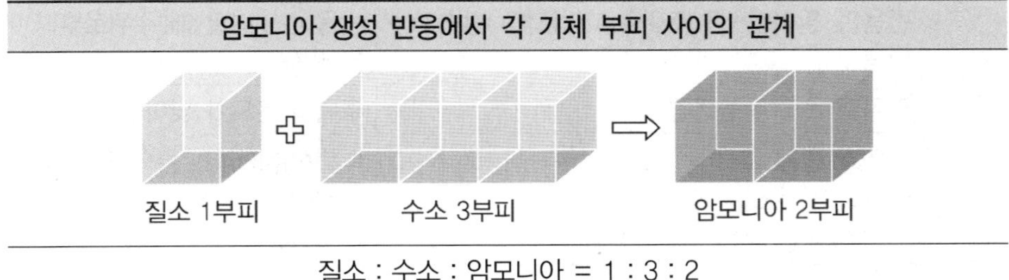	
질량비	구리 : 산소 = 4 : 1	구리 : 산화 구리(Ⅱ) = 4 : 5
산화 구리(Ⅱ) 생성 반응에서 질량비	구리 : 산소 : 산화 구리(Ⅱ) = 4 : 1 : 5	

(3) 기체 반응 법칙

① 기체 반응 법칙

　　㉠ 일정한 온도와 압력에서 기체가 반응하여 새로운 기체를 생성할 때 각 기체의 부피 사이에는 간단한 정수비가 성립함

암모니아 생성 반응에서 각 기체 부피 사이의 관계
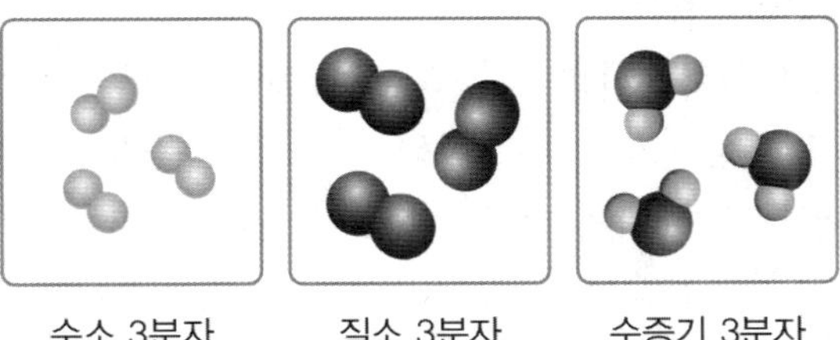

　　㉡ 온도와 압력이 같을 때 모든 기체는 같은 부피 속에 같은 수의 분자가 들어 있음

② 기체 반응 법칙과 화학 반응식

화학 반응식의 계수비＝기체의 분자 수비＝기체의 부피비

수증기 생성 반응	모형	수소		산소		수증기
	화학 반응식	$2H_2$	+	O_2	→	$2H_2O$
	계수비	2	:	1	:	2
	부피비	2	:	1	:	2
	분자 수비	2	:	1	:	2

2. 화학 반응에서의 에너지 출입

(1) 발열 반응과 흡열 반응

발열 반응	흡열 반응
열에너지 방출	열에너지 흡수
반응이 일어날 때 주위로 에너지를 방출하는 반응	반응이 일어날 때 주위로부터 에너지를 흡수하는 반응
주위의 온도가 높아짐	주위의 온도가 낮아짐
• 연소 반응 • 금속이 녹스는 반응 • 금속과 산, 산과 염기의 반응	• 탄산수소 나트륨의 열분해 • 물의 전기 분해 • 광합성

(2) 화학 반응에서 에너지 출입의 이용
　① 발열 반응의 이용
　　㉠ 발열 도시락 : 산화 칼슘과 물이 반응하면서 방출하는 에너지로 음식물을 데움
　　㉡ 철 가루 손난로 : 철 가루와 산소가 반응하면서 방출하는 에너지를 이용함
　　㉢ 염화 칼슘 제설제 : 염화 칼슘이 물과 반응할 때
　　　　에너지를 방출하여 눈을 녹임
　② 흡열 반응의 이용
　　• 냉찜질 팩 : 질산 암모늄과 물이 반응할 때 에너지를
　　　흡수하여 주변 온도가 낮아지는 것을 이용함

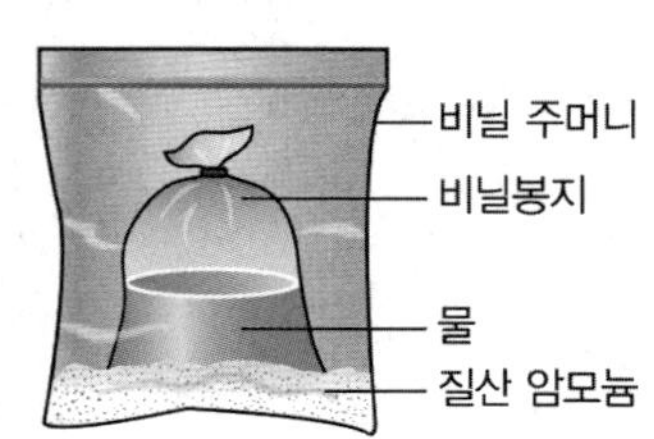

01 다음 중 입자 운동과 관련된 현상이 <u>아닌</u> 것은?

① 가뭄에 논바닥이 마른다.

② 사과가 나무에서 떨어진다.

③ 어항의 물이 줄어든다.

④ 향수 냄새가 방 안 전체에 퍼진다.

02 다음 중 젖은 빨래가 빨리 마르는 조건으로 옳지 <u>않은</u> 것은?

① 바람이 강하다.

② 비가 온다.

③ 햇빛이 강하다.

④ 빨래를 넓게 펼쳐서 말린다.

03 그림과 같이 암모니아수가 들어 있는 시험관에 페놀프탈레인 용액을 묻힌 솜을 끼운 유리관을 넣었다. 페놀프탈레인 용액을 묻힌 솜 A~C 중 색 변화가 가장 빠른 것은? (단, 암모니아 기체가 페놀프탈레인 용액을 만나면 붉은색으로 변한다.)

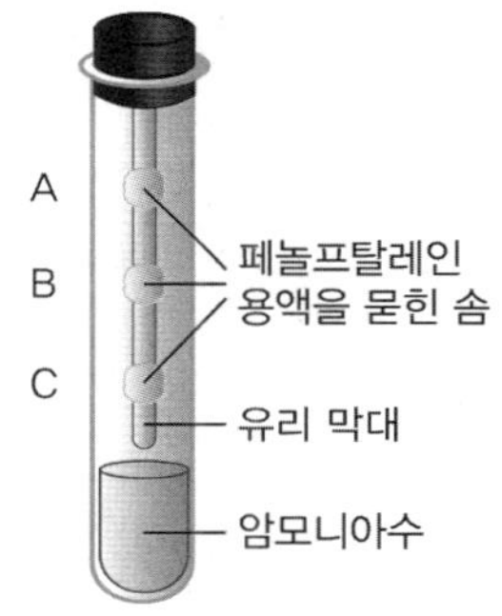

① A

② B

③ C

④ 모두 동시에 변한다.

04 압력은 단위 면적에 수직으로 작용하는 힘의 크기이다. 면적이 $10m^2$인 물체에 $200N$의 힘이 수직으로 작용하고 있을 때 압력의 크기(N/m^2)는? (단, 대기압은 무시한다.)

① $10N/m^2$　　② $20N/m^2$

③ $30N/m^2$　　④ $40N/m^2$

05 그림은 온도가 일정할 때 기체의 부피 변화를 입자 모형으로 나타낸 것이다. (가)에서 (나)로 변할 때 증가한 것은?

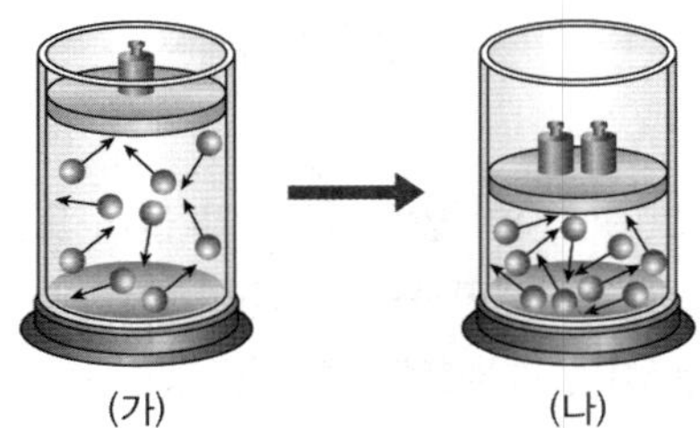

(가)　　　　　(나)

① 입자의 개수
② 입자의 질량
③ 입자 사이의 거리
④ 입자의 충돌 수

06 다음은 온도가 일정할 때 기체의 압력과 부피 사이의 관계를 나타낸 것이다. 이에 대한 설명으로 옳은 것은?

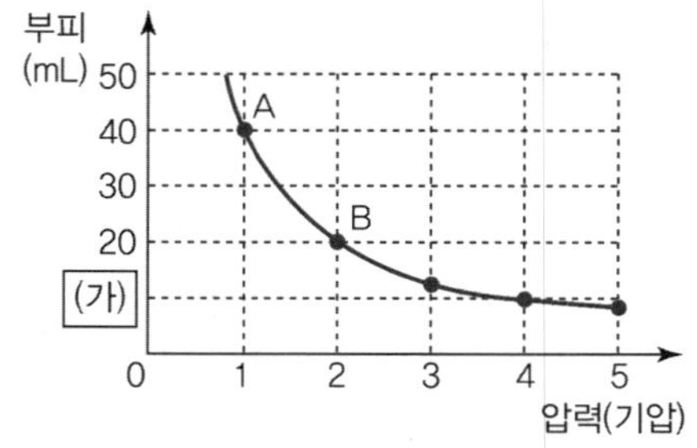

① 기체의 압력과 부피는 비례 관계이다.
② (가)는 10이다.
③ A는 B보다 기체 입자의 충돌 횟수가 많다.
④ A는 B보다 기체 입자 사이의 거리가 가깝다.

07 그림은 고무풍선을 씌운 삼각 플라스크를 수조에 담긴 물에 넣었을 때의 변화를 나타낸 것이다. 이에 대한 설명으로 옳지 <u>않은</u> 것은? (단, 압력은 일정하다.)

① 수조 안 물의 온도는 실온보다 높다.
② 고무풍선 속 기체 입자 운동이 활발해졌다.
③ 고무풍선 속 기체 입자 사이의 거리는 멀어졌다.
④ 고무풍선 속 입자의 크기가 증가했다.

08 다음 현상과 관련된 법칙은?

> • 풍선은 하늘 높이 올라갈수록 점점 커지다가 결국 터진다.
> • 잠수부가 내뿜은 물속의 공기 방울은 수면 가까이로 올라올수록 점점 커진다.

① 반사 법칙
② 독립의 법칙
③ 보일 법칙
④ 역학적 에너지 보존 법칙

09 다음과 같은 특징을 가지는 물질은?

> - 담는 그릇에 따라 모양이 변한다.
> - 흐르는 성질이 있다.
> - 힘을 주면 쉽게 압축된다.

① 암석

② 식용유

③ 이산화 탄소

④ 에탄올

10 그림은 물질의 상태 변화를 입자 모형으로 나타낸 것이다. A~F 중 입자 배열이 불규칙해지고 입자 운동이 활발해지는 상태 변화를 바르게 고른 것은?

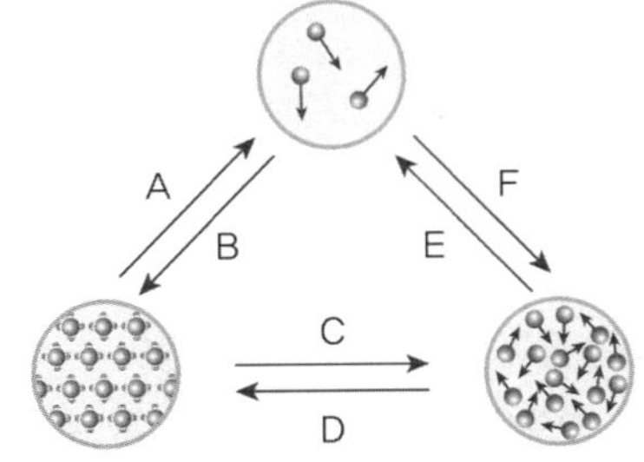

① A, C, E

② B, D, F

③ A, B, D

④ B, E, F

11 그림과 같이 드라이아이스 조각을 비닐 주머니 안에 넣고 입구를 막은 후 변화를 관찰하였다. 이에 대한 설명으로 옳은 것은?

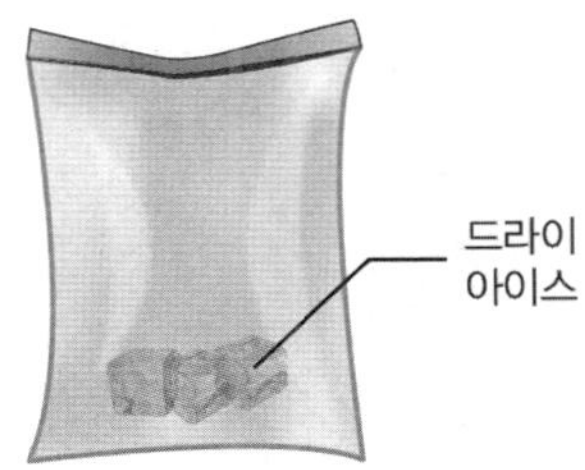

① 비닐 주머니 안에서 드라이아이스의 융해가 일어난다.

② 비닐 주머니의 크기가 점점 작아진다.

③ 비닐 주머니 안의 입자의 개수가 점점 증가한다.

④ 드라이아이스의 크기가 점점 작아진다.

12 그래프는 액체 물질을 냉각할 때 온도 변화를 나타낸 것이다. 이에 대한 설명으로 옳은 것은?

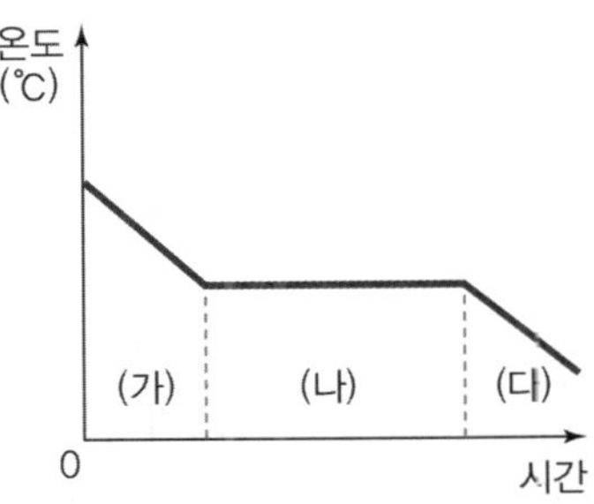

① (가)는 기체 상태이다.

② (나)구간에서 열에너지 흡수가 일어난다.

③ (나)구간의 일정한 온도를 어는점이라고 한다.

④ (다)는 고체와 액체가 함께 존재한다.

13 그림과 같은 입자 배열로 설명할 수 있는 상태 변화는?

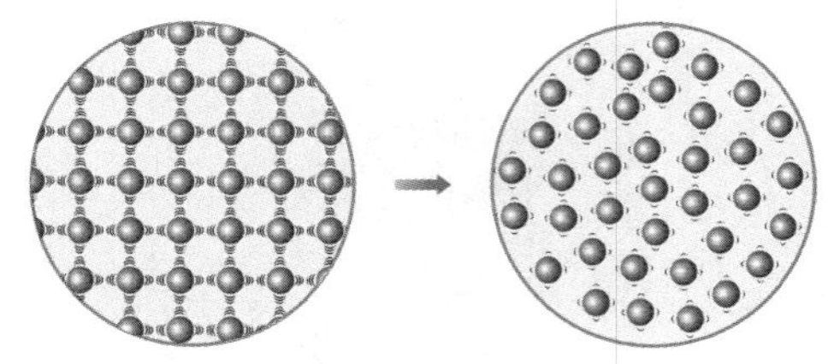

① 버터가 녹는다.
② 얼음컵 표면에 물방울이 맺힌다.
③ 흘러내리던 촛농이 굳는다.
④ 이른 아침 안개가 낀다.

14 다음과 같은 상태 변화와 관련된 열에너지 출입은?

> 아이스크림을 포장할 때 드라이아이스를 함께 넣으면 아이스크림이 잘 녹지 않는다.

① 융해열 흡수
② 기화열 흡수
③ 승화열 흡수
④ 승화열 방출

15 그래프는 어떤 고체 물질의 가열 곡선을 나타낸 것이다. (가)~(라) 중 끓는점에 해당하는 구간의 온도는?

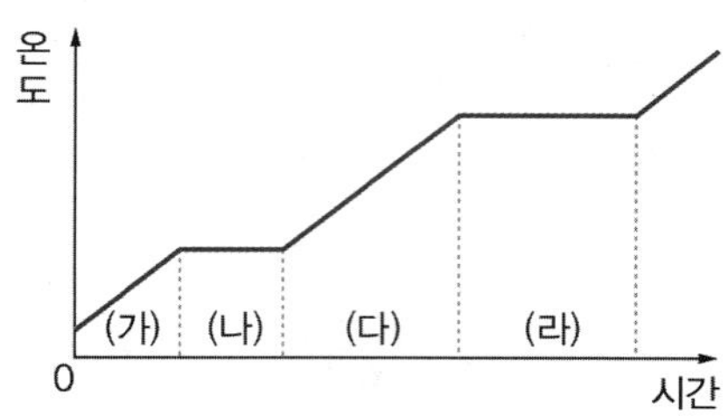

① (가)
② (나)
③ (다)
④ (라)

16 녹는점이 −218℃, 끓는점이 −183℃인 임의의 물질이 실온(25℃)에서 물질의 상태는?

① 고체
② 액체
③ 기체
④ 고체 + 액체

PART 3 | 물질의 구성

17 다음 설명에 해당하지 <u>않는</u> 것은?

> - 물질을 구성하는 기본 성분이다.
> - 더 이상 다른 물질로 분해되지 않는다.

① 구리　　　　② 물
③ 산소　　　　④ 철

18 다음은 다양한 금속 원소를 겉불꽃에 넣었을 때 나타나는 불꽃색을 나타낸 것이다. 질산 칼륨을 불꽃 반응을 시켰을 때 나타나는 불꽃색은?

나트륨	리튬	구리	칼륨	칼슘
노란색	빨간색	청록색	보라색	주황색

① 노란색　　　　② 청록색
③ 보라색　　　　④ 주황색

19 다음 설명에 해당하는 것은?

> - 빛을 분광기로 관찰할 때 나타나는 색의 띠이다.
> - 원소마다 선의 색, 개수, 위치 등이 일정하다.
> - 불꽃색이 비슷한 원소를 구분할 때 이용할 수 있다.

① 선 스펙트럼
② 앙금 생성
③ 알짜 이온 반응식
④ 이온식

20 그림은 어떤 물질의 분자 모형이다. 이 분자 모형의 분자식으로 옳은 것은?

① OCO　　　　② COO
③ CO_2　　　　④ CO2

21 그림은 원자의 구조를 모형으로 나타낸 것이다. 이에 대한 설명으로 옳지 <u>않은</u> 것은?

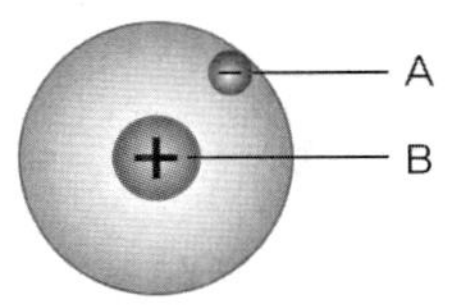

① A는 (−)전하를 띤다.
② B는 전기적으로 중성이다.
③ A는 질량이 매우 작다.
④ B는 원자의 중심에 위치한다.

22 다음 분자식을 구성하는 원자의 총 개수는?

> 2HCl

① 2개　　　　② 3개
③ 4개　　　　④ 6개

23 표는 (가)~(라)의 원자핵의 전하량과 전자 수를
나타낸 것이다. (가)~(라) 중 전하를 띠지 <u>않는</u>
것은? (단, 전자 1개는 −1의 음전하를 갖는다.)

구분	(가)	(나)	(다)	(라)
원자핵의 전하량	+3	+8	+2	+17
전자 수(개)	2	10	2	18

① (가)　　　　② (나)
③ (다)　　　　④ (라)

24 그림은 A 원자가 이온이 되는 과정을 모형으로
나타낸 것이다. A 원자의 이온식으로 옳은 것
은? (단, A는 임의의 원소 기호이다.)

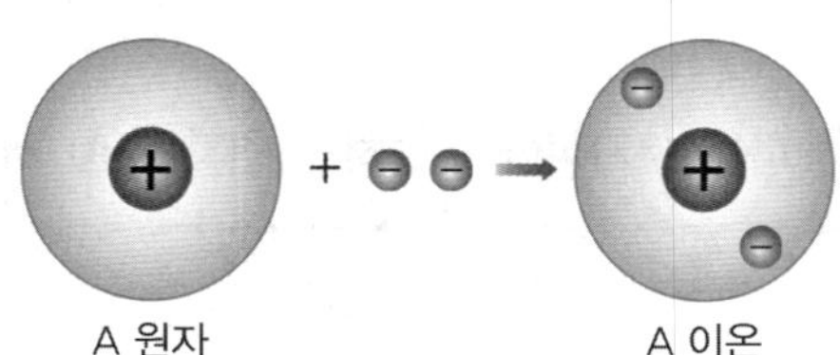

① A^+　　　　② A^{2+}
③ A^-　　　　④ A^{2-}

25 다음에 제시된 이온 모형의 전하량은?

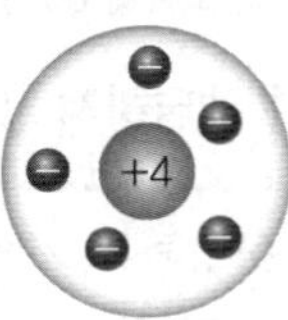

① +1　　　　② +2
③ −1　　　　④ −2

26 제시된 이온식 (가)~(라) 중 가장 많은 전자를
잃어버린 것은? (단, A~D는 임의의 원소 기호
이다.)

(가)	(나)	(다)	(라)
A^+	B^{2+}	C^-	D^{2-}

① (가)　　　　② (나)
③ (다)　　　　④ (라)

27 다음 설명에 해당하는 것은?

> - 여러 가지 물질의 성질 중 양에 관계없이 그 물질만이 나타내는 고유한 성질이다.
> - 끓는점, 밀도, 용해도 등이 속한다.

① 혼합물　　　　② 앙금
③ 물질의 특성　　④ 화학 변화

28 그래프는 액체 물질의 가열 곡선을 나타낸 것이다. A~D 중 같은 물질을 바르게 고른 것은?

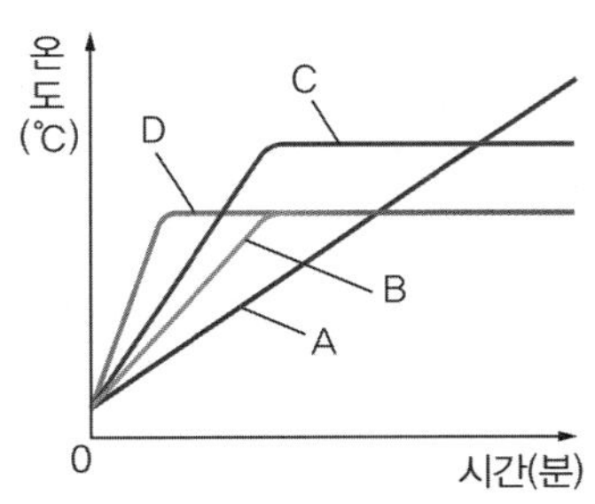

① A, B　　　　② B, D
③ C, D　　　　④ A, C

29 다음 중 균일 혼합물에 속하는 것은?

① 구리　　　　② 설탕
③ 소금물　　　④ 우유

30 다음 설명에 해당하는 물질의 특성은?

> - 고체가 액체로 될 때 일정하게 유지되는 온도이다.
> - 순물질의 경우 어는점과 같다.

① 밀도　　　　② 끓는점
③ 녹는점　　　④ 용해도

31 다음 중 온도가 낮아질수록 용해도가 증가하는 물질은? (단, 압력은 일정하다.)

① 소금　　　　② 산소
③ 질산 나트륨　④ 붕산

32 그림은 밀도 차이를 이용하여 혼합물을 분리하는 장치이다. 혼합물 분리에 이용되는 이 장치의 이름은?

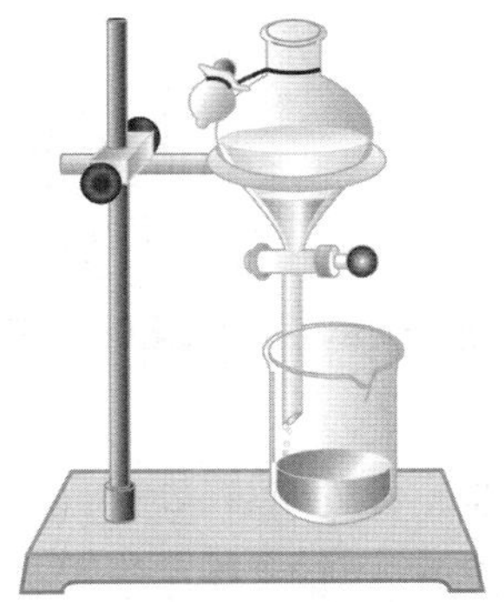

① 증류 장치　　② 분별 깔대기
③ 소줏고리　　④ 크로마토그래피

33 그림은 원유를 분리하는 장치인 증류탑이다. A~D 중 끓는점이 가장 낮은 것은?

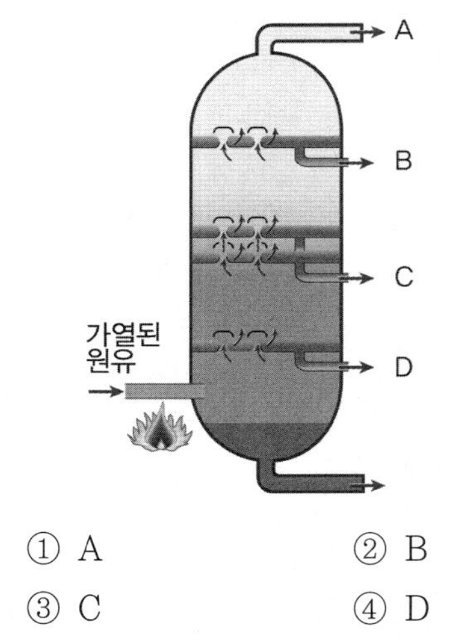

① A ② B

③ C ④ D

34 다음 중 크로마토그래피에 대한 설명으로 옳지 <u>않은</u> 것은?

① 매우 적은 양의 혼합물을 분리할 수 있다.

② 꽃잎의 색소 분리에 이용될 수 있다.

③ 밀도 차이에 따라 혼합물이 분리된다.

④ 여러 가지 성분을 한 번에 분리할 수 있다.

35 다음 설명에 해당하는 물질 변화가 일어난 것은?

> • 물질의 고유한 성질이 변하지 않는다.
> • 분자의 종류는 변하지 않고 분자의 배열 변화가 일어난다.

① 김치가 시어진다.

② 단풍이 든다.

③ 드라이아이스의 크기가 작아진다.

④ 종이를 태운다.

36 다음은 질소(N_2)와 수소(H_2)가 반응하여 암모니아(NH_3)가 생성되는 반응을 화학 반응식으로 나타낸 것이다. ㉠에 들어갈 알맞은 것은?

$$N_2 + 3(\ \text{㉠}\ ) \rightarrow 2NH_3$$

① O_2 ② Na

③ H_2 ④ Mg

37 그림은 어떤 화학 반응을 모형으로 나타낸 것이다. 이에 대한 설명으로 옳지 <u>않은</u> 것은?

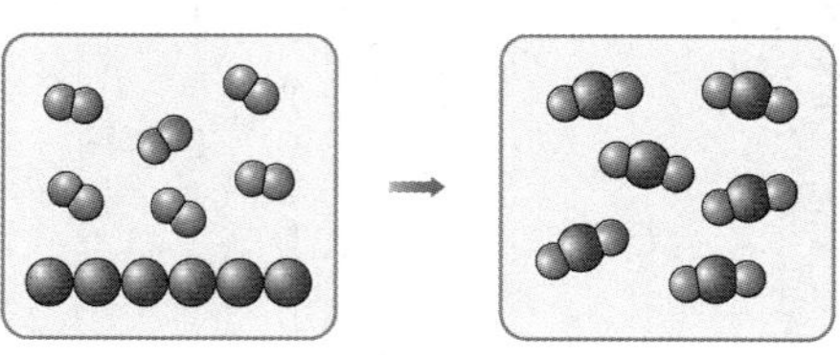

① 질량 보존 법칙이 성립한다.

② 물리 변화이다.

③ 새로운 분자가 생성되는 모형이다.

④ 일정 성분비 법칙을 설명할 수 있다.

38 그래프는 마그네슘을 가열할 때 반응하는 마그네슘과 생성된 산화 마그네슘의 질량 관계를 나타낸 것이다. 산화 마그네슘을 이루는 (마그네슘 : 산소)의 질량비는?

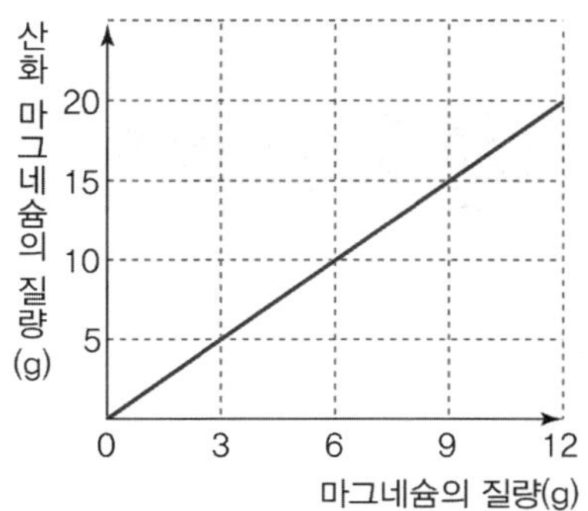

① 1 : 1

② 3 : 2

③ 3 : 5

④ 5 : 3

39 그림은 수소 기체와 산소 기체가 반응하여 수증기가 생성될 때의 부피 관계를 나타낸 것이다. 이 과정을 화학 반응식으로 나타낼 때 (수소 : 산소 : 수증기)의 계수비로 옳은 것은? (단, 온도와 압력은 일정하다.)

	수소	:	산소	:	수증기
①	1	:	1	:	1
②	1	:	2	:	2
③	2	:	1	:	1
④	2	:	1	:	2

40 그림은 볼트(B)와 너트(N)를 이용하여 화합물을 만드는 반응을 나타낸 것이다. 볼트(B) 2개와 너트(N) 2개를 이용하여 만들 수 있는 화합물(BN_2)의 개수는?

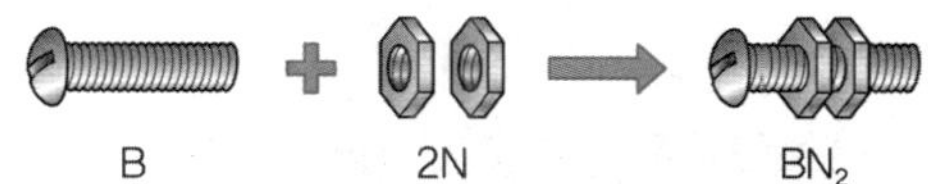

① 1개

② 2개

③ 3개

④ 4개

41 다음 빈칸에 들어갈 말이 바르게 연결된 것은?

> 흡열 반응은 화학 반응이 일어날 때 주위에서 열에너지를 (㉠)하는 반응이다. 흡열 반응이 일어나면 주위의 온도가 (㉡)

	㉠	㉡
①	방출	높아진다.
②	방출	낮아진다.
③	흡수	높아진다.
④	흡수	낮아진다.

1 생물 다양성

1. 생물 다양성의 종류

(1) 생물 다양성
  ① 생물 다양성 : 어떤 지역에 살고 있는 생물의 다양한 정도
  ② 생물 다양성의 구분

유전적 다양성	종 다양성	생태계 다양성
같은 종에 속하는 생물이 서로 다른 유전자를 가지고 있어 크기나 생김새 등의 특징이 다르게 나타나는 정도	한 지역에 살고 있는 생물종의 다양한 정도로 여러 종이 고르게 분포할수록 종 다양성이 높음	어떤 지역에 존재하는 생태계의 다양한 정도

(2) 변이
  ① 변이
    ㉠ 같은 종의 생물 사이에서 나타나는 서로 다른 특징
    ㉡ 환경적 요인, 유전자 원인에 따라 변이가 나타날 수 있음
  ② 유전자 차이에 따른 변이의 예
    ㉠ 얼룩말의 털 무늬가 조금씩 다르다.
    ㉡ 바지락 껍데기의 무늬와 색깔이 조금씩 다르다.

2. 생물의 분류

(1) 생물 분류
  ① 생물 분류 : 생물을 기준에 따라 비슷한 것끼리 무리 지어 나누는 것
  ② 생물 분류 체계

㉠ 생물 분류 단계 : 종 < 속 < 과 < 목 < 강 < 문 < 계
㉡ 종 : 생물을 분류하는 기본 단위로 자연 상태에서 짝짓기를 하여 생식 능력이 있는 자손을 낳을 수 있는 무리
　　예 수탕나귀와 암말 사이에서 태어난 노새는 생식 능력이 없어 자손을 낳을 수 없음
　　➡ 노새는 자손을 번식시킬 수 있는 생식 능력이 없으므로 당나귀와 말은 다른 종임

(2) 생물 5계 분류

① 원핵생물계

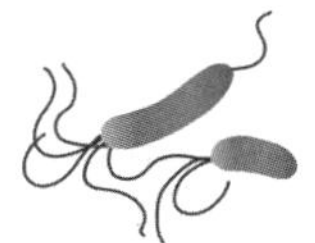

- 핵막으로 둘러싸인 핵이 없음
- 단세포 생물로 세균이 해당함
- 대부분 광합성을 하지 않음(남세균은 가능)
- **예** 대장균, 남세균, 폐렴균 등

② 원생생물계

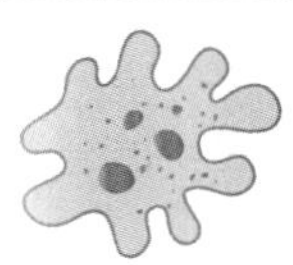

- 핵막으로 둘러싸인 핵이 있음
- 핵이 있는 생물 중 식물계, 균계, 동물계에 속하지 않는 생물 무리
- 조직이나 기관이 발달하지 않음
- **예** 미역, 다시마, 짚신벌레, 아메바, 유글레나

③ 식물계

- 핵이 있는 생물
- 광합성을 할 수 있음
- 뿌리, 줄기, 잎과 같은 기관이 발달
- 세포벽이 있으며 다세포 생물
- **예** 이끼, 소나무

④ 균계

- 핵이 있는 생물
- 스스로 양분을 만들 수 없어 죽은 생물이나 배설물을 분해하여 양분을 얻음
- 대부분 몸이 균사라고 하는 실 모양의 구조로 이루어져 있음 (예외) 효모
- 세포벽이 있으며 대부분 다세포 생물
- **예** 곰팡이, 버섯, 효모

⑤ 동물계

- 핵이 있는 생물
- 스스로 양분을 만들 수 없어 다른 생물을 섭취하여 양분을 얻음
- 운동성이 있고 기관이 발달함
- 다세포 생물
- **예** 호랑이, 새, 붕어, 오징어

2 생물 다양성 보전

1. 생물 다양성 중요성

(1) 생물 다양성 중요성
　① 생물 본질적 가치 : 생물은 그 자체로 고유한 가치가 있음
　② 생태계 평형 유지 : 생물종이 다양하고 먹이 사슬이 복잡할수록 생태계 평형이 잘 유지됨
　③ 생물 자원으로 가치 : 생물 자원이란 인간의 생활과 생산 활동에 이용되는 모든 생물을 말함

(2) 생물 자원

의식주 자원	식량(옥수수, 밀), 의복 재료(누에고치, 양, 목화), 주택 재료(나무)
의약품의 원료	아스피린(버드나무 껍질), 페니실린(푸른곰팡이), 항암제(주목)
휴식 공간과 관광 자원	휴양림, 올레길과 같은 여가 공간
유전 자원	세균으로부터 해충 저항성 유전자를 얻음
아이디어	생체 모방 : 생물의 특징을 모방하여 유용한 기술을 얻을 수 있음 예 연잎을 모방한 방수 페인트

2. 생물 다양성 보전

(1) 생물 다양성 감소 원인

서식지 파괴와 서식지 단편화	• 생물 다양성 감소의 가장 큰 원인 • 도로나 철도 건설로 인한 서식지 단편화로 인해 생물이 이동에 어려움을 겪고 고립될 수 있음
외래종 유입	외래종의 번식으로 고유종의 생존이 위협받을 수 있음 → 외래종은 먹이 사슬에 변화를 일으켜 생태계 평형을 파괴함 예 뉴트리아, 가시박, 붉은 귀 거북, 배스
불법 포획과 남획	불법 포획과 남획으로 생물종의 개체 수가 급격히 감소 → 먹이 사슬의 변화가 생겨 다른 생물종에게도 영향을 줄 수 있음
환경 오염	환경 오염으로 생태계가 파괴되면 생물 다양성이 감소함

(2) 생물 다양성 보전 노력
　① 생물 다양성 감소를 막기 위해 개인, 사회, 국가, 국제적인 노력이 필요함
　② 생물 다양성 보전을 위한 노력 예 : 생태 통로 건설, 국립 공원 지정, 외래종 유입 감시, 국제 협약 준수, 종자 은행 등

PART 2 | 식물과 에너지

1 광합성

1. 광합성

(1) 광합성

① 광합성

ㄱ 식물이 빛에너지를 이용하여 물과 이산화 탄소를 원료로 양분을 만드는 작용

ㄴ 광합성이 일어나는 장소 : 엽록체

② 광합성 과정

$$이산화\ 탄소 + 물 \xrightarrow[\text{(엽록체)}]{\text{빛에너지}} 포도당 + 산소$$

광합성에 필요한 물질		광합성 결과 생성되는 물질	
이산화 탄소	물	포도당	산소
기공을 통해 공기 중에서 흡수	뿌리에서 흡수하여 물관을 통해 잎으로 이동	광합성 결과 처음으로 만들어지는 양분	자신의 호흡에 이용되고, 나머지는 기공을 통해 대기 중으로 방출됨

(2) 광합성에 영향을 주는 요인

① 빛의 세기

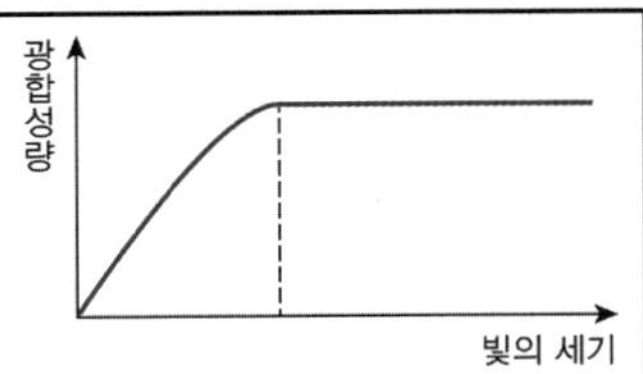

빛의 세기가 강해질수록 광합성은 활발하게 일어나지만, 빛의 세기가 일정 수준 이상이 되면 광합성량은 더 이상 증가하지 않고 일정해짐

② 이산화 탄소의 농도

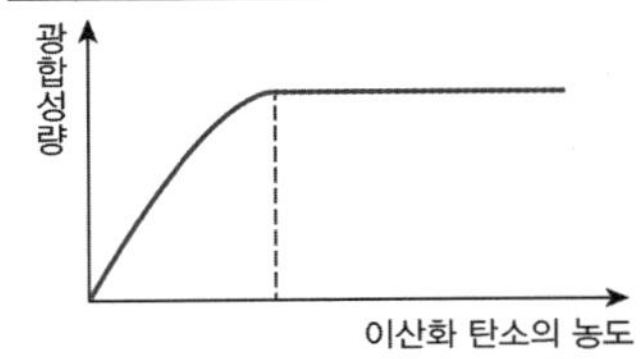

이산화 탄소의 농도가 증가할수록 광합성은 활발하게 일어나지만, 이산화 탄소의 농도가 일정 수준 이상이 되면 광합성량은 더 이상 증가하지 않고 일정해짐

③ 온도

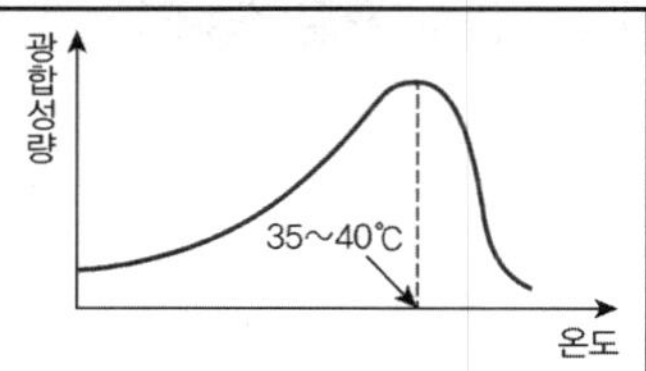

온도가 높아질수록 광합성량은 증가하지만, 어느 정도 이상의 온도가 되면 광합성량은 급격하게 감소함

2. 증산 작용

(1) 공변세포와 기공

① 공변세포

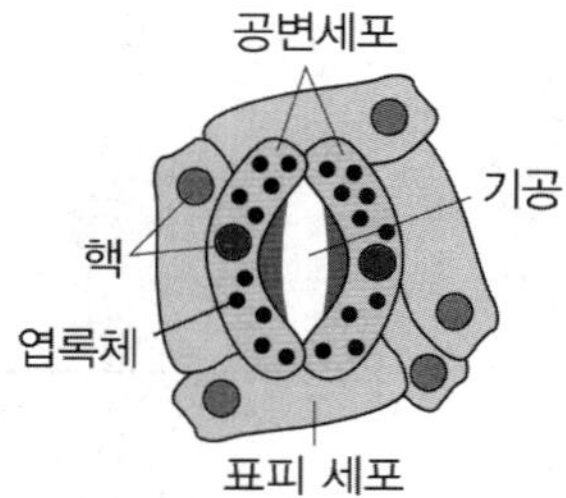

㉠ 잎의 표피 세포가 변형되어 만들어진 세포 ➡ 엽록체가 있어 광합성이 가능함

㉡ 2개의 공변세포가 모여 하나의 기공을 이룸

㉢ 기공 쪽 세포벽이 바깥쪽 세포벽보다 두꺼움 ➡ 공변세포로 물이 들어오면 세포가 휘어지면서 기공이 열림

② 기공 : 기체가 출입하는 통로로 공변세포에 의해 열리고 닫힘

(2) 증산 작용

① 증산 작용 : 식물체 안의 물이 기공을 통해 수증기 형태로 공기 중으로 방출되는 현상

② 증산 작용이 활발할 조건 : 빛이 강할수록, 온도가 높을수록, 바람이 세게 불수록, 습도가 낮을수록 증산 작용이 잘 일어남

③ 증산 작용의 의의

㉠ 광합성에 필요한 물을 뿌리에서 잎까지 끌어올리는 원동력

㉡ 식물체의 온도와 농도를 조절

2 식물의 호흡

1. 식물의 호흡

(1) 식물의 호흡

① 호흡 : 식물이 포도당과 같은 양분을 분해하여 생명 활동에 필요한 에너지를 얻는 과정

㉠ 호흡 장소 : 살아 있는 모든 세포

㉡ 호흡은 낮과 밤을 구분하지 않고 항상 일어남

㉢ 싹이 틀 때, 꽃이 필 때, 생장이 왕성한 시기에 에너지가 많이 필요하기 때문에 호흡이 활발하게 일어남

② 식물의 호흡 과정

$$포도당 + 산소 \longrightarrow 이산화 탄소 + 물 + 에너지$$

호흡에 필요한 물질		호흡 결과 생성되는 물질	
포도당	산소	이산화 탄소	물
광합성 결과 생성된 양분	광합성으로 생성된 산소를 이용하거나, 잎의 기공을 통해 공기 중에서 흡수함	광합성에 일부 이용되고, 남은 것은 기공을 통해 방출	식물체 내에서 쓰이고, 남은 것은 배출

(2) 식물의 기체 출입

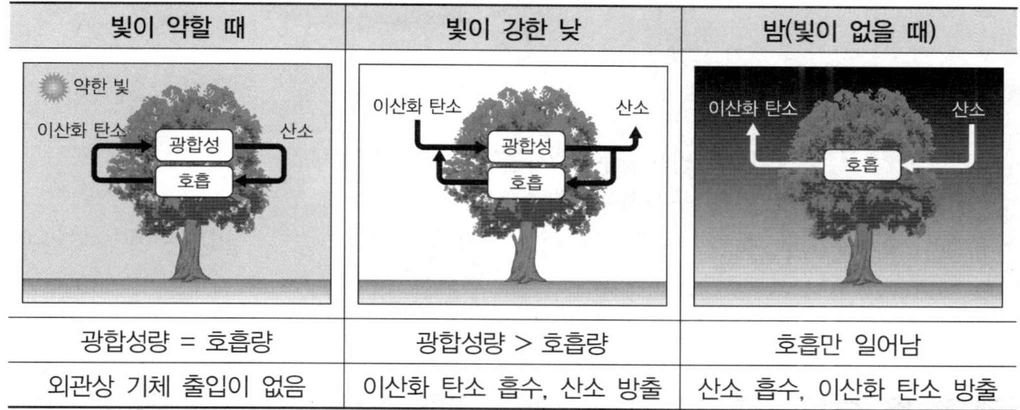

빛이 약할 때	빛이 강한 낮	밤(빛이 없을 때)
광합성량 = 호흡량	광합성량 > 호흡량	호흡만 일어남
외관상 기체 출입이 없음	이산화 탄소 흡수, 산소 방출	산소 흡수, 이산화 탄소 방출

2. 광합성과 호흡

(1) 광합성과 호흡의 비교

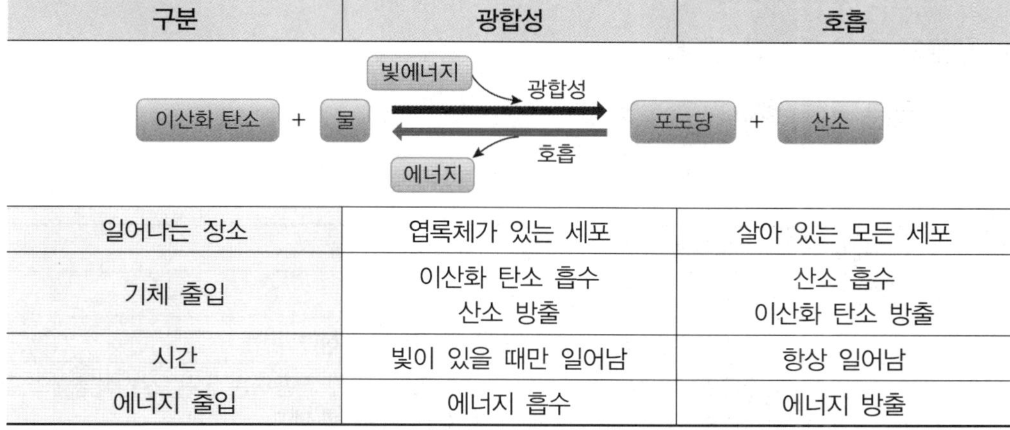

구분	광합성	호흡
일어나는 장소	엽록체가 있는 세포	살아 있는 모든 세포
기체 출입	이산화 탄소 흡수 산소 방출	산소 흡수 이산화 탄소 방출
시간	빛이 있을 때만 일어남	항상 일어남
에너지 출입	에너지 흡수	에너지 방출

(2) 광합성 산물의 이동과 이용

　① 양분의 이동 : 광합성으로 만들어진 포도당은 낮에 녹말로 저장되어 있다가 밤이 되면 설탕으로 바뀌어 식물체 각 부분으로 이동

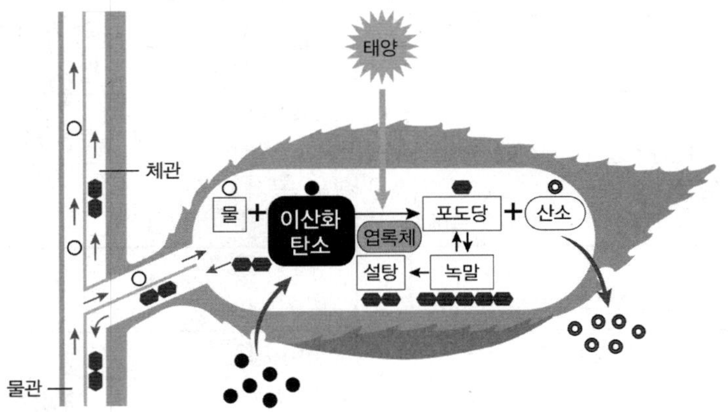

　② 양분의 사용

　　㉠ 생명 활동에 필요한 에너지를 얻는 데 이용

　　㉡ 식물의 몸을 구성하는 데 이용

　　㉢ 포도당, 녹말, 단백질 등 다양한 형태로 뿌리, 줄기, 열매 등 여러 기관에 저장됨

PART 3 │ 동물과 에너지

1 소화

1. 생물의 구성 단계와 영양소

(1) 동물의 구성 단계

세포 ⟶ 조직 ⟶ 기관 ⟶ 기관계 ⟶ 개체

세포	생물체를 구성하는 기본 단위
조직	모양과 기능이 같은 세포들의 모임
기관	일정한 형태를 이루고 특정 기능을 수행하는 부분
기관계	연관된 기능을 수행하는 기관이 모여 함께 작용하는 부분으로 식물체의 구성 단계에는 없음 ⓔ 소화계, 순환계, 호흡계, 배설계, 신경계 등
개체	체계적인 구조와 기능을 가진 독립된 생물체

(2) 영양소

우리 몸을 구성하고 에너지원으로 쓰이거나 몸의 기능을 조절하는 물질

① 3대 영양소 : 에너지원으로 쓰이며 몸의 구성 성분으로 사용

구분	탄수화물	단백질	지방
	에너지원, 몸을 구성	에너지원, 몸을 구성	에너지원, 몸을 구성
기능	• 주 에너지원 • 몸의 구성 비율이 낮음 • 남으면 지방으로 바뀌어 저장됨	• 효소, 호르몬의 주성분으로 몸의 기능을 조절 • 근육, 머리카락 등을 구성	• 에너지의 저장 형태 • 체온 유지 기능
식품	밥, 빵, 감자, 고구마, 국수	콩, 살코기, 생선	버터, 식용유, 땅콩

② 부영양소 : 에너지원은 아니지만 몸을 구성하거나 몸의 기능을 조절함

구분	물	무기 염류	바이타민(비타민)
기능	• 몸의 구성 비율이 가장 높음 • 영양소, 노폐물을 운반 • 체온을 조절	• 뼈, 혈액 등 몸을 구성 • 몸의 기능을 조절	• 몸을 구성하지 않지만 적은 양으로 몸의 기능을 조절 • 부족하면 결핍 증상이 나타남

③ 영양소 검출법

영양소	검출 시약	반응색
녹말	아이오딘 – 아이오딘화 칼륨	청람색
엿당, 포도당	베네딕트 용액 + 가열	황적색
단백질	뷰렛 용액	보라색
지방	수단 Ⅲ 용액	선홍색

2. 소화

(1) 소화계

① 소화

㉠ 음식물 속의 영양소를 흡수할 수 있도록 잘게 분해하는 과정

㉡ 소화의 필요성 : 섭취한 영양소를 우리 몸에서 이용하려면 영양소의 크기가 세포막을 통과하여 몸속으로 흡수할 수 있을 만큼 매우 작게 분해되어야 함

➜ 단백질로 이루어진 소화 효소에 의해 영양소의 분해가 일어남

② 소화관과 소화샘

  ㉠ 소화관 : 음식물이 지나가는 통로

  ㉡ 소화샘 : 소화관에 연결되어 소화액을 분비하는 곳
    예 침샘, 간, 쓸개, 이자 등

(2) 소화관에서의 소화 작용

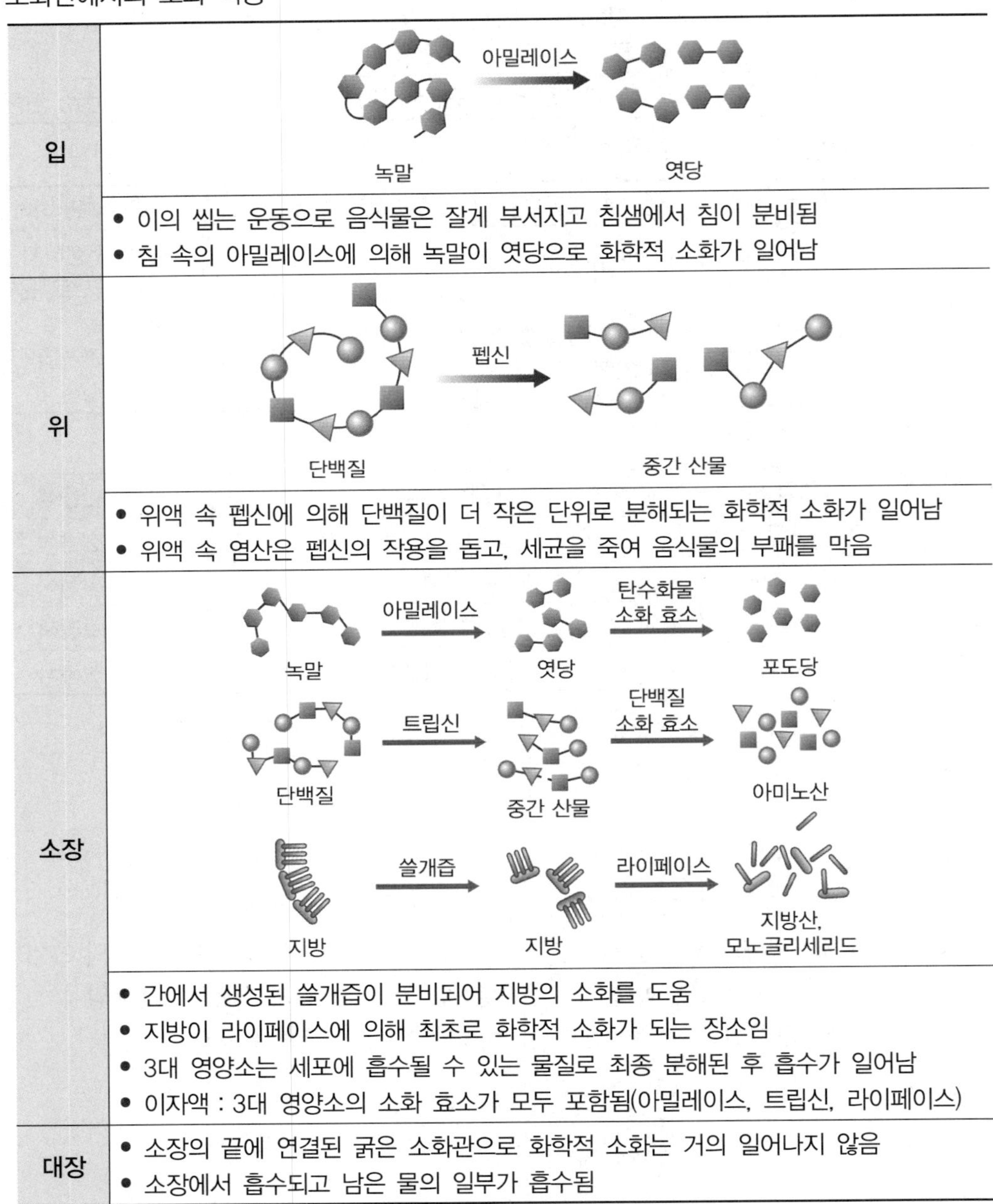

입	• 이의 씹는 운동으로 음식물은 잘게 부서지고 침샘에서 침이 분비됨 • 침 속의 아밀레이스에 의해 녹말이 엿당으로 화학적 소화가 일어남
위	• 위액 속 펩신에 의해 단백질이 더 작은 단위로 분해되는 화학적 소화가 일어남 • 위액 속 염산은 펩신의 작용을 돕고, 세균을 죽여 음식물의 부패를 막음
소장	• 간에서 생성된 쓸개즙이 분비되어 지방의 소화를 도움 • 지방이 라이페이스에 의해 최초로 화학적 소화가 되는 장소임 • 3대 영양소는 세포에 흡수될 수 있는 물질로 최종 분해된 후 흡수가 일어남 • 이자액 : 3대 영양소의 소화 효소가 모두 포함됨(아밀레이스, 트립신, 라이페이스)
대장	• 소장의 끝에 연결된 굵은 소화관으로 화학적 소화는 거의 일어나지 않음 • 소장에서 흡수되고 남은 물의 일부가 흡수됨

(3) 영양소의 흡수 및 이동

소장의 주름과 융털	영양소의 이동
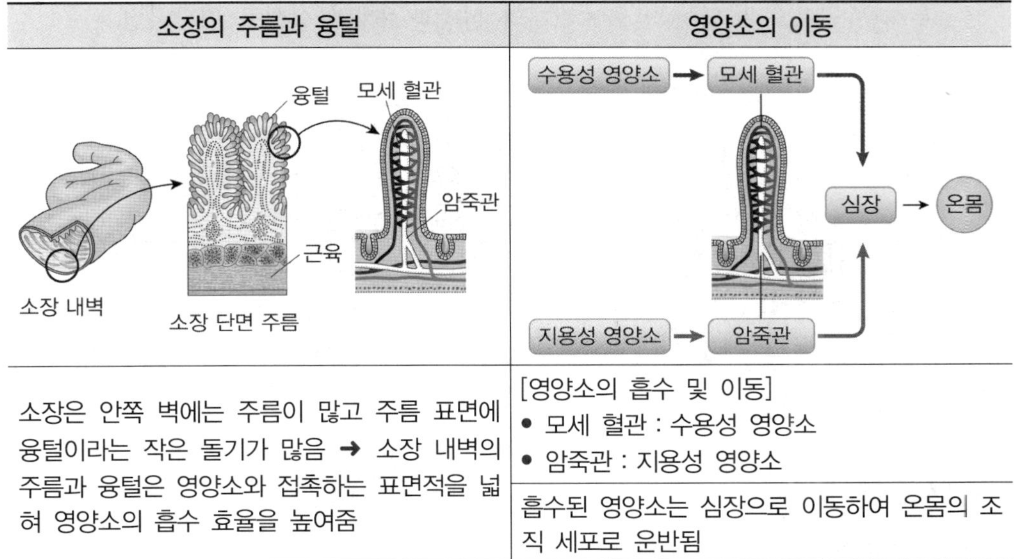	
소장은 안쪽 벽에는 주름이 많고 주름 표면에 융털이라는 작은 돌기가 많음 → 소장 내벽의 주름과 융털은 영양소와 접촉하는 표면적을 넓혀 영양소의 흡수 효율을 높여줌	[영양소의 흡수 및 이동] • 모세 혈관 : 수용성 영양소 • 암죽관 : 지용성 영양소 흡수된 영양소는 심장으로 이동하여 온몸의 조직 세포로 운반됨

2 순환

1. 혈액과 심장

(1) 혈액

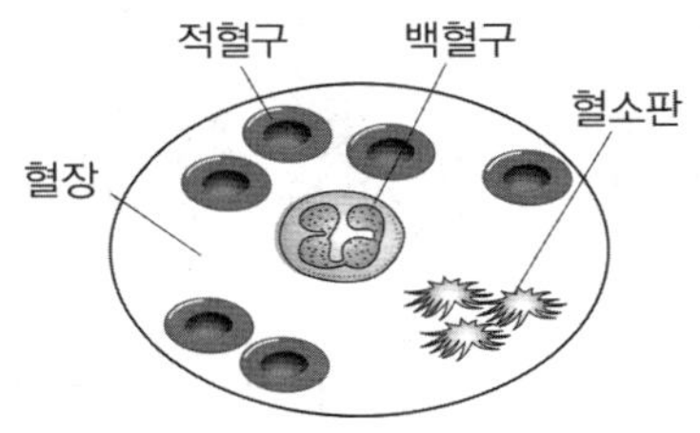

혈장		• 전체 혈액의 약 55% 차지 • 대부분 물로 이루어져 있고 영양소, 노폐물 등을 운반함
혈구	적혈구	• 핵이 없고 가운데가 오목한 원반 모양 • 헤모글로빈이 있어 붉은색을 띰 • 산소 운반
	백혈구	• 혈구 중 가장 크고 모양이 불규칙함 • 핵이 있음 • 세균을 잡아먹는 식균 작용
	혈소판	• 혈구 중 가장 작고 핵이 없음 • 모양이 일정하지 않음 • 혈액 응고

(2) 심장

두꺼운 근육으로 되어 있으며 2개의 심방과 2개의 심실로 이루어짐

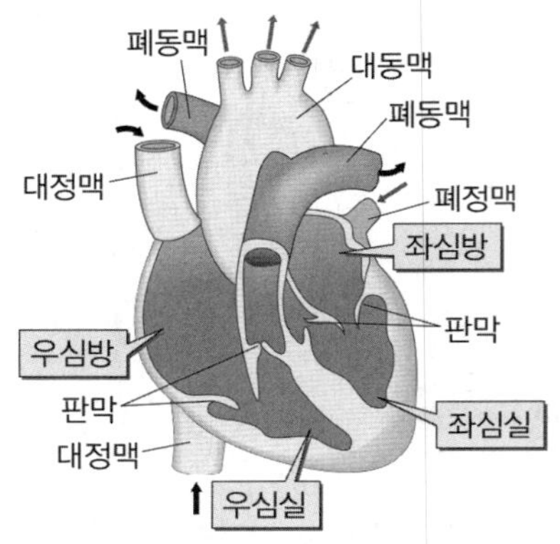

우심방	혈액을 받아들이는 곳으로 대정맥과 연결
우심실	혈액이 나가는 곳으로 폐동맥과 연결
좌심방	혈액을 받아들이는 곳으로 폐정맥과 연결
좌심실	혈액이 나가는 곳으로 대동맥과 연결
판막	심방과 심실 사이, 심실과 동맥 사이에 있음 → 혈액이 한 방향으로 흐르도록 함

2. 혈액 순환

(1) 혈관과 혈액

① 혈관 : 혈액이 이동하는 통로

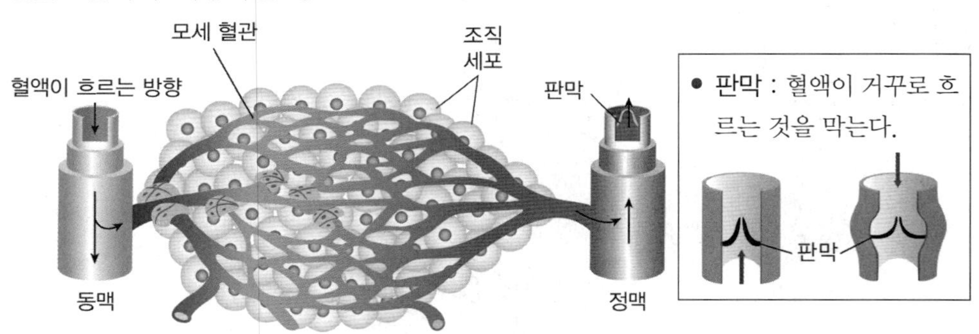

혈액의 흐르는 순서 : 동맥 ⟶ 모세 혈관 ⟶ 정맥		

동맥	모세 혈관	정맥
• 심장에서 나가는 혈액이 흐름 • 혈류 속도가 매우 빠름 • 혈관 벽이 두껍고 탄력이 큼	• 온몸에 그물처럼 퍼져 있는 가는 혈관 • 한 층의 얇은 세포층으로 이루어져 물질 교환이 원활히 일어남 • 총 단면적이 가장 넓고 혈류 속도가 가장 느림	• 심장으로 들어오는 혈액이 흐름 • 혈압이 매우 낮아 혈액 역류를 막기 위해 판막이 있음

② 혈액의 종류

   ㉠ 동맥혈 : 산소를 많이 포함하고 있는 혈액으로 선홍색을 띔

   ㉡ 정맥혈 : 산소를 적게 포함하고 있는 혈액으로 암적색을 띔

(2) 폐순환과 온몸 순환

　① 폐순환 : 산소가 적은 정맥혈이 폐에서 산소를 받아 동맥혈이 되어 심장으로 돌아오는 순환

　② 온몸 순환 : 산소가 많은 동맥혈이 온몸의 조직 세포에 산소와 영양소를 공급하고 정맥혈이 되어 심장으로 돌아오는 순환

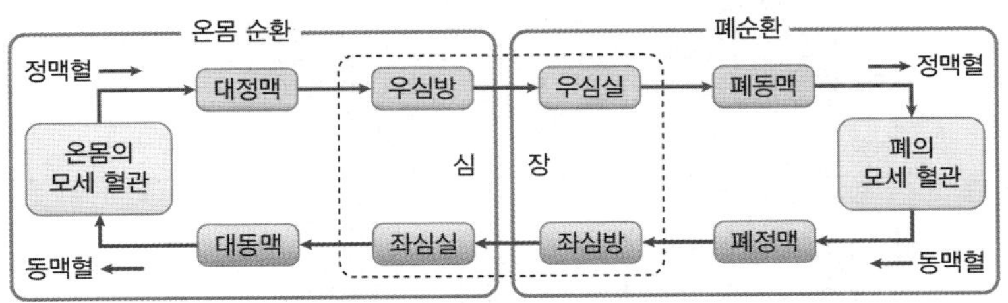

3 호흡과 배설

1. 호흡

(1) 호흡

　① 호흡계

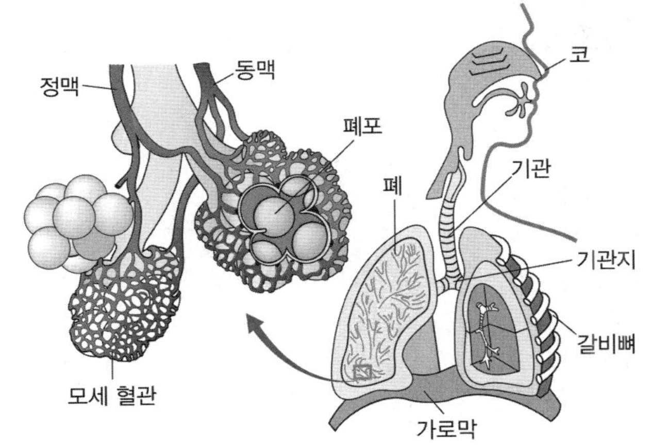

코	• 털과 끈끈한 액체로 덮여 있어 먼지와 세균을 걸러줌 • 밖에서 들어온 공기의 온도와 습도를 조절해줌
기관 기관지	• 섬모가 있어 먼지와 세균을 걸러줌 • 폐 속에서 많은 가지로 갈라져 폐포와 연결됨
폐	• 가슴 속에 좌우 한 개씩 있고 갈비뼈와 가로막으로 둘러싸인 흉강에 들어 있음
폐포	• 폐를 구성하는 작은 공기 주머니 ➜ 표면적을 넓혀 기체 교환의 효율을 높힘 • 모세 혈관으로 둘러싸여 있어 기체 교환이 일어남

② 호흡 운동 원리
　㉠ 폐에는 근육이 없어 스스로 호흡 운동할 수 없음
　　➜ 갈비뼈와 가로막의 움직임으로 기체 출입이 일어남
　㉡ 호흡 운동 원리

구분	갈비뼈	가로막	흉강 부피	흉강 압력	폐의 부피	폐의 내부 압력	공기 이동
들숨	올라감	내려감	커짐	낮아짐	커짐	낮아짐	외부 → 폐
날숨	내려감	올라감	낮아짐	커짐	낮아짐	커짐	폐 → 외부

(2) 기체 교환
　① 기체 교환의 원리 : 기체 농도 차이에 따른 확산 ➜ 기체 농도가 높은 쪽에서 낮은 쪽으로 이동함
　② 폐와 조직에서의 기체 교환

구분	폐와 모세 혈관	조직 세포와 모세 혈관
기체 교환	폐포 ⇄ 모세 혈관 (산소 / 이산화 탄소)	모세 혈관 ⇄ 조직 세포 (산소 / 이산화 탄소)
산소 농도	폐포 > 모세 혈관	모세 혈관 > 조직 세포
이산화 탄소 농도	폐포 < 모세 혈관	모세 혈관 < 조직 세포

2. 배설

(1) 노폐물의 생성과 배설
　① 노폐물의 생성
　　㉠ 탄수화물 + 산소 → 에너지 + 물 + 이산화 탄소
　　㉡ 지방　　+ 산소 → 에너지 + 물 + 이산화 탄소
　　㉢ 단백질　+ 산소 → 에너지 + 물 + 이산화 탄소 + 암모니아
　　　　　　　　　　　　　　　↓
　　　　　　　　　　　공통 노폐물

　② 노폐물의 배설

노폐물	배설 형태
물	일부 날숨을 통해 수증기 형태로 배설되고, 대부분 오줌으로 배설됨
이산화 탄소	날숨을 통해 나감
암모니아	독성이 강한 물질이므로 간에서 독성이 약한 요소로 전환되어 오줌으로 배설됨

(2) 배설계

① 배설계 : 세포 호흡 결과 생긴 노폐물을 몸 밖으로 내보내는 데 필요한 기관의 모임

② 배설 기관

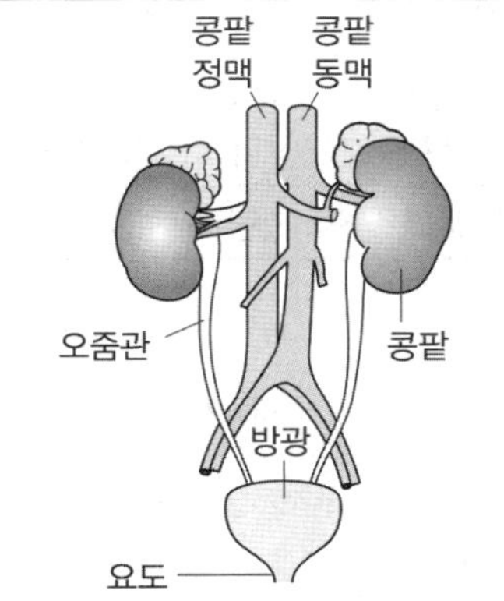

- 콩팥 : 혈액 속의 노폐물을 걸러 오줌을 생성하는 장소로 강낭콩 모양으로 좌우 하나씩 모두 2개가 있음
- 오줌관 : 콩팥에서 만들어진 오줌이 방광으로 이동하는 관
- 방광 : 오줌관의 끝에 연결된 주머니로, 오줌을 저장하는 곳
- 요도 : 방광에 모인 오줌이 몸 밖으로 나가는 통로

③ 콩팥

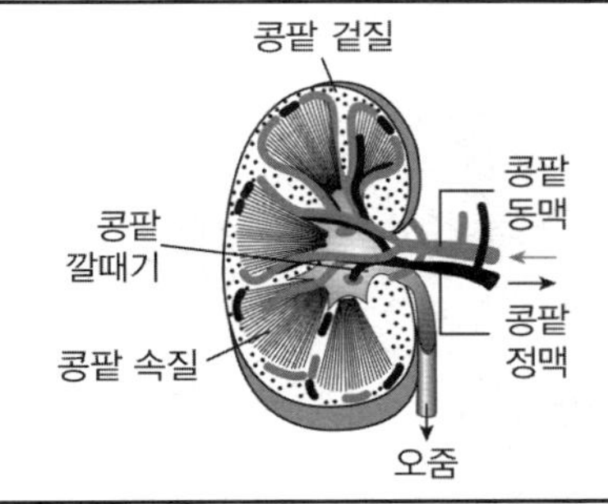

- 콩팥은 콩팥 겉질, 콩팥 속질, 콩팥 깔때기로 구분됨
- 콩팥 동맥과 콩팥 정맥 : 콩팥 동맥을 통해 콩팥으로 들어간 혈액은 요소를 포함한 노폐물이 걸러진 후 콩팥 정맥을 통해 나옴
  → 노폐물의 농도 : 콩팥 정맥 < 콩팥 동맥

(3) 오줌의 생성

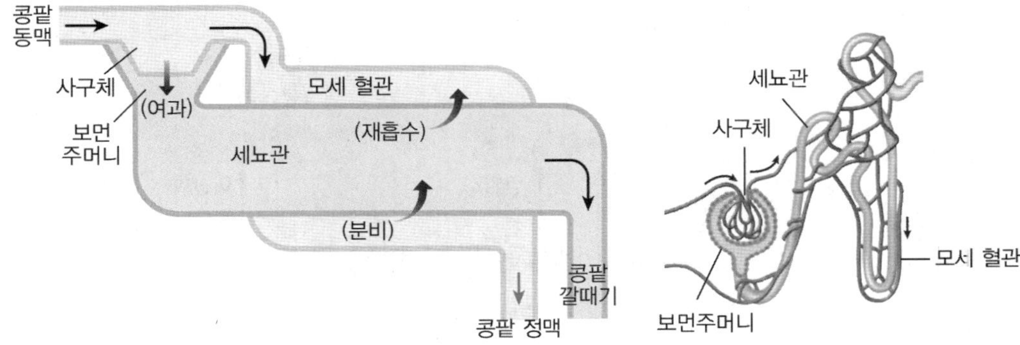

① 오줌의 생성 과정

여과	사구체 → 보먼주머니	• 사구체의 높은 혈압에 의해 입자 크기가 작은 물질이 여과됨 • 혈구나 단백질과 같이 크기가 큰 물질은 여과되지 않음
재흡수	세뇨관 → 모세 혈관	• 여과된 물질 일부가 다시 흡수됨 • 다량의 물과 함께 포도당과 아미노산은 100% 재흡수됨
분비	모세 혈관 → 세뇨관	• 여과되지 못하고 남아 있던 노폐물이 이동하는 과정

• 네프론 : 오줌을 생성하는 기본 단위

> 네프론 = 사구체 + 보먼주머니 + 세뇨관

② 오줌의 배설 경로

> 콩팥 동맥 → 사구체 → 보먼주머니 → 세뇨관 → 콩팥 깔때기 → 오줌관 → 방광 → 요도 → 몸 밖

(4) 기관계의 통합 작용
① 세포 호흡
   ㉠ 세포 호흡 : 세포에서 영양소가 산소와 반응하여 생명 활동에 필요한 에너지를 얻는 과정

> 영양소 + 산소 → 이산화 탄소 + 물 + 에너지

   ㉡ 에너지의 이용 : 주로 체온 유지에 사용되고 근육 운동, 생장 등에 이용됨
② 기관계의 통합 작용 : 세포 호흡이 원활하게 일어나기 위해서는 소화계, 순환계, 호흡계, 배설계가 통합적으로 작용해야 함

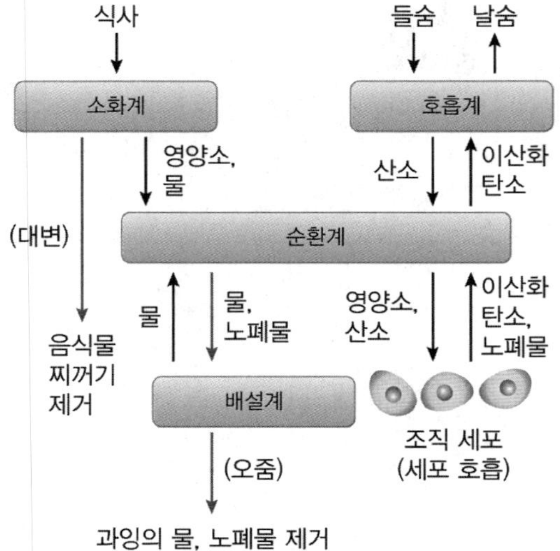

PART 4 | 자극과 반응

1 감각 기관

1. 눈과 귀

(1) 눈

① 눈의 구조

㉠ 눈의 구조와 기능

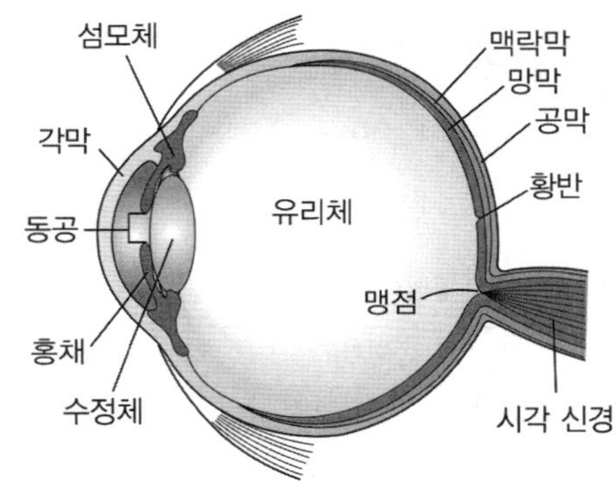

각막	눈 앞쪽의 투명한 막으로 빛이 처음으로 통과함
수정체	볼록 렌즈와 같이 빛을 굴절시켜 망막에 상이 맺히게 함
유리체	눈 안을 채우고 있는 투명한 물질, 눈의 형태를 유지함
망막	물체의 상이 맺히는 부분으로, 시각 세포가 있어 빛 자극을 받아들임 ● 황반 : 시각 세포가 많이 모여 상이 맺히면 뚜렷하게 보임 ● 맹점 : 시각 신경이 나가는 부위로 시각 세포가 없어 상이 맺혀도 보이지 않음
시각 신경	시각 세포에서 받아들인 자극을 뇌로 전달함
맥락막	공막 안쪽의 막으로 검은색 색소가 있어 눈 속을 어둡게 함
공막	● 눈의 가장 바깥을 싸고 있는 막 ● 눈의 형태를 유지하고, 내부를 보호함
섬모체	수정체의 두께를 조절함
홍채	동공의 크기를 조절함 ➡ 눈으로 들어오는 빛의 양을 조절

㉡ 시각 성립 경로

빛 ➡ 각막 ➡ 수정체 ➡ 유리체 ➡ 망막의 시각 세포 ➡ 시각 신경 ➡ 뇌

② 눈의 조절

　　㉠ 밝기에 따른 조절(동공 크기 변화)

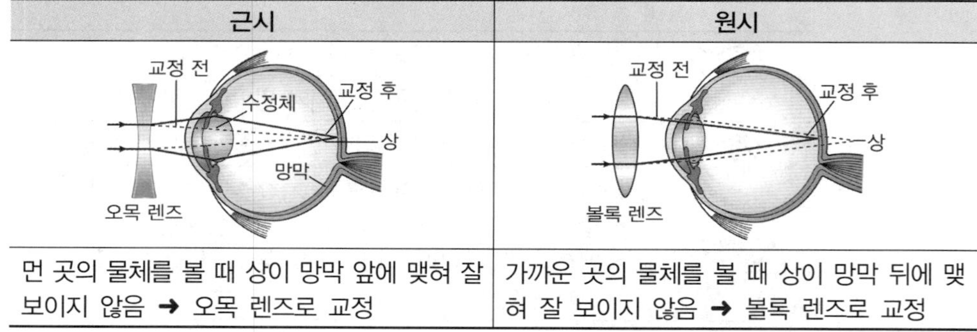

밝을 때	어두울 때
동공 축소　　홍채 확장	동공 확대　　홍채 축소
홍채 확장 → 동공 축소	홍채 축소 → 동공 확대
눈으로 들어오는 빛의 양 감소	눈으로 들어오는 빛의 양 증가

　　㉡ 거리에 따른 조절(수정체 두께 변화)

가까운 물체	먼 물체
섬모체 수축 수정체 두꺼워짐	섬모체 이완 수정체 얇아짐
섬모체 수축으로 수정체가 두꺼워짐	섬모체 이완으로 수정체가 얇아짐

③ 눈의 이상과 교정

근시	원시
교정 전　수정체　교정 후　상　망막　오목 렌즈	교정 전　교정 후　상　볼록 렌즈
먼 곳의 물체를 볼 때 상이 망막 앞에 맺혀 잘 보이지 않음 ➡ 오목 렌즈로 교정	가까운 곳의 물체를 볼 때 상이 망막 뒤에 맺혀 잘 보이지 않음 ➡ 볼록 렌즈로 교정

(2) 귀

① 귀의 구조

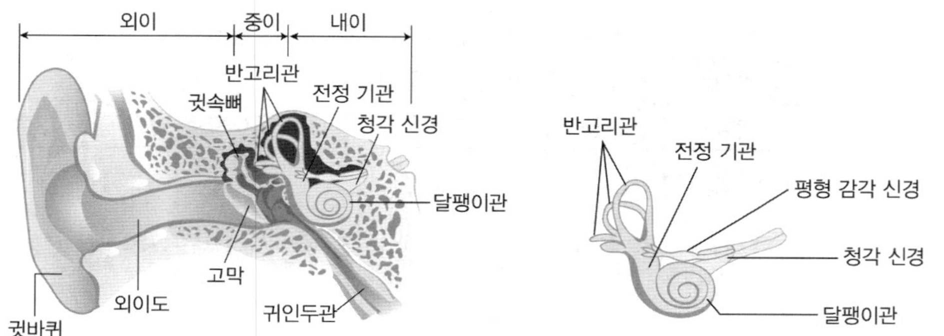

	청각	귓바퀴	소리를 모아 외이도로 전달
		고막	소리에 의해 진동하는 얇은 막
		귓속뼈	고막의 진동을 증폭시켜줌
		달팽이관	청각 세포가 있어 소리를 자극으로 받아들임
		청각 신경	청각 세포의 자극을 뇌로 전달
	평형 감각	반고리관	몸의 회전 자극을 받아들임
		전정 기관	몸의 기울어짐을 느낌
	압력 조절	귀인두관	고막 안쪽과 바깥쪽의 압력을 같게 조절

② 청각의 성립 경로

소리 → 귓바퀴 → 외이도 → 고막 → 귓속뼈 → 달팽이관(청각 세포) → 청각 신경 → 뇌

2. 코, 혀, 피부 감각

(1) 코와 혀

구분	코	혀
구조		
자극의 전달 과정	기체 상태의 물질 → 후각 상피의 후각 세포 → 후각 신경 → 뇌	액체 상태의 물질 → 맛봉오리의 맛세포 → 미각 신경 → 뇌
특징	• 매우 예민한 감각 • 쉽게 피로해지므로 같은 냄새를 오래 맡으면 그 냄새를 잘 느끼지 못함	• 기본 맛 : 단맛, 짠맛, 신맛, 쓴맛, 감칠맛 • 다양한 맛은 후각과 미각의 상호 작용으로 느끼게 됨

(2) 피부 감각

    ① 피부 감각 성립 과정

> 피부 자극 → 피부의 감각점 → 피부 감각 신경 → 뇌

    ② 피부 감각의 특징

        ㉠ 일반적으로 통점이 가장 많고, 감각점이 분포하는 정도는 몸의 부위마다 다름

> 감각점 수 : 통점 > 압점 > 촉점 > 냉점 > 온점

        → 감각점이 많이 분포하면 예민하게 자극을 느낌

        ㉡ 온점과 냉점은 상대적인 온도 변화를 감지함

2 신경계

1. 뉴런과 신경계

(1) 뉴런 : 신경계를 구성하는 신경 세포

    ① 뉴런의 구조

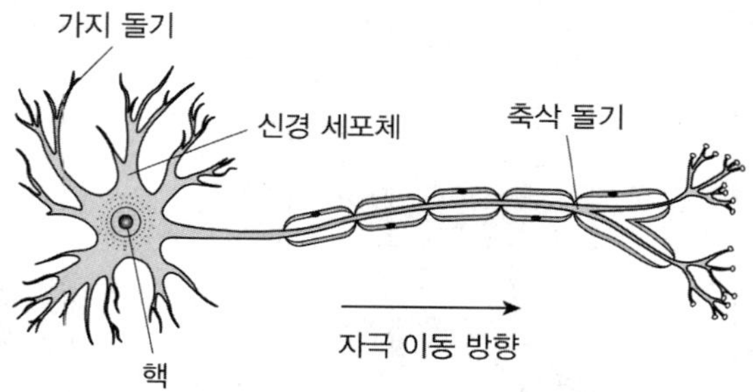

신경 세포체		핵이 있고, 여러 가지 생명 활동이 일어남
신경 돌기	가지 돌기	다른 뉴런이나 감각 기관으로부터 자극을 받아들임
	축삭 돌기	가지 돌기에서 받아들인 자극을 다른 뉴런이나 기관으로 전달함

    ② 뉴런의 종류

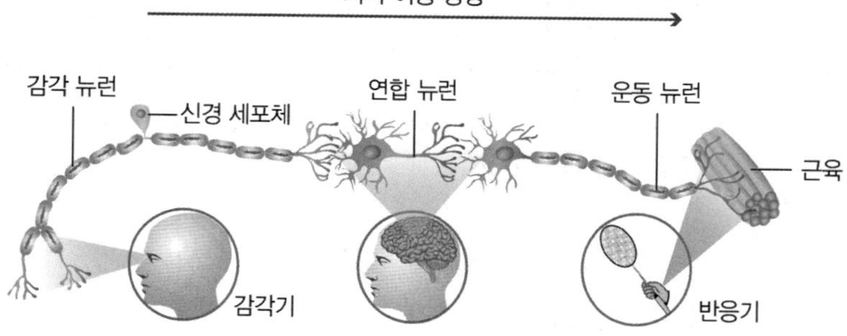

감각 뉴런	연합 뉴런	운동 뉴런
• 감각 신경을 구성하는 뉴런 • 감각 기관에서 받아들인 자극을 전달함	• 중추 신경을 구성하는 뉴런 • 자극을 판단하고 적절한 명령을 내림	• 운동 신경을 구성하는 뉴런 • 연합 뉴런의 명령을 반응 기관으로 전달함

③ 자극의 전달 경로

자극 ➡ 감각기 ➡ 감각 뉴런 ➡ 연합 뉴런 ➡ 운동 뉴런 ➡ 반응기 ➡ 반응

(2) 신경계

① **사람의 신경계** : 사람의 신경계는 자극을 판단하고 명령을 내리는 중추 신경계와 중추 신경계에서 뻗어 나와 온몸에 분포하고 있는 말초 신경계로 구분됨

② **중추 신경계**

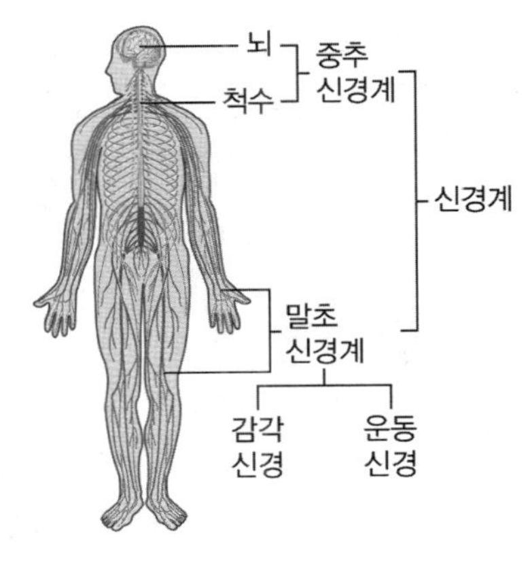

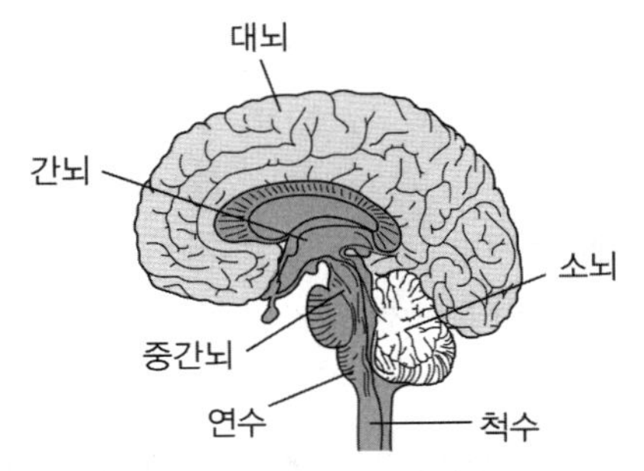

뇌	대뇌	• 2개 반구로 되어 있고 주름이 많음 • 기억, 추리, 판단, 언어 등 고등 정신 활동
	간뇌	체온, 혈당량, 체액 농도 유지
	중간뇌	눈의 움직임, 동공과 홍채의 변화를 조절
	소뇌	근육 운동 조절, 몸의 균형 유지
	연수	심장 박동, 소화액 분비, 호흡 운동 조절
척수		• 뇌와 말초 신경 사이에서 신호를 전달하는 통로 • 무조건 반사 중추(무릎 반사, 배변, 배뇨)

③ 말초 신경계

감각 신경	감각 기관에서 받아들인 자극을 중추 신경계로 전달	
운동 신경	중추 신경계에서 내린 명령을 반응 기관으로 전달	
	체성 신경	대뇌의 명령을 전달함
	자율 신경	대뇌의 직접적인 명령을 받지 않고 심장 박동, 호흡 운동 등 몸의 작용을 조절

2. 반응

(1) 의식적인 반응
　① 의식적 반응 : 대뇌의 판단 과정을 거쳐 자신의 의지에 따라 일어나는 반응
　② 의식적 반응의 경로

　　자극 ➜ 감각 기관 ➜ 감각 신경 ➜ (척수 ➜) 대뇌 ➜ (척수 ➜) 운동 신경 ➜ 반응 기관 ➜ 반응

(2) 무의식적인 반응
　① 무조건 반사
　　㉠ 대뇌가 관여하지 않아 자신의 의지와 관계없이 일어나는 무의식적인 반응
　　㉡ 자극이 대뇌에 도달하기 전에 반응이 일어나므로 빠르게 반응함
　　　➜ 갑작스러운 위험에 처했을 때 신속하게 대처하여 우리 몸을 보호할 수 있음
　② 무조건 반사의 경로

　　자극 ➜ 감각 기관 ➜ 감각 신경 ➜ 중추(척수, 연수, 중간뇌) ➜ 운동 신경 ➜ 반응 기관 ➜ 반응

　　㉠ 척수 반사 : 무릎 반사, 회피 반사(뜨거운 물에 손이 닿았을 때 움츠림)
　　㉡ 연수 반사 : 하품, 재채기, 침 분비
　　㉢ 중간뇌 반사 : 동공 반사

3 호르몬과 항상성

1. 호르몬

(1) 호르몬
　① 호르몬의 특징
　　㉠ 내분비샘에서 분비
　　㉡ 혈관을 따라 온몸을 순환하다가 표적 기관이나 세포에 작용함
　　㉢ 매우 적은 양으로 기능을 조절
　　　➜ 호르몬 분비량이 너무 많거나 적으면 몸에 이상 증상이 나타남

② 호르몬과 신경의 비교

구분	호르몬	신경
작용	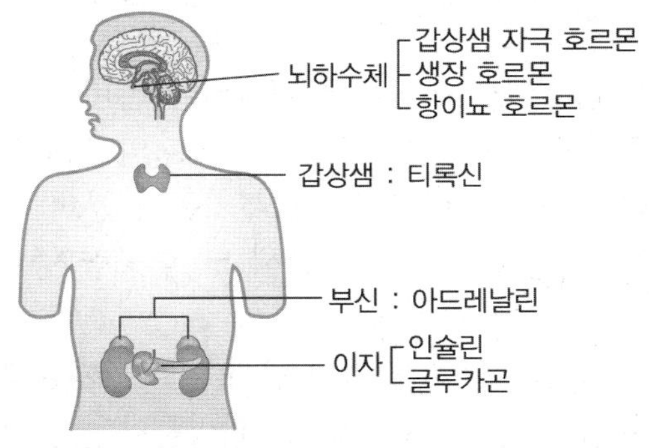 	
전달 매체	혈액	뉴런
전달 속도	느리다.	빠르다.
작용 범위	넓다.	좁다.
지속성	지속적이다.	짧다.

(2) 호르몬의 기능

① 호르몬의 종류

내분비샘	호르몬	기능
뇌하수체	갑상샘 자극 호르몬	티록신 분비 촉진
	생장 호르몬	몸의 생장 촉진
	항이뇨 호르몬	콩팥에서 물의 재흡수 촉진
갑상샘	티록신	세포 호흡 촉진
부신	아드레날린	혈당량 증가, 심장 박동 촉진
이자	인슐린	혈당량 감소
	글루카곤	혈당량 증가

② 호르몬 관련 질병

㉠ 생장 호르몬

ⓐ 생장 호르몬 결핍 : 소인증

ⓑ 생장 호르몬 과다 : 거인증, 말단 비대증

　ⓒ 인슐린 결핍 : 당뇨병

2. 항상성

(1) 항상성 조절

① 항상성 : 외부 환경이나 체내 상태가 변해도 체내 상태를 일정하게 유지하려는 성질

② 항상성 조절의 중추 : 간뇌

(2) 항상성 유지

① 혈당량 조절(이자에서 분비되는 호르몬의 작용)

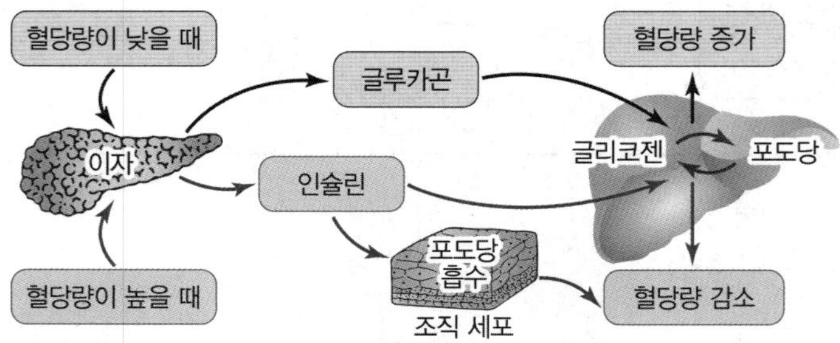

㉠ 혈당량이 높을 때 : 이자에서 인슐린이 분비

➡ 포도당을 글리코젠으로 저장, 세포의 포도당 흡수 촉진 ➡ 혈당량 감소

㉡ 혈당량이 낮을 때 : 이자에서 글루카곤이 분비

➡ 글리코젠을 포도당으로 분해 ➡ 혈당량 증가

② 체온 조절

㉠ 체온이 낮을 때 : 근육 떨림의 증가, 세포 호흡 촉진으로 열 발생량을 증가시키고, 피부 근처 혈관 수축으로 열 방출량을 줄임 ➡ 체온 상승

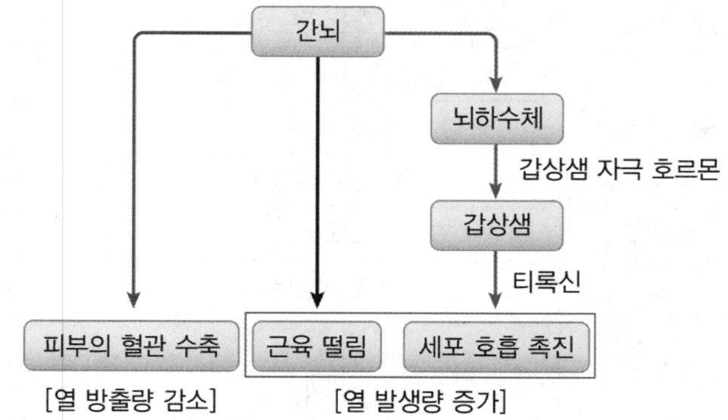

㉡ 체온이 높을 때 : 피부 근처 혈관을 확장시키고, 땀 분비를 시켜 열 방출량을 증가시킴 ➡ 체온 하강

PART 5 | 생식과 유전

1 생장과 생식

1. 세포 분열

(1) 염색체

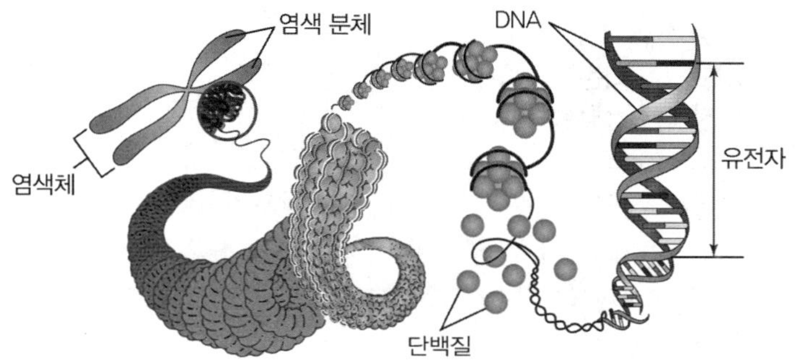

① 염색체
  ㉠ 세포 분열 전에는 실 형태로 풀려 있다가 세포 분열 시 응축되어 형성되는 막대 모양의 구조물
  ㉡ 염색체 = DNA(유전 물질) + 단백질
  ㉢ 염색체는 2가닥의 염색 분체로 이루어짐
  ㉣ 유전자 : DNA에서 생물의 특징에 대한 유전 정보가 담겨 있는 부분
② 사람의 염색체

상동 염색체	상염색체와 성염색체	
상동 염색체 염색 분체 염색체	1 2 3 4 5 6 7 8 9 10 11 12 13 14 15 16 17 18 19 20 21 22 성염색체 (XY)	1 2 3 4 5 6 7 8 9 10 11 12 13 14 15 16 17 18 19 20 21 22 성염색체 (XX)
• 모양과 크기가 같은 한 쌍의 염색체 • 부모로부터 각각 하나씩 물려받은 것으로 유전 정보는 다름	• 상염색체 : 성별에 관계없이 남녀 공통으로 갖는 염색체로 44개(22쌍)임 • 성염색체 : 남녀의 성을 결정하는 염색체로 2개(1쌍)임 　남자 : XY, 여자 : XX	
	• 남자 : 44 + XY • 여자 : 44 + XX	

(2) 세포 분열

① 세포 분열

   ㉠ 세포가 분열하는 이유 : 세포의 크기가 커지면 단위 부피에 대한 표면적의 비가 줄어들어 물질 교환이 잘 일어나지 못함 ➜ 세포는 어느 정도 커지면 분열하여 수를 늘림

   ㉡ 세포 주기 : 세포 분열을 마친 세포가 자라서 다시 세포 분열을 마치기까지의 과정

간기	분열기	
	핵분열	세포질 분열
• 세포 분열 준비기 • 세포가 자라는 시기 • 유전 물질 복제가 일어남	• 핵분열이 일어나는 시기 • 염색체 행동에 따라 전기, 중기, 후기, 말기로 나뉨	• 말기에 세포질이 나뉨 • 동물 세포와 식물 세포의 세포질 분열 방식이 다름

② 체세포 분열 : 생물의 몸을 구성하는 체세포가 둘로 나누어지는 과정

   ㉠ 핵분열 : 간기를 거쳐 핵분열이 일어남

간기	분열기			
	전기	중기	후기	말기
유전 물질 2배 복제	핵막이 사라지고 염색체가 나타남	• 염색체가 세포 중앙에 배열 • 염색체를 관찰하기 좋은 시기	염색 분체가 분리되어 양쪽 끝으로 이동	염색체가 풀어지고 핵막이 생김

   ㉡ 세포질 분열

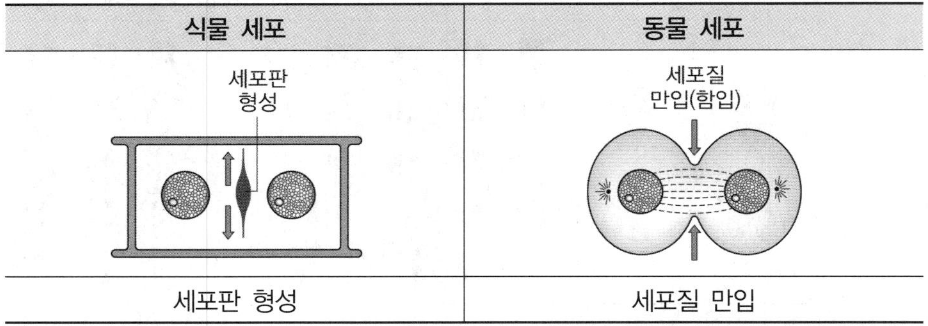

식물 세포	동물 세포
세포판 형성	세포질 만입

③ 생식세포 분열

   ㉠ 생물의 생식 기관에서 일어나는 분열

      예 동물 수컷 : 정소에서 생식세포 분열에 의해 정자가 생성됨

        동물 암컷 : 난소에서 생식세포 분열에 의해 난자가 생성됨

   ㉡ 염색체 수가 체세포의 절반으로 줄어든 생식세포가 형성되어 감수 분열이라고도 함

ⓒ 연속 2회 분열로 4개의 딸세포가 형성됨

분열	특징	염색체 수
감수 1분열	전기에 상동 염색체가 접합한 2가 염색체 등장 후기에 상동 염색체 분리가 일어남	절반으로 줄어듦
감수 2분열	감수 1분열 후 간기 없이 연속적으로 진행 후기에 염색 분체 분리가 일어남	변화가 없음

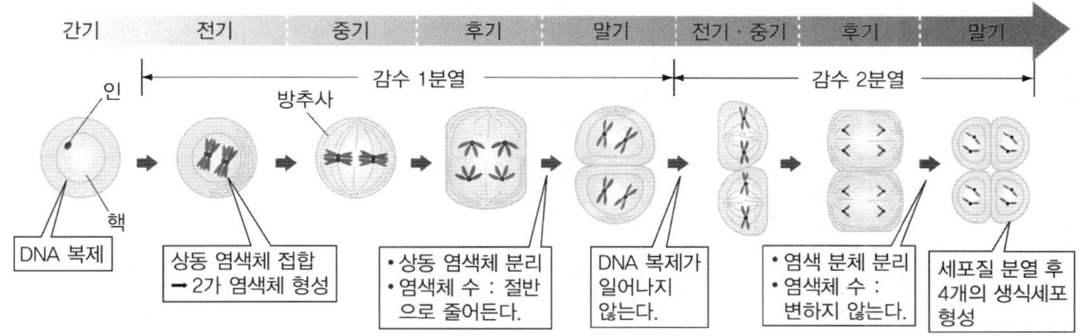

(3) 체세포 분열과 생식세포 분열의 비교

구분	체세포 분열	생식세포 분열
세포 분열 과정		
분열 횟수	1회	연속 2회
딸세포 수	2개	4개
염색체 수	변화 없음	절반으로 줄어듦
2가 염색체	형성되지 않음	감수 1분열 전기에 형성
결과	다세포 생물 : 생장, 재생 단세포 생물 : 생식	생식세포 형성

2. 사람의 생식

(1) 생식세포와 수정

① 사람의 생식세포

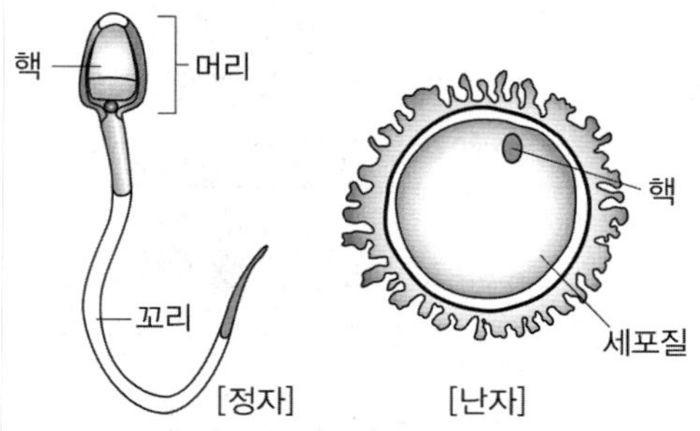

구분	정자	난자
생성 장소	정소	난소
염색체 수	23개	23개
운동성	있다.	없다.
크기	작다.	크다.
양분	거의 없다.	많다.

② 수정

㉠ 수정 : 정자와 난자가 만나 정자의 핵과 난자의 핵이 결합하는 과정

㉡ 수정란 : 수정이 일어난 세포로 수정란은 체세포와 염색체 수가 46개로 같음

(2) 사람의 발생

① 발생 : 수정란이 세포 분열을 거듭해 여러 조직과 기관을 형성하여 하나의 개체가 되는 과정

② 배란에서 출산까지의 과정

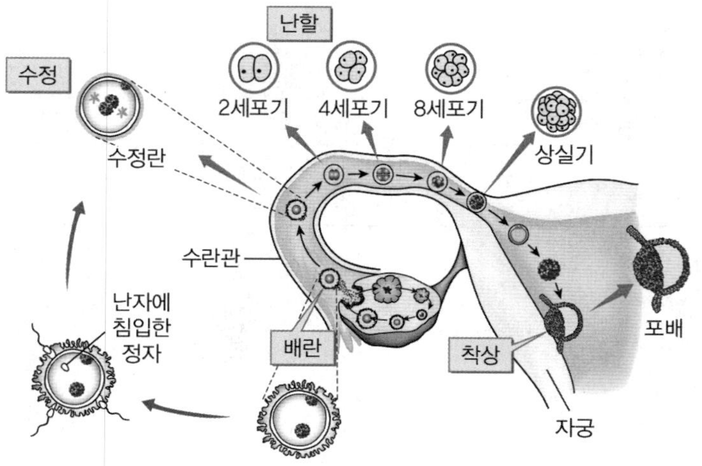

배란	난소에서 수란관으로 난자가 배출되는 과정
수정	난자와 정자가 만나 결합함
난할	발생 초기 세포 분열로 세포의 크기가 커지지 않고 빠르게 분열만 반복됨 → 난할이 진행될수록 세포 수는 많아지고 세포 하나의 크기는 작아짐
착상	• 수정 후 일주일 정도가 지나 포배 상태의 수정란이 자궁 안쪽 벽에 파묻히는 현상 → 착상하면 임신되었다고 함 • 착상 후 태반, 탯줄이 형성되어 모체로부터 양분과 산소를 공급받으며 태아가 됨
출산	수정 후 약 266일이 지나면 출산 과정을 거쳐 태아가 모체 밖으로 나옴

2 유전

1. 멘델의 유전

(1) 유전 용어와 멘델의 유전 연구

① 유전 용어

유전	부모의 형질이 자손에게 전달되는 현상
형질	모양, 색깔과 같은 생물의 특성
대립 형질	한 가지 형질에서 뚜렷이 대비되는 형질 예 완두 모양 : 둥글다 ↔ 주름지다
대립 유전자	하나의 형질을 결정하는 유전자로 상동 염색체의 같은 위치에 있음
표현형	겉으로 드러나는 형질 예 둥글다, 주름지다, 황색이다
유전자형	형질을 결정하는 유전자의 구성을 알파벳으로 나타낸 것 예 둥글다 : RR, Rr 주름지다 : rr
순종	대립 유전자 구성이 같은 것 예 YY, RR
잡종	대립 유전자 구성이 다른 것 예 Yy, Rr
자가 수분	수술의 꽃가루가 같은 그루의 꽃에 있는 암술에 붙는 현상
타가 수분	수술의 꽃가루가 다른 그루의 꽃에 있는 암술에 붙는 현상

② 완두가 유전 연구 재료로 좋은 점
  ㉠ 한 세대가 짧고 자유로운 교배가 가능함
  ㉡ 자손 수가 많아 통계 처리가 가능함
  ㉢ 대립 형질이 뚜렷함

(2) 멘델의 유전
　　① 우열의 원리와 분리의 법칙

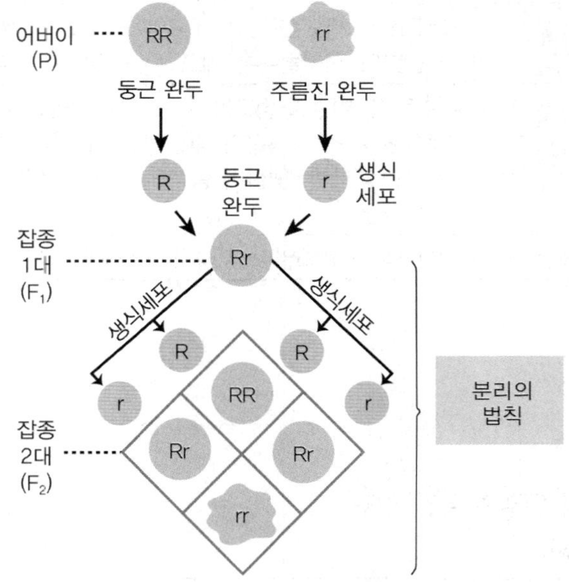

　　　　㉠ 우열의 원리
　　　　　　ⓐ 순종의 대립 형질을 교배하여 얻은 잡종 1대에서 우성 형질만 나타남
　　　　　　ⓑ 잡종 1대에서 표현되는 것이 우성, 표현되지 않는 것이 열성임
　　　　　　➔ 순종의 둥근 완두와 순종의 주름진 완두를 교배하여 얻은 잡종 1대는 모두
　　　　　　　 둥근 완두가 나옴 : 둥근 모양이 우성, 주름진 것이 열성임
　　　　㉡ 분리의 법칙 : 하나의 형질을 나타내는 유전자 쌍은 생식세포 형성 시 분리되어
　　　　　　각각의 생식세포로 나뉘어 들어감
　　　　　　➔ 잡종 1대의 둥근 완두를 자가 수분하면 잡종 2대에서 표현형의 분리 비가
　　　　　　　 둥근 완두 : 주름진 완두 = 3 : 1로 나타남
　　② 독립의 법칙 : 두 가지 이상의 형질이 함께 유전될 때 한 형질을 나타내는 유전자
　　　　쌍이 다른 형질을 나타내는 유전자 쌍에 영향을 받지 않고 독립적으로 유전됨

2. 사람의 유전

(1) 사람의 유전 연구
　　① 사람 유전 연구의 어려움
　　　　㉠ 한 세대가 길고 자손 수가 적음
　　　　㉡ 형질이 복잡하고 환경의 영향을 많이 받음
　　　　㉢ 자유로운 교배 실험이 어려움

② 사람의 유전 연구 방법

가계도 조사	특정 형질을 가지고 있는 집안에서 여러 세대에 걸쳐 형질이 어떻게 유전되는지 알아보는 방법	
쌍둥이 연구	유전과 환경이 특정 형질에 끼치는 영향을 알 수 있음	
	1란성 쌍둥이	**2란성 쌍둥이**
	유전자 구성이 같음	유전자 구성이 다름
	환경에 의한 형질 차이 파악 가능	유전과 환경의 차이에 의한 형질 차이 파악 가능
통계 조사	어떤 형질의 유전에 관해 가능한 한 많은 사례를 수집하고, 자료를 통계적으로 분석하는 방법	
최근 연구 방법	• 염색체의 수와 모양 분석 • DNA 유전자 분석	

(2) 사람의 유전

① 상염색체 유전

　㉠ 형질을 결정하는 유전자가 상염색체에 있는 경우

　㉡ 상염색체는 남녀 공통으로 갖는 염색체이므로 남녀 형질이 나타나는 빈도 차이가 없음

　㉢ 미맹, 혀 말기, 보조개, ABO식 혈액형 등

　㉣ ABO식 혈액형 유전

　　ⓐ 유전자 A와 B는 O에 대해 우성이고, A와 B 사이에는 우열 관계가 없음 $(A = B > O)$

　　ⓑ ABO식 혈액형의 표현형과 유전자형

표현형	A형		B형		AB형	O형
유전자형	AA	AO	BB	BO	AB	OO

② 반성 유전

　㉠ 형질을 결정하는 유전자가 성염색체에 있는 경우

　㉡ 성염색체는 남녀에 따라 구성이 다르므로 남녀에 따라 형질이 나타나는 비율이 다름

　㉢ 적록 색맹 유전

　　ⓐ X 염색체에 유전자가 있고 열성으로 유전됨

　　ⓑ 성별에 따른 유전자형과 표현형(X : 정상, X′ : 색맹)

구분	남자		여자		
유전자형	XY	X′Y	XX	XX′	X′X′
표현형	정상	색맹	정상	정상(보인자)	색맹

01 다음 설명에 해당하는 생물 분류의 단위는?

> - 생물 분류에서 가장 큰 범위에 속한다.
> - 원생생물계, 원핵생물계, 동물계, 균계, 식물계로 분류할 수 있다.

① 종
② 과
③ 목
④ 계

02 그림은 생물을 5가지 계로 분류한 것이다. 다음 중 원핵생물계에 속하는 생물은?

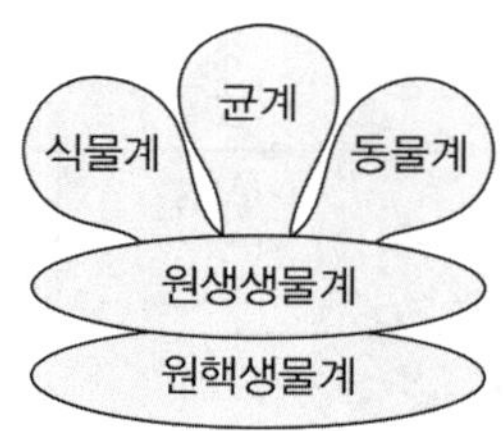

① 남세균
② 사슴
③ 아메바
④ 버섯

03 다음 중 생물 자원에 해당하는 것은?

① 생태 통로
② 종자 은행
③ 휴양림
④ 국제 협약

04 다음 중 생물 다양성 감소 원인이 <u>아닌</u> 것은?

① 외래종 유입
② 변이
③ 서식지 파괴
④ 남획

05 다음은 어느 지역 생태계의 먹이 사슬을 나타낸 것이다. 이에 대한 설명으로 옳은 것은?

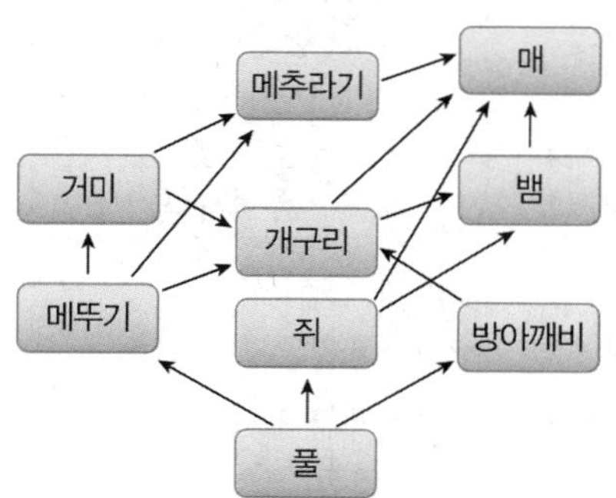

① 쥐가 사라지면 매는 멸종할 것이다.
② 메뚜기가 사라져도 개구리는 대체할 수 있는 먹이가 있다.
③ 메추라기는 거미가 없으면 살아갈 수 없다.
④ 생물 다양성이 높을수록 한 종이 사라져도 생태계가 안정적으로 유지될 가능성이 낮다.

06 다음은 식물의 잎에서 빛에너지를 이용해 양분이 만들어지는 과정을 나타낸 식이다. 이와 같은 과정이 일어나는 곳은?

> 물 + 이산화 탄소 → 포도당 + 산소

① 엽록체　　　　② 뿌리털
③ 물관　　　　　④ 체관

07 다음 설명에 해당하는 현상이 잘 일어날 조건은?

> - 물 상승의 원동력이다.
> - 기공을 통해 식물체 안의 물이 수증기 형태로 나가는 현상이다.

① 바람이 약할수록
② 햇빛이 강할수록
③ 식물체 안의 물이 적을수록
④ 습도가 높을수록

08 다음 설명에 해당하는 것은?

> - 공변세포 2개가 모여 이루어진다.
> - 기체가 출입하는 통로이다.

① 표피　　　　　② 기공
③ 뿌리털　　　　④ 체관

09 다음은 광합성 결과 만들어진 양분에 대한 설명이다. A, B에 각각 들어갈 알맞은 말은?

> 광합성 결과 만들어진 (A)은 낮에는 주로 녹말의 형태로 저장되었다가 밤이 되면 (B)의 형태로 바뀌어 체관을 따라 식물의 각 부분으로 이동한다.

	A	B
①	지방	단백질
②	설탕	녹말
③	포도당	녹말
④	포도당	설탕

10 다음 중 광합성에 영향을 주는 요인이 <u>아닌</u> 것은?

① 산소의 농도
② 빛의 세기
③ 이산화 탄소의 농도
④ 온도

11 다음 중 식물의 호흡에 대한 설명으로 옳지 <u>않은</u> 것은?

① 식물의 호흡은 밤에 일어난다.
② 식물의 호흡 결과 이산화 탄소가 만들어진다.
③ 식물의 호흡에 포도당이 이용된다.
④ 식물이 싹틀 때 호흡이 왕성하게 일어난다.

12 그림은 광합성 실험 장치를 나타낸 것이다. 전구와 표본병 사이의 거리는 그대로 둔 상태에서 전구의 밝기를 세게 했을 때 검정말에서 발생하는 기포 수에 대한 변화로 옳은 것은? (단, 이산화 탄소의 농도는 충분하고 전구로 인한 표본병의 온도는 변하지 않는다.)

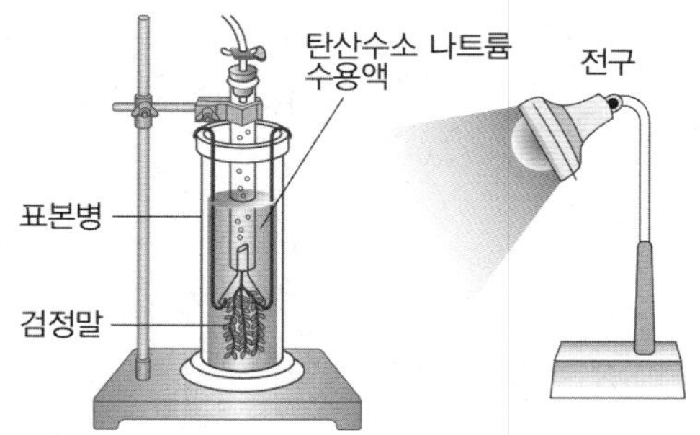

① 기포가 발생하지 않는다.
② 기포 수가 이전보다 감소한다.
③ 기포 수의 변화가 없다.
④ 기포 수가 이전보다 증가한다.

13 그림과 같이 페트병 2개 중 한쪽에만 시금치를 넣고 2개의 페트병을 모두 밀봉한 후 암실에 두었다. 몇 시간 후 페트병 안의 공기를 석회수에 통과시키자 시금치가 든 페트병의 공기만 석회수를 뿌옇게 흐려지게 하였다. 이 실험을 통해 알 수 있는 사실은?

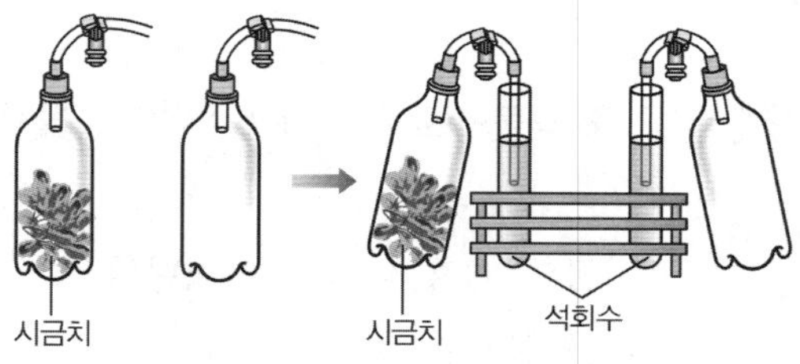

① 식물의 광합성에 산소가 필요하다.
② 식물의 광합성에 이산화 탄소가 필요하다.
③ 식물의 호흡 결과 산소가 생성된다.
④ 식물의 호흡 결과 이산화 탄소가 생성된다.

14 그림은 낮과 밤에 일어나는 기체 교환을 나타낸 것이다. 이에 대한 설명으로 옳은 것은?

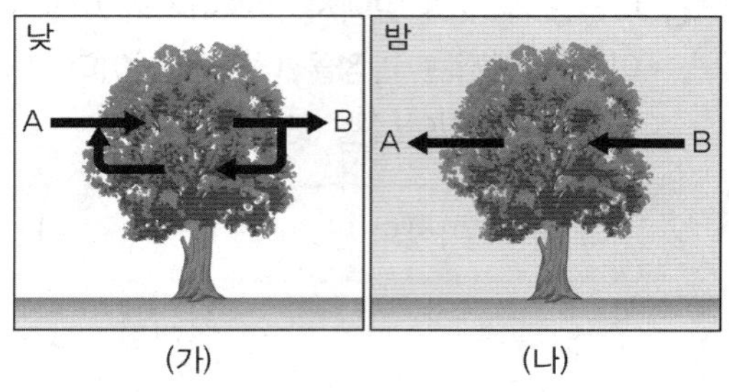

① A는 산소이다.
② B는 이산화 탄소이다.
③ (가)는 광합성만 일어난다.
④ (나)는 호흡만 일어난다.

15 그림과 같이 노란색 BTB 용액이 들어 있는 시험관을 준비한 후 시험관 A는 검정말, 시험관 B에는 물고기를 넣고 햇빛을 충분히 비추었다. 시간이 지난 후 시험관 A와 B의 색 변화로 옳은 것은? (단, BTB 용액은 이산화 탄소의 양이 증가하면 노란색, 이산화 탄소의 양이 감소하면 파란색을 나타낸다.)

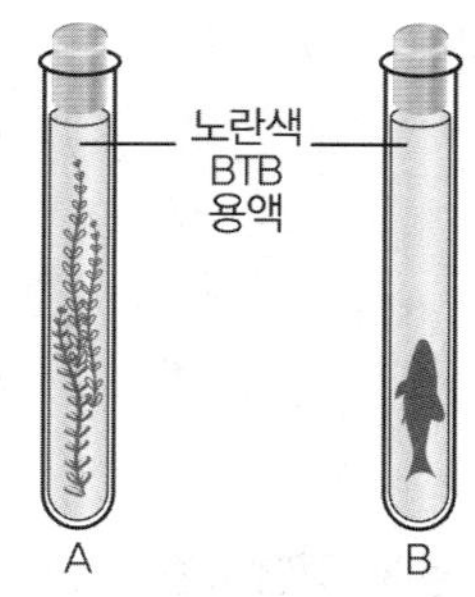

	시험관 A	시험관 B
①	파란색	파란색
②	파란색	노란색
③	노란색	파란색
④	노란색	노란색

PART 3 | 동물과 에너지

16 다음은 우리 몸을 구성하는 영양소 중 하나를 설명한 것이다. 설명에 해당하는 영양소는?

> • 몸을 구성하는 비율이 가장 높다.
> • 에너지를 낼 수 없다.
> • 영양소와 노폐물을 운반한다.

① 단백질   ② 물
③ 탄수화물   ④ 지방

17 그림은 사람의 소화 기관 일부를 나타낸 것이다. 각 기관에 대한 설명으로 옳지 <u>않은</u> 것은?

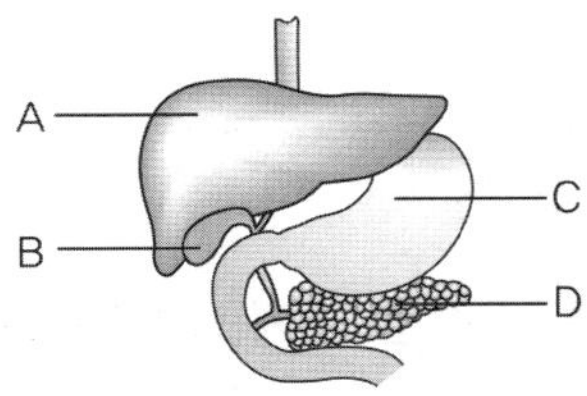

① A는 간이다.
② B는 쓸개즙을 생성한다.
③ C에는 염산이 분비된다.
④ D로 음식물이 지나가지 않는다.

18 혈액의 성분 중 핵이 있는 것은?

① 혈장   ② 백혈구
③ 적혈구   ④ 혈소판

19 그림은 사람의 심장 구조를 나타낸 것이다. 이에 대한 설명으로 옳은 것은?

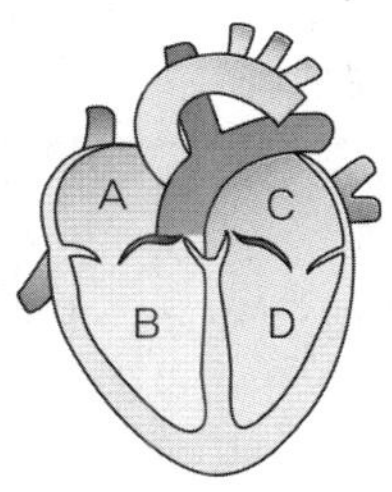

① 사람의 심장은 2심방 2심실이다.
② A로 들어온 혈액은 C로 이동한다.
③ A는 우심실이다.
④ D는 좌심방이다.

20 그림은 사람의 호흡 기관을 나타낸 것이다. 숨을 들이마실 때 (가)와 (나)의 변화를 바르게 나타낸 것은?

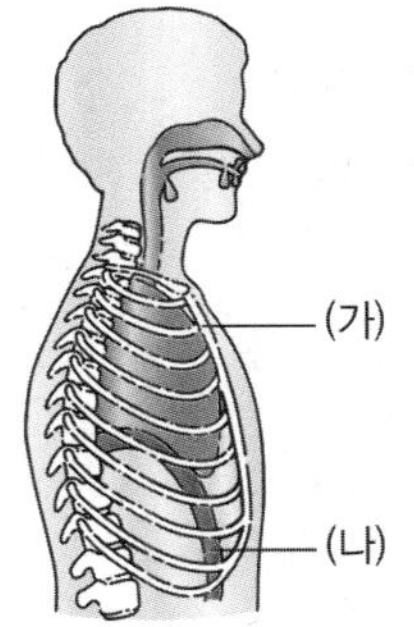

<u>(가)</u>   <u>(나)</u>
① 올라간다   내려간다
② 올라간다   올라간다
③ 내려간다   올라간다
④ 내려간다   내려간다

21 다음과 같은 기능을 하는 기관계는?

> 산소를 받아들이고, 이산화 탄소를 몸 밖으로 내보낸다.

① 소화계   ② 순환계
③ 호흡계   ④ 배설계

24 다음은 세포 호흡 과정을 나타낸 것이다. 제시된 세포 호흡 과정을 거치는 영양소로 옳은 것은?

> 영양소 + 산소 → 물 + 이산화 탄소 + 암모니아 + 에너지

① 단백질   ② 지방
③ 무기 염류   ④ 바이타민

22 그림은 사람의 콩팥 일부를 나타낸 것이다. A~D 각 부위의 명칭이 바르게 연결된 것은?

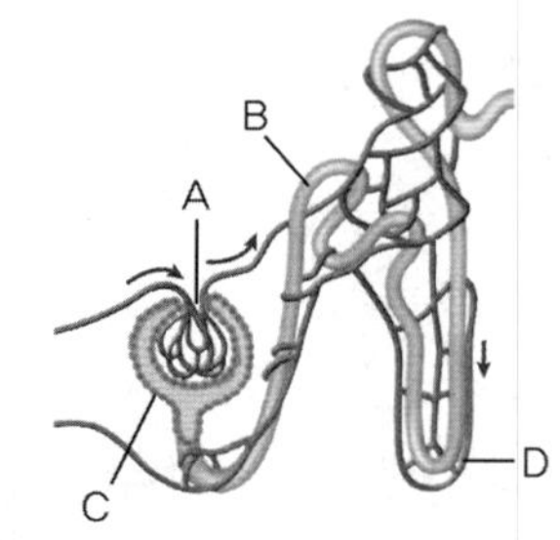

① A – 보먼주머니
② B – 오줌관
③ C – 방광
④ D – 모세 혈관

25 그림은 우리 몸의 기관계의 작용을 나타낸 것이다. (가)~(라)에 속하는 기관이 바르게 연결된 것은?

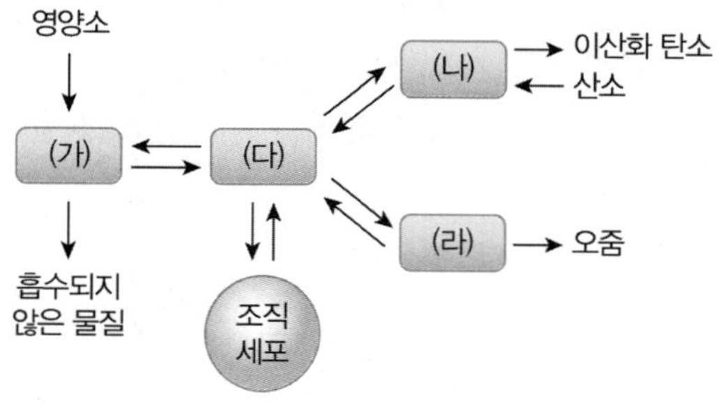

① (가) – 콩팥
② (나) – 폐
③ (다) – 소장
④ (라) – 심장

23 다음과 같은 기관이 속하는 기관계는?

> 오줌관, 방광, 콩팥

① 순환계   ② 배설계
③ 호흡계   ④ 소화계

PART 4 | 자극과 반응

26 눈의 구조 중 시각 세포가 존재하여 빛 자극을 받아들이는 곳은?

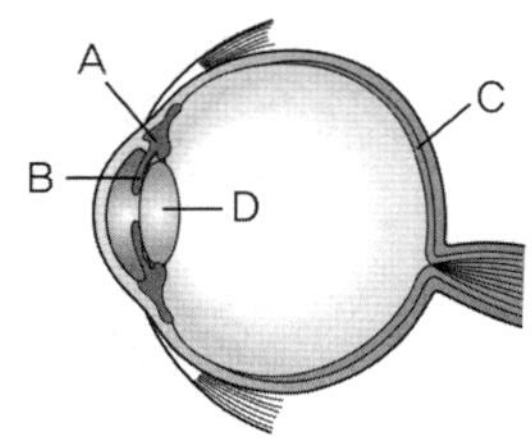

① A ② B
③ C ④ D

27 다음 설명에 해당하는 눈의 구조는?

- 중간뇌의 작용에 의해 크기가 조절된다.
- 밝은 곳에서 어두운 곳으로 가면 축소된다.
- 동공의 크기를 조절한다.

① 맥락막 ② 홍채
③ 시각 신경 ④ 공막

28 다음 중 귀의 기능이 <u>아닌</u> 것은?

① 놀이기구가 회전하는 것을 느낀다.
② 시소에 앉아 몸이 기울어짐을 느낀다.
③ 라디오를 듣는다.
④ 빵집 앞을 지나가자 빵 냄새가 났다.

29 우리가 일상생활에서 표현하는 맛 중 피부 감각에 해당하는 것은?

① 단맛 ② 쓴맛
③ 감칠맛 ④ 매운맛

30 그림은 뉴런의 구조를 나타낸 것이다. 다른 뉴런이나 기관으로부터 자극을 받아들이는 부분의 기호와 이름이 바르게 연결된 것은?

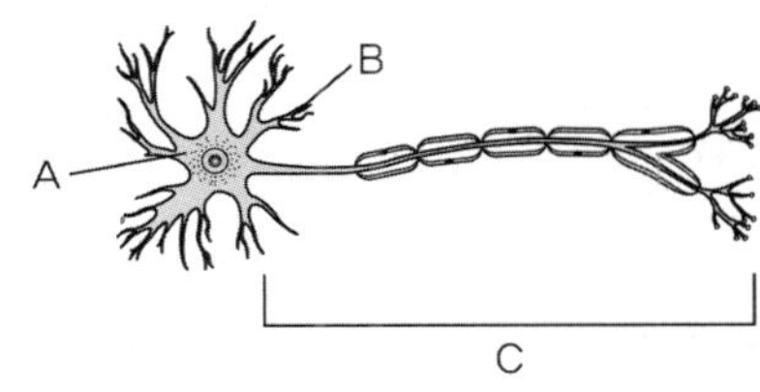

① A – 신경 돌기
② A – 신경 세포체
③ B – 가지 돌기
④ C – 축삭 돌기

31 중추 신경계 중 신경의 통로이자 무릎 반사를 담당하는 곳은?

① 간뇌 ② 척수
③ 소뇌 ④ 대뇌

32 그림은 사람 뇌의 구조를 나타낸 것이다. A~D 중 몸의 항상성 유지의 최고 중추로 체온과 혈당량 조절에 관여하는 곳은?

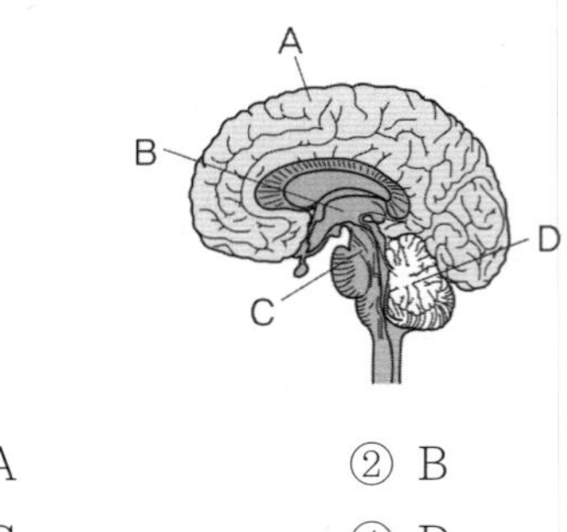

① A   ② B
③ C   ④ D

33 다음 예시에 해당하는 반응의 경로로 옳은 것은?

> 뜨거운 주전자에 손이 닿아 손을 빠르게 움츠렸다.

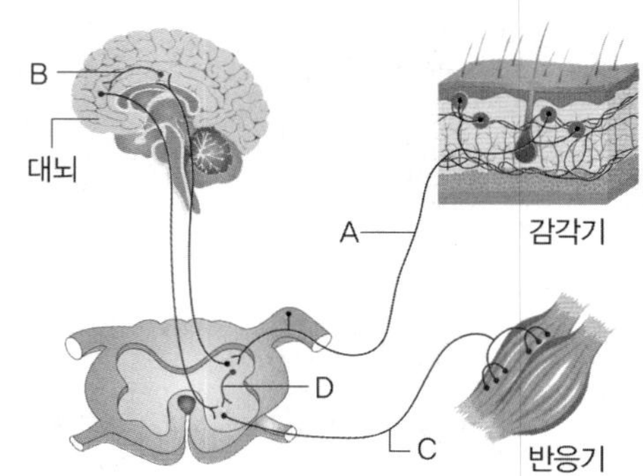

① A → B → C
② A → B → D → C
③ A → D → C
④ C → D → A

34 그림은 사람의 내분비샘을 나타낸 것이다. A~D 중 식사 후 혈당이 급격히 높아졌을 때 분비되는 호르몬과 관련된 내분비샘은?

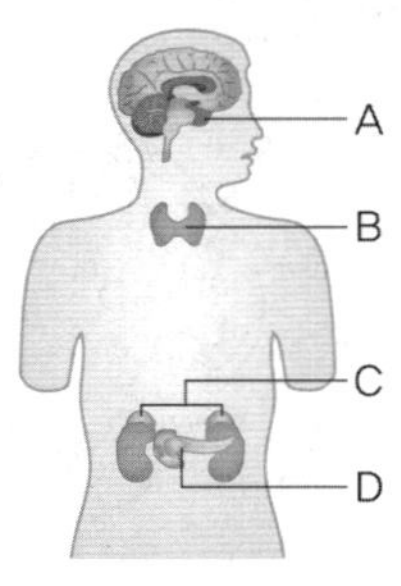

① A   ② B
③ C   ④ D

35 그림은 피부 근처 혈관의 변화를 나타낸 것이다. 이에 대한 설명으로 옳지 <u>않은</u> 것은?

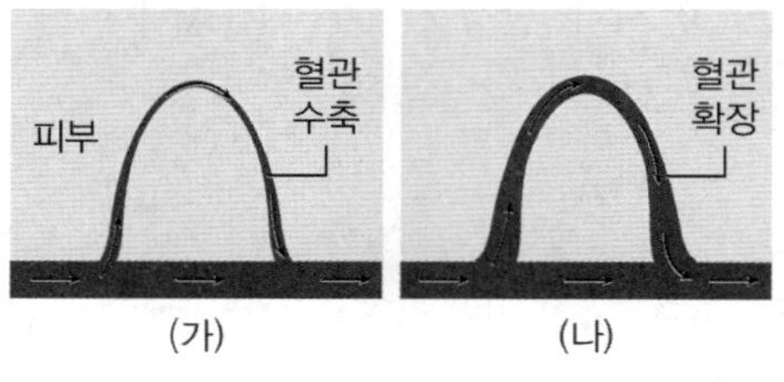

① (가)는 피부 근처로 흐르는 혈액의 양이 줄어든다.
② (가)는 더울 때, (나)는 추울 때이다.
③ (가) → (나)로 변하면서 열 방출량이 증가한다.
④ (나)보다 (가)일 때 근육 떨림이 증가한다.

36 다음 설명에 해당하는 것은?

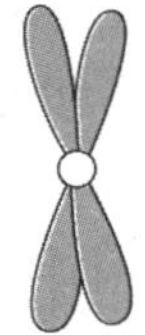

> • 세포 분열 시 관찰된다.
> • DNA와 단백질로 이루어져 있다.

① 염색체　　　　② 수정란
③ 태아　　　　　④ 세포

37 그림은 어떤 사람의 염색체 구성을 나타낸 것이다. 이에 대한 설명으로 옳지 <u>않은</u> 것은?

① 여자이다.
② 성염색체는 2개 가지고 있다.
③ 상염색체의 개수는 22쌍이다.
④ 44+XY로 염색체 구성을 나타낼 수 있다.

38 그림은 체세포 분열 과정의 일부를 나타낸 것이다. 염색체가 세포 중앙에 배열한 이 시기를 무엇이라고 하는가?

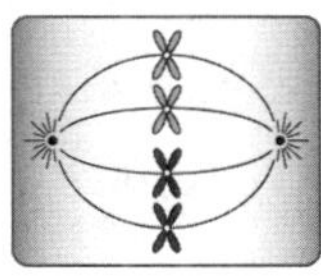

① 전기　　　　　② 중기
③ 후기　　　　　④ 말기

39 그림은 어떤 동물의 생식 기관에서 일어나는 생식세포 분열 과정을 나타낸 것이다. (가)~(라) 중 염색체 수가 반으로 감소하는 시기는?

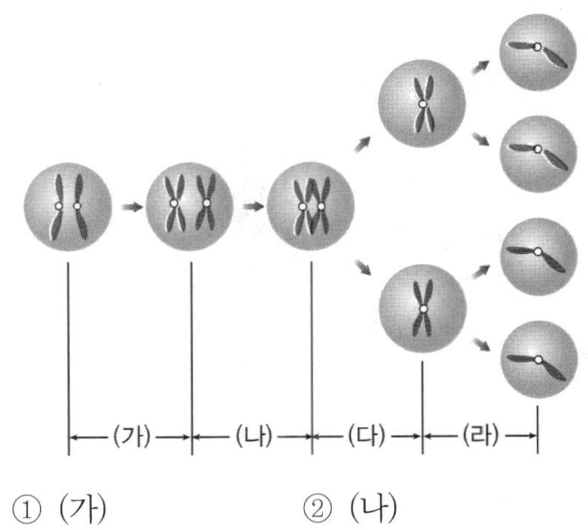

① (가)　　　　　② (나)
③ (다)　　　　　④ (라)

40 그림은 발생 초기에 일어나는 세포 분열 과정을 나타낸 것이다. 이를 무엇이라고 하는가?

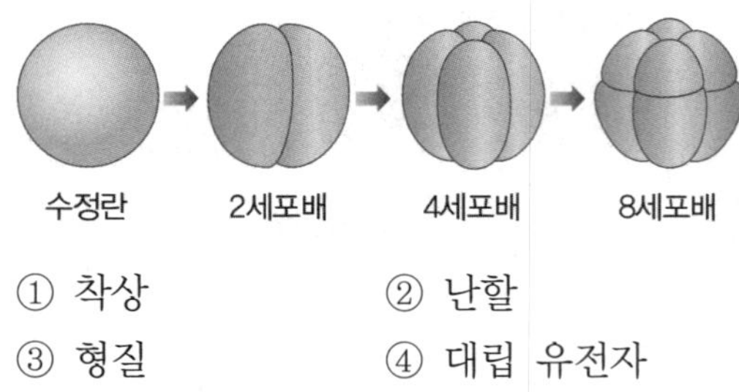

① 착상

② 난할

③ 형질

④ 대립 유전자

41 그림과 같이 순종의 노란색 완두(YY)와 초록색 완두(yy)를 교배하여 노란색 잡종 1대를 얻고, 잡종 1대를 자가 수분하여 잡종 2대를 얻었다. (가)~(라) 중 표현형이 <u>다른</u> 것은?

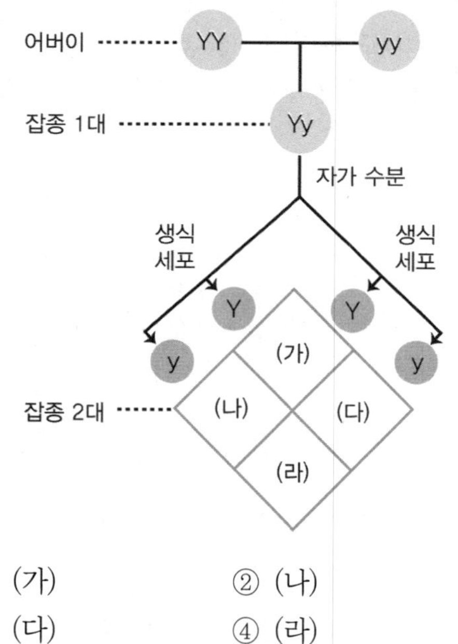

① (가)

② (나)

③ (다)

④ (라)

42 그림은 어느 집안의 ABO식 혈액형 유전에 대한 가계도이다. A형 어머니와 AB형 아버지 사이에서 딸이 태어날 때 가능하지 <u>않은</u> 혈액형은? (단, 돌연변이는 없고, 어머니의 ABO식 혈액형 유전자형은 잡종이다.)

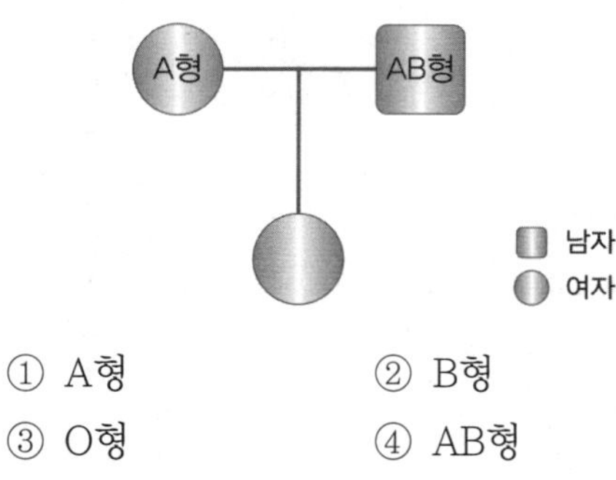

① A형

② B형

③ O형

④ AB형

43 그림은 어느 집안의 열성으로 유전되는 색맹 가계도를 나타낸 것이다. 다음 중 색맹인 딸 A의 유전자형은? (단, X는 정상, X′는 색맹으로 나타내고, 돌연변이는 없다.)

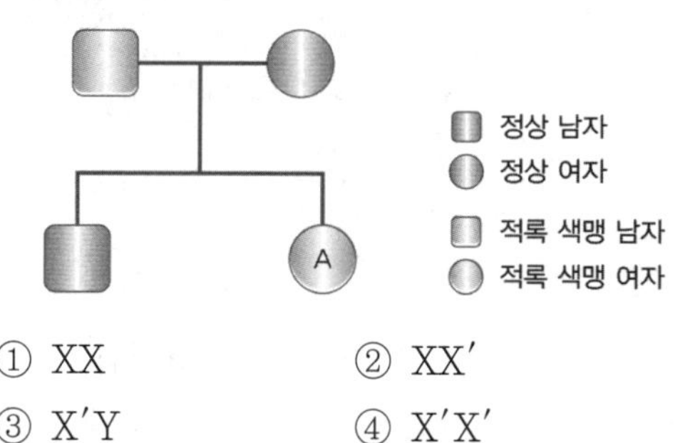

① XX

② XX′

③ X′Y

④ X′X′

04 지구과학

1 지구계와 지구 내부 구조

1. 지구계

(1) 지구계
　① 지구계 : 지구를 구성하는 여러 요소들이 서로 영향을 주고받는 체계
　② 지구계 구성 요소 : 지권, 수권, 생물권, 기권, 외권

(2) 지구계 구성 요소의 상호 작용

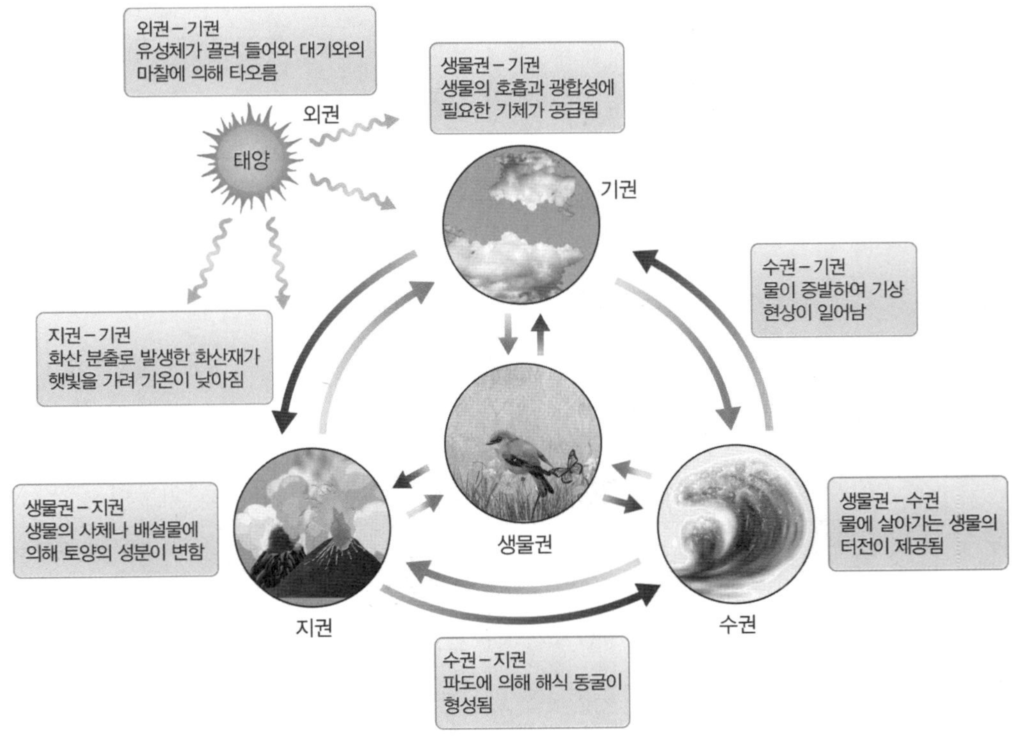

2. 지구 내부 구조

(1) 지구 내부 구조 조사

① 지구 내부 조사 방법

직접적인 조사 방법		간접적인 조사 방법	
시추법	화산 분출물 조사	지진파 분석	운석 연구
직접 땅을 파고 들어가 지구 내부를 조사하는 방법	화산이 분출할 때 나오는 지구 내부 물질을 조사하는 방법	지진파를 연구하여 지구 내부를 조사하는 방법	지구 내부 구성 물질과 비슷한 운석을 연구하는 방법

② 지구 내부 구조를 조사하는 데 가장 효과적인 방법은 지진파 분석임

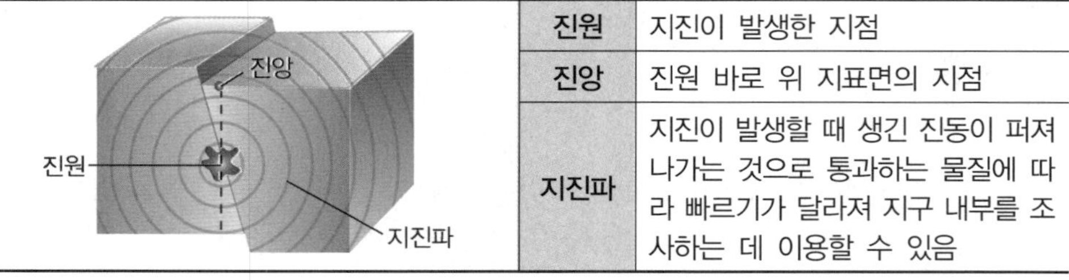

진원	지진이 발생한 지점
진앙	진원 바로 위 지표면의 지점
지진파	지진이 발생할 때 생긴 진동이 퍼져 나가는 것으로 통과하는 물질에 따라 빠르기가 달라져 지구 내부를 조사하는 데 이용할 수 있음

(2) 지구 내부 구조

① **지구 내부 층상 구조** : 지진파가 지구 내부에서 전파될 때 빠르기가 변하는 것을 통해 4개의 층으로 구분함

② **지권의 층상 구조**

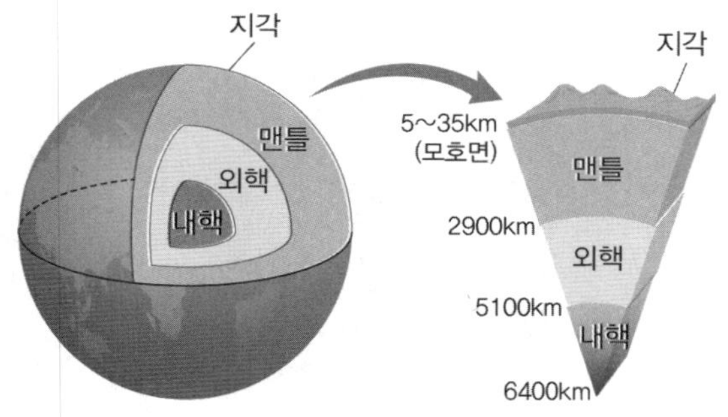

㉠ **지각** : 지구의 가장 겉 부분으로 고체 상태의 암석으로 이루어져 있음

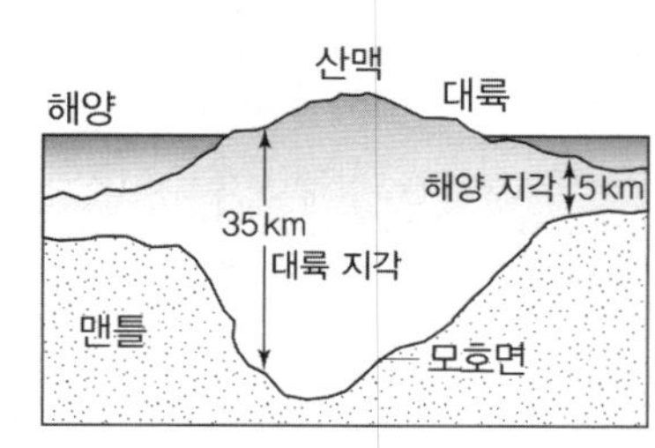

대륙 지각	해양 지각
• 평균 두께 35km • 해양 지각보다 가벼움	• 평균 두께 5km • 대륙 지각보다 무거움
모호면(모호로비치치 불연속면)	
• 지각과 맨틀의 경계면 • 모호면의 깊이는 지역마다 차이가 있음 • 모호면을 경계로 지진파의 빠르기가 빨라짐	

ⓛ 맨틀

    ⓐ 모호면~2900km 깊이까지의 층

    ⓑ 지구 전체 부피의 약 80%를 차지함

    ⓒ 고체 상태의 암석으로 이루어짐

ⓒ 핵 : 외핵과 내핵으로 구분됨

외핵	내핵
• 액체 상태 • 철과 니켈로 이루어짐	• 고체 상태 • 철과 니켈로 이루어짐 • 밀도, 온도, 압력이 가장 높음

2 암석과 광물

1. 암석

(1) 암석의 분류

암석은 생성 과정에 따라 화성암, 퇴적암, 변성암으로 구분

화성암	퇴적암	변성암
마그마가 지표나 지하에서 식어 굳어진 암석	퇴적물이 다져지고 굳어져서 만들어진 암석	암석이 높은 열과 압력을 받아 성질이 변하여 만들어진 암석

(2) 암석의 종류

① 화성암

    ㉠ 마그마나 용암이 식어서 만들어진 암석

    ㉡ 화성암의 종류 : 암석을 구성하는 알갱이(광물)의 크기와 암석의 색에 따라 구분

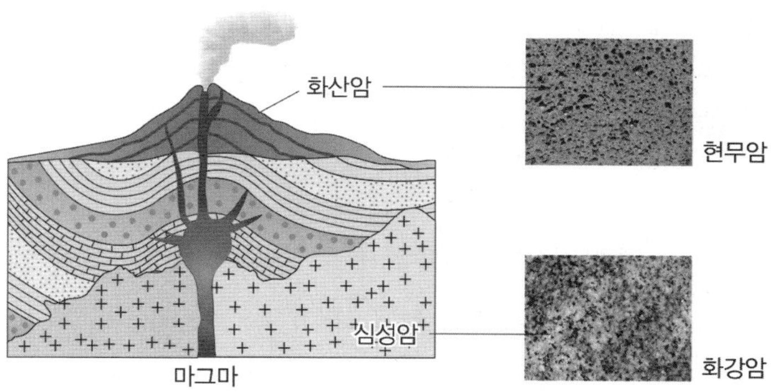

구분	화산암		심성암	
생성 장소	용암이 지표에서 식어서 생성		마그마가 지하 깊은 곳에서 식어서 생성	
냉각 속도	빠르게 냉각		천천히 냉각	
알갱이 크기	작다.		크다.	
암석 종류	어두운 색	밝은 색	어두운 색	밝은 색
	현무암	유문암	반려암	화강암

② 퇴적암

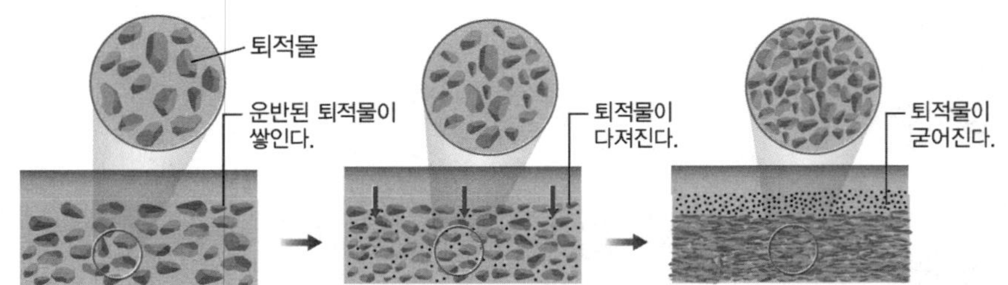

▲ 퇴적암의 생성 과정

㉠ 퇴적물이 다져지고 굳어져서 만들어진 암석
㉡ 퇴적물의 알갱이 크기와 퇴적물 종류에 따라 구분

퇴적물 알갱이 크기에 따른 구분		퇴적물 종류에 따른 구분	
퇴적물	퇴적암	퇴적물	퇴적암
자갈	역암	화산재	응회암
모래	사암	석회 물질	석회암
진흙	셰일	소금	암염

㉢ **퇴적암의 특징** : 서로 다른 퇴적물에 의한 줄무늬인 층리와 과거 생물의 흔적인 화석을 볼 수 있음

③ 변성암

㉠ 암석이 높은 열과 압력을 받아 성질이 변한 암석
㉡ 광물이 녹았다가 다시 굳어지면서 결정의 크기가 커지고, 압력에 의해 생긴 압력과 수직 방향의 줄무늬 엽리 구조를 볼 수 있음

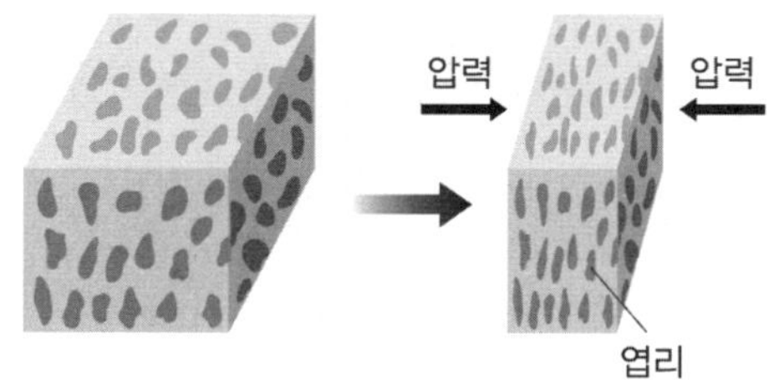

ⓒ 변성암의 종류

원래 암석	변성암
화강암	편마암
석회암	대리암
셰일	점판암, 편암, 편마암
사암	규암

(3) 암석의 순환

암석은 오랜 시간에 걸쳐 변화 과정을 거쳐 다시 제자리로 돌아오는 끊임없는 순환을 함

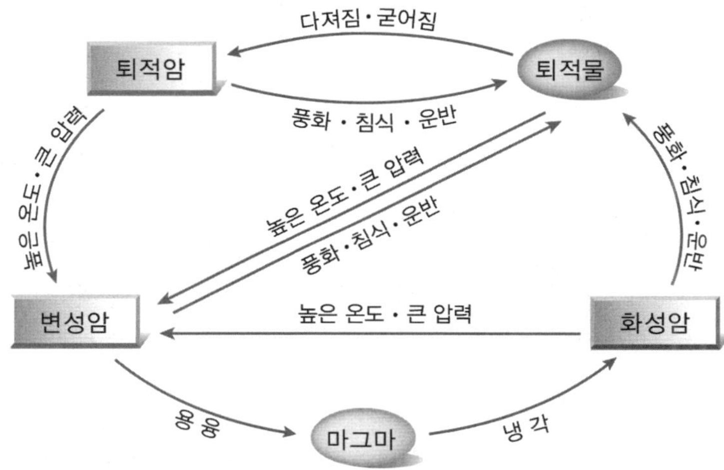

2. 광물

(1) 조암 광물

① 광물

  ㉠ 암석을 이루는 작은 알갱이

  ㉡ 대부분의 암석은 여러 종류의 광물로 이루어져 있지만, 석회암과 같이 한 가지
  광물로 이루어진 암석도 있음

② 조암 광물

  ㉠ 암석을 구성하는 주된 광물

  ㉡ 주요 조암 광물

밝은 색	장석, 석영
어두운 색	흑운모, 휘석, 감람석, 각섬석

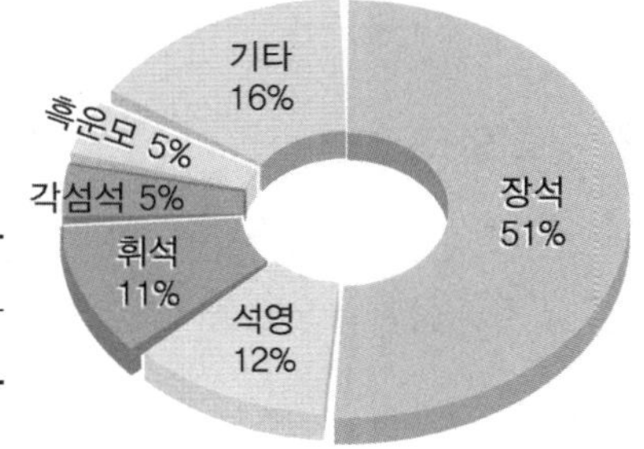

(2) 광물의 특성

① 색과 조흔색

  ㉠ 색 : 광물 고유의 겉보기 색

광물	장석	석영	흑운모
색	분홍색, 흰색	무색, 흰색	검은색

  ㉡ 조흔색

광물을 초벌구이한 자기판인 조흔판에 그었을 때 나타나는 광물 가루 색

광물	황동석	황철석	금
색	노란색	노란색	노란색
조흔색	녹흑색	검은색	노란색

② 굳기

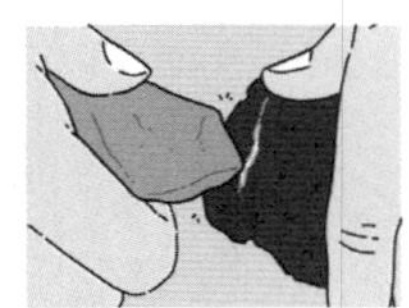

광물의 단단하고 무른 정도로, 굳기가 서로 다른 광물을 맞대고 문지르면 무른 광물이 긁힘
예 석영과 방해석을 긁으면 굳기가 작은 방해석이 긁힌다.

③ 염산 반응

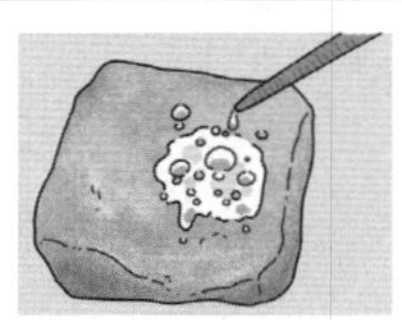

광물의 표면에 묽은 염산을 떨어뜨리면 거품이 발생하는 성질
예 방해석은 묽은 염산을 떨어뜨리면 거품(이산화 탄소)이 발생한다.

④ 자성

쇠붙이를 끌어당기는 성질
예 자철석에 클립을 가까이 가져가면 붙는다.

3. 풍화와 토양

(1) 풍화

  ① 풍화 : 오랫동안 지표에 드러나 있던 암석이 잘게 부서져 작은 돌이나 흙으로 변하는 현상

② 풍화의 원인

물이 어는 작용	식물의 뿌리
암석의 틈에 스며든 물이 얼면서 부피가 변하여 암석이 부서짐	식물의 뿌리가 암석의 틈을 파고들며 성장하여 암석의 틈을 벌려 암석이 부서짐
이끼의 작용	지하수의 작용
암석 표면의 이끼가 암석의 성분을 변화시킴	석회암 지대에서 지하수에 의해 암석이 녹아 석회 동굴이 만들어짐

③ 풍화가 잘 일어나는 조건 : 암석이 잘게 부서질수록 표면적이 증가하여 풍화가 잘 일어남

(2) 토양

① 토양 : 암석이 풍화 작용을 받아 형성된 식물이 자랄 수 있는 흙
② 토양의 생성 : 성숙한 토양은 4개의 층으로 구분됨

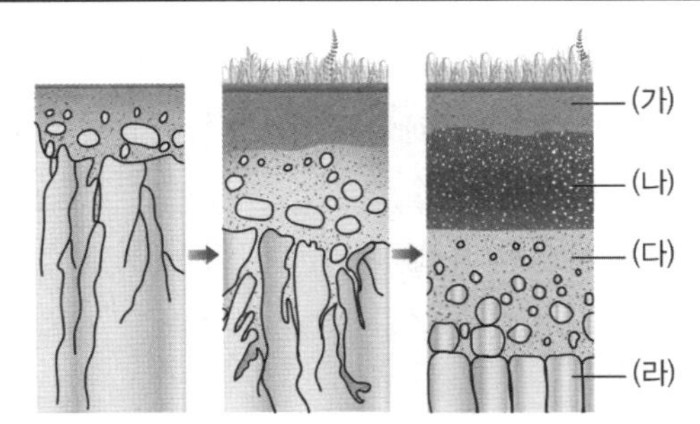

암석이 풍화되어 잘게 부서지기 시작한다. (라) → (다)	
암석 조각이 더 잘게 부서져 식물이 자랄 수 있는 겉 부분의 흙이 만들어진다. (다) → (가)	
겉 부분의 흙에서 물에 녹은 물질과 진흙 등이 아래로 내려와 쌓인다. (가) → (나)	

- 토양 단면 순서 : (라) → (다) → (나) → (가)
- 토양 생성 순서 : (라) → (다) → (가) → (나)

③ 토양의 역할
ㄱ 생물체가 살아가는 터전을 제공
ㄴ 생물체에게 필요한 물질을 제공
ㄷ 오염 물질을 정화함

3 지권의 변화

1. 대륙 이동설

(1) 대륙 이동설
베게너가 주장한 것으로 과거에 한 덩어리였던 판게아가 이동하여 현재와 같은 대륙 분포를 이루게 되었다는 학설

- 판게아 : 약 3억 3500만 년 전에 지구 모든 대륙들이 한 덩어리로 모여 형성된 초대륙을 말함

(2) 대륙 이동의 증거와 한계점

① 대륙 이동의 증거

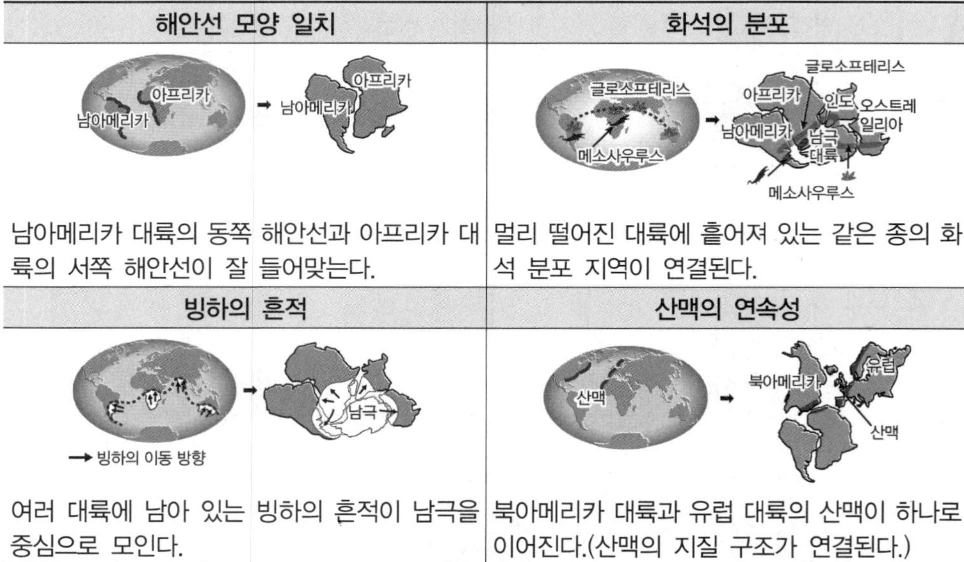

해안선 모양 일치	화석의 분포
남아메리카 대륙의 동쪽 해안선과 아프리카 대륙의 서쪽 해안선이 잘 들어맞는다.	멀리 떨어진 대륙에 흩어져 있는 같은 종의 화석 분포 지역이 연결된다.
빙하의 흔적	산맥의 연속성
여러 대륙에 남아 있는 빙하의 흔적이 남극을 중심으로 모인다.	북아메리카 대륙과 유럽 대륙의 산맥이 하나로 이어진다.(산맥의 지질 구조가 연결된다.)

② 대륙 이동설의 한계 : 베게너는 대륙 이동의 원동력을 설명하지 못해 당시 학자들에게 인정받지 못함

2. 지각 변동

(1) 화산대와 지진대

① 화산 활동

 ㉠ 화산 활동 : 마그마가 지각의 약한 틈을 뚫고 지표로 나오는 현상

 ㉡ 화산대 : 화산 활동이 자주 일어나는 지역

② 지진

 ㉠ 지진 : 지구 내부에 쌓인 에너지가 갑자기 방출되며 땅이 흔들리는 현상

 ㉡ 지진대 : 지진이 자주 일어나는 지역

 ㉢ 지진의 세기

규모	진도
지진이 발생할 때 방출되는 에너지의 양	지진이 발생할 때 어떤 지역의 땅이 흔들린 정도나 피해 정도
• 지진 발생 지점으로부터의 거리 등에 관계없이 일정함 • 숫자가 클수록 강한 지진임	• 지진 발생 지점으로부터의 거리, 지층의 구조 등에 따라 달라짐 • 일반적으로 지진이 발생한 지점에 가까울수록 진도가 큼

③ 화산대와 지진대

    ㉠ 화산 활동이나 지진이 발생하는 지역은 특정 지역에서 주로 발생함

    ㉡ 화산대와 지진대는 좁은 띠 모양으로 분포함

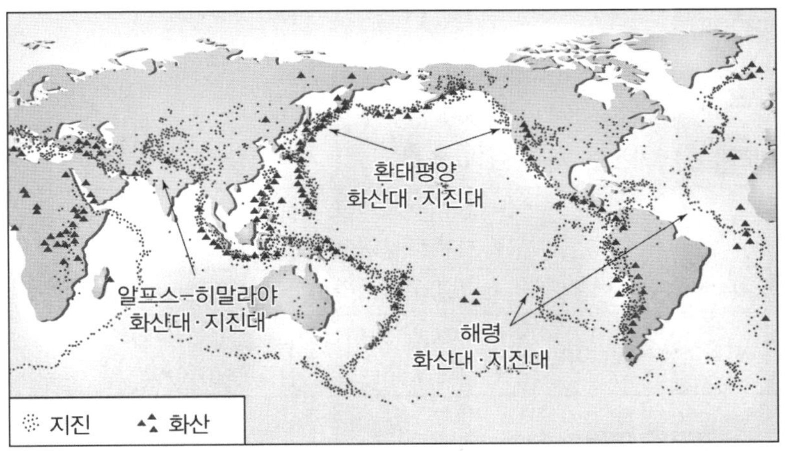

(2) 판의 경계와 지각 변동

① 판(암석권)

    ㉠ 지각과 맨틀 상부 일부분을 포함한 단단한 암석층

    ㉡ 판의 두께 : 약 100km

    ㉢ 판의 구분

대륙판	대륙 지각을 포함한 판
해양판	해양 지각을 포함한 판

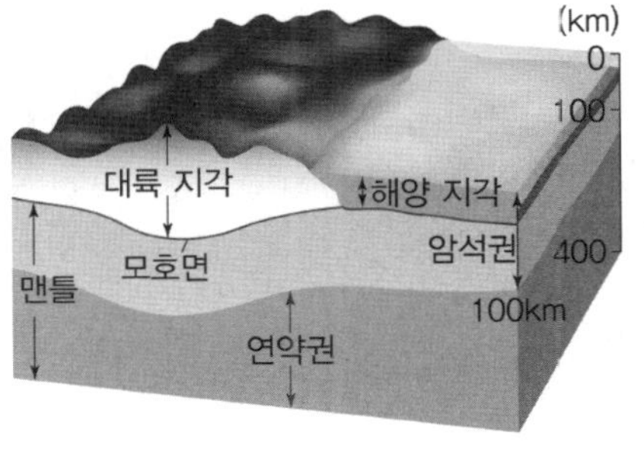

▲ 판의 구조

    ㉣ 맨틀의 대류에 의해 판이 이동하고 판마다 이동하는 방향과 속도는 다름

② 판의 경계와 지각 변동

    ㉠ 지구의 표면은 10여 개의 크고 작은 판으로 이루어짐

    ㉡ 화산대와 지진대의 분포는 대체로 판의 경계와 일치함 → 화산 활동, 지진 등의 지각 변동은 주로 판의 경계에서 발생하기 때문

③ 우리나라 주변 판의 경계

    ㉠ 우리나라는 유라시아 판에 속함

    ㉡ 일본은 유라시아 판과 태평양 판, 필리핀 판이 만나는 경계에 우리나라보다 인접해 있기 때문에 일본이 우리나라보다 지진, 화산 활동이 더 빈번하게 일어남

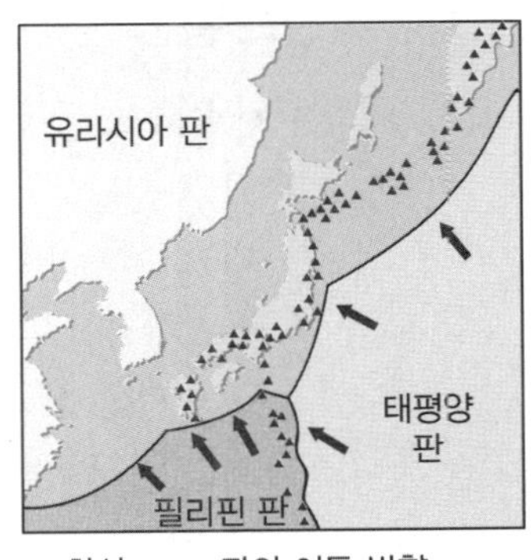

1 지구

1. 지구 크기 측정

(1) 에라토스테네스의 지구 크기 측정

지구 크기 측정 가정	• 지구는 완전한 구형임 • 지구로 들어오는 햇빛은 평행함
지구 크기 측정 원리	• 원에서 호의 길이는 중심각의 크기에 비례함
오차가 발생한 이유	• 두 지점 사이의 거리 측정의 오차 • 실제 지구는 완전한 구형이 아님

(2) 지구 모형을 이용한 크기 측정

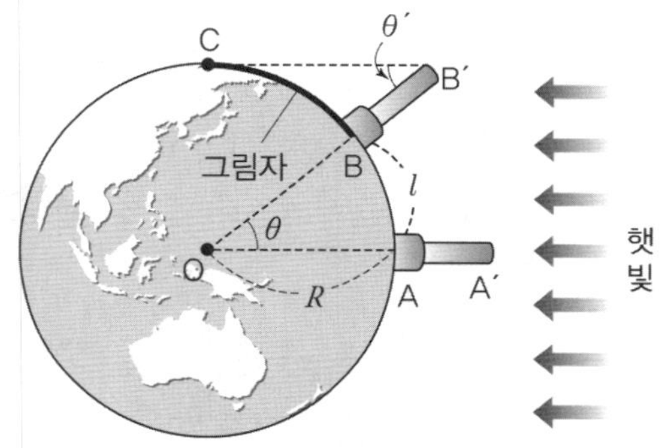

① 지구 모형의 크기 구하기

지구 모형의 둘레($2\pi R$) : 360° = 호의 길이(l) : 중심각의 크기(θ')

② 지구 모형의 크기 측정을 위해 측정해야 하는 값 : 호 AB의 길이(l), ∠BB′C의 크기(θ')

2. 지구 자전과 공전

(1) 지구의 자전

① 지구의 자전

㉠ 지구는 자전축을 중심으로 하루에 한 바퀴씩 회전 운동을 함

→ 1시간에 15°씩 서 → 동으로 자전함

㉡ 지구 자전에 의한 현상

ⓐ 낮과 밤의 반복

ⓑ 천체의 일주 운동 : 태양, 달, 별과 같은 천체가 하루에 한 바퀴씩 원을 그리며 도는 운동

- 일주 운동 방향 : 동 → 서(지구의 자전 방향과 반대)
- 일주 운동 속도 : 1시간에 15°씩 회전

② 우리나라에서 관측한 별의 일주 운동

동쪽 하늘	남쪽 하늘	서쪽 하늘	북쪽 하늘
오른쪽 위로 비스듬히 떠오름	지표면과 나란히 동쪽에서 서쪽으로 움직임	오른쪽 아래로 비스듬히 짐	북극성을 중심으로 시계 반대 방향으로 회전

(2) 지구의 공전

① 지구의 공전

    ㉠ 지구가 태양을 중심으로 1년에 한 바퀴 회전하는 운동

      ➜ 하루에 약 1°씩 서 → 동으로 공전함

    ㉡ 지구 공전에 의한 현상

      ⓐ 태양과 별의 연주 운동

      ⓑ 계절에 따른 별자리 변화

② 태양과 별의 연주 운동

구분	태양의 연주 운동	별의 연주 운동
의미	태양이 별자리를 배경으로 이동하여 1년 후 처음 위치로 돌아오는 운동	매일 같은 시각에 별자리를 관측하면 별자리의 위치가 달라지는 운동
연주 운동 방향	서 → 동	동 → 서
연주 운동 속도	하루에 약 1°씩 이동	하루에 약 1°씩 이동

③ 계절별 별자리 변화 : 지구 공전에 의해 계절에 따라 밤하늘에 보이는 별자리가 달라짐

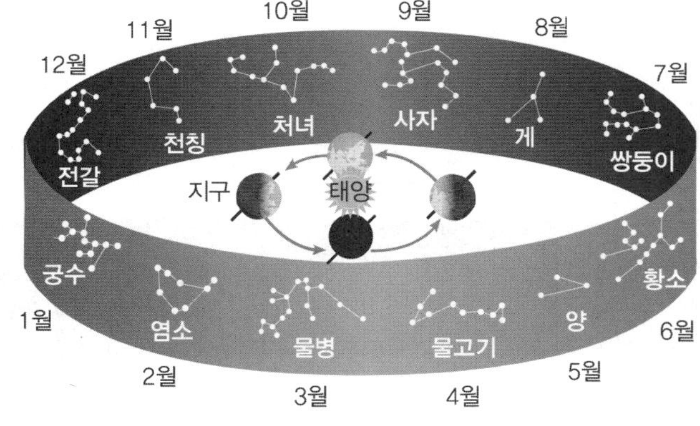

- 황도 : 하늘에서 태양이 연주 운동을 하면서 지나가는 길
- 황도 12궁 : 황도 부근에 있는 12개의 별자리

1. 달의 크기와 운동

(1) 달의 크기

① 달의 크기

측정 원리	삼각형의 닮음비를 이용
측정 방법	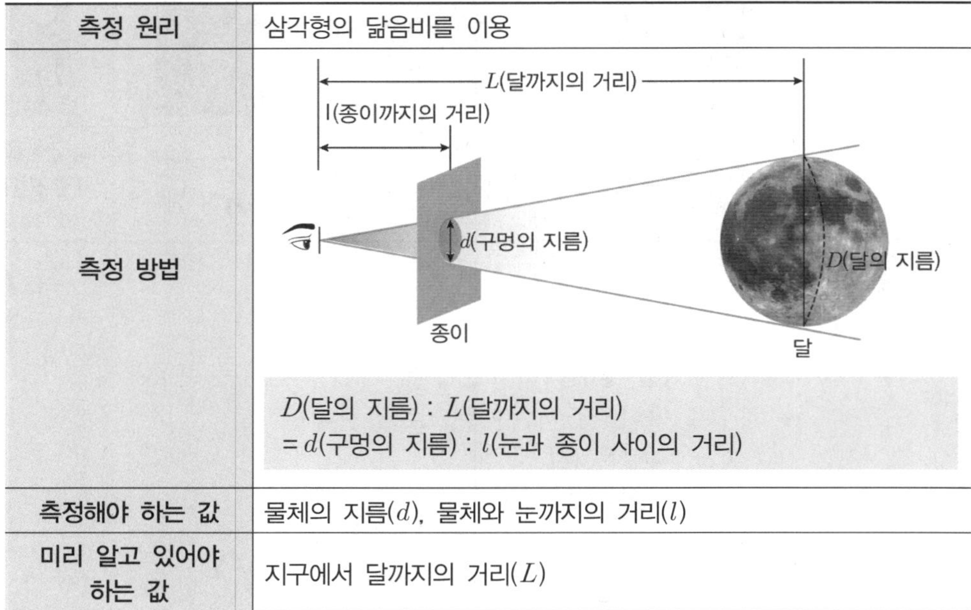 D(달의 지름) : L(달까지의 거리) $= d$(구멍의 지름) : l(눈과 종이 사이의 거리)
측정해야 하는 값	물체의 지름(d), 물체와 눈까지의 거리(l)
미리 알고 있어야 하는 값	지구에서 달까지의 거리(L)

② 달과 지구 크기 비교 : 달의 반지름은 지구 반지름의 약 $\frac{1}{4}$ 정도임

(2) 달의 운동

① 달의 공전

    ㉠ 달의 공전 : 달이 지구를 중심으로 약 한 달에 한 바퀴씩 도는 운동

    ㉡ 공전 방향 : 서 → 동(시계 반대 방향)

    ㉢ 공전 속도 : 하루에 약 13°씩 회전

② 달의 위상 변화

    ㉠ 달의 위상 : 달의 공전에 따른 위치 변화가 있을 때 우리 눈에 보이는 달의 모양

    ㉡ 달의 위상 변화

삭 → 초승달 → 상현달 → 보름달 → 하현달 → 그믐달 → 삭

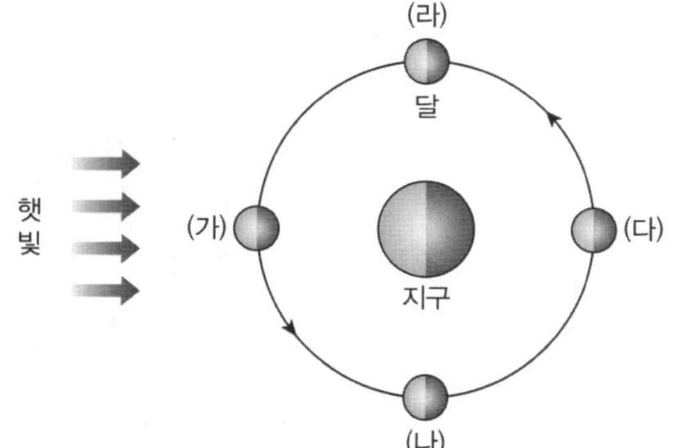

위치	위상	관측일(음력)
(가)	삭	1일
(나)	상현	7~8일
(다)	망(보름달)	15일
(라)	하현	22~23일

③ 달의 위치 변화

ㄱ 달의 공전에 의해 매일 같은 시각에 관측되는 달의 위치와 모양은 달라짐

ㄴ 달의 위치는 하루에 약 13°씩 서쪽에서 동쪽으로 이동

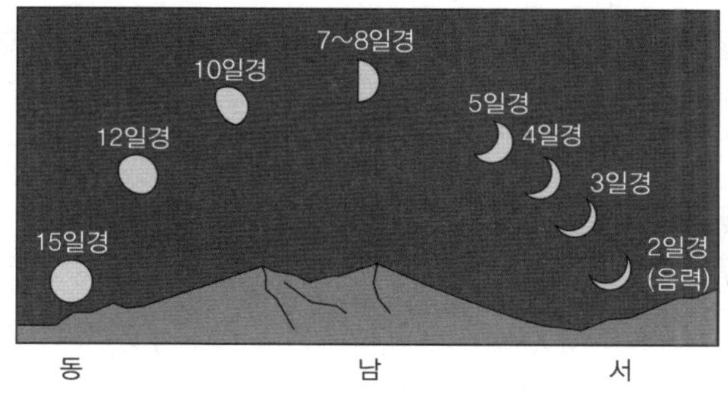

▲ 해가 진 직후 달의 위치와 모양 변화(초저녁)

④ 달의 자전 : 달의 자전 주기와 공전 주기가 같아 지구에서는 달의 한쪽 면만 볼 수 있음

2. 일식과 월식

(1) 일식

달이 태양의 일부 또는 전체를 가리는 현상

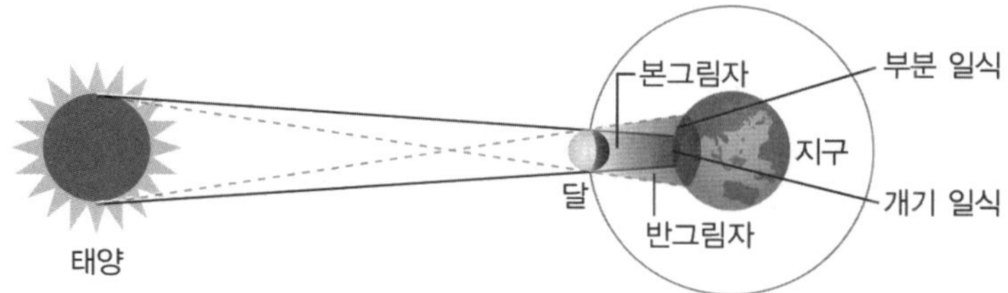

위치	태양 − 달 − 지구 순으로 일직선상에 위치할 때
달 위상	삭
개기 일식	• 달이 태양을 완전히 가리는 현상 • 본그림자 지역에서 일어남
부분 일식	• 달이 태양의 일부를 가리는 현상 • 반그림자 지역에서 일어남

개기 일식   부분 일식

(2) 월식

달이 지구 그림자 속으로 들어가 달이 가려지는 현상

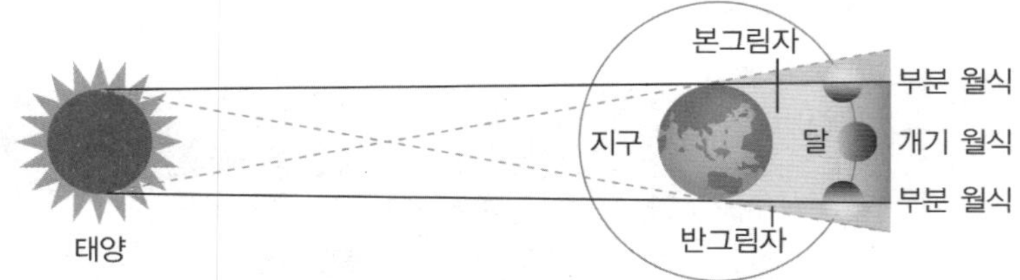

위치	태양 − 지구 − 달 순으로 일직선상에 위치할 때
달 위상	망
개기 월식	• 달 전체가 완전히 가려지는 현상 • 본그림자 지역에 달이 완전히 들어갔을 때
부분 월식	• 달 일부가 가려지는 현상 • 본그림자 지역에 달의 일부가 들어갔을 때

개기 월식   부분 월식

3 태양계

1. 행성

(1) 행성의 분류

① 지구형 행성과 목성형 행성 : 행성의 물리적 특성에 따른 분류

구분	지구형 행성	목성형 행성
행성	수성, 금성, 지구, 화성	목성, 토성, 천왕성, 해왕성
질량, 반지름	작다.	크다.
평균 밀도	크다.	작다.
고리	없다.	있다.
위성 수	없거나 적다.	많다.

② 내행성과 외행성 : 행성의 공전 궤도에 따른 분류

내행성	외행성
지구 공전 궤도 안쪽에 있는 행성	지구 공전 궤도 바깥쪽에 있는 행성
초저녁이나 새벽에만 잠시 볼 수 있음	한밤중에도 볼 수 있음
수성, 금성	화성, 목성, 토성, 천왕성, 해왕성

(2) 행성의 특징

수성		• 대기와 물이 없다. • 운석 구덩이가 많아 달과 비슷하게 보인다. • 낮과 밤의 온도 차가 크다. • 태양에서 가장 가깝고, 태양계에서 크기가 가장 작다.
금성		• 두꺼운 이산화 탄소 대기를 가지고 있다. • 기압이 높고 온실 효과로 표면 온도가 높다. • 지구에서 관측할 때 밝게 보인다. • 크기와 질량이 지구와 비슷하다.
지구		• 액체 상태의 물이 존재한다. • 태양계에서 생명체가 존재하는 유일한 행성이다. • 위성 : 달

화성		• 물이 흐른 흔적이 있다. • 표면은 붉은색 산화 철 성분의 토양이 있다. • 양극에 드라이아이스와 얼음으로 된 극관이 있다. • 계절의 변화가 있어 여름에는 극관의 크기가 작아지고 겨울에 커진다.
목성		• 태양계 행성 중 가장 크다. • 대기 소용돌이로 인한 거대한 붉은 점인 대적점이 있다. • 빠른 자전으로 인한 가로줄 무늬가 있다. • 극지방에서 오로라가 관측되기도 한다.
토성		• 목성 다음으로 큰 행성이다. • 평균 밀도가 가장 작다. • 얼음과 암석 조각으로 이루어진 뚜렷한 고리가 있다.
천왕성		• 대기의 메테인에 의해 청록색으로 보인다. • 자전축이 공전 궤도면과 거의 나란하다.
해왕성		• 대기의 메테인에 의해 푸른색으로 보인다. • 대기의 소용돌이로 인한 대흑점이 있다.

2. 태양

(1) 태양

① 태양의 표면(광구) : 태양의 밝고 둥글게 보이는 태양의 표면

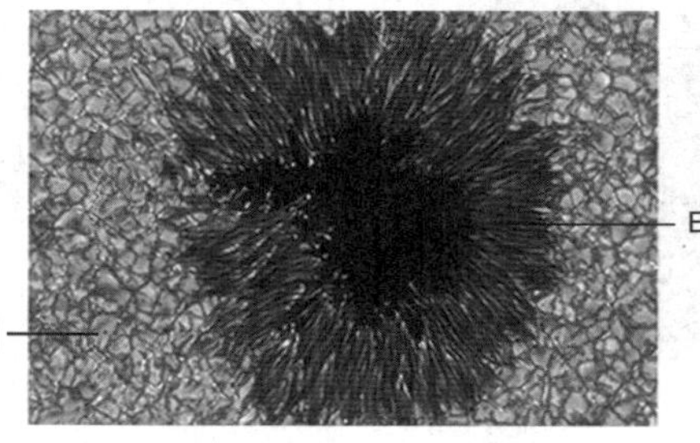

ㄱ 쌀알 무늬 : 광구 아래의 대류 현상 때문에 나타나는 무늬

ㄴ 흑점 : 주위보다 온도가 낮아 어둡게 보이는 부분

ⓐ 흑점 수는 11년을 주기로 증감함

ⓑ 흑점의 이동을 통해 태양이 자전함을 알 수 있음

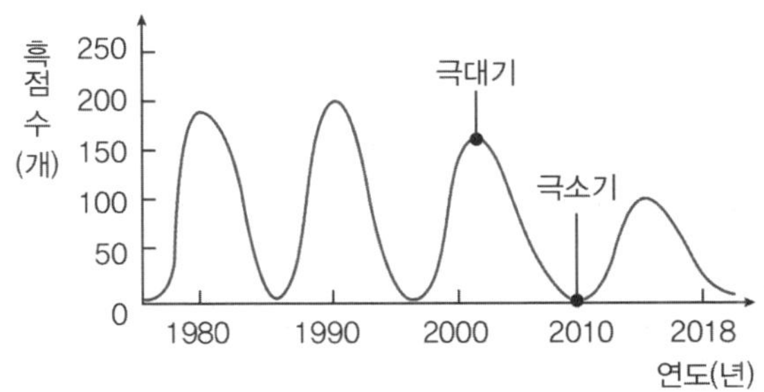

② 태양의 대기 : 광구가 매우 밝기 때문에 평소에는 관측이 어렵고, 개기 일식 때 관측이 가능함

ㄱ 채층 : 광구 바로 위의 붉은색의 얇은 대기층

ㄴ 코로나 : 채층 바깥쪽의 청백색(진주색) 대기층으로 온도가 매우 높음

ㄷ 홍염 : 주로 흑점 주변에서 발생하는 고온의 가스 기둥

ㄹ 플레어 : 많은 양의 물질과 에너지가 방출되는 폭발 현상

채층

코로나

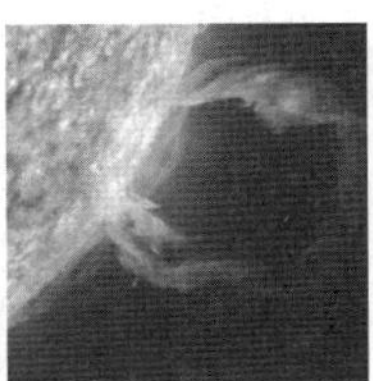

홍염

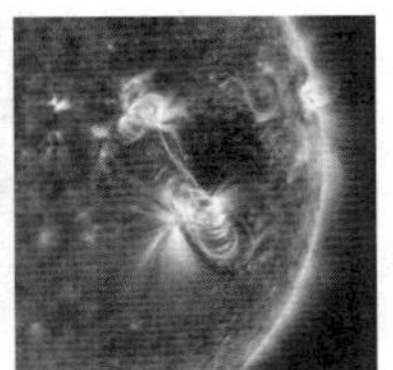

플레어

(2) 태양 활동이 활발할 때 일어나는 일

태양에서 나타나는 현상	지구에서 나타나는 현상
• 흑점 수가 증가한다. • 코로나가 커지고, 밝기가 밝아진다. • 홍염과 플레어가 자주 나타난다. • 태양풍이 강해진다.	• 무선 통신이 끊어지는 델린저 현상이 나타난다. • 자기장 교란 현상이 나타난다. • 오로라가 자주 발생하고 발생하는 지역이 더 넓어진다. • 대규모 정전이나 인공위성 고장이 나타난다.

1 수권

1. 수권

(1) 수권의 구성
    ① 수권 : 지구 표면에서 물이 분포하는 영역
    ② 수권의 구성

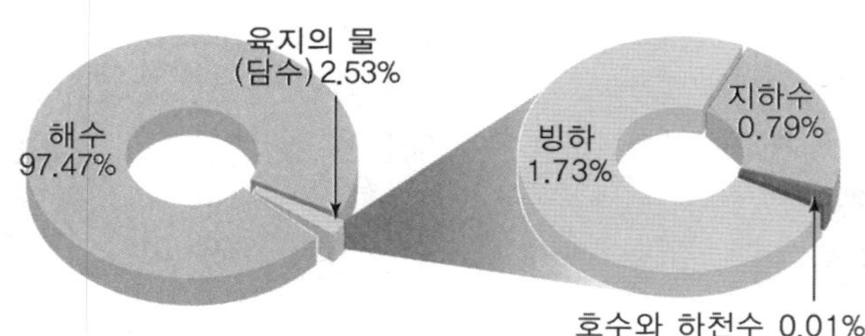

    ㉠ 짠맛이 나는 해수가 가장 많은 양을 차지함
    ㉡ 육지의 물(담수)은 빙하, 지하수, 호수와 하천수 형태로 존재함
        ⓐ 빙하 : 극지방이나 고산 지대에 얼음이나 눈의 형태로 존재함
        ⓑ 지하수 : 땅속을 흐르며 물이 부족할 때 수자원으로 이용할 수 있음
        ⓒ 호수와 하천수 : 양이 가장 적지만 쉽게 이용할 수 있는 물임

(2) 수자원
    ① **수자원** : 수권에서 자원으로 사용할 수 있는 물
    ② 사용 용도에 따라 농업용수, 공업용수, 생활용수, 하천 유지용수 등으로 구분함

2. 해수

(1) 해수의 연직 수온 분포
    깊이에 따른 수온 분포를 기준으로 3개의 층으로 구분

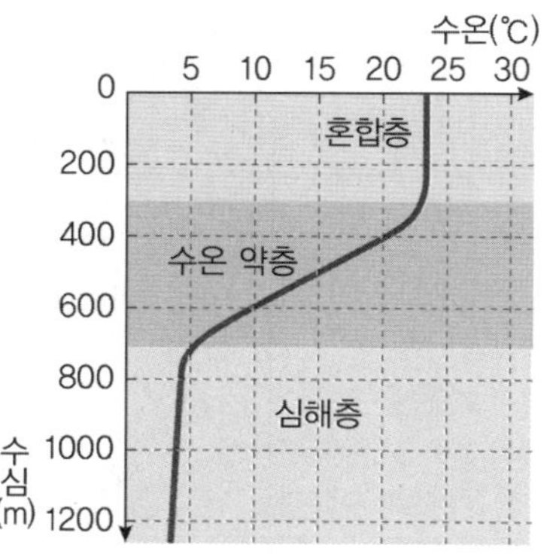

혼합층	• 태양 복사 에너지의 흡수량이 많아 수온이 높음 • 바람의 혼합 작용으로 깊이에 따른 수온이 일정함 • 바람이 강한 중위도에서 두껍게 발달함
수온 약층	• 수심이 깊어질수록 수온이 급격하게 감소하는 층 • 대류가 일어나지 않아 안정한 층 • 심해층과 혼합층 사이에서 물질이나 에너지 교환을 차단함
심해층	• 태양 에너지가 도달하지 못하여 수온이 매우 낮음 • 깊이, 위도, 계절에 따른 수온 차이가 거의 없음

(2) 염분

① 염류 : 해수에 녹아 있는 여러 가지 물질로 짠맛을 내는 염화 나트륨이 가장 많음

② 염분

  ㉠ 해수 1kg에 녹아 있는 염류의 총량을 g수로 나타낸 것

$$염분 = \frac{염류의\ 양(g)}{해수의\ 양(g)} \times 1000$$

  ㉡ 단위 : psu(실용 염분 단위), ‰(퍼밀)

  ㉢ 전 세계의 해수 평균 염분 : 약 35psu

  ㉣ 증발량과 강수량, 담수 유입량, 해빙과 결빙에 의해 염분이 변함

    ⓐ 염분이 낮음 : 강수량 > 증발량, 담수 유입이 많음, 해빙

    ⓑ 염분이 높음 : 강수량 < 증발량, 담수 유입이 적음, 결빙

③ 염분비 일정 법칙

  ㉠ 전 세계 여러 바다에서 염분은 다르지만 해수 중에 녹아 있는 염류들 사이의 비율은 염분과 관계없이 항상 일정함

  ㉡ 염분비 일정 법칙이 성립하는 이유 : 해수는 오랜 세월 동안 끊임없이 순환하며 골고루 섞이기 때문

1. 해류

(1) 해류

① 해류 : 일정한 방향으로 지속적으로 흐르는 해수의 흐름

② 난류와 한류

구분	난류	한류
수온	높다.	낮다.
이동 방향	저위도 → 고위도	고위도 → 저위도
염분	높다.	낮다.
영양 염류, 산소	적다.	많다.

(2) 우리나라 주변 해류

① 우리나라 주변 해류

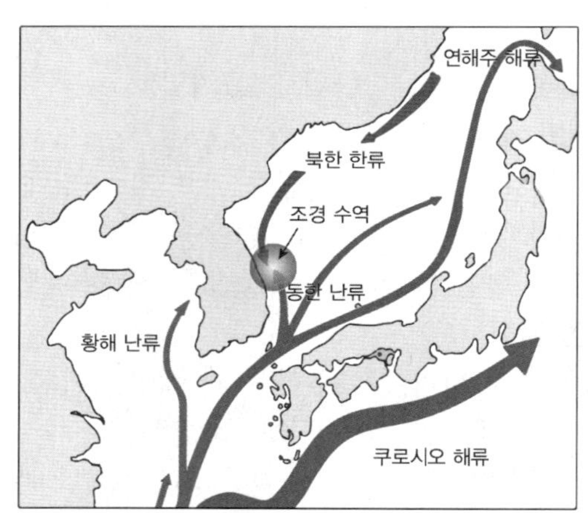

난류	• 쿠로시오 해류 : 동한 난류와 황해 난류의 근원 • 동한 난류, 황해 난류 : 각각 동해안과 황해안으로 흘러가는 난류
한류	• 연해주 한류 : 동해안을 따라 남쪽으로 흐르는 해류로 우리나라 북한 한류의 근원 • 북한 한류 : 동해안을 따라 흐르는 한류

② 조경 수역

㉠ 한류와 난류가 만나는 곳으로 다양한 어종이 모여 좋은 어장을 형성함

㉡ 우리나라의 조경 수역

ⓐ 북한 한류와 동한 난류가 만나 조경 수역을 형성

ⓑ 난류의 세력이 강한 여름에는 북상하고, 한류의 세력이 강한 겨울에는 남하함

2. 조석

(1) 조석

① 조석

ㄱ 해수면의 높이가 하루에 두 번씩 높아졌다 낮아지는 현상

ㄴ 조류 : 주기적으로 바뀌는 해수의 흐름으로 밀물과 썰물에 의한 흐름을 말함

밀물	썰물
먼 바다에서 해안으로 해수가 밀려오는 것	해수가 해안에서 먼 바다로 빠져나가는 것
해수면의 높이가 높아짐	해수면의 높이가 낮아짐

② 조석 현상의 이용 : 고기잡이배, 바다 갈라짐 행사, 갯벌 체험 등

(2) 해수면의 높이 변화

① 하루 동안 해수면의 높이 변화

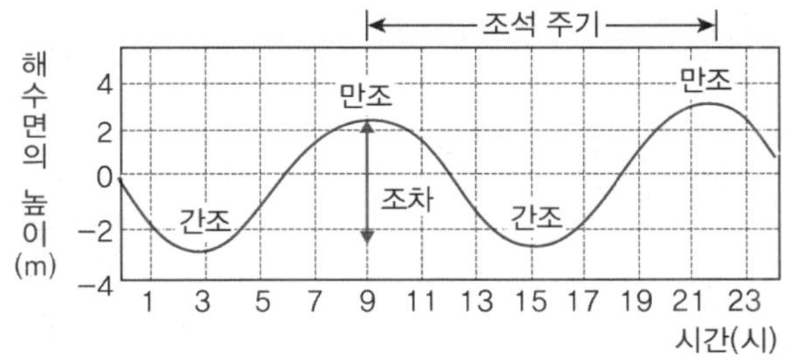

ㄱ 만조 : 밀물로 해수면의 높이가 가장 높아진 때

ㄴ 간조 : 썰물로 해수면의 높이가 가장 낮아진 때

ㄷ 조차 : 만조와 간조 때의 해수면의 높이차

ㄹ 조석 주기 : 만조에서 다음 만조 또는 간조에서 다음 간조까지의 시간으로 약 12시간 25분임

② 한 달 동안 해수면의 높이 변화

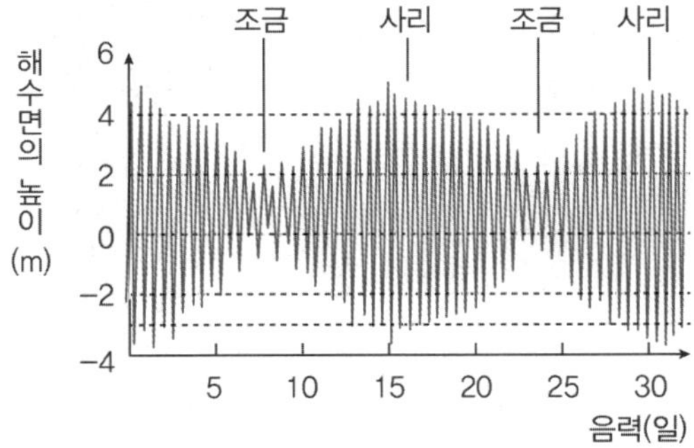

ㄱ 사리 : 한 달 중 조차가 가장 클 때

ㄴ 조금 : 한 달 중 조차가 가장 작을 때

ㄷ 사리와 조금은 한 달에 약 두 번씩 생김

1 기권과 복사 평형

1. 기권

(1) 기권
① 기권 : 지구를 둘러싸고 있는 대기가 분포하는 영역으로, 지표에서 높이 1000km까지 분포함
② 기권의 조성 : 대기는 질소가 가장 많고, 생물의 호흡에 이용되는 산소가 두 번째로 많음

(2) 기권의 층상 구조
높이에 따른 기온 변화를 기준으로 4개의 층으로 구분

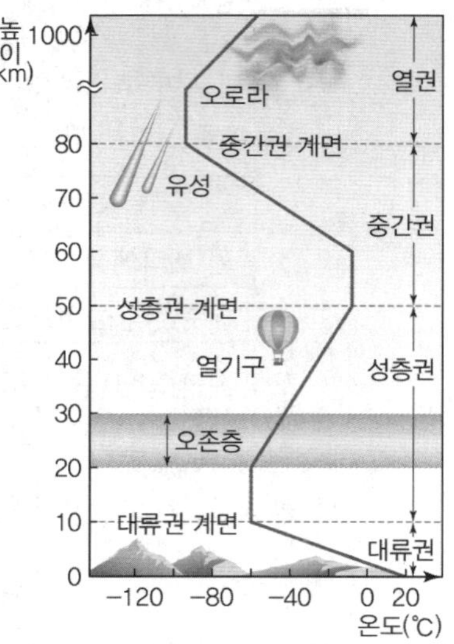

구분	기온 변화	대류 현상	특징
열권 (약 80km ~1000km)	상승	없음	• 공기가 매우 희박함 • 낮과 밤의 온도 차이가 매우 큼 • 고위도에서는 오로라가 나타나고 인공위성의 궤도로 이용
중간권 (약 50km ~80km)	하강	있음	• 수증기가 거의 없어 기상 현상은 나타나지 않음 • 유성이 관측되기도 함
성층권 (약 11km ~50km)	상승	없음	• 오존층이 자외선을 흡수함 • 대기가 매우 안정함 • 장거리 비행기 항로로 이용됨
대류권 (지표~11km)	하강	있음	• 대류 현상과 기상 현상이 있음 • 대부분의 공기가 모여 있음

2. 복사 평형

(1) 복사 평형
① 복사 평형
㉠ 복사 : 열이 물질의 도움을 받지 않고 직접 전달되는 방법
㉡ 복사 에너지 : 물체가 복사 형태로 방출하는 에너지
㉢ 복사 평형 : 물체가 흡수하는 복사 에너지양과 방출하는 복사 에너지양이 같아 온도가 일정하게 유지되는 상태

② 지구의 복사 평형

   ㉠ 흡수하는 태양 복사 에너지양 = 지구가 방출하는 지구 복사 에너지양

   ㉡ 지구의 평균 기온이 일정하게 유지됨

(2) 온실 효과와 지구 온난화

① 온실 효과

   ㉠ 온실 기체 : 지구 복사 에너지를 흡수하여 온실 효과를 일으키는 기체

      예 이산화 탄소, 메테인, 수증기 등

   ㉡ 온실 효과 : 대기 중의 온실 기체가 지구 복사 에너지의 일부를 흡수하였다가 지표로 다시 방출함으로써 지구의 평균 기온이 높게 유지되는 현상

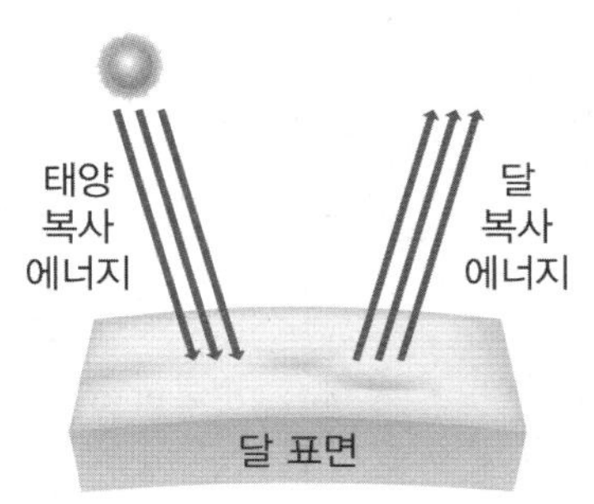

▲ 대기가 없는 달의 복사 평형

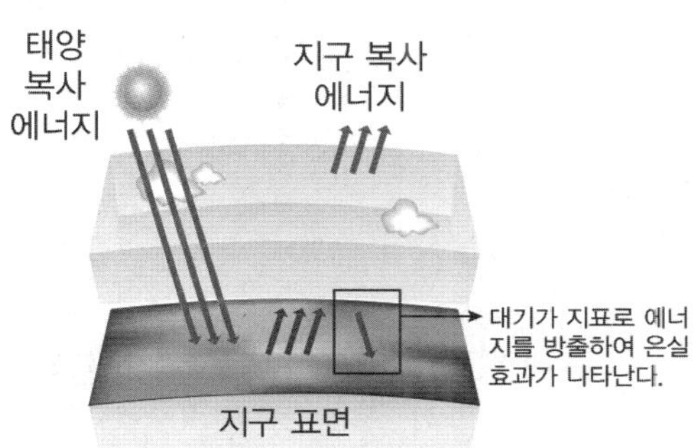

▲ 대기가 있는 지구의 복사 평형

② 지구 온난화

   ㉠ 대기 중의 온실 기체의 양이 증가하여 온실 효과가 강화되어 지구 평균 기온이 높아지는 현상

   ㉡ 지구 온난화의 원인 : 인류 산업 활동으로 인한 화석 연료 사용량 증가 ➡ 대기 중 온실 기체 농도 증가

   ㉢ 지구 온난화의 영향

      ⓐ 해수면이 상승하여 저지대 침수

      ⓑ 기상 이변이 나타나고 생태계의 변화가 생김

2 대기 중의 물

1. 대기 중의 물

(1) 대기 중의 수증기

① 포화와 불포화

포화 상태	불포화 상태
어떤 공기가 수증기를 최대로 포함하고 있는 상태	공기가 최대로 포함할 수 있는 수증기량보다 적은 양의 수증기를 포함한 상태

② 포화 수증기량 : 포화 상태인 공기 1kg에 들어 있는 수증기량을 g으로 나타낸 것

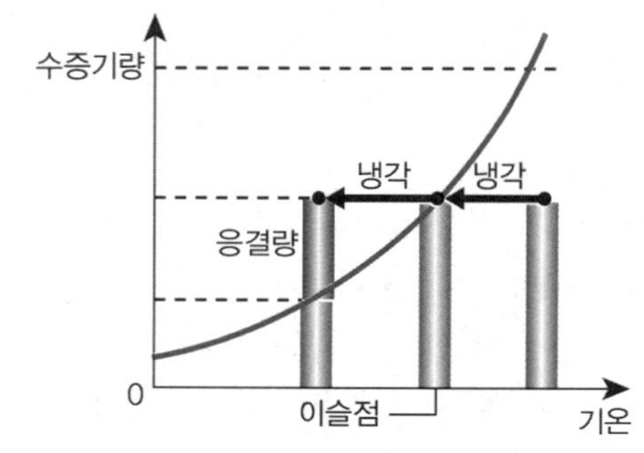

㉠ 기온이 높아지면 포화 수증기량은 증가함
㉡ 기온이 낮아지면 포화 수증기량이 감소하므로 수증기가 물로 응결함

응결량 = 현재 수증기량 − 냉각된 온도의 포화 수증기량

(2) 이슬점과 상대 습도
① 이슬점
㉠ 공기가 포화 상태에 도달하여 공기 중의 수증기가 응결하기 시작할 때의 온도
㉡ 공기 중에 포함된 수증기량이 많을수록 이슬점이 높음
㉢ 공기 중에 포함된 수증기량이 같으면 기온이 달라도 이슬점은 같음
② 상대 습도

$$상대\ 습도(\%) = \frac{현재\ 공기의\ 실제\ 수증기량(g/kg)}{현재\ 기온의\ 포화\ 수증기량(g/kg)} \times 100$$

③ 맑은 날 하루 동안 기온과 상대 습도 변화 : 맑은 날 공기 중에 포함된 수증기량이 거의 변하지 않고, 기온이 높아지면 포화 수증기량이 증가하여 상대 습도는 낮아짐
→ 기온과 상대 습도 변화는 서로 반대로 나타남

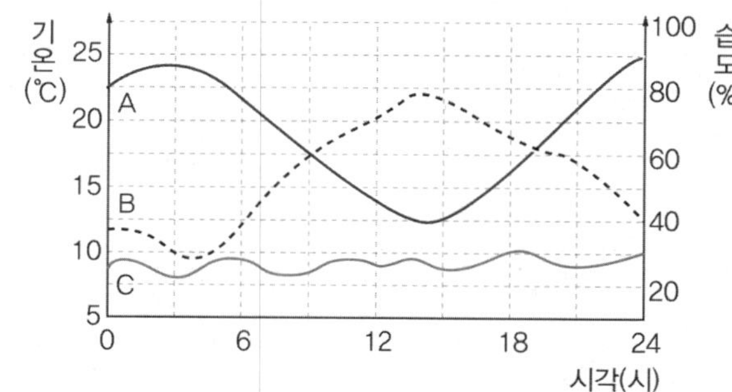

2. 구름과 강수

(1) 구름

① 구름의 생성

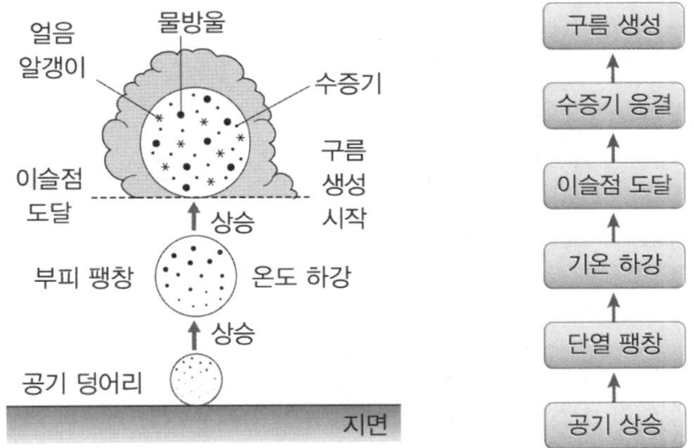

② 구름이 생성되는 경우

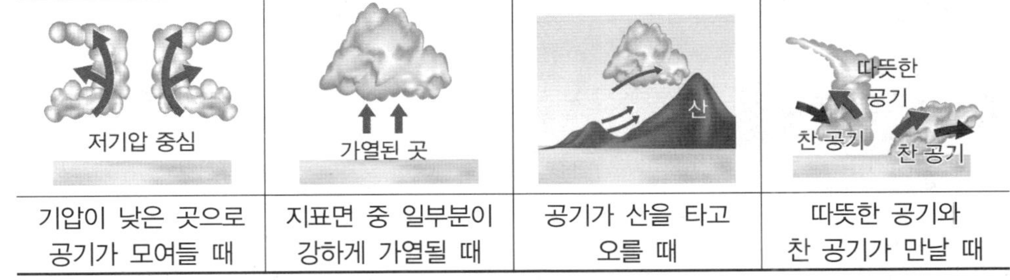

기압이 낮은 곳으로 공기가 모여들 때	지표면 중 일부분이 강하게 가열될 때	공기가 산을 타고 오를 때	따뜻한 공기와 찬 공기가 만날 때

③ 구름의 종류

    ㉠ **적운형 구름** : 공기 덩어리가 강하게 상승할 때 생성되는 구름으로 위로 솟아오르는 모양

    ㉡ **층운형 구름** : 공기 덩어리가 약하게 상승할 때 생성되는 구름으로 옆으로 퍼지는 모양

(2) 강수 이론

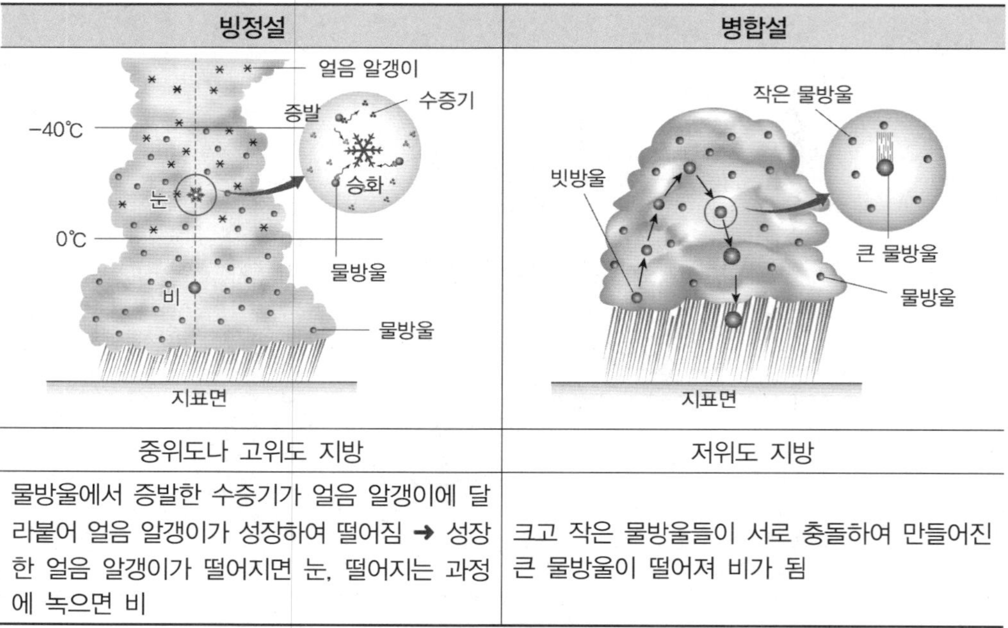

빙정설	병합설
중위도나 고위도 지방	저위도 지방
물방울에서 증발한 수증기가 얼음 알갱이에 달라붙어 얼음 알갱이가 성장하여 떨어짐 ➜ 성장한 얼음 알갱이가 떨어지면 눈, 떨어지는 과정에 녹으면 비	크고 작은 물방울들이 서로 충돌하여 만들어진 큰 물방울이 떨어져 비가 됨

3 날씨의 변화

1. 기압과 바람

(1) 기압

① 기압 : 공기가 단위 넓이에 작용하는 힘 ➜ 모든 방향으로 작용

② 토리첼리의 실험

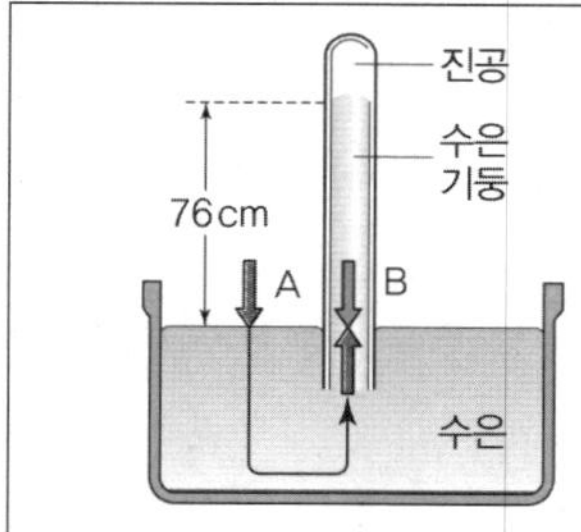

- 수은이 담긴 수조에 수은을 가득 채운 유리관을 거꾸로 세우면 유리관 속의 수은 기둥이 내려오다가 수은 기둥의 높이가 약 76cm일 때 멈춘다. ➜ 수은 면에 작용하는 기압(A)과 유리관 속 수은 기둥의 압력(B)이 같아졌기 때문
- 1기압 = 76cmHg = 약 1013hPa(헥토 파스칼)
- 수은 기둥의 높이는 유리관의 굵기나 기울기와 관계없이 일정함

③ 기압은 높이 올라갈수록 급격히 낮아지고, 측정하는 장소와 시각에 따라서 달라짐

(2) 바람

기압 차이로 인해 이동하는 공기의 수평 방향의 흐름

① 바람의 발생

　ㄱ 지표면의 온도 차이가 생기면 기압 차이가 발생함

　ㄴ 바람이 부는 방향 : 기압이 높은 곳 → 낮은 곳

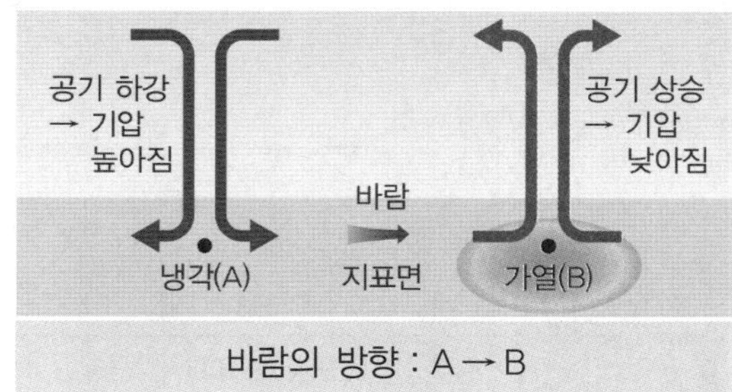

② 해륙풍 : 하루를 주기로 해안에서 부는 바람

구분	해풍	육풍
공기의 이동	하강 기류 (차갑다) / 상승 기류 (따뜻) / 바다 / 육지	상승 기류 (따뜻) / 하강 기류 (차갑다) / 바다 / 육지
시간	낮	밤
기온	육지 > 바다	육지 < 바다
기압	육지 < 바다	육지 > 바다
바람 방향	바다 → 육지	육지 → 바다

③ 계절풍 : 1년을 주기로 부는 바람

구분	남동 계절풍	북서 계절풍
공기의 이동	여름철 / 저 / 고	겨울철 / 고 / 저
계절	여름	겨울철
기압	대륙 < 해양	대륙 > 해양
바람 방향	해양 → 대륙	대륙 → 해양

2. 기단과 전선

(1) 기단

① 기단 : 같은 장소에 오랫동안 머물러 기온과 습도 등의 성질이 비슷한 큰 공기 덩어리

발생 장소	고위도	저위도	대륙	해양
기단 성질	한랭	온난	건조	다습

② 우리나라 주변의 기단

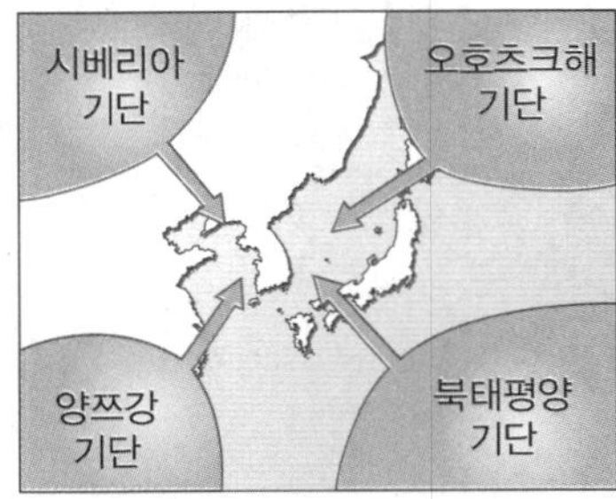

기단	성질	영향을 주는 계절
시베리아 기단	한랭 건조	겨울
양쯔강 기단	온난 건조	봄, 가을
오호츠크해 기단	한랭 다습	초여름
북태평양 기단	고온 다습	여름

(2) 전선

① 전선과 전선면

　　㉠ 전선면 : 성질이 다른 두 기단이 만나 생기는 경계면

　　㉡ 전선 : 전선면이 지표면과 만나는 경계선

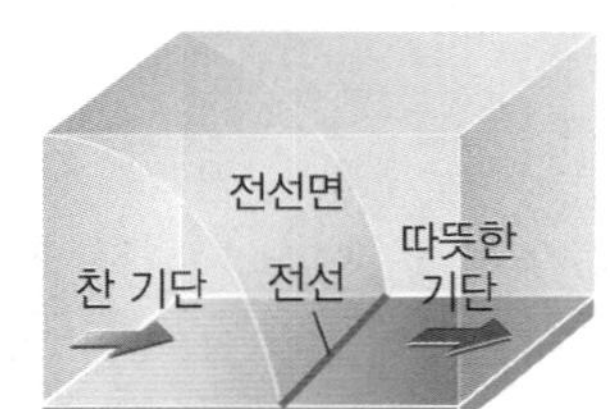

② 전선의 종류

　　㉠ 한랭 전선(▲▲▲) : 찬 공기가 이동하여 따뜻한 공기 아래로 파고들 때 형성

　　㉡ 온난 전선(●●●) : 따뜻한 공기가 이동하여 찬 공기 위로 타고 올라갈 때 형성

　　㉢ 폐색 전선(▲▲▲) : 빠르기가 빠른 한랭 전선이 온난 전선을 따라잡아 겹쳐지면서 형성

　　㉣ 정체 전선(●▼●) : 두 기단의 세력이 비슷하여 한곳에 오랫동안 머무르며 형성되는 전선으로 장마 전선은 정체 전선의 한 종류임

③ 한랭 전선과 온난 전선의 비교

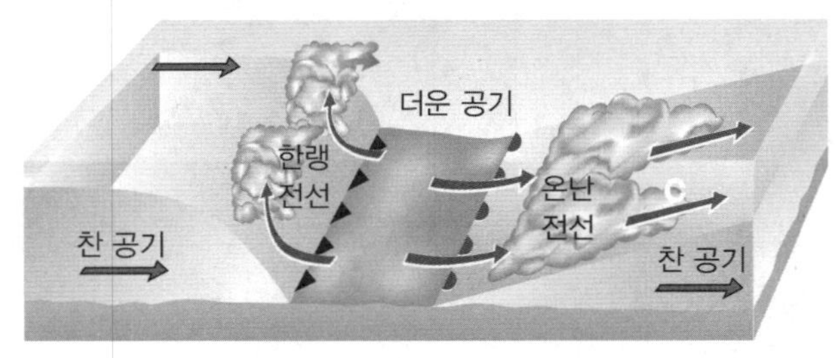

구분	한랭 전선	온난 전선
전선면의 기울기	급하다.	완만하다.
형성되는 구름	적운형	층운형
강수 구역	전선 뒤쪽 좁은 지역	전선 앞쪽 넓은 지역
강수 형태	소나기성 비	지속적인 비
이동 속도	빠르다.	느리다.
통과 후 기온	낮아진다.	높아진다.

3. 기압과 날씨

(1) 기압

① 고기압과 저기압

고기압	저기압
주위보다 기압이 높은 곳	주위보다 기압이 낮은 곳
공기 하강 → 구름 소멸	공기 상승 → 구름 생성
날씨 맑음	날씨 흐리거나 비
바람이 시계 방향으로 불어 나감 (북반구)	바람이 시계 반대 방향으로 불어 들어감 (북반구)

② **온대 저기압** : 한랭 전선과 온난 전선을 포함한 저기압으로, 편서풍의 영향으로 서에서 동으로 이동함

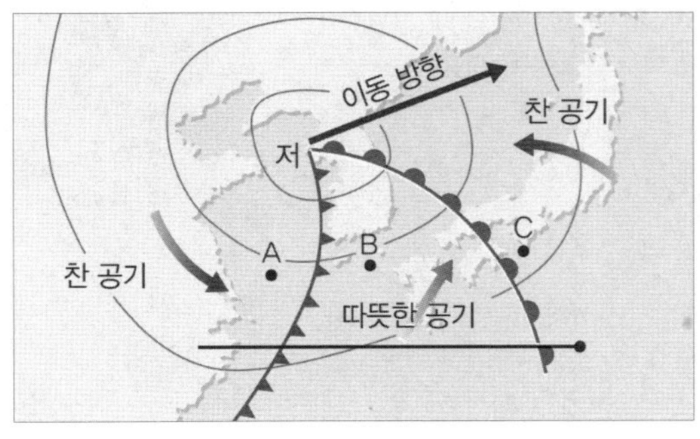

지역	A	B	C
기온	낮음	높음	낮음
날씨	소나기성 비	맑음	지속적인 비(약한 비)

(2) 우리나라 계절별 날씨

봄	• 이동성 고기압과 저기압이 지나가 변덕스러운 날씨 • 건조한 날씨, 황사, 꽃샘추위
여름	• 남고북저형의 기압 배치, 남동 계절풍 • 덥고 습한 날씨, 무더위, 열대야
가을	• 이동성 고기압이 자주 지나가 맑은 날씨가 자주 나타남 • 첫서리
겨울	• 서고동저형의 기압 배치, 북서 계절풍 • 춥고 건조한 날씨, 한파, 폭설

PART 5 | 별과 우주

1 별

1. 별의 거리

(1) 시차와 연주 시차

① 시차

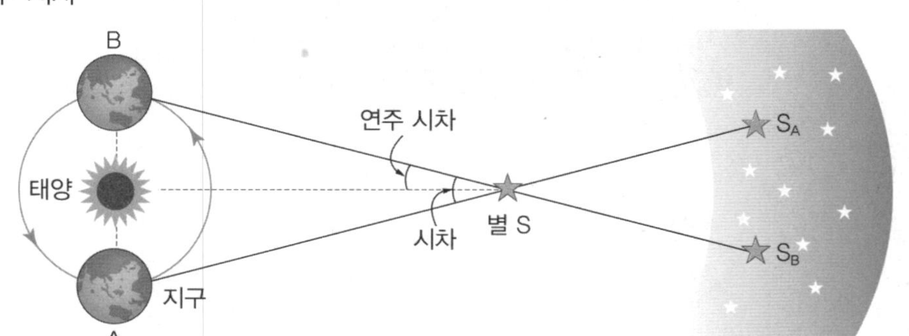

㉠ 관측자가 서로 다른 지점(A, B)에서 같은 물체를 바라볼 때 두 관측 지점과 물체가 이루는 각

㉡ 시차와 거리는 반비례 관계임

② 연주 시차

㉠ 지구 공전의 증거

㉡ 지구에서 별을 6개월 간격으로 관측했을 때 나타나는 시차의 절반

ⓒ 연주 시차는 별까지의 거리에 반비례
→ 매우 멀리 있는 별들은 연주 시차가 매우 작아서 측정하기 어려움

$$별까지의\ 거리(pc) = \frac{1}{연주\ 시차('')}$$

(2) 별의 거리와 밝기
① 별의 밝기에 영향을 주는 요인
ㄱ 별까지의 거리가 같을 때 에너지를 많이 방출하는 별일수록 밝게 보임
ㄴ 방출하는 에너지양이 같은 별이라면 지구로부터 거리가 더 가까운 별이 더 밝게 보임
② 거리에 따른 별의 밝기 변화 : 별의 밝기는 별까지의 거리의 제곱에 반비례

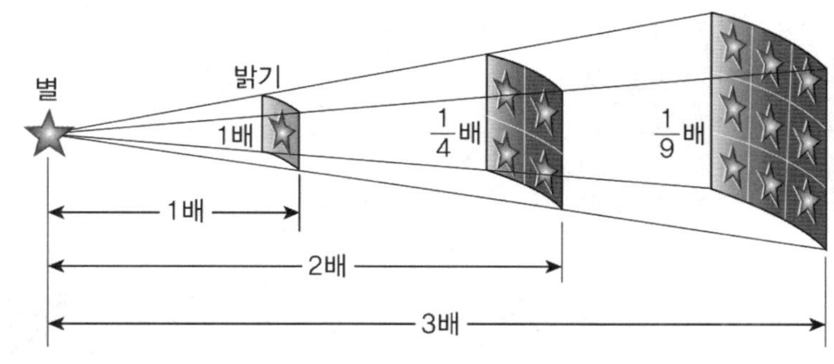

$$별의\ 밝기(pc) \propto \frac{1}{(별까지의\ 거리)^2}$$

2. 별의 밝기와 색

(1) 별의 밝기
① 별의 등급

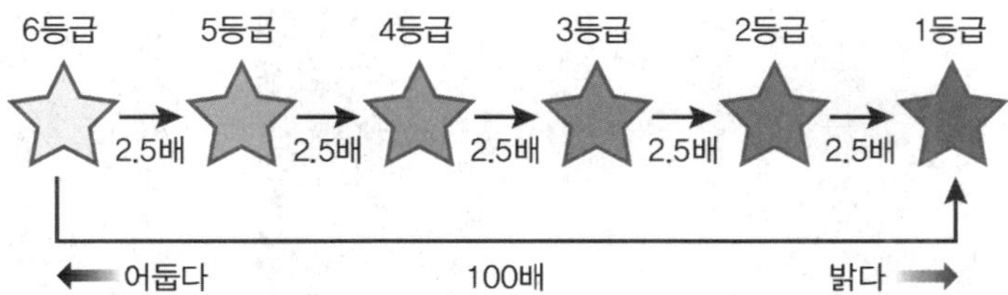

ㄱ 별의 밝기는 등급으로 나타냄
ㄴ 밝은 별일수록 등급이 작고, 어두운 별일수록 등급이 커짐

② 겉보기 등급과 절대 등급

구분	겉보기 등급	절대 등급
의미	관측자에게 보이는 별의 밝기를 상대적으로 비교하여 나타낸 등급	별이 지구로부터 10pc의 거리에 있다고 가정할 때의 등급
특징	별의 실제 밝기를 비교할 수 없음	별의 실제 밝기를 비교할 수 있음

③ 별의 거리와 등급

10pc보다 가까이 있는 별	10pc 거리에 있는 별	10pc보다 멀리 있는 별
겉보기 등급 − 절대 등급 < 0	겉보기 등급 − 절대 등급 = 0	겉보기 등급 − 절대 등급 > 0
겉보기 등급 < 절대 등급	겉보기 등급 = 절대 등급	겉보기 등급 > 절대 등급

(2) 별의 색
① 물체의 색과 온도 : 빛을 내는 물체는 표면 온도에 따라 색이 달라짐
② 별의 표면 온도와 별의 색 : 별의 표면 온도가 낮을수록 붉은색을 띠고, 높을수록 파란색을 나타냄

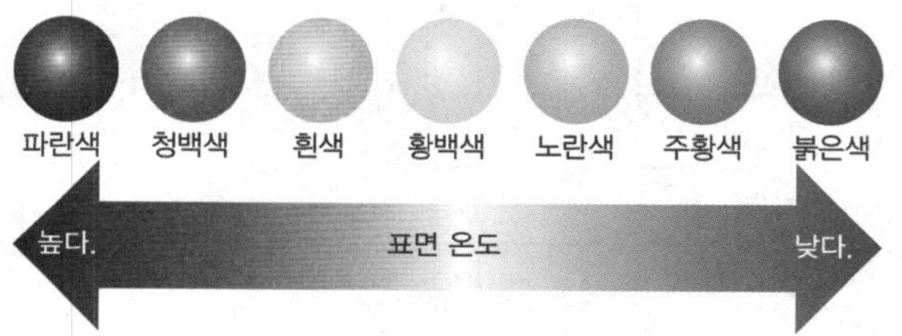

2 우주

1. 우리은하

(1) 우리은하
① 우리은하의 모양과 크기

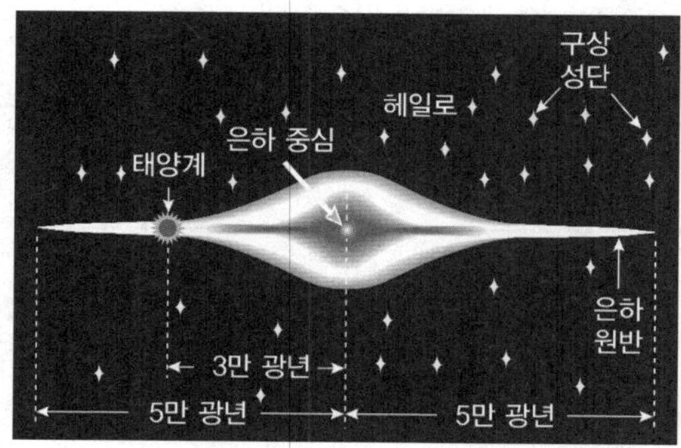

▲ 옆에서 본 모습

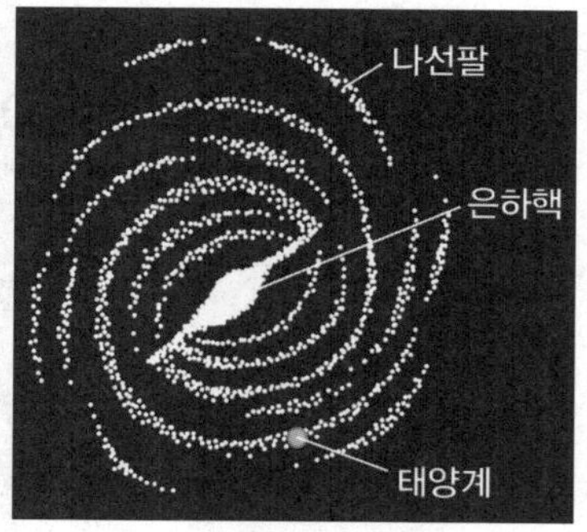

▲ 위에서 본 모습

    ㉠ 우리은하 : 태양계가 속해 있는 은하

    ㉡ 옆에서 본 모양 : 중심부가 부풀어 있는 지름 30000pc(10만 광년)의 원반 모양

    ㉢ 위에서 본 모양 : 막대 형태의 중심부 끝에 소용돌이치는 나선 모양의 팔이 감겨 있음

    ㉣ 태양계 위치 : 은하 중심에서 8500pc(약 3만 광년) 떨어진 나선팔에 위치함

② 은하수

	지구에서 관측한 우리은하 일부분의 모습으로 뿌연 띠 모양으로 보임
	• 여름철에 궁수자리 방향을 바라볼 때 가장 뚜렷하게 보이고 겨울에는 희미하게 보임 • 남반구와 북반구 어느 지역에서나 관측 가능

(2) 성단과 성운

① 성단 : 별들이 모여 이루고 있는 집단

구분	구상 성단	산개 성단
모습	공 모양으로 빽빽하게 모여 있음	비교적 엉성하게 모여 있음
별의 개수	수만 ~ 수십만 개	수십 ~ 수만 개
별의 나이	많다.	적다.
별의 색, 표면 온도	붉은색, 저온	파란색, 고온
위치	은하 중심부, 헤일로	우리은하 나선팔

② 성운 : 성간 물질이 모여 구름처럼 보이는 것

방출 성운	반사 성운	암흑 성운
성간 물질이 주변의 별빛을 흡수하여 가열되면서 스스로 빛을 내는 것	성간 물질이 주변의 별빛을 반사하여 밝게 보이는 것	성간 물질이 뒤쪽의 별빛을 가로막거나 빛을 흡수하여 어둡게 보이는 것

2. 우주 팽창

(1) 대폭발 우주론

① 외부 은하

ㄱ 우리은하 밖에 분포하는 은하

ㄴ 모양에 따라 타원 은하, 나선 은하(정상
   나선 은하, 막대 나선 은하), 불규칙 은
   하로 구분함

② 대폭발 우주론 : 약 138억년 전 매우 뜨겁고
   밀도가 큰 한 점이 폭발 후 계속 팽창하여 지
   금과 같은 우주가 만들어졌다는 이론

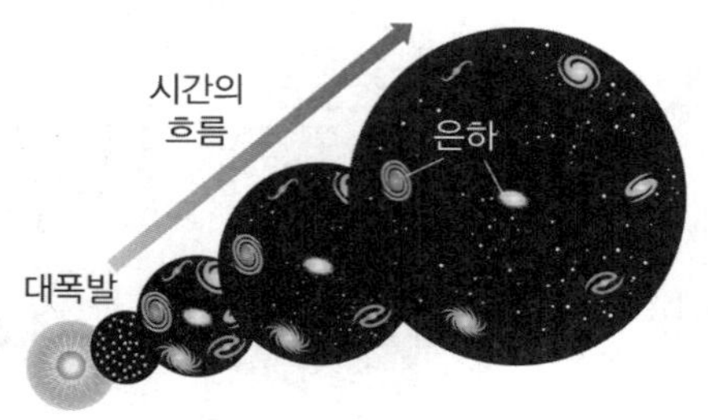

(2) 우주 탐사

① 우주 탐사 : 우주를 탐색하고 조사하는 활동

② 우주 탐사 방법

ㄱ 망원경을 이용한 관측 예 전파 망원경, 우주 망원경

ㄴ 인공위성을 이용한 우주 탐사

ㄷ 우주 탐사선을 이용한 우주 탐사

③ 우주 탐사의 역사와 의의

우주 탐사의 역사	우주 탐사의 의의
• 스푸트니크 1호 : 1957년에 발사된 최초의 인공위성 • 아폴로 11호 : 인류가 최초로 달 착륙에 성공 • 허블 우주 망원경 : 우주 망원경으로 지상 망원경보다 더욱 선명한 상을 얻을 수 있음	• 우주와 천체에 대한 지식으로 지구를 더 잘 이해할 수 있게 됨 • 우주와 관련된 새로운 직업이 생겨나고, 다양한 기술 및 학문이 발달함 • 우주 탐사를 위해 개발된 기술이 생활에 적용되어 이용함 예 정수기, 안경테, 화재경보기, 전자레인지, GPS

④ 우주 탐사의 부정적 영향 : 우주 탐사 과정에서 생긴 우주 쓰레기는 매우 빠른 속도
   로 지구 주위를 떠돌고 있기 때문에 인공위성이나 우주 탐사선, 우주 정거장 등에
   치명적인 피해를 줄 수 있음

PART 1 | 지권의 변화

01 다음 중 지권에 속하지 <u>않는</u> 것은?

① 토양 ② 암석
③ 수증기 ④ 지각

02 그림은 지구 내부 구조를 나타낸 것이다. 이에 대한 설명으로 옳은 것은?

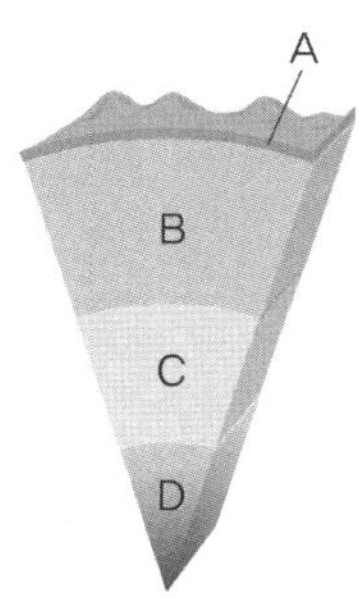

① A는 액체 상태이다.
② B는 지구 내부 구조 중 차지하는 부피가 가장 작다.
③ C는 철과 니켈로 이루어져 있다.
④ D는 외핵이다.

03 그림은 지각과 맨틀의 구조를 나타낸 것이다. A~C의 이름이 바르게 연결된 것은?

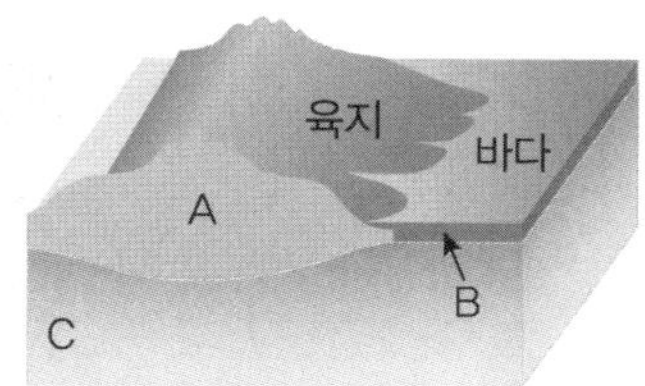

① A – 대륙판 ② B – 해양판
③ C – 모호면 ④ C – 맨틀

04 다음 설명에 해당하는 암석은?

- 용암이 굳어져서 만들어진 암석이다.
- 색이 어둡고 알갱이의 크기가 작다.

① 셰일 ② 편마암
③ 현무암 ④ 역암

05 다음 설명에 해당하는 것은?

- 압력과 수직 방향으로 생기는 줄무늬이다.
- 편마암에서 관찰할 수 있다.

① 화석 ② 엽리
③ 층리 ④ 지층

06 겉으로 보이는 색이 비슷한 금, 황동석, 황철석을 구별하기 가장 좋은 방법은?

① 조흔판에 그어 가루 색을 비교한다.
② 광물의 질량을 비교한다.
③ 광물의 부피로 구분한다.
④ 염산을 떨어뜨려 거품이 발생하는지 비교한다.

07 그림은 암석의 순환 과정을 나타낸 것이다. A~D에 해당하는 과정이 바르게 연결된 것은?

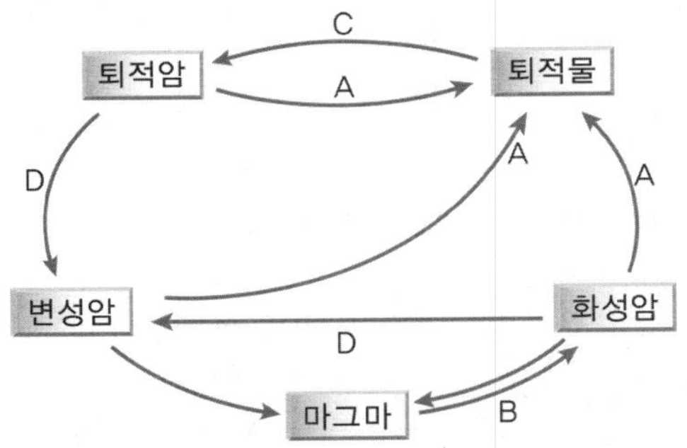

① A – 다져짐, 굳음
② B – 풍화·침식
③ C – 식음
④ D – 열과 압력

08 그림은 과거부터 현재까지 대륙의 이동 모습을 나타낸 것이다. 이처럼 거대한 대륙을 이동시키는 원동력은 무엇인가?

① 태양 에너지
② 맨틀의 대류
③ 지구 자기장
④ 지진대

09 지진이 발생했을 때 대처 방법으로 옳지 <u>않은</u> 것은?

① 지진이 발생하면 건물 벽에 기대어 선다.
② 머리를 보호하고 계단으로 대피한다.
③ 전등을 끄고 가스 밸브를 잠근다.
④ 해안가에서는 높은 지대로 대피한다.

10 그림은 어느 날 우리나라 밤하늘을 일정 시간 동안 관측한 모습이다. A점과 B점 사이의 각이 30°일 때 별을 몇 시간 동안 관측한 결과인가?

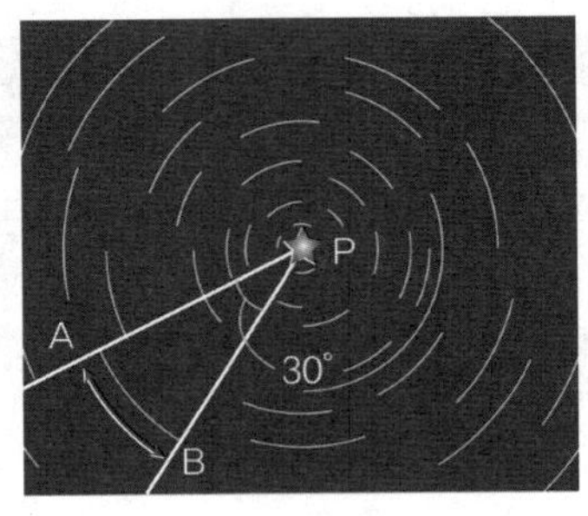

① 1시간
② 2시간
③ 3시간
④ 4시간

11 다음 중 지구 공전에 의한 현상이 <u>아닌</u> 것은?

① 계절별 별자리 변화
② 달의 위상 변화
③ 별의 연주 운동
④ 태양의 연주 운동

12 다음 중 달의 위상과 달의 이름이 바르게 연결된 것은?

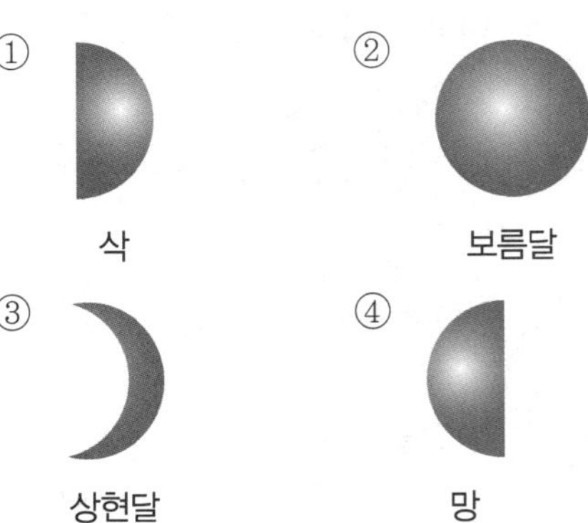

13 다음 설명에 해당하는 것은?

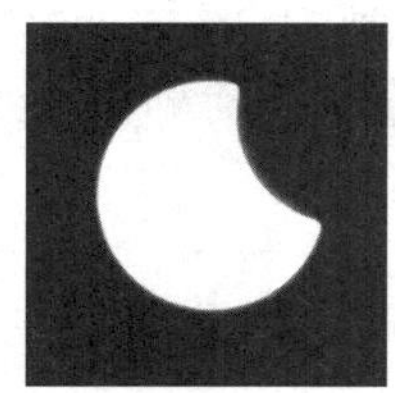

> • 태양이 달에 일부 가려지는 현상이다.
> • 태양 – 달 – 지구 순으로 일직선상에 놓일 때 일어난다.

① 개기 일식 ② 개기 월식
③ 부분 일식 ④ 부분 월식

14 다음 설명에 해당하는 것은?

> • 목성형 행성이다.
> • 메테인이 있어 파란색을 띤다.
> • 대기의 소용돌이로 생긴 커다란 검은 점인 대흑점이 있다.

① 수성 ② 금성
③ 화성 ④ 해왕성

15 그림은 태양 광구의 모습을 나타낸 것이다. A와 B의 이름이 바르게 연결된 것은?

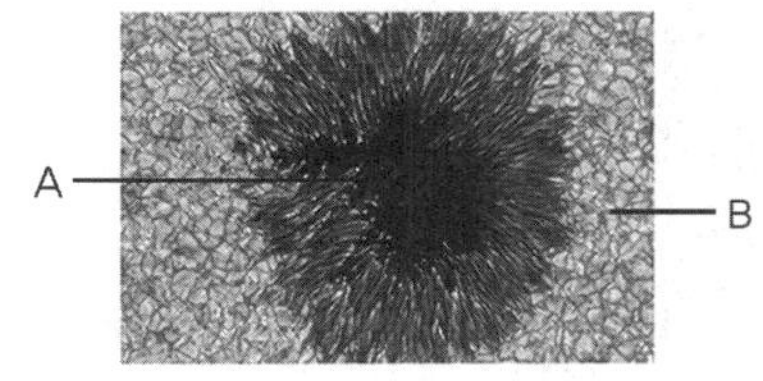

	A	B
①	쌀알 무늬	흑점
②	홍염	흑점
③	흑점	쌀알 무늬
④	코로나	플레어

16 다음 중 태양 활동이 활발할 때 일어나는 현상이 <u>아닌</u> 것은?

① 흑점 수 증가
② 인공위성 고장
③ 오로라 감소
④ 코로나 크기 증가

17 그림은 태양계 행성을 질량과 반지름에 따라 구분하여 나타낸 것이다. A 집단에 속하는 행성에 대한 설명으로 옳지 <u>않은</u> 것은?

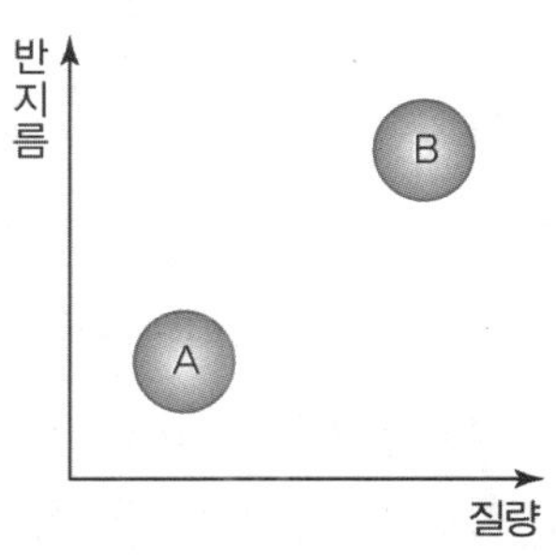

① 위성이 매우 많다.
② 지구는 A 집단에 속한다.
③ 질량이 작다.
④ 반지름이 작다.

18 그림은 수권을 이루는 물의 분포를 나타낸 것이다. A~D 중 다음 설명에 해당하는 것은?

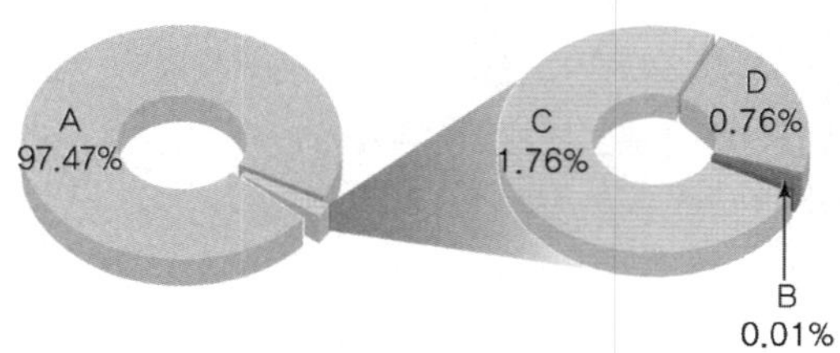

- 짜지 않은 물로 지표 위를 흐른다.
- 수권 중 가장 적은 양을 차지하지만 쉽게 이용할 수 있는 물이다.

① A
② B
③ C
④ D

19 해수를 깊이에 따라 혼합층, 수온 약층, 심해층 3개의 층으로 구분하는 기준은?

① 생물의 종류
② 수온
③ 해수의 색깔
④ 염류의 비율

20 그림은 해수의 연직 수온 분포를 나타낸 것이다. 바람의 혼합 작용으로 깊이에 따른 수온의 변화가 없는 층을 모두 고른 것은?

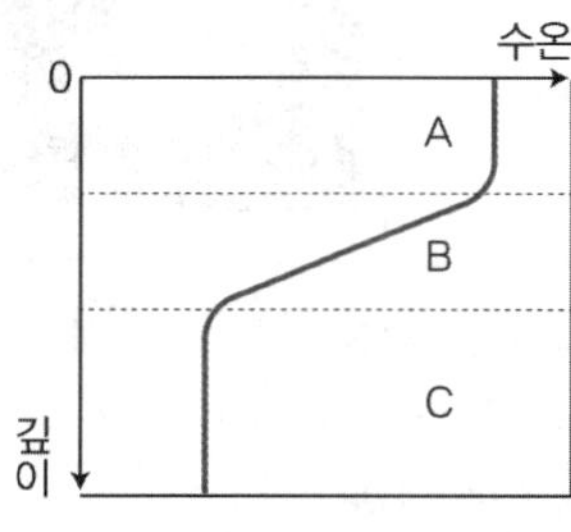

① A
② B
③ C
④ A, C

21 염분이 25psu인 해수 2kg을 증발시켰을 때 얻을 수 있는 염류의 양은?

① 25g
② 27g
③ 50g
④ 2kg

22 해수에 녹아 있는 여러 가지 염류 중 짠맛을 내는 염류는 무엇인가?

① 염화 나트륨
② 염화 마그네슘
③ 황산 마그네슘
④ 황산 칼슘

23 다음 중 표층 염분에 영향을 주는 요인이 <u>아닌</u> 것은?

① 강수량
② 증발량
③ 먹이 사슬
④ 담수의 유입

24 그림은 어느 지역에서 하루 동안 측정한 해수면의 높이 변화를 나타낸 것이다. 갯벌에 조개 잡이를 하러 가기 적당한 시각은?

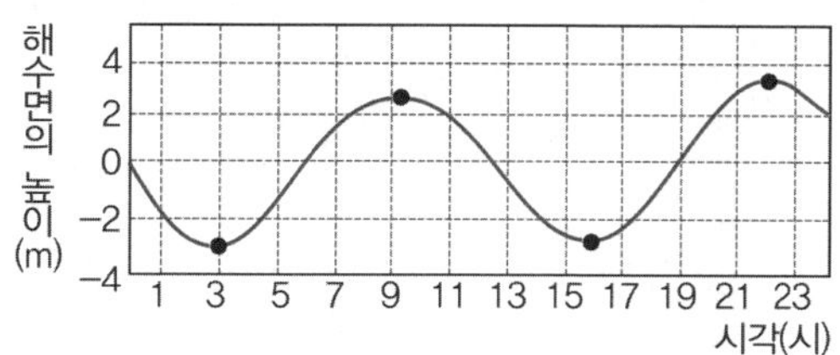

① 7시
② 9시
③ 15시
④ 22시

25 그림과 같이 우리나라 남해 부근에 공이 떨어졌을 때 이 공의 이동 방향으로 옳은 것은? (단, 이 공은 해류에 의해서만 움직인다.)

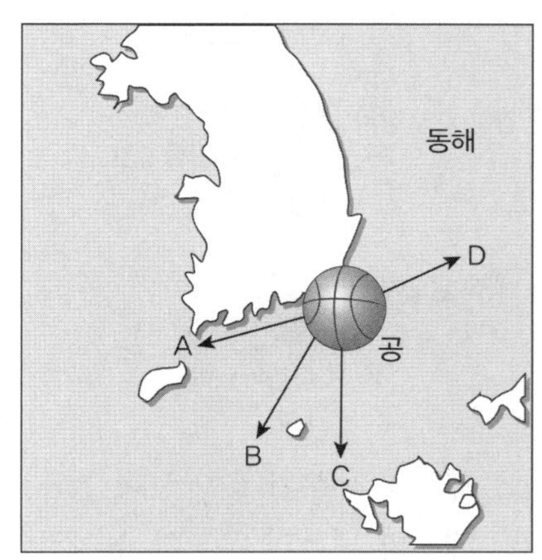

① A
② B
③ C
④ D

26 그림은 기권의 구조를 나타낸 것이다. 오존층이 있어 태양 복사 에너지 중 자외선을 흡수하는 층은?

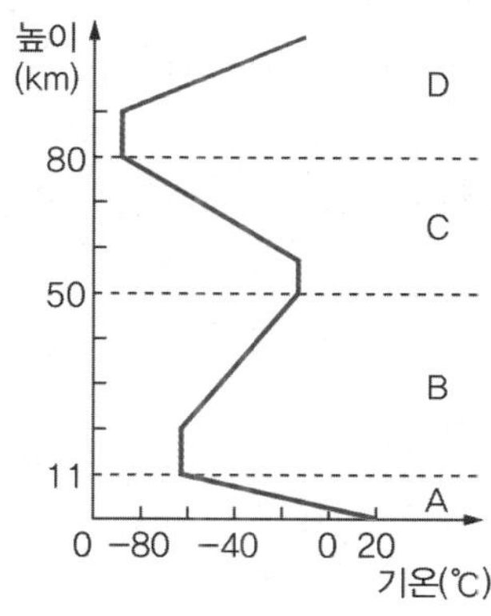

① A
② B
③ C
④ D

27 그림과 같이 장치하고 전등을 켠 다음 일정 시간이 지나자 알루미늄 컵 속 공기의 온도가 일정하게 유지되었다. 이에 대한 설명으로 옳은 것은?

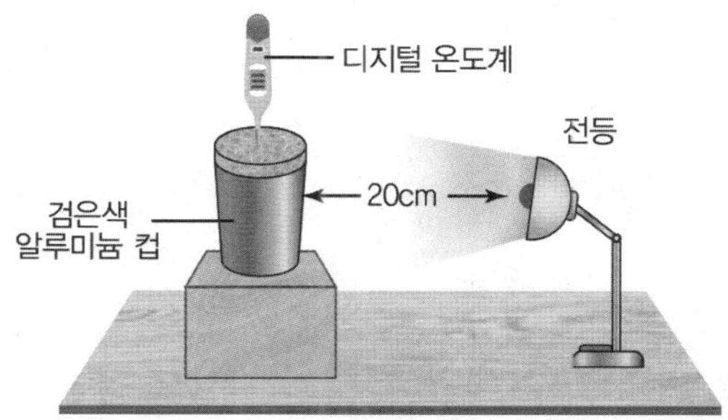

① 알루미늄 컵은 에너지를 흡수하지 않는다.
② 알루미늄 컵은 에너지를 방출하지 않는다.
③ 알루미늄 컵에 복사 평형이 일어났다.
④ 전등에서 나오는 에너지가 사라졌다.

28 다음 중 온실 효과에 대한 설명으로 옳지 <u>않은</u> 것은?

① 이산화 탄소는 온실 효과를 일으키는 기체이다.

② 온실 효과로 지구 평균 기온이 높아진다.

③ 온실 효과가 약화되어 지구 온난화가 일어난다.

④ 대기가 없는 달은 온실 효과가 나타나지 않는다.

29 그래프는 기온과 포화 수증기량의 관계를 나타낸 것이다. A~D 중 포화 상태 공기는 무엇인가?

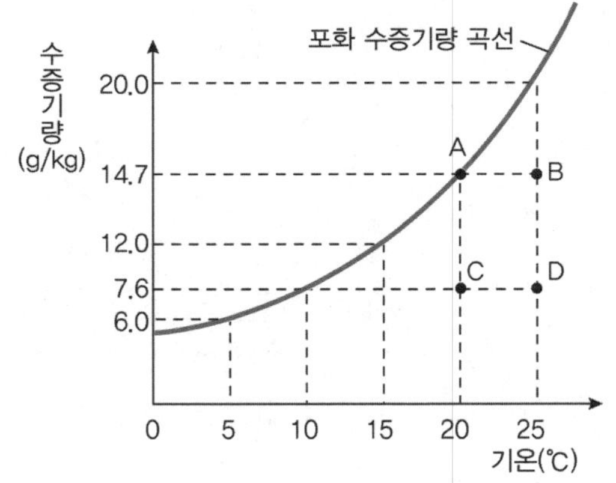

① A ② B

③ C ④ D

30 다음은 구름의 생성 과정을 나타낸 것이다. ㉠, ㉡에 들어갈 알맞은 말은?

공기 (㉠) → 부피 팽창 → 기온 하강 → (㉡) 도달 → 구름 생성

① ㉠ – 상승

② ㉠ – 하강

③ ㉡ – 끓는점

④ ㉡ – 어는점

31 그림은 구름 발생 실험 장치이다. 그림 (가)와 같이 압축 펌프를 여러 번 눌렀다가 그림 (나)와 같이 뚜껑을 열었을 때 (나)에서 일어나는 변화는?

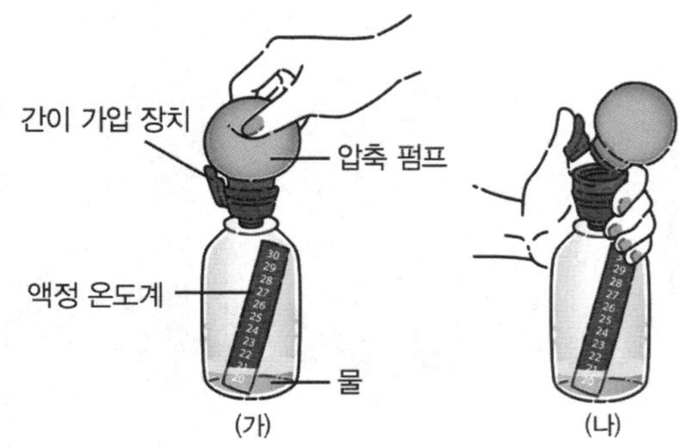

① 페트병 내부가 맑아진다.

② 페트병 내부의 온도가 높아진다.

③ 페트병의 내부 부피가 감소한다.

④ 페트병 안이 뿌옇게 흐려진다.

32 그림은 어느 지방에서 형성되는 구름의 모습을 나타낸 것이다. 이 같은 강수 이론을 무엇이라고 하는가?

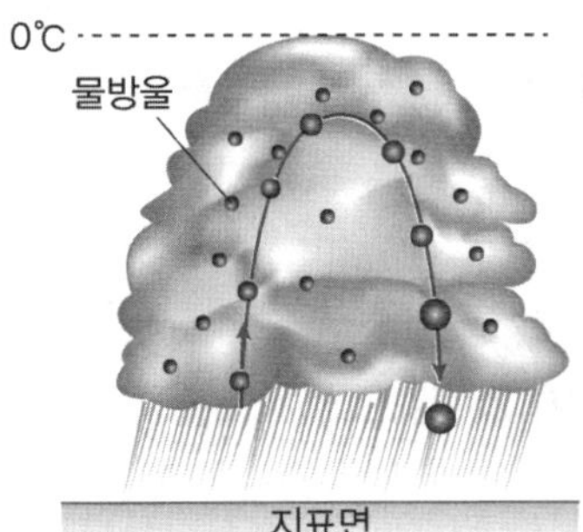

① 빙정설 ② 응결설

③ 병합설 ④ 포화설

33 그림은 어느 해안 지방에서 부는 바람을 나타낸 것이다. 이에 대한 설명으로 옳지 <u>않은</u> 것은?

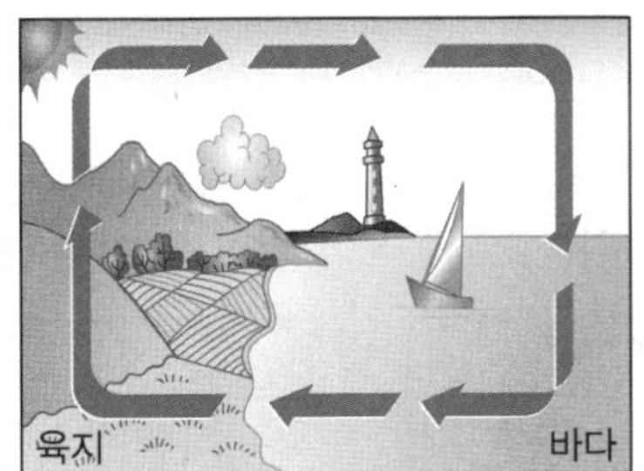

① 낮에 부는 바람이다.

② 해풍이다.

③ 바다 쪽 기압이 육지 쪽 기압보다 낮다.

④ 바다 쪽 기온이 육지 쪽 기온보다 낮다.

34 그림은 우리나라에 영향을 주는 기단을 나타낸 것이다. 한랭 다습한 기단의 기호와 이름이 바르게 연결된 것은?

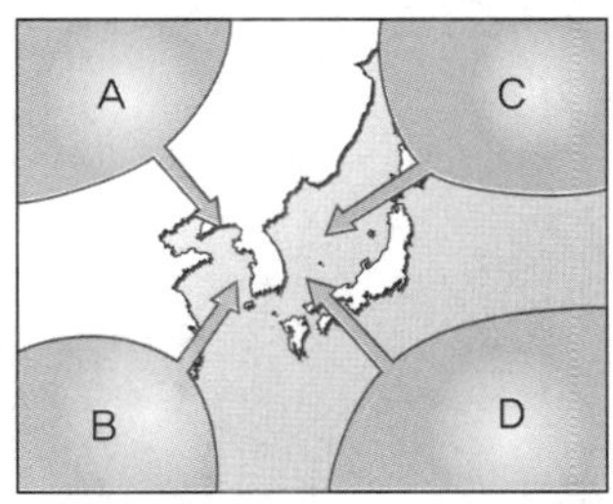

① A – 시베리아 기단

② B – 양쯔강 기단

③ C – 오호츠크해 기단

④ D – 북태평양 기단

35 다음 설명에 해당하는 우리나라의 계절은?

- 양쯔강 기단의 영향으로 건조하다.
- 꽃샘추위와 황사가 나타난다.

① 봄 ② 여름

③ 가을 ④ 겨울

36 그림은 온대 저기압의 단면을 나타낸 것이다. A~D 중 기온이 높고 비가 내리지 <u>않는</u> 지역은?

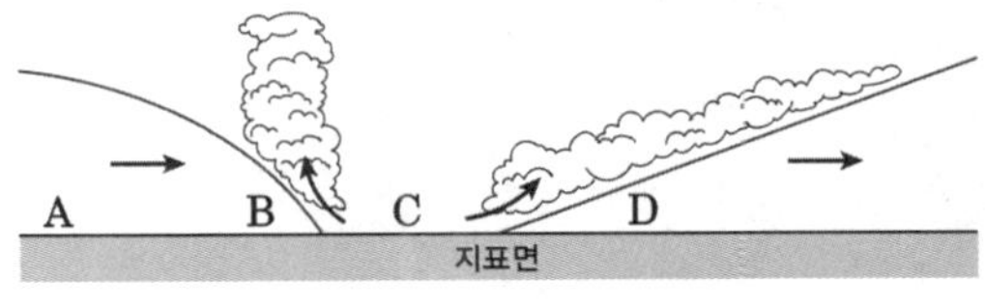

① A ② B

③ C ④ D

37 그림은 지구에서 6개월 간격으로 별 S를 관측한 시차를 나타낸 것이다. 별 S의 거리는 몇 pc(파섹)인가?

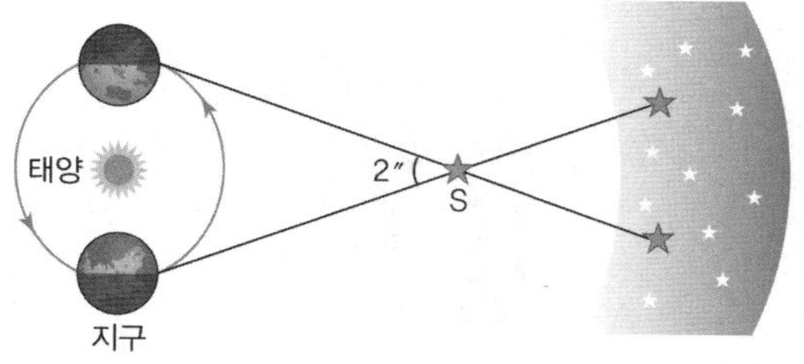

① 0.5pc
② 1pc
③ 2pc
④ 4pc

38 다음 중 별의 연주 시차에 대한 설명으로 옳지 <u>않은</u> 것은?

① 지구 공전의 증거이다.
② 별을 6개월 간격으로 관측한 시차의 절반이다.
③ 별의 거리가 멀수록 별의 연주 시차는 작아진다.
④ 별의 거리와 별의 연주 시차는 비례 관계이다.

※ 표는 별 A~D의 겉보기 등급과 절대 등급을 나타낸 것이다. [39~40]

별	겉보기 등급	절대 등급
A	+0.5	+0.5
B	−0.5	+0.4
C	+1.0	−0.1
D	+3.0	+1.0

39 A~D 중 눈으로 보았을 때 가장 밝아 보이는 별은?

① A
② B
③ C
④ D

40 A~D 중 10pc 거리에 있는 별은?

① A
② B
③ C
④ D

41 다음은 밤하늘에 관측되는 별들의 색을 나타낸 것이다. 별의 색이 달라지는 이유는?

별 A	별 B	별 C	별 D
노란색	흰색	붉은색	청백색

① 별의 거리
② 별의 표면 온도
③ 별의 모양
④ 별의 절대 등급

42 다음 중 우리은하에 대한 설명으로 옳은 것은?

① 태양계는 우리은하 중심부에 위치한다.
② 은하수는 우리은하의 일부분을 바라본 모습이다.
③ 은하수는 북반구에서만 관찰할 수 있다.
④ 우리은하의 모양은 위에서 보았을 때 둥근 타원형이다.

43 다음 설명에 해당하는 것은?

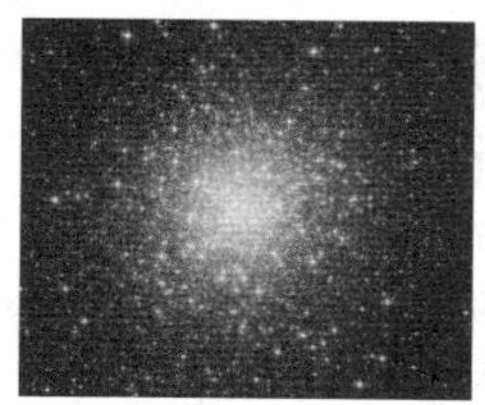

- 공 모양으로 빽빽하게 모여 있다.
- 붉은색 저온의 별들로 이루어져 있다.
- 나이가 많은 별들의 모임이다.

① 구상 성단
② 구상 성운
③ 산개 성단
④ 산개 성운

44 다음 빈칸에 들어갈 알맞은 말은?

말머리 성운과 같은 암흑 성운은 (   ) 이/가 뒤쪽의 별빛을 가로막거나 빛을 흡수하여 어둡게 보이는 것이다.

① 성단
② 성간 물질
③ 외부 은하
④ 우리은하

45 그림은 우주 팽창을 풍선 모형으로 나타낸 것이다. 이에 대한 설명으로 옳지 <u>않은</u> 것은?

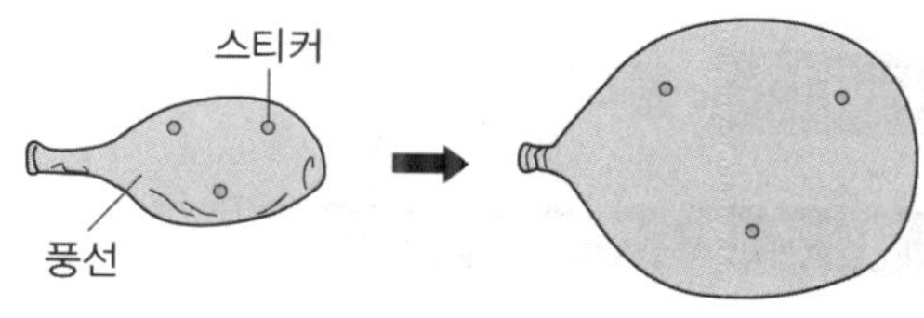

① 풍선 표면은 우주에 비유할 수 있다.
② 스티커는 은하에 비유할 수 있다.
③ 풍선이 커질수록 스티커 사이의 거리는 가까워진다.
④ 우주 팽창에는 특별한 중심이 없다.

46 다음 중 우주 탐사에 대한 설명으로 옳은 것은?

① 우주 탐사를 통해 지구를 더 깊게 이해할 수 있다.
② 우주 탐사를 위해 개발된 기술은 일상에 적용하기 어렵다.
③ 우주 탐사는 다양한 과학 기술이 적용되어 큰 문제는 발생하지 않는다.
④ 우주 탐사는 반드시 직접 우주로 나가서 조사해야 한다.

01   물리

예상 문제로 실력 잡기

01 ④	02 ④	03 ④	04 ①	05 ②
06 ②	07 ①	08 ③	09 ①	10 ③
11 ④	12 ②	13 ③	14 ②	15 ③
16 ①	17 ①	18 ③	19 ②	20 ④
21 ②	22 ①	23 ④	24 ①	25 ④
26 ④	27 ③	28 ③	29 ①	30 ④
31 ②	32 ③	33 ③	34 ②	35 ③
36 ③	37 ③	38 ④	39 ②	40 ③
41 ②	42 ①	43 ④	44 ①	45 ④
46 ④	47 ③	48 ③	49 ④	50 ③

01 정답 ④

탄성력은 모양이 변한 물체가 원래 모양으로 되돌아가려는 힘이다. 장대높이뛰기는 장대의 탄성력을 이용하여 장애물을 넘을 수 있고, 활쏘기는 활의 탄성력을 이용하여 화살을 운동시킬 수 있다.

02 정답 ④

용수철은 탄성체로 용수철에 힘을 가하면 가한 힘의 크기와 같은 크기의 탄성력이 작용한다. 따라서 20N의 탄성력이 늘어나기 전 상태로 되돌아가기 위해 위쪽으로 작용한다.
물체를 잡아당기는 대신 20N의 물체를 매달아도 늘어나는 정도는 같다.
④ 잡아당기는 힘을 게거하면 물체는 원래 상태로 되돌아가기 위해 위쪽(↑)으로 이동한다.

03 정답 ④

열기구가 하늘 위로 떠오르는 것은 부력 때문이다.

① 미끄럼틀에 물을 뿌리면 마찰력의 크기가 작아진다.
②·③ 등산화 바닥을 울퉁불퉁하게 만들고, 눈길에 모래를 뿌리면 표면이 거칠어져 마찰력의 크기가 커진다.

04 정답 ①

부력의 크기는 '공기 중에서 용수철저울의 눈금 – 물속에서 용수철저울의 눈금'이므로 20N – 14N = 6N이다.

05 정답 ②

부력은 액체나 기체가 물체를 위로 떠오르게 하는 힘으로 중력(라)과 반대 방향이다.

06 정답 ②

용수철이 늘어난 길이는 용수철에 매단 물체의 무게에 비례한다. 4N의 물체를 매달았을 때 처음 길이가 20cm인 용수철이 25cm가 된 것은 5cm가 늘어난 것이다. 따라서 이 용수철에 물체의 무게가 2배가 된 8N의 물체를 매달면 용수철은 10cm가 늘어난다. 처음 길이가 20cm이고 늘어난 길이가 10cm이므로 전체 길이는 30cm이다.

07 정답 ①

무게는 물체에 작용하는 중력의 크기로 힘의 단위인 N(뉴턴)을 사용한다. 용수철저울, 체중계로 물체의 무게를 측정할 수 있다. 지구에서 물체의 무게는 질량에 9.8을 곱하여 계산한다.

08 정답 ③

중력은 지구가 물체를 잡아당기는 힘으로 지구 중심 방향(연직 아래 방향)으로 작용하고 질량이 클수록, 지구 중심에 가까울수록 크다.
③ 높이가 높아지면 지구 중심에서 멀어지므로 중력은 감소한다.

09 정답 ①

빛의 합성은 색이 다른 둘 이상의 빛을 합쳐 다른 색의 빛을 만드는 것으로, 영상 장치 속 화소를 조절하여 다양한 색을 만들어 낼 수 있다.

10 정답 ③

빛의 삼원색인 빨간색(A), 초록색, 파란색을 모두 합성하면 백색광(흰색)이 된다.

11 정답 ④

전등은 광원이므로 전등에서 나온 빛이 책에서 반사되어 눈으로 들어온다.

12 정답 ②

빨간색 사과는 빨간색 빛을 비춘 경우 빨간색을 반사하여 빨갛게 보이고, 빨간색 빛을 비추지 않는 경우 검은색으로 보인다.
(가) 빨간색 조명 외에 (다) 자홍색 조명은 빨간색과 파란색, (라) 노란색 조명은 빨간색과 초록색이 합성된 빛이므로 사과에 비출 때 빨간색이 반사되어 사과는 빨간색으로 보인다.
(나) 파란색 조명은 반사하는 빛이 없으므로 검은색으로 보인다.

13 정답 ③

빛이 물체를 통과(투과)하면서 꺾였으므로 렌즈임을 알 수 있다. 나란하게 들어간 빛을 퍼뜨리는 렌즈는 가장자리가 가운데보다 두꺼운 오목렌즈다.

14 정답 ②

B : 입사각   C : 반사각   D : 굴절각
반사 법칙에 의해 입사각과 반사각의 크기는 30°로 같고, 빛이 공기 중에서 물속으로 굴절할 때는 속력이 느려지므로 굴절각의 크기는 입사각인 30°보다 작아진다.

15 정답 ③

평면거울은 물체의 크기와 똑같은 크기의 상이 생긴다.

16 정답 ①

매질의 진동 방향과 파동의 진행 방향이 나란한 파동은 종파다. 소리(음파), 초음파, 지진파의 p파는 종파에 속한다.
빛, 물결파, 전파는 매질의 진동 방향과 파동의 진행 방향이 서로 수직인 횡파에 속한다.

17 정답 ①

파동이 한 번 진동하는 데 걸리는 시간이 주기이므로, 이 파동의 주기는 10초이다. 주기는 진동수와 역수 관계이므로 진동수$=\dfrac{1}{10초}=0.1$Hz이다.

18 정답 ③

파동의 진폭이 클수록 큰 소리, 파동의 진동수가 많을수록 높은 소리다.
(다)의 진동수가 가장 많기 때문에 가장 높은 소리다.

19 정답 ②

금속구의 전자가 (−)대전체에 의해 척력을 받아 금속구 A에서 B로 이동하므로 금속구 A는 전자를 잃어 (+)전하를 띠고, 금속구 B는 전자를 얻어 (−)전하를 띤다.

20 정답 ④

정전기 유도에 의해 대전체와 가까운 쪽은 대전체와 다른 전하, 대전체와 먼 쪽은 대전체와 같은 전하로 유도된다. 따라서 A, C는 (+)전하, B, D는 (−)전하로 대전된다.

21 정답 ②

(−)단자를 30V에 연결하였으므로 전압은 24V다. 전류의 세기는 전기 저항에 반비례하고 전압에 비례하므로 $I=\dfrac{V}{R}=\dfrac{24\text{V}}{4\Omega}=6$A이다.

22 정답 ①

$R = \dfrac{V}{I} = \dfrac{6V}{2A} = 3\Omega$이다.

23 정답 ④

저항이 직렬연결되면 전체 저항은 각 저항의 합과 같으므로 $2\Omega + 3\Omega = 5\Omega$이 전체 저항의 크기가 된다.

24 정답 ①

자기력선은 N극에서 나와서 S극으로 들어간다. (가)와 (나) 모두 자기력선이 나오고 있으므로 (가)와 (나) 모두 N극임을 알 수 있다. 자석의 같은 극 사이에는 서로 미는 척력이 작용한다.

25 정답 ④

코일 주위의 자기장의 방향은 오른손의 네 손가락을 전류의 방향으로 감아쥐고 엄지손가락을 펼 때, 엄지손가락의 방향이 자기장의 방향이다. 따라서 코일의 왼쪽이 N극, 오른쪽이 S극이 되고 (가)에 나침반을 놓으면  형태로 나침반 바늘이 향한다.

26 정답 ④

전류의 방향이 바뀌면 힘의 방향도 바뀐다. 코일 AB가 위쪽으로 힘을 받았으므로 전류의 방향이 반대인 코일 CD는 아래쪽으로 힘을 받는다. 코일 AB와 코일 CD가 서로 반대 방향으로 힘을 받아 코일의 회전이 일어난다.

27 정답 ③

온도는 물체의 뜨겁고 차가운 정도를 숫자로 나타낸 것으로 크게 섭씨온도와 절대 온도로 구분할 수 있다.

28 정답 ③

끓는점은 액체 상태의 물질을 가열하여 상태 변화가 일어날 때 일정하게 유지되는 온도다. T는 열평형 온도다.

① (가)는 열을 잃어 온도가 낮아지고 입자 운동이 둔해진다.
② (나)는 열을 얻어 온도가 높아지고 입자 운동은 빨라진다.
④ 열평형에 도달한 시간은 4분이다.

29 정답 ①

햇빛이 비치는 곳에 있으면 따뜻함을 느끼는 것은 복사에 의한 열의 이동이다.

②·③·④ 전도에 의한 열의 이동이다.

30 정답 ④

열은 온도가 높은 곳에서 낮은 곳으로 이동하며, 뜨거운 물이 잃어버린 열의 양은 차가운 물이 얻은 열의 양과 같다.

31 정답 ②

질량과 가해진 열량이 같을 때 비열은 온도 변화에 반비례한다. 비열이 큰 물질은 온도 변화가 작으므로 온도 변화가 가장 작은 B의 비열이 가장 크다.

32 정답 ③

열팽창은 물체가 열을 받아 물체의 길이나 부피가 늘어나는 현상으로, 철로 만든 에펠탑은 여름철이 열팽창에 의해 길이가 길어져 겨울보다 높이가 조금 높다. 또한 다리나 철로 레일은 여름철 온도가 높아져 길이가 팽창하였을 때 휘어짐이나 파손의 위험을 줄이기 위해 이음매 부분에 틈을 둔다.

33 정답 ③

(가) 전도 (나) 대류 (다) 복사
전도는 입자의 운동이 이웃한 입자에게 전달되는 방법이고, 대류는 입자가 직접 이동하여 열을 전달하는 방법으로 전도와 대류는 모두 입자가 필요하다. 따라서 입자가 없는 진공 상태에서는 전도와 대류가 일어날 수 없다. 복사는 입자의 도움 없이 열이 직접 이동하는 방법으로 진공 상태에서도 열이 이동할 수 있다.

34 정답 ②
100km/h로 이동하는 자동차는 1시간 동안 100km를 이동하는 운동을 하므로 2시간 동안 이동한 거리는 200km이다.

35 정답 ③
물체는 시간에 따른 이동 거리가 일정한 등속 운동을 하고 있으므로 시간−속력 그래프에서 시간 축에 나란한 직선 형태의 그래프가 해당한다.

36 정답 ③
물체의 중력에 의한 위치 에너지는 (질량 × 높이)에 비례한다. 따라서 (질량 × 높이) 값이 가장 큰 C의 중력에 의한 위치 에너지가 가장 크다.

37 정답 ③
자유 낙하 운동은 물체가 중력만 받아 낙하하는 운동으로 물체의 질량과 무관하게 지구에서 1초당 9.8m/s로 일정하게 속력이 증가한다.

오답 피하기
① 자유 낙하 운동은 물체에 중력이 작용한다.
② 물체의 운동 방향은 중력 방향과 같다.
④ 무빙워크, 컨베이어 벨트는 등속 운동을 한다.

38 정답 ④
중력에 의한 위치 에너지는 질량이 같을 때 기준면으로부터 높이에 따라 달라진다. 기준면이 옥상인 경우 높이가 0이므로 중력에 의한 위치 에너지는 0이다.

39 정답 ②
운동 에너지는 $\frac{1}{2} \times$ 질량(kg) $\times$ (속력(m/s))^{2}으로 계산할 수 있다.

따라서 A : 8J, B : 9J, C : 6J, D : 2J이고 운동 에너지가 가장 큰 것은 B이다.

40 정답 ③
물체에 일을 해주면 물체는 받은 일의 양만큼 에너지가 증가한다.
처음에 물체는 정지해 있었으므로 물체의 운동 에너지는 0이고 물체가 일을 받았을 때 운동 에너지는
$$\frac{1}{2} \times 질량(kg) \times (속력(m/s))^2 = \frac{1}{2} \times 2kg \times (10m/s)^2$$
$= 100J$ 이다.
증가한 운동 에너지가 100J이므로 사람이 해준 일의 양은 100J이다.

41 정답 ②
운동하는 물체가 가지는 에너지를 운동 에너지라고 한다. 선풍기가 돌아가므로 선풍기는 운동 에너지를 가지고 있다.

42 정답 ①
역학적 에너지 보존 법칙에 의해 공기 저항과 마찰이 없을 때 증가한 위치 에너지는 감소한 운동 에너지와 크기가 같다.

43 정답 ④
역학적 에너지 전환은 높이의 변화가 있는 경우 일어나는 에너지 전환이다. 공이 운동장 바닥을 굴러가는 수평 방향의 운동은 역학적 에너지 전환이 일어나지 않는다.

오답 피하기
① 댐에 고여 있던 물이 아래로 쏟아질 때 : 위치 에너지 → 운동 에너지
② 새가 하늘로 날아오를 때 : 운동 에너지 → 위치 에너지
③ 다이빙 선수가 뛰어내릴 때 : 위치 에너지 → 운동 에너지

44 정답 ①

공기 저항과 마찰을 무시했으므로 역학적 에너지가 보존되어 A, O, B점의 역학적 에너지는 모두 같다.

45 정답 ④

공기 저항을 무시하면 역학적 에너지는 일정하게 보존되므로 A, B, C점에서의 역학적 에너지는 같다.

46 정답 ④

역학적 에너지가 보존되는 운동이므로 최고 높이에서의 위치 에너지와 5m에서의 역학적 에너지의 크기는 같다. 따라서 $9.8 \times 2\text{kg} \times 10\text{m} = 196\text{J}$이 된다.

47 정답 ③

에너지 보존 법칙에 의해 공급된 에너지는 전환된 에너지의 총합과 같다. 1000J의 전기 에너지를 공급했으므로 전환된 빛에너지, 소리 에너지, 열에너지의 총합의 크기는 1000J과 같다.
따라서 $1000\text{J} = 400\text{J} + (\ \bigcirc\ )\text{J} + 200\text{J}$로 $\bigcirc$은 400이다.

48 정답 ③

유도 전류는 전자기 유도 현상에 의해 코일 주위에서 자석을 움직일 때 코일에 흐르는 전류로 자기장의 변화를 방해하는 방향으로 생긴다.

49 정답 ④

전기 기구가 일정 시간 동안 소모하는 전기 에너지의 양인 전력량을 통해 하루 동안 사용한 전기 에너지를 비교할 수 있다.
전력량(Wh) = 소비 전력(W) × 시간(h)이므로
(가) 50Wh, (나) 200Wh, (다) 30Wh, (라) 240Wh로 (라)가 하루 동안 가장 많은 전기 에너지를 사용하였다.

50 정답 ③

소비 전력(W) = 전압(V) × 전류(A)이므로
$9\text{V} \times 4\text{A} = 36\text{W}$이다.

---

02 화학

예상 문제로 실력 잡기

01 ②	02 ②	03 ③	04 ②	05 ④
06 ②	07 ④	08 ③	09 ③	10 ①
11 ④	12 ③	13 ①	14 ③	15 ④
16 ③	17 ②	18 ③	19 ①	20 ③
21 ②	22 ②	23 ③	24 ④	25 ③
26 ②	27 ③	28 ②	29 ③	30 ③
31 ②	32 ②	33 ①	34 ③	35 ③
36 ③	37 ②	38 ②	39 ④	40 ①
41 ④				

01 정답 ②

사과가 나무에서 떨어지는 것은 중력에 의한 현상이다.

오답 피하기

①·③ 증발에 의한 현상, ④ 확산에 의한 현상으로, 증발과 확산은 입자 운동의 증거이다.

02 정답 ②

젖은 빨래가 마르는 것은 증발에 의한 현상으로 증발은 온도가 높을수록, 습도가 낮을수록, 바람이 많이 불수록, 표면적이 넓을수록 잘 일어난다. 비가 오는 날에는 습도가 높아 증발이 잘 일어나지 않는다.

03 정답 ③

암모니아수에서 증발한 암모니아 기체가 확산으로 퍼져 나가면서 C → B → A 순으로 색이 붉게 변한다.

04 정답 ②

$$\text{압력} = \frac{\text{수직으로 작용하는 힘}}{\text{힘을 받는 면의 넓이}}$$
$$= \frac{200\text{N}}{10\text{m}^2} = 20\text{N/m}^2\text{이다.}$$

05 정답 ④

(가)에서 (나)로 외부 압력이 증가하여 기체의 부피가 감소한다. 기체 부피 감소로 인해 용기 내부의 입자 충돌 수가 증가하여 내부 압력도 증가한다.

오답 피하기

입자의 개수, 입자의 질량은 변하지 않고, 입자 사이의 거리는 감소한다.

06 정답 ②

온도가 일정할 때 기체의 압력과 부피의 곱은 일정하다. 그래프상 압력과 부피의 곱이 40으로 일정하므로 (가)는 10이다.

오답 피하기

① 기체의 압력과 부피는 반비례 관계이다.
③ A는 B보다 압력이 작으므로 기체 입자의 충돌 횟수가 적다.
④ A는 B보다 부피가 크므로 기체 입자 사이의 거리가 멀다.

07 정답 ④

고무풍선의 부피가 증가한 것은 온도가 높아졌기 때문이다. 따라서 수조 속 물의 온도가 높음을 알 수 있다. 온도가 높아지면 기체 입자 운동이 활발해지고 기체 입자 사이의 거리가 멀어져 부피가 증가한다. 고무풍선 속 입자의 크기는 변하지 않는다.

08 정답 ③

보일 법칙은 온도가 일정할 때 기체의 압력과 부피가 반비례 관계임을 나타내는 법칙이다.
• 풍선이 하늘 높이 올라가면 기압이 감소하여 풍선의 부피가 커지다 결국 터진다.
• 잠수부가 내뿜은 공기 방울은 수면 가까이 올라가면서 물에 의한 압력인 수압이 감소하면서 부피가 점점 커진다.

09 정답 ③

기체는 담는 그릇에 따라 모양이 변하고, 흐르는 성질이 있으며 힘을 주면 쉽게 압축된다.
액체는 담는 그릇에 따라 모양이 변하고, 흐르는 성질이 있지만 쉽게 압축되지 않는다.

10 정답 ①

열에너지 흡수 : A, C, E
열에너지 방출 : B, D, F
열에너지를 흡수하는 상태 변화가 일어나면 입자 배열이 불규칙해지고, 입자 운동이 활발해진다.

11 정답 ④

드라이아이스의 승화가 일어나면서 드라이아이스의 크기는 점점 작아진다.

오답 피하기

① · ② 고체 드라이아이스는 기체로 승화하면서 입자 사이의 거리가 멀어져 비닐 주머니의 크기가 커진다.
③ 상태 변화가 일어나도 입자의 개수는 변하지 않는다.

12 정답 ③

(가) 액체 (나) 액체＋고체 (다) 고체
(나)구간에서 액체가 고체로 응고하면서 응고열 방출이 일어나고, 이때 일정하게 유지되는 온도를 어는점이라고 한다.

13 정답 ①

고체에서 액체로 상태가 변하는 융해 과정으로 버터가 녹는 과정이 해당한다.

오답 피하기

② 얼음컵 표면에 물방울이 맺힌다. ➡ 액화
③ 흘러내리던 촛농이 굳는다. ➡ 응고
④ 이른 아침 안개가 낀다. ➡ 액화

14 정답 ③

드라이아이스는 고체가 기체로 승화하면서 승화열을 주위로부터 흡수한다. 승화열 흡수로 인해 주변의 온도가 내려가 아이스크림이 잘 녹지 않는다.

15 정답 ④

(가) 고체 (나) 고체 + 액체 (다) 액체
(라) 액체 + 기체
끓는점은 액체가 기체로 기화할 때 일정하게 유지되는
온도로 (라)구간의 온도이다.

16 정답 ③

물질의 끓는점보다 높은 온도에서 물질의 상태는 기체
상태이다.

17 정답 ②

더 이상 다른 물질로 분해되지 않는 물질을 구성하는
기본 성분은 원소이다. 구리, 산소, 철은 원소이지만
물은 수소와 산소로 분해되므로 원소가 아니다.

18 정답 ③

질산 칼륨에는 칼륨이 포함되어 있으므로 칼륨에 의한
불꽃색인 보라색이 나타난다.

19 정답 ①

금속 원소의 불꽃색을 분광기로 바라볼 때 나타나는
색의 띠를 선 스펙트럼이라고 한다. 원소의 종류에 따
라 선 스펙트럼에서 선의 위치, 굵기, 개수가 서로 다
르기 때문에 불꽃색이 비슷한 원소를 구별할 수 있다.

20 정답 ③

분자를 이루는 원자의 종류를 원소 기호로 나타내고,
원자의 개수를 원소 기호 오른쪽 아래에 작은 숫자로
표시한다. 단, 1은 생략한다.

21 정답 ②

A는 전자, B는 원자핵이다. 원자핵은 (+)전하를 띠고
한 원자에서 원자핵의 (+)전하량과 전자의 총 (−)전
하량이 같으므로 원자는 전기적으로 중성이다.

22 정답 ③

HCl(염화 수소) 1분자를 구성하는 총 원자 수는 2개
로 수소 원자(H) 1개와 염소 원자(Cl) 1개이다. 이때
분자의 개수가 2개이므로 총 원자 수는 4개이다.

23 정답 ③

(가)는 +1 양이온, (나)는 −2 음이온, (다)는 원자,
(라)는 −1 음이온이다.
원자는 원자핵의 (+)전하량과 전자의 총 (−)전하량
이 같아 중성이다.

24 정답 ④

A 원자가 전자를 2개 얻어 형성된 이온이므로 −2의
음이온이다.

25 정답 ③

원자핵의 전하량이 +4이고 전자의 총 (−)전하량이 −5
이므로 −1의 음이온 모형이다.

26 정답 ②

원자가 전자를 잃어버리면 양이온이 된다. (가)는 +1
양이온이므로 전자를 1개 잃어버렸고, (나)는 +2 양
이온이므로 전자를 2개 잃어버렸다. (다)는 전자를 1
개 얻어 −1 음이온, (라)는 전자를 2개 얻어 −2 음
이온이다.

27 정답 ③

물질의 특성은 물질의 양에 관계없이 그 물질만이 나
타내는 고유한 성질로 겉보기 성질, 끓는점, 녹는점,
어는점, 밀도, 용해도 등이 속한다.

28 정답 ②

액체의 가열 곡선에서 끓는점이 같은 물질은 물질의
특성이 같으므로 같은 종류의 물질이다. 물질 B와 D
의 끓는점이 같으므로 같은 물질이다.

29 정답 ③

구리와 설탕은 순물질, 소금물은 균일 혼합물, 우유는 불균일 혼합물이다.

30 정답 ③

녹는점은 고체가 액체로 될 때 일정하게 유지되는 온도로 같은 물질의 경우 녹는점과 어는점은 같다.

31 정답 ②

기체의 용해도는 온도가 낮을수록, 압력이 클수록 증가한다.

오답 피하기

소금, 질산 나트륨, 붕산과 같은 고체 물질은 대부분 온도가 높을수록 용해도가 증가한다.

32 정답 ②

분별 깔때기는 밀도가 다르고 서로 잘 섞이지 않는 액체 혼합물을 분리할 때 이용된다.

33 정답 ①

끓는점 : A < B < C < D
원유를 증류하면 끓는점이 낮은 물질은 증류탑의 위쪽에서 얻을 수 있다.

34 정답 ③

크로마토그래피는 혼합물을 이루는 각 물질이 용매를 따라 이동하는 속도 차를 이용하여 혼합물을 분리하는 방법이다.

35 정답 ③

물리 변화는 분자의 종류는 변하지 않고 분자의 배열 변화에 의해 모양이나 물질의 상태 변화가 일어나는 것을 말한다. 드라이아이스의 상태 변화는 고체가 기체로 변하는 승화 현상으로 물리 변화이다.

36 정답 ③

암모니아(NH_3) 생성 시 반응 물질은 질소(N_2)와 수소(H_2)이므로 ㉠에 들어갈 물질은 H_2이다.

37 정답 ②

화학 반응이 진행되면서 원자 배열의 변화가 일어나 새로운 분자를 형성하였으므로 화학 변화에 해당한다.

오답 피하기

① 원자의 종류와 개수가 변하지 않았으므로 질량 보존 법칙이 성립한다.
③ 화학 변화이므로 새로운 분자를 생성한다.
④ 화합물이 생성되었으므로 일정 성분비 법칙을 설명할 수 있다.

38 정답 ②

마그네슘 + 산소 → 산화 마그네슘이므로 마그네슘 3g이 반응하여 산화 마그네슘이 5g이 형성되는 과정을 통해 마그네슘 3g과 반응하는 산소의 질량이 2g임을 알 수 있다.

39 정답 ④

기체 반응 법칙에서 각 기체의 부피비와 각 기체의 분자 수비, 화학 반응식의 계수비는 같다. 수소 : 산소 : 수증기 부피비가 2 : 1 : 2이므로 계수비도 이와 같다.

40 정답 ①

화합물(BN_2)을 구성하는 볼트(B)와 너트(N)는 1 : 2의 개수비로 결합하므로 화합물(BN_2)은 1개가 만들어지고 볼트(B)가 1개 남는다.

41 정답 ④

흡열 반응이 일어나면 주위에서 열을 흡수하므로 주위의 온도는 낮아진다.

예상 문제로 실력 잡기

01 ④	02 ①	03 ③	04 ②	05 ②
06 ①	07 ②	08 ②	09 ④	10 ①
11 ①	12 ④	13 ④	14 ④	15 ②
16 ②	17 ②	18 ②	19 ①	20 ①
21 ③	22 ④	23 ②	24 ①	25 ②
26 ③	27 ②	28 ④	29 ④	30 ③
31 ②	32 ②	33 ③	34 ④	35 ②
36 ①	37 ④	38 ②	39 ③	40 ②
41 ④	42 ③	43 ④		

01 정답 ④

생물 분류는 '종 < 속 < 과 < 목 < 강 < 문 < 계'로 종이 가장 기본 단위이고, 계가 가장 큰 범주에 속한다.

02 정답 ①

원핵생물계는 핵막이 없어 핵이 없는 생물로 단세포 생물이고 세균이 해당한다.

오답 피하기

② 사슴 : 동물계
③ 아메바 : 원생생물계
④ 버섯 : 균계

03 정답 ③

생태 통로, 종자 은행, 국제 협약은 생물 다양성을 보전하기 위한 사회, 국가, 국제적 노력에 해당한다. 휴양림과 같은 관광 자원은 생물로부터 얻는 생물 자원이다.

04 정답 ②

변이가 다양할수록 다양한 환경에 적응하고 살아남는 과정이 반복되어 진화가 일어나고, 이는 생물 다양성으로 이어질 수 있다. 외래종 유입, 서식지 파괴, 남획은 생물 다양성 감소의 원인이 된다.

05 정답 ②

오답 피하기

① 매는 개구리, 메추라기, 뱀을 먹이로 살아갈 수 있다.
③ 메추라기는 메뚜기를 먹이로 살아갈 수 있다.
④ 생물 다양성이 높으면 먹이 사슬이 복잡해져 대체할 수 있는 먹이가 있어 생태계가 안정적으로 유지될 가능성이 높다.

06 정답 ①

물과 이산화 탄소를 이용해 포도당과 산소가 만들어지는 과정은 광합성으로, 광합성이 일어나는 장소는 엽록체이다.

07 정답 ②

기공을 통해 식물체 안의 물이 수증기 형태로 나가는 현상은 증산 작용으로, 증산 작용은 물 상승의 원동력이다. 이 같은 증산 작용은 바람이 강할수록, 햇빛이 강할수록, 식물체 안의 물이 많을수록, 습도가 낮을수록 잘 일어난다.

08 정답 ②

기공은 공변세포 2개가 모여 이루어지는 통로로 산소, 이산화 탄소, 수증기와 같은 기체가 이동한다.

09 정답 ④

광합성 결과 만들어진 포도당은 낮에는 주로 녹말의 형태로 저장되었다가 밤이 되면 설탕의 형태로 바뀌어 이동한다.

10 정답 ①

산소의 농도는 광합성에 영향을 주지 않는다.

11 정답 ①

식물의 호흡은 밤낮으로 항상 일어난다.

12 정답 ④

빛의 세기가 세지면 광합성량이 증가하므로 이전에 비해 기포 수는 증가한다.

13 정답 ④

2개의 페트병을 모두 빛이 없는 암실에 두었으므로 광합성은 일어나지 않고 시금치가 든 페트병에서 호흡만 일어난다. 석회수를 뿌옇게 흐려지게 하는 기체는 이산화 탄소이므로 호흡 결과 이산화 탄소 기체가 생성되었음을 알 수 있다.

14 정답 ④

A : 이산화 탄소   B : 산소

(가)는 낮에 광합성과 호흡이 모두 일어나는 모습으로 광합성량이 호흡량보다 많아 이산화 탄소가 들어가고 산소가 나온다.

(나)는 밤에 호흡만 일어나는 모습으로 산소만 들어가고 이산화 탄소가 나온다.

15 정답 ②

시험관 A는 광합성과 호흡이 모두 일어나지만 햇빛을 충분히 비추었기 때문에 광합성량이 호흡량보다 많아 이산화 탄소의 양이 감소하여 파란색으로 변한다.

시험관 B는 물고기가 호흡만 하므로 이산화 탄소의 양이 증가하여 색의 변화가 없이 노란색이다.

16 정답 ②

물은 몸의 약 60% 이상을 구성하는 영양소로 에너지를 낼 수 없는 부영양소이다. 물은 영양소와 노폐물을 운반한다. 단백질, 탄수화물, 지방은 에너지를 낼 수 있는 영양소로 3대 영양소라고 한다.

17 정답 ②

B는 쓸개로, 간에서 만든 쓸개즙을 저장하고 분비한다.

오답 피하기

① A는 간으로, 쓸개즙을 생성하고 암모니아를 요소로 전환한다.

③ C는 위로, 위액 속에 강한 산성 물질인 염산이 들어 있다.

④ D는 이자로, 이자는 음식물이 지나가는 소화관이 아니다. 이자에서는 3대 영양소의 소화 효소가 모두 생성된다.

18 정답 ②

백혈구는 핵이 있고 몸속에 침입한 세균을 잡아먹는 식균 작용을 한다.

19 정답 ①

A : 우심방   B : 우심실   C : 좌심방   D : 좌심실

사람의 심장은 2심방 2심실이다.

오답 피하기

② A로 들어온 혈액은 C로 이동한다. ➡ 심방으로 들어온 혈액은 심실로 이동한다. A → B / C → D

20 정답 ①

(가) 갈비뼈   (나) 가로막

숨을 들이마실 때 갈비뼈(가)는 올라가고 가로막(나)은 내려간다.

21 정답 ③

호흡계는 세포 호흡에 필요한 산소를 받아들이고 세포 호흡 결과 발생한 이산화 탄소를 몸 밖으로 내보낸다.

22 정답 ④

A : 사구체   B : 세뇨관   C : 보먼주머니   D : 모세 혈관

사구체에서 높은 혈압에 의해 여과된 물질은 사구체를 감싸고 있는 보먼주머니를 통해 세뇨관으로 이동한다. 세뇨관은 모세 혈관으로 둘러싸여 재흡수와 분비가 일어나면서 오줌이 생성된다.

23 정답 ②

콩팥, 오줌관, 방광은 세포 호흡 결과 생긴 노폐물을 몸 밖으로 내보내는 배설계에 속하는 기관이다.

24 정답 ①

무기 염류와 바이타민은 세포 호흡 결과 에너지가 생성되지 않는다. 세포 호흡 결과 에너지와 함께 노폐물로 암모니아가 생성되는 영양소는 단백질이다.

25 정답 ②

(가) 소화계 (나) 호흡계 (다) 순환계 (라) 배설계

오답 피하기

콩팥은 (라) 배설계, 소장은 (가) 소화계, 심장은 (다) 순환계에 속한다.

26 정답 ③

A : 섬모체 B : 홍채 C : 망막 D : 수정체
망막에는 시각 세포가 존재하여 빛 자극을 받아들인다.

27 정답 ②

홍채는 빛의 양을 조절하는 부분으로, 중간뇌의 조절 작용에 의해 동공의 크기를 변화시킨다.

밝을 때	어두울 때
동공 축소 홍채 확장	동공 확대 홍채 축소
눈으로 들어오는 빛의 양 감소	눈으로 들어오는 빛의 양 증가

28 정답 ④

④ 빵집 앞을 지나가자 빵 냄새가 났다. ➡ 후각

오답 피하기

① 놀이기구가 회전하는 것을 느낀다. ➡ 귀의 반고리관에 의한 평형 감각
② 시소에 앉아 몸이 기울어짐을 느낀다. ➡ 귀의 전정기관에 의한 평형 감각
③ 라디오를 듣는다. ➡ 귀의 청각

29 정답 ④

매운맛은 피부 감각으로 통점이 자극을 받아들여 느끼는 감각이다. 단맛, 쓴맛, 감칠맛은 혀에서 느끼는 기본 맛이다.

30 정답 ③

A : 신경 세포체는 핵과 세포질이 모여 있는 부분으로 생명 활동이 일어난다.
B : 가지 돌기는 다른 뉴런이나 기관으로부터 자극을 받아들인다.
C : 축삭 돌기는 다른 뉴런이나 기관으로 자극을 전달한다.

31 정답 ②

척수는 신경의 통로로 무릎 반사나 회피 반사의 중추이다.

32 정답 ②

A : 대뇌 B : 간뇌 C : 중간뇌 D : 소뇌
간뇌는 체온, 혈당량, 체액의 농도 조절에 관여하는 곳으로 항상성 유지의 최고 중추이다.

33 정답 ③

뜨거운 주전자에 손이 닿았을 때 손을 빠르게 움츠리는 행동은 척수가 중추인 무조건 반사이다.
감각기에서 느낀 자극은 A(감각 뉴런)를 통해 전달된 후 D(척수)의 명령을 받아 C(운동 뉴런)를 통해 명령이 전달되어 반응이 일어난다.

34 정답 ④

식사 후 혈당이 높아지면 혈당을 낮추는 인슐린이 이자(D)에서 분비된다.

오답 피하기

① 뇌하수체(A) : 생장 호르몬, 갑상샘 자극 호르몬, 항이뇨 호르몬을 분비한다.

② 갑상샘(B) : 티록신은 갑상샘에서 생성하는 호르몬으로 세포 호흡을 촉진한다.
③ 부신(C) : 아드레날린을 분비한다.

35 정답 ②

(가)는 피부 근처 혈관이 수축된 상태로 외부로 빠져나가는 열 방출량을 줄인 상태, 즉 추울 때를 나타낸다. 따라서 (가)는 (나)보다 근육 떨림이 증가한다.
(나)는 더울 때로 피부 근처 혈관이 확장되어 외부로 빠져나가는 열 방출량이 증가한다.

36 정답 ①

염색체는 세포 분열을 하지 않을 때는 실처럼 풀려 있고, 세포 분열을 할 때 관찰되는 막대 형태의 물질로 유전 정보를 저장하는 DNA와 단백질로 이루어져 있다.

37 정답 ④

44개의 상염색체와 2개의 성염색체를 가지고 있고 성염색체의 구성이 XX이므로 여자임을 알 수 있다. 44+XY는 남자의 염색체 구성이다.

38 정답 ②

중기는 염색체가 세포 중앙에 배열한 시기로 시간이 짧지만 염색체를 관찰하기 가장 좋은 시기이다.

39 정답 ③

생식세포 분열은 2회 연속 분열이 일어나는데, 감수 1분열 때 염색체 수가 절반으로 줄어든다.

40 정답 ②

난할은 발생 초기 세포 분열로 자라는 시기가 거의 없어 빠르게 세포 분열이 일어나 세포의 개수가 증가한다. 난할이 진행될수록 세포 한 개의 크기는 점점 작아지지만 세포 한 개의 염색체 수는 변하지 않는다.

41 정답 ④

잡종 1대의 표현형이 노란색이므로 노란색이 우성, 초록색이 열성이다. 잡종 1대를 자가 수분하여 얻은 잡종 2대의 유전자형은 (가) YY, (나) Yy, (다) Yy, (라) yy이고 우열의 원리에 의해 (가), (나), (다)는 모두 노란색이고, (라)는 초록색이 나타난다.

42 정답 ③

어머니의 ABO식 혈액형 유전자형이 잡종이므로 유전자형은 AO이다. 따라서 어머니가 자손에게 줄 수 있는 유전자는 A, O이고 AB형인 아버지가 자손에게 줄 수 있는 유전자는 A, B이다. 따라서 자손에게 가능한 ABO식 혈액형 유전자 조합은 AA, AB, AO, BO이다. 유전자형이 OO인 O형은 나타날 수 없다.

43 정답 ④

색맹 유전은 반성 유전으로 색맹은 X 염색체에 유전자가 있고, 열성으로 유전된다. 따라서 X 염색체를 가진 딸이 색맹이 나타나기 위해서는 X′X′를 가져야 한다. X′는 아버지와 어머니에게 하나씩 물려받으므로 아버지가 색맹(X′Y), 어머니가 보인자(XX′)임을 알 수 있다.

오답 피하기
③ X′Y는 색맹 아들의 유전자형이다.

예상 문제로 실력 잡기

01 ③	02 ③	03 ④	04 ③	05 ②
06 ①	07 ④	08 ②	09 ①	10 ②
11 ②	12 ②	13 ③	14 ④	15 ③
16 ③	17 ①	18 ②	19 ②	20 ①
21 ③	22 ①	23 ③	24 ③	25 ④
26 ②	27 ③	28 ③	29 ①	30 ①
31 ④	32 ③	33 ③	34 ③	35 ①
36 ③	37 ②	38 ④	39 ②	40 ①
41 ②	42 ②	43 ①	44 ②	45 ③
46 ①				

01 정답 ③

지권은 토양과 암석으로 이루어진 지구 겉 부분인 지각과 지구 내부 영역을 포함한다.
수증기는 기권에 속한다.

02 정답 ③

A : 지각　B : 맨틀　C : 외핵　D : 내핵
외핵과 내핵은 모두 철과 니켈로 이루어져 있다.

오답 피하기

① 지각, 맨틀, 내핵은 고체, 외핵은 액체이다.
② 맨틀은 지구 내부 구조 중 차지하는 부피가 가장 크다.
④ 지구 가장 안쪽에 위치한 핵은 내핵으로 온도, 압력, 밀도가 가장 높다.

03 정답 ④

A : 대륙 지각　B : 해양 지각　C : 맨틀

오답 피하기

①·② 판은 지각과 맨틀 상부를 포함한 부분을 말한다. A와 B는 맨틀을 포함하지 않으므로 판이 아니다.
③ 모호면은 지각과 맨틀의 경계면이다.

04 정답 ③

현무암은 마그마가 지표로 나와 흘러내리는 용암이 굳어져서 만들어진 암석으로, 색이 어둡고 빨리 냉각되어 알갱이의 크기가 작다.

05 정답 ②

광물이 압력의 수직 방향으로 배열되어 생긴 줄무늬를 엽리라고 하며, 변성암인 편마암에서 잘 관찰된다.

06 정답 ①

금, 황동석, 황철석은 모두 노란색으로 겉으로 보이는 색으로는 구별하기 어렵다. 하지만 조흔색은 모두 다르기 때문에 조흔판에 그어 광물 가루 색을 비교하여 구별할 수 있다.

오답 피하기

②·③ 질량, 부피는 광물을 구별하는 방법이 아니다.
④ 금, 황동석, 황철석 모두 염산 반응은 나타나지 않는다.

07 정답 ④

A : 풍화·침식　B : 식음　C : 다져짐, 굳음
D : 열과 압력
화성암은 마그마가 식어 형성되고, 퇴적암은 암석이 풍화·침식 과정을 거쳐 형성된 퇴적물이 다져지고 굳어지며 형성된다. 변성암은 암석이 열과 압력을 받아 형성된다.

08 정답 ②

대륙 이동의 원동력은 맨틀의 대류로, 대륙 이동설을 주장한 베게너는 맨틀의 대류를 설명하지 못해 당시에 대륙 이동설은 인정받지 못했다.

09 정답 ①

지진이 발생하면 건물 벽이나 담장에서 멀리 떨어져 운동장 같은 넓은 곳으로 피해야 한다.

10 정답 ②

별의 일주 운동은 1시간에 15°씩 동 → 서로 운동하므로 30°의 사잇각이 나타나는 것은 2시간 동안 관측한 것이다.

11 정답 ②

달의 위상 변화는 달이 지구 주위를 공전하기 때문에 달이 보이는 모습이 달라지는 현상이다.

12 정답 ②

 상현달(음력 7~8일경 관측)

 보름달(망, 음력 15일경 관측)

 초승달(음력 2~3일경 관측)

 하현달(음력 22~23일경 관측)

13 정답 ③

부분 일식은 태양이 달에 일부 가려지는 현상으로 달의 반그림자가 생기는 지역에서 관측된다.

14 정답 ④

목성형 행성은 목성, 토성, 천왕성, 해왕성이다. 해왕성은 메테인이 있어 파란색을 띠고 대흑점이 나타난다.

15 정답 ③

A : 흑점   B : 쌀알 무늬

흑점은 주위보다 온도가 낮아 어둡게 보이는 부분이고, 쌀알 무늬는 광구 아래 대류 현상에 의해 생기는 무늬이다.

16 정답 ③

태양 활동이 활발할 때 지구에서는 오로라가 더 넓은 지역에서 발생한다.

태양에서는 흑점 수가 증가하고 코로나의 크기가 커지며, 홍염과 플레어가 자주 발생한다. 지구에서는 인공위성 고장이나 오작동이 나타나고, 자기장이 급격히 변하는 자기 폭풍과 무선 통신이 끊어지는 델린저 현상이 나타난다.

17 정답 ①

A는 지구형 행성으로 반지름과 질량이 작고 위성은 없거나 수가 적다.

B는 목성형 행성으로 반지름과 질량이 크고 위성은 많다.

18 정답 ②

A : 해수   B : 호수, 하천수   C : 빙하   D : 지하수

호수, 하천수는 수권에서 매우 적은 양을 차지하지만 지표 위에 드러나 있어 쉽게 이용할 수 있는 물이다.

19 정답 ②

해수는 깊이에 따른 수온의 변화를 기준으로 3개 층으로 나눈다.

20 정답 ①

A : 혼합층   B : 수온 약층   C : 심해층

바람의 혼합 작용으로 깊이에 따른 수온 변화가 없는 층은 혼합층이다. 심해층의 온도가 일정한 것은 태양 에너지가 도달하지 않기 때문이다.

21 정답 ③

염분은 해수 1kg 속 염류의 g수로 25psu인 해수 1kg 속 염류의 양은 25g이다. 따라서 해수의 양이 2kg으로 2배가 되면 염류의 양도 25g의 2배인 50g을 얻을 수 있다.

22 정답 ①

염화 나트륨은 염류 중에서 가장 많은 양을 차지하고 짠맛을 낸다. 염화 마그네슘은 염류 중에서 두 번째로 많은 양을 차지하고 쓴맛을 낸다.

23 정답 ③

표층 염분 분포는 증발량과 강수량, 담수의 유입, 해수의 결빙과 해빙 등에 따라 달라진다.

24 정답 ③

조개 잡이는 해수면이 가장 낮아진 간조 시간이 가장 적당하다.

25 정답 ④

쿠로시오 해류는 우리나라 난류의 근원으로 쿠로시오 해류의 일부가 갈라져 나와 동해안을 따라 북쪽으로 흐르는 동한 난류가 형성되어 올라가므로 공은 D방향으로 이동한다.

26 정답 ②

A : 대류권   B : 성층권   C : 중간권   D : 열권
성층권은 오존층의 영향으로 높이가 높아질수록 기온이 상승한다. 오존층은 태양 복사 에너지 중 자외선을 흡수한다.

27 정답 ③

알루미늄 컵이 흡수하는 에너지양과 방출하는 에너지양이 같아진 복사 평형에 도달하면 온도가 일정하게 유지된다.

28 정답 ③

지구 온난화는 온실 기체가 증가하여 온실 효과 강화로 인해 지구의 평균 기온이 높아지는 현상이다.

29 정답 ①

A는 포화 상태, B, C, D는 불포화 상태 공기이다.

30 정답 ①

구름의 생성 과정 : 공기 (㉠ 상승) → 부피 팽창 → 기온 하강 → (㉡ 이슬점) 도달 → 구름 생성

31 정답 ④

압축 펌프의 뚜껑을 열면 페트병 내부의 부피가 증가하면서 내부 온도가 낮아진다. 온도가 낮아진 내부 공기는 이슬점에 도달하여 응결이 일어나 페트병 내부가 뿌옇게 흐려진다.

32 정답 ③

구름 속의 크고 작은 물방울들이 충돌에 의해 커져서 비가 내리는 강수 이론을 병합설이라고 한다.

33 정답 ③

바다에서 육지로 부는 바람을 해풍이라고 하며 해풍은 낮에 부는 바람이다. 바람은 기압이 높은 바다 쪽에서 기압이 낮은 육지 쪽으로 분다.

34 정답 ③

위도가 높은 바다에서 형성된 오호츠크해 기단(C)은 서늘하고 습한 성질을 나타낸다.

35 정답 ①

봄은 양쯔강 기단의 영향을 받아 온난 건조하고, 꽃샘 추위와 함께 황사가 나타난다.

36 정답 ③

A, B, D 지역은 기온이 낮고 B지역은 적운형 구름과 함께 좁은 지역에 소나기성 비가 내린다. D지역은 넓은 지역에 층운형 구름이 형성되고 지속적인 비가 내린다. C지역은 기온이 높고 비가 내리지 않는다.

37 정답 ②

연주 시차는 시차의 절반에 해당하므로 1″이고 별의 거리는 $\dfrac{1}{연주 시차}$ 이므로 별 S의 거리는 1pc이다.

38 정답 ④

별의 연주 시차는 지구 공전의 증거로 6개월 간격으로 관측한 별의 시차의 절반에 해당한다. 거리가 먼 별일수록 연주 시차가 작아지므로 별의 거리와 연주 시차는 반비례 관계이다.

39 정답 ②

눈으로 보았을 때 가장 밝은 별은 겉보기 등급이 작은 별이다.

40 정답 ①

10pc 거리에 있는 별은 겉보기 등급과 절대 등급이 같다.

41 정답 ②

별의 색은 표면 온도에 따라 달라진다. 별의 표면 온도가 낮을수록 붉은색을 띠고, 높을수록 파란색을 띤다.

42 정답 ②

은하수는 우리은하가 띠 모양으로 보이는 것으로, 여름철 궁수자리 방향을 바라볼 때 뚜렷하게 보이고 겨울에는 희미하게 보인다.

오답 피하기

① 태양계는 우리은하 중심부에 위치한다. ➜ 태양계는 우리은하 나선팔에 위치한다.
③ 은하수는 북반구에서만 관찰할 수 있다. ➜ 북반구, 남반구 모두 관찰 가능하다.
④ 우리은하의 모양은 위에서 보았을 때 둥근 타원형이다. ➜ 가운데 막대 형태가 있는 나선 은하이다.

43 정답 ①

성단은 별들이 모여 이루고 있는 집단으로, 나이가 많은 붉은 별들이 공 모양으로 모인 성단을 구상 성단이라고 한다.

44 정답 ②

성운은 별 사이의 가스나 먼지와 같은 성간 물질이 모여 구름처럼 보이는 것으로, 암흑 성운은 성간 물질이 별빛을 흡수하거나 가려서 어둡게 보이는 것이다.

45 정답 ③

풍선 표면 : 우주, 스티커 : 은하
풍선이 커질수록 스티커 사이의 거리는 멀어지고 멀리 있는 스티커일수록 더 빠르게 멀어진다. 풍선의 변화를 통해 우주가 팽창하고 있음을 이해할 수 있다.

46 정답 ①

우주 탐사는 우주를 이해하고자 우주를 탐색하고 조사하는 활동으로, 우주 탐사를 통해 지구를 더 깊게 이해할 수 있으며 우주 탐사를 위해 개발된 다양한 기술을 일상생활에 적용할 수 있다.(예 정수기, 화재 경보기 등) 우주 탐사는 직접 우주로 나가지 않고 망원경 등을 통해 조사할 수 있고, 우주 쓰레기와 같은 문제점을 가지고 있다.

중졸 검정고시

핵심 총정리

중졸 검정고시

한권으로 합격하기!

핵심 총정리
도덕

1 구성

2 출제 경향 분석

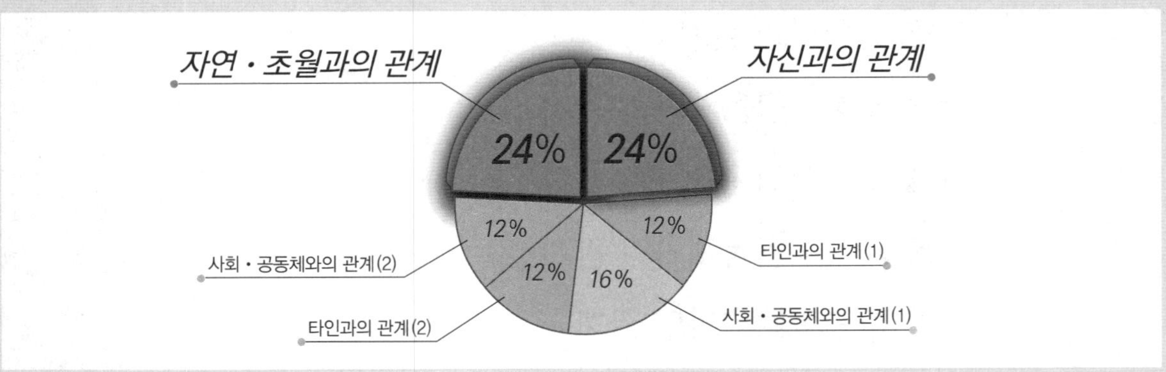

도덕 출제 경향

중졸 검정고시 도덕은 매년 비슷한 수준의 난이도로, 전반적으로 평이하게 출제되고 있습니다. 최근 단원별 출제 문항을 살펴보면, 1단원(도덕적 자아 정체성)과 6단원(사회 정의와 윤리적 삶)에서 가장 많은 문항이 출제되고 있는 것이 특징입니다.

하지만 도덕 과목은 매 시험마다 단원별 출제 비율에 변동이 있기 때문에, 특정 단원에만 집중하지 말고 전 범위를 고르게 학습하는 전략이 필요합니다.

❶ 자신과의 관계

사람의 특성, 사람의 본성, 정신적 가치, 도덕 판단, 도덕적 성찰, 삶의 목적, 진정한 행복의 의미 등의 주제가 출제되었다.

❷ 타인과의 관계 (1)

가정 내 갈등, 가족 간의 도리, 원활한 대화와 소통, 진정한 우정, 청소년기의 이성 친구, 이웃 간 봉사의 실천 등의 주제가 출제되었다.

❸ 사회 · 공동체와의 관계 (1)

인권의 특성, 사회적 약자의 배려, 양성 평등, 바람직한 다문화 공동체 실현, 세계 시민의 자세 등의 주제가 출제되었다.

❹ 타인과의 관계 (2)

사이버 공간의 특성, 정보화 시대의 도덕적 책임, 평화적 갈등 해결 방법, 폭력에 대처하는 방법 등의 주제가 출제되었다.

❺ 사회 · 공동체와의 관계 (2)

정의로운 국가의 조건, 바람직한 시민의 역할, 시민 불복종의 정당화 조건, 정의로운 사회, 부패 예방, 북한 주민의 생활, 북한 이탈 주민이 겪는 어려움, 통일 한국의 모습 등의 주제가 출제되었다.

❻ 자연 · 초월과의 관계

인간과 자연의 관계, 환경 친화적 삶, 과학 기술의 문제점, 생태중심주의, 마음의 평화를 위한 노력 등의 주제가 출제되었다.

자신과의 관계

1 도덕적인 삶

1. 사람을 사람답게 만드는 것

(1) 사람의 특성

도구적 존재	자신에게 부족한 능력을 보완하고자 도구를 개발하고 활용하는 존재
문화적 존재	자신의 삶을 의미 있고 풍요롭게 만들고자 문화를 이어나가고 발전시키는 존재
윤리적 존재	인간은 자신의 행동에 대해 옳고 그름을 판단하며, 인간다운 삶을 추구하는 존재
이성적 존재	학문적 진리와 바람직한 삶의 목적을 추구하고자 이성을 활용하는 존재
사회적 존재	다른 사람과 더불어 살아가고자 노력하는 존재
종교적·유희적 존재	종교 활동을 하고 즐거움을 추구하는 존재

(2) 사람의 본성에 관한 다양한 입장

성선설	사람의 본성이 본래 선하다고 보는 입장(맹자) ➜ 지나친 욕구나 환경에 의해 악한 행위를 할 수 있음.
성악설	사람의 본성이 본래 악하다고 보는 입장(순자) ➜ 올바른 도리에 따르려는 노력을 통해 악한 본성을 선하게 변화시켜야 함.
성무선악설	사람의 본성이 선하거나 악한 것으로 정해져 있지 않다고 보는 입장(고자) ➜ 사람이 선하게 행동하거나 악하게 행동하는 것은 자신의 선택과 환경에 의해 결정됨.

2. 도덕의 의미와 필요성

(1) 욕구와 당위

욕구	• 의미 : 무엇을 원하거나 무슨 일을 하고자 바라는 것 • 지나친 욕구 추구의 문제점 : 잘못된 선택이나 행동을 할 수 있음, 다른 사람의 욕구와 충돌하여 갈등이 생길 수 있음.
당위	• 의미 : 마땅히 그렇게 해야 하거나 해서는 안 되는 것 • 역할 : 욕구를 조절하고 어떤 행동이 바람직한지 알 수 있음.

(2) 양심

| 의미 | 도덕적으로 올바른 행동을 하도록 하는 마음의 명령 ➜ '내 마음의 재판관', '바른 삶을 인도해 주는 나침반' |
| 역할 | 우리가 자발적으로 바람직한 행동을 하도록 이끌고, **잘못했을 때에는 죄책감과 부끄러움**을 느끼게 함. |

2 도덕적 행동

1. 도덕적 사고와 행동

(1) 도덕적 지식과 도덕적 사고

도덕적 지식	도덕적 생활을 위한 필수적인 정보
도덕적 사고	무엇이 도덕적 행동인지 판단하기 위해 필요한 사고 능력
필요성	무엇이 옳은 행동인지 알기 위해서는 도덕적 지식을 바탕으로 도덕적 사고를 할 수 있어야 함.

(2) 도덕적 사고가 실천으로 이어지지 않는 이유

무관심	자신과 직접적인 관계가 없는 도덕적 문제 상황에 관심을 기울이지 않기 때문
이기심	자신의 이익을 먼저 생각하는 마음 때문
용기 부족	잘못된 강요를 받거나 비도덕적인 사회 분위기에서 용기가 부족하면 아는 바를 실천하기 어려움.

2. 도덕적 실천 의지

(1) 의미 : 도덕적으로 살아가고자 하는 의지 ➜ 지행일치(知行一致)

(2) 중요성 : 도덕적 실천 의지를 바탕으로, 아는 데 그치지 않고 아는 것을 실천으로 옮길 수 있음.

(3) 도덕적 실천 동기

사랑	다른 사람을 아끼고 배려함.
공감	다른 사람의 감정을 함께 느낌.
선한 의지	옳은 일을 하는 것이 마땅한 의무이므로 이를 실천하고자 함.

(4) 도덕적 민감성과 도덕적 상상력

도덕적 민감성	어떤 상황을 도덕적 문제로 민감하게 느끼고 도덕적으로 반응할 수 있는 마음 → 도덕적 민감성이 높은 사람일수록 도덕적으로 행동할 가능성이 높음.
도덕적 상상력	도덕적 문제 상황에서 상대방의 처지를 헤아리며, 도움이 되는 여러 행동을 상상하여 그 결과를 예측해 볼 수 있는 능력

3. 도덕적 추론과 비판적 사고

(1) 도덕 판단의 의미

사실 판단	사실을 있는 그대로 말하는 판단 → 참과 거짓을 객관적으로 확인할 수 있음.
가치 판단	어떤 대상의 가치에 대해 내리는 판단으로, 개인의 가치관에 따라 판단의 결과가 달라질 수 있는 판단 → 어떤 대상의 좋고 나쁨, 옳고 그름, 아름답고 추함 등 대상의 가치에 대해 내리는 판단
도덕 판단	가치 판단 중에서 어떤 사람의 인격이나 행위, 도덕적 상황 등에 관하여 도덕적 관점에서 내리는 판단 → '옳다.', '나쁘다.', '해야 한다.' 등과 같은 말을 포함

(2) 도덕적 추론의 의미와 과정

의미	도덕적 문제 상황에서 도덕 원리와 사실 판단을 근거로 구체적인 도덕 판단을 내리는 것
과정	① 삼단 논법의 형식 : 대전제(도덕 원리) → 소전제(사실 판단) → 결론(도덕 판단) ② 타당한 도덕 원리와 사실 판단을 근거로 활용하여 합리적으로 사고할 때 올바른 도덕 판단을 내릴 수 있음.

(3) 도덕 원리의 검토 방법
① 역할 교환 검사 : 입장을 바꾸어 생각하게 함으로써 도덕 원리의 타당성을 검토하는 방법

> 갑 : 키가 작은 친구를 '도토리'라고 부르는 것도 문제가 될까?
> 을 : 키가 작다고 친구를 놀리면 안 돼. 왜냐하면, 너보다 키가 큰 사람이 너를 그렇게 놀려도 좋겠어?

② 보편화 결과 검사 : 어떤 도덕 원리를 모든 사람이 받아들였을 때 나타날 수 있는 결과를 예상하여 도덕 원리의 적절성을 검토하는 방법

> 갑 : 무단 횡단을 했더라도 아무도 다치지 않았으면 됐지, 뭐가 문제야?
> 을 : 무단 횡단을 하면 안 되지. 왜냐하면, 모든 사람이 무단 횡단을 한다면 도로가 어떻게 되겠어?

③ 반증 사례 검사 : 상대방의 도덕 원리에 반대되는 사례를 제시함으로써 도덕 원리가 부적절하다는 것을 지적하는 방법

> 갑 : 나는 후배와 복도에서 부딪쳤을 때, 때려 주는 것이 옳다고 생각해.
> 을 : 그럼, 너의 동생이 선배와 부딪쳤을 때, 구타당해도 된다고 생각하니?

④ 포섭 검사 : 선택한 도덕 원리를 더 일반적이고 포괄적인 도덕 원리에 따라 판단하는 방법

> 갑 : 나는 숙제할 때 인터넷에 있는 다른 사람의 글을 그대로 인용하는 것은 괜찮다고 생각해.
> 을 : 그럼, 너는 도둑질을 해도 된다고 생각하는 것이니?

4. 도덕적 성찰

(1) 도덕적 성찰의 의미와 역할

의미	도덕적 관점에서 자신의 삶을 바라보고 바람직한 삶을 살기 위한 구체적인 방법을 찾는 것
역할	더 나은 인격을 갖추고 바람직한 삶을 살아가도록 도움.

(2) 도덕적 성찰의 방법
① 전통적인 수양 방법

경(敬)	경은 의식을 집중해 흐트러짐이 없이 매사에 조심하는 것(이황)
참선	잡념을 버리고 마음을 가라앉히는 것(불교)

② 일상생활에서의 성찰 방법

삶의 지침 정하기	자기 생활을 반성할 수 있는 지침을 정하고 늘 지키기 위해 노력함.
명상하기	고요하게 눈을 감고 자신의 행동이나 고민 등에 대해 깊이 생각함.
성찰 일기 쓰기	자신의 행동이나 주변에서 일어난 사건 등을 되돌아보고 그것에 관해 깊이 생각하고 반성할 수 있음.

3 자아 정체성

1. 진정한 나를 찾아서

(1) 자아와 자아 정체성

자아	나를 알고자 하는 과정에서 확인하는 자신의 모습
자아의 구성 요소	① 개인적 존재로서의 자아 : 신체적 특징, 성격, 가치관, 소망, 능력 등을 통해 이해할 수 있는 자아 ② 사회적 존재로서의 자아 : 자신이 속한 공동체의 구성원으로서의 자아 ③ 개인적·사회적 존재로서의 자아를 조화롭게 이해해야 함.
자아 정체성	'나는 이런 사람이다.'라는 자아에 관한 통합적인 생각

(2) 자아 정체성의 중요성
　① 자아 정체성이 올바르게 형성되면 자기 자신을 존중할 수 있고, 타인도 존중해야 한다는 것을 알게 됨.
　② 자신을 이해하는 과정에서 삶의 소중함을 깨닫고 자신의 삶에 대한 책임감을 느낄 수 있음.
　③ 자신에게 기대되는 사회적 역할이 무엇인지 알고, 사회 전체에 도움을 주는 성숙한 사회적 존재로 성장할 수 있음.

(3) 올바른 자아 정체성 형성을 위한 노력
　① 자신이 진정으로 하고자 하는 것이 무엇인지, 사회 구성원으로서 역할은 무엇인지 등, 자신에 대해 잘 알아야 함.
　② 바람직한 자아 정체성을 형성한 사람들을 본받기 위해 노력하고, 주변 사람들의 조언이나 도움을 받을 수 있음.
　③ 다른 사람들이 보는 자신의 모습을 이해하는 자세가 필요함.
　④ 올바른 자아 정체성은 갑자기 형성되는 것이 아니므로 꾸준히 노력해야 함.

2. 도덕적 신념

의미	도덕적으로 옳다고 여기는 것을 굳게 믿고 그것을 실현하려는 강한 의지
조건	① 보편적 가치와 일치해야 함. ② 자신뿐만 아니라 사회에 기여할 수 있어야 함.
역할	① 도덕적 자아 정체성을 형성하기 위한 방법 ② 가치 있는 삶의 방향을 제시하여, 어떠한 역경에도 굴하지 않고 꿋꿋하게 도덕적 행동을 실천하게 함. ③ 비도덕적 선택의 유혹에서 벗어나도록 도움.

4 삶의 목적

1. 가치의 유형과 궁극적 가치 추구

(1) 가치의 유형

물질적 가치	그 대상이 특정한 사물에 한정되는 가치 예 의복, 음식, 주택 등
정신적 가치	인간의 정신 활동을 통해 얻을 수 있는 가치 예 지혜로움, 선함, 아름다움, 거룩함 등
도구적 가치	수단으로서 지니는 가치
본래적 가치	그 자체로 목적으로 추구되는 가치 ➜ 아리스토텔레스의 '행복'
보편적 가치	자유, 평등, 생명, 평화, 인류애 등 모든 사람이 소중하다고 여겨 추구하는 가치

(2) 궁극적으로 추구할 가치
① 궁극적으로 추구하는 가치가 삶의 모습을 결정함.
② 물질적 가치를 정신적 가치보다 지나치게 우선하면 도덕적 문제가 일어날 수 있음.
③ 우리가 궁극적으로 추구할 것 : 자신이 참으로 원하는 바람직한 가치와 관련된 의미 있는 삶

2. 도덕 공부의 의미와 목적

의미	올바른 인격을 형성하고 도덕적으로 살아가기 위한 공부
목적	① 사람으로서의 올바른 도리와 가치의 습득 및 바른 인격의 형성 ② 본래적 가치에 근거한 올바른 삶의 목적 설정 및 추구
방법	① 도덕적 지식 습득 및 탐구 : 도덕성 형성을 위해 필요한 개념, 가치, 덕목, 도덕 원리 등을 배우고 이를 바탕으로 다양한 도덕적 문제를 탐구하는 것 ② 도덕적 실천 : 매 순간 자신이 해야 할 도덕적인 행동을 선택하여 실행하는 것 ③ 도덕적 성찰 : 도덕적 관점에서 자신의 일상을 바라보고 더욱 바람직하게 살기 위한 구체적인 방법을 찾는 것

5 행복한 삶

1. 진정한 행복

(1) 동서양 사상가들이 바라본 행복

에피쿠로스	"행복은 고통에서 벗어나 평온한 마음을 가질 때 얻어진다."
아리스토텔레스	"행복은 자기가 가진 가능성을 충분하게 실현할 때 얻어진다."
공자	"행복은 사람을 사랑하는 마음을 실천할 때 얻어진다."
석가모니	"행복은 헛된 욕심과 집착을 버리고 남에게 베풀 때 얻어진다."

(2) 진정한 행복의 의미와 행복을 얻기 위한 자세

의미	① 진정한 행복은 감각적인 즐거움처럼 일시적으로 나타났다가 사라지는 것이 아니라 지속적이어야 함. ② 자아실현을 통해 행복을 이루고 다른 사람의 행복에도 이바지할 수 있어야 함. ③ 도덕적인 삶을 통해 행복을 이루어야 하고, 다른 사람이 행복한 삶을 살 수 있도록 도와야 함.
자세	① 도덕적인 삶을 바탕으로 행복을 추구해야 함. ② 자신의 삶에 만족하는 긍정적인 삶의 태도를 갖추어야 함. ③ 자신의 행복뿐만 아니라 다른 사람이나 사회 전체의 행복에 관해서도 관심을 가져야 함.

2. 좋은 습관의 의미와 필요성

의미	① 우리 삶에 긍정적인 영향을 미치는 습관 ② 우리의 몸과 마음뿐만 아니라 사고방식, 인격 형성 등에 긍정적인 영향을 주는 습관
필요성	① 지속적인 도덕적 실천 : 옳은 행동을 습관화하면 자신의 인격이 성숙됨. ② 자아실현 : 좋은 습관을 통해 자신의 잠재 가능성을 발전시켜 자신이 원하는 바를 실현해 나갈 수 있음. ③ 건강한 삶 : 좋은 습관은 건강한 몸과 마음을 형성하는 데 크게 기여함.

기출문제로 유형 잡기

01 다음에서 설명하는 인간의 특성은?

> 인간은 신체적으로 불리한 조건을 타고났기 때문에 이를 극복하기 위하여 비행기, 자동차 등을 만들어 사용하고 있다.

① 도구적 존재 ② 종교적 존재
③ 정치적 존재 ④ 윤리적 존재

02 ㉠에 들어갈 알맞은 말은?

> 인간의 본성에 관한 입장 중 (㉠)은 인간 자신의 선택과 판단이나 주변 환경에 따라 인간의 본성이 선이나 악으로 달라질 수 있다고 본다.

① 성선설(性善說) ② 성악설(性惡說)
③ 사회계약설(社會契約說) ④ 성무선악설(性無善惡說)

03 다음에서 설명하는 용어는?

> 인간으로서 누구나 마땅히 지키고 실천해야 하는 것으로 "약속을 지켜야 한다.", "생명을 존중해야 한다."와 같이 표현된다.

① 당위 ② 독단
③ 욕구 ④ 충동

04 ㉠에 공통으로 들어갈 용어는?

> • (㉠)은/는 사람으로서 마땅히 지켜야 할 도리이다.
> • (㉠)은/는 옳고 그름에 대한 기준을 제시해 준다.

① 도덕
② 권위
③ 욕구
④ 독단

05 다음에서 설명하는 용어는?

> 상대방의 처지를 헤아리고 다른 사람에게 도움이 되는 여러 행
> 동을 생각하여 그 결과를 예측하는 능력

① 도덕적 의지
② 도덕적 무관심
③ 도덕적 상상력
④ 도덕적 행동 실천

06 ㉠에 들어갈 말로 가장 적절한 것은?

> • (㉠) : 법을 어기는 행동을 해서는 안 된다.
> • 사실 판단 : 무임승차를 하는 것은 법을 어기는 행동이다.
> • 도덕 판단 : 무임승차를 해서는 안 된다.

① 진로 선택
② 가치 전도
③ 도덕 원리
④ 자아실현

07 도덕적 성찰이 필요한 이유로 적절하지 <u>않은</u> 것은?

① 인간다운 삶을 누릴 수 있다.
② 올바른 가치관을 가질 수 있다.
③ 물질적 쾌락을 증진시킬 수 있다.
④ 훌륭한 인격을 형성해 갈 수 있다.

08 다음에 해당하는 도덕적 성찰의 방법은?

> 자신의 행동이나 주변에서 일어난 사건 등을 되돌아보고 그것에 대해 깊이 생각하며 기록하는 행위를 통해 자신을 성찰할 수 있다.

① 산책 하기　　　　② 험담 하기
③ 일기 쓰기　　　　④ 낮잠 자기

09 자아 정체성을 형성한 사람의 태도로 옳은 것은?

① 자기 삶의 주인으로 살아간다.
② 자신의 잘못을 책임지지 않는다.
③ 자신에게 주어진 역할을 외면한다.
④ 타인에게 보여지는 자신의 모습만을 중시한다.

10 다음 설명에 해당하는 것은?

> • 우리의 삶과 관련된 모든 학문과 기술을 배우고 익히는 것을 아우르는 말
> • 인격을 갈고닦아 완성해 가는 수양의 과정

① 흥미　　　　② 놀이
③ 공부　　　　④ 휴식

정답잡기 한 사람, 한 사람의 도덕적 성찰을 토대로 우리 사회의 도덕적 문제들을 고쳐 나갈 수 있고, 이러한 노력이 모여 결국 우리 사회 전체가 정의로워질 수 있다.

정답잡기 일기를 쓰면서 자신의 일과를 되돌아보고, 잘못한 점을 반성하여 반복하지 않도록 다짐함으로써 자신을 도덕적으로 성찰할 수 있다.

정답잡기 자아 정체성이 올바르게 형성되면 자기 스스로를 존중할 수 있고, 다른 사람들 역시 소중한 존재이며 나와 같이 존중해야 한다는 사실도 알게 된다.

정답잡기 일반적으로 공부는 새로운 지식을 쌓거나 기술을 익히는 과정을 말한다.

정답 07 ③ 08 ③ 09 ① 10 ③

예상 문제로 실력 잡기

01 도덕적인 삶

01 다음에서 언급하는 사람의 특성으로 가장 적절한 것은?

> 본능이나 욕구에 따라 살아가는 데 만족하지 않고, 도리를 지키며 살아가고자 한다.

① 도덕적 존재　　② 문화적 존재
③ 사회적 존재　　④ 이성적 존재

02 다음에서 설명하는 내용으로 적절한 것은?

> 도덕적으로 올바른 행동을 하도록 하는 마음의 명령

① 용기　　② 욕망
③ 양심　　④ 이성

03 다음 내용과 같이 주장한 사상가는?

> 누군가 어린아이가 우물에 빠지려고 하는 것을 본다면, 그가 어떤 사람이든 간에 곧바로 달려가서 그 아이를 구하려 할 것이다. 이러한 마음은 태어날 때부터 있는 것이지, 노력의 결과로 생긴 것이 아니다.

① 순자　　② 맹자
③ 묵자　　④ 장자

02 도덕적 행동

04 ㉠과 ㉡에 들어갈 말을 바르게 짝지은 것은?

> 특정 상황을 도덕적 문제로 민감하게 받아들이는 (㉠)과/와 자신의 도덕적 행동이 미치는 영향을 살피고 타인의 처지를 이해하는 (㉡)은/는 영향을 주고받는다.

	㉠	㉡
①	도덕적 무지	의지의 나약함
②	도덕적 사고	도덕적 상상력
③	도덕적 민감성	도덕적 상상력
④	도덕적 상상력	도덕적 공감

05 다음 대화에서 사용된 검토 방법으로 가장 적절한 것은?

> 갑 : 바쁜 일이 있으면 새치기를 할 수도 있다고 생각해요.
> 을 : 모든 사람이 너처럼 행동하면 사회가 어떻게 되겠니?

① 삼단 논법　　　② 역할 교환 검사
③ 보편화 결과 검사　④ 편견과 오류 검토

06 ㉠과 ㉡에 들어갈 말을 바르게 짝지은 것은?

> "나는 누구인가?"라는 물음을 던지고 답을 찾아가는 주체를 (㉠)(이)라고 한다. (㉡)(이)란 시간이 흘러도 나를 나라고 여기게 해 주는 것으로, 다른 사람과 구별되는 독특한 특성이다.

㉠	㉡
① 인격	자아 정체성
② 자아	인격
③ 자아	자아 정체성
④ 인격	자아

07 다음을 통해 알 수 있는 자아의 측면으로 가장 적절한 것은?

> • 내가 소속되어 있는 집단이나 공동체는?
> • 가정 · 학교 · 사회에서 나의 역할은?

① 개인적 존재로서의 자아
② 사회적 존재로서의 자아
③ 도덕적 존재로서의 자아
④ 이성적 존재로서의 자아

08 자아 정체성에 관한 옳은 설명만을 〈보기〉에서 있는 대로 고른 것은?

> ┤ 보기 ├
> ㄱ. 자아 정체성은 "나는 누구인가?"를 고민하지 않아도 저절로 형성되는 것이다.
> ㄴ. 자아 정체성은 나를 나라고 여기게 해 주는, 다른 사람과 구별되는 독특한 특성이다.
> ㄷ. 자아 정체성을 형성하려면 자신의 소망 · 능력 · 의무를 파악하고, 이 세 가지가 조화를 이룰 수 있도록 해야 한다.

① ㄱ, ㄴ　　　　② ㄱ, ㄷ
③ ㄴ, ㄷ　　　　④ ㄱ, ㄴ, ㄷ

09 도덕적 신념의 기준에 해당하는 것을 〈보기〉에서 고른 것은?

> ┤ 보기 ├
> ㄱ. 타인에게 도움이 되는 것인가?
> ㄴ. 자신의 이익과 행복을 충족시킬 수 있는가?
> ㄷ. 자신이 중요하게 여기는 가치만을 반영하였는가?
> ㄹ. 모든 사람에게 적용할 수 있는 객관적이고 타당한 것인가?

① ㄱ, ㄴ　　　　② ㄱ, ㄹ
③ ㄴ, ㄷ　　　　④ ㄷ, ㄹ

10 다음에서 설명하는 가치로 옳은 것은?

> 눈에 보이지 않지만 우리가 의미 있는 삶을 사는 데 중요한 역할을 하는 것으로 학문, 종교, 예술, 도덕 등과 관련되어 있다.

① 물질적 가치 ② 정신적 가치
③ 도구적 가치 ④ 본래적 가치

11 바람직한 가치에 대한 설명으로 옳지 <u>않은</u> 것은?

① 본래적 가치는 그 자체로 소중하며 수단이 된다.
② 일시적인 가치보다 지속적인 가치를 추구해야 한다.
③ 더 많은 사람이 누릴 수 있는 가치를 추구해야 한다.
④ 본래적 가치를 추구할 때 더욱 의미 있는 삶을 살아갈 수 있다.

12 오늘날 도덕 공부를 하는 이유로 적절하지 <u>않은</u> 것은?

① 인격을 기르기 위해서
② 경제적인 풍요를 누리기 위해서
③ 사회의 발달에 따라 다양한 도덕 문제가 발생하고 있어서
④ 올바른 가치관에 근거해 더 바람직한 삶의 목적을 추구하기 위해서

13 행복에 관한 설명으로 적절하지 <u>않은</u> 것은?

① 사람마다 행복에 관한 생각이 다르다.
② 행복은 객관적인 기준으로 평가할 수 있다.
③ 물질적으로 풍요롭다고 해서 반드시 행복한 것은 아니다.
④ 행복은 지적 만족, 사랑받고 있다는 느낌 등과 같은 정신적 조건의 영향을 받는다.

14 ㉠에 들어갈 알맞은 사상가는?

> (㉠)는 "행복이야말로 우리 삶에서 다른 모든 것이 추구하는 궁극적인 목적"이라고 주장하였다.

① 공자 ② 맹자
③ 소크라테스 ④ 아리스토텔레스

15 정서적 건강을 지키기 위해 필요한 행동과 태도로 적절하지 <u>않은</u> 것은?

① 일상의 작은 일에도 감사하는 마음을 표현한다.
② 자신의 감정과 충동을 조절하기 위해 노력한다.
③ 자신의 모습을 있는 그대로 인정하는 태도를 지닌다.
④ 다른 사람보다 뒤처지지 않기 위해 모든 노력을 다한다.

타인과의 관계 (1)

1 가정 윤리

1. 가정의 의미와 소중함

(1) 가정의 의미와 역할

의미	친밀감과 유대감을 바탕으로 가족 구성원이 함께 어울려 살아가는 생활 공동체 예 입양 가정, 다문화 가정, 조손 가정, 한 부모 가정 등
역할	① 의식주를 비롯해 생활에 필요한 것을 제공하고, 가족 구성원을 보호함. ② 정서적 안정과 휴식을 제공함. ③ 자녀를 낳고 길러 사회를 유지함. ④ 한 세대의 문화, 예절, 도덕 등을 다음 세대에게 물려줌.

(2) 가정 내 갈등

부부 갈등	가사나 육아 분담 문제, 자녀 양육 방식에 관한 의견 차이로 생기는 갈등
부모 자녀 갈등	소통 방식이 바람직하지 않거나 진로 문제에 관한 의견 차이로 생기는 갈등
형제자매 갈등	서로 예의를 지키지 않거나 존중하지 않아 생기는 갈등

2. 가족 사이의 도리와 세대 간 대화와 소통

(1) 가족 간의 도리

효(孝)	자녀가 부모의 은혜에 보답하는 것과 정성을 다해 부모를 공경하는 것
자애(慈愛)	부모가 자녀에게 베푸는 희생적이고 헌신적인 사랑
우애(友愛)	형은 동생을 사랑하고 동생은 형을 공손하게 대하여 서로 존중하는 것
존중과 화합	화목한 가정을 위해 부부가 함께 노력하고 협력하는 것

(2) 가족 간 도리의 실천 방법

양보하고 배려하기	가족 간 도리를 실천하는 가장 기본적인 방법
예절 지키기	예절을 바탕으로 서로 존중할 때 가족 간 사랑을 키울 수 있음.
대화와 소통하기	① 서로의 이야기에 귀를 기울여, 서로 더 깊이 이해하고 배려와 사랑의 마음을 키울 수 있음. ② 소통의 기회를 늘리는 것도 중요함.

(3) 가족 간 원활한 소통을 위한 방법
    ① 공감적 대화 : 상대의 말을 주의 깊게 들으면서, 상대의 마음에 공감하고 이를 적절히 표현하는 대화 방법
    ② 긍정적인 의사 표현 : 상대의 긍정적인 부분을 발견하고 인정하면서 대화하는 것
    ③ 나 전달법 : '나'를 주어로 하여, 자신의 감정에 초점을 두고 이야기하는 대화 방법

2 우정

1. 우정의 의미와 소중함

(1) 우정의 의미와 중요성

의미	친구 사이에서 나누는 정신적 유대감이나 정(情)
중요성	① 정서적 안정 : 기쁨과 슬픔을 함께 나누면서 정서적 안정을 얻을 수 있음. ② 성숙한 인격 형성 : 친구 간에 서로 모범이 되고자 노력하면서 더욱 성숙한 인격을 형성할 수 있음. ③ 우정은 이웃과 인류에 대한 사랑의 출발점이 됨.

(2) 진정한 친구
    ① 어려울 때 돕는 친구 : 친구의 어려움을 외면하지 않고 도움을 주려는 친구
    ② 신뢰할 수 있는 친구 : 나를 이해하고 믿어 주며, 속 깊은 고민을 터놓고 대화할 수 있는 친구
    ③ 비판과 충고를 나눌 수 있는 친구 : 남에게 해를 끼치거나 규칙을 어기는 행동은 하지 않도록 충고하고 좋은 일을 하도록 권할 수 있는 친구

2. 진정한 친구와의 사귐

(1) 바람직한 친구 관계

선의의 경쟁	서로 경쟁하면서 각자의 발전을 위해 열심히 노력해야 함.
협력	서로를 격려하고 상대방의 부족한 점을 채워 줘야 함.
조언을 아끼지 않는 관계	진심으로 상대방을 위해서 충고하며, 반대로 충고를 들었을 때는 자신을 성찰하는 자세가 필요함.
배려하는 관계	친구의 입장을 이해하고 도움을 주려는 태도가 필요함.

(2) 진정한 우정을 맺는 방법

기본적인 예절 지키기	① 친구 간 예절을 지켜야 하는 까닭 : 예절을 지키지 않으면 친구 상호 간 서운한 마음을 느낄 수 있음. ② 친구를 존중하는 마음으로 기본적인 예절을 실천해야 함.
믿음 쌓아 가기	① 친구 간 믿음이 있어야 하는 까닭 : 믿음이 없으면 다툼이 생기기 쉽고 좋은 관계를 유지하기 어려움. ② 진정한 우정을 쌓아 나가려면 친구를 믿고 그 믿음을 지켜나가야 함.
관심과 배려 실천하기	① 우정을 쌓으며 서로 교류하는 과정에서 서로에 대한 관심과 배려가 필요함. ② 친구의 상황에 관심을 지니고 친구의 마음 깊은 곳까지 배려할 때 진정한 우정을 쌓을 수 있음.

3 성 윤리

1. 성과 사랑의 의미

(1) 성의 다양한 의미

생물학적 의미	자손을 낳으려는 본능 및 생명 탄생
쾌락적 의미	성적 욕구의 충족을 통한 즐거움
인격적 의미	인간에게만 주어지는 것으로, 예절이나 정서적 배려가 밑받침이 되어야 함. ➜ 사랑과 밀접함.

(2) 사랑의 다양한 의미

서양	남녀 간의 정열적인 사랑인 에로스, 친구나 동료에 대한 사랑인 필리아, 조건 없이 베푸는 희생적인 사랑인 아가페 등이 있음.
동양	사람됨의 본질을 이루는 사랑의 정신인 인(仁), 모든 생명을 사랑하는 마음인 자비(慈悲) 등

2. 청소년기의 바람직한 성 윤리와 이성 교제

(1) 청소년기의 성 문제

음란물 문제	성의 의미를 바르게 이해하지 못하도록 하고, 성과 관련하여 잘못된 태도를 지니도록 할 수 있음.
성폭력 문제	① 성폭력 : 상대방에게 성적 수치심을 일으키는 모든 행위 ② 성폭력은 상대의 인격을 훼손하고 커다란 고통을 준다는 점에서 절대 허용될 수 없음.
임신과 출산 문제	임신과 출산은 태어날 생명과 이성 간 서로에 대한 책임감을 바탕으로 이루어져야 함.

(2) 청소년기의 바람직한 성 윤리

성 윤리	성과 관련된 바람직한 행위 기준으로 인간의 존엄성을 유지하는 요인이 됨.
바람직한 성 윤리	① 성은 사랑을 바탕으로 시작된다는 것을 알아야 함. ② 자신과 상대방을 존중해야 함. ③ 성과 관련한 행동에는 항상 책임이 따른다는 것을 명심해야 함.
실천 방안	① 올바른 정보만을 접하면서 성에 대한 균형 잡힌 시각을 정립해야 함. ② 성과 관련된 욕구를 긍정적인 활동으로 승화시켜 해소해야 함. ③ 성의 소중함을 느끼고 이를 상대방에게 조심스럽게 표현해야 함.

(3) 이성 교제의 영향

긍정적 영향	부정적 영향
• 우리의 삶에 활력과 즐거움을 줌. • 자신을 되돌아보며 인격을 성장시키는 데 도움을 줌. • 서로 다른 인격체를 이해하는 기회가 됨.	• 학업에 소홀해질 수 있음. • 다른 친구들과의 우정에 소홀해질 수 있음. • 헤어짐에 대한 두려움, 데이트 비용 등으로 스트레스를 받기도 함.

(4) 이성 친구와의 바람직한 관계

① 예절을 지키는 자세 : 존중과 배려를 바탕으로 상대를 인정하고 단정한 옷차림과 올바른 언어 사용 등 기본적인 예절을 지켜야 함.

② 균형과 조화의 자세 : '미래를 준비하는 일'과 '이성 친구와의 관계'가 균형과 조화를 이루어야 함.

③ 신중하고 책임감 있는 자세 : 상대의 입장과 미래를 고려하면서 행동해야 함.

4 이웃 생활

1. 다양한 이웃과 이웃의 소중함

(1) 이웃의 의미

전통	① 대부분 같은 동네 사람들을 이웃이라고 하였고, '이웃사촌'이라는 말처럼 서로 잘 알고 가깝게 지냄. ② 농사일을 하면서 많은 노동력이 필요할 때는 함께 힘을 모았고, 서로 협동하면서 상부상조의 전통이 발달함. ③ 자연스럽게 공동체 의식을 느끼고, 이웃 간의 예절과 웃어른에 대한 공경을 배울 수 있었음.
현대	① 사회가 복잡해지고 생활 영역이 넓어지면서 이웃의 형태가 다양해졌고, 교통이 편리해지고 통신 기술이 발달하면서 이웃의 범위도 넓어짐. ② 생활 영역을 마을에서 국가, 세계, 가상공간으로까지 확대하면 수많은 사람들이 나의 이웃이 될 수 있음.

(2) 상부상조의 전통

계	친목을 꾀하면서 주로 경제적인 도움을 받는 모임.
두레	마을 단위의 공동 노동 조직
품앗이	일손이 부족할 때 이웃에게 도움을 요청하고 일로써 갚아주는 것
향약	조선 시대의 향촌 자치 규약

2. 이웃과의 관계에서 필요한 도덕적 자세

(1) 이웃 간 관심과 배려의 필요성

① 바람직한 공동체 형성 : 이웃 간에 관심을 두고 작은 일에서부터 배려를 실천할 때 서로 도움을 주고받는 바람직한 공동체를 만들 수 있음.

② 도덕적 성숙 : 이웃에 대한 관심과 배려를 실천하는 과정에서 자신의 인격을 가꾸고 도덕적으로 성숙한 사람으로 성장할 수 있음.

(2) 봉사의 의미와 특성

봉사의 의미	어려움을 겪고 있는 이웃들이 도움이 필요할 때, 우리가 그들을 돕고자 하는 배려 행위
봉사의 특성	① 자발성 : 자신의 판단 아래 스스로 보고 듣고 생각하고 판단해서 실천에 옮기는 것 ② 이타성 : 자원봉사의 동기나 과정, 결과에 있어 자원봉사자 자신의 이익이나 명예를 먼저 생각하지 않고 도움 대상자를 먼저 생각하는 것 ③ 무대가성 : 자원봉사를 하면서 일어나는 여러 가지 소요 경비를 자원봉사 활동에 참여하는 자원봉사자가 스스로 부담하는 것 ④ 지속성 : 일회성이나 일시적인 활동으로 끝나지 않고 일정 기간 동안 계속하는 것
유의점	① '함께한다'라는 마음으로 해야 함. ② 대가를 바라지 말고 자발적으로 해야 함. ③ 시간과 노력을 들여 지속적으로 해야 함.

기출문제로 유형 잡기

01 바람직한 가정을 이루기 위한 가족 구성원의 노력으로 적절하지 <u>않은</u> 것은?

① 평소 대화를 자주 한다.
② 취미 활동이나 운동을 같이 한다.
③ 생일이나 기념일에 함께 모여 축하해 준다.
④ 서로 도와주지 않고 자신의 일에만 집중한다.

02 다음 학생의 가족이 노력해야 할 점으로 가장 적절한 것은?

> 우리 가족은 집에 돌아오면 대부분 자기 방에서 혼자 시간을 보낸다. 대화가 없는 우리 가족은 각자의 생각이나 고민을 알 수 없다. 중요한 문제가 생기더라도 함께 의논하려 하지 않는다.

① 자율성 존중　　　　② 양보와 배려
③ 원활한 의사소통　　④ 역할과 책임 이행

03 다음과 가장 관련이 깊은 인간관계는?

> • 교우이신(交友以信)　　• 붕우유신(朋友有信)

① 형제　　　　　② 친구
③ 스승과 제자　 ④ 부모와 자식

04 진정한 우정을 쌓기 위한 태도로 적절하지 <u>않은</u> 것은?

① 비난 ② 믿음
③ 배려 ④ 협력

05 이성 교제의 장점을 〈보기〉에서 고른 것은?

┤ 보기 ├

ㄱ. 바람직한 성 역할을 이해할 수 있다.
ㄴ. 자신이 해야 할 일을 소홀히 할 수 있다.
ㄷ. 각자의 성이 갖는 특성과 차이를 이해할 수 있다.
ㄹ. 성적 유혹에 빠져 그릇된 성적 행동을 할 우려가 있다.

① ㄱ, ㄴ ② ㄱ, ㄷ
③ ㄴ, ㄹ ④ ㄷ, ㄹ

06 바람직한 이성 교제의 자세로 적절하지 <u>않은</u> 것은?

① 상대방의 판단을 존중한다.
② 상대방을 인격적으로 대우한다.
③ 이성에게 과도한 집착을 보인다.
④ 이성에게 기본적인 예의를 지킨다.

07 청소년기에 정립해야 할 성(性)에 대한 인식으로 옳은 것은?

① 남녀 간에 인격을 존중한다.
② 성 역할에 대해 고정관념을 가진다.
③ 남성과 여성은 서로 다름을 인정하지 않는다.
④ 성적인 행동에 따르는 책임을 지지 않아도 된다.

08 다음에서 설명하는 상부상조의 전통은?

> • 조선 시대 향촌에서 자치적으로 정하여 지킨 규칙
> • 좋은 행실은 권장하고, 어려운 일을 함께하며, 잘못된 일을 스스로 규제하기 위한 규칙

① 계

② 두레

③ 향약

④ 품앗이

정답잡기) 제시문은 향약에 대한 설명이다. 향약은 조선 시대에 만들어진 향촌의 가치 규약으로, 좋은 행실을 권장하고 어려운 일을 함께하며 잘못된 일을 스스로 규제할 수 있었다.

09 (   )에 공통으로 들어갈 용어는?

> • (   )은 사회에 사랑과 나눔을 실천하는 것이다.
> • (   )은 물질적인 보상과 대가를 바라지 않는 것이다.

① 회피 활동

② 경제 활동

③ 직업 활동

④ 봉사 활동

정답잡기) 우리 이웃 중에는 혼자의 힘으로 해결하기 어려운 상황에 놓인 사람이 많다. 이러한 이웃을 향한 관심과 배려를 더욱 적극적으로 실천하는 방법의 하나가 바로 '봉사'이다.

10 참된 봉사의 특성으로 가장 알맞은 것은?

① 일시적인 활동이다.

② 강제적으로 하는 활동이다.

③ 타인이나 사회를 위한 활동이다.

④ 대가를 받기 위해 하는 활동이다.

정답잡기) 봉사 시 유의점으로 봉사는 '도와준다.'라는 마음이 아니라 '함께한다.'라는 마음을 바탕으로 해야 하고, 대가를 바라지 말고 자발적으로 해야 하며 시간과 노력을 들여 지속적으로 해야 한다.

정답 08 ③ 09 ④ 10 ③

예상 문제로 실력 잡기

---

01 가정 윤리

01 다음에서 설명하는 가정의 유형으로 옳은 것은?

> 혈연은 아니지만 법률적으로 부모와 자식 관계를 맺고 살아가는 가정

① 조손 가정   ② 입양 가정
③ 미혼모 가정   ④ 다문화 가정

02 (가), (나)에 나타난 가족 간의 도리를 바르게 제시한 것은?

> (가) 형과 아우는 부모가 남겨 준 몸을 함께 받았으니, 한 몸과 같은 것이다.
> (나) 우리의 몸은 부모로부터 물려받은 것이다. 감히 상하게 하거나 훼손하지 않는 것이 그 시작이다.

	(가)	(나)		(가)	(나)
①	우애	효	②	자애	우애
③	자애	경로	④	경로	효

03 효(孝)에 관한 설명으로 적절하지 <u>않은</u> 것은?

① 우리의 아름답고 소중한 전통이다.
② 자식은 부모님의 사랑에 효로써 보답해야 한다.
③ 물질적인 봉양은 필요 없고 공경하는 마음만 있으면 된다.
④ 부모님이 물려주신 몸을 건강하게 유지하는 것도 효를 실천하는 일이다.

04 다음 글에서 설명하는 세대 간 대화와 소통을 하기 위한 자세로 가장 적절한 것은?

> 부모와 자녀는 서로를 이해하기 위해 상대방의 처지에서 생각해 보려고 노력해야 한다.

① 믿음   ② 역지사지
③ 상호 존중   ④ 유대감 강화

<table><tr><td>02</td><td>우정</td></tr></table>

05 우정의 중요성에 대한 옳은 설명을 〈보기〉에서 있는 대로 고른 것은?

> ┤ 보기 ├
> ㄱ. 자신을 성찰하고 수양할 수 있다.
> ㄴ. 이웃과 인류에 대한 사랑의 출발점이 된다.
> ㄷ. 우정을 통해 우리는 힘든 시기도 견딜 수 있다.
> ㄹ. 청소년기의 우정은 친구라는 울타리를 넘어 새로운 가족 관계를 형성한다.

① ㄱ, ㄴ   ② ㄱ, ㄷ
③ ㄴ, ㄷ   ④ ㄱ, ㄴ, ㄷ

06 우정과 관련된 사자성어로 옳지 <u>않은</u> 것은?

① 붕우유신(朋友有信)
② 교우이신(交友以信)
③ 환난상휼(患難相恤)
④ 금란지교(金蘭之交)

07 친구에게 하는 비판과 충고에 관한 설명으로 적절하지 <u>않은</u> 것은?

① 비판과 충고에 앞서 친구의 장점을 칭찬하고 격려할 수 있어야 한다.
② 친구가 나에게 충고할 때는 인내심을 지니고 받아들이려고 노력해야 한다.
③ 친구에게 충고하는 것은 우정에 금이 가게 하는 일이므로 충고를 받아들이기만 해야 한다.
④ 비판과 충고는 친구를 바른길로 이끌 수 있지만, 상대방의 마음이 상하지 않도록 신중하게 해야 한다.

08 진정한 우정을 맺는 데 필요한 태도로 옳지 <u>않은</u> 것은?

① 친구의 잘못을 감싸 준다.
② 친구를 한결같이 믿어 준다.
③ 비판과 충고로 친구를 바른길로 이끈다.
④ 선의의 경쟁을 통해 친구와 함께 성장한다.

<table><tr><td>03</td><td>성 윤리</td></tr></table>

09 다음 글에서 설명하는 성의 가치로 가장 적절한 것은?

> 감각적 즐거움과 기쁨을 주어 삶의 활력을 불어넣는 것으로, 절제하는 자세가 필요한 가치이다.

① 사회적 가치
② 생식적 가치
③ 인격적 가치
④ 쾌락적 가치

10 사랑에 관한 설명으로 적절하지 <u>않은</u> 것은?

① 상대방을 아끼고 소중히 여기는 마음이다.
② 남녀 간의 열정적이고 헌신적인 관계만 해당된다.
③ 상대방이 원하는 것을 이해하고 베풀고자 하는 마음이다.
④ 인간답고 정서적으로 안정된 풍요로운 삶을 누릴 수 있게 해준다.

11 청소년기 이성 교제에 관한 설명으로 적절하지 <u>않은</u> 것은?

① 모든 청소년이 같은 시기에 이성 교제를 한다.

② 이상형이나 좋아하는 감정이 쉽게 변할 수 있다.

③ 성 역할에 관한 고정 관념에서 벗어나는 기회가 될 수 있다.

④ 낭만적인 사랑에 관한 환상으로 이성에게 지나치게 많은 것을 기대할 수 있다.

12 이성 교제를 할 때 필요한 자세로 옳지 <u>않은</u> 것은?

① 상대방의 인간관계를 존중한다.

② 고운 말, 예의 바른 말을 사용한다.

③ 이성 친구에게 나와의 관계만을 강요한다.

④ 서로가 성장하는 관계가 되도록 노력한다.

13 다음 글에서 설명하는 우리 조상의 상부상조 전통으로 가장 적절한 것은?

> 일손이 부족할 때 이웃에게 도움을 요청하고, 이웃이 다시 도움을 요청하면 일로써 갚아 주는 것

① 계   ② 두레

③ 향약   ④ 품앗이

14 이웃을 배려하는 방법에 관한 설명으로 적절하지 <u>않은</u> 것은?

① 쓰레기를 정해진 곳에 버린다.

② 반려동물과 산책할 때는 목줄을 채운다.

③ 이웃의 사생활에도 개입해서 관심을 표현한다.

④ 이웃에게 불편을 주게 될 때는 미리 양해를 구한다.

15 다음 내용이 의미하는 봉사의 특성으로 옳은 것은?

> 자원봉사의 동기나 과정, 결과에 있어 자원봉사자 자신의 이익이나 명예를 먼저 생각하지 않고 도움 대상자를 먼저 생각하는 것

① 지속성   ② 이타성

③ 자발성   ④ 무대가성

03 사회 · 공동체와의 관계 (1)

1 인간 존중

1. 인간 존엄성과 인권의 소중함

(1) 인간 존엄성과 인권
　① 인간 존엄성의 의미
　　• 인간은 그 자체로 소중한 존재로 대우받아야 함.
　　• 인간은 단지 인간이기 때문에 존엄성을 인정받으며 존중
　② 인권의 의미와 특징

의미	인간이 지니는 기본적인 권리이자 인간 존엄성을 보장하기 위한 권리
특징	보편적 가치, 천부 인권, 불가침의 권리

　③ 인권의 특성

불가침성	어떤 경우에서라도 침해할 수 없는 권리
절대성	시대와 장소를 가리지 않고 모든 인간이 인간답게 살아가기 위해 보장받아야 하는 절대적 권리
보편성	어떤 이유와 관계없이 누구나 동등하게 누려야 하는 권리

(2) 사회적 약자와 인권
　① 사회적 약자의 의미와 사회적 약자의 고통

의미	피부색, 장애, 직업, 지위, 국적, 나이 등으로 말미암아 다른 사회 구성원보다 열악한 상황에 처해있거나 고통을 받으며 살아가는 사람들 예 빈곤층, 장애인, 비정규직 노동자, 이주 노동자, 북한 이탈 주민 등
고통	① 편견과 차별로 겪는 고통 : 편견과 차별 때문에 부당한 대접을 받고 마음의 상처를 입음. ② 경제적 어려움으로 겪는 고통 : 경제적 어려움 때문에 인간다운 삶을 살아가지 못하기도 함.

② 사회적 약자를 배려하는 방법

개인적 차원	• 사회적 약자가 겪는 차별과 어려움을 인권 문제로 인식하는 민감성 갖기 • 시혜적 차원의 접근이 아닌 공감과 배려의 마음 함양
사회적 차원	• 사회적 약자를 보호하기 위한 법률 제정 및 제도 정비 • 장애인 의무 고용 제도, 국민 기초 생활 보장 제도, 기회 균등 전형 마련 등

2. 양성평등의 실천

(1) 양성평등의 의미와 필요성

의미	여성과 남성 모두의 권리, 의무, 자격 등이 차별 없이 고르고 한결같은 상태
필요성	• 인간 존엄성과 인권 실현 : 인간의 기본적 권리를 침해하는 성차별을 극복하고 누구나 인간다운 삶을 보장받을 수 있도록 하기 위해 필요함. • 개인의 능력 발휘 : 누구나 성별에 관한 편견 없이 평가받으면서 능력을 펼치고 발전하기 위해 필요함.

(2) 양성평등을 실천하기 위한 방법

개인	성 역할에 대한 고정 관념 탈피
학교	양성평등 교육 시행, 개인의 소질과 적성에 맞는 진로 탐색 교육
사회	불합리한 제도 개선, 남녀가 평등한 목소리를 낼 수 있는 분위기 조성
문화	대중 매체에서는 남녀 관계를 건강하고 평등하게 표현해야 함.

2 문화 다양성

1. 문화의 다양성과 다문화 사회

(1) 다문화 사회의 의미와 형성 배경

의미	다양한 문화적 배경을 가진 사람들이 함께 살아가는 사회
배경	지역 간, 국가 간 교류의 증가 ➡ 다른 곳에서 살아가는 사람이 늘어남.

(2) 우리 안에 있는 다문화의 모습

① 공존과 화합을 위해 노력하는 모습 : 서로 다른 문화가 만나 발전하는 모습, 다른 문화를 이해하기 위한 문화 체험 활동 등 ➡ 바람직한 다문화 공동체의 토대

② 갈등하는 모습 : 자기 문화만을 고집하거나 다른 문화를 이해하지 못해 갈등하는 모습 ➡ 반성하고 개선해야 함.

(3) 바람직한 다문화 공동체의 실현
　　① 공동체 구성원들이 저마다 자기 문화만을 주장한다면 사회 통합성을 저해할 수 있음.
　　② 모든 구성원이 하나의 문화만을 따른다면, 조화로운 다문화 사회를 만들 수 없음.
　　③ 서로의 문화를 존중하면서, 구성원 모두의 공동체 의식을 드높일 수 있는 바람직한
　　　 다문화 공동체를 실현해야 함.

2. 문화를 바라보는 태도

(1) 문화를 바라보는 관점

자문화 중심주의	자신의 문화를 기준으로 다른 문화를 열등한 것으로 여기는 태도
문화 사대주의	자신의 문화를 낮게 평가하고, 다른 문화를 우수한 것으로 여겨 그것을 동경하는 태도
문화 상대주의	그 문화가 생기게 된 배경이나 원인을 그 사회의 관점에서 이해하려는 태도

(2) 문화 상대주의의 필요성
　　① 각 문화에 담긴 고유한 뜻과 가치를 이해함으로써 문화의 다양성을 인정할 수 있음.
　　② 다양한 문화의 풍요로움을 누리면서 사회 구성원 모두가 조화로운 삶을 살아갈 수
　　　 있음.

(3) 보편 규범에 근거한 문화 성찰

타문화 성찰	문화 상대주의의 한계를 고려해야 함. ➜ 문화가 상대적이라고 해서 그 안에 담긴 도덕규범까지 상대적인 것은 아니기 때문 예 명예 살인, 순장, 전족 풍습, 식인 풍습 등
자문화 성찰	① 연고주의 문화 : 공정하고 정의로운 사회를 가로막음. ② 가족 이기주의와 다문화 이웃에 대한 배타적 태도 : 다른 사람의 인간다운 삶을 해칠 수 있음.

(4) 다문화 사회의 갈등
　　① 갈등 원인

문화적 차이의 이해 부족	서로 다른 문화에서 비롯된 언어, 종교, 가치관, 생활양식 등을 알지 못하거나 이해하지 못하여 갈등이 발생함.
편견과 차별	편견과 차별은 다문화 사회에서 사람들이 갈등하는 가장 큰 원인이자, 그 자체로 잘못된 일임.

② 갈등 해결을 위한 방법

개인적 노력	• 다양한 지식 습득 : 다른 문화적 배경을 지닌 사람들의 언어, 풍습, 종교 등을 알아보고 이해해야 함. • 존중과 배려의 자세 : 문화적 차이로 어려움을 겪는 사람들을 따뜻하게 배려해야 함. • 다양한 문화 체험 활동 : 다른 문화를 체험하면서 그 문화를 더 폭넓게 이해하고 다른 문화를 인정하고 존중하는 태도를 기를 수 있음.
사회적 노력	문화적 배경이 다른 사람들이 서로 소통할 수 있는 사업을 기획하거나 서로의 문화를 이해할 수 있는 문화 적응 교육 등을 마련해야 함.

3 세계 시민 윤리

(1) 세계 시민이 갖추어야 할 도덕적 가치

인류애	지구촌 이웃을 사랑하는 마음
연대 의식	공동체의 구성원들이 서로 연결되어 있다고 생각하는 마음이자, 서로가 겪는 문제를 해결하는 데 함께 책임지려는 마음
평화 의식	평화를 사랑하고 화합과 공존을 소중하게 여기는 마음

(2) 세계 시민이 직면한 도덕 문제

빈곤과 기아	• 심각성 : 생존을 위협하는 문제 • 빈곤은 아동 노동으로 연결되는 등 다양한 문제를 일으킴.
환경 문제	• 심각성 : 한 지역의 환경오염이 지구 전체에 영향을 줌. • 미래 세대의 생존을 위협하는 문제
폭력과 전쟁	• 원인 : 종교 갈등, 자원 및 영토 확보 문제 등 • 심각성 : 안전과 생존을 위협할 뿐 아니라 평화롭고 인간다운 삶을 살 수 없게 함.
그 외의 문제	인구 문제, 식량과 물 부족 문제 등

(3) 지구 공동체의 도덕 문제를 해결하기 위한 노력

개인적 차원	환경 친화적 소비, 자원 절약, 빈곤 국가에 대한 후원, 봉사 활동 등
국가적 차원	법과 제도의 정비, 지구 공동체 문제에 관심을 기울이는 사람들을 위한 지원 등
국제적 차원	• 국제기구나 비정부 기구를 통해 전 지구적인 문제에 함께 대응할 수 있음. • 각종 국제 협약을 맺는 방법으로 여러 나라가 공동으로 다양한 문제에 대처해 나갈 수 있음.

기출문제로 유형 잡기

01 다음 설명에 해당하는 개념은?

> • 인간으로서 마땅히 누려야 할 기본적 권리
> • 행복 추구권, 자유권, 평등권 등

① 정의   ② 배려
③ 책임   ④ 인권

02 다음에서 설명하는 인권의 특성은?

> 인권은 인종, 피부색, 언어, 종교 등 그 어떤 이유와도 관계없이 모든 사람이 태어나면서부터 누려야 할 권리이다.

① 보편성   ② 타율성
③ 창의성   ④ 경제성

03 사회적 약자를 배려하는 자세로 가장 적절한 것은?

① 잘못된 선입견을 갖는다.
② 고통을 이해하고 공감한다.
③ 사생활을 지나치게 간섭한다.
④ 은혜를 베푼다는 생각으로 도와준다.

04 양성평등 실현을 위한 노력으로 적절하지 <u>않은</u> 것은?

① 잘못된 성차별 문화를 개선한다.

② 성 역할이 고정되어 있다는 의식을 버린다.

③ 성차별을 극복하기 위해 법과 제도를 마련한다.

④ 남성과 여성의 역할을 성에 따라 엄격히 구분한다.

05 다음에서 설명하는 문화에 대한 관점은?

> 다른 사회의 문화가 자신이 속한 문화보다 우월하다고 믿고, 자신의 문화에 대해서는 낮게 평가하는 태도

① 문화 국수주의   ② 문화 사대주의

③ 문화 배타주의   ④ 문화 상대주의

06 다음과 같은 문화를 존중할 수 <u>없는</u> 도덕적 이유는?

> • 순장   • 전족 풍습   • 명예 살인

① 인간 존중의 정신에 어긋나기 때문에

② 다른 문화에 대한 정보가 부족하기 때문에

③ 다른 문화보다 우리 문화가 더 우월하기 때문에

④ 혈연, 학연, 지연을 지나치게 중시하는 문화 풍토 때문에

07 세계화 시대의 바람직한 시민의 자세로 적절한 것은?

① 국민의 역할과 의무를 소홀히 한다.
② 지구가 처한 어려움에 대해서는 외면한다.
③ 다른 나라 사람들을 괴롭히고 힘들게 한다.
④ 나라의 발전과 인류의 평화를 위해 노력한다.

정답잡기 세계 시민 의식을 바탕으로 지구 공동체의 문제를 해결하려고 노력할 때, 우리는 지구촌 사람들과 함께 협력하면서 행복하게 살 수 있을 것이다.

08 지구 공동체 문제를 개선하기 위한 노력으로 바람직한 것은?

① 빈곤 국가의 어린이 후원 활동을 축소한다.
② 지구 온난화 문제에 대해 관심을 갖지 않는다.
③ 질병 예방을 위한 비정부 기구의 활동을 금지한다.
④ 외국의 자연재해에 대한 정부 차원의 지원을 강화한다.

정답잡기 우리는 세계 시민으로서 지구 공동체 문제들에 적극적인 관심을 갖고 이를 해결하기 위해 노력해야 한다.

정답 07 ④ 08 ④

예상 문제로 실력 잡기

01 인간 존엄성에 관한 설명으로 적절하지 <u>않은</u> 것은?

① 누구도 침해할 수 없는 절대적 가치이다.
② 다른 어떤 것과도 바꿀 수 없는 가치이다.
③ 인종 차별은 인간 존엄성을 침해하는 사례이다.
④ 시대와 장소에 따라 인간 존엄성을 누리는 사람이 달라져야 한다.

02 인권에 대한 설명으로 옳지 <u>않은</u> 것은?

① 인간 존엄성을 보장하기 위한 권리이다.
② 성인이 되어야만 누릴 수 있는 권리이다.
③ 인간이라면 누구나 지니는 기본적 권리이다.
④ 누구에게나 적용되어야 하는 보편적 권리이다.

03 ㉠에 들어갈 말로 가장 적절한 것은?

> 인권은 인간이 태어나면서부터 지니는, 하늘로부터 부여받은 권리라는 의미에서 (㉠)(이)라고도 한다.

① 천부 인권　　② 보편적 권리
③ 자연적 권리　　④ 종교적 권리

04 사회적 약자를 위한 사회적 차원의 노력으로 옳지 <u>않은</u> 것은?

① 장애인을 위한 편의 시설을 늘린다.
② 사회적 약자에 관한 개인의 편견을 버린다.
③ 빈곤층을 경제적으로 지원하는 제도를 만든다.
④ 사회적 약자를 배려하는 소수자 우대 정책을 시행한다.

05 양성평등을 실천하기 위한 개인적 차원의 노력으로 가장 적절한 것은?

① 양성평등과 관련된 법률을 개정한다.
② 성 역할과 관련된 고정 관념을 버린다.
③ 학교에서 꾸준히 양성평등 교육을 한다.
④ 대중 매체의 성차별적 표현을 받아들인다.

06 빈칸에 공통으로 들어갈 알맞은 말은?

> 다양한 문화가 공존하는 사회를 (　　　)
> (이)라고 한다. 국제결혼이나 이주 노동자 등
> 이 늘어나면서 우리나라도 (　　　)에 접어들
> 었다.

① 세계화   ② 대동 사회
③ 민주 사회   ④ 다문화 사회

07 다음 글에서 설명하는 태도로 가장 적절한 것은?

> 이것은 자기 문화를 무시하고 다른 문화를
> 기준으로 삼아 자기 문화를 바라보고 평가하
> 는 태도이다. 이런 태도는 다른 문화를 비판
> 없이 받아들이게 하고, 더 나아가 자기 문화
> 의 정체성을 잃어버리게 할 수 있다.

① 다문화주의   ② 문화 사대주의
③ 문화 상대주의   ④ 자문화 중심주의

08 다음 내용과 가장 관련이 깊은 것은?

> • 문화 다양성을 높일 수 있다.
> • 각 문화의 고유성과 전통을 인정한다.
> • 어느 문화가 더 뛰어난지 비교하고 평가
> 하지 않는다.

① 문화 동화주의   ② 문화 사대주의
③ 문화 상대주의   ④ 자문화 중심주의

09 다음 사례를 대하는 태도로 가장 적절한 것은?

> 고대 중국에서는 발이 아주 작은 여자를
> 최고의 미인으로 여겼어요. 따라서 귀족 가
> 문의 아가씨들은 아주 어린아이일 때부터 전
> 족을 했어요. 면으로 된 전족포를 발에 동여
> 매면 발이 더 이상 자라지 않거든요. 이렇게
> 해서 일부러 발을 작게 만들면 평생 장애를
> 안고 살아야 했어요. 혼자서는 걸을 수도 없
> 었죠.

① 우리나라의 문화보다 우수하므로 인정해
야 한다.
② 우리나라의 문화가 더 우월하므로 인정할
수 없다.
③ 문화적 관용의 자세를 지니고 각 문화의
가치를 인정해야 한다.
④ 인간 존엄성과 인권과 같은 보편적 규범
에 어긋나므로 존중할 수 없다.

10 다문화 사회의 갈등과 관련된 내용으로 적절하
지 <u>않은</u> 것은?

① 다문화 사회에서 갈등이 지나치면 사회적
혼란이 생길 수 있다.
② 다른 문화에 관한 지식이 부족해 생긴 오
해로 갈등이 발생하기도 한다.
③ 다문화 사회에서는 서로 다른 문화가 공
존하므로 갈등이 발생하기 쉽다.
④ 다문화 사회에서 일어나는 갈등은 언제나
문화 발전을 저해하므로 무조건 막아야
한다.

11 다음에서 설명하는 개념으로 옳은 것은?

> - 정치, 경제, 문화 등 다양한 영역에서 국가 사이의 상호 의존성이 심화하는 현상이다.
> - 교통과 통신이 발달하면서 사람, 물건, 정보, 자본 등의 흐름이 자유로워지고 세계가 하나로 연결되는 현상이다.

① 지역화
② 세계화
③ 획일화
④ 서구화

12 지구 공동체의 도덕 문제로 옳지 <u>않은</u> 것은?

① 전쟁
② 기아 문제
③ 인권 침해
④ 문화 다양성

13 다음에서 설명하는 지구 공동체의 도덕 문제로 가장 적절한 것은?

> 아동과 청소년이 전쟁에 동원되거나, 기본적인 교육도 받지 못하고 저임금 노동에 시달리는 것

① 인권 침해
② 기아와 빈곤
③ 전쟁과 난민
④ 기후 변화와 환경 문제

14 지구 공동체의 도덕 문제를 해결하기 위한 방법으로 옳지 <u>않은</u> 것은?

① 우리와 다른 문화를 존중하는 마음을 가져야 한다.
② 국가 사이의 경쟁에서 승리하기 위해서 우리나라만을 생각해야 한다.
③ 지구 공동체의 도덕 문제에 관심을 가지고 참여하려는 자세를 가져야 한다.
④ 어떤 문제는 지구적 차원의 해결을 요구하기 때문에 지구적 관점을 지녀야 한다.

15 지구 공동체의 문제를 해결하기 위한 바람직한 자세가 <u>아닌</u> 것은?

① 지구적 관점
② 편견과 차별
③ 공동선의 지향
④ 상호 존중과 관용

04 타인과의 관계 (2)

1 정보 통신 윤리

1. 정보화 시대에 발생하는 도덕 문제

(1) 사이버 공간
① 의미 : 정보 통신망을 통해 방대한 정보를 교환하고 공유하는 가상 공간
② 특성

무제약성	시간과 공간의 제약에서 벗어나 자유롭게 활동할 수 있음.
개방성	나이, 성별, 직업, 인종, 국적 등과 관계없이 다양한 사람들이 참여하여 자유롭게 정보와 의견을 주고받음.
자율성	누구나 자신의 흥미와 관심사에 따라 스스로 참여할 수 있음.
익명성	가상 공간은 현실의 자신이 누구인지 밝히지 않아도 되기 때문에 현실 공간에서보다 더 자유롭게 자신의 의견을 표현할 수 있음.

(2) 정보화 시대에 도덕적 책임이 필요한 이유
① 사이버 공간은 현실 공간과 다르지 않음.
② 사이버 공간에서는 해악을 끼치기 쉽고, 그 파급력이 큼.

(3) 정보화 시대에 도덕적 책임을 실천하는 자세

인간 존중	사이버 공간에서 만나는 다른 사람을 현실 공간에서 만나는 사람들을 대하는 것처럼 존중해야 함.
책임 의식	자기 행동이 타인에게 해를 끼치면 어떤 책임이 따르는지 생각해야 함.
해악 금지	사이버 공간에서 다른 사람에게 함부로 해악을 끼쳐서는 안 됨. 예 사이버 폭력, 해킹, 개인 정보 유출 등
정의 추구	정보화의 혜택을 많은 사람과 고르게 나누고, 모든 사람을 공평하고 정의롭게 대우해야 함. 예 정보 격차 등

2. 정보 통신 매체의 올바른 사용 태도

(1) 정보 통신 매체를 올바르게 사용해야 하는 이유
　① 부정확하거나 틀린 정보가 많음.
　② 인터넷 중독과 정보 통신 매체의 과도한 사용이 심각한 사회 문제가 됨.
　③ 삭제되지 않고 남아 있는 정보가 나쁜 평판의 원인이 됨.

(2) 인터넷 중독으로 생기는 문제점
　① 인터넷 사용 시간 때문에 가족과 갈등함.
　② 시간 감각이 없어져 낮과 밤의 구분이 모호해짐.
　③ 거친 말과 공격적인 행동을 하는 등 반항적 태도를 보임.
　④ 현실 세계에서 해야 할 일을 제대로 하지 못하고, 인간관계가 줄어듦.
　⑤ 우울감, 강박적 경향, 산만함과 집중력 저하, 충동성, 낮은 자존감, 사회적 불안
　　감 등의 문제가 나타남.

(3) 사이버 폭력에 대처하는 방법
　① 분명하게 거부 의사를 표현함.
　② 즉시 부모님이나 선생님께 도움을 요청함.
　③ 관련 기관을 찾아 상담과 도움을 받거나 피해 사실을 신고함.

2 평화적 갈등 해결

1. 평화적 갈등 해결의 중요성

(1) 갈등이 발생하는 원인

가치관의 차이	서로 다른 가치관을 인정하지 않음.
이해관계의 차이	이익 분배 과정에서 타협하지 못함.
잘못된 의사소통	상대방을 존중하지 않는 태도를 지님.

(2) 평화적 갈등 해결
　① 의미 : 어떠한 폭력도 사용하지 않고 서로 이해·인정·화해함으로써 갈등을 원만
　　하게 해결함.
　② 갈등에 잘못 대처하는 방식
　　• 순응, 회피 등 소극적인 방식 : 갈등 해결이 어려움.
　　• 폭력 등 공격적인 방식 : 갈등을 더욱 심화함.

2. 평화적 갈등 해결 방법

(1) 갈등을 평화적으로 해결하는 방법

협상	갈등 당사자들이 직접 대화하여 합의에 이르는 것 → 상대방의 말에 관심을 기울이며 경청하고, 상대방을 배려하고 존중하는 태도로 말해야 함.
조정	제삼자가 갈등 당사자들끼리 합의하도록 도와주는 것
중재	제삼자가 갈등 당사자들 각자의 견해를 듣고 중립적 해결책을 제시하는 것

(2) 또래 중재의 의미와 방법

의미	중재 훈련을 받은 또래 중재자가 다른 학생들 사이의 갈등을 해결하는 방법
역할	심판관이 아닌 도우미의 자세로 공평하고 중립적인 입장에서 갈등 당사자의 처지를 이해하고, 융통성 있는 해결책을 제시해야 함.

3 폭력의 문제

1. 폭력의 의미와 폭력의 비도덕성

(1) 일상생활에서 일어나는 폭력의 종류

신체 폭력	상대방의 몸에 직접 힘을 가해 상처를 내는 행위
언어 폭력	인격을 무시하거나 모욕하는 말을 사용하여 상대방에게 정신적·심리적 피해를 주는 행위
따돌림	다른 친구와 어울리지 못하도록 막고 괴롭히는 행위
금품 갈취	돈을 강제로 빼앗거나 걷어 오라고 시키는 행위
기타	과제나 게임 대신하게 하기, 심부름 강요, 폭력 조직 가입 강요, 성폭력 등

(2) 폭력이 비도덕적인 이유
① 피해자에게 신체적·정신적 고통을 주기 때문
② 폭력의 악순환이 계속되기 때문
③ 인간의 존엄성을 훼손하기 때문
④ 사회적으로 갈등을 심화하기 때문

2. 폭력에 대처하는 방법

(1) 폭력에 대처하는 방법
  ① 자신의 의사를 명확하게 표현하기 : 거절하는 말, 싫다는 표현을 상대방에게 확실하게 해야 함.
  ② 주변 사람들에게 도움받기 : 폭력의 피해자든 목격자든 주변 사람에게 도움을 요청해야 함.
  ③ 법과 제도 및 외부 기관 활용하기 : 지구대, 병원, 법률 기관, 상담 센터 등을 이용함.
  ④ 폭력을 방관하지 말아야 하며, 피해자 지원과 가해자 선도를 위한 사회적·제도적 노력이 필요함.

(2) 폭력을 예방하는 방법

개인적 차원	• 마음속에서 일어나는 분노를 조절하고, 행동의 결과 예측하기 • 폭력에 대한 민감성 및 타인에 대한 공감 능력 기르기 • 갈등을 평화롭게 해결하려는 자세 지니기
사회적 차원	• 폭력을 예방할 수 있는 각종 기관, 법과 제도 마련하기 • 평화로운 사회 분위기 조성하기

기출문제로 유형 잡기

01 다음에서 설명하는 사이버 공간의 특성은?

> 인터넷상에서 어떤 행위를 한 사람이 누구인지 잘 드러나지 않는다.

① 개방성 ② 다양성
③ 효율성 ④ 익명성

02 다음과 관련하여 사이버 공간에서 지켜야 할 자세로 적절하지 <u>않은</u> 것은?

> - 타인의 사생활을 공개하여 피해를 입힌 사례
> - 인터넷 게시판에 재미 삼아 유언비어를 퍼뜨리고, 악성 댓글을 쓰는 행위

① 역지사지 ② 해악 금지
③ 인간 존중 ④ 책임 회피

03 다른 사람과의 갈등을 해결하는 자세로 적절하지 <u>않은</u> 것은?

① 일방적으로 자기 주장을 관철한다.
② 역지사지(易地思之)의 자세를 가진다.
③ 다른 사람의 생각과 가치를 존중한다.
④ 대화와 타협을 통해 상호 이익을 추구한다.

04 다음에서 설명하는 것은?

> • 양보와 타협을 통해 합의를 이룸.
> • 갈등을 일으키는 당사자들이 대화를 통해 문제를 해결함.

① 협상　　　　　　　　② 폭력
③ 경쟁　　　　　　　　④ 전쟁

05 폭력의 특성을 바르게 설명한 것은?

① 폭력은 평화로운 삶을 위협한다.
② 정서적 학대는 폭력에 포함되지 않는다.
③ 폭력은 갈등 해결의 바람직한 방법이다.
④ 모욕적인 말을 하는 것은 신체적 폭력이다.

06 집단 따돌림에 대한 설명으로 옳은 것만을 〈보기〉에서 모두 고른 것은?

> ┤ 보기 ├
> ㄱ. 가해 학생은 미안함을 느낄 필요가 없다.
> ㄴ. 집단 따돌림은 학교 폭력에 해당하지 않는다.
> ㄷ. 피해 학생의 인간답게 살아갈 권리가 침해된다.

① ㄱ　　　　　　　　② ㄷ
③ ㄴ, ㄷ　　　　　　④ ㄱ, ㄴ, ㄷ

예상 문제로 실력 잡기

01 정보화 시대에 관한 설명으로 적절하지 <u>않은</u> 것은?

① 인간 삶의 질이 높아졌다.
② 원하는 정보를 쉽게 찾을 수 있다.
③ 과거의 모든 도덕 문제가 해결되었다.
④ 인간이 편리한 생활을 누릴 수 있게 되었다.

02 ㉠에 들어갈 말로 가장 적절한 것은?

> (㉠)(이)란, 사이버 공간에 있는 자신의 정보를 삭제하거나 공개하지 말 것을 요구할 수 있는 권리이다.

① 저작권　　　　② 알 권리
③ 잊힐 권리　　　④ 사이버스토킹

03 다음에서 설명하는 사이버 공간의 특성으로 옳은 것은?

> 사이버 공간에서는 아이디나 별명을 통해 사람을 만나는 경우가 많으므로 자칫 자신의 행동에 도덕적 책임을 느끼기가 어려울 수 있다.

① 신속성　　　　② 자율성
③ 익명성　　　　④ 광역성

04 사이버 공간에서 지녀야 할 도덕적 책임에 관한 설명으로 가장 적절한 것은?

① 사이버 공간에서는 현실의 법이나 규칙을 지키지 않아도 된다.
② 사이버 공간에서 만나는 사람에게는 무조건 자신의 정보를 공개해야 한다.
③ 현실 공간에서와 마찬가지로 다른 사람에게 피해가 되는 행동을 해서는 안 된다.
④ 누구나 자유롭게 정보와 의견을 나누는 공간이므로 자신이 제공하는 정보에 책임질 필요가 없다.

05 정보화 시대에 요구되는 도덕적 자세로 옳지 <u>않은</u> 것은?

① 책임　　　　　② 표절
③ 존중　　　　　④ 해악 금지

06 갈등에 관한 설명으로 적절하지 <u>않은</u> 것은?

① 갈등이 발생하는 원인은 다양하다.

② 갈등은 일상생활에서 누구나 겪는 현상이다.

③ 서로 추구하는 가치관이나 신념이 달라 갈등이 발생하기도 한다.

④ 내적 갈등은 개인 사이 혹은 개인과 집단 사이 혹은 집단 사이에서 발생하는 갈등이다.

07 평화적 갈등 해결 방법에 관한 설명으로 가장 적절한 것은?

① 공정하게 갈등을 해결하고자 법과 규칙에만 의존한다.

② 갈등은 시간이 지나면 자연스럽게 해결되므로 최대한 피한다.

③ 상호 존중과 배려를 바탕으로 서로 만족할 수 있는 결과에 합의한다.

④ 갈등을 빠르게 처리하고자 힘이 더 강한 사람이 지시하는 대로 따른다.

08 "비 온 뒤에 땅이 더 굳는다."라는 속담과 관련해 갈등 상황을 파악한 것으로 가장 적절한 것은?

① 비는 피할 수 있지만, 갈등은 피할 수 없다.

② 갈등은 잘 해결하면 개인과 사회가 발전할 수 있다.

③ 갈등은 비가 내리는 것과 같이 자연스러운 현상이다.

④ 갈등은 갑작스럽게 내린 비와 같이 개인과 사회에 혼란을 일으킨다.

09 평화적으로 갈등을 해결하기 위해 지녀야 할 자세로 적절하지 <u>않은</u> 것은?

① 갈등이 발생한 원인을 바르게 파악하고자 노력한다.

② 상대방을 나와 동등한 인격을 지닌 존재로 존중한다.

③ 갈등 상황에서 문제가 되는 부분을 감정적으로 파악한다.

④ 자신과 상대방의 주장과 목표를 보편적 가치에 비추어 평가한다.

10 ㉠, ㉡에 들어갈 말로 바르게 짝지은 것은?

- (㉠)은/는 중립적인 제삼자가 개입해 갈등 당사자끼리 스스로 문제를 해결할 수 있도록 양측의 의사소통을 돕는 방법이다.
- (㉡)은/는 제삼자가 개입해 해결책을 제시하면 당사자들은 반드시 그 해결책을 따라야 하는 방법이다.

	㉠	㉡		㉠	㉡
①	조정	협상	②	조정	중재
③	협상	중재	④	중재	조정

03 ▶ 폭력의 문제

11 폭력에 관한 설명으로 적절하지 <u>않은</u> 것은?

① 폭력을 행할 의도가 없다면 폭력이 아니다.

② 다른 사람에게 물리적이거나 정신적으로 피해를 준다.

③ 인격과 존엄성을 훼손하는 행동은 모두 폭력이라 말할 수 있다.

④ 폭력인지 아닌지와 폭력의 강도는 사람마다 다르게 생각할 수 있다.

12 다음 글에 나타난 폭력의 종류로 가장 적절한 것은?

> 일주일 전 친구가 내 모자를 며칠만 쓰고 돌려준다며 가지고 갔다. 그런데 아직도 모자를 돌려주지 않고, 언제 돌려준다는 말도 하지 않는다. 친구는 나보다 덩치도 크고 힘도 세서 모자를 돌려 달라고 말하기 겁난다.

① 따돌림 ② 언어폭력
③ 금품 갈취 ④ 신체 폭력

13 따돌림의 사례로 가장 적절한 것은?

① 지속해서 놀리거나 골탕 먹이는 행위
② 장난이라고 말하며 꼬집고 때리는 행위
③ 인터넷에 친구의 사진을 허락 없이 올리는 행위
④ 성적인 수치심을 느끼도록 신체를 접촉하는 행위

14 폭력이 발생하였을 때 대처 방법으로 적절하지 <u>않은</u> 것은?

① 상대방에게 싫다는 뜻을 분명하게 표현한다.

② 학교 폭력 관련 상담 기관에 전화하거나 방문한다.

③ 친구들이나 부모님, 선생님께 알리고 도움을 요청한다.

④ 시간이 지나면 저절로 해결되므로 대처하지 않고 가만히 있는다.

15 밑줄 친 ㉠에 관한 설명으로 적절하지 <u>않은</u> 것은?

> 폭력을 근본적으로 없애려면 ㉠ <u>사회 구성원들의 평화적인 문화를 정착시키려는 노력</u>이 필요하다.

① 폭력의 비도덕성을 깨달아야 한다.

② 평화적 갈등 해결의 방법을 익혀 실천해야 한다.

③ 궁극적인 평화는 소극적 평화라는 것을 인식한다.

④ 사회의 잘못된 구조와 제도를 찾아 개선해야 한다.

사회 · 공동체와의 관계 (2)

1 도덕적 시민

1. 정의로운 국가와 시민

(1) 정의로운 국가의 조건
① 인간 존엄성 보장 : 인간은 그 자체로 소중하며 항상 귀중하게 대우받아야 한다는 인간 존엄성과 인간으로서 누려야 할 기본적 권리인 인권을 보장해야 함.
② 공정한 사회 제도 확립 · 운영 : 민주적 절차에 따라 제도와 정책을 확립 · 운영하고, 국가 권력으로부터 개인의 권리를 보호할 제도까지 마련해야 함.
③ 보편적 가치 지향 : 정의로운 국가는 국가 구성원이 자유롭고 평등하게 자신의 삶을 살아갈 수 있도록 해야 함. 또한, 전쟁이 없고 안전한 환경에서 살아갈 수 있게 해야 함.

(2) 정의로운 국가 실현을 위한 시민의 역할

의미	민주적 공동체의 구성원으로서 헌법이 보장하는 모든 권리와 의무를 지는 자유로운 사람
역할	국가 공동체의 구성원으로서 시민으로서의 자질을 갖추고 자신의 역할을 다해야 함.

(3) 바람직한 시민이 갖추어야 할 자질

책임 의식	자신이 맡은 일에 최선을 다하려는 마음
연대 의식	구성원들이 서로 연결되어 있다고 믿으며, 더 나은 공동체를 만들어 가기 위해 함께해야 한다는 생각
애국심	국가 공동체를 사랑하는 마음

2. 준법과 공익 증진

(1) 준법의 도덕적 근거
① 우리 스스로 법에 동의했기 때문에 법을 지켜야 한다는 입장
② 법을 어기면 처벌을 받기 때문에 법을 지켜야 한다는 입장
③ 준법의 혜택 때문에 법을 지켜야 한다는 입장

(2) 시민 불복종의 정당화 조건
　① 목적의 정당성
　② 공개적인 진행
　③ 비폭력적인 방법 사용
　④ 최후의 수단으로 행사
　⑤ 위법 행위에 대한 처벌의 감수

2 사회 정의

1. 정의로운 사회를 추구하는 이유

(1) 사회 정의와 정의로운 사회의 의미

사회 정의	사회를 공평하고 올바르게 구성하는 공정성의 원리로, 옳고 그름을 평가하는 기준임.
정의로운 사회	사회 정의를 실현한 사회로, 공정한 사회 규칙이나 제도를 마련하여 사회 구성원을 공평하고 차별 없이 대우하는 사회임.

(2) 정의로운 사회의 조건
　① 모든 구성원의 기본적인 권리를 평등하게 보장해야 함.
　② 구성원이 합의한 기준과 절차에 따라 몫을 분배해야 함.
　③ 구성원이 공정하게 자신의 몫을 받을 수 있어야 함.

2. 공정한 경쟁의 조건

(1) 경쟁 과정의 공정성
　① 경쟁에 참여할 기회를 차별 없이 보장해야 함.
　② 경쟁에 불리한 위치에 있는 사람에게 적절한 기회를 보장해야 함.
　③ 사회 구성원의 합의를 통해 공정하게 규칙을 만들어야 함.

(2) 공정한 경쟁이 이루어지기 위한 조건
　① 경쟁 규칙의 동등한 적용 : 모든 참여자에게 규칙을 똑같이 적용하는 것이 공정한 경쟁의 기본 조건임.
　② 경쟁 참여 기회의 실질적 보장 : 다른 사람보다 불리한 위치에 있는 사람에게 적절한 혜택을 제공한다는 것을 포함함.
　③ 경쟁에 뒤처진 사람에게 최소한의 인간다운 삶 지원 : 경쟁에 뒤처진 사람이 또다시 경쟁에 참여할 기회를 얻으려면 경쟁에 뒤처지더라도 최소한의 인간다운 삶을 유지할 수 있도록 지원해야 함.

3. 부패의 원인과 예방법

(1) 부패의 발생 원인

개인적 측면	공익보다 사익을 우선으로 여기는 이기심, 나 한 명의 잘못은 큰 문제가 아니라고 생각하는 안일한 생각
사회적 측면	부패를 유발하는 사회의 풍토 예 연고주의, 정실주의, 목표 지상주의 등
제도적 측면	부패 예방을 위한 제도 미비, 약한 처벌, 불투명한 업무 처리 절차 또는 기준

(2) 부패 예방의 필요성과 방법
  ① 필요성 : 모든 사회 구성원의 권익을 보장하고 사회 통합과 발전을 이루는 정의로운 사회를 만들기 위하여 반드시 부패 예방이 필요함.
  ② 예방하는 방법

개인적 노력	청렴 의식을 바탕으로 부패 행위를 하지 않는 자세
제도적 노력	부패 행위를 엄중히 처벌하는 법과 제도 마련, 부패를 유발하는 제도 개선, 권력 분산, 외부 감사, 내부 공익 신고자 보호·보상 제도 등
사회적 노력	청렴의 문화를 바탕으로 한 부패 행위 감시 활동

3 북한 이해

1. 북한을 바라보는 관점

(1) 북한을 바라보는 서로 다른 시각
  ① 분단 이후 북한을 바라보는 여러 시각이 있음.
  ② 북한을 불안한 눈으로 바라보는 시각, 북한 주민을 동정하는 시각, 북한에 대해 무관심한 시각 등이 있음.
(2) 북한 존재의 이중성

경계의 대상	• 남한과 북한은 정치적·군사적으로 대결하며 적대 관계를 지속 • 천안함 폭침, 연평도 포격 도발 사건 등을 일으켜 우리의 안보를 위협 • 핵 실험, 미사일 발사 실험 등을 강행하며 세계 평화까지 위협
협력의 대상	• 우리와 북한 주민은 오랜 역사와 문화를 공유한 민족공동체로서 협력의 대상임. • 남북은 통일의 당사자로서 공동 번영과 평화 통일의 기반 조성을 위해 함께 노력해야 함.

2. 북한에 관한 바람직한 이해

(1) 균형적 이해

객관적 사실	• 개인적인 편견이나 감정적 판단을 배제한 객관적 시각이 필요함. • 무조건 긍정적으로 또는 부정적으로 보는 자세를 지양해야 함. • 객관적 사실을 바탕으로 있는 그대로의 북한을 이해해야 함. → 북한의 이중성을 바르게 인식할 수 있음.
보편적 가치	• 자유, 인권, 복지 등 보편적 가치를 기준으로 북한을 이해해야 함. • 경제난, 생존권 위협 등 북한이 겪는 문제의 근본 원인이 북한 체제에 있다는 것을 파악하여야 함.

(2) 북한 사회의 특징

1인 독재 체제	한 사람의 지도를 받는 조선 노동당에 의해 국가 정책 결정
중앙 집권적 계획 경제 체제	경제 생활에 필요한 모든 계획을 국가가 수립·집행·감독
사회주의 대가정 체제	사회 전체를 하나의 큰 가정으로 보고 당과 수령에 충성할 것을 강조
집단주의· 전체주의	개인보다 사회나 국가 같은 전체를 우선시

(3) 북한 주민의 생활

정치 생활	당의 결정과 정부기관의 통제 속에서 이루어짐.
경제 생활	중앙 집권적 계획 경제에 따라 통제됨.
사회 생활	집단주의 원칙에 따라 이루어짐. → '하나는 전체를 위하여, 전체는 하나를 위하여'
문화·예술 생활	체제 유지를 위한 선전의 도구로 활용함.

3. 북한 이탈 주민의 생활과 통일의 과제

(1) 북한 이탈 주민이 겪는 어려움

심리적	낯선 환경에 잘 적응해야 한다는 두려움과 막막함에서 비롯된 심리적 불안감, 북한에 있는 가족에 대한 그리움과 죄책감, 남한 주민의 배타적인 태도와 차별로 인한 어려움 등
문화적	쓰임이 다른 언어와 외래어로 인한 의사소통의 어려움, 개인주의 문화에 적응하면서 겪는 어려움, 서로 다른 학교 제도와 수업 내용으로 인한 어려움 등
경제적	남한 주민의 부정적인 선입견으로 인해 직장을 구하기 힘든 어려움, 근무 조건이 불안정하고 임금이 낮은 직장에서 일해 안정적인 생활을 유지하기 힘든 어려움 등

(2) 통일을 위한 우리의 과제

개인적 차원	서로 배려하고 수용하는 자세를 지녀야 함.
사회적 차원	서로 만나고 교류할 수 있는 소통의 장을 많이 마련해야 함.
국가적 차원	법과 제도를 시대에 맞게 보완해 북한 이탈 주민의 정착에 꼭 필요한 도움을 줄 수 있도록 해야 함.

4 통일 윤리 의식

1. 도덕적으로 바라본 통일의 필요성

(1) 통일을 바라보는 여러 시각

긍정적 시각	남북이 하나가 되기를 염원함.
부정적 시각	통일 과정에서 발생할 수 있는 사회적 혼란이나 경제적 부담을 우려함.

(2) 통일을 해야 하는 도덕적 근거
　① 보편적 가치 실현
　　㉠ 인도주의 실현 : 이산가족과 실향민의 아픔을 해소함.
　　㉡ 자유의 가치 실현 : 남북 주민 모두 자기 의지대로 행동할 수 있음.
　　㉢ 인간 존엄성, 평화 구현
　② 민족 공동체 회복
　　㉠ 민족의 동질성 회복 : 남북한 이질화를 극복해야 함.
　　㉡ 전통문화와 역사 계승 : 같은 언어, 풍습을 이어 가야 함.
　③ 공동체 발전
　　㉠ 경제적 발전을 가져다줄 수 있음.
　　㉡ 소모적인 국방비 지출을 줄일 수 있음.
　　㉢ 동북아 지역의 발전을 선도할 수 있음.

2. 통일 한국의 모습

(1) 바람직한 통일 한국의 모습
　① 전쟁 위험이 사라지고, 그에 따른 혜택이 늘어남.
　② 남북의 힘을 모아 여러 분야에서 경쟁력이 높아짐.
　③ 한국인의 무대가 세계로 넓어짐.

(2) 통일 한국의 바람직한 미래상
　① 인간 존엄성을 보장하는 나라 : 자유, 평등, 평화와 같은 보편적 가치를 추구하여 남
　　북한 주민 모두가 인간다운 삶을 살 수 있도록 해야 함.
　② 자유 민주주의를 정립한 나라
　③ 자유로운 경제 활동을 보장하는 나라
　④ 개방적이고 진취적으로 민족 문화를 발전시키는 나라
　⑤ 세계 속에서 평화를 지향하는 나라

(3) 통일을 위한 개인적 차원의 노력

개인의 노력	• 통일에 관심 가지기 • 관용적 · 개방적 자세 갖추기 • 올바른 안보 의식 갖추기 • 평화를 사랑하는 마음 가지기
청소년들의 자세	• 통일 관련 행사에 적극적으로 참여하기 • 일상 속에서 갈등을 평화롭게 해결하려고 노력하기

01 바람직한 국가의 역할을 〈보기〉에서 고른 것은?

┤ 보기 ├

ㄱ. 생명과 재산 보호
ㄴ. 집단 간 갈등 강화
ㄷ. 외적의 침입 방어
ㄹ. 사회적 불평등 확립

① ㄱ, ㄴ 　　② ㄱ, ㄷ
③ ㄴ, ㄹ 　　④ ㄷ, ㄹ

02 다음에서 공통적으로 나타나는 국가의 필요성은?

• 영유아의 건강 검진 및 예방 접종을 무료로 실시한다.
• 실업자 및 사회적 약자가 필요한 자격이나 능력을 갖출 수 있도록 지원한다.

① 사회 질서 교란 　　② 복지 혜택 제공
③ 전통 문화 계승 　　④ 외교 관계 확대

03 법을 지켜야 하는 도덕적 이유로 알맞지 <u>않은</u> 것은?

① 공동선 추구 　　② 사회 질서의 유지
③ 특권층의 이익 추구 　　④ 공동체 구성원의 의무

04 시민 불복종의 정당화 조건으로 가장 적절한 것은?

① 폭력적인 방법을 사용하여야 한다.
② 공공의 이익을 위한 것이어야 한다.
③ 행동의 결과에 대해 책임지지 않아야 한다.
④ 정당한 공권력에 무조건 맞서는 것이어야 한다.

05 ㉠에 들어갈 알맞은 말은?

> 주제 : 공정한 경쟁이 이루어지려면?
> 내용 : (㉠   )

① 절차를 무시해야 한다.
② 결과가 똑같아야 한다.
③ 기회가 공평해야 한다.
④ 약자를 배척해야 한다.

06 부패의 윤리적 문제점으로 옳은 것만을 〈보기〉에서 모두 고른 것은?

> ┤ 보기 ├
> ㄱ. 부패는 사회 통합과 발전을 저해한다.
> ㄴ. 부패는 타인의 권리와 이익을 침해한다.
> ㄷ. 부패는 개인의 청렴만으로 예방할 수 있다.

① ㄱ, ㄴ　　　　　② ㄱ, ㄷ
③ ㄴ, ㄷ　　　　　④ ㄱ, ㄴ, ㄷ

정답잡기 국가의 정의롭지 못한 법이나 정책을 바꾸기 위해 이를 공개적이고 평화적인 방법으로 위반하는 행위를 '시민 불복종'이라고 한다.

정답잡기 공정한 경쟁이 이루어지기 위해서는 기회가 균등하게 보장되어야 한다. 이를 위해서는 우선, 경쟁에 참여할 수 있는 기회를 부당한 이유로 제한해서는 안 된다.

오답잡기 ㄷ. 부패의 예방은 개인의 청렴 의식과 제도적 차원의 노력뿐만 아니라 개인과 각종 시민 단체의 활발한 부패 행위 감시 활동이 필요하다.

정답 04 ② 05 ③ 06 ①

07 다음에서 설명하는 북한 사회의 특징은?

> '하나는 전체를 위하여, 전체는 하나를 위하여'라는 구호를 실천함.

① 개인주의　　　　　② 이기주의
③ 자유주의　　　　　④ 집단주의

08 북한 주민의 생활에 대한 설명으로 알맞은 것은?

① 집단주의적 생활 방식을 기반으로 하고 있다.
② 언론과 출판의 자유가 실제로 보장되고 있다.
③ 컴퓨터와 외국어 교육을 전혀 받지 못하고 있다.
④ 자본주의의 전면적인 도입으로 생활수준이 향상되고 있다.

09 다음 내용과 관련된 남북 교류의 형태는?

> • '겨레말큰사전' 남북 공동 편찬 사업
> • 남북 합동으로 '윤이상 음악회'를 금강산에서 개최

① 정치적 교류　　　　② 경제적 교류
③ 문화적 교류　　　　④ 군사적 교류

10 통일 한국의 미래상으로 적절하지 <u>않은</u> 것은?

① 선진 복지 국가　　　② 배타적 민족 국가
③ 자유로운 민주 국가　　④ 수준 높은 문화 국가

예상 문제로 실력 잡기

01 국가의 기원을 다음과 같이 설명한 사람은?

> 인간은 본래 혼자 고립되어 살아갈 수 없는 사회적 본성을 타고난다. 이에 따라 가정이 생겨나고 사회가 구성되며, 국가가 이루어졌다.

① 공자 ② 로크
③ 플라톤 ④ 아리스토텔레스

02 다음에서 설명하는 국가관으로 옳은 것은?

> 이 국가관은 국가가 국토방위나 치안 유지 등을 통해 국민의 생명과 안전을 보장하는 최소한의 역할만을 해야 한다는 주장이다.

① 적극적 국가관 ② 소극적 국가관
③ 정의적 국가관 ④ 도덕적 국가관

03 시민에 관한 설명으로 적절하지 <u>않은</u> 것은?

① 시민은 권리를 누리면서 의무도 수행해야 한다.
② 시민은 다른 사람의 권리를 존중할 필요가 없다.
③ 시민은 국가 공공 정책 결정 과정에 참여해야 한다.
④ 시민은 사회의 부정과 불의를 고발할 수 있어야 한다.

04 ㉠과 ㉡에 들어갈 개념을 바르게 짝지은 것은?

> 법은 개인의 자유와 권리를 보호하고 (㉠)를 유지하며, (㉡)을/를 실현하는 데 핵심적인 역할을 하는 규범이다.

	㉠	㉡		㉠	㉡
①	정의	권리	②	정의	준법
③	사회 질서	정의	④	사회 질서	준법

05 시민 불복종의 정당화 조건으로 옳지 <u>않은</u> 것은?

① 비폭력성 ② 처벌 감수
③ 최초의 수단 ④ 행위 목적의 정당성

06 밑줄 친 '이것'으로 가장 적절한 것은?

> 이것은 삶을 바르게 하는 도리 또는 사회를 구성하고 유지하는 공정한 도리이다.

① 업적
② 필요
③ 정의
④ 노력

07 다음 글을 읽고 정의로운 사회를 추구하는 까닭으로 옳은 것은?

> 저에게는 꿈이 있습니다. 언젠가 이 나라가 모든 인간은 평등하게 태어났다는 것을 자명한 사실로 받아들이고 그렇게 살아가는 날이 오리라는 꿈입니다. – 마틴 루서 킹 –

① 동등한 분배를 위해
② 경쟁을 장려하기 위해
③ 부패 행위를 엄중하게 처벌하기 위해
④ 구성원에게 인간다운 삶을 보장하기 위해

08 공정한 경쟁에 대한 설명으로 옳지 않은 것은?

① 기회가 균등히 보장되어야 한다.
② 규칙이 일부에게만 유리하면 안 된다.
③ 경쟁 과정에서 참여자는 규칙을 준수해야 한다.
④ 경쟁의 패자에게 더 많은 보상이 주어져야 한다.

09 부패에 관한 설명으로 옳지 않은 것은?

① 눈앞의 내 이익에만 집착하는 태도와 관련이 깊다.
② 부패가 구조적으로 발생하면 사회적인 문제가 된다.
③ 정실주의, 연고주의로 말미암아 발생할 가능성이 크다.
④ 주로 공직자와 연관되므로 일반 국민이 일상생활에 관련될 일은 거의 없다.

10 다음 대화 중 을의 입장의 근거로 가장 적절한 것은?

> 갑 : 북한 주민은 우리와 서로 협력해 나가야 하는 상대야.
>
> 을 : 아니야. 북한은 군사적·안보적 경계의 대상이야.

① 남한과 북한은 통일의 당사자이다.
② 남한과 북한은 오랜 역사와 문화를 공유한 민족 공동체이다.
③ 사회, 경제, 문화 등 여러 분야에서 남북 협력이 이루어지고 있다.
④ 북한은 핵 실험, 미사일 발사 실험 등을 강행하며 우리 안보를 위협하고 있다.

11 북한을 이해하는 시각으로 적절하지 <u>않은</u> 것은?

① 무조건 긍정적으로 인식해 통일에 기여한다.

② 객관적인 현실을 바탕으로 북한을 바라본다.

③ 개인적인 편견이나 감정적 판단에서 벗어나 이해한다.

④ 자유, 인권, 복지 등 보편적 가치를 기준으로 판단한다.

12 다음에서 설명하는 개념으로 가장 적절한 것은?

> • 북한 주민들의 일상생활에 기초가 되는 원칙
> • 개개인보다 사회와 집단을 더 중요하고 우선해서 생각하는 원리

① 개인주의 ② 집단주의

③ 가족주의 ④ 민족주의

13 북한 이탈 주민에 관한 설명으로 가장 적절한 것은?

① 남한 내 북한 이탈 주민의 수가 점점 감소하고 있다.

② 대부분의 북한 이탈 주민은 남한 사회에 쉽게 적응하고 있다.

③ 남한 주민들과 매우 유사한 생활 방식이나 가치관을 가지고 있다.

④ 우리 정부는 북한 이탈 주민들의 정착을 위해 다양한 지원 정책을 펼치고 있다.

04 ▶ 통일 윤리 의식

14 통일을 통해 얻을 수 있는 혜택으로 적절하지 <u>못한</u> 것은?

① 남북한 주민들의 생활 공간 확대

② 한반도 내 소비 시장 규모의 확대

③ 국방비나 외교적 경쟁 비용의 감소

④ 폐쇄적이고 민족 중심적인 문화의 확산

15 다음 글에 나타난 통일 한국의 이상적인 모습으로 가장 적절한 것은?

> 외세에 의한 분단이나 원치 않는 간섭을 되풀이하지 않기 위해 통일 한국은 정치, 군사, 경제, 문화 각 영역에서 우리 민족의 일을 스스로 결정할 수 있는 나라가 되어야 한다.

① 자유로운 민주 국가

② 정의로운 복지 국가

③ 자주적인 민족 국가

④ 이상적인 도덕 국가

자연·초월과의 관계

1 자연관

1. 인간과 자연의 관계

(1) 자연으로부터 얻는 혜택

① 살아가는 데 필요한 모든 것을 자연으로부터 얻음.

② 자연 속에서 휴식을 취하며 여유와 활력을 얻음.

③ 자연은 인간 삶의 물질적·정신적 토대가 됨.

(2) 자연을 바라보는 두 가지 관점

인간 중심주의	• 자연의 도구적 가치 중시 • 지나치면 무분별한 개발과 환경 파괴로 이어짐.
생태 중심주의	• 자연의 본래적 가치 중시 • 지나치면 경제 발전과 환경 개발을 멈추어야 한다고 주장할 수 있음.

2. 환경에 대한 가치관과 소비 생활

(1) 환경에 대한 가치관과 소비

물질주의적 소비	• 지구의 한정된 자원을 고갈시킴. • 지구 생태계의 자정 능력을 위협함.
환경 친화적 소비	환경 보전을 중시하는 가치관에 따라 생태계의 지속 가능성을 고려하는 소비 생활 예 로컬푸드 운동, 에너지 효율 등급이 높은 제품 구매 등

(2) 일상생활에서 환경친화적 실천 방안

① 자원의 소비 줄이기

② 쓸모 있는 물건 재사용하기

③ 자원 재활용하기

(3) 환경친화적 삶을 위한 국제적 노력

기후 변화 협약	온실가스의 방출을 제한하는 협약
몬트리올 의정서	오존층 보호를 위한 국제 협약
바젤 협약	해로운 쓰레기가 무분별하게 국제적으로 이동하는 것을 규제하는 협약
람사르 협약	다양한 생물의 서식지이며 오염 정화 기능을 지닌 습지를 보호하기 위한 협약
생물 다양성 협약	다양한 생물 종을 보존하기 위해 국가 간 동식물 거래를 규제하고 생물 종 보존에 해가 되는 무역 행위를 규제하기로 약속한 협약

2 과학과 윤리

1. 과학 기술의 긍정적인 혜택과 문제점

(1) 과학 기술의 혜택과 한계

혜택	• 물질적 풍요와 편리함을 가져다줌. • 인간의 건강 증진과 생명 연장에 이바지함. • 정보 통신 기술의 발달로 사람들 사이의 교류가 확대됨.
한계	• 과학 기술은 인류가 직면한 문제를 해결해 주기도 했지만 새로운 문제를 일으키기도 함. • 과학 기술만으로는 해결할 수 없는 여러 가지 문제들이 끊임없이 나타난다는 한계가 있음. • 과학 기술에 관한 낙관적 믿음을 경계하고 과학 기술이 일으키는 문제들을 해결하기 위해 어떤 자세를 지녀야 할지 고민해 보아야 함.

(2) 과학 기술의 문제점 : 인간 소외 현상, 환경 파괴, 생명 경시 현상, 인류의 평화와 안전 위협, 기술 차이로 인한 불평등 심화 등

2. 과학 기술에 책임이 필요한 이유

(1) 통제하기 어려운 과학 기술의 영향력

예측 불가능성	오늘날 과학 기술은 그 결과의 영향력을 예측하기 어려움. 예 유전자 변형 생물체의 경우, 안전성이 검증되지 않았으며 생태계의 질서를 어지럽힐 수 있음.
시공간적 파급력	과학 기술은 공간적으로 뿐만 아니라 시간상으로 파급력이 막대함. 예 원자력 사고나 방사능 유출은 시공간적으로 피해가 큼.

(2) 과학 기술의 개발과 활용 과정에서 책임의 문제

연구자의 책임	• 과학 기술 개발의 목적이 타당한지 물을 수 있어야 함. • 정보를 조작하거나 왜곡하지 않아야 함. • 과학 기술이 가져올 긍정적 또는 부정적 결과에 관한 고려가 필요함.
사용자의 책임	• 시민 개개인은 과학 기술을 활용할 때 반성과 성찰의 자세를 지녀야 함. • 사회적으로 윤리 위원회 활동이나 기술 영향 평가 제도와 같은 제도적 장치를 마련해야 함. • 과학 기술을 인간 존엄성을 구현하고 삶의 질을 향상하는 데 이바지하는 방향으로 활용해야 함.

3 삶의 소중함

1. 삶을 소중하게 만들어 주는 것

(1) 삶이 소중한 이유
   ① 생명은 누구에게나 하나밖에 없고, 무엇으로도 대체할 수 없으며, 한번 잃으면 돌이킬 수 없음. ➜ 생명을 신중한 태도로 대하고 보호하려고 노력함.
   ② 생명은 무한하지 않고 시간상으로 시작과 끝이 있음 ➜ 영원하지 않은 삶을 후회 없이 살려고 노력해야 함.
   ③ 생명은 소중하고, 생명을 바탕으로 한 삶 역시 소중함.

(2) 동서양의 생명 존중 사상

불교	생명을 해치는 것이 가장 큰 죄이고 죽어 가는 생명을 살리는 것이 가장 큰 자비임.
그리스도교	생명은 신이 준 것이므로 함부로 해서는 안 되는 소중한 것임.
슈바이처	살려고 하는 모든 생명을 존중해야 하고, 생명을 잘 살도록 해 주는 것이 선(善)이고, 생명을 해치는 것이 악(惡)임.

2. 죽음에 대한 올바른 이해

(1) 죽음의 특성

보편성	모든 사람은 죽음.
예측 불가능성	언제 어디서 죽을지 모름.
불가역성	생을 돌이킬 수 없음.

(2) 죽음에 대한 성찰이 필요한 이유
① 삶의 소중함을 깨닫고 주어진 삶을 성실하게 사는 계기가 됨.
② 가치 있는 삶을 살기 위해 노력하는 계기가 됨.
③ 삶을 정리하고 사랑하는 사람들과 의미 있는 시간을 보내는 계기가 됨.

4 마음의 평화

1. 고통에 올바르게 대처하는 자세

(1) 고통의 의미와 종류

의미	몸과 마음이 느끼는 아픔과 괴로움.
종류	• 육체적 고통 : 몸이 느끼는 아픔. • 정신적 고통 : 마음이 느끼는 괴로움. → 두 가지를 항상 구분할 수 있는 것은 아님.

(2) 고통의 역할
① 위험한 상황을 피할 수 있게 함.
② 똑같은 고통을 다시 경험하지 않도록 주의하게 함.
③ 다른 사람의 고통에도 관심을 두게 함.
④ 고통을 이겨 내고자 노력하면서 성숙해질 수 있음.

(3) 고통에 올바르게 대처하는 방법
① 고통을 있는 그대로 바라보아야 함.
② 불필요한 욕심과 집착을 줄여야 함.
③ 환경과 상황을 변화시키기 위해 노력해야 함.
④ 적극적인 자세로 고통을 마주해야 함.
④ 다른 사람의 고통에 관심을 가지고, 그들을 도와야 함.

2. 마음의 평화와 나의 희망

(1) 마음의 평화의 의미와 중요성

의미	고통이나 욕심, 분노, 질투 등의 감정이 잘 다스려져 평안하고 고요한 마음의 상태
중요성	마음을 다스리지 못하면 스스로 괴로움을 느끼게 되고, 쉽게 화를 낼 수 있으며, 부정적인 감정을 조절하지 못하여 자신뿐만 아니라 다른 사람까지 불행하게 만들 수도 있음.

(2) 마음의 평화를 얻는 방법

　① 지나친 욕심을 버리고 절제하는 자세

　② 자신의 모습을 있는 그대로 바라보고 긍정하는 자세

　③ 다른 사람의 실수나 잘못을 용서하는 자세

(3) 희망의 의미와 중요성

의미	아직 이루어지지 않은 무언가를 바라보면서 더 나은 삶을 꿈꾸는 것
중요성	바람직한 가치를 담고 있는 희망을 추구하고, 이를 실현하기 위해 포기하지 않고 꾸준히 노력하면 나 자신과 사회에 기여할 수 있음.

기출문제로 유형 잡기

01 다음 ㉠에 들어갈 용어로 적절한 것은?

> (㉠)은/는 미래 세대에게 필요한 환경을 훼손하지 않는 범위 내에서 현재 세대의 욕구를 충족하는 수준의 개발을 의미한다.

① 대량 소비 ② 사막화 현상
③ 지속 가능한 발전 ④ 지구 온난화 현상

02 환경친화적인 삶의 모습으로 적절하지 <u>않은</u> 것은?

① 음식물 쓰레기를 줄인다.
② 가까운 거리는 대중교통을 이용한다.
③ 시장을 볼 때 장바구니 사용을 생활화한다.
④ 재활용 가능한 쓰레기도 종량제 봉투에 버린다.

03 다음에서 예상되는 현대 사회의 윤리적 문제는?

> 최근 생명 과학 기술이 발달함에 따라 동물 복제가 가능해지면서 가까운 미래에는 장기 복제, 더 나아가 인간 복제도 가능해질 것이라고 예상되고 있다.

① 저작권 침해 ② 문화의 이질화
③ 세대 간의 갈등 ④ 인간 존엄성 훼손

04 바람직한 과학 기술의 활용 방향을 〈보기〉에서 고른 것은?

┤ 보기 ├

ㄱ. 인류 복지 증진
ㄴ. 미래 세대에 대한 책임 강화
ㄷ. 무분별한 과학 지상주의 추구
ㄹ. 과학 기술의 사회적 역할 부정

① ㄱ, ㄴ　　② ㄱ, ㄷ
③ ㄴ, ㄹ　　④ ㄷ, ㄹ

05 의미 있는 삶을 살아가기 위한 자세를 〈보기〉에서 고른 것은?

┤ 보기 ├

ㄱ. 정신적 가치와 이상을 추구한다.
ㄴ. 나에게 주어진 삶의 과제를 등한시한다.
ㄷ. 도덕적인 행동을 통해 다른 사람에게 감동을 준다.
ㄹ. 순간적인 쾌락과 향락에만 관심을 갖고 살아간다.

① ㄱ, ㄴ　　② ㄱ, ㄷ
③ ㄴ, ㄹ　　④ ㄷ, ㄹ

06 용서의 필요성으로 적절하지 <u>않은</u> 것은?

① 마음의 평화를 얻을 수 있다.
② 다른 사람과의 관계를 단절할 수 있다.
③ 갈등과 복수가 되풀이되는 것을 막을 수 있다.
④ 소통하고 화합하는 인간관계를 형성할 수 있다.

정답 04 ① 05 ② 06 ②

07 마음의 평화를 얻기 위한 태도로 가장 적절한 것은?

① 비관적인 태도를 가져야 한다.

② 원한과 증오심을 유지해야 한다.

③ 감정과 욕구를 잘 조절해야 한다.

④ 타인의 실수를 용서하지 말아야 한다.

정답잡기 지나친 욕심과 집착은 마음의 평화를 방해하는 요인이 되므로, 절제하는 자세가 필요하다.

정답 07 ③

06 예상 문제로 실력 잡기

01 인간 중심주의적 자연관에 대한 설명으로 옳지 <u>않은</u> 것은?

① 자연과 인간은 지구 생태계를 이루며 살아간다고 본다.

② 자연을 인간의 욕구나 이익 또는 필요를 위한 수단으로 본다.

③ 산업화와 도시화 과정에서 일어난 환경 오염의 근본적인 원인이라고 할 수 있다.

④ 인간은 이성을 가진 존재로서 자연의 어떤 존재보다 우월하고 자연을 지배할 권리가 있다고 본다.

02 생태 중심주의적 자연관에 관한 설명으로 적절하지 <u>않은</u> 것은?

① 인간을 생태계 위기의 원인으로 본다.

② 인간과 자연을 서로 의존적인 관계로 본다.

③ 자연의 구성원들은 제각기 그 자체로 가치를 지닌다고 본다.

④ 자연은 인간의 욕구를 충족해 주는 하나의 도구에 불과하다고 본다.

03 환경을 고려하는 소비 생활로 가장 적절한 것은?

① 일회용 컵을 자주 사용한다.

② 에너지 효율 등급이 높은 제품을 구매한다.

③ 음식을 많이 주문해 다 먹지 못하고 남긴다.

④ 볼펜을 끝까지 사용하지 않고 새 볼펜을 구매한다.

04 ㉠에 들어갈 개념으로 가장 적절한 것은?

> (㉠)은/는 인근 지역의 무공해 농산물을 이용함으로써 농산물 재배 과정에서 사용되는 독성 농약과 같은 환경 파괴 물질과 운송 과정에서 화석 연료 사용으로 발생하는 온실가스를 최소화하는 것을 목적으로 삼는다.

① 로컬푸드 운동

② 기술 영향 평가

③ 물질 만능 주의

④ 자연 애호 정신

02 ▶ 과학과 윤리

05 과학 기술 만능주의의 태도로 적절하지 <u>않은</u> 것은?

① 과학 기술로 개발된 물품에 대해 무비판적이다.

② 과학 기술로 개발된 약은 우리의 모든 병을 없애 준다고 여긴다.

③ 과학 기술로 개발된 의료 기계는 모든 치료에 효과적이라고 여긴다.

④ 과학 기술로 개발된 제품이 나에게 주는 부정적인 결과는 없는지 따져 본다.

06 다음에서 설명하는 개념으로 가장 적절한 것은?

> 사람 사이의 직접적인 교류를 통해 즐거움을 느끼기보다 기기를 이용하며 시간을 보내는 일이 많아지면서 인간의 주체성을 잃어버리는 현상

① 인간 소외 현상

② 생명 경시 현상

③ 지구 온난화 현상

④ 문화의 이질화 현상

07 다음 글에서 알 수 있는 과학 기술의 특징으로 가장 적절한 것은?

> 유전자 변형 생물체(GMO)는 환경 변화에 강해 대량 생산을 할 수 있고 신선도가 오래 유지된다는 장점이 있지만, 아직 안전성이 검증되지 않았고 생태계의 질서를 어지럽힐 수 있다.

① 활용 범위가 매우 넓다.

② 발전 속도가 매우 빠르다.

③ 인간 소외 현상을 초래한다.

④ 결과의 영향력을 예측하기 어렵다.

08 ㉠, ㉡에 들어갈 말을 바르게 짝지은 것은?

> 시민 개개인이 과학 기술을 올바르지 못하게 활용한다면 심각한 해악이 발생할 수 있다. 따라서 시민 개개인은 (㉠)과 (㉡)의 자세로 과학 기술을 사용해야 한다.

	㉠	㉡		㉠	㉡
①	반성	조작	②	반성	성찰
③	왜곡	조작	④	성찰	왜곡

03 ▶ 삶의 소중함

09 다음 글과 가장 관련이 깊은 사상가는?

> 살려고 하는 모든 생명을 존중하라고 하였고, 생명을 잘 살도록 해 주는 것이 선이고 생명을 해치는 것이 악이라고 하였다.

① 공자

② 칸트

③ 슈바이처

④ 소크라테스

10 삶을 대하는 태도로 바람직하지 <u>않은</u> 것은?

① 삶을 긍정적 태도로 바라본다.
② 삶에 대해 적극적 태도를 지닌다.
③ 다른 사람의 삶과 생명도 소중히 여긴다.
④ 다른 사람의 생명을 신체적으로만 괴롭히지 않으면 된다.

11 다음 글과 가장 관련이 깊은 사상가는?

> 죽음을 두려워할 필요가 없다고 보았다. 왜냐하면 우리가 살아있는 한 죽음은 우리와 상관이 없고, 죽음이 우리를 찾아 왔을 때는 우리가 이미 존재하지 않기 때문이다.

① 맹자   ② 플라톤
③ 석가모니   ④ 에피쿠로스

12 죽음의 도덕적 의미에 관한 설명으로 적절하지 <u>않은</u> 것은?

① 자기 삶을 되돌아보게 한다.
② 자기중심적 사고를 심화한다.
③ 욕심과 이기심에서 벗어날 수 있게 한다.
④ 참된 자신의 모습과 인간다운 삶을 성찰하게 한다.

13 다음에서 알 수 있는 고통이 우리에게 주는 의미로 가장 적절한 것은?

> • 고통 없이는 얻는 것도 없다.
> • 평온한 바다는 결코 유능한 뱃사공을 만들 수 없다.

① 고통은 인격을 성숙시킨다.
② 고통은 자신을 보호하는 장치이다.
③ 고통은 누구나 겪는 불가피한 것이다.
④ 고통은 다양한 원인으로 복잡하게 얽혀 있다.

14 ㉠에 들어갈 말로 가장 적절한 것은?

> (㉠)(이)란 미래에는 지금보다 더 좋아지거나 좋은 일이 이루어질 것이라는 기대를 말한다.

① 생명   ② 죽음
③ 희망   ④ 행복

15 희망에 관한 설명으로 적절하지 <u>않은</u> 것은?

① 삶을 즐겁고 행복하게 해 준다.
② 반드시 실현되어야 의미가 있다.
③ 어려움을 극복해 내는 용기를 지니게 한다.
④ 더 좋은 세상을 만드는 데 중요한 힘이 된다.

memo

01 자신과의 관계

예상 문제로 실력 잡기

01 ①	02 ③	03 ②	04 ③	05 ③
06 ③	07 ②	08 ③	09 ②	10 ②
11 ①	12 ②	13 ②	14 ④	15 ④

01 정답 ①

사람은 스스로 옳은 것을 선택할 수 있는 도덕적 존재이다. 다른 존재와 달리 사람만이 자신의 행동을 스스로 선택하고 반성할 수 있다.

02 정답 ③

양심은 우리가 자발적으로 바람직한 행동을 하도록 이끌고, 잘못했을 때에는 죄책감과 부끄러움을 느끼게 한다.

03 정답 ②

제시문은 사람의 본성이 본래 선하다는 맹자의 성선설의 입장이다.

04 정답 ③

제시문의 ㉠은 도덕적 민감성, ㉡은 도덕적 상상력에 대한 설명이다.

05 정답 ③

제시문은 모든 사람이 갑의 도덕 원리에 따라 행동할 때 나타날 결과를 생각해 보도록 하는 보편화 결과 검사를 사용하였다.

06 정답 ③

제시문은 자아와 자아 정체성에 대한 설명으로 ㉠은 자아, ㉡은 자아 정체성을 의미한다.

07 정답 ②

제시문은 자신이 속한 공동체에서 자신이 맡은 역할과 의무를 파악할 수 있는 사회적 존재로서의 자아를 설명하고 있다.

08 정답 ③

오답 피하기

ㄱ. 자아 정체성을 형성하는 과정은 우리가 살아가는 동안 계속되며, 올바른 자아 정체성 역시 어느 날 갑자기 만들어지는 것이 아니다.

09 정답 ②

도덕적 신념은 모든 사람에게 똑같이 적용할 수 있는 객관적이고 타당한 것이어야 하며, 타인에게 도움이 되는 것이어야 한다.

10 정답 ②

제시문은 사랑, 보람 등과 같이 정신적인 만족을 줄 수 있는 정신적 가치에 대한 설명이다.

11 정답 ①

본래적 가치는 그 자체로 소중하고 목적이 되는 가치를 말한다.

12 정답 ②

우리가 훌륭한 인격을 갖추고, 올바른 삶의 목적을 세우며, 삶의 의미를 찾기 위해서는 도덕 공부가 필요하다.

13 정답 ②

우리가 행복하기 위해서는 객관적 조건과 주관적 조건이 모두 적절히 충족되어야 한다.

14 정답 ④

제시문은 아리스토텔레스의 행복에 대한 주장이다.

15 정답 ④

우리는 자신의 정서를 이해함으로써 충동을 조절하고 불안을 관리할 수 있다. 그리고 자신의 정서를 잘 다스리고 안정적으로 표현할 수 있어야 자신감을 갖고 삶의 목표를 추구할 수 있다.

02 타인과의 관계 (1)

예상 문제로 실력 잡기

01 ②	02 ①	03 ③	04 ②	05 ④
06 ③	07 ③	08 ①	09 ④	10 ②
11 ①	12 ③	13 ④	14 ③	15 ②

01 정답 ②

제시문은 입양 가정에 대한 설명이다.

02 정답 ①

(가)는 형제자매의 도리인 우애, (나)는 부모에 대한 자녀의 도리인 효(孝)를 의미한다.

03 정답 ③

부모님을 사랑하는 마음으로 몸과 마음의 정성을 다해 부모를 공경할 때, 진정한 효를 실천했다고 할 수 있다.

04 정답 ②

역지사지 ➜ 상대편의 처지나 입장에서 먼저 생각해 보고 이해하라는 뜻

05 정답 ④

우정은 친구 사이에서 나누는 정신적 유대감이나 정(情)을 의미한다.

오답 피하기

ㄹ. 새로운 가족 관계를 형성하는 것은 아니다.

06 정답 ③

환난상휼 ➜ 향약의 4대 덕목 중 하나로 '어려운 일은 서로 돕는다.'라는 뜻

07 정답 ③

진정한 친구라면 친구가 올바른 행동을 하기를 바라는 자신의 진심을 잘 전달하여, 친구가 차분하게 그 조언을 받아들일 수 있도록 해야 한다.

08 정답 ①

친구의 잘못을 감싸 주는 것은 진정한 우정을 맺는 방법이 될 수 없다. 친구의 잘못에 대한 자신의 생각을 충고하여 바른길로 이끌어야 한다.

09 정답 ④

제시문은 성적 욕구의 충족을 통해 즐거움을 준다는 측면의 쾌락적 가치를 의미한다.

10 정답 ②

사랑은 상대를 아끼고 소중히 여기는 마음이면서 더 나아가 상대를 향한 배려, 존중, 책임, 헌신 등의 가치를 모두 포함하는 마음이다.

11 정답 ①

청소년기의 이성 교제는 어른으로 성장하는 과정에서 겪게 되는 자연스러운 경험이다. 하지만 모든 청소년이 같은 시기에 이성 교제를 하는 것은 아니다.

12 정답 ③

바른 이성 교제는 자신의 삶에 충실함으로써 서로 성장하는 관계가 되도록 노력하고 이성 친구에게 나와의 관계만을 강조하지 않는 태도가 필요하다.

13 정답 ④

제시문은 품앗이에 대한 설명이다.

14 정답 ③

이웃 간의 무관심과 다툼은 신문이나 텔레비전 뉴스를 통해 알려질 정도로 커다란 사회 문제가 되기도 한다. 하지만 지나친 관심으로 사생활을 침해하는 것은 바람직한 태도가 아니다.

15 정답 ②

제시문은 봉사의 4가지 특성 중 이타성에 대한 설명이다.

03 사회 · 공동체와의 관계 (1)

예상 문제로 실력 잡기

01	④	02	②	03	①	04	②	05	②
06	④	07	②	08	③	09	④	10	④
11	②	12	④	13	①	14	②	15	②

01 정답 ④

인간 존엄성이란 인간이기 때문에 지니는 절대적 가치로, 모든 인간은 인간이라는 이유만으로 존엄하게 대우받아야 한다는 것을 의미한다. 모든 인간은 그 존재만으로도 소중하고, 어떤 경우에라도 수단으로 이용되어서는 안 된다.

02 정답 ②

인권이란 누구나 인간으로서의 존엄성을 누리기 위해 마땅히 보장받아야 할 권리로, 나이에 따라 차별받지 않는다.

03 정답 ①

제시문은 천부 인권에 대한 설명이다.

04 정답 ②

② 개인적 차원의 노력이다.

05 정답 ②

오답 피하기

①·③ 법적·제도적 차원의 노력, ④ 지양해야 할 태도이다.

06 정답 ④

서로 다른 문화적 배경을 가진 사람들이 함께 어울려 살아가는 사회를 다문화 사회라고 한다.

07 정답 ②

자기 문화를 낮게 평가하고, 다른 문화를 더 우수한 것으로 여겨 그것을 동경하는 태도를 문화 사대주의라고 한다.

08 정답 ③

문화 상대주의는 문화의 우열을 판단하는 절대적인 기준을 인정하지 않는다. 각 사회의 문화는 그 사회의 특수한 상황 속에서 형성되어 온 것이므로, 그 사회 구성원들에게 나름의 의미와 가치가 있다고 보기 때문이다.

09 정답 ④

모든 문화가 나름의 가치를 지니고 있지만, 사람들이 누구나 받아들일 수 있는 보편적인 가치나 도덕적인 기준을 벗어나는 문화는 정당화할 수 없다.

10 정답 ④

다문화 사회의 갈등이 지나치면 사회적 혼란이 발생할 수 있지만, 갈등을 잘 해결하면 그 사회의 문화가 더 다양해지고 발전할 수 있다.

11 정답 ②

오늘날 전 세계의 여러 나라는 정치, 경제, 문화 등 다양한 영역에서 서로 의존하고 있다. 교통과 통신이 발달하면서 사람, 물건, 정보, 자본 등의 흐름이 자유로워지고 세계는 하나로 연결되었다. 이런 변화를 세계화라고 한다.

12 정답 ④

문화 다양성이 나타나는 이유는 인간 집단마다 살아가는 환경과 그에 적응하는 방식이 다르기 때문이다. 이것은 도덕 문제가 아닌 자연스러운 현상이다.

13 정답 ①

전쟁, 가난, 차별 등 여러 가지 이유로 인권을 침해당하는 사람이 세계 곳곳에 많다. 우리는 국가, 종교, 인종, 성별 등에 관계없이 인간이라면 누구나 인간 존엄성과 인권을 지닌다는 것을 명심해야 한다.

14 정답 ②

지구 공동체의 문제는 어떤 특정한 지역의 노력만으로 해결할 수 있는 것이 아니라 지구적 차원의 노력이 필요한 문제이다. 따라서 우리는 세계가 서로 연결되어 있다는 인식을 바탕으로, 다른 나라들과 지구 공동체의 문제를 해결하기 위해 협력해야 한다.

15 정답 ②

편견과 차별은 인간의 존엄성과 인권을 무시하고 침해하는 행동으로 세계 시민이 지양해야 할 태도이다.

04　타인과의 관계 (2)

예상 문제로 실력 잡기

01 ③	02 ③	03 ③	04 ③	05 ②
06 ④	07 ③	08 ②	09 ③	10 ②
11 ①	12 ③	13 ①	14 ④	15 ③

01 정답 ③

정보 통신 기술의 발달로 우리는 시장에 가지 않고 물건을 사거나 처음 가 본 곳에서 빠르게 길을 찾을 수 있고, 쉽게 원하는 정보를 찾거나 다양한 인간관계를 맺을 수 있다. 이처럼 정보화 시대에는 인간 삶의 질이 높아졌다. 하지만 이와 함께 다양한 도덕 문제가 발생하고 있다.

02 정답 ③

잊힐 권리란 사이버 공간에 게시된 자신과 관련한 정보를 삭제해 달라고 요구할 수 있는 권리를 말한다. 잊힐 권리를 인정할 경우 불법적인 자료가 아니더라도, 단지 사이버 공간에서 자신과 관련된, 공개를 원하지 않는 정보를 발견하면 이를 지워 달라고 요청할 수 있다.

03 정답 ③

가상 공간은 현실의 자신이 누구인지 밝히지 않아도 되는 익명성이 있다. 가상 공간에서는 자신의 신분이나 정체성을 드러내지 않고 활동할 수 있으므로 현실 공간에서보다 더 자유롭게 자신의 의견을 표현할 수 있다.

04 정답 ③

정보화 시대를 살아가는 우리는 가상 공간에서도 현실 공간에서처럼 자신이 한 말과 행동에 대해서 반드시 도덕적 책임을 져야 한다.

05 정답 ②

표절은 다른 사람이 만든 정보를 마치 자신이 만든 것처럼 출처를 밝히지 않고 사용하는 것으로 바람직한 자세가 아니다.

06 정답 ④

내적 갈등은 한 개인의 내면에서 일어나는 심리적 갈등을 의미한다.

07 정답 ③

갈등을 평화적으로 해결하기 위해 상대방의 의견을 수용하고 경청하는 과정을 통해 우리는 자연스레 다른 사람을 존중하고 배려하는 태도를 기를 수 있다. 이를 바탕으로 사회도 더욱 발전할 수 있다.

08 정답 ②

제시된 속담은 어려운 일이나 힘든 일을 잘 해결하였을 때 성장하고 발전할 수 있다는 의미이다.

09 정답 ③

갈등이 발생했을 때, 이성보다 분노나 화 등과 같은 순간적인 감정을 앞세우면 폭력으로 이어질 가능성이 크며 갈등이 더욱 악화할 수 있다.

10 정답 ②

㉠은 조정, ㉡은 중재에 대한 설명이다.

11 정답 ①

신체적 폭력과 같은 직접적인 공격 행위가 아니더라도, 상대방의 인격과 존엄성을 훼손하는 행동은 폭력이 될 수 있다.

12 정답 ③

제시된 폭력의 종류는 금품 갈취에 해당한다.

13 정답 ①

② 신체적 폭력, ③ 사이버 폭력, ④ 성 폭력

14 정답 ④

상대방의 말과 행동을 폭력으로 느꼈다면 자신의 거부 의사를 정확하게 표현해야 한다. 그래도 상대방이 폭력을 멈추지 않는다면 주변의 친구들이나 부모님, 선생님께 알리고 도움을 요청해야 한다.

15 정답 ③

궁극적인 평화는 직접적 폭력뿐만 아니라 간접적 폭력까지 모두 사라진 상태로, 모든 사람이 자유·평등·정의 등의 원리에 따라 사람답게 살아갈 수 있는 적극적 평화를 추구하는 것이다.

05 사회 · 공동체와의 관계 (2)

예상 문제로 실력 잡기

01 ④	02 ②	03 ②	04 ③	05 ③
06 ③	07 ④	08 ④	09 ④	10 ④
11 ①	12 ②	13 ④	14 ④	15 ③

01 정답 ④

아리스토텔레스는 인간은 본래 사회적 본성을 타고나기 때문에 가정과 사회를 구성하고 이를 바탕으로 국가가 탄생하였다고 주장하였다.

02 정답 ②

소극적 국가관은 국가가 경제 활동이나 개인의 생활에 개입을 최소화하면 개인의 자유가 최대한 보장된다는 장점이 있다.

03 정답 ②

시민은 자신의 권리가 무엇인지 분명하게 알고 바르게 행사해야 하며, 자신의 권리가 소중한 만큼 다른 사람의 권리도 존중해야 한다.

04 정답 ③

법은 개인의 자유와 권리를 보호하고 사회 질서를 유지하며, 정의를 실현하는 데 핵심적인 역할을 하는 규범이다.

05 정답 ③

시민 불복종이란 정의롭지 못한 법을 폐지하거나 바꾸기 위해 공개적이고 평화적인 방법으로 법을 위반하는 행위를 말하는데, 최후의 수단으로 선택해야 한다.

06 정답 ③

정의란 삶을 바르게 하는 도리 또는 사회를 구성하고 유지하는 공정한 도리를 뜻한다. 현대 사회는 구성원들의 직업, 가치관, 신념 등이 매우 다양하므로 사회를 유지하는 공정한 도리로서 정의가 강조된다.

07 정답 ④

킹 목사는 구성원들이 인종에 따라 차별당하지 않는 정의로운 사회를 실현하고자 하였다. 이러한 정의로운 사회를 추구하는 까닭은 모든 구성원에게 인간다운 삶을 보장하기 위해서이다.

08 정답 ④

공정한 경쟁이라면 비록 경쟁의 패자라도 인간다운 삶을 유지할 수 있고, 새로운 경쟁에 참여할 기회를 보장받을 수 있어야 한다.

09 정답 ④

부패는 공직자들뿐만 아니라 일반 국민도 일상생활 속에서 관련될 수 있는 문제이다. 또한 개인적인 부패도 문제이지만, 부패가 구조적으로 발생하면 더 큰 사회 문제가 된다.

10 정답 ④

갑은 북한을 협력의 대상으로, 을은 경계의 대상으로 바라보고 있다. 남한과 북한은 정치적·군사적으로 대결하며 적대 관계를 지속하고 있다.

11 정답 ①

북한을 무조건 긍정적으로 또는 부정적으로 보는 자세를 지양하고 사실에 근거해 바라보는 시각을 지닐 때 협력의 대상이면서 경계의 대상이기도 한 북한의 이중성을 바르게 인식할 수 있다.

12 정답 ②

북한 사회는 개개인보다 사회와 집단을 더 우선해서 생각하는 집단주의를 바탕으로 하고 있어 북한 주민들은 평생 조직 생활을 해야 한다. 하지만 경제난 이후 북한 주민들의 개인주의나 가족주의 성향이 강해지고 있다.

13 정답 ④

우리 정부가 다양한 지원 정책을 펼치고 있지만, 북한 이탈 주민 중에는 어려움을 겪는 경우가 많다.

14 정답 ④

통일이 되면 자유롭고 관용적이며 다원화된 문화의 확산을 기대해 볼 수 있다.

15 정답 ③

국가의 힘이 약하면 외세에 의해 분단될 수도 있고 원하지 않는 간섭을 받을 수도 있다. 그러므로 통일 한국은 정치적·군사적 측면과 아울러 경지적·문화적 측면에서도 우리 민족의 일을 자주적으로 결정할 수 있는 국가가 되어야 한다.

예상 문제로 실력 잡기

01 ①	02 ④	03 ②	04 ①	05 ④
06 ①	07 ④	08 ②	09 ③	10 ④
11 ④	12 ②	13 ①	14 ③	15 ②

01 정답 ①

①은 인간을 비롯한 자연의 모든 존재는 고유한 가치를 지니고, 서로 영향을 주고받으며 의존하는 관계라고 보는 생태 중심주의적 자연관이다.

02 정답 ④

자연을 인간의 욕구를 충족해 주는 도구로 여기는 것은 인간 중심주의적 자연관에 대한 설명이다.

03 정답 ②

에너지 소비를 줄이고자 에너지 효율 등급이 높은 제품을 사용하는 것도 환경을 고려한 소비이다.

04 정답 ①

우리가 먹는 음식이 환경에 미칠 수 있는 영향을 고려하는 로컬푸드(local food) 운동이 환경친화적 소비 생활의 대표적인 예이다.

05 정답 ④

④는 과학 기술에 관한 반성적 태도에 해당한다.

06 정답 ①

제시문은 인간 소외 현상에 대한 설명이다.

07 정답 ④

유전자 변형 생물체(GMO)는 병충해와 환경 변화에 강해 대량 생산을 할 수 있고 신선도가 오래 유지된다는 장점이 있지만, 아직 안전성이 검증되지 않았고 생태계의 질서를 어지럽힐 수 있다.

08 정답 ②

시민 개개인이 과학 기술을 올바르지 못하게 활용한다면 심각한 사회적 해악이 발생할 수 있다. 따라서 시민 개개인은 반성과 성찰의 자세로 과학 기술을 사용해야 한다.

09 정답 ③

슈바이처는 살려고 하는 모든 생명을 존중하라고 하였고, 생명을 잘 살도록 해 주는 것이 선(善)이고 생명을 해치는 것이 악(惡)이라고 하였다.

10 정답 ④

우리는 자신과 다른 사람의 생명을 보호하고 생명의 가치를 잘 구현할 수 있도록 생명을 존중하고 아끼는 사회적 풍토를 확립해야 한다.

11 정답 ④

제시문은 죽음에 대한 에피쿠로스의 입장이다.

12 정답 ②

인간은 죽을 수밖에 없는 존재라는 사실을 의식할 때 욕심과 이기심에서 벗어날 수 있다. 그리고 모든 생명은 결국 죽는 존재라는 것을 깨달으면 다른 생명에게도 사랑과 관용을 베풀 수 있다. 또한 죽음을 생각해 볼 때 자기 삶을 되돌아보고 잘못을 뉘우치며 참된 자신의 모습과 인간다운 삶을 성찰할 수 있다.

13 정답 ①

고통을 겪을 당시에는 힘들고 괴롭지만, 이를 이겨 내는 과정에서 우리는 인격적으로 성숙할 수 있다.

14 정답 ③

희망이란 미래에는 지금보다 더 좋아지거나 좋은 일이
이루어질 것이라는 기대를 말한다.

15 정답 ②

풍족한 환경에서도 가슴에 희망이 없으면 삶에서 즐거
움을 느끼기 어렵다. 반면에 어려운 환경에서도 희망을
품으면 행복할 수 있고 사회 발전을 이끌어 갈 수 있
다. 그러므로 우리는 항상 희망을 품고 살아가야 한다.

중졸 검정고시

핵심 총정리

중졸 검정고시
핵심 총정리